엑스포지멘터리

사사기

Judges

엑스포지멘터리 사사기

초판 1쇄 발행 2010년 8월 14일
개정판 2쇄 발행 2023년 4월 15일

지은이 송병현

펴낸곳 도서출판 이엠
등록번호 제25100-2015-000063
주소 서울시 강서구 공항대로 220, 601호
전화 070-8832-4671
E-mail empublisher@gmail.com

내용 및 세미나 문의 스타선교회: 02-520-0877 / EMail: starofkorea@gmail.com / www.star123.kr

ISBN 979-11-86880-53-1 93230

※ 가격은 표지 뒷면에 있습니다.

「이 도서의 국립중앙도서관 출판시 도서목록(CIP)은 서지정보유통지원시스템 홈페이지(http://seoji.nl.go.kr)와 국가자료공동목록시스템(http://www.nl.go.kr/kolisnet)에서 이용하실 수 있습니다. (CIP제어번호:CIP2015000753)」

엑스포지멘터리

사사기

Judges

| 송병현 지음 |

EXPOSItory comMENTARY

EM Exposi Mentary

한국 교회를 위한 하나의 희망

저의 서재에는 성경 본문 연구에 관한 많은 책이 있습니다. 그중에는 주석서들도 있고 강해서들도 있습니다. 그러나 그중에 송병현 교수가 시도한 이런 책은 없습니다. 엑스포지멘터리, 듣기만 해도 가슴이 뛰는 책입니다. 설교자와 진지한 성경학도 모두에게 꿈의 책이 아닐 수 없습니다. 이런 책이 좀 더 일찍 나올 수 있었다면 한국 교회가 어떠했을까를 생각해 봅니다. 저는 이 책을 꼼꼼히 읽어 보면서 가슴 깊은 곳에서 큰 자긍심을 느꼈습니다.

이 책은 지금까지 복음주의 교회가 쌓아 온 모든 학문적 업적을 망라하고 있을 뿐만 아니라 한국 교회 강단이 목말라하는 모든 실용적 갈망에 해답을 던져 줍니다. 이 책에서는 실제로 활용할 수 있는 충실한 신학적 정보가 일목요연하게 제시됩니다. 그러면서도 또한 위트와 감탄을 자아내는 감동적인 적용들도 제공됩니다. 얼마나 큰 축복이며 얼마나 신나는 일이며 얼마나 큰 은총인지요. 저의 사역에 좀 더 일찍 이런 학문적 효과를 활용하지 못한 것이 아쉽기만 합니다. 진실로 한국 교회의 내일을 위해 너무나 소중한 기여라고 생각합니다.

일찍이 한국 교회 1세대를 위해 박윤선 목사님과 이상근 목사님의 기여가 컸습니다. 그러나 이제 한국 교회는 새 시대의 리더십을 열어야 하는 교차로에 서 있습니다. 저는 송병현 교수가 이런 시점을 위해 준비된 선물이라고 생각합니다. 진지한 강해 설교를 시도하려는 모든 이와 진지한 성경 강의를 준비하고자 하는 모든 성경공부 지도자에게 어떤 대가를 지불하고서라도 이 책을 소장하고 성경을 연구하는 책상 가까운 곳에 두라고 권면하고 싶습니다. 앞으로 계속 출판될 책들이 참으로 기다려집니다.

한국 교회는 다행스럽게 말씀과 더불어 그 기초를 놓을 수 있었습니다. 이제는 그 말씀으로 어떻게 미래의 집을 지을지 고민하고 있습니다. 이 〈엑스포지멘터리 시리즈〉는 분명한 하나의 해답, 하나의 희망입니다. 이 책과 함께 성숙의 길을 걸어갈 한국 교회의 미래가 벌써 성급하게 기다려집니다. 더 나아가 한국 교회 역사의 성과물 중 하나인 이 책이 다른 열방에도 나누어졌으면 합니다. 이제 우리는 복음에 빚진 자로서 열방을 학문적으로도 섬겨야 하기 때문입니다. 이 책을 한국 교회에 허락하신 주님께 감사와 찬양을 드립니다.

이동원 | 지구촌교회 원로목사

총체적 변화를 가져다줄 영적 선물

교회사를 돌이켜볼 때, 교회가 위기에 처해 있었다면 결국 강단에서 하나님의 말씀이 제대로 선포되지 못한 데서 그 근본 원인을 찾을 수 있습니다. 영적 분별력이 있는 사람이라면 모두 이에 대해 동의할 것입니다. 사회가 아무리 암울할지라도 강단에서 선포되는 말씀이 살아 있는 한, 교회는 교회로서의 기능이 약화되지 않고 오히려 사회를 선도하고 국민들의 가슴에 희망을 안겨 주었습니다. 백 년 전 영적 부흥이 일어났던 한국의 초대교회가 그 좋은 예입니다. 이러한 영적 부흥은 살아 있는 하나님의 말씀이 강단에서 영적 권위를 가지고 "하나님께서 이렇게 말씀하셨다"고 선포되었을 때 나타났던 현상입니다.

오늘날에는 날이 갈수록 강단에서 선포되는 말씀이 약화되거나 축소되고 있습니다. 이런 상황 속에서 출간되는 송병현 교수의 〈엑스포지멘터리 시리즈〉는 한국 교회와 전 세계에 흩어진 7백만 한인 디아스포라에게 주는 커다란 영적 선물이 아닐 수 없습니다. 이 시리즈는 하나님의 말씀을 쉽게 이해할 수 있도록 풀이한 것으로, 목회자와 선교사는 물론이고 평신도들의 경건생활과 사역에도 큰 도움이 될 것입니다. 무엇보다도 저는 이 시리즈가 강단에서 원저자이신 성령님의 의도대로 하나님 나라 복음이 선포되게 하여 믿는 이들에게 총체적 변화(total transformation)를 다시 경험할 수 있는 계기를 마련해 주리라 확신합니다.

송병현 교수는 지금까지 구약학계에서 토의된 학설 중 본문을 석의하는 데 불필요한 내용들은 걸러내는 한편, 철저하게 원저자가 전하고자 하는 메시지를 현대인들이 가장 잘 이해할 수 있도록 전하고자 부단히 애를 썼습니다. 이 시리즈를 이용하는 모든 이에게 저자의 이런 수고와 노력에 걸맞은 하나님의 축복과 기쁨과 능력이 함께하실 것을 기대하면서 이 시리즈를 적극 추천합니다.

이태웅 | GMTC 초대 원장, 글로벌리더십포커스 원장

주석과 강해의 적절한 조화를 이뤄낸 시리즈

한국 교회는 성경 전체를 속독하는 '성경통독' 운동과 매일 짧은 본문을 읽는 '말씀 묵상'(QT) 운동이 세계 어느 나라 교회보다 활성화되어 있습니다. 얼마나 감사한 일인지 모릅니다. 그러나 상대적으로 책별 성경연구는 심각하게 결핍되어 있는 것이 사실입니다. 때때로 교회 지도자들 중에도 성경해석의 기본이 제대로 갖춰져 있지 않아 성경 저자가 말하려는 의도와 상관없이 본문을 인용해서 자신이 하고 싶은 말을 하는 분들이 적지 않음을 보고 충격을 받은 일도 있습니다. 앞으로 한국 교회가 풀어야 할 과제가 '진정한 말씀의 회복'이라면 이를 위해 가장 중요한 것은 바른 말씀의 세계로 인도해 줄 좋은 주석서와 강해서를 만나는 일일 것입니다.

좋은 주석서는 지금까지 축적된 다른 성경학자들의 연구 결과가 잘 정돈되어 있을 뿐 아니라 저자의 새로운 영적·신학적 통찰이 번뜩이는 책이어야 합니다. 또한 좋은 강해서는 자기 견해를 독자들에게 강요하는(impose) 책이 아니라, 철저한 본문 석의 과정을 거친 후에 추출되는 신학적·사회과학적 연구가 배어 있는 책이어야 할 것이며, 글의 표현이 현학적이지 않은, 독자들에게 친절한 저술이어야 할 것입니다.

그러나 솔직히 말씀드리면, 저는 서점에서 한국인 저자의 주석서나 강해서를 만나면 한참을 망설이다가 내려놓게 됩니다. 또 주석서를 시리즈로 사는 것은 어리석은 행동이라는 말을 신학교 교수들에게 들은 뒤로 여간해서 시리즈로 책을 사지 않습니다. 이는 아마도 풍성한 말씀의 보고(寶庫) 가운데로 이끌어 주는 만족스러운 주석서를 아직까지 발견하지 못했기 때문일 것입니다. 그러나 제가 처음으로 시리즈로 산 한국인 저자의 책이 있는데, 바로 송병현 교수의 〈엑스포지멘터리 시리즈〉입니다.

송병현 교수의 〈엑스포지멘터리 시리즈〉야말로 제가 가졌던 좋은 주석서와 강해서에 대한 모든 염원을 실현해 내고 있습니다. 이 주석서는 분명 한국 교회 목회자들과 평신도 성경 교사들의 고민을 해결해 줄 하나님의 값진 선물입니다. 지금까지 없었던, 주석서와 강해서의 적절한 조화를 이뤄낸 신개념의 해설주석이라는 점도 매우 신선하게 다가옵니다. 또한 쉽고 친절한 글이면서도 우물 깊은 곳에서 퍼 올린 생수와 같은 깊이가 느껴집니다. 이 같은 주석 시리즈가 한국에서 나왔다는 사실에 저는 감격하지 않을 수 없습니다. 이 땅에서 말씀으로 세상에 도전하고자 하는 모든 목회자와 평신도에게 이 주석 시리즈를 적극 추천합니다.

이승장 | 예수마을교회 목사, 성서한국 공동대표

시리즈 서문

"50세까지는 좋은 선생이 되려고 노력하고, 그 이후에는 좋은 저자가 되려고 노력해라." 내가 시카고 근교에 위치한 트리니티 복음주의 신학교(Trinity Evangelical Divinity School) 박사과정을 시작할 때쯤에 지금은 고인이 되신 스승 맥코미스키(Thomas E. McComiskey)와 아처(Gleason L. Archer) 두 교수님이 주신 조언이었다. 너무 일찍 책을 쓰면 훗날 아쉬움이 많이 남는다며 하신 말씀이었다. 박사학위를 마치고 1997년에 한국에 들어와 신대원에서 가르치기 시작하면서 나는 이 조언을 마음에 새겼다. 사실 이 조언과 상관없이 내가 당시에 당장 책을 출판한다는 일은 불가능한 일이었다. 중학교를 다니던 70년대 중반에 캐나다로 이민을 갔다가 20여 년 만에 귀국하여 우리말로 강의하는 일 자체가 당시 나에게는 매우 큰 도전이었으며, 책을 출판하는 일은 사치로 느껴졌기 때문이다.

세월이 지나 어느덧 선생님들이 말씀하신 오십을 눈앞에 두었다. 1997년에 귀국한 후 지난 10여 년 동안 나는 구약 전체에 대한 강의안을 만드는 일을 목표로 삼았다. 내 자신에게 동기를 부여하기 위해 내가 몸담고 있는 신대원 학생들에게 매학기 새로운 구약 강해과목을 개설해 주었다. 감사한 것은 지혜문헌을 제외한 구약성경 모든 책의 본문 관찰을 중심으로 한 강의안을 13년 만에 완성할 수 있었다는 점이다. 앞으로 수년에 거쳐 이 강의안들을 대폭 수정하여 해마다 두세 권씩 책으로 출판하려 한다. 지혜문헌은 잠시 미루어두었다. 시편 1권(1-41편)에 대한 강의안을 만든 적이 있었는데, 본문 관찰과 주해는 얼마든지 할 수 있었지만 뭔가 아쉬움이 남았다. 삶의 연륜이 가미되지 않은 데서 비롯된 부족함이었다. 그래서 나는 지혜문헌에 대한 주석은 육십을 바라볼 때쯤 집필하기로 작정했다. 삶을 조금 더 경험한 후로 미룬 것이다. 아마도 이 시리즈가 완성될 때쯤이면, 자연스럽게 지혜문헌에 대한 책들을 출판하게 되지 않을까 싶다.

이 시리즈는 설교를 하고 성경공부를 인도해야 하는 중견 목회자들과 평신도 지도자들을 마음에 두고 집필한 책들이다. 나는 이 시리즈의 성향을 Exposimentary("해설주석")라고 부르고 싶다. Exposimentary라는 단어는 내가 만들어낸 용어다. 해설/설명을 뜻하는 expository라는 단어와 주석을 뜻하는 commentary를 합성한 것이다. 대체로 expository는 본문과 별 연관성이 없는 주제와 묵상으로 치우치기 쉽고, commentary는 필요 이상으로 논쟁적이고 기술적일 수 있다는 한계를 의식해서 이러한 상황을 의도적으로 피하고 가르치는 사역에 조금이나마 실용적이고 도움이 되는 교재를 만들기 위해 만들어낸 개념이다. 나는 본문의 다양한 요소와 이슈들에 대해 정확하게 석의하면서도 전후 문맥과 책 전체의 문형(文形, literary shape)을 최대한 고려하여 텍스트의 의미를 설명하고 우리의 삶과 연결하려고 노력했다. 또한 히브리어 사용은 최소화했다.

이 시리즈를 내놓으면서 감사할 사람이 참 많다. 먼저, 지난 25년 동안 인생의 동반자가 되어 아낌없는 후원과 격려를 해주었던 아내 임우민에게 감사한다. 아내를 생각할 때마다 참으로 현숙한 여인을(잠 31:10-31) 배필로 주신 하나님께 감사할 뿐이다. 아빠의 사역을 기도와 격려로 도와준 지혜, 은혜, 한빛에게도 고마운 마음을 표한다. 평생 기도와 후원을 아끼지 않은 친가와 처가 친척들에게도 감사하다는 말을 전하고 싶다. 항상 옆에서 돕고 격려해준 평생친구 장병환·윤인옥, 박선철·송주연 부부들에게도 고마움을 표하는 바이며, 시카고 유학 시절 큰 힘이 되어 주셨던 이선구 장로·최화자 권사님 부부에게도 이 자리를 빌려 평생 빚진 마음을 표하고 싶다. 우리 가족이 20여 년 만에 귀국하여 정착할 수 있도록 배려를 아끼지 않으신 백석학원 설립자 장종현 목사님에게도 감사하는 바다. 우리 부부의 영원한 담임목자이신 이동원 목사님께도 고마움을 표하고 싶다.

2009년 겨울 방배동에서

감사의 글

엑스포지멘터리 사사기가 출판된 지 5년이 되었습니다. 새로운 자료들을 반영하고 책의 완성도를 조금이나마 더 높이기 위해 개정판을 내게 되었습니다. 앞으로도 〈엑스포지멘터리 시리즈〉를 출판된 순서에 따라 개정판을 출판할 계획입니다.

스타선교회의 사역에 물심양면으로 헌신하여 오늘도 하나님의 말씀이 온 세상에 선포되는 일에 기쁜 마음으로 동참하시는 김형국, 백영걸, 정진성, 장병환, 임우민, 정채훈, 송은혜, 강숙희 이사님들께 감사의 마음을 전하고 싶습니다. 이사님들의 헌신이 있기에 세상은 조금 더 살맛 나는 곳이 되고 있습니다.

2015년 겨울의 문턱에 들어선 방배동에서

일러두기

엑스포지멘터리(exposimentary)는 '해설/설명'을 뜻하는 엑스포지토리(expository)라는 단어와 '주석'을 뜻하는 코멘터리(commentary)를 합성한 단어다. 본문의 뜻과 저자의 의도와는 별 연관성이 없는 주제와 묵상으로 치우치기 쉬운 엑스포지토리의 한계와 필요 이상으로 논쟁적이고 기술적일 수 있는 코멘터리의 한계를 극복하여 목회 현장에서 가르치고 선포하는 사역에 실질적으로 도움이 되도록 하는 새로운 장르다. 본문의 다양한 요소와 이슈들에 대하여 정확하게 석의하면서도 전후 문맥과 책 전체의 문형(文形, literary shape)을 최대한 고려하여 텍스트의 의미를 설명하고 성도의 삶과 연결하려고 노력하는 설명서다. 엑스포지멘터리는 다음과 같은 원칙을 바탕으로 인용한 정보를 표기한다.

1. 참고문헌을 모두 표기하지 않고 선별된 참고문헌으로 대신한다.
2. 출처를 표기할 때 각주(foot note) 처리는 하지 않는다.
3. 출처 표기는 괄호 안에 하되 페이지는 밝히지 않는다.
4. 여러 학자들이 동일하게 해석할 때 모든 학자를 표기하지 않고 일부만 표기한다.

5. 한 출처를 인용하여 설명할 때, 설명이 길어지더라도 각 문장마다 출처를 표기하지 않는다.

주석은 목적과 주 대상에 따라 인용하는 정보 출처와 참고문헌 표기가 매우 탄력적으로 제시되는 장르다. 참고문헌 없이 출판되는 주석들도 있고, 각주가 전혀 없이 출판되는 주석들도 있다. 또한 각주와 참고문헌이 없이 출판되는 주석들도 있다. 엑스포지멘터리 시리즈는 이 같은 장르의 탄력적인 성향을 고려하여 제작된 주석이다.

선별된 약어표

개역	개역성경
개정	개역성경개정판
공동	공동번역
새번역	표준새번역 개정판
현대	현대인의 성경
아가페	아가페 쉬운성경
BHK	Biblica Hebraica Kittel
BHS	Biblica Hebraica Stuttgartensia
ESV	English Standard Version
CSB	Nashville: Broadman & Holman, Christian Standard Bible
KJV	King James Version
LXX	칠십인역(Septuaginta)
MT	마소라 사본
NAB	New American Bible
NAS	New American Standard Bible
NEB	New English Bible

NIV	New International Version
NRS	New Revised Standard Bible
TNK	Jewish Publication Society Tanakh
TNIV	Today's New International Version
AAR	American Academy of Religion
AB	Anchor Bible
ABD	The Anchor Bible Dictionary
ABRL	Anchor Bible Reference Library
ACCS	Ancient Christian Commentary on Scripture
AJSL	American Journal of Semitic Languages and Literature
ANET	J. B. Pritchard, ed., The Ancient Near Eastern Texts Relating to the Old Testament. 3rd. ed. Princeton: Princeton University Press, 1969.
ANETS	Ancient Near Eastern Texts and Studies
AOTC	Abingdon Old Testament Commentary
ASORDS	American Schools of Oriental Research Dissertation Series
BA	Biblical Archaeologist
BAR	Biblical Archaeology Review
BASOR	Bulletin of the American Schools of Oriental Research
BBR	Bulletin for Biblical Research
BCBC	Believers Church Bible Commentary
BDB	F. Brown, S. R. Driver & C. A. Briggs, A Hebrew and English Lexicon of the Old Testament. Oxford: Clarendon Press, 1907.
BETL	Bibliotheca Ephemeridum Theoloicarum Lovaniensium
BibOr	Biblia et Orientalia
BibSac	Bibliotheca Sacra

BibInt	Biblical Interpretation
BJRL	Bulletin of the John Rylands Library
BJS	Brown Judaic Studies
BLS	Bible and Literature Series
BN	Biblische Notizen
BO	Berit Olam: Studies in Hebrew Narrative & Poetry
BR	Bible Review
BRS	The Biblical Relevancy Series
BSC	Bible Student Commentary
BT	The Bible Today
BTCB	Brazos Theological Commentary on the Bible
BV	Biblical Viewpoint
BZAW	Beihefte zur Zeitschrift für die alttestamentliche Wissenschaft
CAD	Chicago Assyrian Dictionary
CBC	Cambridge Bible Commentary
CBSC	Cambridge Bible for Schools and Colleges
CBQ	Catholic Biblical Quarterly
CBQMS	Catholic Biblical Quarterly Monograph Series
CB	Communicator's Bible
CHANE	Culture and History of the Ancient Near East
DSB	Daily Study Bible
EBC	Expositor's Bible Commentary
ECC	Eerdmans Critical Commentary
EncJud	Encyclopedia Judaica
EvJ	Evangelical Journal
EvQ	Evangelical Quarterly
ET	Expository Times

ETL	Ephemerides Theologicae Lovanienses
FOTL	Forms of Old Testament Literature
GCA	Gratz College Annual of Jewish Studies
GKC	E. Kautszch and A. E. Cowley, Gesenius' Hebrew Grammar. Second English edition. Oxford: Clarendon Press, 1910.
GTJ	Grace Theological Journal
HALOT	L. Koehler and W. Baumgartner, The Hebrew and Aramaic Lexicon of the Old Testament. Trans. by M. E. J. Richardson. Leiden: E. J. Brill, 1994–2000.
HBT	Horizon in Biblical Theology
HSM	Harvard Semitic Monographs
HOTC	Holman Old Testament Commentary
HUCA	Hebrew Union College Annual
IB	Interpreter's Bible
ICC	International Critical Commentary
IDB	Interpreter's Dictionary of the Bible
ISBE	G. W. Bromiley (ed.), The International Standard Bible Encyclopedia. 4 vols. Grand Rapids: 1979–88.
ITC	International Theological Commentary
J–M	P. Joüon–T. Muraoka, A Grammar of Biblical Hebrew. Part One: Orthography and Phonetics. Part Two: Morphology. Part Three: Syntax. Subsidia Biblica 14/I–II. Rome: Editrice Pontificio Istituto Biblico, 1991.
JAAR	Journal of the American Academy of Religion
JANES	Journal of Ancient Near Eastern Society
JNES	Journal of Near Eastern Studies

JBL	Journal of Biblical Literature
JBQ	Jewish Bible Quarterly
JJS	Journal of Jewish Studies
JSJ	Journal for the Study of Judaism
JNES	Journal of Near Eastern Studies
JSOT	Journal for the Study of the Old Testament
JSOTSup	Journal for the Study of the Old Testament Supplement Series
JPSTC	JPS Torah Commentary
LCBI	Literary Currents in Biblical Interpretation
MHUC	Monographs of the Hebrew Union College
MJT	Midwestern Journal of Theology
MOT	Mastering the Old Testament
MSG	Mercer Student Guide
NAC	New American Commentary
NCB	New Century Bible Commentary
NCBC	New Collegeville Bible Commentary
NEAEHL	E. Stern (ed.), The New Encyclopedia of Archaeological Excavations in the Holy Land. 4 vols. Jerusalem: Israel Exploration Society & Carta, 1993.
NIB	New Interpreter's Bible
NIBC	New International Biblical Commentary
NICOT	New International Commentary on the Old Testament
NIDOTTE	W. A. Van Gemeren, ed., The New International Dictionary of Old Testament Theology and Exegesis. Grand Rapids: Zondervan, 1996.
NIVAC	New International Version Application Commentary

OBC	Oxford Bible Commentary
Or	Orientalia
OTA	Old Testament Abstracts
OTE	Old Testament Essays
OTG	Old Testament Guides
OTL	Old Testament Library
OTM	Old Testament Message
OTS	Oudtestamentische Studiën
OTWSA	Ou-Testamentiese Werkgemeenskap in Suid-Afrika
PBC	People's Bible Commentary
PEQ	Palestine Exploration Quarterly
PSB	Princeton Seminary Bulletin
RevExp	Review and Expositor
RTR	Reformed Theological Review
SBJT	Southern Baptist Journal of Theology
SBLDS	Society of Biblical Literature Dissertation Series
SBLMS	Society of Biblical Literature Monograph Series
SBLSymS	Society of Biblical Literature Symposium Series
SHBC	Smyth & Helwys Bible Commentary
SJOT	Scandinavian Journal of the Old Testament
SJT	Scottish Journal of Theology
SSN	Studia Semitica Neerlandica
TBC	Torch Bible Commentary
TynBul	Tyndale Bulletin
TD	Theology Digest
TDOT	G. J. Botterweck and H. Ringgren (eds.), Theological Dictionary of the Old Testament. Vol. I-. Grand Rapids:

	Eerdmans, 1974–.
TGUOS	Transactions of the Glasgow University Oriental Society
THAT	Theologisches Handwörterbuch zum Alten Testament. 2 vols. Munich: Chr. Kaiser, 1971–1976.
TJ	Trinity Journal
TOTC	Tyndale Old Testament Commentaries
TS	Theological Studies
TWAT	Theologisches Wörterbuch zum Alten Testament. Stuttgart: W. Kohlhammer, 1970–.
TWBC	The Westminster Bible Companion
TWOT	R. L. Harris, G. L. Archer, Jr., and B. K. Waltke (eds.), Theological Wordbook of the Old Testament, 2 vols. Chicago: Moody, 1980.
TZ	Theologische Zeitschrift
UBT	Understanding Biblical Themes
VT	Vetus Testament
VTSup	Vetus Testament Supplement Series
W–O	B. K. Waltke and M. O'Connor, An Introduction to Biblical Hebrew Syntax. Winona Lake: Eisenbrauns, 1990.
WBC	Word Biblical Commentary
WBCom	Westminster Bible Companion
WCS	Welwyn Commentary Series
WEC	Wycliffe Exegetical Commentary
WTJ	The Westminster Theological Journal
ZAW	Zeitschrift für die alttestamentliche Wissenschaft

차례

선별된 참고문헌

(Select Bibliography)

Albright, W. F. "Archacology and the Date of the Hebrew Conquest of Palestine." BASOR 58 (1935): 10–18.

Albertz, R. *The History of Israelite Religion in the Old Testament Period*. 2 vols. Trans. by J. Bowden. Louisville: Westminster John Knox, 1994.

Alt, A. "The Settlement of the Israelites in Palestine." Pp. 173–221 in *Essays on Old Testament History and Religion*. Trans. by R. A. Wilson. Garden City: Doubleday, 1968.

Alter, R. *The Art of Biblical Narrative*. New York: Basic Books, 1981.

_______. *The World of Biblical Literature*. London: Basic Books, 1992.

Alter, R.; F. Kermode, eds. *The Literary Guide to the Bible*. Cambridge, Mass.: Harvard University Press, 1987.

Amit, Y. "Judges 4: Its Contents and Form." JSOT 39(1987): 89–111.

_______. "The Story of Ehud (Judges 3:12–30): The Form and Message." Pp. 97–123 in *Signs and Wonders: Biblical Texts in Literary Focus*. Edited by J. C. Exum. Decatur, GA: Scholars, 1989.

________. *The Book of Judges: The Art of Editing*. BIS. Leiden: Brill, 1999.

Auld, A. G. "Gideon: Hacking at the Heart of the Old Testament." VT 39 (1989): 257–67.

________. *Joshua, Judges, and Ruth*. DSB. Philadelphia: Westminster, 1984.

Bach, A. "Rereading the Body Politic: Women and Violence in Judges 21." BibInt 6 (1998): 1–19.

Bal, M. *Murder and Difference: Gender, Genre, and Scholarship on Sisera's Death*. Trans. by M. Gumpert. Bloomington: Indiana University Press, 1988.

________. *Death & Dissymmetry: The Politics of Coherence in the Book of Judges*. Chicago Studies in History of Judaism. Chicago: University of Chicago Press, 1988.

Barber, C. J. *Judges: A Narrative of God's Power: An Expositional Commentary*. Eugene, OR: Wipf & Stock, 2003.

Bauer, U. F. "Judges 18 as an Anti-Spy Story in the Context of an Anti-Conquest Story: The Creative Usage of Literary Genres." JSOT 88 (2000): 37–47.

Beem, B. "The Minor Judges: A Literary Reading of Some Very Short Stories." Pp. 147–72 in *The Canon in Comparative Perspective: Scripture in Context IV*. Edited by K. L. Younger Jr., W. W. Hallo, and B. F. Batto. ANETS. Lewiston, NY: Edwin Mellen, 1991.

Benjamin, D. C. "Jael: Host or Judge?" TBT 30 (1992): 291–96.

Berlin, A. *Poetics and Interpretation of Biblical Narrative*. Bible and Literature Series. Sheffield: Almond Press, 1983.

Blenkinsopp, J. "Ballad Style and Psalm Style in the Song of Deborah: A

Discussion." Bib 42 (1961): 61–76.

Block, D. I. *Judges, Ruth*. NAC. Nashville: Broadman & Holman, 1999.

________. "The Period of the Judges: Religious Disintegration under Tribal Rule." Pp. 41–45 in *Israel's Apostasy and Restoration: Essays in Honor of Roland K. Harrison*. Edited by A. Gileadi. Grand Rapids: Baker, 1988.

Bluedorn, W. *Yahweh versus Baalism: A Theological Reading of Gideon—Abimelech Narrative*. JSOTSS. Sheffield: Academic Press, 2001.

Bohmbach, K. G. "Conventions/Contraventions: The Meanings of Public and Private for the Judges 19 Concubine." JSOT 83 (1999): 83–98.

Boling, R. G. *Judges: Introduction, Translation and Commentary*. AB. Graden City, NJ: Doubleday, 1975.

________. "Judges, Book of." ABD. 3:1107–17.

Bowman, R. G. "Narrative Criticism of Judges: Human Purpose in Conflict with Divine Presence." Pp. 17–44 in *Judges and Method: New Approaches in Biblical Studies*. Ed. by G. A. Yee. Minneapolis: Fortress, 1995.

Brenner, A. "A Triangle and a Rhombus in Narrative Structure: A Proposed Integrative Reading of Judges IV and V." VT 40 (1990): 129–38.

________, ed. *A Feminist Companion to Judges*. FCB. Sheffield: JSOT Press, 1993.

Brettler, M. Z. "The Book of Judges: Literature as Politics." JBL 108 (1989): 395–418.

________. *The Book of Judges*. Old Testament Readings. London: Routledge, 2002.

Bright, J. *A History of Israel*. 3rd ed. Philadelphia: Westminster, 1981.

Browne, E. "Samson: Riddle and Paradox." TBT 22 (1984): 161–67.

Brueggemann, W. "Social Criticism and Social Vision in the Deuteronomic Formula of Judges." Pp. 101–14 in *Die Botschaft und die Boten: Festschrift für Hans Walter Wolff zum 70. Geburtstag*. Ed. J. Jeremias and L. Perlitt. Neukirchen–Vluyn: Neukirchener Verlag, 1981.

Buber, M. Kingship of God. 3rd ed. Trans. by R. Scheimann. London: Harper & Row, 1967.

Burney, C. F. *The Book of Judges with Introduction and Notes*. 2nd ed. 1920. New York: Ktav, 1970 rep.

Caquot, A. "Les tribus d'Israël dans le cantique de Débora (Judges 5, 13–17)." Semitica 36 (1986): 47–70.

Chalcraft, D. J. "Deviance and Legitimate Action in the Book of Judges." Pp. 177–207 in *The Bible in Three Dimensions: Essays in Celebration of Forty Years of Biblical Studies in the University of Sheffield*. Edited by D. J. A. Clines, S. E. Fowl, and S. E. Porter. JSOTSS. Sheffield: Sheffield Acadmic, 1990.

Childs, B. S. I*ntroduction to the Old Testament As Scripture*. Philadelphia: Fortress, 1979.

Chisholm, R. B. "The Role of Women in the Rhetorical Strategy of the Book of Judges." Pp. 34–49 in *Integrity of Heart, Skillfulness of Hands: Biblical and Leadership Studies in Honor of Donald K. Campbell*. Ed. by C. H. Dyer and R. B. Zuck. Grand Rapids: Baker Book House, 1994.

Cohen, G. G. "Samson and Hercules: A Comparison Between the Feats of Samson and the Labours of Hercules." EQ 42 (1970): 131–

141.

Coogan, M. D. "A Structural and Literary Analysis of the Song of Deborah." CBQ 40(1978): 143–66.

Craige, P. C. *The Problem of War in the Old Testament*. Grand Rapids: Eerdmans, 1978.

Crenshaw, J. L. *Samson: A Secret Betrayed, a Vow Ignored*. Macon, GA: Mercer University Press, 1978.

Cundall, A. E. *Judges: An Introduction and Commentary*. Downers Grove, IL: InterVarsity, 1968.

Day, J. *Yahweh and the Gods and Goddess of Canaan*. JSOTSS. Sheffield: Sheffield Academic Press, 2000.

De Vaux, R. *The Early History of Israel*. Philadelphia: Westminster, 1978.

Derby, J. "Gideon and the Ephraimites." JBQ 30 (2002): 118–20.

Drews, R. "The 'Chariots of Iron' of Joshua and Judges." JSOT 45 (1989): 15–23.

Driver, S. R. *An Introduction to the Literature of the Old Testament*. Gloucester, MA: Peter Smith, 1972.

Dumbrell, W. J. "'In Those Days There Was No King in Israel; Every Man Did What Was Right in His Own Eyes': The Purpose of the Book of Judges Reconsidered." JSOT 25 (1983): 23–33.

Echols, C. L. "The Eclipse of God in the Song of Deborah [Judges 5]: The Role of Yhwh in the Light of Heroic Poetry." TynBul 56 (2005): 149–52.

Emerton, J. A. "Gideon and Jerubbaal." JTS 27 (1976): 289–312.

Emmrich, M. "The Symbolism of the Lion and the Bees: Another Ironic Twist in the Samson Cycle." JETS 44 (2001): 67–74.

Exum, J. C. "Aspects of Symmetry and Balance in the Samson Saga."

JSOT 19 (1981): 3–29.

_______. "The Centre Cannot Hold: Thematic and Textual Instabilities in Judges." CBQ 52 (1990): 410–31.

_______. "Promise and Fulfillment: Narrative Art in Judges 13." JBL 99 (1980): 43–59.

Eynikel, E. "Judges 19–21, An 'Appendix': Rape, Murder, War and Abduction." Communio Viatorum 47 (2005): 101–15.

Fensham, F. C. "Literary Observations on Historical Narratives in Sections of Judges." PP. 77–88 in *Storia e tradizioni di Israele: Scitti in onore di J. Alberto Soggin*. Ed. by D. Garrone and F. Israel. Brescia: Paideia, 1991.

_______. "Shamgar ben Anath." JNES 20 (1961): 197–98.

Fewell, D. N. "Judges." Pp. 67–77 in *The Women's Bible Commentary*. Edited by C. A. Newsom and S. H. Ringe. Lousville: Westminter, 1992.

Fewell, D. N., and D. M. Gunn. "Controlling Perspectives: Women, Men, and the Authority of Violence in Judges 4 and 5." JAAR 58 (1990): 389–411.

Fishbane, M. *Biblical Interpretation in Ancient Israel*. Oxford: Clarendon, 1986.

Fokkelman, J. P. "The Song of Deborah and Barak: Its Prosodic Levels and Structure." Pp. 595–628 in *Pomegranates and Golden Bells: Studies in Biblical, Jewish, and Near Eastern Ritual, Law, and Literature in Honor of Jacob Milgrom*. Edited by D. P. Wright, D. N. Freedman, and A. Hurvitz. Winona Lake, IN: Eisenbrauns, 1995.

_______. "Structural Remarks on Judges 9 and 19." Pp. 33–45 in

"Sha'arei Talmon": *Studies in the Bible, Qumran, and the Ancient Near East Presented to Shemaryahu Talmon*. Edited by M. Fishbane and E. Tov. Winona Lake, IN: Eisenbrauns, 1992.

Freeman, J. A. "Samson's Dry Bones: A Structural Reading of Judges 13–16." Pp. 145–60 in Literary *Interpretations of Biblical Narratives*, vol. 2. Edited by K. R. R. Gros Louis. Nashville: Abingdon, 1982.

Galpaz-Feller, P. "'Let My Soul Die with the Philistines' (Judges 16:30)." JSOT 30 (2006): 315–25.

________. *Samson the Hero and the Man: The Story of Samson (Judges 13-16)*. Bern/New York: P. Lang, 2006.

Gerbrandt, G. E. *Kingship according to the Deuternomistic History*. SBLDS. Atlanta: Scholars Press, 1986.

Gitin, S.; M. Cogan. "A New Type of Dedicatory Inscription from Ekron." IEJ 49 (1999): 193–202.

Gooding, D. W. "The Composition of the Books of Judges." Pp. 70–79 in *H. M. Orlinsky Memorial Volume*. Jerusalem: Israel Exploration Society, 1982.

Goslinga, C. J. *Joshua, Judges, Ruth*. Trans. by R. Togtman. BSC. Grand Rapids: Zondervan, 1986.

Gottwald, N. K. *The Tribes of Yahweh: A Sociology of the Religion of Liberated Israel, 1250-1050B.C.E.* Maryknoll, NY: Orbis, 1979.

Gray, J. *Joshua, Judges and Ruth*. NCBC. London: Thomas Nelson, 1967.

________. "Israel in the Song of Deborah." Pp. 421–55 in *Ascribe to the Lord: Biblical and Other Studies in Memory of Peter C. Craigie*. Ed. by L. M. Eslinger and J. G. Taylor. Sheffield: JSOT Press, 1988.

Greenspahn, F. E. "The Theology of the Framework of Judges." VT 36 (1986): 385–96.

Greenstein, E. L. "The Riddle of Samson." Prooftexts1/3 (1981): 237–60.

Gros L. K. R. R. "The Book of Judges." Pp. 141–62 in *Literary Interpretations of Biblical Narratives*, vol. 1. Edited by K. R. R. Gros Louis. Nashville: Abingdon, 1974.

Grottanelli, C. "The Story of Deborah and Barak: A Comparative Approach." Studie Materiali di Storia delle Religioni N.S. 11(1978): 311–16.

Guest, P. D. "Dangerous Liaisons in the Book of Judges." SJOT 6 (1992): 233–46.

Gunn, D. M. "Joshua and Judges." Pp. 102–21 in *The Literary Guide to the Bible*. Edited by R. Alter and F. Kermode. Cambridge, MA: Harvard University Press, 1987.

Gunn, D. M. and N. Fewell. *Narrative in the Hebrew Bible*. The Oxford Bible Series. Oxford: Oxford University Press, 1993.

Halpern, B. *The Emergence of Israel in Canaan*. SBLMS. Chico: Scholars Press, 1983.

Hamlin, E. J. *At Risk in the Promised Land: A Commentary on the Book of Judges*. ITC. Grand Rapids: Eerdmans, 1990.

Handy, L. K. "Uneasy Laughter: Ehud and Eglon and Ethnic Humor." SJOT 6 (1992): 233–46.

Harrison, R. K. *Introduction to the Old Testament*. Grand Rapids: Eerdmans, 1969.

Hauser, A. J. "'The Minor Judges'—A Re-evaluation." JBL 94 (1975): 190–200.

________. "Unity and Diversity in Early Israel Before Samuel." JETS 22 (1979): 289–303.

________. "Two Songs of Victory: A Comparison of Exodus 15 and Judges 5." Pp. 265–84 in *Directions in Biblical Hebrew Poetry*. Ed. by E. Follis. Sheffield: JSOT Press, 1987.

Hess, R. S. *Joshua. An Introduction and Commentary*. TOTC. Leicester: InterVarsity, 1996.

________. "Yahweh and His Asherah? Religious Pluralism in the Old Testament World." Pp. 13–42 in *One God, One Lord: Christianity in a World of Religious Pluralism*. Ed. by A. D. Clarke and B. W. Winter. Grand Rapids: Eerdmans, 1993.

Hildebrandt, W. *An Old Testament Theology of the Spirit of God*. Peabody, MA: Hendrickson Publishers, 1995.

Hobbs, T. R. "Hospitality in the First Testament and the 'Teleological Fallacy.'" JSOT 62 (1994): 49–66.

Howard, D. M. *An Introduction to the Old Testament Historical Books*. Chicago: Moody Press, 1993.

Hudson, D. M. "Living in a Land of Epithets: Anonymity in Judges 19–21," JSOT 62 (1994): 49–66.

Janzen, D. "Why the Deuteronomist Told About the Sacrifice of Jephthah's Daughter." JSOT 29 (2005) 339–57.

Jordan, J. B. *Judges: A Practical and Theological Commentary*. Eugene, Or.: Wipf & Stock Publishers, 1985.

Kallai, Z. "The Twelve–Tribe Systems of Israel." VT 47 (1997): 53–90.

Kaufmann, Y. *Biblical Account of the Conquest of Canaan*. 2nd ed. Jerusalem: Magnes, 1985.

Keel, O.; C. Uehlinger. *Gods, Goddesses, and Images of God in Ancient*

Israel. Trans. by T. Trapp. Minneapolis: Minneapolis: Fortress,, 1998.

Kirkpatrick, S. "Questions of Honor in the Book of Judges." Koinonia 10 (1998): 19–40.

Klein, L. R. *The Triumph of Irony in the Book of Judges*. BLS Sheffield: Almond, 1988.

________. "A Spectrum of Female Characters in the Book of Judges." Pp. 24–33 in *A Feminist Companion to Judges*. FCB. Sheffield: Academic Press, 1993.

________. "Structure, Irony and Meaning in the Book of Judges." Pp. 83–90 in *Proceedings of the 10th World Congress of Jewish Studies, Division A. Jerusalem*. Jerusalem: Magnes, 1990.

Kooij, A. van der. "On Male and Female Views in Judges 4 and 5." Pp. 135–52 in *On Reading Prophetic Texts: Gender-specific and Related Studies in Memory of Fokkelien van Dijk-Hemmes*. Ed. by B. Becking and M. Dijkstra. BIS Leiden: Brill, 1996.

Koopmans, W. *Joshua 24 As Poetic Narrative*. JSOTSS. Sheffield: Sheffield Academic Press, 1990.

Kraeling, E. G. H. "Difficulties in the Story of Ehud." JBL 54 (1935): 205–10.

Krahmalkov, C. "An Ammonite Lyric Poem." BASOR 223 (1976): 55–57.

Lasine, S. "Guest and Host in Judges 19: Lot's Hospitality in an Inverted World." JSOT 29 (1984): 37–59.

Latvus, K. *Anger and Ideology: The Anger of God in Joshua and Judges in Relation to Deuteronomy and the Priestly Writings*. JSOTSS. Sheffield: Sheffield Academic Press, 1998.

Lewis, J. "The Identity and Function of El/Baal Berith." JBL 115 (1996): 401–23.

Lilley, J. P. U. "A Literary Appreciation of the Book of Judges." TynBul 18 (1967): 94–102.

Lindars, B. "Deborah's Song: Women in the Old Testament." BJRL 65 (1982): 158–75.

_______. *Judges 1-5: A New Translation and Commentary*. Edinburgh: T & T Clark, 1995.

Longman, T. *Literary Approaches to Biblical Interpretation*. Grand Rapids: Zondervan, 1987.

Malamat, A. "Charismatic Leadership in the Book of Judges." Pp. 152–68 in *Magnalia Dei. The Mighty Acts of God: Essays on the Bible and Archaeology in Memory of G. Ernest Wright*. Ed. by F. M. Cross et al. Garden City: Doubleday, 1976.

_______. "The Danite Migration and the Pan–Israelite Exodus–Conquest: A Biblical Narrative Pattern. Biblica 51 (1970): 1–16.

Marcus, D. "The Bargaining Between Jephthah and the Elders (Judges 11:4–11)." JANES 19 (1989): 95–110.

_______. *Jephthah and His Vow*. Lubbock, Tex.: Texas Tech. Univ. Press, 1986.

_______. "The Legal Dispute Between Jephthah and the Elders." HAR 12 (1990): 107–11.

Margalith, O. "The Legends of Samson/Heracles." VT 37 (1987): 63–70.

Marius, J. *Representation in Old Testament Narrative Texts*. Leiden: Brill, 1998.

Martin, J. D. *The Book of Judges*. CBC. Cambridge: Cambridge

University Press, 1975.

Mathews, V. H. "Freedom and Entrapment in the Samson Narrative: A Literary Analysis." PRS. 16 (1989): 245–57.

________. *Judges and Ruth*. NCBC. Cambridge: Cambridge University Press, 2004.

Mazar, A. "Bronze Bull Found in Israelite 'High Place' From the Time of the Judges." BAR 9 (September/October 1983): 34–40.

McCann, J. C. *Judges*. Interpretation. Louisville: Westminster John Knox, 2002.

McConville, J. G. *Grace in the End: A Study in Deuteronomic Theology*. Grand Rapids: Zondervan, 1993.

McNutt, P. M. *The Forging of Israel: Iron Technology, Symbolism, and Tradition in Ancient Society*. Sheffield: Sheffield Academic Press, 1990.

Mehlman, I. "Jephthah's Daughter." JBQ 25/2 (1997): 73–78.

Mendenhall, G. E. "The Hebrew Conquest of Palestine." BAR 3 (1970): 100–20.

Merrill, E. H. *Kingdom of Priests: A History of Old Testament Israel*. Grand Rapids: Baker Book House, 1987.

Miller, G. P. "Verbal Feud in the Hebrew Bible: Judges 3:12–30 and 19–21." JNES 55 (1996): 105–17.

Mobley, G. *Samson and the Liminal Hero in the Ancient Near East*. Library of Hebrew Bible/Old Testament Studies. New York: T&T Clark, 2006.

Moore, G. F. *A Critical and Exegetical Commentary on Judges*. ICC. Edinburgh: T & T Clark, 1895.

Mosca, P. G. "Who Seduced Whom? A Note on Joshua 15:18//Judges

1:14." CBQ 46 (1984): 18–22.

Mullen, E. T., Jr. "The 'Minor Judges': Some Literary and Historical Considerations." CBQ 44 (1982): 185–201.

______. "Judges 1:1–3:6: The Deuternomistic Reintroduction of the Book of Judges." HTR 77 (1984): 33–54.

Mueller, E. A. T*he Micah Story: A Morality Tale in the Book of Judges*. Studies in Biblical Literature. New York: Peter Lang, 2001.

Murray, D. F. "Narrative Structure and Technique in the Deborah–Barak Story, Judges iv 4–22." Pp. 155–89 in *Studies in the Historical Books of the Old Testament*. Ed. by J. A. Emerton. VTSup. Brill, 1979.

Nel, P. "The Riddle of Samson (Judg 14, 14–18)." Bib 66 (1985): 534–45.

Nelson, R. D. "Ideology, Geography, and the List of Minor Judges." JSOT 31 (2007): 347–64.

Niditch, S. "Samson As Culture Hero, Trickster, and Bandit: The Empowerment of the Weak." CBQ 44 (1982): 365–78.

______. "The 'Sodomite' Theme in Judges 19–20: Family, Community, and Social Disintegration." CBQ 44 (1982): 365–78.

______. *Judges: A Commentary*. OTL. Louisville: Westminster John Knox, 2008.

O'Brien, M. A. "Judges and the Deuteronomistic History." Pp. 235–59 in T*he History of Israel's Traditions: The Heritage of Martin Noth*. JSOTSS. Sheffield: JSOT Press, 1994.

O' Connell, R. H. *The Rhetoric of the Book of Judges*. VTSup. Leiden: E. J. Brill, 1996.

O'Connor, M. "The Women in the Book of Judges." HAR 10(1986): 277–93.

Ogden, G. S. "Jotham's Fable: Its Structure and Function in Judges 9." BT 46 (1995): 301–08.

______. "Poetry, Prose, and Their Relationship: Some Reflections Based on Judges 4 and 5. Pp. 111–30 in *Discourse Perspective on Hebrew Poetry in the Scriptures*. Ed. by E. R. Wendland. UBSMS. New York: United Bible Societies, 1994.

Olson, D. T. "The Book of Judges: Introduction, Commentary, and Reflection." Pp. 721–888 in *The New Interpreter's Bible*, vol. 2. Nashville: Abingdon Press, 1998.

Patton, C. L. "From Heroic Individual to Nameless Victims: Women in the Social World of the Judges." Pp. 33–46 in *Biblical and Humane: A Festschrift for John E. Priest*. Ed. by L. B. Elder ct al. SPHS. Atlanta: Scholars Press, 1996.

Polzin, R. M. *Moses and the Deuteronomist: A Literary Study of the Deuteronomic History, Part One: Deuteronomy, Joshua, Judges*. New York: Seabury, 1980.

Pressler, C. *Joshua, Judges, and Ruth*. WBCom. Louisville: Westminster John Knox, 2002.

Reinhartz, A. "Samson's Mother: an Unnamed Protagonist." JSOT 17 (1992): 25–37.

Rendtorff, R. *The Old Testament: An Introduction*. Trans. by J. Bowden. Minneapolis: Fortress, 1991.

Revell, E. J. "The Battle with Benjamin (Judges xx 29–48) and Hebrew Narrative Techniques." VT 35 (1985): 417–33.

Richter, W. *Die Bearbeitungen des 'Retterbuches' in der deuteronomischen*

Epoche. Bonn: Peter Hanstein, 1964.

Römer, T. C. "Why Would the Deuternomists Tell about the Sacrifice of Jephthah's Daughter?" JSOT 77 (1998): 27–38.

Rudman, D. "The Second Bull in Judges 6:25–28." JNSL 26 (2000): 97–103.

Sasson, J. M. "Who Cut Samson's Hair?" (And Other Trifling Issues Raised by Judges 16)." Prooftexts 8 (1988): 334–35.

Satterthwaite, P. E. "'No King in Israel': Narrative Criticism and Judges 17–21." TB 44 (1993): 75–88.

_______. "Narrative Artistry in the Composition of Judges xx 29ff." VT 42 (1992): 80–89.

Sawyer, J. F. A. "Joshua 10:12–14 and the Solar Eclipse of 30 September 1131 B.C." PEQ 104 (1972): 139–46.

Schloen, J. D. "Caravans, Kenites, and Casus belli: Enmity and Alliance in the Song of Deborah." CBQ 55 (1993): 18–38.

Schneider, T. J. *Judges*. BO. Collegeville, MN: Liturgical Press, 2000.

Schökel, A. L.; D. Legters. "Narrative Art in Joshua–Judges–Samuel–Kings." Pp. 255–78 in *Israel's Past in Present Research: Essays on Ancient Israelite Historiography*. Ed. by V. P. Long. Winona Lake: Eisenbrauns, 1999.

Shupak, N. "New Light on Shamgar ben 'Anath." Bib 70 (1989): 517–25.

Simpson, C. A. *The Composition of the Book of Judges*. Oxford: Basil Blackwell, 1957.

Sjöberg, M. *Wrestling with Textual Violence: The Jephthah Narrative in Antiquity and Modernity*. The Bible in the Modern World. Sheffield: Sheffield Phoenix, 2006.

Smelik, W. F. *The Targum of Judges*. OTS. Leiden: Brill, 1995.

Smith, M. J. "The Failure of the Family in Judges, Part 1: Jephthah." BibSac 162 (2005): 279–98.

Snyman, S. D. "Shamgar ben Anath: A Farming Warrior or a Farmer at War?" VT 55 (2005): 125–29.

Soggin, A. *Judges: A Commentary*. Trans. by J. Bowden. OTL. Philadelphia: Westminster, 1981.

Spronk, K. "Deborah, a Prophetess: The Meaning and Background of Judges 4:4–5." Pp. 232–42 in *Elusive Prophet: The Prophet as a Historical Person, Literary Character and Anonymous Artist*. Ed. by J. C. De Moor. Leiden: Brill, 2001.

________. "A Story to Weep About: Some Remarks on Judges 2:1–5 and Its Context." Pp. 87–94 in *Unless Some One Guide Me...: Festschrift for Karel A. Deurloo*. Ed. by J. W. Dyk. Maastricht: Shaker, 2001.

Stager, L. E. "Archaeology, Ecology, and Social History: Background Themes to the Song of Deborah." Pp. 221–33 in *Congress Volume: Jerusalem, 1986*. Ed. by J. A. Emerton. VTSup. Leiden: Brill, 1988.

Steinberg, N. "Social Scientific Criticism: Judges 9 and Issues of Kinship." Pp. 45–64 in *Judges and Method: New Approaches in Biblical Studies*. Ed. by G. A. Yee. Minneapolis: Fortress, 1995.

Sternberg, M. *The Poetics of Biblical Narrative: Ideological Literature and the Drama of Reading*. Bloomington: Indiana University Press, 1985.

Stone, K. A. "Gender and Homosexuality in Judges 19: Subject–Honor, Object–Shame?" JSOT 67 (1995): 87–107.

Stone, L. G. "From Tribal Confederation to Monarchic State: The

Editorial Perspective of the Book of Judges." Ph. D. Dissertation, Yale University, 1988.

Sweeney, M. A. "Davidic Polemics in the Book of Judges." VT 47 (1997): 517–29.

Szpek, H. M. "Achsah's Story: A Metaphor for Societal Transition." AUSS 40 (2002): 245–56.

Tanner, J. P. "The Gideon Narrative as the Focal Point of Judges." BibSac 149 (1992): 146–61.

Tatu, S. "Jotham's Fable and the Crux Interpretum in Judges IX." VT 56 (2006): 105–24.

Thiele, E. *The Mysterious Numbers of the Hebrew Kings*. 3rd ed. Grand Rapids: Zondervan/Kregel, 1983.

Trible, P. *Texts of Terror: Literary-Feminist Readings of Biblical Narrative*. OBT. Philadelphia: Fortress, 1984.

Van Selms, A. "Judge Shamgar." VT 14 (1964): 299–301.

Vaux, R. de. *The Early History of Israel*. Trans. by D. Smith. Philadelphia: Westminster, 1978.

Walman, N. M. "The Imagery of Clothing, Covering, and Overpowering." JANES 19(1989): 161–70.

Washburn, D. L. "The Chronology of Judges: Another Look." BibSac 147 (1990): 414–25.

Webb, B. G. *The Book of the Judges: An Integrated Reading*. JSOTSS. Sheffield: Sheffield Academic Press, 1987.

________. "A Serious Reading of the Samson Story (Judges 13–16)." RTR 54 (1995): 110–20.

________. *The Book of Judges*. NICOT. Grand Rapids: Eerdmans, 2012.

Weinfeld, M. "Judges 1.1–2.5: The Conquest under the Leadership of the House of Judah." Pp. 388–400 in *Understanding Poets and Prophets: Essays in Honour of George Wishart Anderson*. Ed. by G. W. Anderson and A. G. Auld. JSOTSS. Sheffield: JSOT Press, 1993.

Wenham, J. W. "Large Numbers in the Old Testament." TynBul 18 (1967): 19–53.

Wilcock, M. *The Message of Judges*. BST. Downers Grove, IL: InterVarsity, 1992.

Wilson, M. K. "As You Like It: The Idolatry of Micah and the Danites (Judges 17–18)." RTR 54 (1995): 73–85.

Williams, J. G. "The Structure of Judges 2:6–16:31." JSOT 49 (1991): 77–85.

Willis, T. M. "The Nature of Jephthah's Authority." CBQ 59 (1997): 33–44.

Wolf, H. "Judges." Pp. 375–506 in *Expositor's Bible Commentary vol. 3*. Ed. by F. E. Gaebelein. Grand Rapids: Zondervan, 1992.

Wong, G. T. K. *Compositional Strategy of the Book of Judges: An Inductive, Rhetorical Study*. VTSup. Leiden: Brill, 2006.

Wright, G. E. "The Literary and Historical Problem of Joshua 10 and Judges 1." JNES 6 (1946): 105–14.

Yee, G. "By the Hand of a Woman: The Metaphor of the Woman Warrior in Judges 4." Semeia 61 (1993): 99–132.

________. "Ideological Criticism: Judges 17–21 and Dismembered Body." Pp. 146–70 in *Judges and Method: New Approaches in Biblical Studies*. Ed. by G. A. Yee. Minneapolis: Fortress, 1995.

Wood, L. J. *Distressing Days of the Judges*. Grand Rapids: Zondervan, 1975.

Yee, G. A., ed. *Judges and Method: New Approaches in Biblical Studies*.

Minneapolis: Fortress, 1995.

Young, E. J. *An Introduction to the Old Testament*. Grand Rapids: 1958.

Younger, K. L. "Heads! Tails! Or the Whole Coin?! Contextual Method and Intertextual Analysis: Judges 4 and 5." Pp. 109–45 in *The Canon in Comparative Perspective: Scripture in Context IV*. Edited by K. L. Younger Jr., W. W. Hallo, and B. F. Batto. ANETS. Lewiston, NY: Edwin Mellen, 1991.

_______. "Judges 1 in Its Near Eastern Literary Context." Pp. 207–27 in *Faith, Tradition, History: Essays on Old Testament Historiography in Its Near Eastern Context*. Edited by A. R. Millard, J. K. Hoffmeier, and A. D. Baker. Winona Lake, IN: Eisenbrauns, 1994.

_______. *Judges/Ruth*. NIVAC. Grand Rapids: Zondervan, 2002.

사사기

여호와께서 사사들을 세우사 노략자의 손에서 그들을 구원하게 하셨으나 그들이 그 사사들에게도 순종하지 아니하고 오히려 다른 신들을 따라가 음행하며 그들에게 절하고 여호와의 명령을 순종하던 그들의 조상들이 행하던 길에서 속히 치우쳐 떠나서 그와 같이 행하지 아니하였더라(2:16-17)

그 때에 이스라엘에 왕이 없으므로 사람이 각기 자기의 소견에 옳은 대로 행하였더라(21:25)

소개

'사사기'라는 이름은 이 책이 묘사하고 있는 여호수아 시대와 사무엘 시대 사이에 살면서 이스라엘을 다스렸던 12지도자들을 염두에 두고 붙여졌다.[1] 히브리어 성경은 이들을 '쇼페팀'(שֹׁופְטִים), 칠십인역(LXX)은

1 사사기가 12사사의 이야기로 구성되었는지, 아니면 14사사의 이야기로 구성되었는지에 대해서는 관점의 차이가 다소 있을 수 있다. 만일 드보라와 아비멜렉을 사사로 간주하지 않는다면 사사기는 12사사의 이야기로 구성되어 있다고 할 수 있다. 이스라엘의 12지파와 잘 어울리는 상징적인 숫자다. 그러나 두 사람의 이야기는 여느 '대(大)사사'의 이야기

'크리타이'(κριται), 라틴어본(Vg.)은 '유디쿰'(Judicum), 영어 성경은 '저지스'(judges)라고 부른다. 모두 같은 의미를 지닌 단어들이다. 이 히브리어 단어의 기본적인 의미는 분명 '재판/판결' 개념을 내포하고 있다(HALOT). 그러나 우리가 사사기에서 만나는 이스라엘의 지도자 중 드보라를 제외하고는 모두 재판이나 통치를 통해 이스라엘을 다스렸던 사람이라기보다 이스라엘이 이방 민족의 지배를 받고 있을 때 전쟁을 통해 해방을 가져다준 '군사적 해방자'(military deliverers)였다(Olson). 이런 이유로 학자들 사이에는 이들이 '사사'로 불리는 것이 적절하지 않다는 생각이 지배적이다. 주석가들은 대체로 이 책을 '구원자/해방자의 책'(Book of Saviors/Deliverers)으로, 혹은 '사사들'(שׁוֹפְטִים)이 부족(部族) 지배자라는 개념에 가깝다 하여 '부족 지배자의 책'(The Book of Tribal Rulers)이라고 부를 것을 제안한다(Block, Younger).[2]

실제로 저자는 옷니엘(3:9)과 에훗(3:15)을 '구원자'(מוֹשִׁיעַ)라고 부르며 '구원하다'(ישׁע)라는 동사로 삼갈(3:31), 기드온(6:15; 8:22), 돌라(10:1), 입다(12:3), 삼손(13:5) 등이 했던 일을 묘사한다. 사사는 압제당하던 이스라엘에게 평안(shalom)을 회복시켜 주는 군사적 지도자였다(ABD). 사사는 또한 전쟁에서 승리하여 이스라엘에게 자유를 안겨준 다음 백성을 올바른 영적 삶으로 인도하는 역할을 맡은 자였다(2:17).

사사기는 이스라엘의 역사를 조명하는 창세기에서 열왕기하에 이르는 책 중 가장 흥미진진하게 구성되어 있으며, 이야기와 사건을 중심

처럼 저자로부터 큰 공간을 할애받는다. 특히 드보라는 분명 다른 사사가 하지 못했던 사사의 역할을 잘 해내고 있다. 그러므로 드보라와 아비멜렉을 사사로 간주하는 것도 좋은 대안이다. 이들을 사사로 간주할 경우 사사기는 총 14명의 사사의 이야기로 구성되어 있는 것이다. 이렇게 해석할 경우 14라는 숫자가 상당한 호기심을 자극한다. 창세기에서 숫자 14는 속박과 억압을 상징하는데(cf. 『엑스포지멘터리 창세기』 서론), 사사기 저자가 자신이 조명하고 있는 시대 역시 이스라엘이 이방인과 죄의 억압과 속박에 고통당한 시대라는 전반적인 평가를 암시하기 위해 14명의 사사 이야기로 구성했을 수 있다. 본 주석에서는 사사의 숫자를 12로 간주할 것이다.

2 한 주석가는 이들의 기능을 재판관(judges), 영웅(epic heroes), 사회적 도적/강도(social bandits), 무모한 모험자(swashbucklings) 등으로 다양하게 분석한다(Niditch).

으로 이스라엘 역사에 대해 알고자 하는 사람에게는 더없이 좋은 책이다(Niditch). 그러나 흥미진진하다고 해서 모든 것이 긍정적인 것만은 아니다. 사사기는 성경에서 가장 다양하고 재미있는 사건과 이야기를 기록하면서도 종종 독자를 당혹스럽게 하는 내용을 담고 있다. 정치적 음모와 암살, 거짓과 속임수, 강간과 살인, 용기와 두려움, 위대한 믿음과 우상숭배, 권력과 욕심, 성적 문란과 자살, 사랑과 죽음, 집단 강간과 납치, 전쟁에서의 승리와 내란 등의 이야기로 채워져 있는 것이다(Olson).

위 사건 중 어떤 것은 조그마한 양심과 신앙이라도 남아 있는 사람이라면 도저히 저지를 수 없는 몰상식하고 무자비한 것들이다. 한 예로 19-21장에 기록되어 있는 레위 사람의 첩 윤간 사건을 생각해보자. 에브라임 산간 지역에 살던 레위 사람은 화가 나서 친정으로 돌아가버린 첩을 찾아 처가가 있는 베들레헴을 찾았다. 며칠 후 레위 사람이 첩을 데리고 집으로 돌아가는 길에 날이 어두워져 베냐민 지파 사람이 모여 사는 기브아 성읍을 찾았다. 그런데 기브아 사람은 객을 맞이하여 호의를 베푸는 미풍양속(hospitality code)을 잊었는지 그 누구도 레위 사람 일행을 반겨주지 않았다. 하는 수 없이 거리에서 밤을 새야 하는 상황에서 마침 에브라임에서 이민 와 그곳에 정착해 살던 한 노인의 호의로 겨우 그의 집에 묵게 되었다.

밤이 깊어지자 동네 불량배들이 노인의 집으로 몰려와 레위 사람을 내보내 달라고 요구했다. 그 남자를 윤간하기 위해서였다. 소돔에서나 볼 수 있었던 최악의 동성(同性) 성폭행이 하나님의 백성인 이스라엘 사람에 의해 시도되고 있다! 보다 못한 집주인은 레위 사람 대신 그의 첩을 불량배들에게 내주었다.[3] 불량배들은 밤새도록 그 여인을 강간했으며, 집단 성폭행을 당한 여인은 결국 숨을 거두었다. 그리고 집으로

3 노인이 여자를 내주었는지, 그녀의 남편이 내주었는지 정확하지 않다. 최근 많은 주석가는 노인이 내보냈다고 말한다(cf. 본문 주해).

돌아온 레위 사람은 첩의 시체를 토막내서 온 이스라엘에게 보내 기브아 사람이 저지른 추악한 범죄를 알렸다.

끔찍한 사건에 분노한 이스라엘 사람은 기브아 사람이 속해 있던 베냐민 지파에게 이 일을 저지른 불량배들을 넘겨 달라고 요구했지만 베냐민 지파는 이스라엘과 전쟁을 불사하면서까지 흉악범들을 보호하는 데 급급했다. 결국 온 이스라엘과 베냐민 지파 사이에 엄청난 살생을 초래한 내란이 발생했고, 이 전쟁으로 베냐민 지파는 멸족하다시피 했다. 얼마 동안의 시간이 지난 후 이스라엘의 장로들은 베냐민 지파의 생존자에게 자신들이 암암리에 도와줄 테니 매년 실로에서 열리는 종교적 축제에 참여하는 실로의 처녀들을 납치해 아내로 삼으라고 조언했다. 오늘날로 말하면 정부가 주선하여 200여 명이나 되는 여인들의 인권을 짓밟았을 뿐만 아니라 납치와 강간을 통해 강제로 결혼하게 한 것이다. 그것도 여호와의 종교 축제에 참여한 여성을 말이다!

어찌 이런 일이 거룩하신 하나님의 백성이라고 자부하던 이스라엘에서 있을 수 있었단 말인가? 동성애와 윤간이 판을 치고 정부가 주선한 인권 유린과 납치가 만연한 사회! 이것이 사사 시대 이스라엘의 모습이다. 이스라엘이 왜 이렇게까지 몰락하게 되었는가에 대해 저자도 할 말을 잃었다. 그가 사사 시대를 총체적으로 회고하며 마지막으로 덧붙인 유일한 설명이자 변명은 “그 때에 이스라엘에 왕이 없으므로 사람이 각기 자기의 소견에 옳은 대로 행하였더라”이다(21:25). 이처럼 어둡고 절망적인 이야기 때문인지, 한국 교회에서 거의 설교하지 않는 성경책 중 하나가 바로 사사기다.

그러나 사사기를 해석하면서 항상 마음에 두어야 할 한 가지는 비록 내용이 전반적으로 매우 암울하고 참담할지라도, 질서와 정의가 지배하는 시대가 곧 올 것임을 저자가 암시하고 기대하게 한다는 점이다. 사사 시대의 윤리적 타락을 설명하면서 저자는 “그 때에는 이스라엘에 왕이 없었으므로 사람마다 자기 소견에 옳은 대로 행하였더라”(17:6;

21:25)라고 했다. 이 말씀은 이스라엘이 영적으로 몰락하게 된 가장 큰 이유를 올바른 믿음과 가치관을 가르치고 확립할 지도자(viz., 왕)가 없었다는 데서 찾는다. 동시에 머지않아 올바른 신앙과 세계관을 확립하고 가르칠 왕이 올 것을 전제한다. 사사기는 현실에 대해서는 매우 비관적이면서도 미래에 대해서는 상당히 긍정적이고 고무적인 책인 것이다.[4]

이 같은 사사기의 양면적인 메시지는 때와 장소를 초월하여 언제, 어디서든 처한 상황이 어렵다 못해 혹독하고, 영적으로 몰락하고, 도덕적으로 부패한 시대를 살아가는 모든 그리스도인에게 더 나은 미래에 대한 꿈을 가지고 현실을 견뎌 내도록 권면한다. 우리가 현실만을 바라보고 모든 것을 판단하면 참으로 낙심할 수밖에 없지만, 질서와 정의가 지배할 밝은 미래가 도래하고 있기에 소망을 버리지 말고 하나님을 바라라는 뜻이다. 하나님이 이 세상과 역사를 지배하신다는 사실을 고백하는 자는 자신이 사는 시대가 아무리 어둡다 할지라도 밝은 미래를 소망할 수 있는 권리를 가진 자이기 때문이다.

여호수아 시대까지 상당히 건강하고 신앙적이었던 사회가 무엇 때문에 사사 시대에 이르러 이저럼 몰락한 것일까? 저자는 그 이유를 이스라엘의 실패한 사명에서 찾는다. 이스라엘은 온갖 흉악한 죄로 물들어 있던 가나안을 정복하여 그 땅을 '여호와화'(Jehovahization)하라는 사명을 받고 가나안에 입성했다. 그러나 이스라엘은 가나안을 여호와화하기는커녕 오히려 '가나안화'(Canaanization)되어 갔다.[5] 가나안 사회에 거룩

4 사사 시대를 배경으로 하고 있는 룻기와 이스라엘의 마지막 사사라 할 수 있는 엘리와 사무엘의 삶을 보면 이 시대가 사사기 저자가 주장하는 것처럼 전적으로 부패한 것만은 아니었음을 알 수 있다. 그 와중에도 하나님을 경외하고 선을 행하는 사람과 공동체가 곳곳에 있었다. 저자가 자신이 이 책을 저작하는 목적에 따라 사사 시대를 전반적으로 매우 어둡게 회고하는 것이다. 그러므로 이 시대에 대한 균형 잡힌 평가를 위해서는 룻기와 사무엘상 전반부가 함께 고려되어야 한다.

5 이 글에서 사용되는 영어 단어 Jehovahization과 Canaanization은 영어 사전에 없는 것들이다. Canaanization이라는 단어는 일부 학자에 의해 종종 사용되지만 Johovahization은 필자가 편의상 만들어낸 단어다. 필자의 주석 시리즈를 가리키는 Exposimentary도 마찬가지다.

하고 긍정적인 영향력을 행사하기보다 오히려 가나안 사람의 부패와 타락을 받아들인 것이다. 이스라엘이 힘이 약해서 이렇게 된 것이 아니고, 가나안 사람을 제압하고 여호와화시키기에 충분한 능력이 있지만, 스스로 가나안화의 길을 선택한 것이다. 이런 사실은 1장에 누누이 예견되고 암시되어 있다.

사사기가 첫 사건으로 기록하고 있는 아도니 베섹 처형의 사건은 평범한 일이 아니다. 이스라엘의 가장 유력한 지파인 유다가 중심이 되어 브리스 사람을 상대로 큰 승리를 거두었으며, 그들의 왕 아도니 베섹을 사로잡아 엄지손가락과 엄지발가락을 베어내어 죽게(상처를 통한 감염으로?) 했다. 전쟁에서 생포한 적장을 공개적으로 처형하는 것은 당연한 일이다. 문제가 되는 것은 이스라엘이 가나안 사람의 풍습에 따라 지나치게 잔인한 방법을 사용함으로써 아도니 베섹을 매우 고통스럽게 죽게 했다는 것이다(1:7). 정복자 이스라엘은 벌써 자신들의 손에 정복당해 죽어가는 가나안 사람의 가치관과 풍습을 답습해 가고 있었던 것이다.

이스라엘 각 지파는 자신들이 할당받은 기업에서 처음에는 힘에 부쳐 가나안 사람을 내치지 못하다가 나중에는 내칠 만한 힘이 생겼는데도 내치지 않았다(1:27-28). 이스라엘은 가나안 사람을 죽이거나 내치는 대신 부역꾼으로 삼았다(1:27, 29, 33, 35). 경제적인 논리가 하나님의 명령과 신앙보다 더 중요했던 것이다. 결국 이스라엘은 진멸해야 할 가나안 사람과 동거하게 되었고, 이런 현실은 이스라엘의 '가나안화'를 급속도로 진전시켰다. 그러므로 사사기의 비극적 마무리는 가나안을 여호와화하지 못하고 오히려 자신들이 가나안화된 이스라엘의 참담한 말로를 보여준다. 즉, 사사기는 오늘날의 언어로 말하면 교회와 교인의 '세속화'의 비극을 경고하는 책이다. 이런 차원에서 사사기는 세속화의 거센 물결에 휩쓸릴 위기에 처한 오늘날 교회에 시사하는 바가 매우 큰 책이라 할 수 있다.

1. 저자와 저작 시기

많은 구약 정경처럼 사사기도 익명으로 우리에게 전해져 왔다. 탈무드와 일부 랍비들은 사무엘이 이 책을 저작했다고 주장했으나(cf. B. Bat. 14b), 오늘날 이러한 주장을 받아들이는 학자는 거의 없다.[6] 문서설이 구약 학계를 주름잡던 시대에 학자들은 사사기가 J/E문서를 저작한 사람에 의해 집필되었고, 그 후 여러 차례 편집과 개정을 거쳤다고 했다(Boda). 그러나 이 학설 역시 오늘날에는 학계의 지지를 받지 못한다. 학자들이 가장 선호하는 입장은 노트(Noth)가 주장한 신명기적 사가가 포로기 시대에 바빌론에서 여호수아–열왕기하까지 집필하면서 사사기도 저작했다는 주장이다. 학계에서는 여호수아기의 최종 저작/편집 시기로 사무엘 시대부터 포로기 시대까지 광범위한 시대가 제시된다. 책의 저작/편집 시기를 언제로 간주하든 여호수아서는 오랫동안 전수되어 온 자료를 누군가가 종합해서 편집한 것이라고 한다(O'Connell, Amit). 저자는 12사사의 사생활과 업적에 대해 기록하고 있지만, 자신이 인용한 출처(들)를 밝히거나 암시하지는 않는다. 학자들은 책이 반영하고 있는 내용을 짐작하여 사사 시대를 여호수아의 죽은 때부터(1:1) 사울이 왕위에 등극한 때까지로 간주한다(삼상 10:20–27). 문제는 여호수아가 죽은 때가 정확히 언제였는가 하는 것이다. 성경에 대해 보수적인 입장을 고수하는 학자도 출애굽 사건을 주전 13세기 혹은 15세기로 보는 사람으로 나뉘기 때문이다. 어느 학설을 따르느냐에 따라 여호수아의 죽음에 200년의 차이가 있을 수 있다.

출애굽 사건이 주전 15세기에 있었던 일이라고 주장하는 사람은 이스라엘이 이집트를 떠난 시점에서 솔로몬이 성전 건축을 시작한 때까지 480년이 지났다는 열왕기상 6:1과 입다가 이스라엘이 출애굽 때로부터 자신의 시대까지를 300년이라고 하는 사사기 11:26을 증거로 제

6 고스린가(Goslinga)와 조르단(Jordan)이 유일한 예외에 속한다.

시한다. 그러나 이런 주장에 반론을 제기하는 사람은 480년은 성경에서 한 세대를 상징하는 40년에 12를 곱한 숫자로, 12세대(현실적으로 한 세대당 20년?) 즉 상당한 시간이 지난 것을 강조하는 것뿐이기 때문에 문자적으로 받아들이기에는 문제가 많다고 생각한다. 또한 입다의 300년 주장은 암몬 사람의 주장에 신빙성 문제를 제기하기 위해 과장한 것이라고 풀이하기도 한다(Howard). 한편 이스라엘 사람이 건설하고 있는 비돔(פִּתֹם)과 라암셋(רַעְמְסֵס)이 주전 1279–1213년에 이집트를 통치했던 람세스 2세(Ramses II)와 연관되었던 것(viz., 라암셋 2세가 유태인 노예들을 동원하여 자기 이름으로 불릴 도시를 건설하고 있다는 것)이 유력하다 하여 출애굽을 13세기로 보는 것이다(Kitchen). 그러므로 여호수아는 주전 15세기 출애굽설에 따르면 주전 1370년쯤에, 13세기 설에 따르면 주전 1170년쯤에 죽었을 것이다.[7]

여호수아의 죽음 시기에 대해 의견이 분분한 것만큼이나 사사기의 저작 시기도 논란이 많다. 사사기가 저작되거나 마지막으로 정리된 때는 기록된 사건 중 시대적으로 제일 늦게 일어난 사건 이후일 것이다. 이 책에 언급된 사건 중 시대적으로 가장 늦은 것은 주전 1100년쯤을 배경으로 하고 있는 삼손 이야기다. 이 시대는 사울이 왕이 되기 불과 몇십 년 전이며(사울은 주전 1050년쯤에 왕위에 올랐다), 사무엘이 통치하던 시대이기도 하다.

저자가 자신의 책에서 암시하는 몇 가지를 생각해 보면, 그는 이스라엘에 왕권이 성립된 뒤에 살았던 것이 거의 확실하다. 가장 결정적인 단서는 책에서 반복되는 "그 때에는 이스라엘에 왕이 없었으므로 사람마다 자기 소견에 옳은 대로 행하였더라"(17:6; 21:25; cf. 18:1; 19:1)라는 말이다. 그가 이런 말을 할 수 있었던 것은 자신이 사는 시대에는 질서와 올바른 가치관을 지향하는 왕이 있었기 때문이다.

---

7 '이른 출애굽설'(Early Date of Exodus)과 '늦은 출애굽설'(Late Date of Exodus)에 대한 상세한 설명은 『엑스포지멘터리 창세기』 서론 섹션을 참고하라.

저작 시기를 어떻게 보느냐는 18:30의 '땅의 포로 시대까지'(גְּלוֹת הָאָרֶץ עַד־יוֹם)를 어떻게 해석하느냐와도 연관성이 있다. 이 표현에 대해서는 크게 세 가지 해석이 있다. 첫째, 18:30이 말하는 '포로 시대'는 바빌론 포로 생활을 의미한다(Younger). 바빌론 포로 생활에 대해서는 여러 선지서에 많이 언급되어 있으므로 특별히 추가할 내용은 없다. 만일 본문이 이 해석이 주장하는 것처럼 바빌론 포로 생활을 뜻한다면 사사기는 포로기 혹은 그 이후에 저작/편집된 것이다. 둘째, 포로 생활은 단 지파의 땅을 중심으로 한 지극히 제한된 지역 안에 있었던 인접 국가의 지배를 뜻한다(McConville). 이 사건을 단 지파의 땅과 연관하여 해석하는 이유는 18:30이 단 지파의 이동과 정착에 관한 이야기의 일부이기 때문이다. 셋째, 블레셋 사람의 통치를 의미한다(Young). 일부 학자들은 '땅의 포로 시대'를 법궤가 실로에 있었을 때(삼상 4:1-11)를 전후로 하는 것이거나 사울이 죽은 직후 이스라엘 영토의 일부가 블레셋 손에 넘어갔던 일을 뜻하는 것으로 해석한다. 18:30이 단 지파에 관한 이야기의 일부라는 점을 고려할 때, 두 번째 가정도 다른 주장만큼이나 가능성 있는 해석이다.

미가의 우상과 난 지파의 이동(17-18장) 이야기도 저작/편집 연대를 추측해볼 만한 단서가 될 수 있다(Howard). 이 이야기는 가나안 북쪽에 정착한 지파의 우상숭배를 비난하는 듯하다. 미가의 우상이 처음에는 에브라임의 산악 지대에 있었다가(17:1; 18:2), 단 지파의 땅으로 옮겨졌다(18:31). 이 사건을 통해 저자는 마치 '북쪽에 정착한 지파는 옛적부터 우상숭배를 해오던 사람들'이라며 북 왕국 이스라엘에 속한 열 지파 사람을 비난하는 것 같다. 우리가 상상해 볼 수 있는 시나리오(scenario)는 이런 것이다. 솔로몬의 통일 왕국이 두 나라(사마리아를 중심으로 한 이스라엘과 예루살렘을 중심으로 한 유다)로 분열되었다. 북 왕국의 통치자였던 여로보암은 단과 벧엘에 금송아지를 세웠는데, 이것은 그가 세운 북 왕국 이스라엘의 백성이 종교적인 이유로 예루살렘을 계속

드나들게 되면 자연적으로 통치가 어려워지거나 방해를 받을 수밖에 없다는 계산에서 비롯된 것이었다. 남 왕국 사람으로 추정되는 사사기 저자는 여로보암의 금송아지 정책을 문제 삼아 북 왕국을 향해 "봐라, 너희는 옛적 조상 때부터 우상숭배를 해오던 사람들이다"라며 비난하고 있는 것이다. 만일 이런 시나리오가 설득력이 있다면, 이 사건은 분열 왕국 초기(주전 920년대?)에 북 왕국 이스라엘을 비난하는 이야기로 사용되었을 것이다.

이스라엘이 베냐민 지파를 상대로 전쟁을 한 이야기(19-21장)도 책의 저작/편집 연대와 연관이 있을 수 있다(Longman, Schneider, Block). 이 이야기 뒤에 깔려 있는 정치적 선전(宣傳, propaganda)의 가능성을 생각해 보자. 이 사건은 아마도 유다와 베냐민 지파를 제외한 다른 지파에 속한 사람(viz., 북 왕국 이스라엘을 형성하고 있는 열 지파 사람들)을 설득하기 위해 사용된 정치적인 선전물 역할을 했을 수도 있다(O'Connell, Brettler, Sweeney). 이 이야기는 다음과 같은 질문을 하게 한다. 첫째, 누가 우리(viz., 북쪽 열 지파)를 잘 대접해 줄 것인가? 기브아 사람이 아니라 베들레헴 사람이다. 이스라엘의 초대 왕인 사울은 베냐민 지파에 속한 기브아 출신이었으며, 통치를 시작한 후 기브아를 수도로 삼아 이곳에서 이스라엘을 지배했다. 반면에 두 번째 왕인 다윗은 유다에 속한 베들레헴 사람이었다. 둘째, 누가 우리(viz., 북쪽 열 지파)를 푸대접할 것인가? 기브아 사람이다. 사울이 바로 이 성읍 출신이다. 에브라임 산악지대에서 살던 레위 사람을 잘 대접했던 베들레헴 사람들은 다윗을, 그를 푸대접했던 기브아 사람들은 사울을 연상케 한다. 셋째, 누가 예루살렘을 이스라엘의 소유로 만들어서 무리하게 이 성읍을 지나쳐야 하는 부담을 없애고 안전하게 거기서 밤을 지낼 수 있도록 해줄 것인가/해주었는가? 레위 사람이 첩을 데리고 집으로 돌아가다가 원래는 예루살렘에서 하룻밤을 보내야 했지만, 그곳에는 이방인인 여부스 족이 있어서 다소 무리를 해서 동족의 땅인 기브아까지 갔다. 그러므로 이 사건은 예루살렘이 아직 이스라엘의 땅이 아니어서 비롯된 비극이다. 사울은 오랫동안 이스라엘을 통치했지만, 예루살렘을 이스라엘의 땅으로 만들지 못했다. 반면 통일 왕국의 왕이 된 다윗이 처음으로 이룬 업적은 예루살렘 정복이었다(삼하 5장). 다윗은 이 도성을 평정하여 이스라엘에 귀속시켜 이스라엘 사람이 더 이상 예루살렘을 기피할 필요가 없도록 했다.

또한 사울을 포함한 베냐민 지파 사람은 전쟁에서 패배한 전사들과 이들이 납치와 강간을 통해 강제로 결혼한 야베스 길르앗 여인들의 후손이다(Schneider). 이는 베냐민 후손은 혈통이 별로 좋은 족속이 아니라는 점을 강조하고 있는 듯하다. 이런 관점에서 이 이야기는 매우 친다윗(pro–David)–반사울(anti–Saul) 성향을 띤다. 사울과 다윗 혹은 사울 집안과 다윗 집안의 갈등이 엿보이는 것이다. 그렇다면 이 이야기가 다윗 집안과 사울 집안 중 어느 쪽을 선택할까를 두고 고민하는 이스라엘 지파에게 가장 결정적으로 작용한 때는 언제쯤이었을까? 아무래도 다윗이 정권을 잡기 직전 혹은 직후에 이런 이야기가 가장 필요했을 것이다(Brettler, Sweeney). 해리슨(Harrison)은 이 부분이 왕정 시대의 초창기(주전 10–11세기)에 집필된 것이라며 상당히 긴 기간을 염두에 두지만, 다윗이 왕위에 오른 때가 주전 1010년쯤이었으므로 이스라엘 사람을 다윗 쪽으로 기울게 하는 이야기의 기능은 주전 1010–1000년쯤 가장 큰 효력을 발휘했을 것이라고 한다.

물론 책 전체의 저작 연대나 편집 시기는 이 이야기가 어떻게 사용되었는가와는 별개의 문제다. 블록(Block)은 책의 내용이 유다의 왕 중 최악이었던 므낫세(697–643 BC, cf. Thiele) 시대에 가장 현실적이고 의미 있는 메시지를 이스라엘에게 선포했을 것이라 하여 사사기를 이 시대에 저작된 것으로 생각한다. 블록 외에도 많은 학자가 사사기가 최종적으로 정리된 시기를 주전 6–7세기 즈음으로 생각한다. 바빌론 포로 때까지 저작 연대가 늦추어지는 것이다. 일부 학자들은 2:6–16:31

이 '신명기적 사가'(Deuteronomistic Historian)에 의해 저작되었다고 간주한다.[8] 그러나 위에 언급한 책의 여러 정황과 내용은 이때를 저작 연대보다는 최종 편집 시기로 보는 것이 바람직함을 말해 준다. 사사기는 가나안 정복 시대부터 유래되어 온 책이었으며, 주전 6-7세기쯤에 누군가가 자신에게 전해져 온 여러 가지 역사적 자료를 바탕으로 편집한 것으로 생각된다.

2. 역사적 정황

여호수아의 죽음을 기점으로 이야기를 시작하는 사사기는 상당한 기간을 정리하고 있다. 이른 출애굽설(15세기 출애굽설)에 의하면 여호수아의 죽음은 주전 14세기 전반에 있었던 일이다. 이스라엘에서 사사 시대가 진행되는 동안 많은 문명이 위기 혹은 종말을 맞았다. 거기에는 소아시아의 헷 족(Hittites in Asia Minor), 미노아 족(Minoans), 미케네 족(Myceneans) 등이 포함되어 있었다(de Vaux). 이 기간은 가나안에서 청동기 시대가 끝나고 철기 시대가 완전히 정착되어 블레셋 족속이 팔레스타인의 해안을 침투한 때였다(Bright). 사사기는 사무엘이 사울에게 왕으로 기름 붓기 전에 끝났다. 이때가 주전 1050년 즈음이다. 그렇다면 사사기는 최소한 300-350년의 세월을 정리하는 것이다.

사사기는 시간에 대해 자주 언급하는데, 거의 모두 이스라엘이 다른 족속에게 억압당한 기간이나 이스라엘이 억압과 억압 사이에 누렸던 평화 시대의 기간에 관한 것이다. 책이 언급하는 기간을 모두 더하면 최소한 410년이 된다(Howard). 여기에 엘리-사무엘-사울-다윗 시대(최소한 100년)와 광야에서 보낸 40년을 더하면 출애굽 사건에서 사사 시대가 끝날 때까지 최소한 550년의 시간이 흘렀다.[9] 그러나 열왕기상

---

8 '신명기적 사가'에 대해서는 『엑스포지멘터리 여호수아』 서론을 참고하라.

9 엘리와 사무엘도 사사이므로 이들이 활동했던 시대는(80여 년) 전체 연도에서 빼도 무관

6:1은 출애굽 때부터 솔로몬이 성전 건축을 시작한 때(주전 967년쯤)까지를 480년이라고 한다. 그렇다면 70년 정도의 시간 차이를 어떻게 이해할 것인가?

사사기를 자세히 살펴보면 70년 정도의 차이는 그다지 큰 문제가 아니다. 책에 기록된 사사가 대를 이어 온 이스라엘을 구원하고 지배한 것이 아니라 여러 사사가 동시대에 각기 다른 지역에서 활동했던 것이 확실하기 때문이다. 즉, 사사기에 언급된 일이 꼬리를 이으며 순서대로 일어난 것이 아니라 여러 사사의 일이 동시에 이스라엘의 여러 지역에서 일어났을 것이라는 해석이다. 책에 먼저 등장하는 사사가 나중에 모습을 드러내는 사사보다 시대적으로 앞서 살았던 것으로 간주할 필요도 없다. 저자의 의도에 따라 각 사사의 이야기의 역사적 순서는 항상 바뀔 수 있다. 또한 사사기 저자가 이스라엘을 다스렸던 모든 사사를 자신의 책에 기록하고 있다고 볼 필요도 없다. 저자가 이 책에서 언급하지 않은 대표적인 사사로는 사무엘상 앞부분에 등장하는 엘리와 사무엘을 들 수 있다. 저자는 수많은 사사 중 일부 사사만을 선별해 자신의 책에 언급하고 있는 것이다. 또한 일부 주석가들은 책에 자주 등장하는 40년을 한 세대를 상징하는 숫자로 간주할 뿐 실제 기간으로 생각하지 않는다(Younger). 다음 사항을 생각해보자.

사사기 3:12-14에 의하면 모압 왕 에글론이 암몬 족과 아말렉 족과 합세해 이스라엘을 괴롭혔다. 그러나 그들은 겨우 '종려나무 성읍'(viz., 여리고 성; cf. 신 34:3; 대하 28:15)을 정복했다. 즉, 이들의 승리는 온 이스라엘을 통치하는 것으로 이어지지 않았던 것이다. 에훗 사건(3:15-30)은 온 이스라엘이 아니라 에브라임과 베냐민 지파의 땅에서 일어난 일

하다. 저자가 엘리와 사무엘을 사사기에 언급하지 않은 것은 저작 목적과 직접적으로 연관이 있다. 저자는 이 시대를 이스라엘이 매우 비참하게 몰락한 시대로 평가하고 있으며, 이스라엘이 황폐하게 된 것에 사사가 일조했음을 강조한다. 이런 정서에서 사무엘서가 훌륭한 사사로 묘사하는 사무엘과 엘리를 포함시키는 것은 책의 성향과 저자의 의도에 맞지 않으므로 이들에 대해 언급하지 않는 것이다.

이었음이 확실하다. 기드온이 미디안 사람과 싸울 때 므낫세, 아셀, 스불론, 납달리 지파만 그를 도왔다(6:35; 7:23). 전쟁이 시작된 후에야 에브라임이 그를 도왔다는 점(7:24)에서도 역시 기드온이 온 이스라엘이 아니라 일부 지역에서 활동했음을 알 수 있다. 다음 도표를 참고하라.

대적자	왕/족속	이스라엘의 구원자	승리자	전쟁 장소	관련 구절
베섹	아도니 베섹		유다	베섹	1:4–7
기럇 아르바(헤브론)	세새, 아히만, 달매	갈렙	유다	헤브론	1:10
기럇 세벨(드빌)		옷니엘	유다	드빌	1:12–13
여러 성읍			유다	여러 성읍	1:17–18
루스(벧엘)			므낫세, 에브라임	벧엘	1:22–25
메소포타미아	구산 리사다임	옷니엘	이스라엘		3:10
모압	에글론	에훗	이스라엘	여리고	3:15–30
하솔	야빈	드보라	이스라엘	하로셋 학고임	4:4–16
미디안	스엡, 세바, 오렙, 살문나	기드온	이스라엘	모레 산	7:7–8:25
내란: 아비멜렉 대 세겜	아비멜렉	가알	아비멜렉	세겜	9:34–41
내란: 아비멜렉 대 데베스	아비멜렉		이스라엘	데베스	9:50–57
암몬		입다	이스라엘	요단 강 동편	11:29–33
내란: 길르앗 사람	에브라임 사람	입다	길르앗	사본	12:1–6
라이스			단	라이스	18:27–29
내란: 이스라엘 대 베냐민 지파			이스라엘	기브아	20:1–48

위 도표를 보면 세월이 흐름에 따라 온갖 우상숭배와 죄악 속에서 헤매던 이스라엘은 그들의 생존을 위협하는 다른 족속을 대항해서 싸울 뿐만 아니라 동족끼리도 번번히 서로의 가슴을 향해 창을 겨눈다. 사사기는 이스라엘 역사를 시간이 지날수록 하향 곡선을 그리는 매우 암울한 상황으로 묘사한다. 저자는 문제가 있는 사사일수록 이런 정황을 더 상세하게 기록하여 강조한다. 문제가 있는 사사일수록 더 많은 공간을 할애하는 것이다(Younger). 책의 전반부보다 후반부로 갈수록 사사들 이야기가 길어지는 것은 시간이 지날수록 사사와 이스라엘이 망가져 가고 있음을 저자가 강조하기 때문이다. 급격하게 타락하는 하나님 백성의 삶, 급기야 서로를 향해 칼을 듦으로 망가져 버린 동족애, 저자는 곧 수년 전 방영된 드라마 '형제의 강' 테마로 사사기의 막을 내린다.

3. 통일성

많은 학자가 1:1–2:5과 2:6–3:6을 한 쌍의 서론으로 여긴다(Gooding, cf. Howard, Block, Younger). 두 문단이 제시하는 내용과 구조가 같기 때문이다. 그러나 두 부분의 확연히 다른 중심 주제는 두 서론의 필요성을 강조한다. 첫 번째 서론(1:1–2:5)은 이스라엘이 가나안 사람을 진멸하지 않은 전쟁 실패를 중점적으로 다루고 있으며, 두 번째 서론(2:6–3:6)은 이스라엘이 도입한 가나안 우상을 중심 주제로 다루고 있다. 그렇다면 두 서론이 어떻게 한 책에서 공존하게 되었는가? 거의 모든 학자가 사사기는 원래 2:6에서부터 시작되었으며 사사기를 이해하는 데 중요한 타락 사이클(2:10–23)을 포함하였는데(Block; cf. Gooding), 훗날 다른 사람이 사사기와 여호수아서의 관계를 더 확실하게 하기 위해 1:1–2:5을 더했다고 생각한다. 다음 도표를 참고하라.

여호수아가 죽은 후에(1:1) ↓ 이스라엘의 정복 실패(1:1-2:5) ↓ 내가 그들을 너희 앞에서 쫓아내지 아니하리니(2:3)	여호수아가 죽은 후에(2:8) ↓ 이스라엘의 반역(2:10-3:6) ↓ 그 이방 민족들을 머물러 두사 그들을 속히 쫓아내지 아니하셨으며(2:23)

사사기는 또한 두 개의 결론을 지닌 것으로 이해된다. 여기에 삼손 이야기도 일종의 결론 역할을 한다고 간주하면 사사기의 결론은 둘이 아니라 셋이 될 수도 있다. 삼손 이야기의 역할을 생각해 보자. 시간이 지날수록 악화되는 사사의 기질과 인격이 삼손에 이르러 최악으로 치닫는다. 삼손은 하나님의 사람이 결코 해서는 안 될 일만 골라서 하며 나실인이 지켜야 할 기준을 모두 파괴하는 인물이다. 모든 면에서 삼손은 최악의 사사이며, 각 사사의 사적인 부패는 삼손 이야기(13-16장)에서 최고조에 달한다. 이런 차원에서 삼손 이야기 역시 또 하나의 결론이 될 수 있는 것이다.

그러나 사사의 개인적인 몰락을 극적으로 묘사하는 삼손 이야기는 저자가 염두에 둔 두 개의 결론에 속하지 못한다. 저자는 이처럼 형편없는 사사의 지배를 받았던 이스라엘 공동체의 몰락으로 책을 마무리하는데(17-21장), 이 부분에 두 개의 서론과 대칭을 이루는 두 개의 결론이 등장한다. 두 번째 서론에서(2:6-3:6) 저자는 이스라엘이 가나안의 우상을 숭배한 것을 지적했다. 이제 그는 첫 번째 결론(17:1-18:31)에서 이스라엘이 스스로 우상을 만들어 숭배한 일을 고발한다. 첫 번째 서론(1:1-2:5)에서는 이스라엘과 가나안 족속의 전쟁이 중심 주제였는데, 두 번째 결론(19:1-21:25)에서는 이스라엘의 내란을 회고한다. 미가의 우상과 단 지파의 우상숭배 이야기를(17-18장) 통해 온 이스라엘 공동체의 종교적 몰락을 고발한 후, 이스라엘과 베냐민 지파의 갈등과 후속 조치 이야기(19-21장)로 최악에 달한 온 이스라엘의 부패를 회고하는 것이다(Polzin). 두 서론과 두 결론은 다음과 같은 구조를 지니고 있다(Gooding).

A. 진멸이 전제된 이방인과의 전쟁(1:1-2:5)
  B. 이스라엘이 도입한 이방 우상(2:6-3:6)
  B′. 이스라엘이 스스로 만든 우상(17:1-18:31)
A′. 진멸이 적용된 이스라엘 동족 간의 전쟁(19:1-21:25)

두 개의 결론은 또한 반복되는 문구를 사용하여 다음과 같이 교차대구법적 구조를 지닌다. 거의 비슷한 말이 이 부분에서 네 차례나 반복되는 것은 이스라엘의 최종적인 몰락은 의를 지향하고 하나님의 말씀으로 다스리는 왕이 없었기 때문이라는 점을 강조하기 위함이다. 그러나 8:23에서 기드온을 통해 "내가 너희를 다스리지 아니하겠고…여호와께서 너희를 다스리시리라"라며 이스라엘이 하나님의 통치를 받아야 한다는 것을 강조하고 있는 점을 감안할 때, 다음 구조에서 반복되는 말씀은 이스라엘의 몰락이 육적인 왕이 없었기 때문만이 아니라 영적인 왕(viz., 하나님의 통지)도 없었기 때문임을 확실히 하려는 것이다(Younger). 다음 구조를 참고하라.

A. 그 때에는 이스라엘에 왕이 없었으므로
사람마다 자기 소견에 옳은 대로 행하였더라(17:6)
  B. 그 때에 이스라엘에 왕이 없었고…(18:1)
  B′. 이스라엘에 왕이 없을 그 때에…(19:1)
A′. 그 때에 이스라엘에 왕이 없으므로
사람이 각기 자기의 소견에 옳은 대로 행하였더라(21:25)

사사기는 여러 개의 단편적인 텍스트(blocks of text)로 구성되었다. 저자가 여러 사사의 이야기를 수집해 통일성 있고 일관성 있는 주기에 따라 정리하여 책을 저작한 것이다. 책 중심부를 구성하고 있는 여러 사사의 이야기는 2:6–3:6(특히, 2:10–23)에 제시된 양식에 따라 읽도록 되어 있다. 이름만 언급되다시피 한 사사들(일명 '소[小]사사들')은 예외이지만, 자세히 묘사되어 있는 일곱 사사(일명 '대[大]사사들')의 이야기는 이 양식에 따라 대체로 다섯 단계로 진행된다. 그러나 세월이 흐름에 따라 처음에는 뚜렷하게 보였던 양식의 다섯 단계가 점차 파괴되어 마지막 사사인 삼손 이야기에서는 이 단계들이 거의 보이지 않는다. 2:10–23에 기록된 이야기 주기의 다섯 단계는 다음과 같다.[10]

1. 이스라엘이 하나님 보시기에 악한 행동을 했다(2:11; 3:7, 12; 4:1; 6:1; 10:6; 13:1).
2. 죄에 대한 자세한 언급은 없지만 그들의 죄는 하나님을 화나게 하였고, 하나님은 그들을 이방 민족의 손에 붙여 박해를 받게 하셨다(2:14; 3:8; 4:2; 10:9).
3. 그들은 박해를 받는 도중에 하나님께 울부짖으며 도움을 청했다(3:9, 15; 6:6–7; 10:10).
4. 하나님이 그들의 음성을 들으시고 사사를 세우셨다(2:16; 3:9, 15; 10:1, 12). 이스라엘을 구하는 사사는 하나님의 영에 사로잡힌 자였다(3:10; 6:34; 11:29; 13:25; 14:6, 19).

---

10 이 주기는 학자에 따라 최소 5단계에서 최고 10단계로 나뉜다. 이 책에서는 최대한으로 간략하게 5단계로 구분한다. 영거(Younger)는 다음과 같이 8단계로 나눈다.

1. Israel does evil in the eyes of Yahweh.
2. Yahweh gives/sells them into the hands of oppressors.
3. Israel serves the oppressor for X years.
4. Israel cries out to Yahweh.
5. Yahweh raises up a deliverer(i.e., judge).
6. The Spirit of Yahweh is upon the deliverer.
7. The oppressor is subdued(reversal of component 2).
8. The land has "rest" for X years.

5. 이스라엘의 구원(해방)은 이방 민족의 복종으로 이어지며 몇 년 동안의 평화가 있었다. 마지막으로 사사의 죽음과 묻힘으로 각 주기가 끝난다(3:10–11; 8:28–32; 10:2–5; 12:9–15).

책의 중심부(3:7–16:31)는 12사사에 대한 이야기로 형성되어 있으며, 마지막 부분은 타락할 대로 타락해 버린 상황을 보충 설명하는 두 사건으로 구성되어 있다(17:1–21:25). 각각의 양식에 따라 제시되고 있지만, 사사들 이야기는 시간이 지날수록 전반적으로 하향 곡선을 그리고 있다. 열두 사사 중 주요 인물이 사사기의 구성(storyline)에 기여하는 점을 요약하면 다음과 같다(김지찬, Bluedorn, cf. Younger).

<table>
<tr><th>3:7–11</th><th>3:12–30</th><th>4:1–5:31</th><th>6:1–8:32</th><th>8:33–9:57</th><th>10:6–12:7</th><th>13:1 16:31</th></tr>
<tr><td>옷니엘</td><td>에훗</td><td>드보라</td><td>기드온</td><td>아비멜렉</td><td>입다</td><td>삼손</td></tr>
<tr><td rowspan="2">문예적 모델</td><td rowspan="2">A
고독자 영웅

동쪽 적
베냐민 지파</td><td rowspan="2">B
여인에게 의존</td><td>C
바알 공격: 여호와가 왕</td><td>C′
바알 이름으로 스스로 왕이 됨</td><td rowspan="2">B′
이미 사회에서 추방된 인사에 의존</td><td rowspan="2">A′
고독자 영웅

서쪽 적
단 지파</td></tr>
<tr><td colspan="2">중심 이슈:
누가 왕인가?
바알인가?
여호와이신가?</td></tr>
</table>

이스라엘의 첫 사사인 옷니엘의 위치는 특별하다. 옷니엘 이야기는 사사가 무엇을 하는 사람인지를 구체적으로 보여주는 본보기다(Howard, Block, Younger). 옷니엘 이야기(3:7–11)를 살펴보면 다음과 같이 모델적인 사사 이야기 양식을 구성하고 있는 열 가지 요소를 포함하고 있으며, 또한 2:10–23에 제시된 주기에 따라 진행된다.

	요소	성경 말씀	옷니엘	사이클
1	악행	이스라엘 자손이 여호와의 목전에 악을 행하여	3:7	2:11
2	우상숭배	여호와를 잊어버리고 바알들과 아세라들을 섬긴지라	3:7	2:12ff.
3	진노	여호와께서 이스라엘에게 진노하사	3:8	2:14, 20
4	팖	그들을 구산 리사다임의 손에 파셨으므로	3:8	2:14
5	부르짖음	이스라엘 자손이 여호와께 부르짖으매	3:9	
6	지명	여호와께서 한 구원자를 세워 구원하게 하시니	3:9	2:16, 18
7	사사	그가 이스라엘 사사가 되어	3:10	2:16, 18
8	승리	옷니엘의 손이 구산 리사다임을 이기니라	3:10	
9	평화	그 땅이 평온한 지 사십 년에	3:11	
10	죽음	그나스의 아들 옷니엘이 죽었더라	3:11	

옷니엘 이야기를 구성하고 있는 위에 나열된 10가지 요소들이 나머지 사사의 이야기에도 모두 등장하는 것은 아니다. 대부분의 사사 이야기에서 이 10가지 요소 중에서 몇 개씩이 생략되다가 마지막 사사인 삼손 이야기에서는 없는 것이 있는 것보다 많아진다. 아울러 삼손 이야기에만 이스라엘이 하나님의 은혜를 체험하는 데 가장 중요한 역할을 하는 '부르짖음'이 없다는 점은 삼손 시대에 이르러서는 이스라엘이 아무리 어렵고 힘들어도 하나님께 부르짖지도 않을 정도로 영성이 악화되었음을 뜻한다.

옷니엘, 에훗, 드보라 시대에는 이스라엘이 부르짖자마자 하나님이 이스라엘에게 구원의 손길을 내미셨다. 그러나 기드온 시대부터는 하나님이 이스라엘의 부르짖음을 들어주기는커녕 오히려 야단을 치신다(6:8-10). 이런 변화는 하나님이 이스라엘의 끝없는 죄로 인내심을 잃어가고 계심을 시사한다. 그러나 하나님의 심적 변화에도 아랑곳하지 않고 이스라엘은 계속 하나님께로부터 멀리 떠나 삼손 시대에 이르러서는 하나님께 부르짖는 것조차 잊게 되었다. 책을 시작하면서 제시된 양식이 시간이 지나면서 급속히 무너져 결국 사사들 이야기를 구성했던 요소들이 대거 삭제된 것은 편집자(들)의 부주의로 빚어진 결과가 아니라 저자의 의도적인 기술 방식인 것이다(Exum). 저자는 이런 기술 방식을 통해 시간이 지날수록 커져만 가는 혼란과 무질서를 강조했다. 다음 도표를 참고하라.

요소	옷니엘	에훗	드보라	기드온	입다	삼손
악행	3:7	3:12	4:1	6:1	10:6	13:1
우상숭배	3:7				10:6	
진노	3:8				10:7	
팖	3:8	3:12, 14	4:2	6:1	10:7ff	13:1
부르짖음	3:9	3:15	4:3	6:6ff	10:10	
세움	3:9	3:15				
사사	3:10		4:4ff		12:7	15:20; 16:31
승리	3:10	3:30	5:31	8:28		
태평	3:11	3:30	5:31	8:28		
죽음	3:11			8:32	12:7	

저자는 책의 첫 부분과 마지막 부분에 "누가 먼저 올라가서…싸우리이까?"라는 이스라엘의 질문과 "…가 먼저 올라갈지니라"라는 하나님의 대답을 사용하여 책 전체에 추가적인 통일성을 부여하고 있다. 이 질문들이 사사기 앞과 뒤에서 전체를 지탱하는 일종의 책 받침대(bookends) 역할을 하고 있다(Boda).

A. 책을 시작하는 질문과 대답(1:1-2)
   1. 이스라엘의 질문: "우리 가운데 누가 먼저 올라가서 가나안 족속과 싸우리이까?"

2. 여호와의 대답: "유다가 올라갈지니라 보라 내가 이 땅을 그의 손에 넘겨주었노라."

A′. 책을 마무리하는 질문과 대답(20:18)
1. 이스라엘의 질문: "우리 중에 누가 먼저 올라가서 베냐민 자손과 싸우리이까?"
2. 여호와의 대답: "유다가 먼저 갈지니라."

그러나 저자는 동시에 이 두 '받침대' 사이에 매우 중요한 차이점도 제시한다. 첫째, 1장에 묘사된 전쟁은 성전(聖戰)이며 이스라엘이 대항하여 싸우러 나가는 적은 이방 족속이다. 반면에 20장에서 이스라엘의 적은 다름 아닌 동족 베냐민 지파다(20:23, 28에 '내 형제 베냐민'이란 말이 두 번 강조되고 있음). 1장은 가나안을 정복하기 위한 전쟁에 대해 회고하고 있지만, 20장은 오히려 역정복(reverse conquest)을 초래하는 행위에 대해 기록하고 있다. 둘째, 1장에서는 하나님이 응답하시면서 승리를 선언하셨다. 그러나 20장에는 승리에 대한 선언이 빠져 있다. 이는 하나님의 마음을 아프게 하는 동족 상잔이 일어나고 있어서 그 어느 쪽도 쉽게 승리를 약속하실 수 없으셨던 것이다. 저자는 이러한 차이점을 이용해 책에 역동성을 부여한다.

위에 언급된 책의 통일성에도 불구하고 일부 학자들은 사사기를 두 권의 책으로 본다. 반왕(anti-kingship)적인 성향으로 구성되어 있는 1-12장과 친왕(pro-kingship)적인 정서를 지닌 13-21장이다(Buber). 부버(Buber)에 의하면 저자의 아도니 베섹(1:5-7), 모압 왕 에글론(3:15-25), 가나안 왕 야빈(4:23-24) 등에 대한 부정적인 평가와 기드온의 왕권 거부(8:22-23)와 아비멜렉의 왕정 실패(9:7-15) 등이 1-12장을 반왕적인 책으로 만들었으며, 후반부에서 후렴처럼 반복되는 "그 때에 이스라엘에 왕이 없었으므로 사람이 자기 소견에 옳은 대로 행하였더라"(17:6; 18:1; 19:1; 21:25)라는 말은 13-21장을 친왕적 책으로 만들었다는 것이다.

그러나 후반부도 전반부처럼 반왕(anti-kingship)적 성향을 띠고 있다는 것이 많은 학자의 결론이다(Dumbrell). 왕이 없었던 것이 모든 문제의 발단이었다는 저자의 말을 표면적으로만 해석하는 것은 곤란하기 때문이다. 왕권만 형성되면 모든 문제가 해결될 것으로 기대하는 것은 매우 단순한 논리이며, 이스라엘에 다윗·히스기야·요시야와 같은 훌륭한 왕이 있기 전 사울·아하스·므낫세 같은 사람도 있었다는 점이 이런 단순 논리를 의심케 한다. 설령 훌륭한 왕이 등극한다 해도 그의 통치가 끝나면 국가는 다시 위기를 맞을 수 있다(Olson). 즉, "왕이 없었으므로 사람마다 자기 소견에 옳은 대로 행하였더라"라는 말은 인간왕에 대한 기대를 초월히여 메시아 왕에 대한 갈망으로까지 이해될 수 있는 것이다. 사사기는 처음부터 끝까지 반왕적 분위기를 이어가는 책이다.

4. 가나안 종교와 문화

이스라엘 사람은 유일하신 하나님을 믿으며 꾸준히 그분의 은혜를 체험하면서도 지속적으로 가나안 족속과 그들의 신들에게 관심을 가졌으며 심지어 조상을 이집트에서 구원하고 땅을 주신 여호와에게 등을 돌리고 가나안 신들을 숭배했다. 그 이유는 무엇일까? 이스라엘 사람이 가나안 종교에 매력을 느낀 이유를 생각해보자. 이스라엘이 가나안 정복에 나섰을 때, 가나안 땅은 늦은 청동기 시대(Late Bronze Age, 1550-1200 BC)를 맞아 지역의 문명이 도시 국가를 중심으로 상당히 발달되어 있었다(Bright). 가나안 땅은 '젖과 꿀이 흐르는' 기름지고 아주 좋은 땅이었으며 거주민의 생활도 매우 윤택했다(민 13장). 문화, 예술, 건축, 상업, 정치 구조 등에서 매우 발달한 족속들이 가나안 땅에 거주하고 있었다(de Vaux). 여러 가지 면에서 가나안에는 상당한 부(富)가 이미 축적되어 있었으며, 물질은 그 당시에도 지금처럼 사람을 끄는 강력한 힘이었다.

이 같은 가나안의 정황이 수백 년 동안 이집트에서 노예 생활을 하다 극적으로 탈출해서 40여 년 동안 아무것도 없는 광야 생활을 해왔던 이스라엘 사람에게는 더없이 매력적으로 보일 수밖에 없었을 것이다. 게다가 이스라엘 사람이 가나안 원주민에게 그들이 누리는 풍요로움과 문명의 발전 비결에 대해 물었을 때 그들은 종교(들)가 자신들이 누리는 모든 경제, 정치, 문화적 부흥의 원동력이라고 대답했다. 비록 하나님의 놀라운 능력에 대해 선조들로부터 많은 이야기를 들어온 이스라엘 사람이지만 이런 원주민의 증언을 듣고 쉽게 엉뚱한 길로 빠지기는 상당히 쉬운 일이었을 것이다. 하나님이 이스라엘에게 가나안 사람을 진멸하라고 명하신 이유 중 하나도 바로 이런 염려 때문이었다.

여호수아가 죽은 이후 가나안에 정착해서 살아가는 이스라엘 세대들은 체험적인 신앙보다는 조상 때부터 전래된 신앙을 소유한 자들이었다. 여기서 우리는 한 세대에서 다음 세대로 전해지는 신앙의 한계를 보아야 한다. 하나님의 살아 계심에 대한 체험이 동반되지 않는다면, 한 세대가 다음 세대에게 물려주는 신앙 유산의 효력은 제한적일 수밖에 없다. 그러므로 기성 세대가 다음 세대를 위해 할 수 있는 가장 중요한 일은 자신들이 체험한 하나님과 그분의 능력을 다음 세대가 그들의 삶에서 체험할 수 있도록 돕는 일이다. 하나님이 그들을 만나주실 때만 능력과 확신으로 가득 찬 전 세대의 믿음이 다음 세대에게 전해질 수 있기 때문이다.

이스라엘은 가나안에 입성하자마자 바알, 아세라 등 이방 신들을 숭배했다(2:11-13, 17, 19; 3:7; 8:33; 10:6 등). 왜 이스라엘은 이처럼 쉽게 여호와 하나님께 등을 돌리고 이방 신들을 좇게 되었는가? 민족과 지역을 막론하고 원만한 의식주 해결이 큰 관건이었던 원시 사회에서는 자연히 풍요와 다복을 약속하는 종교들이 인기였다. 가나안의 종교도 이러한 성향을 지녔다. 따라서 풍요로움과 다산을 앞세웠던 가나안 종교는 이스라엘 사람에게 매우 매력적으로 보였다.

이스라엘이 가나안 종교에 대해 더욱 매력적으로 느꼈던 이유에는 합리화된 신전 매춘도 일조했다. 바알 신전에는 항상 '여 제사장'이 있었고, 바알 숭배자는 바알을 자극해 풍요와 다산을 얻기 위해 바알 신전의 바알 신상 앞에서 이들과 성관계를 가졌다. 그들은 논밭의 생산성을 높인다는 명분하에 매춘을 종교 예식으로 삼았던 것이다. 일부 바알 숭배자에게는 '님도 보고 뽕도 따는' 즐거운 일이었다. 이처럼 성(sex)과 혼합된 가나안 종교는 이스라엘 사람의 마음을 사로잡았다(민 25장). 이처럼 이스라엘 주변에서는 다양하고 많은 신을 섬기고 있었다. 성경이 언급된 고대 근동의 신들은 다음과 같다.

	신	국가	지위	성경구절
성경에 언급된 팔레스타인 신들	바알	가나안	젊은 폭풍 신	왕상 16:31; 18:18-46
	아스다롯(Astarte)	가나안	모신, 사랑, 다산의 신	삿 2:13; 10:6; 삼상 12:10; 왕상 11:5
	그모스	모압	전쟁 신	민 21:29; 삿 11:24; 왕상 11:7, 33; 렘 48:7
	몰록(말감, 밀곰, 몰렉)	암몬	국가의 수호 신	습 1:5; 렘 49:1; 왕상 11:7, 33
	다곤	블레셋	곡물 신	삿 16:23; 삼상 5:2-7
	하늘 황후	가나안	아스다롯과 동일	렘 7:18; 44:17-25
성경에 언급된 메소포타미아 신들	마르둑	바벨론	젊은 폭풍 신, 주신	렘 50:2
	벨	바벨론	마르둑의 다른 명칭	사 46:1; 렘 50:2; 51:44
	느보	바벨론	마르둑의 아들	사 46:1
	담무스	수메르	젊은 폭풍 신	겔 8:14

성경에 언급되지 않은 고대 근동의 주요 신들은 다음과 같다.

이집트	메소포타미아	가나안-시리아
오시리스-죽음	아누-만신전의 우두머리	엘-가나안 모든 신의 우두머리
이시스-생명	엔릴-폭풍	아나트-전쟁
호루스-태양	에아엔키-태초의 깊음	모트-죽음, 불모
하솔-모신	신(난나)-달(月)	아다드-시리아의 폭풍 신
레-태양	이쉬타-성(性), 다산	테숩-히타이트의 폭풍 신
셋-악, 폭풍	티아맛-바닷물	한나-헷 족속의 모신(母神)
프타-명장, 멤피스의 창조신	니누트라-전생 섭터레인-물	아린나-헷 족속의 태양 여신

위 신 중 가나안에서는 다음 다섯 신이 가장 중요한 위치를 차지했다. 첫째, 엘(El)이다. 엘은 가나안 신들의 우두머리였다. 그는 모든 신과 사람들의 아버지였다. 그러나 그의 능력은 다른 신들에 비해(특히, 아들 바알에 비교할 때) 상대적으로 약했다. 둘째, 아세라(Asherah)다. 아세라는 엘의 아내였으며 모든 신의 어머니였다. 그녀의 이름은 성경에도 언급되어 있으며(왕상 15:13; 18:19; 왕하 21:7; 23:4; 대하 15:16), 이 여신과 연관된 아세라 기둥이 성경 여러 곳에 등장한다(신 16:21; 삿 6:25, 28, 30; 왕하 23:6). 이스라엘 남부의 쿤틸렛 아즈루드(Kuntillet Ajrud)라는 곳에서는 이 여신을 그린 그림과 다음 문구를 담은 팻말이 발견됐다. "여호와와 그의 아내 아세라를 위해"(Howard). 이 팻말을 만든 자들은 여호와와 아세라를 결합시켜 숭배하던 종교적 혼합주의(syncretism)에 빠져 있었던 것이다. 서양에서는 점을 쳐주는 사람(fortunetellers)의 대부분이 집시들인데, 이들의 특징은 자신들의 가게에 꼭 성모 마리아상을 가져다 놓는다는 점이다. 가나안에서 성행했던 종교적 혼합주의가 오늘날에도 우리 주변 곳곳에 도사리고 있다.

셋째, 바알(Baal)이다. 바알은 태풍과 천둥의 신이며 비를 조정하는 신이라 작물의 풍요로움을 좌우하는 신이다. 그는 가나안에서 가장 위대하고 능력 있는 신으로 숭배되었다. 물이 귀한 가나안에서 풍요와 다산은 비와 연결되어 있기 때문일 것이다. 태풍(물)이 와야 모든 것이 소생하고 잘 자란다는 생각에서 바알이 가장 중요하고 능력 있는 신으로 숭배되었다. 우가릿(Ugarit)에서 발견된 바알 신전의 유물에 의하면, 사람들은 바알이 매년 계절의 변화에 따라 죽고 부활하는 것을 반복한다고 믿었다. 바알은 성경에 자주 언급되며, 그가 이스라엘에 최고의 영향력을 끼친 것은 아합 왕 시대였다(왕상 16:29–22:40).

넷째, 아스탈테/아쉬토레트(Astarte/Ashtoreth)이다. 아스탈테 혹은 아쉬토레트로 알려진 이 여신 역시 다산의 신이었다. 이 신은 사랑과 전쟁의 여신으로도 숭배되었으며 바알과 깊은 연관성이 있었다. 이 신의 활동은 별자리의 변화와 관계가 있었으며, 우가릿 신전에는 자주 등장하지 않으나 메소포타미아의 이쉬티(Ishtar)와 연관성이 있고 이집트에서도 숭배되었다. 아쉬토레트란 이름으로 바알과 같이 성경에 등장한다(삿 10:6; 삼상 7:4; 12:10).

다섯째, 아나트(Anath)이다. 아나트는 바알의 여동생이자 아내였다. 사랑과 전쟁의 여신이었으며 날개를 단 모습으로 자주 등장했다. 성경에는 등장하지 않지만 삼갈이라는 사람의 이름과 연결되어 언급된다. "아낫(아나트)의 아들 삼갈이 있어"(삿 3:31, 새번역).

5. 신학적 이슈들

사사기는 다양한 해석상의 논쟁을 안고 있는 책이다. 책이 제기하고 있는 여러 가지 논쟁 중 다음 세 가지를 생각해보자. 첫째, 사사는 어떤 사람이었으며 무엇을 기준으로 사사로 세움을 받았는가? 그들은 어떤 사역을 한 사람인가? 저자는 사사를 어떻게 평가하는가? 둘째, 천사는 누구며 사사기에서는 어떤 역할을 하는가? 그들의 출현은 무엇을 의미하는가? 셋째, 입다가 바친 딸은 제물이 되어 불살라졌는가, 아니면 평생 결혼하지 않고 홀로 살았던 것을 하나님께 바쳤다고 한 것인가? 입다는 어떤 생각으로 이렇게 끔찍한 일을 하게 되었는가? 넷째, 기드온은 일부 주석가들이 주장하는 것처럼 모세를 연상케 하는 모범적인 사사인가, 아니면 이스라엘의 몰락을 가속화한 죄인인가? 다섯째, 사사기는 구약의 그 어느 책보다 여성의 활약을 부각시키고 있는데, 저자는 어떤 관점에서 여성의 활약을 기록하고 있는가? 여성이 어떻게 대우받았는가 하는 것이 곧 그 사회의 건강도와 직결되어 있다고 하는 일부 학자의 주장은 어떻게 평가되어야 하는가? 여섯째, 베냐민 지파와의 내란 이야기가 사사 시대 초기에 있었던 사건임에도 불구하고 책의 마지막을 장식하고 있는 것은 무엇을 의미하는가? 이런 논쟁들을 하나씩 생각해보자.

(1) 사사

사사는 어떤 사람이었는가? 이스라엘의 사사는 백성의 탄원을 듣고 판결을 내리는 오늘날의 '재판관' 개념은 아니었다(4:4-5에 비친 드보라의 모습만은 예외다). 그들은 이스라엘을 다른 족속의 박해에서 구해내는 군사적 지도자들이었다(Boda). 그들이 누구인가를 설명하는 데 중요한 말씀은 "여호와께서 사사들을 세우사 노략자의 손에서 그들을 구원하게 하셨으나"이다(2:16). 하나님이 노략하는 자의 손에서 이스라엘을 구해 내기 위해 세우신 자가 바로 사사다. 주의 백성의 구원은 하나님이 이루신 일이며, 하나님은 '사사'라는 인간 대리인을 사용하여 이스라엘을 구원하셨던 것이다. 테레사 수녀의 말을 빌리면, 사사는 하나님의 손에 쥐어진 '몽당연필'에 불과했다. 하나님은 이 '몽당연필'을 사용하여 이스라엘을 향한 사랑과 구원의 편지를 써 내려가셨다.

그러므로 우리는 사사가 원수의 손에서 이스라엘을 구원하지만 이 사사를 세우시는 이는 하나님이라는 점을 인식해야 한다. 즉, 사사기에서 이스라엘의 타락이 강조되는 반면 하나님은 이스라엘의 유일한 영웅이자 구원자로 자리를 굳히시는 것이다. 사사들 대부분이 결함이 많은 자라는 점도 이런 사실을 역설한다.[11] 하나님이 이들을 들어 쓰신다는 것 자체가 놀라운 일이다. 이스라엘은 하나님과의 언약을 완전히 파괴하다시피 했지만 하나님은 이스라엘과의 언약 때문에 끝까지 사사들을 사용하여 그들에게 신실하심을 보여주셨다.

비록 하나님이 사사들을 사용하여 이스라엘을 구원하셨지만, 이 사사들이 하나님의 기준에는 절대 미치지 못하는 사람이었다는 사실은 사사 중 그 누구도 직접적으로 '[그] 사사'(הַשֹּׁפֵט)라는 호칭을 받지 못한다는 점에서 역력히 드러난다. 하나님이 사사를 세우셨다는 사실을 통해 이 군사적 지도자들이 사사였음을 간접적으로 인정하는 것은 책에서 여러 차례 등장한다. 그러나 이 단어가 사사의 호칭으로 사용되어 '사사 아무개'라고 표현되는 것은 사사기에 단 한 차례 있을 뿐이다. 바로 11:27이다. 여기서 '사사'(הַשֹּׁפֵט)라는 단어는 하나님의 성호(聖號)로 사용되고 있다.[12] 이 히브리어 문구(יְהוָה הַשֹּׁפֵט)를 우리말 성경은 하나같이 '심판하시는 여호와'(개역, 개역개정) 혹은 '심판자 주'(야훼, cf. 새번역, 공동)로 번역하기 때문에, 저자의 의도가 잘 드러나지 않는다. 반면 일부 영어 성경은 'the Lord[Yahweh], the judge'(lit., '사사/재판관 여호와', NAS, NIV, KJV)로 번역하여 본문의 의미를 잘 드러낸다.

수많은 이스라엘 사사 이야기로 구성되어 있는 사사기에서 오직 여호와만이 직접적으로 사사로 불린다는 사실은 저자의 중요한 관점을 보여준다. 저자는 하나님 외에 그 누구도 직접적으로 사사라 부르지 않음으로써 오직 하나님만이 유일하신 이스라엘의 '사사'라는 점을 강조하고자 한다. 그분만이 이스라엘에게 복도 주고 심판도 할 수 있는

11 더 나아가 학자들은 이 '군사적 통치자들'에 대하여 매우 부정적으로 평가한다. 한 주석가는 이들을 '허세를 부리는 무모한 군인들'(swashbucklers)이라고 부른다(Niditch).

12 וְאָנֹכִי לֹא־חָטָאתִי לָךְ וְאַתָּה עֹשֶׂה אִתִּי רָעָה לְהִלָּחֶם בִּי יִשְׁפֹּט יְהוָה הַשֹּׁפֵט הַיּוֹם בֵּין בְּנֵי יִשְׂרָאֵל וּבֵין בְּנֵי עַמּוֹן׃

사사이신 것이다. 비록 하나님이 여러 인간 대리인을 사사로 세우셔서 이스라엘을 구원하셨지만, 이들이 쓰임받은 것은 그만한 자격이 있어서가 아니라 하나님이 일방적으로 정하신 일이었다.

많은 학자가 책에 등장하는 12사사를 '대사사'와 '소사사'로 분류한다. 이런 분류는 독일의 노트(Martin Noth)에 의해 처음으로 활성화되었다. '대사사'는 옷니엘, 에훗, 드보라, 기드온, 입다, 삼손, 삼갈 등을 뜻한다. 이들은 이스라엘을 위기에서 구한 지도력이 탁월한 군사적 지도자로 평가된다. '소사사'에는 돌라, 야일, 입산, 엘론, 압돈 등이 포함되어 있다. 사사는 법률 해석 등을 통해 정의와 공평을 가르치는 역할을 맡은 것으로 간주된다. 그러나 이런 분류에 따른 이해는 별로 설득력이 없어 보인다.

삼갈은 단 한 절에 언급되기 때문에 소사사다. 그러나 그는 대사사와 같이 이스라엘을 적의 손에서 구했다. 아비멜렉은 기능면에서 볼 때 사사가 아니다. 그는 한 여인이 성벽 위에서 던진 맷돌에 맞아 죽기 전, 스스로 왕이 되었다. 또한 책에서는 사사가 이 두 가지 기준에 의해 구분되지 않는다. 입다 이야기는 앞뒤에 소위 '소사사'의 목록으로 휩싸여 있다. 이런 구조를 통해 보면 저자는 마치 입다 이야기를 책에 등장하는 '소사사'의 한 예로 드는 듯하다. 그러나 노트(Noth)의 기준에 의하면 그는 분명히 '대사사'이다.

옷니엘(대)과 돌라(소)는 이스라엘을 위기에서 구했을 뿐 아니라 정의와 공평을 가르치는 역할을 하기도 했다. 이처럼 대사사와 소사사를 구분하는 기준이 일정하지 않다 하여 어떤 주석가는 이들을 '주요 사사'(primary judges)와 '비(非)주요 사사'(secondary judges)로 구분하는가 하면(Block), 다른 주석가는 '순회적 사사'(cyclical judges, cf. 2:11-20)와 '비(非)순회적 사사'(noncyclical judges)로 구별한다(Younger). 그러나 사사기는 책의 성격상 각 사사에 대해 제한된 정보만을 주기 때문에 저자가 제공하는 정보만을 가지고 그들의 업적을 따져 그룹으로 구분하는 일은 많은 한계성을 지닌 듯싶다(Malamat). 어쨌든 일부 학자들이 주장하는 사사 분류와 그들의 출신 지파에 대해서는 다음 도표를 참고하라.

사사기	대사사	소사사	지파
3:7–11	옷니엘		유다
3:12–30	에훗		베냐민
3:31		삼갈	?
4:1–5:31	드보라		에브라임?
6:1–8:32	기드온		므낫세
8:33–9:57	(아비멜렉)		므낫세
10:1–2		돌라	잇사갈
10:3–5		야일	?
10:6–12:7	입다		?
12:8–10		입산	유다/스불론
12:11–12		엘론	스불론
12:13–15		압돈	에브라임
13:1 16:31	삼손		단

위 도표에서 분명하게 드러나는 것은 일명 '소사사'의 양식이다. 처음에는 한 명이, 그다음에는 두 명이, 마지막으로 세 명이 그룹을 형성하며 '대사사'의 이야기를 나누고 있다. 소사사에 대한 짤막한 언급은 대사사의 이야기를 읽어 내려가는 독자에게 잠시 숨을 고르도록 하는 역할(pause)을 하고 있다. 소사사 숫자의 양식이 1–2–3으로 이어지는 것은 시간이 지날수록 대사사의 이야기가 점점 더 충격적이기에 그만큼 더 많이 쉬어갈 시간이 필요함을 암시한다. 저자는 이런 소사사의 이야기 양식을 사용하여 사사 시대가 시간이 지날수록 더 큰 혼란과 파멸로 치닫고 있음을 강조한다.

(2) 천사

천사를 일컫는 '여호와의 사자'(מַלְאַךְ־יְהוָה)라는 표현은 구약 전체에서 59회 사용된다. 이 중 18회가 사사기에 나온다(2:1, 4; 5:23; 6:11, 12, 20, 21, 22, 22; 13:3, 13, 15, 16, 16, 18, 20, 21, 21). 천사를 부르는 비슷한 호칭인 '하나님의 사자'(מַלְאַךְ הָאֱלֹהִים)라는 표현은 구약에서 9회 사용되는데, 이 중 3회가 사사기에 나온다(6:20; 13:6, 9). 총 빈도수의 3분의 1이 사사기에서 사용되는 것이다. 천사에 대한 이런 표현이 사사기 바로 앞의 책인 여호수아서에서는 사용되지 않는다(수 5:13-15). 반면에 히브리어 정경에서 사사기 다음에 있는 사무엘서에서는 몇 차례 더 사용된다(삼상 29:9; 삼하 24:16등).[13]

천사를 일컫는 '여호와의 사자'와 '하나님의 사자'라는 표현이 구약 전체에서 사용되는 빈도수의 3분의 1이나 사사기에 있다는 사실은 무엇을 시사하는가? 누누이 언급한 것처럼 사사기는 이스라엘이 죄악과 타락을 거듭하면서 몰락하던 시대를 회고하는 책이다. 시간이 지날수록 상황이 악화되어 사사 시대가 막을 내릴 즈음에 가서는 소돔과 고모라에서나 있을 법한 일이 이스라엘에서 행해진다. 이처럼 몰락하는 백성을 보며 하나님은 무엇을 하셨는가?

시내 산 언약의 핵심 중 하나는 "부르짖으라, 내가 응답하리라"라는 관계 형성이다. 또한 이스라엘이 죄를 지으면 하나님은 징계해서라도 바른 길로 인도하겠다고 약속하셨다. 그러므로 하나님이 이스라엘의 몰락을 방관하셨다면 하나님께도 분명 책임이 있다. 이런 정황에서 천사에 대한 구약 전체 언급의 3분의 1이 사사기에서 사용된다는 것은 곧 하나님이 부리시는 천사들이 구약의 그 어느 책에서보다 사사기에서 분주히 움직였음을 뜻한다. 하나님은 이스라엘의 타락과 몰락을 막

---

13 기독교 정경에서는 사사기와 사무엘서 사이에 룻기가 있지만, 히브리어 정경은 룻기를 성문서 그룹에 포함시켰다.

기 위해 천사를 통해 최선을 다하셨다. 그러나 이스라엘은 끝까지 죄를 지으며 하나님의 메시지를 깨닫지 못해 파멸에 이르렀다. 즉, 저자는 이에 대한 하나님의 직무유기는 전혀 없었으며, 사사기가 끝나면서 그나마 이스라엘이 국가의 명분을 유지할 수 있었던 것은 천사를 통한 하나님의 은혜와 자비 때문이었음을 선언하고자 한다.

하나님이 이스라엘을 위해 부리신 천사는 과연 어떤 존재인가? 학자들은 대체로 세 가지로 이해한다. 첫째, 특별한 사명을 지닌 진짜 천사다. 둘째, 순간적으로 사람의 눈에 보인 하나님의 실체/현현이다. 셋째, 성자 하나님이신 로고스(λογος)이시다. 삼위일체의 두 번째 존재이신 그리스도의 출현이라는 것이다. 출애굽기 23:20-23; 32:34-33:17 등에 의하면 천사는 하나님의 대변자이자 그분의 임재를 상징하는 자들이다. 처음 두 가지 해석이 같이 적용될 수 있는 것이다.

성경에서 천사는 예고 없이 나타나기 일쑤이며, 그들이 모습을 드러낼 때에는 항상 하나님을 대표해서 모습을 드러낸다. 하나님의 사자를 본 사람은 순간적으로 생명의 위협을 느낀다(6:22-23; 13:21-22). 오늘날 교회에는 하나님을 직접 보았다는 사람이 제법 있다. 문제는 과연 이들이 하나님을 두려워하는가이다. 인간이 하나님을 보는 순간 죽음의 위협을 느끼게 하는 공포에 사로잡히게 된다는 것이 성경의 가르침이다. 그런데 우리 주변에서 '하나님을 직접 보았다'라고 주장하는 사람의 상당수는 어찌하여 하나님을 두려워하지 않는 것일까? 거짓이 많은 것 같다.

(3) 입다의 딸

사사기에 등장하는 여덟 번째 사사가 입다이다(10:6-12:7). 입다는 과연 자신의 딸을 여호와께 번제로 드렸는가? 암몬 족속이 이스라엘을 괴롭힐 때 그에게 하나님의 영이 임했다(11:29). 전쟁터로 나가기 전에 입다는 백성에게 매우 감동적인 연설을 했다(11:14-27). 하나님은 결정적인 승리를 그에게 허락하셨다(11:32-33). 그러나 그의 이야기는 여기서부터 시작된다. 사사기에서 여호와의 영이 사사로 세움을 받은 사람에게 임한다는 것은 곧 전쟁에서 승리함을 보장한다. 그러나 입다는 하나님이 그를 사용하여 이스라엘을 구원하실 것이라는 약속을 믿지 못하고 서원을 했다(30절). 만일 이스라엘의 하나님 여호와께서 승리를 주신다면 자신이 여호와를 위해 무언가를 하겠다고 약속한 것이다(11:30-31).

정확히 그는 무엇을 맹세했는가? 입다는 암몬 족속에게 승리하고 돌아오는 날, 자신의 집에서 자신을 맞이하러 나오는 첫 사람을 드리겠다고 했다. 한 가지 이해가 안 되는 것은 그는 분명 사람이, 그것도 여인이 먼저 나올 것을 예측했을 것이다. 왜냐하면 고대 근동에서는 전쟁에서 승리하고 돌아오는 군인들을 제일 먼저 반겨주는 자들은 보통 여인들이었기 때문이다. 다윗이 골리앗을 죽이고 전쟁터에서 돌아오던 날, 여인들이 제일 먼저 그를 반겼던 일도 이런 맥락에서 이해된다. 그는 자신의 집에서 누가 나오기를 기대했단 말인가? 그가 승리하고 돌아오는 날, 그를 환영하는 여인들의 제일 앞에 서 있을 사람은 그의 아내이거나 딸이 아니겠는가! 이런 점을 생각할 때 그가 왜 이런 맹세를 했는지 도저히 납득되지 않는다.

입다가 '드리겠다'라고 한 것은 무엇을 뜻하는가? 그의 딸은 인간 번제물로 바쳐졌는가? 아니면 일부 사람이 주장하는 것처럼 결혼하지 않고 처녀로 늙어 죽는 헌신을 한 것인가? 이에 대해 두 가지 견해가 맞서 있다.

헌신	번제
입다는 사사였다. 그러므로 그는 하나님을 두려워하는 자였다. 하나님을 두려워하는 자가 결코 하나님의 율법을 어길 수는 없었다.	본문에 언급된 서원/서약을 단순히 짐승을 제물로 드리겠다는 것으로 해석하는 것은 설득력이 없다.
'하나님의 영'이 입다에 임하며, 그가 믿음장(章)인 히브리서 11장에 언급이 되는 것을 생각하면 그가 율법을 어기지는 않았을 것이다.	집에서 나오는 것을 언급하는 것은 인간 번제를 의미한다.
그의 딸은 자신의 '처녀 신세'를 슬퍼했으며 11:39는 "딸이 남자를 알지 못하였더라" 라고 기록하고 있다.	번제(עֹלָה)라는 단어는 구약에서 286회 사용되는데, 모두 '[불에 태워 드리는] 번제' 라는 의미로 사용되고 있다.
여인들이 때로는 결혼하지 않고 장막에서 봉사하며 살았던 증거가 있다(cf. 출 38:8; 삼상 2:22).	만약에 여자가 결혼을 포기하고 장막에 가서 봉사하며 평생을 지내는 것이 자주 있었던 일이라면 왜 매년 봄에 입다의 딸만을 기념하였는가?
인간 번제는 하나님의 율법을 확실히 어기는 일로 이해되었다. 그러므로 입다가 딸을 번제로 드리기로 했었다 하더라도 주변 사람이 가만히 있지 않았을 것이다.	인간 번제는 전쟁에서 이기기 위한 최후의 수단으로 여겨졌었다(왕하 3:27).
11:31의 접속사는 '혹은'으로 해석되어야 한다. 입다는 여러 가지 가능성을 상상하고 있다.	11:31의 접속사는 동격(apposition)이다. "여호와께 돌릴 것이니 – 즉, 내가 그[것]를 번제물로 드리겠나이다."
레위기 27:1–8에 의하면, 번제로 드리기로 되어 있는 사람의 생명에 대한 값을 치르면 그를 구할 수 있었다.	입다의 영성이나 그가 율법에 대해 어느 정도 알고 있었는가에 대해서는 이렇다 할 증거가 없다.

다음 사항을 추가로 고려해 보자. 첫째, 입다는 길르앗 사람이었다. 당시 이 지역 주변에 살던 이방인은 그모스를 숭배했다. 그모스 숭배자들은 신에게 바치는 제물 중 가장 순수하고 감동적인 것을 인간, 특히 아이를 번제로 바치는 것이라고 생각했다(왕하 3:27). 이런 이유로 그모스 숭배자들은 진정으로 원하는 것이 있을 때 종종 자신의 아이까지 제물로 삼았다. 입다는 자라면서 그모스를 추종하는 사람이 간혹 사람을 바치는 제사를 드리는 것을 목격하고 자랐을 것이다. 여호와

가 어떤 분인지 잘 모르는 상황에서 입다는 그분을 이방 신과 다름없는 신으로 여겼다. 그러므로 입다가 어이없는 서원을 한 일의 이유는 여호와와 그모스의 차이를 이해하지 못한 신학적 문제였다. 그래서 입다는 여호와께 사람을 번제로 드리는 것이 나쁘다는 생각을 할 수 없었다. 오히려 그모스가 인간 번제를 즐기는 것처럼 여호와도 인간 번제를 즐길 것이라고 생각했다. 입다의 불행했던 어린 시절을 생각하면 환경이 사람에게 얼마만큼 영향을 미칠 수 있는지를 깨닫게 된다. 부모가 자식의 결혼 상대를 고를 때 집안을 보는 데는 분명한 지혜가 담겨 있다. 맹자의 어머니는 자식을 위해 세 차례나 이사를 했다고 하지 않는가? 우리의 성장 배경은 그만큼 중요하다. 그러나 배경을 지나치게 의식해 그 사람의 인격과 됨됨이를 제대로 읽지 못하는 것은 더 큰 불행이다.

둘째, 입다의 맹세는 충동적으로 나온 것이었다. 승리를 원하는 그의 간절한 마음은 충분히 이해할 수 있다. 입다는 평생 첩의 아들이란 신분 때문에 괴로워했던 사람이다. 그의 이복 형제들은 그를 아예 집에서 쫓아냈다. 사람들을 모아 불량배의 우두머리로 살아가던 입다에게 이러한 아픔이 있었기에 모처럼 찾아온 기회를 통해 어떻게 해서든 하찮은 사람(nobody)이었던 자신의 위치를 대단한 사람(somebody)으로 바꾸고 싶었을 것이다. 하나님이 불안해하는 그에게 승리를 보장하기 위해 그분의 영을 부어주었지만 입다의 마음은 승리를 확인하고 싶은 충동으로 가득했다. 결국 입다는 충동을 이기지 못하고 순간적으로 이렇게 어이없는 서원을 해 버린 것이다. 그의 맹세는 하나님을 신뢰하지 못해 협상이나 타협을 추구하는 과정에서 선언된 것이다. "하나님, 당신이 이만큼 하시면 나는 저만큼 하겠습니다!" 문제는 언제부터 인간이 이렇게 당당하게 하나님과 협상할 수 있게 되었는가 하는 것이다. 하나님은 인간의 이런 협상 요구에 응하시는 분이 아니다. 입다의 기도와 맹세는 잘못된 것이다. 그렇다면 입다가 해야 할 일은 딸을 제물로 바칠 것이 아니라, 잘못된 서원을 물려 달라고 하나님께 속죄의 기도를 드려야 한다.

셋째, 이미 언급한 것처럼 납득되지 않는 부분이 있기는 하지만, 입다의 아내와 딸을 환영 행렬에서 제외해 보자. 그렇다면 그는 당연히 다른 사람, 틀림없이 종 중에 하나가 될 것으로 생각했을 것이다. 그러나 중요한 존재(somebody)가 되고픈 아버지의 심정을 잘 알고 가슴 졸이며 아버지의 승리를 위해 기도했을 그의 딸이 아버지가 승전가를 부르며 집으로 돌아오신다는 소식을 듣고 급히 뛰어나왔다. 하나님은 입다가 가장 소중히 여긴 딸을 통해 그의 어이없는 맹세의 책임을 물으셨다.

남을 희생제물로 삼아 자신의 신앙생활을 영위하려는 태도는 분명 문제가 있지 않은가? 입다는 이렇게 윤리적인 문제를 지닌 사람이었다. 그가 진정 지금 해야 할 일은 잘못된 맹세를 지기키 위해 딸을 죽이는 것이 아니라, 자신의 잘못된 맹세를 위해 하나님께 무릎 꿇고 회개하는 것이었다. 그러나 그는 결국 허상과 자존심으로 가득 찬 자신의 믿음을 지킨다는 명목으로 딸을 죽게 만들었다.

넷째, 입다의 이야기를 읽다 보면 가장 안타까운 일이 그의 그릇된 판단과 부정한 제물을 율법으로 바로잡아 줄 제사장이나 레위 사람의 모습이 전혀 보이지 않는다는 것이다. 입다가 어이없이 딸을 제물로 바친 사건에는 그 당시 이스라엘에 만연해 있던 하나님 말씀의 부재가 가장 크게 작용했다. 그러므로 성경은 누누이 하나님을 아는 지식이 없으면 인간은 망한다고 경고하는 것이다. 하나님이 입다의 딸의 죽음을 제물로 받으셨을까? 인간 번제를 율법으로 금하신 분이 받았을 리 없다. 결국 그녀는 '배달 사고'의 희생물이 되었다.

(4) 기드온

기드온 이야기는 사사기에서 가장 큰 비중을 차지한다. 일부 주석가들은 그가 책의 한 중심에 등장하고 모세에 대한 추억을 회상하게 한다 하여 그를 이스라엘의 사사를 대표할 만한 이상적인 인물로 간주한다(Younger). 그러나 하나님이 그를 통해 이스라엘을 구원하시겠다는 뜻을 밝히셨을 때, 그는 하나님을 믿지 못하겠다고 고백했다. '이스라엘과 언약을 맺으신 하나님이 살아 계신다면 어찌 우리에게 이런 일이?' 그래서 그는 하나님을 두 차례나 시험했다. 하나님이 두 차례나 그에게 이적을 보여주셨지만 기드온은 하나님을 믿지 못하고 주저했다. 하나님은 이처럼 형편없는 기드온을 사용하셨다. 또한 기드온을 기점으로 그동안 위태롭고 불안하게만 느껴지던 사사의 행보가 돌이킬 수 없는 하향 곡선을 그리기 시작했고, 이스라엘 사회는 급격히 악화되었다.

하나님은 기드온이 거느린 300명으로 13만 5천 명을 물리치셨다. 하나님이 이스라엘의 적을 물리치기 위해 사용하신 '무기'가 시사하는 바가 크다. 기드온의 300용사는 각각 한 손에는 횃불이 숨겨진 항아리를, 다른 손에는 나팔을 들었다(7:16). 그들이 허리에 찬 칼은 '장식용'에 불과했다. 하나님이 미디안 사람을 '불꽃놀이'와 '굉음'으로 물리치신 것이다. 전형적인 성전(聖戰)의 모형이다. 또한 이날 밝게 빛난 하나님의 구원의 '불'(빛)은 당시 기드온을 포함한 온 이스라엘의 영적 '어두움'을 날려 버리기에 충분했다.

기드온 사건은 이때까지 사사기에 등장하는 다른 사사의 이야기와 중요한 차이점을 지니고 있다. 첫째, 다른 사사가 전쟁을 치르고 나서는 '땅이 평온했다/안식했다'라는 평가가 뒤따르는 것이 일반적이었다(3:11; 3:30; 5:31; 8:28). 그러나 기드온 사건 이후에는 '땅이 평온했다/안식했다'라는 말이 나오지 않는다. 이는 여호수아를 통해 추구하고 부분적으로나마 성취했던 평화가 기드온 시대에 접어들면서 시간이 지날수록 유지하기 힘들었음을 시사하고 있다. 심지어 다른 사사에게서 흔히 찾아볼 수 있는 '[이스라엘의 적을] 평정/통치했다'라는 말(3:30; 4:23; 8:28; 11:33)을 삼손의 이야기에서는 아예 찾아볼 수조차 없다.

둘째, 기드온은 하나님의 영광을 탐한 첫 사사였다. 하나님이 그를 사사로 세우기 위해 천사를 보내셨을 때 그는 하나님에 대한 불신으로 가득했다(6:15-17). 게다가 그는 겁쟁이였다. 하나님은 이런 기드온을 위해 두 차례나 기적을 행하셨고(6:36-40), 비밀리에 적진에 들어가 적들이 하는 말을 듣게 해 그에게 용기를 북돋아 주셨다(7:9-15). 바로 다음 순간 기드온은 전쟁에 임하는 그의 군사들에게 기가 막힌 전쟁 구호를 외치도록 했다. "여호와를 위하라! 기드온을 위하라!"(7:18) 고대 근동 사회에서는 왕이 군대를 이끌고 전쟁을 할 때 자신의 이름과 신의 이름이 평행을 이루며 구호를 외치도록 했다. 기드온은 마치 자기가 왕인 것처럼 행동하고 있다. 겁쟁이였고 하나님에 대한 불신으로 가득했던 기드온이 하나님께만 가야 할 영광의 일부를 차지하려 한 것에서 이 사람의 야심과 신앙을 엿보게 된다.

셋째, 기드온은 왕의 자리를 탐하고 왕처럼 행세한 최초의 사사였다. 기드온의 전쟁 구호에서 그가 왕의 자리를 탐하고 있다는 것을 감지한 백성은 전쟁이 끝난 후 기드온에게 이스라엘의 왕이 될 것을 권했다(8:22). 물론 그는 "여호와가 너희를 다스리시리라"라며 그 자리에서 거절했다(8:23). 그러나 이것은 겉치레에 불과했을 뿐 백성이 계속 권유했다면 그는 분명 왕위에 올랐을 것이다. 우리는 기드온의 아들 이름에서도 그의 욕망을 읽을 수 있다. 그는 한 아들의 이름을 '아비멜렉'(אֲבִימֶלֶךְ)이라고 했는데, 이 이름을 문자적으로 풀이하면 '[나의] 아버지는 왕이시다'이다. 자신이 이루지 못했던 왕권에 대한 꿈을 이처럼 아들의 이름을 통해 표현했던 것이다. 그는 또 훗날 이스라엘을 통치하게 될 왕처럼 많은 아내와 자녀를 두었고, 모두 70명의 아들을 둔 것으로 기록되어 있다(8:30). 왕에게나 걸맞은 집안 규모다.

넷째, 기드온은 첫 '외부 사사'(Out-group judge)이다(Younger). 일부 학자들은 사사를 출신 배경이 좋은 '내부 사사'(In-group judges)와 출신 배경이나 신앙적인 여건이 좋지 않아 정상적인 상황에서는 결코 사사가 될 수 없는 '외부 사사'(Out-group judges)로 나눈다(Chalcraft). 옷니엘, 에훗, 드보라/바락 등이 내부 사사에 속하며 기드온, 입다, 삼손 등이 외부 사사에 속한다. 내부 사사도 어느 정도 문제를 안고 있기는 하지만(cf. 에훗과 바락), 외부 사사는 '혼란스러운 약점과 심각한 결함'을 지녔다(Exum). 기드온의 아버지는 바알을 위해 제단을 만들고 아세라 목상을 세운 자였다. 입다는 창녀의 아들이었으며, 삼손은 변절한 단 지파 출신이었다. 종교적으로도 문제가 심각했다. 기드온과 아들 아비멜렉은 우상을 숭배했으며, 입다는 인간 번제를 바쳤고, 삼손은 나실인의 신분을 망각하고 마음에 내키는 대로 살았다. 또한 이들은 모두 복수심에 불타는 사람이었다. 저자는 이 외부 사사를 매우 부정적으로 회고하는데, 이들 중 첫 번째가 바로 기드온이다.

다섯째, 기드온은 이스라엘에게 영적 걸림돌이 된 첫 사사이기도 하다. 이때까지 사사는 전쟁을 통해 이방인에게 억압된 이스라엘에게 해방을 주었을 뿐 영적으로는 이렇다 할 악영향을 미치진 않았다. 반면에 기드온은 이스라엘의 신앙에 부정적인 영향을 미친 첫 사사로 기록되었다. 그가 미디안과의 전쟁에서 백성이 얻은 전리품 중 금 일부를 수거하여 에봇(viz., 제사장의 옷)을 만든 것이 화근이 되어 이스라엘은 하나님께 죄를 범하게 된다(8:24-27). 이스라엘의 지도자로서 신앙적으로 긍정적인 영향을 미쳤어야 할 그가 오히려 백성에게 신앙의 걸림돌을 만들어주었던 것이다.

여섯째, 다음 도표에서 드러나는 것처럼 기드온 사건 이후 시간이 지날수록 내란이 잦아진다. 이스라엘은 이제 이방인을 상대로 싸우는 것이 아니라 내부의 적을 상대로 싸우게 된 것이다. 저자는 이방인과의 전쟁보다 내란에 대해 상대적으로 더 상세히 기록하여 이런 현실을 부각한다. 기드온 시대 이후 이스라엘의 몰락이 가속화되고 있는 것이다.

대적자	왕	사사	승리자	전쟁 장소	관련 구절
베섹	아도니 베섹		유다	베섹	1:4–7
기랴아르바 (헤브론)	세새, 아히만, 달매	갈렙	유다	헤브론	1:10
기랴 세벨 (드빌)		옷니엘	유다	드빌	1:12–13
여러 성읍			유다	여러 성읍	1:17–18
루스(벧엘)			므낫세, 에브라임	벧엘	1:22–25
메소포타미아	구산 리사다임	옷니엘	이스라엘		3:10
모압	에글론	에훗	이스라엘	여리고	3:15–30
하솔	야빈	드보라 (바락)	이스라엘	하로셋학고임	4:4–16
미디안	스엡, 세바, 오렙, 살문나	기드온	이스라엘	모레 산	7:7–8:25
내란: 아비멜렉 vs. 세겜	아비멜렉	가알	아비멜렉	세겜	9:34–41
내란. 아비멜렉 vs. 데베스	아비멜렉		이스라엘	데베스	9:50–57
암몬		입다	이스라엘	요단 동편	11:29–33
내란: 길르앗 vs. 에브라인	에브라임 사람	입다	길르앗	사본	12:1–6
라이스			단	라이스	18:27–29
내란: 이스라엘 vs. 베냐민			이스라엘	기브아	20:1–48

(5) 여성의 지위

사사기는 구약의 어떤 책보다 여성의 활동을 많이 부각한다. 갈렙의 딸 악사는 친정 아버지에게서 자신의 남편 옷니엘이 얻어내지 못한 땅을 얻어냈다. 드보라는 사사기에서 유일하게 재판 등의 법적 절차를 통해 이스라엘 백성에게 하나님의 뜻을 밝혀 준 긍정적인 위치를 고수했다. 야엘은 적장 시스라를 죽여 이스라엘의 찬양을 한몸에 받았다.

형제를 70명이나 죽이면서 왕이 된 아비멜렉은 한 여인이 던진 맷돌에 맞아 운명했다. 입다의 딸은 아버지의 어리석은 맹세가 지켜지도록 자신의 생명을 내놓았다. 에브라임 산악 지역에 살던 레위 사람의 첩은 남편의 생명을 대신해 희생되었다. 이 외에도 삼손의 아내들은 삼손의 몰락에 매우 중요한 역할을 했다.

이 같이 사사기에서 남자의 결함은 낱낱이 드러나는 반면 여자의 업적은 부각되는 것을 어떻게 이해해야 하는가? 저자는 이런 묘사를 통해 남자의 무능함을 비난하고자 하는 것일까? 혹은 남자의 무능함과 상관없이 여성의 활약에 정당성을 부여하고자 하는가? 혹은 이 두 가지를 함께 역설하고자 하는가? 사사 시대에 이스라엘이 겪었던 남성 리더십의 부재를 부각하고자 하는 저자의 의도는 책의 여러 곳, 특히 이 시대를 대표할 만한 남성 지도자를 묘사하는 데서 역력히 드러난다. 그러나 갈렙의 딸 악사의 당당함, 명쾌한 여 선지자 드보라의 판결, 이스라엘의 적장 시스라를 살해하는 용감한 야엘의 모습 등은 남성 리더십의 부재와 상관없이 긍정적인 관점에서 제시되고 있다(Niditch). 그러므로 저자는 여성의 활약을 매우 긍정적으로 묘사하여 두 가지 목적을 다 성취하고자 한다. 사사 시대는 남성이 리더십을 제대로 발휘하지 못한 반면, 여성은 매우 긍정적인 리더십을 발휘한 때였다. 이런 점에서 볼 때 여성 신학자들이 여성의 위치와 활동에 특별한 관심을 가지고 이 책을 연구하는 것은 어찌 보면 당연한 일이다(Trible, Yee, Fewell, Bal).

여성 신학자들은 사사기가 여성의 활동을 정당한 것으로 부각하고 있으며, 나아가 그 사회의 여성을 대하는 태도가 그 사회와 하나님과의 관계를 나타내는 하나의 지표가 될 수 있다고 주장한다(Schneider, Niditch). 책이 시작될 때 갈렙의 딸 악사는 나귀를 타고 아버지를 찾아와 땅을 달라고 당당하게 요구했다. 책이 끝날 무렵에도 나귀를 탄 여자가 있다. 이 여인의 이야기도 공교롭게도 친정 아버지가 연관되어 있다. 악사는 나귀를 타고 아버지 집을 찾았는데, 이 여인은 나귀를 타고 아버지 집을 떠났다. 기브아에서 하루를 묵은 그녀에게는 악사에게 있었던 당당함은커녕 생기조차 없다. 그녀는 시체가 되어 나귀에 실렸다. 에브라임 지역에 살던 레위 사람의 첩에 대한 이야기다. 그뿐만 아니라 책이 끝날 때에는 이스라엘의 장로들이 베냐민 지파의 생존자를 위해 집단 납치와 강간을 기획하고 진행한다! 아버지의 무모한 맹세 때문에 희생된 입다의 딸, 성적(性的) 노리개 정도로 취급된 삼손의 여인들 등이 이들이 살던 시대의 타락과 여성의 인권 유린을 고발하고 있다. 사회가 건강할수록 여성의 인권과 지위가 인정되고(viz., 악사, 드보라), 사회가 타락할수록 여자의 인권과 지위가 짓밟힌다(viz., 입다의 딸, 레위 사람의 첩, 납치와 강간을 당한 여자들)는 주장이 설득력을 얻는 대목이다(Webb, O'Connor).

(6) 베냐민 지파와의 내란

온 이스라엘이 베냐민을 상대로 치른 내란이 사사기에서 큰 비중을 차지한다. 이 내란은 사사 시대를 요약할 뿐만 아니라 저자의 사사 시대에 대한 평가를 결정적으로 제시하는 가장 암울한 사건이다. 온 이스라엘이 베냐민 지파와 전쟁을 했던 동기는 동성 강간에 있었다. 동성 강간은 소돔과 고모라에서나 볼 수 있었던 최고로 악한 일이다. 저자는 이 사건을 통해 이스라엘의 윤리와 도덕 관념이 아주 심각한 상태에 이르기까지 부패했다는 것을 역설한다. 비록 19–21장에 기록된 이 사건은 시대적으로는 사사 시대 초기에 일어난 일이었지만 날이 갈수록 심각해지는 이스라엘의 타락을 강조하기 위해 마치 사사 시대의 말미에 일어난 최악의 사건인 것처럼 마지막에 등장한다.

대부분 학자는 이 사건이 현재 위치보다 훨씬 더 일찍 등장해야 한다고 주장한다. 사사기가 시대적인 순서에 의해 사건을 나열하는 책이라면, 이 사건은 책의 첫 부분에 기재되어야 한다는 것이다. 이 사건은 이스라엘이 가나안에 정착한 지 얼마 지나지 않아 있었던 일이기 때문이다. 이것의 근거로 제시되는 다음 사항을 생각해보라. 첫째, 아론의 손자 엘르아살의 아들 비느하스가 아직도 살아 있다(20:28). 이 사람에 대해서는 민수기와 여호수아서에도 언급되어 있다(민 25:1-15; 31:6; 수 22:9-34). 비느하스는 40년 광야 시절의 생존자인 것이다. 물론 사사기 20장에서 모습을 보이는 비느하스가 민수기와 여호수아서에 등장하는 비느하스와 동일한 이름을 지닌 후손일 가능성을 완전히 배제할 수는 없으나 동일 인물일 가능성이 매우 크다.

둘째, 온 이스라엘 백성의 연합 체제가 지속되고 있다는 것도 이 이야기가 사사 시대 초기에 있었던 일임을 입증하는 중요한 증거다(20장). 주요 사사 이야기를 회고하고 있는 3-16장에서는 이런 연합 체제를 찾아볼 수 없기 때문이다. 기껏해 봤자 제한된 지역 내에서 일부 지파의 연합이 주류를 이룰 뿐이다. 사사 시대가 시작된 지 얼마 되지 않아 이스라엘의 연합 체제가 완전히 망가진 것이다(cf. 5:14-18). 반면에 이 사건에서는 온 이스라엘이 한곳에 집결했다. 여호수아, 비느하스 및 여호수아를 알았던 장로들의 시대(수 22:9-34)를 배경으로 하는 듯하다.

셋째, 온 이스라엘이 베냐민을 상대로 전쟁을 하는 동안 블레셋 사람이 군사적 위협 요소로 등장하지 않는 것도 이 사건이 일찍 있었던 일의 증거로 고려되어야 한다. 사무엘이 미스바에 이스라엘을 소집해 놓고 고별 설교를 할 때, 블레셋 사람은 이스라엘이 자신들을 치려고 이곳에 모인 것으로 착각해 위협을 느낀 나머지 대군을 이끌고 이스라엘을 치러 온 적이 있다(삼상 7장). 사사기 중반부에서부터 이스라엘이 이미 블레셋 사람에게 괴롭힘을 당하고 있다는 점을 감안할 때, 이 사건에서도 블레셋 사람의 간섭이나 개입을 기대할 수 있는데 전혀 그러한 흔적이 없다. 블레셋 사람이 가나안에 정착하게 된 것이 주전 12세기라는 점을 감안할 때(ABD), 아마도 이 이야기의 시대적 배경은 그 이전일 것이라고 많은 주석가는 주장한다.

넷째, 이 이야기에서는 벧엘과 미스바가 하나님의 궤가 있는 곳으로 언급된다(20:1, 18; 21:1). 반면에 사무엘서에 기록된 바에 의하면 블레셋 사람이 이스라엘을 괴롭히던 엘리 시대에는 법궤가 실로에 있었다(삼상 1-4장). 이 사건은 법궤가 실로에 안착되기 전에 있었던 일임이 거의 확실하다.

위와 같은 사실에도 불구하고 저자는 왜 사사 시대가 시작되자마자 있었던 일을 책의 마지막 부분에 도입한 것일까? 아마도 이 사건이 저자가 사사 시대에 대하여 제시하고자 하는 관점을 가장 잘 보여주기 때문일 것이다. 저자는 이스라엘이 사사 시대를 지나면서 걷잡을 수 없이 몰락했으며, 이스라엘의 몰락은 무엇보다 그들이 가나안을 여호와화하지 못하고 오히려 그들이 가나안화된 데서 비롯된 것이라고 한다. 그렇다면 주의 백성이 가나안화되었을 때 어떤 재앙이 초래되는가? 이 사건은 사사기 초반부에 기록된 내용과 극명한 대조를 이루며 이 질문에 답한다.

첫째, 책이 시작될 때 이스라엘의 적은 가나안에 사는 이방인이었는데 책이 끝날 무렵에는 동족인 베냐민 지파가 온 이스라엘이 싸워야 하는 적이 되어 있다. 둘째, 사사기가 시작될 무렵 이스라엘은 어느 정도 윤리적이고 도덕적인 사회였다. 그러나 이 마지막 사건은 이스라엘의 모든 가치관이 무너지고 범죄가 소용돌이치는 사회가 되었음을 보여준다. 레위 사람 일행이 밤을 보내려고 찾은 기브아 성읍 주민은 객(특히 형제 지파 사람)을 환영하고 보호해 주는 미풍양속을 잊은 지 오래다. 레위 사람을 맞이한 노인은 롯처럼 자신의 딸만 불량배들에게 내보내려는 것이 아니라 자신의 보호 아래 있는 레위 사람의 첩까지 내보내려 한다. 하지만 불량배들이 이를 거부하자, 이번엔 레위 사람이 나서서 자신의 첩을 내보낸다. 그러고는 자신을 대신해 밤새 윤간을 당한 첩을 버린 채 떠나려고 노인의 집을 나서다가 문지방에 놓인 첩의 시체를 발견하고 나서야 그녀를 집으로 데려갔다. 집으로 돌아온 레위 사람은 첩의 시체를 토막 내 온 이스라엘 지파에게 보냈다. 베냐민 사람은 온 이스라엘과 전쟁을 불사하면서까지 죄를 범한 불량배들을 보호하려 했다. 이스라엘 장로들은 베냐민 지파의 생존자에게 집단 강간과 납치를 권유했다. 마지막 이야기를 구성하는 요소 하나하나가 모두 윤리적인 문제를 안고 있다. 이런 정황이 마지막 사건을 최악으로 묘사한다. 이 모든 것이 이스라엘이 가나안화되었기 때문에 맞이한 비참한 종말이라는 것이 저자의 주장이며, 저자의 이러한 주장을 이 사건처럼 절묘하고 극적으로 뒷받침하는 이야기는 없다. 이런 이유로 이 사건이 사사 시대 초기에 있었던 일인데도 불구하고, 가나안화의 비참한 종말을 경고하기 위해 책의 마지막 부분에 도입한 것이다.

6. 신학적 주제와 메시지

사사기는 당시 독립적으로 유통되던 여러 개의 사사 이야기를 하나로 묶고 있으며, 이 이야기를 묶는 공통적인 신학 분모는 계속되는 이스라엘의 배신에도 불구하고 끊임없이 이들에게 자비를 베푸시는 하나님의 신실하심이다. 책은 이스라엘 사회가 사사 시대를 지나면서 매우 타락하고 어두웠던 정치와 영적인 현실을 적나라하게 묘사한다. 그럼에도 이스라엘이 완전한 혼돈과 회복할 수 없을 정도의 전적인 타락으로 빠지지 않았던 유일한 이유는 끊임없이 그들의 삶에 간섭하신 여호와의 은혜 때문이다.

이런 차원에서 사사기가 강조하는 것 중 유일하게 긍정적인 요소는 다음 두 가지라 할 수 있다. 곧, 하나님의 꾸준하심과 새로운 질서가 머지않아 올 것이라는 기대감이다. '그 때에는'이 반복되는 것은 저자의 시대인 '지금'이 그때보다 훨씬 더 좋다는 의미다. 저자는 이런 관점을 제시하여 시대를 초월해서 그의 글을 읽어갈 독자에게 그들이 당면한 현실이 아무리 암울하다 하더라도 낙심하지 말고 희망을 갖고 살아갈 것을 권면한다. 흑암 속에 있는 시간이 영원히 계속되지 않고 살다 보면 좋은 날을 맞이하게 될 것이요, 이런 때를 맞이하면 '그때'를 추억하게 될 것이라는 의미다.

좋은 날이 오리라는 것을 어떻게 확신하는가? 여호와의 신실하심이 보장한다. 하나님은 밥 먹듯이 반역하는 이스라엘을 끝까지 버리지 않고 붙드셨다. 이러한 사실을 강조하여 우리에게도 끝까지 포기하지 않고 하나님을 바랄 것을 권면한다. 사사기 저자의 권면은 오늘을 사는 우리에게도 커다란 위로가 된다. 세상이 아무리 부패했고 절망적이라 할지라도 하나님의 신실하심이 결코 세상을 그대로 내버려두지 않으실 것이며, 때가 차면 새로운 질서와 정의로 가득한 좋은 세상이 올 것을 믿고 기대해야 하는 것이다.

위에 언급된 전반적인 메시지 외에 사사기는 다음과 같은 신학적 주제를 전개하고 발전시킨다. (1) 땅, (2) 이스라엘의 반역, (3) 하나님의 신실하심, (4) 왕의 필요성. 이 네 가지 주제는 다음과 같이 엮여 있기도 하다. 여호수아의 지휘 아래 가나안 땅을 성공적으로 차지했던 이스라엘이 사사 시대에 들어와서는 가나안 사람에게 다시 땅을 빼앗기고 있다. 일이 이렇게 된 것은 이스라엘의 반역 때문이었다는 것이 저자의 주장이다. 다행히 하나님의 신실하심으로 이스라엘이 완전한 파멸에 이르는 것을 막았다. 이스라엘은 사사 시대를 지나면서 사사 제도의 한계를 깨닫고 왕정의 필요성을 느끼게 되었다.

(1) 땅

땅은 여호수아서 신학의 중요한 부분을 차지한 주제였다. 여호수아서는 이스라엘이 땅을 받은 것이 어떻게 해서 하나님의 약속의 성취가 되는가를 보여주었다. 사사기에서도 땅은 매우 중요한 위치에 있다. 그러나 사사기의 초점은 이스라엘이 왜 땅을 완전히 소유하지 못하였는가에 있다. 이스라엘이 땅을 완전히 소유하지 못하게 된 이유는 그들이 하나님께 불순종한 데 있었다. 이스라엘은 가나안의 모든 족속을 진멸하라는 하나님의 명령을 이행하지 않았다. 가나안의 온갖 유혹을 이겨내고 하나님만을 섬기는 데도 신실하지 못했다. 심지어 이스라엘은 가나안 족속의 신들을 섬기기까지 했다(2:1-3, 19-22). 그러므로 사사기의 땅 소유에 대한 이해는 여호수아서의 가르침과 직접적으로 연관되어 있다. 여호수아서에서처럼 이스라엘이 하나님께 순종하는 한 그들은 땅의 모든 것을 누릴 수 있다. 그러나 그들이 온전하게 여호와를 섬기지 못할 때, 땅은 그들을 심판하는 도구가 될 것이다.

사사기에서 이스라엘은 하나님께 불순종하여 주님의 선물인 땅의 일부분을 잃었으며 나중에는 그 땅에서 내쫓김을 당했다(viz., 이방 국가의 통치를 받았다). 이스라엘이 가나안을 정복하기는커녕 오히려 정복당한 것이다(1:34-36). 이런 사실이 독자에게 주는 경고는 매우 심각한 것이다. 하나님은 어느 순간에라도 축복을 거두어가실 수 있을 뿐만 아니라 축복이 있던 자리를 징계와 저주로 채우실 수도 있다는 것이다. 이스라엘이 가나안 땅을 차지하게 된 것은 어디까지나 조건부였다. 그들이 여호와께 순종하는 한 그 땅에 거하며 온갖 축복을 누릴 수 있지만 불순종할 때는 그 땅을 빼앗긴다는 조건이었다. 이것이 불순종의 종말이다. 그럼에도 우리는 왜 꾸준히 하나님의 말씀을 어기는 것일까?

베냐민 지파와 단 지파는 여호수아로부터 에브라임과 유다 사이에 있는 땅을 유업으로 받았다. 즉, 이 지파들은 땅 분배에 있어서 이스라엘의 허리 부분을 차지한 것이다. 그런데 사사 시대를 지나는 동안 단 지파는 유업으로 받은 땅에서 쫓겨나 북쪽 산간 지역으로 이동해야 했고, 베냐민 지파는 멸절되다시피 했다. 결국 이스라엘은 영토의 가장 중심부를 빼앗겨 '허리를 못 쓰는' 불구자같이 되어 버렸고, 블레셋이 이스라엘을 침범할 때 이스라엘의 '못 쓰는 허리'는 주요 침입로로 제공되었다. 이 이미지는 저자가 사사 시대의 이스라엘을 어떻게 평가했는지를 잘 보여주는 듯하다.

(2) 이스라엘의 반역

하나님이 선물로 주신 땅을 소유하고 누리는 일을 위협한 것은 이스라엘의 반역이었다. 이스라엘 사람은 하나님과의 언약을 파괴해가며 가나안의 신들을 섬겼다. 그들의 선조들은 이집트에서 하나님의 기적을 많이 체험했고, 광야에서 매일 그분이 베푸신 기적으로 살았으면서도 하나님께 반역해 광야에서 죽어가야 했다. 인류 역사에서 반복되는 사실 하나는, 인간이 역사를 통해 배우지 못하고 선조의 실수를 반복한다는 사실이다. 불신 때문에 광야에서 죽어갔던 출애굽 1세대의 후예들은 조상의 경험에서 교훈을 얻지 못하고 그들이 저지른 죄를 그대로 답습하고 있다.

인간은 옛날이나 지금이나 마찬가지다. 인간은 끊임없이 하나님께 반역한다. 사사기는 이스라엘이 가나안 사람을 제거하지 못한 이유에 대해 다음과 같이 설명하고 있다.

"여호와의 사자가 길갈에서부터 보김으로 올라와 말하되 내가 너희를 애굽에서 올라오게 하여 내가 너희의 조상들에게 맹세한 땅으로 들어가게 하였으며 또 내가 이르기를 내가 너희와 함께 한 언약을 영원히 어기지 아니하리니 너희는 이 땅의 주민과 언약을 맺지 말며 그들의 제단들을 헐라 하였거늘 너희가 내 목소리를 듣지 아니하였으니 어찌하여 그리하였느냐 그러므로 내가 또 말하기를 내가 그들을 너희 앞에서 쫓아내지 아니하리니 그들이 너희 옆구리에 가시가 될 것이며 그들의 신들이 너희에게 올무가 되리라 하였노라"(2:1-3)

저자는 이런 현실이 이스라엘의 불순종이 빚어낸 것이라는 점을 누차 강조한다.

"여호와께서 이스라엘에게 진노하여 이르시되 이 백성이 내가 그들의 조상들에게 명령한 언약을 어기고 나의 목소리를 순종하지 아니하였은즉 나도 여호수아가 죽을 때에 남겨 둔 이방 민족들을 다시는 그들 앞에서 하나도 쫓아내지 아니하리니 이는 이스라엘이 그들의 조상들이 지킨 것 같이 나 여호와의 도를 지켜 행하나 아니하나 그들을 시험하려 함이라 하시니라"(2:20-22).

(3) 하나님의 신실하심

이스라엘의 끊임없는 반역과 대조를 이루는 것은 바로 하나님의 신실하심이다. 하나님은 밥 먹듯이 죄를 범하는 백성을 계속 구원하셨다. 하나님은 백성의 신음 소리를 들을 때마다 그들을 위해 사사를 세우셨다(2:16, 18). 사사기를 읽다 보면 여호와 하나님만이 유일한 영웅(hero)으로 부각된다. 하나님이 이스라엘의 유일한 영웅이라는 점은 사사기 안에서 크게 두 가지를 통해 암시된다. 첫째, 사사가 이스라엘을 속박으로부터 해방시키기 위해 사용하는 무기를 보면 전쟁에서 사용할 만한 것이 못 된다. 사사가 무기로 사용하는 도구는 하나님이 함께하지 않으면 절대로 전쟁에서 이길 수 없는 것이다. 다음 도표를 참고하라.

사사	무기	상대의 무기	전술
에훗(3:12-30)	한 자 길이의 양면 검		숨겨 간 무기로 에글론을 암살함
삼갈(3:31)	소를 모는 막대기		
드보라(4장)		철 병거 900대	
기드온(7장)	나팔, 항아리, 횃불	셀 수 없이 많은 적과 낙타	야밤 습격, 혼돈, 소음
아비멜렉(9장)	성벽에서 던진 맷돌 위짝		잠복, 불
삼손(15-16장)	당나귀 턱뼈		

둘째, 하나님이 사사로 세우신 자를 보면 모범적인 신앙인이기는커녕 일반인보다 문제가 더 많은 사람이었다. 사사로 부르심을 받을 만한 자격을 갖춘 자는 없었다. 또한 사사는 이스라엘의 영성 회복에 이렇다 할 기여를 하지 못했다. 오히려 영적 회복에 방해 요인으로 작용한 때가 많았다. 다음 예를 생각해보자.

에훗(3:21-22, 24)은 속임수를 사용해 모압 왕을 죽였다. 그것도 왕의 신뢰를 저버리면서 말이다. 전쟁터에서 당당하게 싸워 적장을 살해하는 것은 문제가 되지 않지만, 이처럼 신의를 저버리면서 적을 살해하는 것은 윤리와 신뢰를 소중히 여기시는 하나님의 종으로서 할 행동은 아니다. 기드온(6장)은 그를 들어쓰시겠다는 여호와를 믿지 못해 두 차례나 시험했다. 전쟁에서 승리한 그는 노획물 중 금을 거두어 우상을 만들어 백성에게 걸림돌이 되게 했다(8:24-27). 입다(11:30-31, 34-40)는 어리석고 무모한 맹세 때문에 딸을 번제물로 불살랐다.

삼손(13-16장)은 결코 하나님을 섬기는 자가 취해서는 안 될 모습을 다 보여준 자였다. 그는 모태에서부터 나실인이었지만 술과 여자(그것도 주로 창녀)를 좋아했을 뿐 아니라 주검 접하는 일을 꺼리지 않는 사람이었다. 하나님이 주신 소명에 대해서는 전혀 관심이 없었으며, 홧김에 블레셋 사람을 살해하는 것이 전부였다. 이런 삼손에 대해 크라프트(Craft)는 다음과 같이 말한다. "삼손은 신앙적인 영웅 중 부정적인 인물-하나님의 권능을 받은 사람이 결코 보여서는 안 될 모습-의 전형을 보여준 사람이다." 그는 살아서보다 죽어서 더 '성공한' 사사였다(Younger). "삼손이 죽을 때에 죽인 자가 살았을 때에 죽인 자보다 더욱 많았더라"(16:30). 그렇다면 히브리서 11:32을 어떻게 이해해야 할 것인가? 대부분의 주석가가 인정하듯, 기드온과 입다 등은 사사 시대를 대표하는 인물로서 열거된다. 히브리서의 저자가 이들의 개인적인 행동을 믿음의 행위로 정당화한 것은 아니라는 말이다.

훗날 유다와 이스라엘의 여러 왕이 그랬던 것처럼 사사들은 이스라엘을 회개시키지도 못했고 이스라엘을 좀먹는 우상을 퇴치하지도 못했다. 책이 끝날 즈음 이스라엘은 거의 무정부 상태(anarchy)에 돌입한다. 이스라엘이 공중분해 되지 않고 왕정 시대를 맞이한 것은 하나님의 은혜였다. 사사기에서는 문제가 많은 사람을 사용해 자신의 역사를 이루어 가시는 하나님만이 유일하게 빛을 발한다. 우리는 그들과 얼마나 다른가? 능력은 그분께 있지 우리에게 있지 않다.

(4) 왕의 필요성

저자는 이스라엘에 왕이 필요하다는 것을 인정한다(Boda). 그는 크게 세 가지 논리로 이 점을 역설한다. 첫째, 사사기의 구조를 이스라엘의 타락이 갈수록 극심해지고 하향 곡선을 그리는 소용돌이(downward spiral)로 표현하고 있다. 시간이 지날수록 반복되는 타락의 정도가 심해진다는 것이다. 왜 이런 현상이 일고 있는지 설명하는 과정에서 왕의 필요성이 제시되었다. "그 때에는 이스라엘에 왕이 없었으므로"(17:6; 18:1; 19:1; 21:25). 여기에 또한 "자기 소견에 옳은 대로 행하였더라"(17:6)가 더해졌다. 성경은 하나님의 '소견'에 옳은 대로 행해야 한다고 말한다. 저자는 여호수아 이후로 이스라엘에 확실한 지도자가 없어서 이런 일이 일어났다고 주장하는 듯하다. 더 나아가 이스라엘은 각자 자기 소견에 옳은 대로만 행한 것이 아니라 여호와 보시기에 악을 행했다(2:11; 3:7, 12; 4:1; 6:1; 10:6; 13:1). 인간은 근본적으로 각자 소견대로 행하면 악을 면하지 못한다는 의미일까?

둘째, 기드온 사건이 왕의 필요성을 암시한다. "그 때에 이스라엘 사람들이 기드온에게 이르되 당신이 우리를 미디안의 손에서 구원하셨으니 당신과 당신의 아들과 당신의 손자가 우리를 다스리소서 하는지라 기드온이 그들에게 이르되 내가 너희를 다스리지 아니하겠고 나의 아들도 너희를 다스리지 아니할 것이요 여호와께서 너희를 다스리시리라"(8:22-23). 기드온은 왕이 되기를 거부했다. 여호와가 홀로 이스라엘의 왕이시기 때문이라는 이유에서였다. 그렇다면 기드온 이야기는 '반왕 철학'(anti-kingship)을 펼치고 있는가?(Rendtorff) 기드온이 문제를 제기한 것은 아마도 22절이 드러내는 바와 같이 사람들이 왕을 원하는 이유에 있었던 것 같다. 이스라엘 사람이 왕을 원한 것은 다른 나라처럼 하나님이 아닌 사람의 통치를 받고 싶은 마음에서 비롯된 것이었다. 이런 백성의 갈망을 알아차린 기드온이 "여호와께서 너희를 다스리시리라" 하며 거부했던 것이다(8:23). 특히 "여호와께서 기드온에게 이르시되 너를 따르는 백성이 너무 많은즉 내가 그들의 손에 미디안 사람을 넘겨 주지 아니하리니 이는 이스라엘이 나를 거슬러 스스로 자랑하기를 내 손이 나를 구원하였다 할까 함이니라"(7:2)를 주목하라.

셋째, 아비멜렉 사건(9장) 역시 왕의 필요성을 암시한다. 아비멜렉은 왕을 자처했다. 많은 학자가 이 사건을 반왕 철학(anti-kingship)으로 해석한다(Rendtorff). 그러나 문제는 아비멜렉이 왕이 된 데 있는 것이 아니라 어떻게 왕이 되었는가에 있다. 그가 왕이 된 것 자체에 대해서는 부정적인 언급이 없다. 다만 그가 왕이 되기 위해 수많은 형제를 죽인 일이 비난을 받는다(24, 56절). 아비멜렉 이야기는 전체적으로 '저주 사상'(viz., 아비멜렉은 왕이 될 자격이 없는 자가 왕이 되었기에 마땅히 저주를 받아야 한다는 논리)을 강조하는 듯하다(15, 20절과 56-57절 비교). 그러므로 이 이야기는 "왕권을 비판하는 것이 아니라 아비멜렉과 세겜 사람들을 고발하는 것이다"(Gerbrandt). 왕권이 잘못된 것은 아니다. 저자는 악행과 권력 남용에 근거한 왕권이 옳지 않다고 주장하고 있는 것이다. 사사기는 독자를 자연스럽게 사무엘서의 왕권 정립으로 이끄는 역할을 한다.

7. 개요

사사기에서 인용된 자료의 출처에 대해 학자들의 의견이 분분한 것은 사실이지만, 책의 통일성에 대해서는 많은 주석가가 별다른 문제를 제기하지 않을 뿐만 아니라 오히려 높은 수준의 통일성을 인정한다 (O'Connell, Klein, Polzin, Webb). 구딩(Gooding)은 사사기에 대해 다음과 같은 구조를 제시한다.

서론: 제1부(1:1-2:5)
　서론: 제2부(2:6-3:6)
　　옷니엘(3:7-11)
　　　에훗 + 삼갈(3:12-21)
　　　　드보라, 바락, 야엘(4:1-5:31)
　　　　　기드온(6:1-8:32)
　　　　아비멜렉 + 돌라와 야일(8:33-10:5)
　　　입다 + 입산, 엘론, 압돈(10:6-12:15)
　　삼손(13:1-16:31)
　결론: 제1부(17:1-18:31)
결론: 제2부(19:1-21:25)

이미 앞에서 언급한 것처럼 19-21장에 기록된 이야기는 사사 시대 초기에 있었던 일이다. 그럼에도 불구하고 시대적인 순서를 초월해 책의 마지막에 자리한 것은 이 사건이 이 시대에 대한 저자의 관점을 확고히 입증해 주기 때문이다. 저자는 이스라엘의 영성이 시간이 지날수록 악화되었다고 한다. 그는 이 점을 강조하기 위해 이 사건을 책의 결론 부분에 두어 이스라엘 부패의 정점으로 삼은 것이다.

저자가 이 사건을 책의 마지막 부분에 둔 또 하나의 목적은 이 이야기가 1장과 한 쌍의 책 받침대가 되어 양쪽에서 지탱하도록 통일성을 주기 위한 것으로 보인다. 1장은 크게 유다 이야기(1:1–21)와 요셉 이야기(1:22–36)로 구분할 수 있다. 유다 이야기는 유다 지파의 승리로 시작하여 베냐민 지파의 실패(1:21)로 막을 내리고, 요셉 이야기는 요셉 족속의 승리로 시작하여 단 지파의 실패(1:34–35)로 끝을 맺는다. 저자는 두 지파의 실패를 20장을 포함한 책의 끝부분에 다시 한번 기록한다. 다음 구조를 참고하라.[14]

A. 베냐민 지파의 실패(1:21): 예루살렘에서 여부스 사람을 쫓아내지 못함
  B. 단 지파의 실패(1:34–35): 아모리 사람이 단 지파를 산지로 쫓음
    C. 2–17장: 중심 내용
  B′. 단 지파의 실패(18장): 기업을 버리고 라이스로 가서 우상을 숭배함
A′. 베냐민 지파의 실패(20장): 2만 5천여 명이 죽고 6백 명만 남음

각 부분을 부르는 이름은 다르지만 대체로 학자들은 사사기를 다음과 같이 세 부분으로 구분하는 데 동의한다. (1) 1:1–3:6, (2) 3:7–16:31, (3) 17:1–21:25(Webb, McCann, Block, cf. Pressler). 웹(Webb)은 첫째 단락을 '서곡'(overture), 둘째 단락을 '변주'(variations), 셋째 단락을 '종결'(coda) 등 음악 용어를 사용해 설명한다. 블록(Block)은 세 단락을 각각 '주제'(theme): 이스라엘의 가나안화 과정의 배경', '본론(body): 이스

14 다소 다르지만 책을 다음과 같은 교차대구법적 구조로도 볼 수 있다.

A. 서론: 정복 실패(1:1–3:6)
  B. 첫 번째 사사 주기: 일곱 명 중 드보라와 기드온이 부각됨(3:7–8:35)
    X. 아비멜렉이 왕이 되려 함(9:1–57)
  B′. 두 번째 사사 주기: 일곱 명 중 입다와 삼손이 부각됨(10:1–16:31)
A′. 결론: 언약 준수 실패(17:1–21:25)

라엘의 가나안화에 대한 여호와의 반응', '절정(climax): 이스라엘의 가나안화의 깊이/정도'라 부르며, 맥칸(McCann)은 같은 단락을 '제1부(Part One): 여호수아에서 사사까지', '제2부(Part Two): 사사들의 이야기', '제3부(Part Three): 완전 몰락과 공포'라고 부른다.

물론 예외는 항상 있다. 한 주석가는 사사기를 다음과 같이 숫자 2를 중심으로 다섯 파트로 나눈다. (1) 두 서론(1:1-3:6), (2) 두 모범적 사사(3:7-30), (3) 두 예측하지 못한 사사(4:1-9:57), (4) 두 타락한 사사(10:1-16:31), (5) 두 결론(17:1-21:25)(Jordan). 이런 구분은 에훗(3:12-30)을 지나치게 긍정적으로 평가한다는 문제가 있다. 또한 기드온도 입다나 삼손처럼 타락하기는 마찬가지였는데, 그를 드보라와 견줄 만한 자로 간주하고 있다. 별로 설득력이 없는 분류라 하겠다.

최근 들어서는 사사기를 다양한 관점에서 이스라엘의 몰락을 회고하는 책으로 간주하는 해석이 일부 학자들의 호감을 사고 있다. 매리우스(Marius)는 사사기가 이스라엘의 몰락을 (1) 역사적/군사적 관점에서 조명하는 단락(1:1-2:5), (2) 종교적 관점에서 조명하는 단락(2:6-3:6), (3) 종교적 관점에서 개인적 삶을 통해 조명하는 단락(3:7-16:31), (4) 이 세 가지 관점에서 총체적으로 조명하는 단락(17:1-21:25) 등으로 구성되었다고 한다. 삼손 이야기는 최악의 개인적 타락을, 마지막 장들은 이스라엘 공동체의 총체적 몰락을 정점(climatic)으로 묘사한다는 것이다. 이런 분석의 가장 큰 문제는 셋째 단락(3:7-16:31)이 결코 사사 개인의 문제만을 지적하지 않으며, 그들이 다스리던 공동체의 부패도 함께 부각한다는 점이다. 그 단락에서는 개인과 공동체의 타락이 구분될 수 없을 정도로 함께 묶여 있는 것이다.

이런 점을 고려해 지금까지 가장 보편화되어 있는 관점에 따라 책을 세 단락으로 구분하고자 한다. (1) 두 서론(1:1-3:6), (2) 본론(3:7-16:31), (3) 두 결론(17:1-21:25). 구체적인 세부 사항은 다음을 참고하라.

I. 두 서론: 가나안 정복 실패(1:1–3:6)

  A. 역사적 서론: 정복의 성과와 실패(1:1–2:5)

  B. 신학적 서론: 하나님을 배반함(2:6–3:6)

II. 본론: 거듭되는 고난과 해방(3:7–16:31)

  A. 옷니엘 대 아람(3:7–11)

  B. 에훗 대 모압(3:12–30)

  C. 삼갈 이야기(3:31)

  D. 드보라와 바락 대 가나안(4:1–5:31)

  E. 기드온 대 미디안(6:1–8:32)

  F. 아비멜렉 왕(8:33–9:57)

  G. 돌라와 야일(10:1–5)

  H. 입다 대 암몬(10:6–12:7)

  I. 입산과 엘론과 압돈(12:8–15)

  J. 삼손 대 블레셋(13:1–16:31)

III. 두 결론: 총체적 부패(17:1–21:25)

  A. 신학적 결론: 종교적 부패(17:1–18:31)

  B. 역사적 결론: 사회적·정치적 부패(19:1–21:25)

I. 두 서론: 가나안 정복 실패
(1:1–3:6)

여호수아서가 끝나갈 무렵에는 모든 것이 순조로워 보였다. 각 지파는 기업으로 받은 땅에 별 어려움 없이 정착하는 듯했으며, 드디어 전쟁이 그치고 평화와 안식이 찾아오는 듯했다. 여호수아는 이스라엘 백성을 세겜에 모아놓고 감동적인 고별 설교로 그들에게 오직 여호와만을 섬기도록 호소했으며 백성은 그렇게 하겠다며 하나님과 언약을 갱신했다. 그러나 여호수아와 그와 함께했던 장로들이 죽자 이스라엘의 마음은 곧 하나님께로부터 떠났다. 분노하신 하나님은 이스라엘이 자신의 영토에서 아직 제거하지 못한 가나안 족속을 그대로 두시어 이스라엘의 '살 속의 가시'가 되게 하셨다. 여호와께서는 이 가나안 사람을 사용하여 배반한 이스라엘을 징계하셨다. 그러므로 이스라엘이 가나안 땅을 완전히 정복하지 못한 것은 그들이 하나님을 배반했기 때문이다. 여호수아가 죽자마자 여호와의 언약적 저주가 언약을 위반한 언약 백성 위에 내리기 시작한 것이다.

이 단락은 1:1–2:5와 2:6–3:6 등 두 개의 서론으로 구성되어 있다. 일부 주석가들은 이런 현상이 두 명의 다른 편집자에게서 비롯된 것이라고 한다(Mullen, cf. Schneider, McCann). 한 편집자가 1:1에서 이미 "여호수아가 죽은 후에"(וַיְהִי אַחֲרֵי מוֹת יְהוֹשֻׁעַ)라는 말로 시작했는데 다른 편집자가 2:6에서 "여호수아가 백성을 보내매"(וַיְשַׁלַּח יְהוֹשֻׁעַ אֶת־הָעָם)라고 시작함으로써 이 두 단락의 시대적인 순서를 바꾸면서까지 새로운 서론(2:6-3:6)을 첨부할 필요를 느꼈다는 것이다(Olson, cf. Boling). 편집자가 한 명인가 두 명인가에 대한 이슈와는 별개로 사사기가 두 서론과 두 결론을 지니고 있다는 것은 거의 모든 학자가 인정한다. 이런 관점에서 책을 이해하는 사람들은 1:1-2:5은 이스라엘 관점에서, 2:6-3:6은 하나님 관점에서 쓰여진 서론이라 하기도 하고(Klein), 첫 번째 서론은 군사적인 실패에 대한 소개, 두 번째 서론은 종교적인 실패에 대한 소개로 취급하기도 한다(Younger). 두 서론이 서로 경쟁하는 듯한 느낌을 준다는 것이다.

그러나 이 두 서론의 내용을 살펴보면 서로 경쟁하는 내용이 아니라 첫 번째 서론에 기록된 일이 왜 그렇게 되어야 했는가에 대해 두 번째 서론이 신학적으로 보충 설명을 하고 있음을 알 수 있다. 특히 이스라엘이 내쫓지 못한 가나안 사람의 목록을 담고 있는 1:27-36의 일에 대해 왜 그렇게 되었는가를 설명하는 것이 바로 2:6-3:6의 역할이다. 이스라엘이 군사적으로 실패하게 된 것은 그들의 종교적 실패(viz., 하나님의 말씀에 순종하지 않음)가 가장 기본적이고 큰 원인이었다는 것이다(Olson).

'여호수아가 죽었다'라는 말로 시작하는 1:1과 "여호수아가 모인 백성을 흩어 보낸 뒤에"(새번역)라는 말로 시작하는 2:6의 시대적 순서가 맞지 않는다는 것도 큰 문제가 되지 못한다. 저자는 사사 시대를 여호수아의 시대가 시작한 것처럼 묘사할 필요성을 느껴(Block), 여호수아서를 시작하는 것과 동일한 문구로 사사기 1:1을 시작한다. "여호수아가 죽은 후에"(וַיְהִי אַחֲרֵי מוֹת יְהוֹשֻׁעַ, 삿 1:1), "모세가 죽은 후에"(וַיְהִי אַחֲרֵי מוֹת מֹשֶׁה, 수 1:1). 모세의 이름이 여호수아로 바뀐 것이 유일한 차이이다. 사사기 저자가 자신의 책이 여호수아서와 연계해 읽히기를 원한다는 것이 사사기 1:1–2:5를 기록하면서 여호수아서의 여러 본문을 인용하고 있다는 점에서도 드러난다. 다음 도표를 참고하라(Olson).

여호수아서		사사기	
본문	내용	본문	내용
14:6, 13, 15; 15:13–14	갈렙이 헤브론을 정복함	1:10, 20	유다 지파가 헤브론을 정복함
15:13–19	옷니엘이 기럇 세벨을 정복함	1:11–15	옷니엘이 기럇 세벨을 정복함
15:63	유다 지파가 예루살렘을 정복하지 못함	1:21	베냐민 지파가 예루살렘을 정복하지 못함
17:11–13	므낫세 지파의 실패가 비중 있게 언급되지 않음	1:27–28	므낫세 지파의 실패가 더 비중 있게 언급됨
16:10	에브라임 지파의 실패가 비중 있게 언급되지 않음	1:29	에브라임 지파의 실패가 더 비중 있게 언급됨

또한 대부분의 번역본이 2:6 이후의 사건이 1:1에 기록된 일이 있기 이전에 있었을 것이라는 가능성을 수용하기 위해 '하였을 때'(when) 혹은 '후에/뒤에'(after)를 사용해 이 문구를 번역한다(NIV, NAS, NRS, 새번역, cf. 개역개정의 "전에 여호수아가 백성을 보내매"). 역사적 서론과 신학적 서론으로 구성된 본 텍스트는 다음과 같이 두 파트로 구분한다.

A. 역사적 서론: 정복의 성과와 실패(1:1–2:5)
B. 신학적 서론: 하나님을 배반함(2:6–3:6)

I. 두 서론: 가나안 정복 실패(1:1–3:6)

A. 역사적 서론: 정복의 성과와 실패(1:1–2:5)

사사기를 시작하는 본 텍스트는 크게 두 가지 종류의 문서로 구성되어 있다. 이스라엘 여러 지파의 군사적 정복 성공 혹은 실패 여부를 밝히는 공식화된 기록이 대부분을 차지하며(viz., 사사 시대에 대한 일종의 '역대 지략'에서 인용), 이 기록 속에 일부 소수 혹은 개인에 관한 이야기를 담고 있는 사적인 기록이 세 곳에 삽입되어 있다(1:5-7, 11-15, 23-26). 즉, 사사기 1장은 여러 출처에서 비롯된 여러 개의 작은 이야기가 모여 하나의 통일성 있고 흐름이 있는 이야기를 구성하고 있다(Auld). 이처럼 여러 기록이 어우러져 가나안 정복 전쟁과 정착 성공 여부에 대한 이스라엘의 관점을 형성한다.

대부분 학자는 사사기의 저자가 이미 오랜 세월을 통해 전수되어 온 출처와 자료를 인용해 1장을 정리했다고 생각한다(Lindars, cf. Kaufmann). 여호수아서는 '온 이스라엘'(pan-Israelite) 관점에서 책을 정리하는 데 반해 사사기는 미완성적이고 제한된 범위의 이야기와 기록 문서로 구성되었다고 하여 여호수아서보다 더 신빙성이 있는 역사적 자료라고 생각하는 사람도 있다(Wright, Driver, Pressler). 또한 1장과 19-21장이 바벨론 포로기 때 이미 존재하던 사사기에 더해졌다고 주장하는 주석가도 있다(Soggin, Auld, Boling). 이러한 논쟁이 본문을 해석하는 일에는 별 영향을 미치지 않는다.

사사기 1장의 성향에 대해서도 논란이 분분하다. 먼저, 대부분 학자가 동의하는 것은 1장이 여호수아서에서 사사 이야기로 넘어가게 하는 중간 단계(transition)의 역할을 한다는 것이다(Polzin, Wong). 또한 1장에 기록된 실패 이야기는 곧 책의 마지막 부분인 17-21장을 예고하고 있다고 하기도 한다(Webb, Shcneider). 1장은 베냐민 지파와 단 지파의 실패에 강조점을 두어 이야기를 진행하는데, 17-21장에서도 두 지파가 실패한 이야기의 중심에 서 있다(Boda). 이 사실을 제외하면 1장의 성향과 기능에 대해 논쟁이 분분하다. 어떤 학자는 이 장(章)이 가나안 백성과 문화에 대해 논쟁적(polemic)이라고 한다. 어떤 이는 유다 지파가 언급된 다른 지파보다 더 성공적으로 가나안을 정복했다 하여 1장이 친(親)유다 지파적(pro-Judean)이라고도 한다(Brettler, Sweeney, O'Connell).

이 견해는 책 전체의 친왕조적(pro-kingship)이고 친다윗적(pro-Davidic)인 성향과 직접 연결되어 논의되기도 한다(Brettler, Boda). 더 나아가 한 학자는 1장이 북 왕국을 대표하는 에브라임 지파에 대한 논쟁(polemic)이라며 책의 후반부에서 감지되는 벧엘에 대한 논쟁과 연계시켜 해석한다(Sweeney).

이처럼 학자의 다양한 관점과 논쟁이 책의 서론을 형성하는 1장과 연관되어 있기 때문에 한 주석가는 1장을 어떻게 해석하느냐가 곧 책 전체를 어떻게 이해하느냐를 결정짓는다고까지 말한다(Niditch). 그러나 학자들의 학설과 해석도 상당 부분 가설에 불과하며 뒷받침할 만한 증거가 그다지 많지 않다는 점을 염두에 두고 평가를 내려야 한다(Block). 한 가지 확실한 것은 1장이 남쪽에 정착한 지파에서 북쪽에 정착한 지파 이야기로 흐르고 있으며, 어느 정도 성공한 이야기에서 완전히 실패한 이야기로 이어지고 있다는 점이다. 책의 핵심 내용을 형성하는 3–16장에 기록된 이야기도 남쪽에 정착한 지파 이야기에서 점차 북쪽에 정착한 지파 이야기로 진행되고, 또한 어느 정도 성공을 거둔 사사 이야기에서 점차 실패한 사사 이야기로 진행된 것을 고려하면, 1장은 앞으로 책에서 전개될 흐름을 미리 알려주고 있다고 할 수 있다(Brettler, Dumbrell, Wong). 또한 사사기 전체의 흐름이 시간이 지날수록 하향 곡선을 그리는데, 이 같은 상황을 1장이 미리 예고하고 있는 듯한 느낌을 준다. 1장이 시작되면서 유다와 시므온 지파는 베섹을 공격하여 가나안 사람을 내치고 그 땅에 정착하여 산다. 유다 지파가 베섹(viz., 가나안 땅) 정복에 성공한 것이다. 그러나 1장 후반부를 구성하는 요셉 자손과 북쪽 지파 이야기(22–36절)는 '가나안 사람들을 쫓아내지 못했다'라는 말을 반복한다. 1장은 어떻게 이스라엘이 진멸했어야 할 가나안 사람과 섞여서 함께 살게 되었는가에 대해 그 과정을 설명하고 있다(Amit).

이스라엘은 모세가 죽은 후 여호수아의 리더십 아래 별 어려움 없이 약속의 땅 정복을 계속할 수 있었다(수 1장). 세월이 지나 이번에는 여호수아가 죽었다. 모세가 죽었을 때는 여호수아라는 확실한 계승자가 있었지만, 이번에는 여호수아의 대를 이을 뚜렷한 지도자가 없었다. 그래서 이스라엘 사람은 자신들의 거처에 대해 하나님께 직접 물었다(1:1). 책을 시작하자마자 벌써 저자는 확고한 리더십이 없다는 불안감을 조성하고 있다.

한 주석가는 책의 첫 번째 서론을 형성하는 1:1-2:5에 대해 다음과 같은 구조를 제시한다(Younger). 문제는 두 번째 단락이 지나치게 복잡하며, B′단락의 a가 생략되었다 하여 본문에 없는 것을 끌어들인 것이다. 또한 A′에 대해서는 두 번째 단락이 주어지지 않는다는 것도 어려움을 더한다. 다음 도표를 참고하라.

<table>
<tr><th>첫 번째 섹션</th><th>두 번째 섹션</th></tr>
<tr><td>A. '누가 먼저 올라갑니까?'
(1:1-2a)</td><td rowspan="2">a. 서두. 여호와의 약속(1:2b)
b. 타협. 유다와 시몬의 연합(1:3)
올라감 - '베섹의 주인'(1:4-8)
x. 유다의 성공적인 전쟁: 갈렙 집안 사람과 겐 족의 승리 포함(1:4-16)
내려감 - 갈렙과 옷니엘과 악사(1:9-16)
b′. 타협. 유다와 시몬의 연합(1:17)
a′. 보충. 조건적으로 유다와 함께하시는 여호와(1:18-21)</td></tr>
<tr><td>B. 유다 지파가 올라감
(1:2b-21)</td></tr>
<tr><td>B′. 요셉 지파가 올라감
(1:22-36)</td><td>a. 생략, 서두, 여호와의 약속
b. 요셉 집안(1:22)
x. 요셉 집안 및 스불론, 아셀, 납달리, 단 지파의 전쟁(1:23-34)
b′. 요셉 집안(1:35)
a′. 보충(1:36)</td></tr>
<tr><td colspan="2">A′. 여호와의 사자가 이스라엘을 비난하기 위해 올라감(2:1-5)</td></tr>
</table>

그러므로 첫 단락에 제시된 간단한 구조만이 설득력이 있어 보인다. 영거(Younger)가 첫 번째 단락에서 제시하는 구조는 다음과 같다. 이 구

조는 '올라가다'(עלה)라는 동사를 중심으로 형성되어 있다(O'Connell, McCann, Webb).

A. 이스라엘의 질문: '누가 먼저 올라갈 것인가(עלה)?'(1:1–2a)[15]
  B. 유다 지파가 올라감(עלה)(1:2b–21)
  B'. 요셉 지파가 올라감(עלה)(1:22–36)
A'. 여호와의 사자가 이스라엘을 비난하기 위해 올라감(עלה)(2:1–5)

I. 두 서론: 가나안 정복 실패(1:1–3:6)
  A. 역사적 서론: 정복의 성과와 실패(1:1–2:5)

1. 누가 먼저 올라갈 것인가(1:1)

**1 여호수아가 죽은 후에 이스라엘 자손이 여호와께 여쭈어 이르되 우리 가운
데 누가 먼저 올라가서 가나안 족속과 싸우리이까**

저자는 "여호수아가 죽은 후에"(וַיְהִי אַחֲרֵי מוֹת יְהוֹשֻׁעַ)라는 말로 책을 시작하여 여호수아 1:1에서처럼 새로운 시대가 시작되었음을 알리고 있다(Block, Pressler). 사사기가 여호수아서와 동일한 표현으로 시작한다는 것은 곧 여호수아서에 기록된 내용을 전제하고 사사기가 그 이야기를 이어가고 있음을 암시하는 기술이기도 하다(Polzin). 그러나 여호수아서의 시작과 현저히 다른 점도 있다. 여호수아서에서는 모세의 죽음에 대한 보고 후에 여호수아가 뒤를 이어 이스라엘을 인도할 것이라는 하나님의 선언이 곧바로 뒤따랐다. 반면 사사기에서는 여호수아의 후계자가 지명되지 않는다. 여호와의 특별하고 위대한 종들—모세와 여호수아—의 시대가 막을 내린 것이다. 하나님은 사사기 안에서 앞으로도

15 내용과 문장 구성을 살펴보면 2절을 나누는 것보다는 하나로 취급하는 것이 바람직해 보인다. 그러므로 2절 전체를 B단락에 포함하여 논의를 진행할 것이다.

유능한 사람을 이스라엘의 지도자로 세우실 것이다. 그러나 그 누구도 이들과 같은 지위에는 오르지 못한다. 사사 중 그 누구도 '여호와의 종'이라는 명예는 얻지 못하는 것이다.

저자는 1-2장에서 '올라가다'(עלה)라는 동사를 매우 전략적으로 사용한다(Olson, Boda, cf. 1:1, 2, 22; 2:1). 이스라엘이 가나안을 정복하기 위해 산악 지대로 '올라가는 것'은 이 시대 가나안 지역에서 발굴된 고고학적인 자료와도 잘 어울린다(Mathews). 이 동사의 첫 번째 사용은 이스라엘의 질문과 하나님의 대답에서인데(1:1, 2), 1:1-2:5의 가장 근본적인 주제를 소개한다. "누가 이스라엘을 이끌 것인가?" 유다가 앞장서서 다른 지파를 이끌며 전쟁에서 승리한다. 여호수아가 없는 시대에 유다가 온 이스라엘을 인도하고 지휘하는 지파가 된 것이다. 그래서 1장에서 유다의 활약이 부각되며 다른 지파에 비해 가장 많은 공간을 차지한다.

'올라가다'(עלה)의 두 번째 사용은(1:22) 요셉 자손을 중심으로 하는 북쪽 지파의 행보를 소개한다(1:22-36). 이 지파들이 처음에는 정복 전쟁에서 어느 정도 성공하지만, 시간이 지남에 따라 점차 실패하여 급기야 가나안 사람을 몰아내지 못한다(1:27, 28, 29, 30, 31, 32, 33). 세 번째 사용(2:1)은 하나님이 아예 가나안 사람을 더 이상 몰아내지 않으실 것이라는 매우 부정적인 메시지를 시작한다(2:1-5). 하나님의 말씀에 불순종한 이스라엘이 이제는 '올라가도' 더 이상 얻을 게 없게 된 것이다. 이처럼 저자는 '올라가다' 동사의 전략적인 사용을 통해 시간이 지날수록 악화될 이스라엘의 형편을 예고하고 있다(McCann).

여호수아가 죽은 후 그의 대를 잇는 리더가 없었기에 이스라엘 백성은 직접 하나님께 물었다. "우리 가운데 어느 지파가 먼저 올라가서 가나안 사람과 싸워야 합니까?"(1절, 새번역) 백성이 중보자/중재자를 거치지 않고 곧장 하나님께 나아가는 새로운 의사소통 방식이 사용되고 있는 것이다. 하나님의 뜻을 밝히기 위해 이스라엘은 아마도 제비뽑기의 일종인 우림과 둠밈을 사용했거나(Younger, cf. 민 27:21), 선지자를 통해 물었을 것이다(Schneider, cf. 렘 47:1-7).

표면적으로는 백성과 하나님의 직접적인 대화가 가능한 것이어서 좋아 보인다. 그러나 이런 방식은 그동안 하나님이 중재자를 통해 백성을 인도하셨던 것에 반해 이제부터는 백성이 자신들을 인도하는 것을 뜻하기도 한다. 그만큼 이스라엘에게 위험 부담이 많아진 것이다. 또한 하나님이 제사장 제도와 선지자도 주셨는데, 이스라엘이 직접 하나님과의 대화를 시도한다는 것이 좋아 보이지만은 않는다. 더욱이 여호수아가 죽은 이후 이스라엘에는 한 지도자가 아니라 여러 지도자가 있다. 언뜻 보기에는 민주주의의 실현이라고 생각할 수도 있겠지만, 사공이 많으면 배가 산으로 간다고, 미래에 대한 불안감을 조성하기에 충분한 상황이다. 특히 저자가 사사 시대의 많은 문제가 [한 거룩한] 왕이 없었기 때문이라는 점을 누누이 강조하는 점을 감안하면 여러 장로가 여호수아의 리더십을 대신하는 일이 이스라엘의 미래에 대하여 먹구름을 드리우는 역할을 한다. 그러므로 이스라엘의 "누가 우리 중 먼저 올라갈 것인가?"라는 질문은 모든 준비를 마치고 가나안 공략에 나선 적극적인 백성의 질문이라기보다는 그들의 불안과 걱정을 반영한 질문이다(Schneider).

I. 두 서론: 가나안 정복 실패(1:1-3:6) A. 역사적 서론: 정복의 성과와 실패(1:1-2:5)

2. 유다 지파가 올라감(1:2-21)

이 단락은 하나님이 유다 지파를 지명하신 일, 유다 지파가 시므온 지파와 연합해 이룬 성공과 독자적으로 이룬 성과를 회고하고 있다. 유다는 가장 크고 유력한 지파였다. 하나님이 유다를 제일 먼저 호명하신 일에는 이런 사실이 크게 작용했을 것이다. 그러나 유다는 곧바로 하나님의 말씀을 거역했다. 믿음이 없어서였는지 하나님이 홀로 해야 할 일에 시므온 지파를 끌어들인 것이다. 이스라엘의 순종에 벌써부터 문제가 시작되고 있음을 감지할 수 있다(Kline). 이 단락은 다음과 같이 세 부분으로 나눌 수 있다.

A. 유다와 시므온 지파가 베섹을 정복함(1:2-7)
B. 예루살렘과 헤브론 지방 정복(1:8-15)
C. 네겝과 낮은 지대 정복(1:16-21)

I. 두 서론: 가나안 정복 실패(1:1-3:6)
A. 역사적 서론: 정복의 성과와 실패(1:1-2:5)
2. 유다 지파가 올라감(1:2-21)

(1) 유다와 시므온 지파가 베섹을 정복함(1:2-7)

2 여호와께서 이르시되 유다가 올라갈지니라 보라 내가 이 땅을 그의 손에
넘겨 주었노라 하시니라 3 유다가 그의 형제 시므온에게 이르되 내가 제비
뽑아 얻은 땅에 나와 함께 올라가서 가나안 족속과 싸우자 그리하면 나도
네가 제비 뽑아 얻은 땅에 함께 가리라 하니 이에 시므온이 그와 함께 가니
라 4 유다가 올라가매 여호와께서 가나안 족속과 브리스 족속을 그들의 손
에 넘겨 주시니 그들이 베섹에서 만 명을 죽이고 5 또 베섹에서 아도니 베섹
을 만나 그와 싸워서 가나안 족속과 브리스 족속을 죽이니 6 아도니 베섹이
도망하는지라 그를 쫓아가서 잡아 그의 엄지손가락과 엄지발가락을 자르매
7 아도니 베섹이 이르되 옛적에 칠십 명의 왕들이 그들의 엄지손가락과 엄지
발가락이 잘리고 내 상 아래에서 먹을 것을 줍더니 하나님이 내가 행한 대
로 내게 갚으심이로다 하니라 무리가 그를 끌고 예루살렘에 이르렀더니 그
가 거기서 죽었더라

하나님은 계속되는 가나안 정복 전쟁의 선봉으로 유다 지파를 지명하셨다. 또한 이스라엘 12지파 중 가장 크고 유력한 지파인 유다의 군사적 활동은 사사기의 저자가 기록하고 있는 온 이스라엘의 군사적 행보의 절반(半)을 차지한다(Block). 가나안 남쪽에 정착한 지파 중 가장 유력한 지파이며 앞으로 형제들을 다스릴 지파이기에 당연한 일이다(창 49장). 하나님이 유다 지파를 지명하시면서 여호수아의 부재로 빚어진 이스라엘의 불안과 초초함을 아시고 승리를 약속하셨다(2절). 하나님은 모세가 죽은 후에 여호수아에게 확실한 미래를 약속하신 것만큼이나 낙관적인 미래를 이스라엘 사람에게 여호수아가 죽은 후에도 약속하시는 것이다(Block). 훗날 레위 사람의 첩 사건으로 온 이스라엘이 베냐민 지파를 치러 올라갈 때도 그들은 동일한 질문을 했다. 그때에도 하나님은 유다에게 먼저 올라가라고 지시하셨다(20:18). 그러나 이번처럼 승리를 약속하지는 않으셨다. 동족상잔을 앞둔 상황에서 하나님이 쉽게 승리를 약속하실 수 없기 때문이다. 1장과 19-21장에 기록된 전쟁 이야기에서 이스라엘이 하나님께 같은 질문을 하지만 처음에는 매우 긍정적인 대답을 받고 마지막에는 상당히 불안한 대답을 받은 일은 사사기가 전개되면서 이스라엘의 상황이 악화되고 있는 것이다.

하나님의 지명을 받은 유다 지파는 자신들의 영토 안에 일부 도시를 기업으로 받았던 시므온 지파(수 19장)에게 가나안 사람을 상대로 힘을 합해 싸우자고 제안했고, 시므온 지파 사람은 흔쾌히 그 제안을 받아들여 함께 베섹을 쳤다(3절). 두 지파는 같은 어머니 레아에서 비롯된 자손이었으며(창 29:33, 35) 같은 지역에 기업을 받았기 때문에 연합이 더욱 쉬웠던 것으로 생각된다. 그러나 문제는 하나님이 유다 지파만을 지명하셨는데 유다가 시므온에게 도움을 청했다는 것이다(Boda). 하나님이 유다를 지명하며 분명 승리를 약속하셨는데도 말이다. 게다가 유다는 이스라엘에서 가장 큰 지파였고 시므온은 가장 작은 지파였다. 그러므로 시므온은 유다에게 이렇다 할 군사적인 도움을 줄 만한 상황이 아니었다고 봐야 한다(Younger). 그래서 많은 학자는 이런 유다 지파의 행동을 불신에서 온 불순종이라고 한다(Kline, Niditch).

사사기가 시작되면서부터 유다와 시므온 지파의 구분이 불확실해지고 있다. 대부분의 학자는 시므온 지파가 매우 일찍 유다 지파에 흡수된 것으로 추측한다(Pressler). 유다-시므온 연합군은 베섹에서 가나안 사람(הַכְּנַעֲנִי)과 브리스 사람(הַפְּרִזִּי) 1만 명을 무찔렀으며, 그들의 왕 아도니 베섹(אֲדֹנִי בֶזֶק, lit., '베섹의 주인')을 사로잡았다(3-4절). 유다와 시므온 지파의 노력이 결실을 맺어 전쟁에서 승리했다고도 할 수 있지만 저자는 여호와께서 적을 그들에게 넘겨주셨기에 그들의 승리가 가능했다고 한다(4절). 승리는 하나님이 이들에게 베풀어주신 은총이었던 것이다.

베섹의 정확한 위치는 밝혀지지 않았지만, 학자들은 이 도시가 예루살렘에서 멀리 떨어져 있지 않았을 것이라고 추측한다(Schneider, Boling, cf. 7절). 그래서 일부 학자들은 본문의 아도니 베섹이 여호수아가 물리친 예루살렘의 왕 아도니 베섹이라고 하기도 한다(Weinfeld, Wright, cf. 수 10:1). 그러나 시대적 정황을 고려할 때 두 사람은 서로 다른 아도니 베섹인 것이 확실하다(Boda, Olson). 브리스 사람은 이스라엘이 가나안을 정복하기 전에 그 지역에 살았던 소수 민족으로 생각되며 하나님이 진멸하라고 지시하신 가나안 족속의 목록에 자주 등장한다(신 7:1; 수 3:10; cf. 창 15:20). 유다와 시므온 사람은 베섹에서 1만 명의 적을 무찔렀는데, 대부분 주석가는 이 숫자를 '아주 많은' 적을 물리쳤다는 것을 강조하는 정수(round number)로 해석한다(Block).

거의 모든 번역본이 아도니 베섹(אֲדֹנִי בֶזֶק)을 두 지파가 사로잡은 적장의 이름으로 간주한다. 그런데 일부 학자들은 아도니 베섹을 문자적으로 해석하면 '베섹의 주인/주권자'라는 뜻이라는 점에 근거하여 이 문구가 사람 이름이 아니라 명칭/타이틀이라고 주장한다(Boda, Block). 창세기에 등장하는 아비멜렉이 사람 이름인가 아니면 '내 아버지는 왕'이라는 뜻을 지닌 타이틀인가의 논쟁과 비슷하다. 어느 쪽을 선택하느냐가 해석에 큰 영향을 미치지는 않는다.

이스라엘은 먼저 사로잡은 아도니 베섹의 엄지손가락과 엄지발가락을 잘랐다. 엄지손가락을 잘라내면 칼을 잡을 수 없고 엄지발가락을 잘라내면 제대로 설 수 없다. 베섹의 주권자를 칼도 잡을 수 없고 민첩하게 이동할 수도 없는 제구실 못하는 지도자로 전락시킨 것이다. 이스라엘은 이처럼 그에게 철저하게 수모를 준 다음 예루살렘으로 끌고 갔다(7절). 이처럼 폭력적이고 잔인한 방법으로 사람을 죽이는 이야기로 책이 시작되는 것은 사사기가 앞으로 어떻게 전개될 것인가를 예견하게 한다(Alter).

아도니 베섹은 죽기 전에 자신이 '심은 대로 거두었다'라는 취지의 말을 남겼다. "내가 일흔 명이나 되는 왕들의 엄지손가락과 엄지발가락을 잘라 내고, 나의 식탁 밑에서 부스러기를 주워서 먹게 하였더니, 하나님이, 내가 한 그대로 나에게 갚으시는구나!"(7절, 새번역) 우상을 숭배하던 그가 이렇게 고백하는 것은 고대 사람 대부분이 삶을 신학적으로 이해했다는 것을 단면적으로 보여준다. 그는 자신의 운명을 신(들)의 정당한 심판으로 받아들였던 것이다. 한때는 가해자가 되어 다른 왕에게 이런 흉측한 일을 행하던 그가 어느덧 피해자가 되어 스스로 이런 일을 겪는 것은 권력이라는 것이 있다가도 없는 허무한 것임을 시사한다(Niditch, Olson). 권력을 가지고 있을 때 원수가 아니라 친구를 많이 만들어 두는 자는 지혜로운 사람이다.

아도니 베섹 이야기는 당시 가나안 왕들이 어떠했는가를 잘 보여준다. 그들은 매우 폭력적이고 잔인한 사람들이었다. 저자는 아도니 베섹 이야기를 통해 가나안 땅을 지배하는 왕권을 매우 부정적으로 평가하고 있고(Webb), 이스라엘이 거부하고 피해야 할 왕권의 한 모형을 보여주고 있다(Boda). 잔인성에 있어 아도니 베섹이나, 스스로 이스라엘 왕이 된 기드온의 아들 아비멜렉이나 별반 다를 바가 없으며, 하나님은 아비멜렉의 왕권을 인정하실 수 없다.

저자가 아도니 베섹의 말을 이곳에 기록하는 것은 또 다른 목적을 지니고 있다. 적을 공격하여 적장을 생포하면 엄지손가락과 엄지발가락을 잘라 수모를 주는 것은 진멸해야 할 가나안 사람의 풍습이었다. 이런 잔인성과 죄 때문에 하나님이 가나안 사람에게서 땅을 빼앗아 이스라엘에게 주셨다. 그런데 선민이라고 자부하며 가나안 정복에 나선 이스라엘이 그들의 칼에 망하는 자의 풍습을 그대로 답습하고 있다! 사사기에 처음으로 기록된 사건에서 이미 이스라엘의 가나안화(Canaanization)가 시작되고 있다(Block). 그것도 12지파 중 가장 크고 유력한 유다 지파가 말이다! 그뿐만 아니라 유다 사람이 아도니 베섹을 처리하는 것도 하나님의 명령을 거역한 행위였다. 그들은 아도니 베섹을 당장 처형하지 않고 예루살렘으로 끌고 갔다. 그가 예루살렘에서 어떻게 죽었는지 밝히지 않는데, 손가락과 발가락이 잘린 곳에서 비롯된 감염에 의해 죽었을 수 있다. 확실한 것은 그들이 아도니 베섹을 처형하지 않았다는 사실이다. 그런데 하나님은 아도니 베섹을 포함한 모든 가나안 사람의 진멸을 선언하셨다(신 7:1-2; 20:16-17). 이스라엘은 아도니 베섹을 잡자마자 처형했어야 하는데 살려두었다. 그러므로 사사기에 기록된 첫 사건은 이스라엘의 가나안화의 시작과 하나님의 명령에 대한 불순종이 이미 시작되었음을 암시한다.

I. 두 서론: 가나안 정복 실패(1:1-3:6)
A. 역사적 서론: 정복의 성과와 실패(1:1-2:5)
2. 유다 지파가 올라감(1:2-21)

(2) 예루살렘과 헤브론 지방 정복(1:8-15)

8 유다 자손이 예루살렘을 쳐서 점령하여 칼날로 치고 그 성을 불살랐으며
9 그 후에 유다 자손이 내려가서 산지와 남방과 평지에 거주하는 가나안 족
속과 싸웠고 10 유다가 또 가서 헤브론에 거주하는 가나안 족속을 쳐서 세새

와 아히만과 달매를 죽였더라 헤브론의 본 이름은 기럇 아르바였더라 [11] 거
기서 나아가서 드빌의 주민들을 쳤으니 드빌의 본 이름은 기럇 세벨이라
[12] 갈렙이 말하기를 기럇 세벨을 쳐서 그것을 점령하는 자에게는 내 딸 악사
를 아내로 주리라 하였더니 [13] 갈렙의 아우 그나스의 아들인 옷니엘이 그것
을 점령하였으므로 갈렙이 그의 딸 악사를 그에게 아내로 주었더라 [14] 악사
가 출가할 때에 그에게 청하여 자기 아버지에게 밭을 구하자 하고 나귀에서
내리매 갈렙이 묻되 네가 무엇을 원하느냐 하니 [15] 이르되 내게 복을 주소서
아버지께서 나를 남방으로 보내시니 샘물도 내게 주소서 하매 갈렙이 윗샘
과 아랫샘을 그에게 주었더라

베섹에서 승리한 유다 사람은 여세를 몰아 순식간에 예루살렘도 정복했다(8절). 예루살렘은 매우 오래된 도시로 주전 3000년대 때부터 사람들이 살던 곳이다(Block). 예루살렘은 베냐민 지파에게 기업으로 주어진 곳인데(수 18:1, 28), 유다가 정복하는 것으로 보아 이 도시가 두 지파의 영토 경계선에 있었음을 시사한다. 또한 사사기 1:21에서 베냐민 지파가 예루살렘에 사는 여부스 사람을 쫓아내지 못해 예루살렘에서 여부스 사람과 함께 살고 있었다고 하는 점으로 보아 저자가 이곳에서 말하는 예루살렘은 훗날 이해되는 예루살렘 성의 범위를 넘어 더 넓은 지역을 뜻하는 것으로 생각된다. 유다 사람이 불지른 예루살렘 성은 예루살렘의 남쪽 기드론과 힌놈 골짜기 사이 언덕에 있던 요새를 뜻하는 것으로 추정된다(Block). 훗날 다윗이 이 성을 다시 정복해야 했다는 것을 감안할 때, 유다의 예루살렘 점령은 오래 지속되지 않았다(Weinfeld).

예루살렘을 정복한 유다 사람은 산간 지방(הָהָר), 최남단에 있는 사막 지역 네겝(הַנֶּגֶב)과 지중해 해안까지 이어지는 낮은 지대(הַשְּׁפֵלָה)까지 내려가 가나안 사람과 싸웠다(9절). 산간 지방 전쟁의 대표적인 예는 기럇 아르바[lit. '넷의 도시'(city of four)]라고 불리던 헤브론(חֶבְרוֹן)을 정복해 세새와 아히만과 달매를 무찌른 일이었다. 일부 학자들은 기럇 아르바의 이름 풀이에 근거해 헤브론이 원래는 네 도시의 연합체로 구성되었다고 한다(Cundall, Wolf). 헤브론은 예루살렘에서 약 30㎞ 떨어진 곳에 있었다. 저자는 갈렙이 이 도시를 정복했던 일(수 15:13-14)을 이곳에서 다시 회고하고 있으며, 잠시 후 한 번 더 언급한다(20절). 갈렙의 업적이 다시 언급되는 것은 그가 유다 지파 사람이며 본문이 유다 지파의 정복 이야기를 하고 있기 때문이다. 갈렙의 업적은 두루두루 기념될 유다 지파의 '가문의 영광'이었다.

계속되는 유다 지파의 산간 지방 원정의 다음 하이라이트는 옛적에 기럇 세벨(lit., '책/문서의 도시')이라고 불렸던 드빌(דְּבִיר)을 정복한 일이었다(11절). 이름의 문자적 의미에 근거해 이 도시가 이스라엘 손에 정복되기 전까지 가나안 사람이 체결한 계약서를 소장했던 곳이었다고 추정하는 주석가들이 있다[Boling, ABD, cf. LXX의 'city of letters'(πόλις γραμμάτων)]. 반면 한 칠십인역 사본(LXXB)과 탈굼은 도시의 이름을 '장교의 도시'(city of officer)로 번역했다. 이 경우 드빌의 중요성은 문서 소장에 있는 것이 아니라 군사적/정치적 요충지라는 점에 있다. 드빌의 정확한 위치는 아직까지 밝혀지지 않았지만 헤브론의 남서쪽에 있었던 것으로 추정된다(Szpek, cf. ABD).

유다가 헤브론을 정복하게 된 것이 갈렙 때문이라면, 드빌을 차지하게 된 것은 그의 사위가 된 옷니엘의 활약 때문이었다. 갈렙이 드빌을 정복하는 용사에게 포상으로 내놓은 딸 악사를 얻기 위해 옷니엘이 이 성읍을 쳐서 정복한 일은 이미 여호수아 15:14-19에 기록되어 있다. 저자는 이 사건을 이곳에서 다시 회고하여 사사기와 여호수아서의 연관성을 다시 한번 드러내고 있는 것이다. 갈렙이 딸을 포상으로 내놓은 일을 바라보는 학자들의 시선이 곱지만은 않다. 이들은 갈렙의 행동이 여성을 주변화하는 전형적인 남성우월주의에서 비롯된 일이라고 한다(Niditch). 그러나 당시 사회가 여자를 남자와 같은 동격으로 취급하기보다는 재산으로 취급했던 정황을 생각하면 학자들의 주장은 다소 지나치다는 생각이 든다.

옷니엘과 갈렙이 어떤 관계였는지는 명확하지 않다(ABD). 고대 사본에 따라 옷니엘은 갈렙의 동생이 될 수도 있고 조카가 될 수도 있지만, 갈렙이 여호수아와 나이가 거의 같은 사실을 생각하면 옷니엘이 갈렙의 조카일 가능성이 더 크다(Olson). 옷니엘이 드빌을 정복하고 갈렙의 약속대로 악사를 아내로 맞이했다. 사촌끼리 결혼하게 된 것이므로 옷니엘이 차지할 땅은 갈렙 집안에 머물게 된다. 집안의 영웅과 결혼한 악사는 이방인과 결혼해 땅을 차지할 수 없는 형편에 처한 다른 여인들(3:6)과 대조를 이루는 '이상적인 여호와주의 여인의 모형'(an image of ideal Yahwehist womanhood)이다(Kline). 악사와 옷니엘의 결혼은 사사 시대를 살아가는 이스라엘 후손에게 좋은 모범이 되었다(Webb, Olson). 악사의 남편이 된 옷니엘은 사사기가 기록하고 있는 이스라엘의 12사사 중 첫 번째 인물이다(삿 3:9-11). 사사 시대는 여호수아의 시대를 곧바로 이어가고 있다.

옷니엘의 아내가 된 악사가 친정아버지 갈렙에게 샘을 요구하는 이야기(14-15절)는 여러 가지로 혼란스럽다(Bowman, Schneider). 첫째, 악사가 남편에게 친정아버지를 찾아가 밭을 얻어내라고 재촉했다고(סות)하는데, 이 동사는 성경에서 '화나게 하다, 자극하다' 등 항상 부정적으로 사용된다(HALOT). 그렇다면 저자는 악사의 밭 요구가 바람직하지 않다고 평가하는 듯하다. 둘째, 악사가 누구를 재촉하는지 정확하지 않다. 물론 문맥을 감안할 때 남편 옷니엘을 재촉하는 것이 거의 확실하지만, 마소라 사본은 그녀가 남성 3인칭 단수인 '그'(הו)를 자극했다고 되어있을 뿐이다. 셋째, 악사가 남편 옷니엘에게 장인 갈렙에게 가서 밭을 얻어오라고 했다면, 왜 악사가 남편 대신 친정아버지를 찾아간 것일까? 일부 칠십인역(LXX) 사본은 악사가 옷니엘을 재촉한 것이 아니라 옷니엘이 악사에게 아버지에게 가서 밭을 얻어오라고 재촉한 것으로 기록하고 있다(cf. 새번역 각주). 아마도 이 문제를 고려해서 이렇게 보완한 것으로 생각된다. 넷째, 악사가 처음에는 아버지로부터 밭(שָׂדֶה)을 얻기를 희망했는데(14절), 정작 그녀가 갈렙에게 요구한 것은 땅이 아니라 샘이다(15절). 아버지를 만나러 가는 도중에 마음이 바뀐 것일까? 악사가 먼저 밭을 달라고 해서 갈렙이 그녀에게 땅을 주었는데, 그녀가 받은 땅이 너무 메마르다는(אֶרֶץ הַנֶּגֶב, lit., '남쪽 땅') 것을 알고 있었기에 추가로 샘을 달라고 하는 것으로 해석할 수도 있다(Schneider). 어찌 되었든 갈렙은 딸에게 샘물 두 개를 주었다.

이 과정에서 악사가 아버지 갈렙을 대하는 태도는 매우 공손하다. 그녀는 무엇을 원하냐는 아버지의 질문에 "내게 복을 주소서"(הָבָה־לִּי בְרָכָה)라고 한다(15절). 공동번역은 이 문구를 "저를 네겝 지방으로 시집보내시면서 아무 선물도 주시지 않겠습니까?"로, 새번역은 "제 부탁을 하나 들어주시기 바랍니다"(NIV)로 의역하고 있는데, 적절한 해석은 아니다. 아버지가 자식에게 축복을 빌어주었던 가부장적인 사회적 정황에서 악사는 자신과 남편의 미래에 결정적일 수 있는 아버지의 축복을 바라고 있다(Block). 또한 그녀는 아버지께 자신이 바라는 축복이 어떤 것인가도 정확히 밝혔다.

아버지가 자신과 남편에게 기업으로 주신 메마른 땅을 위해 샘을 달라는 것이었다. 무례하지 않으면서도 정확히 자신이 무엇을 요구하는지를 밝히는 악사의 모습은 남성 중심의 사회에서 '예의범절을 갖춘 여성의 모델'(a role model of womanly propriety)이다(Klein). 악사의 이런 모습은 앞으로 책 중심부에서 있을 여성의 긍정적이고 활발한 활동을 예고하고 있다(Chisholm, Webb). 갈렙은 공손히 자신의 희망사항을 말하는 딸에게 두 개의 샘을 주었다. 갈렙이 악사를 대하는 태도는 19–21장에 기록되어 있는 레위 사람의 첩과 집단 납치를 당해 강제 결혼을 하게 되는 실로의 처녀들이 받은 대우와 선명한 대조를 이룬다.

I. 두 서론: 가나안 정복 실패(1:1–3:6)
A. 역사적 서론: 정복의 성과와 실패(1:1–2:5)
2. 유다 지파가 올라감(1:2–21)

(3) 유다의 네겝과 낮은 지대 정복(1:16–21)

[16] 모세의 장인은 겐 사람이라 그의 자손이 유다 자손과 함께 종려나무 성읍
에서 올라가서 아랏 남방의 유다 황무지에 이르러 그 백성 중에 거주하니라
[17] 유다가 그의 형제 시므온과 함께 가서 스밧에 거주하는 가나안 족속을 쳐
서 그 곳을 진멸하였으므로 그 성읍의 이름을 호르마라 하니라 [18] 유다가 또
가사 및 그 지역과 아스글론 및 그 지역과 에그론 및 그 지역을 점령하였고
[19] 여호와께서 유다와 함께 계셨으므로 그가 산지 주민을 쫓아내었으나 골짜
기의 주민들은 철 병거가 있으므로 그들을 쫓아내지 못하였으며 [20] 그들이
모세가 명령한 대로 헤브론을 갈렙에게 주었더니 그가 거기서 아낙의 세 아
들을 쫓아내었고 [21] 베냐민 자손은 예루살렘에 거주하는 여부스 족속을 쫓아
내지 못하였으므로 여부스 족속이 베냐민 자손과 함께 오늘까지 예루살렘에
거주하니라

저자는 유다의 예루살렘을 비롯한 산악 지대 정복에 대해 언급한 후 남쪽으로 초점을 옮긴다. 유다 영토의 남쪽 지역에 있던 요충지 아랏은 유다 사람이 홀로 정복한 곳이 아니라, 모세의 처갓집이 속했던 겐 자손이 '종려나무 성읍'(עִיר הַתְּמָרִים)에서 유다 사람과 함께 올라가(עלה) 차지한 곳이었다. 오경은 모세의 처가가 미디안 사람이었다고 하는데, 아마도 겐 족속은 미디안 사람의 일부였던 것으로 생각된다. 겐 족은 십보라가 모세와 결혼한 일로 이스라엘과 관계를 맺게 되었으며, 모세가 이스라엘을 이끌고 이집트를 떠난 지 얼마 되지 않아 장인인 겐 족 사람 이드로가 그를 찾아와 큰 지혜를 준 적이 있다(출 18장).[16] 이런 이

16 성경은 모세의 장인 이름을 다양하게 말한다. 사사기 4:11은 호밥이라고 부르는데, 출애굽기 2:18에서는 르우엘, 출애굽기 18장에서는 이드로라고 한다. 일부 칠십인역(LXX) 사

유로 이스라엘은 지속적으로 겐 족과 좋은 관계를 유지했다. 겐 족은 이스라엘 밖에 거하는 사람이 어떻게 하나님의 구원을 체험할 수 있는가를 보여주는 하나의 작은 모형이 된다(Jordan). 모세가 십보라와 결혼한 일이 그녀가 속한 족속을 하나님의 백성과 함께하게 하는 전도와 구원의 도구가 된 것이다. 율법에서 이스라엘 사람에게 이방인과 결혼하는 것을 금하는 것은 순전히 종교적인 이유에서다. 그러므로 처음에는 하나님을 믿지 않았더라도 결혼을 통해 믿게 된다면 하나의 구원 도구가 될 수 있는 것이다(Jordan). 물론 결혼 후 나중에 전도하는 것은 너무 부담이 큰 모험이기 때문에 먼저 믿게 한 후 결혼하는 것이 바람직하다.

새번역은 '종려나무 성읍'이 여리고를 뜻한다는 설명을 첨부한다. "종려나무 성읍인 여리고를"(3:13). 그러나 '여리고'란 이름은 마소라 사본에 없는 것이며, 이 '종려나무 성읍'이 여리고가 아닐 수도 있다고 하는 주석가도 있다. 이들에 의하면 이 종려나무 성읍은 사해의 남쪽에 있는 아라바의 서쪽 접경 지역에 있으며 오아시스를 지닌 요새 다말(Tamar)이다(Boda). 그러므로 다른 번역본처럼 '여리고'를 첨부하지 않고 그냥 '종려나무 성읍'으로 남겨두는 것이 바람직하다(개역, 공동, NIV, NAS, NRS, TNK).

겐 자손이 아랏으로 옮겨가 함께 살던 백성은 누구였는가? 저자는 단순히 그들[겐 자손들]이 "그 백성 중에 거주하니라"(וַיֵּשֶׁב אֶת־הָעָם)라고 말할 뿐이다. '그 백성'이 그들과 함께 이 지역에 정착한 유다 자손인가(NIV), 그 지역 원주민[가나안 사람]인가(NAS, TNK), 아니면 아말렉 족인가?(NRS) 아말렉 족속이라는 해석이 다소 황당해 보이지만, 이 해석은 몇몇 칠십인역(LXX)과 라틴어 사본에 근거한 것이며 사무엘상 15:6의 "사울이 겐 사람들에게 경고하였다. '당신들은 어서 거기에서 떠나

본은 본문에서 그의 이름을 '호밥'(Ιωβαβ) 혹은 '이드로'(Ιοθορ)라고 밝힌다. 물론 마소라 사본에는 없는 대목이다.

시오. 내가 아말렉 사람들을 칠 때에, 당신들을 함께 치지 않도록, 그들 가운데서 떠나시오. 당신들은 이스라엘 자손이 이집트에서 올라올 때에, 그들에게 친절을 베푼 사람들이오.' 그러자 겐 사람들이 아말렉 사람들 가운데서 빠져 나갔다"(새번역)를 증거로 든다. 현실적으로 생각할 때 이 해석은 다른 해석만큼 가능성을 지닌 해석이다. 겐 자손이 어느 민족과 함께 살게 되었는지 정확히 알 수는 없지만, 만일 그들이 유다 사람과 함께 원주민을 진멸한 후 유다 사람과 함께 산 것이 아니라면, 이 사건은 유다가 전쟁을 하고 나서 한 지역을 정복한 후 그곳에 살던 가나안 사람을 진멸하지 않았다는 사실을 암시한다. 이스라엘의 가장 유력한 지파의 행보에서 벌써 하나님 말씀에 대한 불순종이 싹트기 시작하고 있는 것이다.

저자는 유다 사람과 겐 자손이 연합해 정복한 아랏에 대한 이야기를 마치고 다시 유다와 시므온 지파가 함께 이룬 승리에 대해 이야기를 이이간다(17절). 그들은 스밧에 사는 가나안 사람을 쳐서 진멸시켰다. 그러고는 성읍의 이름을 스밧(צְפַת)에서 호르마(חָרְמָה)로 바꾸었다. 호르마는 '진멸'(חֵרֶם)에 대한 언어유희이며 '진멸 도시'(bantown)로 이해하면 된다(Boling). 유다가 겐 사람과 연합했을 때는 원주민을 진멸시키지 못한 것에 반해 시므온 지파와 연합해서는 가나안 사람을 진멸시킨 것은 시므온 사람이 유다 사람보다 하나님의 '진멸시키라'라는 명령에 더 확고하게 순종했음을 암시할 수 있다(Block). 이스라엘 영토에 영원한 '진멸 도시'로 남아 가나안 정복 당시 하나님의 기적을 기념하는 도시의 좋은 예로 여리고 성을 들 수 있다.

성공을 거듭한 유다 사람은 여세를 몰아 지중해 해안에 있는 가사, 아스글론, 에그론 지역을 점령했다(18절). 이 도시들은 훗날(BC 13-12세기) 해적이 주류를 이루었던 블레셋 사람이 차지하게 된다. 소아시아 지역에서 밀물처럼 내려오던 사람이 이집트를 정복해 차지하려고 했지만 실패했고, 당시 이집트의 바로는 그들을 이곳에 정착하게 했다.

블레셋 사람은 다윗 시대에 이르기까지 이스라엘을 가장 많이 괴롭힌 원수들이다. 구약이 블레셋 사람의 도시를 언급할 때 가드와 아스돗을 포함해 다섯 도시를 함께 나열하는 것이 일반적이다. 여호수아 15:47도 다섯 도시가 모두 유다의 기업이 되었다고 한다. 그런데 본문은 다섯 도시 중 오직 세 곳을 언급할 뿐이다. 이런 사실은 유다가 부분적 혹은 불안한 성공을 거두었음을 암시하는 듯하다(Jordan).

마소라 사본은 그나마 유다가 세 도시를 정복하는 데 성공했다고 하는데, 칠십인역은 실패했다고 한다. "그러나 유다는 가사와 해안 지역을 얻지 못했다. 아스글론과 해안 지역도 얻지 못했으며, 에그론과 해안 지역도 얻지 못했다. 심지어는 아조트와 주변 땅도 정복하지 못했다"(καὶ οὐκ ἐκληρονόμησεν Ιουδας τὴν Γάζαν και το ὅριον αὐτῆς και τὴν Ἀσκαλῶνα και το ὅριον αὐτῆς και τὴν Ακκαρων και το ὅριον αὐτῆς και τὴν Ἄζωτον και το περισπόρια αὐτῆς). 유다가 훗날 이 지역을 블레셋 사람에게 빼앗긴 것을 두고 이렇게 표현하는 것일까? 정확하지는 않다. 그러나 바로 다음 문장에서 "여호와께서 유다와 함께 계셨으므로 그가 산지 주민을 쫓아내었다"라고 회고하고 있는 것을 감안할 때, 처음에는 유다가 이 지역을 차지한 것이 확실하다. '정복했다'라고 표현하는 마소라 사본은 당시 사사기 1장이 회고하는 정황을 회고하는 것에 반해, 칠십인역은 세월이 많이 지난 다음 유다가 이 지역을 블레셋 사람에게 빼앗기게 된 일을 회상하는 것일 수 있다.

저자는 유다가 이때까지 별 어려움 없이 가나안 사람과 전쟁할 때마다 승리하게 된 이유를 정확히 밝힌다. 하나님이 그들과 함께하셨기에 가능한 일이었다(19절). 그러나 낮은 지대(הָעֵמֶק)에 살고 있는 가나안 주민은 철 병거로 방비하고 있었기 때문에 쫓아내지 못했다고 한다. '낮은 지대'(הָעֵמֶק)는 요단 강 유역의 평지를 뜻한다(개정개역, NIV, NRS). 저자가 철 병거(רֶכֶב בַּרְזֶל)를 언급하는 것이 시대적으로 맞지 않다고 주장하는 사람이 있다. 이들의 주장에 의하면 가나안 지역의 철기 시대(Iron

Age)는 주전 1200–586년쯤이며, 특히 철 병거는 철이 매우 흔했던 주전 8세기 정도에나 아시리아 사람에 의해 가나안 지역에 소개되었다는 것이다(McNutt, Lindars, Drews). 그러나 역사적 자료와 고고학적 증거가 가나안 지역에 본격적인 철기 시대가 임하기 이전에 이미 철이 소개되었고 사용되었던 것을 입증한다(Block).

저자가 하나님이 유다와 함께하셨기 때문에 산악 지대에서 승리하게 되었다고 하고 나서 바로 무기 때문에 요단 계곡 지역은 차지하지 못했다는 말을 하는 이유는 무엇일까? 병거는 평지 전투에서 매우 효과적이지만 지형이 험한 산악 지대에서는 무용지물이다. 일부 엉터리 주석가들이 풀이하는 것처럼 여호와는 산악 지대의 신이지 평지의 신은 못 된단 말인가? 여호수아는 자신들의 기업이 좁다며 더 많은 땅을 요구했던 에브라임과 므낫세 지파에게 이런 말을 한 적이 있다. "당신들은 큰 무리요, 큰 세력도 가졌으니, 한 몫만 가질 일이 아닙니다. 산간지방도 당신들의 것이 될 것이다. 산간지방이라 하더라도, 그 곳을 개간하여 이 끝에서 저 끝까지 차지하시오. 가나안 사람들이 철 병거를 가져서 강하다 하더라도, 당신들은 그들을 쫓아낼 수 있소"(수 17:17–18, 새번역). 즉, 하나님이 함께하신다면 가나안 사람의 무기는 결코 문제가 될 수 없다. 그렇다면 유다가 평지에서 승리하지 못했던 것은 종교적 이유이지 결코 군사적 문제에서 비롯된 것이 아니라고 저자는 암시하고 있다. 게다가 하나님은 4–5장에서 드보라를 통해 철 병거를 가진 자들을 물리치신다. 여기서도 알 수 있듯이 유다가 철 병거를 가진 자들을 물리치지 못했다는 것은 그들과 하나님의 관계에 조금씩 균열이 가고 있음을 시사하는 것이다(Jordan). 이스라엘이 가나안의 특정한 지역 정복에 실패한 것은 앞으로 사사기가 지속적으로 회고할 실패 이야기들을 예상하게 한다(Webb).

앞에서(10절) 헤브론을 쳐서 정복한 것이 마치 온 유다 지파의 업적인 것처럼 묘사했던 저자가 그 전쟁의 전모를 명확하게 밝혀준다. 유다 사람은 모세가 지시한 대로 헤브론을 갈렙에게 주었고(신 1:36; 수 14:9), 갈렙은 이 성읍에서 10절이 언급한 아낙의 세 아들(세새, 아히만, 달매)을 내쳤다(20절). 아낙 자손은 거인이다. 노년의 갈렙이 하나님의 함께하심을 믿고 이들을 쳐서 승리한 사실은 유다가 평지 사람을 정복하지 못한 것이 그들의 신앙에 문제가 있었기 때문이라는 것을 암시한다. 온 유다가 갈렙만 같았으면 주어진 모든 땅을 차지할 수 있었을 것이라는 아쉬움이 남는 것이다.

갈렙의 성공과는 대조적으로 베냐민 자손은 예루살렘에서 여부스 사람을 내쫓지 못했기 때문에 오늘날까지 여부스 사람이 베냐민 지파와 함께 예루살렘에서 살고 있다고 한다(21절). 더 정확한 표현은 "베냐민 사람들이 이들을 내쫓지 않았다"(לֹא הוֹרִישׁוּ)이다(NAS, NIV, NRS, TNK). 어떤 이유에서인지 '가나안 사람을 진멸하라'라는 하나님의 명령이 준수되지 않고 있는 것이다. 저자는 베냐민이 가나안 사람을 내칠 능력이 있었는데도 그렇게 하지 않아 의도적으로 하나님의 명령을 거역했음을 시사한다. 1장의 나머지 부분에 언급되는 지파도 마찬가지다. 므낫세 지파(27절)와 에브라임 지파(29절), 스불론 지파(30절), 아셀 지파(31절), 납달리 지파(33절) 등 모두 가나안 사람을 몰아내지 못한 것(could not)이 아니라 몰아내지 않았다(did not). 이 점을 강조하기 위해 저자는 28절에서 '이스라엘 백성은 강성해진 다음에도 가나안 사람을 몰아내지 않았다'라고 한다. 이 지파들은 무엇 때문에 가나안 사람을 몰아내지 않은 것일까? 무엇보다 노예로 삼아 노동력을 착취하고자 했던 경제적인 이유에서였다(28, 33, 35절). 논리적으로는 그럴싸하지만 경제적인 논리가 하나님 말씀에 순종하는 것을 앞선 것이다. 가나안 사람을 죽이고 내치느니, 차라리 노예로 부려 수익을 올리면 자신도 좋고 하나님께 드릴 십일조와 헌금도 많아지지 않겠는가! 그러나 하나님이 원하는 것은 순종이지 제물이 아니다. 주의 백성과 교회가 하나님께 순종하려면 때로는 경제적, 합리적이지 않은 선택을 해야 할 때도 있다. 이스라엘은 스스로 가나안 사람과의 위험한 동거를 선택함으로써 급속한 가나안화를 자초했다.

저자는 이미 8절에서 유다가 예루살렘을 쳐서 점령하여 주민을 칼로 죽이고 성을 불태웠다고 했다. 그렇다면 이곳에서 베냐민이 예루살렘에서 여부스 사람을 내모는 데 실패했다는 것은 무엇을 뜻하는가? 이미 8절 주해에서 언급한 것처럼 예루살렘이 유다와 베냐민 지파 영토의 경계에 있는 것으로 예루살렘 성 일대를 두 지파가 나누었을 가능성을 배제할 수 없다. 유다 지파는 할당된 예루살렘 지역을 정복한 것에 반해 베냐민 지파는 할당된 지역에서 여부스 사람을 내쫓지 않았다는 것이다. 같은 성을 두고 유다는 성공했는데 베냐민은 실패했다고 하는 것이 사사기의 반(反)베냐민 지파 성향과 친유다 지파 성향을 드러내고 있다고 해석하는 주석가도 있다(Niditch). 예루살렘 성은 다윗 시대에 이르러서야 영구적인 이스라엘 영토가 된다. 그 이전에는 뺏고 빼앗긴 일이 반복된 것으로 추정된다. 저자가 '오늘날까지'(עַד הַיּוֹם הַזֶּה) 여부스 족이 베냐민 지파와 함께 예루살렘에 거하고 있다고 표기하는 것으로 보아 이 본문은 아무리 늦어도 다윗 시대 이전에 기록된 것으로 생각된다.

I. 두 서론: 가나안 정복 실패(1:1–3:6)
A. 역사적 서론: 정복의 성과와 실패(1:1–2:5)

3. 요셉 지파가 올라감(1:22–36)

이스라엘에서 가장 큰 비중을 차지한 지파였던 유다의 행보를 정리한 후 저자는 이제 나머지 지파 중 가장 유력한 에브라임과 므낫세 지파의 정복 이야기를 회고하고자 한다. 유다와 요셉은 이스라엘의 장자에게 가야 할 축복을 나누어 가졌다는 공통점을 지니고 있다. 야곱은 넷째 아들인 유다에게 형제를 다스릴 권한을 주었고, 요셉에게는 두 몫을 주었다(창 48-49장). 이 일 이후 유다와 요셉 자손은 이스라엘에서 가장 유력한 지파로 자리 잡았고, 또한 이들의 경쟁도 점차 치열해질 것이다.

요셉에서 비롯된 에브라임과 므낫세 지파는 훗날 분열 왕국 시대 때 북 왕국 이스라엘의 핵심을 형성한다. 저자가 이 단락에서 암시하는 것 역시 두 지파의 실패다.[17] 그들은 하나님의 명령을 거역하면서까지 가나안 사람을 내치지 않고 함께 살기로 결정했다. 그뿐만 아니라 벧엘을 정복하는 과정도 상당한 의구심을 불러일으키는데, 이 지파들 역시 가나안 사람과 위험한 동거를 시작해 가나안화의 거센 물결에 무방비 상태가 되었다. 요셉에게서 유래한 두 지파 이야기는 다음과 같이 두 단락으로 나뉠 수 있다.

A. 요셉 자손의 벧엘 정복(1:22-26)
B. 북쪽 지파가 쫓아내지 않은 가나안 사람(1:27-36)

I. 두 서론: 가나안 정복 실패(1:1-3:6)
A. 역사적 서론: 정복의 성과와 실패(1:1-2:5)
3. 요셉 지파가 올라감(1:22-36)

(1) 요셉 자손의 벧엘 정복(1:22-26)

22 요셉 가문도 벧엘을 치러 올라가니 여호와께서 그와 함께하시니라 23 요셉
가문이 벧엘을 정탐하게 하였는데 그 성읍의 본 이름은 루스라 24 정탐꾼들
이 그 성읍에서 한 사람이 나오는 것을 보고 그에게 이르되 청하노니 이 성
읍의 입구를 우리에게 보이라 그리하면 우리가 네게 선대하리라 하매 25 그

17 한 주석가는 요셉과 그에게서 비롯된 두 지파를 구별하여 요셉은 성공했지만(22-26절), 에브라임과 므낫세는 실패한 것(27-29절)을 강조하고 있다고 하지만(Jordan), 요셉 자손 이야기(22-26절) 역시 부정적 요소를 담고 있는 것으로 보아(cf. 주해) 두 단락 모두 실패한 이야기로 간주하는 것이 바람직하다.

사람이 성읍의 입구를 가리킨지라 이에 그들이 칼날로 그 성읍을 쳤으되 오
직 그 사람과 그의 가족을 놓아 보내매 26 그 사람이 헷 사람들의 땅에 가서
성읍을 건축하고 그것의 이름을 루스라 하였더니 오늘까지 그 곳의 이름이
되니라

'요셉 집안'(בֵּית־יוֹסֵף)은 에브라임과 므낫세 지파를 함께 부르는 말이다. 유다가 같은 어머니에게서 비롯된 형제 지파 시므온과 함께 연합군을 형성했던 것처럼 요셉의 두 아들에게서 비롯된 지파도 힘을 합해 벧엘 정복에 나섰다(Niditch). 벧엘은 훗날 북 왕국 이스라엘의 삶에서 매우 중요한 위치를 차지하는 성지(聖地)가 된다. 그러므로 남쪽 지파와 연관되어 예루살렘이 언급되는 것처럼 북쪽 지파와 연관된 벧엘이 주목받는 것은 당연한 일이다. 벧엘이 있었던 시역은 대략 알려져 있지만, 정확한 위치는 아직도 학자들 사이에서 논란이 되고 있다(Boda, cf. Block).

요셉 자손이 벧엘을 정복하는 과정은 여호수아가 여리고 성을 정복한 일을 연상케 한다(Schneider, Webb, cf. 수 2장). 정탐꾼을 보낸 것, 정복하려는 성읍의 주민과 언약을 맺은 것, 성읍을 정복한 후 정보 제공자의 가족을 살려 준 것 등이 마치 이스라엘의 정탐꾼과 라합 이야기와 비슷하다. 그러나 라합 이야기는 긍정적 혹은 중립적으로 제시되는 반면, 요셉 자손의 행위는 부정적으로 묘사되어 있다는 것이 차이점이다. 요셉 자손은 성읍에서 나오는 사람을 붙들고 성읍으로 들어가는 길만 가르쳐주면 나중에 보상하겠다고 한다. 그들이 하는 말을 문자적으로 해석하면 '우리가 당신을 인애로 대하리다'(וְעָשִׂינוּ עִמְּךָ חָסֶד)인데 '인애'(חָסֶד)는 계약/언약에 따라 신실하게 행동하는 것을 뜻하며, 정탐꾼이 라합에게 했던 말을 의도적으로 회고한다(Pressler, cf. 수 2:12). 라합 이야기에서는 먼저 여호와에 대한 라합의 믿음 고백이 있은 후 정탐꾼이 어쩔 수 없는 상황에서 맺은 언약이었지만, 요셉의 후손은 단순히 성안으로 가는 길을 알아내기 위해 먼저 이런 제안을 하고 있다. 이미 하나님이 여러 차례 가나안 사람과 언약을 맺어서는 안 된다고 말씀하셨는데도 말이다(2:2).

요셉 자손은 벧엘 정복이 끝난 후 약속대로 정보를 제공한 사람과 가족을 살려 주었다. 라합과 가족은 이스라엘에 완전히 흡수된 반면, 그 사람은 가족을 이끌고 헷 사람의 땅으로 가서 성읍을 세우고 그곳을 벧엘의 옛 이름 루스라고 불렀다(26절). 그들의 후손은 '오늘날까지' 루스라고 불리는 성읍에 살고 있다. 이 이야기에 등장하는 헷 사람(הַחִתִּים)은 가나안 사람을 구성하는 하나의 소수 민족이며, 메소포타미아 위쪽에 큰 제국을 건설했던 헷 민족과의 관계는 명확하지 않다(ABD). 요셉 자손은 처음부터 자신들의 영토에 가나안 사람을 두어 함께 살게 했고, 가나안 성읍 이름을 유지하는 것도 허락했다. 요셉 자손도 가나안화되고 있었던 것이다. 유다 지파가 아도니 베섹을 처형한 것에 반해 요셉의 후손이 이 사람들을 살려 준 것은 유다 지파가 요셉 지파보다 조금 더 하나님 말씀에 순종했음을 의미한다(Boda).

요셉의 자손이 벧엘을 정복하는 데 있어서 하나님 말씀을 따르지 않은 것은 다음 단락에서 밝혀질 그들의 실패를 예고하고 있다. 그러므로 이 이야기는 불순종이 실패를 가져온다는 원리(Pressler)와 요셉 자손의 실패는 스스로 빚어낸 결과라는 점을 강조한다. 벧엘 정복이 시작될 때 하나님은 유다 사람과 함께하셨던 것처럼 에브라임과 므낫세 사람과도 함께하셨다(22절). 그들이 승승장구할 수 있도록 만반의 준비를 갖추어주신 것이다. 그런데 요셉 자손은 하나님 말씀을 거역해 승리에 대한 보장을 받지 못했을 뿐만 아니라 나머지 지역에서 가나안 사람을 내쫓지도 못했다.

I. 두 서론: 가나안 정복 실패(1:1–3:6)
A. 역사적 서론: 정복의 성과와 실패(1:1–2:5)
3. 요셉 지파가 올라감(1:22–36)

(2) 북쪽 지파가 쫓아내지 않은 가나안 사람(1:27–36)

27 므낫세가 벧스안과 그에 딸린 마을들의 주민과 다아낙과 그에 딸린 마을
들의 주민과 돌과 그에 딸린 마을들의 주민과 이블르암과 그에 딸린 마을들
의 주민과 므깃도와 그에 딸린 마을들의 주민들을 쫓아내지 못하매 가나안
족속이 결심하고 그 땅에 거주하였더니 28 이스라엘이 강성한 후에야 가나
안 족속에게 노역을 시켰고 다 쫓아내지 아니하였더라 29 에브라임이 게셀에
거주하는 가나안 족속을 쫓아내지 못하매 가나안 족속이 게셀에서 그들 중
에 거주하였더라 30 스불론은 기드론 주민과 나할롤 주민을 쫓아내지 못하였
으므로 가나안 족속이 그들 중에 거주하면서 노역을 하였더라 31 아셀이 악
고 주민과 시돈 주민과 알랍과 악십과 헬바와 아빅과 르홉 주민을 쫓아내지
못하고 32 아셀 족속이 그 땅의 주민 가나안 족속 가운데 거주하였으니 이는
그들을 쫓아내지 못함이었더라 33 납달리는 벧세메스 주민과 벧아낫 주민을
쫓아내지 못하고 그 땅의 주민 가나안 족속 가운데 거주하였으나 벧세메스
와 벧아낫 주민들이 그들에게 노역을 하였더라 34 아모리 족속이 단 자손을
산지로 몰아넣고 골짜기에 내려오기를 용납하지 아니하였으며 35 결심하고
헤레스 산과 아얄론과 사알빔에 거주하였더니 요셉의 가문의 힘이 강성하매
아모리 족속이 마침내는 노역을 하였으며 36 아모리 족속의 경계는 아그랍빔
비탈의 바위부터 위쪽이었더라

저자는 므낫세 지파가 정복하지 못한 도시로 다섯 개를 나열한다. 벧스안, 다아낙, 돌, 이블르암, 므깃도(27절). 이 중 셋(다아낙, 돌, 므깃도)은 여호수아 12장에 기록된 31성읍 목록에 등장한다. 므낫세 지파는 여호수아가 지명한 주요 도시의 정복을 포기한 것이다. 성경에서 5는 강인함을 상징하는 숫자로(Jordan), 군대 구성을 묘사할 때 자주 사

용된다. 이스라엘이 이집트를 떠날 때도 5그룹으로 나누어 떠났다(출 13:18; 수 1:14; 4:12). 같은 이유에서 성막과 성막 도구에 대한 설명에서도 숫자 5가 자주 등장한다(출 25-40장). 이런 정황에서 므낫세 지파가 자신들의 땅에서 5성읍을 정복하지 못했다는 것은 정복 전쟁 이후에도 가나안 사람이 매우 강인한 이방인으로 존재하며 므낫세 지파를 괴롭힐 것을 예고한다.

에브라임 지파도 게셀에서 가나안 사람을 내치지 않았다(29절). 에브라임의 실패가 한 성읍에 제한된 것이 긍정적으로 느껴질지 모르지만, 게셀의 중요성을 감안하면 이 도시에서 가나안 사람을 제거하지 못했다는 것은 심각한 문제다. 게셀은 에브라임 영토의 남서쪽에 있었으며, 예루살렘 서쪽에 있었다(ABD). 유다의 산악 지대가 지중해의 평지를 만나는 곳이기도 하며, 이 성읍은 가나안의 동서와 남북을 가로지르는 도로들이 교차하는 곳에 있는 경제적·군사적 요충지였다. 그러므로 에브라임이 게셀을 정복하지 않은 것으로 남쪽 지파와 북쪽 지파의 교류가 상당 부분 단절되게 되었고(Jordan), 가나안의 여러 도시 중 하나지만 이 성읍에 사는 가나안 사람의 영향력은 극대화될 수밖에 없다. 저자는 1:19에서 장자 지파인 유다 지파도 이스라엘이 가나안 사람들의 영향력을 받으며 살게 된 상황을 초래한 것에 다소 책임이 있지만, 가장 큰 책임은 또 다른 장자 지파인 에브라임에게 있다는 점을 강조한다. 가장 모범이 되어야 할 지파가 큰 문제를 만들어낸 것이다. 게셀에 살던 가나안 사람은 솔로몬 시대에 가서야 그 지역에서 쫓겨난다(왕상 9:15-17).

북쪽을 차지한 지파 중 가장 유력한 므낫세와 에브라임 지파가 가나안 사람을 진멸시키지 않자 나머지 지파도 선례에 따라 자신들도 가나안 사람을 제거하지 않고 함께 살게 되었다. 스불론 지파는 기드론과 나할롤에서 가나안 사람을 내치지 않고(30절) 부역꾼으로 썼다. 정복자가 정복한 자를 죽이지 않고 노예로 부려먹는 것도 가나안 풍습 중 하나다(Schneider). 결국 이 지파에게도 경제적 이익이 하나님 말씀에 순종하는 것을 앞선 것이다. 스불론 지파의 미래 역시 불안하다.

아셀 지파는 악고, 시돈, 알랍, 악십, 헬바, 아빅, 르홉 등 7개 성읍에서 가나안 사람을 내쫓지 않았다(31절). 결국 그들은 이 지역에 살던 가나안 사람들과 함께 살아야 한다(32절). 중간중간에 가나안 사람을 둔 아셀 지파는 여러 그룹으로 나누어져 각 그룹이 다른 그룹에게서 단절된 상황에서 살아야 했던 것이다(Barber, cf. Jordan). 그들이 가나안 사람에게 당하는 모든 고통은 하나님 말씀대로 살지 못한 자신들의 죗값이다.

납달리 지파는 벧세메스와 벧아낫 사람을 부역꾼으로 삼았다(33절). 벧세메스(בֵּית־שֶׁמֶשׁ)는 지중해를 바라보는 평지의 북동쪽에 있는 소렉 계곡 인근에 있었다(ABD). 이름을 문자적으로 풀이하면 '태양/태양신의 집'이라는 뜻이 된다. 벧아낫(בֵּית־עֲנָת)은 문자적으로 '아낫의 집'이란 뜻인데, 아낫은 가나안에서 성행했던 다산 종교의 중요한 여신이었으며, 바알의 아내 혹은 연인으로 자주 묘사되었다(ABD, Miller). 이런 이름에서 추측할 수 있는 것은 두 도시가 가나안 종교의 중심지였다는 점이다. 납달리 사람은 가나안 종교의 중심지에 사는 가나안 사람을 진멸하지 않고 노동력을 착취하기로 결정하여 이스라엘의 가나안화를 가속화시키는 결과를 초래했다.

이스라엘의 실패는 단 지파가 처한 상황으로 극에 달한다. 단 지파는 여호수아에게서 받은 땅을 정복하지 못하고 오히려 그 지역에 사는 아모리 사람(viz., 가나안 사람)에게 쫓겨 산악 지대로 밀려났다(34절). 유다 지파는 철 병거 때문에 평지에 사는 가나안 사람을 내치는 일에 실패했는데(19절), 단 지파는 산악 지대에서마저 쫓겨나고 있다. 상황이 더 악화되고 있는 것이다. 물론 이스라엘의 불순종과 죄가 빚어낸 결과다.

성경은 단 지파가 원래 유다와 에브라임 지파의 영토 사이에 기업을 받았지만(수 19:40–48), 이 지역을 정복하는 일에 실패했기 때문에 가나안의 최북단으로 몰리게 되었다고 회고한다. 기업을 가나안 사람에게 빼앗기고 방황하는 단 지파의 이야기는 훗날 이 지파가 미가의 우상을 빼앗아 이스라엘의 최북단으로 올라가게 될 이야기(18장)를 예고하는 듯하다. 또한 단 지파가 처한 상황은 매우 강력한 경고성을 띠고 있다. 만일 주의 백성이 회개하고 돌이키지 않으면 역(逆)정복(reverse conquest)을 당할 수도 있다는 것이다.

단 지파를 내몰았던 아모리 사람이 요셉의 후손에 의해 평정되었다. 그러나 요셉의 후손은 이들을 죽이거나 내쫓지 않고 부역꾼으로 삼아(35절), 역시 경제적 이익이 신앙적 순종을 앞선 선택을 했다. 결국 이스라엘은 진멸했어야 할 아모리 사람과 경계선을 사이에 두고 이웃으로 살아가게 되었다(36절). 최악의 시나리오가 현실로 드러난 것이다. 가나안 사람을 정복하고 내치라는 하나님 명령으로(2절) 시작된 1장이 이스라엘과 아모리 사람(=가나안 사람)이 같은 땅에서 함께 살게 되었다는 말로 끝나는 것은 이스라엘이 하나님 말씀에 순종하지 않아 정복에 실패했음을 뜻할 뿐만 아니라 독자를 불안하게 만든다(Webb, cf. 36절). 물론 이스라엘은 불순종에 대한 혹독한 대가를 치러야 한다. 가나안 사람을 살려 두는 것은 그들이 급속하게 가나안화되는 것과 훗날 이방인 손에 당하게 될 고통의 화근이 된다.

저자는 지파들을 므낫세 – 에브라임 – 스불론 – 아셀 – 납달리 – 단 지파 순서로 나열한다. 이 중 마지막으로 언급하는 납달리와 단 지파 이야기는 정복하지 않은 성읍 목록에 초점을 맞추기보다는 이스라엘 지파가 가나안 사람을 노예로 삼은 일을 조명한다. 그러므로 저자가 이스라엘이 정복하지 않은 성읍 이름을 나열하는 일에 초점을 맞추는 것은 아셀 지파 이야기가 마지막이다. 아셀 지파는 총 7개의 성읍을 정복하지 않았다. 악고, 시돈, 알랍, 악십, 헬바, 아빅, 르홉(31절). 므낫세 지파가 정복하지 않은 성읍이 5개였던 점을 감안할 때 상황이 악화되고 있음을 시사한다. 또한 숫자 5가 강인함의 상징인 것처럼 7은 총체성(fullness)을 강조하는 만수(滿數)다. 가나안 사람은 이스라엘이 정복 전쟁을 마친 후에도 그들 사이에 왕성하게(숫자 5), 온누리에 두루 퍼져 있었던(숫자 7) 것이다(Jordan).

저자가 남쪽 지파 이야기를 진행할 때 유다/시므온-베냐민 순서를 따랐는데, 두 목록을 종합해보면 유다/시므온-베냐민-므낫세-에브라임-스불론-아셀-납달리-단 순서로 구성되어 있다. 저자가 이렇게 지파들을 나열하는 것은 기업을 가나안 최남단 지역에 받은 지파에서부터 최북단에 받은 지파에 이르기까지 순서대로 기록하고자 함이다. 즉, 남쪽에서 북쪽으로 여행하다 보면 만나게 되는 순서에 따라 기록하고 있음을 알 수 있다(Amit).

책의 중심부를 차지하는 사사들 이야기(3:6-16:31) 역시 지리적인 배경에 있어서 대체로 남쪽에서 북쪽으로 옮겨가는 순서를 따르고 있다. 옷니엘(유다)-에훗(베냐민)-드보라(에브라임)-기드온(므낫세)-돌라(잇사갈)-야일(길르앗)-입다(길르앗)-입산(유다)-엘론(스불론)-압돈(에브라임)-삼손(단)(Dubrell). 그러므로 유다 지파 이야기로 시작해서 단 지파 이야기로 끝을 맺는 1장은 유다 지파 출신 사사였던 옷니엘 이야기로 시작해서 단 지파 출신 사사였던 삼손 이야기로 끝을 맺는 중앙 단락의 구조와 매우 유사할 뿐만 아니라 이야기 전개는 다음 도표에 묘사된 흐름에 따라 진행된다(Younger).

문학적 흐름은 지리적 축을 통해 최남단에 있는 유다 지파 이야기에서 시작해 최북단에 정착하게 된 단 지파 이야기로 끝을 맺으며 최고조에 달한다. 반면 도덕적 흐름은 신학적 축을 통해 윤리적이고 도덕적인 유다 지파 출신인 옷니엘 이야기로 시작해 단 지파 출신인 삼손 이야기를 통해 최저점에 도달한다(Boda). 이런 면에서 사사기 1장은 3-18장의 흐름을 예고하고 있다(Amit).

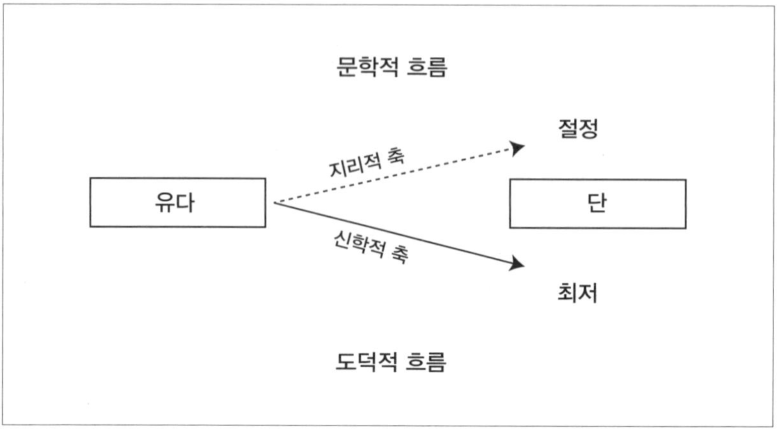

이스라엘이 가나안 정복에 부분적으로 실패했음을 기록하는 1장은 앞으로 사사기가 반복적으로 회고할 이방인의 손에 의한 이스라엘 백성의 박해와 여호와에 의한 구원 이야기를 어떤 배경에서 이해해야 하는가를 설명한다. 이스라엘의 반복되는 고통은 무엇보다 그들의 지속적인 불순종과 이에 대한 하나님의 심판이 빚어낸 사건이라는 것이다(Pressler). 이스라엘이 죄를 범할 때마다 하나님이 벌하고, 다시 그들이 힘들다며 울부짖으면 사사를 세워 구원하는 일이 반복된다.

우리말 번역본은 이스라엘 사람이 가나안 사람 중 일부를 쫓아내지 '못한 것'이라고 한다(19, 21, 27, 28, 30, 31, 32, 33절; cf. 2:3). 마치 이스라엘이 이들을 전멸시키기를 원했지만 힘이 부족해 못한 것처럼 묘사되어 있는 것이다. 그러나 이 히브리어 문구(לֹא הוֹרִישׁוּ)의 더 정확한 번역은 '내쫓지 않았다'이다(NAS, NRS, TNK).[18] 이스라엘이 진멸하라는 하나님의 명령에 불순종한 것이다. 그렇다면 왜 이스라엘은 하나님 명령을 거역하면서까지 가나안 사람을 살려 주고 있단 말인가? 유다와 남쪽 지파 이야기에는 그 이유가 명확히 표시되어 있지 않지만, 에브라임

18 우리말 번역본에서는『현대어 성경』이 히브리어 원문의 의도를 상대적으로 잘 반영하고 있다.

지파를 중심으로 한 북쪽 지파 이야기에서는 명백하게 기록되어 있다. 그들은 경제적 이유에서 가나안 사람을 제거하지 않았다. 이스라엘이 하나님 명령에 순종하려면 가나안 사람을 진멸시켜야 하는데, 이스라엘은 그들을 죽이지 않고 종으로 부렸다(28, 30, 33, 35절). 노예를 통한 값싼 인력을 확보하기 위해 하나님을 거역하고 있는 것이다. 여호수아가 죽자마자 경제적 부흥과 부가 이스라엘 사람의 신이 되어버린 사실이 못내 안타깝다.

결국 이스라엘은 하나님께 분에 넘치는 축복을 받고도 스스로 죽음의 길을 택했다. 무엇보다 말씀 순종보다 자신들의 판단과 결정에 따라 행동하는 교만과 온갖 우상숭배로 오염되어 있는 가나안 풍습을 답습하려는 어리석음이 문제 되고 있다. 성공하려면 겸손한 마음으로 하나님께 순종하며 그분과 언약을 준수해야 하는데, 벌써부터 자신들의 관심과 이익을 순종과 충성 앞에 두고 있다. 1장이 막을 내리며 이스라엘은 가나안 사람을 노예로 삼아 값싼 노동력을 확보했다며 기뻐했을 수 있다. 심지어 이런 훌륭한 자원을 모두 죽이고 내치라고 하셨던 여호와보다 자신들이 더 현명하다고 떠들었을지 모른다. 그러나 그들이 자랑하는 현명함은 결국 올무가 되어 실족하게 만들며 그들의 웃음을 통곡으로 만들 것이다. 1장은 여러 면에서 앞으로 책에서 전개될 이야기를 예고하는데, 이스라엘이 사사 시대를 지나면서 가나안 사람과 정치·경제·사회·종교적 차원에서 완전히 동화될 것을 암시한다(Guest). 또한 1장은 하나님과의 언약에 신실하라는 호소라고 할 수 있다. 아직 가나안을 온전히 차지하지도 못한 상황에서 벌써 이스라엘은 하나님 말씀에 순종하기보다 '각자 자기 소견에 옳은 대로' 살고 있다. 결국 진멸했어야 할 가나안 사람이 이스라엘과 더불어 살게 되면서 이스라엘이 망할 징조가 1장부터 보이고 있다.

I. 두 서론: 가나안 정복 실패(1:1–3:6)
A. 역사적 서론: 정복의 성과와 실패(1:1–2:5)

4. 여호와의 사자가 올라감(2:1–5)

1 여호와의 사자가 길갈에서부터 보김으로 올라와 말하되 내가 너희를 애굽
에서 올라오게 하여 내가 너희의 조상들에게 맹세한 땅으로 들어가게 하였
으며 또 내가 이르기를 내가 너희와 함께한 언약을 영원히 어기지 아니하리
니 2 너희는 이 땅의 주민과 언약을 맺지 말며 그들의 제단들을 헐라 하였거
늘 너희가 내 목소리를 듣지 아니하였으니 어찌하여 그리하였느냐 3 그러므
로 내가 또 말하기를 내가 그들을 너희 앞에서 쫓아내지 아니하리니 그들이
너희 옆구리에 가시가 될 것이며 그들의 신들이 너희에게 올무가 되리라 하
였노라 4 여호와의 사자가 이스라엘 모든 자손에게 이 말씀을 이르매 백성이
소리를 높여 운지라 5 그러므로 그 곳을 이름하여 보김이라 하고 그들이 거
기서 여호와께 제사를 드렸더라

저자는 이미 1장에서 이스라엘이 왜 가나안 사람을 내치지 않고 함께 살기로 결정했는가를 설명했다. 이스라엘은 어느 정도의 땅도 확보했고 많은 원주민을 노예로 부리고 있으니 스스로 가나안 정착에 성공했다고 평가했을 것이다. 그러나 이것은 이스라엘이 스스로 만들어낸 거짓 평안과 번성에 불과하다(Barber). 하나님 관점에서 볼 때 이스라엘은 가나안 정복에 분명 실패했으며, 그들이 실패한 이유에 대해서는 이미 1장이 설명했다. 저자는 이스라엘 실패가 그들의 능력보다는 의지에서 비롯된 것임을 강조한다(Pressler). 무엇보다 이스라엘이 하나님 말씀에 순종하지 않고 하나님과의 언약에 신실하지 않았기에 빚어진 일이며, 가나안 사람을 내쫓지 않은 것은 스스로 자청한 일이라고 했다. 이제 이런 내용을 여호와의 천사를 통해 다시 한번 선언하며 2:20–23에서 재차 확인한다. 천사의 메시지가 이스라엘의 거짓 평안과 정착에 대한 착각을 깨고 있는 것이다.

'여호와의 천사'(מַלְאַךְ־יְהוָה)가 길갈에서 보김으로 올라와 말한다. '여호와의 천사'는 하나님이 부리는 종이지만, 하나님이 이 세상에 자신의 모습을 드러내실 때 취하는 모습이기도 하다. 구약에서는 둘의 차이가 분명하지 않을 때가 많아서 본문에 모습을 드러내는 분을 하나님이라고 하는 사람도 있다(Jordan). 사사기에서는 하나님의 천사가 5:23, 6:11-12, 13-20, 13:3, 13-21 등에서 모습을 드러내며 권면, 명령, 책망, 구원, 저주 등을 선포한다. '여호와의 천사'라는 표현이 사사기 안에서만 19차례 사용되며, 비슷한 말인 '하나님의 천사'라는 말도 세 차례 사용된다. 사사기에서 천사가 언급되는 숫자가 구약에서 두 표현이 등장하는 횟수의 3분의 1에 달한다. 천사들이 사사기 안에서 매우 분주하게 활동하고 있음을 알 수 있다.

길갈의 정확한 위치는 밝혀지지 않았지만, 가나안의 중간 지점에 위치했으며 여리고 근처에 있었다(ABD, cf. 수 4장). 여호수아는 요단 강을 건넌 후 이곳에 12개의 돌을 쌓아 요단 강 도하를 기념하게 했으며, 이스라엘의 가나안 정복 기지(basecamp)로 삼기도 했다. 이스라엘은 이곳에서 광야 생활 중 하지 못했던 할례를 했고 처음으로 가나안 땅의 소산물을 먹었다. 길갈은 이스라엘이 가나안 입성 후 처음으로 유월절을 지낸 곳이기도 하다. 그러므로 길갈은 이스라엘의 삶에서 매우 중요한 곳이었다. 1절과 5절에 등장해 이 단락을 마무리하고 있는 보김(הַבֹּכִים)을 문자적으로 풀이하면 '통곡' 혹은 '통곡하는 자들'이라는 뜻이다(HALOT). 보김의 위치는 알려지지 않았으며 이 이야기를 벗어나서는 다시 언급되지 않는 곳이다. 칠십인역(LXX)은 보김을 '통곡의 장소'(τὸν Κλαυθμῶνα)라고 번역하면서 이곳이 다름 아닌 벧엘이라는 설명을 더한다. 리브가의 유모 드보라가 죽었을 때 그녀의 시신을 벧엘 아래쪽에 있는 상수리나무에 묻어주었는데, 사람들이 이 일로 그 상수리나무를 '알론바굿'(אַלּוֹן בָּכוּת, lit., '통곡의 상수리나무')이라고 불렀다는 점에 착안하여(창 35:8), 보김이 벧엘의 가명이라고 해석하는 주석가들이 있다(Amit,

O'Connell, Webb, Wong). 법궤가 이때 실로에 있었다는 점을 고려해 보김을 실로로 이해하는 주석가도 있다(Moore). 확실한 것은 길갈과 보김은 이스라엘 종교에서 유서 깊은 곳이라는 점이다. 또한 천사가 길갈에서 보김으로 올라와서 메시지를 전했다는 것은 여호와의 법궤가 길갈에서 보김으로 옮겨왔음을 뜻할 수도 있다(Jordan).

저자가 천사를 두 곳과 연관시키는 것은 말씀을 선포하기 전에 이스라엘이 하나님과 맺은 관계를 상기하고자 위함이다. 이스라엘이 맺은 언약(בְּרִית)의 내용은 가나안 주민과 언약(בְּרִית)을 맺지 않고 그들의 단을 허는 것이었다(1-2절). 가나안 사람과 언약을 맺지 말라는 것은 곧 그들과 같은 멍에를 지지 말라는 뜻이며, 가나안 사람의 단을 헐라는 것은 헐지 않으면 이스라엘이 가나안 사람의 우상을 숭배하게 될 위험이 있기 때문이었다(Jordan). 그런데 이스라엘은 하나님과 언약을 준수하지 않았고 오히려 가나안 사람과 새로운 언약을 맺었다(Younger). 이런 정황을 배경으로 이 말씀을 읽으면 새삼 그들의 배반이 얼마나 심각한 것이었는지 깨닫게 된다. 이스라엘이 하나님과 언약을 준수했으면 본문이 언급하는 모든 것-가나안 사람을 내치고 땅을 차지하고 단을 허무는 일-을 다 이룰 수 있었다. 그러나 그들은 하나님과 언약을 준수하지 않아 아직 끝나지 않은 가나안 땅 정복까지 위기에 빠뜨리게 되었다.

죄에 대한 하나님의 심판은 단호하다. 하나님은 불순종한 이스라엘에게 세 가지 심판을 내리셨다(3절). 첫째, 가나안 사람을 더 이상 몰아내지 않으실 것이다. 현실적으로 이스라엘에게 이들을 몰아낼 의향이 별로 없었기 때문에 그다지 큰 충격은 아니었을 것이다. 그러나 오늘 이권을 추구하며 살려 둔 가나안 사람이 훗날 그들을 괴롭히고 지배하는 적이 될 것을 생각하면, 이스라엘이 당장의 이익에 눈이 어두워 엄청난 대가를 치르게 된다는 것을 알 수 있다. 둘째, 가나안 사람은 이스라엘을 괴롭히는 가시 같은 존재가 되었다. '가시 같은 존재'(לְצִדִּים,

3절)를 문자적으로 풀이하면 '옆구리/등'이라는 뜻이며 '너의 등/옆구리에 [박힌] 가시들'(לְצִנִינִם בְּצִדֵּיכֶם)이라는 말을 줄인 것이다(Burney). 지금은 이스라엘이 가나안 사람을 억압하고 착취하며 웃고 있지만 앞으로 두고두고 죗값을 치르게 될 것인데, 그들에게 형을 집행하는 자들은 다름 아닌 그들의 이웃이자 진멸하기를 원치 않았던 가나안 사람이 될 것이다. 지금은 가나안 사람이 이스라엘의 종이 되어 있지만 머지않아 이스라엘을 괴롭히는 세력으로 성장할 것을 시사한다. 오늘의 값싼 노동력이 내일의 착취자가 되어 있을 것이다. 셋째, 가나안 사람의 종교가 선민이라 자칭하는 이스라엘에게 올무(מוֹקֵשׁ)가 될 것이다. 여기서 사용되는 이미지는 가나안 종교와 풍습의 먹이만 보고 달려드는 어리석은 새와 같은 이스라엘을 잡는 덫이 될 것을 뜻한다(HALOT). 이 말씀의 배경은 출애굽기 23:32-33이다. "너는 그들과 그들의 신들과 언약하지 말라 그들이 네 땅에 머무르지 못할 것은 그들이 너를 내게 범죄하게 할까 두려움이라 네가 그 신들을 섬기면 그것이 너의 올무(מוֹקֵשׁ)가 되리라." 훗날 기드온도 전리품으로 에봇을 만들어 이스라엘의 올무(מוֹקֵשׁ)가 되게 했다(8:27).

이스라엘 사람이 가나안 사람의 종교를 접했을 때 우상은 많은 자유와 풍요로움과 안정을 보장하는 듯 보였다. 하나님은 일종의 역설을 사용해 그들이 우상을 숭배해 스스로 거미줄에 걸려 헤어나지 못하는 벌레/새와 같이 될 것이라고 하시는 것이다(Block). 그러나 하나님과의 관계를 무시하고 그분의 말씀에 불순종하는 것을 예사롭게 생각하는 사람에게는 이런 심판 역시 별 의미가 없었을 것이다. 그들에게 가장 부담스럽게 느껴지는 심판은 아마도 두 번째, 즉 경제적·정치적 징계였을 것이다. 이스라엘은 어느덧 옳고 그름을 따지는 자들이 아니라 무조건 배불리 먹고 평안히 쉬는 것을 최우선으로 하는 자들이 되어 있었다.

천사가 선포한 말씀을 들은 백성은 통곡하며 울었다(4-5절). 이스라엘은 자신들이 모였던 곳을 '통곡하는 자들'이라 이름하기도 했고 그곳에서 하나님께 제사도 드렸다. 그러나 하나님은 이들의 통곡을 듣고도 용서하지 않으셨는데 그들에게 필요한 것은 통곡이 아닌 철저한 회개와 하나님과 맺은 언약 준수에 대한 새로운 결단이기 때문이다. 일부 학자는 이스라엘의 통곡을 우가릿에서 성행했던 이교적 예식을 모방한 것으로 간주한다(Spronk). 이스라엘이 이곳에서 우는 것은 진실된 회개가 아니라 여호와 종교에 이방 종교의 예식을 끌어들인 것이라는 것이다. 이렇게 해석하면 본문이 묘사하는 이스라엘의 통곡은 앞으로 사사기에서 지속적으로 제시될 우상숭배를 예고하는 것이 된다(Soggin). 여호와께서 백성의 통곡에 별다른 반응을 보이지 않는 것으로 보아 이 해석도 상당한 설득력을 지닌다. 어떤 면에서 사사기는 통곡의 책이다. 사사기 안에서 이스라엘 백성이 통곡하는 것은 자신과 자신의 지도자(사사)가 하나님을 섬기고 순종하는 일에 철저하게 실패했기 때문이다. 그러므로 저자가 책의 서두와 말미에(20:23, 26; 21:2) 백성의 통곡을 서술하는 것은 이스라엘의 이런 슬픔을 묘사하기 위함이다. 우리는 얼마나 자주 우리의 죄 때문에 통곡하고 있는가? 통곡은 아름다운 것이나 철저한 회개와 순종에 대한 결단이 포함되지 않으면 별 의미가 없는 신세타령에 불과하다.

B. 신학적 서론: 하나님을 배반함(2:6-3:6)

저자는 여호수아가 죽은 이후 이스라엘이 어떻게 가나안 정복을 계속했고, 시간이 흐르면서 점차 정복에 실패하게 된 일을 1장에서 소개했다. 이스라엘이 하나님 말씀을 거역하면서까지 필요 없는 언약을 맺거나(1:22-26), 값싼 노동력 확보라는 경제적 이유에서 가나안 사람을 진멸시키거나 내쫓지 않았다는 것이 저자의 주장이었다(1:27-36). 결과적으로 가나안을 여호와화하라는 하나님의 명령을 받고 약속의 땅에 입성한 이스라엘은 오히려 가나안화되는 것으로 정착 시대를 시작했다(1:1-7).

이제 저자는 여호수아가 죽기 전으로 시간을 되돌려 이스라엘의 실패를 새로운 관점에서 조명한다. 이같이 시간을 되돌리는 기법(flashback)을 사용하는 것은 신실한 여호수아와 신실하지 못한 정착민 세대를 대조하기 위함이다. 1장에서 [어느 정도] 신실했던 유다 지파와 신실하지 못했던 요셉 자손을 대조한 것처럼 말이다(Sweeny, Mathews). 또한 앞 단락에서는 이스라엘의 관점, 곧 역사적 관점에서 정복 실패를 조명했다면, 이 단락에서는 하나님 관점, 곧 신학적 관점에서 조명한다. 그래서 저자는 이스라엘의 관점에서 기록된 1장에서는 하나님이 이스라엘의 배신에 대하여 어떻게 반응하셨는가에 대해 말을 아꼈지만, 하나님의 관점에서 쓰여진 이 단락에서는 하나님의 분노와 대응에 대해 상당히 자세하게 기록한다. 또한 첫 번째 서론(1:1-2:5)이 책의 직선적 성향을 소개했다면, 이 단락은 반복되는 실패의 이야기를 주기적으로 소개한다(Exum, Schneider). 각 사사의 이야기를 단계별로(학자에 따라 5단계에서 9단계로 나눔, cf. 서론) 나누어 소개하는 주기적인 패턴은 앞으로 전개될 사사들 이야기를 어떻게 읽어야 하는가를 제시하는 지침이다. 저자는 자신의 책에 대해 '전략적 읽기'(strategic reading) 방법을 독자에게 알려 주고 있는 것이다. 그래서 1장에서는 구체적인 이름이 여러 개가 제시되지만, 본문은 거의 생략한다. 어느 특정한 사사나 역사적 정황을 논하는 것이 아니라 책의 전반적인 성향을 제시하고 있기 때문이다. 이런 점을 고려해 책의 두 서론은 결코 독립적으로 해석되어서는 안 되며 함께 고려되어야 한다.

두 번째 서론을 형성하는 하나님의 관점에서 바라보면, 이스라엘이 가나안 정복에 실패하게 된 근본 이유는 신학적이다. 겉으로는 가나안 사람의 철 병거와 하나님과 언약보다 경제적인 실익을 추구한 것이 문제이지만, 이런 현실의 근본 문제는 이스라엘 사람의 마음이 이미 하나님을 떠났다는 데 있다. 저자는 이곳에서 이런 사실을 지적하여 독자에게 사사 시대의 전반적인 영적 분위기가 이러했다고 선언한다. 또한 이러한 사실에 대해 이미 2:1-5에서 귀띔해 주었다. 이스라엘의 신학적 실패를 묘사하는 이 단락은 다음과 같이 네 부분으로 나눌 수 있다.

A. 새로운 시대의 시작(2:6-10)
A′. 새로운 시대에 대한 읽기 전략(2:11-19)
B. 반역한 세대를 심판할 도구(2:20-3:4)
B′. 반역의 결과(3:5-6)

I. 두 서론: 가나안 정복 실패(1:1-3:6)
B. 신학적 서론: 하나님을 배반함(2:6-3:6)

1. 새로운 시대의 시작(2:6-10)

6 전에 여호수아가 백성을 보내매 이스라엘 자손이 각기 그들의 기업으로 가
서 땅을 차지하였고 7 백성이 여호수아가 사는 날 동안과 여호수아 뒤에 생
존한 장로들 곧 여호와께서 이스라엘을 위하여 행하신 모든 큰 일을 본 자
들이 사는 날 동안에 여호와를 섬겼더라 8 여호와의 종 눈의 아들 여호수아
가 백십 세에 죽으매 9 무리가 그의 기업의 경내 에브라임 산지 가아스 산
북쪽 딤낫 헤레스에 장사하였고 10 그 세대의 사람도 다 그 조상들에게로 돌
아갔고 그 후에 일어난 다른 세대는 여호와를 알지 못하며 여호와께서 이스
라엘을 위하여 행하신 일도 알지 못하였더라

새로운 서론을 시작하는 이 단락은 여호수아 24:28-31을 배경으로 저작되었다(Koopmans). 여호수아 24장이 신실한 여호수아 세대와 그렇지 못할 다음 세대를 대조했던 것처럼, 이곳에서도 두 세대의 차이가 확실하게 드러난다. 저자는 본문의 평행 구조를 통해 하나님께 신실했던 여호수아의 세대와 그렇지 못한 후세대를 대조한다. 다음 구조를 참고하라(Younger).

A. 백성이 각기 '기업'으로 떠남(6절)
　B. 백성의 '순종'(7절)
A'. 여호수아가 죽어 그의 '기업'에 묻힘(8-9절)
　B'. 다음 세대의 '불순종'(10절)

여호수아를 통해 가나안 땅을 유산으로 받은 이스라엘 지파는 각자 할당된 지역으로 가서 땅을 정복해 나갔다(6절). 그들은 여호수아가 살아 있는 동안 여호와를 잘 섬겼고 여호수아가 죽은 후에도 하나님의 은총을 직접 체험한 장로들이 살아 있는 동안에는 여호와께 신실했다(7절). 광야 생활과 가나안 정복 여정을 통해 하나님의 자비를 직접 체험한 신앙의 수유자들이 자리를 지키는 한 이스라엘은 잘못되지 않았다.

모세의 시종(מְשָׁרֵת מֹשֶׁה)으로 시작해(수 1:1) 여호와의 종(עֶבֶד יְהוָה)으로 끝을 맺은(수 24:29; 삿 2:8) 여호수아가 110세에 죽었다. 숫자 11은 이스라엘의 지파 숫자인 12에서 하나를 감한 숫자이며, 사사기에서 11은 상징적인 의미를 지니고 쓰이는 듯하다. 책이 끝날 때 베냐민 지파는 멸종하다시피 해 이스라엘에는 11지파만 있었다. 설령 베냐민 지파가 포함된다 할지라도, 단 지파가 우상을 가지고 이스라엘의 최북단에 정착한 일 역시 이스라엘 지파를 11로 계산하게 만든 듯하다(Jordan). 삼손은 은 1100(=11x100)에 팔렸고, 미가가 은 1100세겔에 하나님과 언약을 배신했다. 훗날 선지자들은 예루살렘이 11년째 되던 해에 파괴되었다고 하는가 하면(렘 39:2), 에스겔은 예루살렘, 두로, 이집트 등이 멸망할 것이라는 하나님의 계시도 11년째 되던 해에 받았다고 한다(겔 26:1;

30:20; 31:1). 이런 맥락에서 여호수아가 110(=11x10)세에 죽었다는 사실은 만일 이스라엘이 하나님께 신실하지 않으면 분명 멸망하고 말 것이라는 일종의 경고일 수 있다(Jordan).

이스라엘 백성은 여호수아를 그가 속했던 에브라임 지파의 땅 딤낫 헤레스(תִּמְנַת־חֶרֶס, lit., '태양의 일부')에 묻어 주었다(9절). 아마도 해가 잘 드는 곳으로 유명했던 '양지바른 곳'이었던 것으로 생각된다. 여호수아서에 의하면 여호수아는 갈렙처럼 따로 땅을 분배받았다(수 19:49-50). 그의 수고에 대한 하나님의 특별한 은총이었다. 같은 사건을 기록하는 여호수아 24:30은 그가 딤낫 세라(תִּמְנַת־סֶרַח, lit., '많은 것의 일부')에 묻혔다고 한다. 이런 차이에 대해 어떤 학자는 원래 여호수아가 묻힌 곳이 딤낫 헤레스였는데 여호수아서 저자가 논쟁적(polemic) 의도를 가지고 딤낫 세라로 바꾼 것이라 한다(Lindars). 그러나 두 번째 단어에서 히브리어 자음 두 개가 바뀌었을 뿐 다른 차이는 없는 것으로 보아 필사 과정에서 본문에 스며든 필사가의 실수일 가능성이 크다(Boling, Block). 아마도 딤낫 헤레스는 벧엘에서 북서쪽으로 16㎞, 세겜에서 남서쪽으로 20㎞쯤 떨어져 있는 곳에 위치한 키르벳 티브네(Khirbet Tibneh)를 뜻하는 것으로 생각된다(Younger).

아무리 힘센 장수도 세월을 이길 수는 없는 법, 여호수아뿐만 아니라 그를 돕던 장로들 세대의 사람도 모두 죽었다(10절). 안타까운 것은 대를 이은 세대는 여호와를 알지 못했다는 사실이다. 이스라엘은 자손대대로 여호와의 은총을 기념하고 가르치라는 말씀(신 6장)을 벌써 잊었던 것이다. 물론 그들은 여호와를 섬기며 예배도 드린다고 자부했겠지만 하나님은 그들에게 숭배하는 여러 신 중 하나일 뿐 유일한 신은 아니었다. 성경 말씀의 기준에 따라 판단하면 여호와께 예배를 드리고 있던 그들은 여호와를 '알지 못하고'(לֹא־יָדְעוּ), 그분이 이스라엘을 돌보신 일도 알지 못했다. 고고학자는 이스라엘 종교의 사사 시대 때 흔적이 별로 남아 있지 않아 이 시대 이스라엘의 종교적 삶을 조명하기가 쉽지 않으며, 주전 1000년 이후에야 이스라엘의 독창적인 행보에 대한 흔적을 쉽게 발굴할 수 있었다고 한다. 본문의 메시지를 생각하면 당연한 결과다. 사사 시대 이스라엘은 가나안 사람과 구분되지 않을 정도로 가나안화되어 있었다.

이스라엘의 광야 생활 세대가 죽고 나니 하나님을 모르는 세대가 일어났다는 것은 요셉이 죽은 후 요셉을 알지 못한 바로가 이집트를 통치하게 되었던 일을 연상케 한다(출 1:8). 요셉을 알지 못한 바로가 이스라엘 백성을 핍박한 것을 감안할 때, 저자의 이런 묘사는 이스라엘의 어두운 미래를 예고한다. 출애굽기에서 '요셉을 알지 못한 것'이 이스라엘 핍박으로 이어진 것처럼, 이곳에서 '하나님을 알지 못한 것'이 핍박으로 이어질 것을 경고하고 있기 때문이다(Olson). 또한 하나님을 안다는 것은 이스라엘과 하나님 사이에 맺어진 언약 관계에서 중요한 부분이다. 하나님을 모른다는 것은 곧 언약을 버리는 것을 뜻하기 때문이다(Pressler). 성경에서 하나님을 안다는 것은 객관적일 뿐만 아니라 관계적이고 체험적이기도 하다. 하나님이 이스라엘에게 은총을 베푸셨다는 것을 아는 것은 곧 그들의 책임감 있는 반응과 의무로 이어져야 했다. 그러므로 새로운 세대가 여호와를 모른다는 것은 매우 불길한 징조다.

믿음이란 한 세대의 체험이 다음 세대에 신앙 유산으로 남을 때 가장 큰 의미를 지닌다. 불행하게도 여호수아 죽음 후 형성된 새로운 세대는 여호와의 놀라운 역사와 은총에 대해 옛적 전설이나 신화를 전해 들었지만, 자신들의 삶에서는 하나님과 관계적 연관성을 찾지 못했다. 그들은 전승을 유산으로 받았을 뿐 신앙은 유산으로 받지 못했기 때문이다. 우리도 체험한 하나님의 은총을 묵상하고 가슴에 묻어둘 것이 아니라 그 은총에 대해 다음 세대에게 삶과 믿음에 격려와 도전이 되도록 증거해야 한다.

I. 두 서론: 가나안 정복 실패(1:1-3:6)
B. 신학적 서론: 하나님을 배반함(2:6-3:6)

2. 새로운 시대에 대한 읽기 전략(2:11-19)

신앙 공동체의 건강은 한 세대의 체험과 믿음이 다음 세대에 각인되고 전수될 때 유지된다. 사사기는 세대 간 교류가 단절되어 이전 세대의 체험이 다음 세대의 유산이 되지 못할 때, 신앙 공동체에 어떤 일이 일어나는가를 이스라엘 역사에서 가장 어두웠던 시절의 이야기를 통해 설명하고 있다. 세대 간에 믿음의 유산이 전수되지 못하고 단절된 것이 이스라엘의 가나안화를 가속시켰고 가시화시켰던 것이다. 저자는 각 사사 이야기를 구체적으로 회고하기 전에 이 단락에서 먼저 자신이 어떤 양식과 순서에 따라 이스라엘 사사들 이야기를 전개해 나갈 것인가를 제시한다. 본문은 이스라엘 역사에서 한 구체적인 역사적 정황을 묘사하는 것이 아니라, 앞으로 반복적으로 사용할 이야기의 유형(framework) 혹은 주기(cycle)를 제시하고 있는 것이다. 이 단락은 다음과 같이 두 부분으로 구분한다.

A. 이스라엘의 죄에 대한 전반적인 회고(2:11-13)
B. 사사들의 반복적인 이야기 주기(2:14-19)

I. 두 서론: 가나안 정복 실패(1:1-3:6)
B. 신학적 서론: 하나님을 배반함(2:6-3:6)
2. 새로운 시대에 대한 읽기 전략(2:11-19)

(1) 이스라엘의 죄에 대한 전반적인 회고(2:11-13)

11 이스라엘 자손이 여호와의 목전에 악을 행하여 바알들을 섬기며 12 애굽
땅에서 그들을 인도하여 내신 그들의 조상들의 하나님 여호와를 버리고 다
른 신들 곧 그들의 주위에 있는 백성의 신들을 따라 그들에게 절하여 여호

와를 진노하시게 하였으되 [13] 곧 그들이 여호와를 버리고 바알과 아스다롯을 섬겼으므로

저자는 사사 시대 이스라엘의 근본 문제는 정치, 경제, 문화적인 것이 아닌 종교적인 것이라고 말한다. 그들이 여호와께 등을 돌리고 우상을 숭배했기에 앞으로 사사기에 기록될 모든 문제가 시작되었고, 그 문제에서 헤어나지 못할 것이다. 저자는 이스라엘이 하나님 앞에 저지른 악행을 다음과 같은 구조를 통해 고발한다. 이 구조에 따르면 이스라엘의 가장 큰 문제는 그들이 하나님을 저버리고 우상을 숭배한 일이다. 이스라엘이 경험했던 모든 문제는 곧 종교적인 부패에서 비롯된 것이다.

A. 그들이 바알 신들을 섬겼다(11b절)
B. 그들이 여호와를 저버렸다(12a절)
C. 그들이 다른 신들을 따르며 경배했다(12b절)
B'. 그들이 여호와를 저버렸다(13a절)
A'. 그들이 바알과 아스다롯을 섬겼다(13b절)

이스라엘 자손이 바알과 아스다롯을 섬겼다(11, 13절). '바알'(בַּעַל)은 구약에서 우상의 이름으로 70회 이상 등장한다. 가나안 신화에서 바알은 모든 신의 아버지 엘과 어머니 아세라 사이에 태어난 70신 중 하나였으며, 태풍/날씨와 연관되어 다산의 신으로 숭배되었다. 바알은 일반적으로 사람의 모습으로 등장하지만 종종 황소의 모습으로 표현되기도 했다(Day). 가나안에서 이 신은 '하다드', '구름 탄 자', '다간의 아들', '세상의 왕', '북방의 주' 등 매우 다양하게 불렸다(Day). 본문이 '바알들'(הַבְּעָלִים, 11절)이라고 복수로 표현하는 것은 이 신이 여럿이었다는 것을 의미하는 것이 아니라 이 신의 여러 현현(representation)을 뜻한다(Boda).

'아스다롯'(עַשְׁתֹּרֶת, cf. 왕상 11:5, 33; 왕하 23:13)은 원래 아스탈테(Astarte)라고 알려진 여신의 이름에 혐오감을 더하기 위해 '수치'를 뜻하는 히브리어 단어(בֹּשֶׁת)의 모음을 합성한 것이다(HALOT). 아스탈테는 가나안 신화에서 바알의 아내로 자주 등장한다. 아스탈테는 또한 전쟁과 다산의 여신으로 숭배되었다. 이스라엘이 바알들과 아스다롯을 숭배한 행위는 하나님과 맺은 언약을 전적으로 위배하는 일이다. 여호와께서는 십계명에서도 이미 자신은 시기하는 하나님이니 절대로 다른 신을 두지 말라고 하셨다. 학자들은 이스라엘과 하나님 사이에 맺어진 시내산 언약을 종종 결혼식으로 표현하는데, 남자와 여자가 결혼하면 아내는 절대적으로 남편만 바라보아야 하는 것이 당연하다. 그런데 이스라엘은 신혼 생활이 끝나자마자 '정부'(情夫)에게 마음을 주었다. 신혼 생활 중에도 딴 남자에게 마음을 주었다는 말이 더 정확할 것이다. 이스라엘의 남편이신 하나님은 아내 이스라엘의 변함없는 충성과 사랑을 전제하고 관계를 맺으신 것인데 말이다.

이스라엘의 이런 행동은 '하나님 보시기에 악한 일'(הָרַע בְּעֵינֵי יְהוָה)이었다(11절). '하나님 보시기에'(בְּעֵינֵי יְהוָה)라는 표현은 책 후반부에서 이스라엘의 문제를 '사람이 각자 자기 소견에 옳은 대로 행하였기 때문'(אִישׁ הַיָּשָׁר בְּעֵינָיו יַעֲשֶׂה)에 일어난 일이었다고 평가하는 것(17:6; 21:25)을 예고하는 듯하다. 하나님이 주신 가치관을 버리고 각자 자기 소견에 옳게 생각되는 대로 행동하는 것은 결국 하나님 보시기에 악한 일이 된다. 절대적 선의 기준은 하나님의 관점이기 때문이다. 저자는 이스라엘이 하나님께 등을 돌리는 일로 인해 사회의 타락을 초래했을 뿐만 아니라 힘도 써보지 못하고 원수에게 당하게 되었다고 한다(Lindars). 이스라엘의 모든 사회적·정치적 문제는 그들이 하나님을 거역한 신앙적 죄에서 시작된 것이다.

여호와께 등을 돌리고 우상을 숭배한 것은 또한 과거에 조상을 노예

생활로부터 해방하셨던 하나님의 은총을 배반하는 행위이기도 하다(12절). 하나님을 모르는 이스라엘의 새 세대의 배반은 단순히 자신과 하나님의 관계를 부인하는 것이 아니라, 조상과도 관계를 단절하는 결과를 초래한다. 그러므로 이들이 하나님께 반역하는 것은 그들의 과거와 역사성을 저버리는 행위인 것이다. 이스라엘이 우상에게 엎드려 절을 한 것은 오늘날 예배에서 성도가 하나님 앞에 서서 경배하는 것과 대조를 이룬다(Block).

이스라엘의 반역은 하나님을 크게 '진노하게'(כעס) 했다(12절). 우리는 하나님이 진노하시는 것을 부정적인 일로 생각해서는 안 된다. 하나님이 진노하신다는 것은 그분이 아직도 백성을 사랑하고 그들의 삶에 많은 관심을 가지고 계심을 시사하기 때문이다. 사랑의 반대는 진노나 미움이 아니라 무관심이고 냉담이다. 또한 하나님께는 이스라엘에게 진노하실 권한이 있다. 하나님은 이스라엘에게 많은 관심과 애정을 가지고 다른 민족에게는 베풀지 않은 많은 것을 베푸셨다. 이스라엘에 대한 하나님의 기대가 남달랐던 것만큼 돌아오는 실망도 컸다. 이스라엘은 체험한 은혜에 합당한 열매를 맺기는커녕 오히려 하나님을 전혀 모르고 하나님의 은총을 체험해 보지 못한 사람들보다 더했다.

왜 이런 일이 벌어졌는가? 사사 시대 이스라엘 사람은 삶에서 하나님을 체험하지 못했다. 이들이 아는 하나님은 아득한 옛날 조상에게 많은 은혜를 베푼 분이셨지 그들의 현실 삶과는 별 연관성이 없는 분이셨다. 그들의 신앙은 인격적이고 개인적인 체험에 근거한 것이라기보다 전설과 무용담에 근거했다. 한 사람의 믿음이 형성되는 과정에서 인격적인 하나님을 삶에서 직접 체험하는 것은 매우 소중하며 그 사람의 믿음을 형성하는 데 결정적이라 할 수 있다. 우리는 체험 신앙의 중요성을 심각하게 인식해야 한다. 진정으로 다음 세대의 교회를 염려한다면, 새롭게 형성되는 세대가 하나님을 체험할 수 있도록 최대한으로 도와주어야 한다.

이스라엘이 세대를 거듭하면서 하나님을 잊은 것은 자손을 가르치지 못한 조상에게도 책임이 있다. 성경적 신앙은 과거에 베풀어주신 하나님의 은총을 끊임없이 기념하고 감사하는 것에서 비롯된다. 그래서 신명기 6:6-7은 다음과 같이 부모를 권면한다. "내가 오늘 당신들에게 명하는 이 말씀을 마음에 새기고, 자녀에게 부지런히 가르치며, 집에 앉아 있을 때나 길을 갈 때나, 누워 있을 때나 일어나 있을 때나, 언제든지 가르치십시오"(새번역). 광야 세대가 죽은 지 얼마 되지 않아 이스라엘이 하나님을 잊었다는 것은 분명 이 말씀대로 후손을 가르치지 못한 전(前)세대에게도 책임이 있는 것이다.

I. 두 서론: 가나안 정복 실패(1:1–3:6) B. 신학적 서론: 하나님을 배반함(2:6–3:6) 2. 새로운 시대에 대한 읽기 전략(2:11–19)

(2) 사사들의 반복적인 이야기 주기(2:14–19)

**14 여호와께서 이스라엘에게 진노하사 노략하는 자의 손에 넘겨 주사 그들
이 노략을 당하게 하시며 또 주위에 있는 모든 대적의 손에 팔아 넘기시매
그들이 다시는 대적을 당하지 못하였으며 15 그들이 어디로 가든지 여호와
의 손이 그들에게 재앙을 내리시니 곧 여호와께서 말씀하신 것과 같고 여호
와께서 그들에게 맹세하신 것과 같아서 그들의 괴로움이 심하였더라 16 여호
와께서 사사들을 세우사 노략자의 손에서 그들을 구원하게 하셨으나 17 그들
이 그 사사들에게도 순종하지 아니하고 오히려 다른 신들을 따라가 음행하
며 그들에게 절하고 여호와의 명령을 순종하던 그들의 조상들이 행하던 길
에서 속히 치우쳐 떠나서 그와 같이 행하지 아니하였더라 18 여호와께서 그
들을 위하여 사사들을 세우실 때에는 그 사사와 함께 하셨고 그 사사가 사
는 날 동안에는 여호와께서 그들을 대적의 손에서 구원하셨으니 이는 그들
이 대적에게 압박과 괴롭게 함을 받아 슬피 부르짖으므로 여호와께서 뜻을**

돌이키셨음이거늘 [19] 그 사사가 죽은 후에는 그들이 돌이켜 그들의 조상들보다 더욱 타락하여 다른 신들을 따라 섬기며 그들에게 절하고 그들의 행위와 패역한 길을 그치지 아니하였으므로

앞 단락에서 이스라엘이 하나님의 심판을 피할 수 없게 된 동기가 하나님께 등을 돌리고 우상을 숭배했기 때문이라는 점을 간략하게 요약하고, 이제 하나님의 진노가 이스라엘 백성에게 어떤 식으로 임했는가를 설명한다. 비록 전반적으로 내용이 부정적이기는 하지만 이 절망스러운 정황에서도 하나님의 끊이지 않는 은총과 구원을 강조하고자 한다(18절). 죄를 범한 이스라엘의 삶 속에서도 주님의 은혜는 빛을 발했으며, 하나님은 죄 속에서 헤매는 그들을 결코 포기하지 않으셨던 것이다.

사사기는 여러 사사 이야기를 수집해 통일성 있고 일관성 있는 주기에 따라 정리한 책이다. 책 중심부를 구성하는 여러 사사 이야기(3-16상)는 이곳에서 하나의 주기로 요약되어 있다. 즉, 이름만 언급되다시피 한 사사들은 예외지만 상세히 묘사되어 있는 '대 사사들' 이야기는 여기에 제시된 '읽기 전략 주기'에 따라 읽혀야 한다. 학자들은 본문에시 4단계에서 9단계로 구성된 주기를 논하지만, 가장 간략하게 4 단계로 이 주기를 정리하고자 한다(Olson). 사사기가 진행되는 동안 각 주기의 단계적 성향도 시간이 지나며 점차로 파괴되어 마지막 사사인 삼손 이야기에서는 이 단계들이 거의 보이지 않는다. 각 주기의 네 단계는 다음과 같다.

첫째, 이스라엘이 하나님 보시기에 악한 짓을 했다(2:11-13; 3:7, 12; 4:1; 6:1; 10:6; 13:1). 특히 문제되는 것은 우상숭배다(3:7; 10:6 등). 노골적으로 하나님을 떠나 우상을 찾아가는 것도 문제지만, 겉으로는 하나님을 섬긴다고 하면서 마음속으로는 하나님보다 다른 것을 삶의 중심으로 삼는 행위도 우상숭배다. 하나님은 우리의 고백만 원하는 것이 아니라 고백과 일치한 삶도 요구하신다.

둘째, 이스라엘의 죄는 하나님을 화나게 했으며, 하나님은 그들을 이방 민족의 손에 붙여 박해를 받게 하셨다(2:14; cf. 3:8; 4:2; 10:9). 이스라엘은 한때 이집트 사람에게 지배와 압제를 받는 것이 싫어 하나님께 울부짖어 그분의 도움으로 이집트를 떠나게 되었다. 그러나 이스라엘은 가나안에 정착한 지 얼마 되지 않아 다시 이방인의 지배를 받게 된다. 물론 이스라엘은 원하지 않았겠지만 하나님을 배반한 결과였다. 하나님이 이 배은망덕한 자들을 원래의 상태(viz., 이방인의 노예)로 되돌리신 것이다. 하나님이 하신 일이기에 이스라엘은 결코 자신을 핍박하는 자들을 이길 수 없었다(15절). 하나님 없이는 아무것도 아닌 민족이 그분에게 등을 돌렸다가 엄청난 대가를 치르게 된 것이다.

셋째, 하나님이 이스라엘 백성의 죄 때문에 이방인 손에 붙이셨지만, 곧바로 불쌍히 여기셔서 사사를 세워 구원하셨다(2:16, 18; cf. 3:9, 15; 6:6-8; 10:1, 10, 12). 이스라엘이 회개해서가 아니다. 심지어 그들의 신음 소리에는 회개하는 탄식은 섞여 있지 않았다(18절). 회개를 뜻하는 '돌아오다'(שׁוב)라는 단어는 19절에서 딱 한 번 사용되며, 대부분은 이스라엘이 하나님께 등을 돌리고 우상을 향하는 모습을 설명한다. 이스라엘이 회개하는 모습이 이 이야기 주기 어디에도 묘사되어 있지 않은 것이다(Block). 그러므로 하나님이 사사를 세우신 것은 백성의 회개와 무관한 일방적인 은혜였다.

이스라엘을 구하는 사사는 하나님의 영에 사로잡힌 자였다(3:10; 6:34; 11:29; 13:25; 14:6, 19). 사사들이 통치하는 동안에는 몇 년 동안의 평안이 있었다. 그러나 이스라엘은 하나님의 은혜에 순종으로 보답하기는커녕 사사의 말도 듣지 않고 오히려 다른 신들을 더 열심히 섬겼다(17절). 조상의 신앙을 완전히 저버린 처사였다. 저자는 이스라엘이 하나님을 떠나 우상숭배한 것을 '음란한'(זנה) 일이라고 부른다(신 31:16). 성경에서는 창녀나 여인이 몸을 파는 행위를 이 단어로 묘사한다(HALOT). 이스라엘이 우상을 숭배한 것은 결혼한 여인이 남편이 아닌 다른 남자와 놀아난 것과 같다는 것이다. 당연한 일이다. 이스라엘은 시내 산에서 하나님의 신부가 되어 결혼하지 않았던가! 그래서 선지자는 이스라엘이 우상을 숭배한 것을 남편[하나님]을 배신하고 간음한 아내의 모습으로 묘사한다(호 2장; 렘 2장; 겔 16, 23장). 이처럼 뻔뻔한 아내 이스라엘의 간음에도 불구하고 하나님은 사사들이 살아 있는 동안 그들과 함께하시며 이스라엘에게 평안을 주셨다. 하나님이 그들을 불쌍히 여기셨기 때문이다(18절).

넷째, 사사의 죽음과 묻힘으로 각 이야기 주기가 끝난다(2:19; cf. 3:10-11; 8:28-32; 10:2-5; 12:9-15). 사사가 죽고 나면 이스라엘은 전보다 더 타락하여 더 심하게 우상을 숭배했다(19절). 이스라엘은 하나님이 아무리 많은 은혜를 베풀어주셔도 바로 다음 순간에는 하나님을 배반하는 일을 서슴지 않았던 사람들이었다. 사사기에서 후세대의 배빈은 전세대의 배반보다 더 심한 타락이다(Boda). 그러므로 저자의 사사시대에 대한 평가는 반복적일 뿐만 아니라 끝없이 하향 곡선을 그리기도 하는 나락(abyss)으로 치닫는 나선형 몰락이다(Lilley, Exum, Schneider). 이스라엘의 이런 처사는 배은망덕이란 말을 실감나게 한다. 이스라엘의 끊임없는 배빈에도 불구하고 하나님이 포기하지 않고 계속해서 은총을 베풀어주신 것이야말로 사사기 저자가 이 시대에서 도출해낸 가장 긍정적인 요소였다.

I. 두 서론: 가나안 정복 실패(1:1-3:6)
B. 신학적 서론: 하나님을 배반함(2:6-3:6)

3. 반역한 세대를 심판할 도구(2:20-3:4)

20 여호와께서 이스라엘에게 진노하여 이르시되 이 백성이 내가 그들의 조상들에게 명령한 언약을 어기고 나의 목소리를 순종하지 아니하였은즉 21 나도 여호수아가 죽을 때에 남겨 둔 이방 민족들을 다시는 그들 앞에서 하나

도 쫓아내지 아니하리니 22 이는 이스라엘이 그들의 조상들이 지킨 것 같이
나 여호와의 도를 지켜 행하나 아니하나 그들을 시험하려 함이라 하시니
라 23 여호와께서 그 이방 민족들을 머물러 두사 그들을 속히 쫓아내지 아니
하셨으며 여호수아의 손에 넘겨 주지 아니하셨더라 3:1 여호와께서 가나안의
모든 전쟁들을 알지 못한 이스라엘을 시험하려 하시며 2 이스라엘 자손의 세
대 중에 아직 전쟁을 알지 못하는 자들에게 그것을 가르쳐 알게 하려 하사
남겨 두신 이방 민족들은 3 블레셋의 다섯 군주들과 모든 가나안 족속과 시
돈 족속과 바알 헤르몬 산에서부터 하맛 입구까지 레바논 산에 거주하는 히
위 족속이라 4 남겨 두신 이 이방 민족들로 이스라엘을 시험하사 여호와께서
모세를 통하여 그들의 조상들에게 이르신 명령들을 순종하는지 알고자 하셨
더라

이스라엘의 지속적인 배신과 죄에 대해 염증을 느끼신 하나님이 극단적인 처방을 내리셨다. 이스라엘이 땅을 얻기 위해 반드시 진멸해야 할 가나안 족속을 더 이상 내쫓지 않으실 것이라고 선언하신 것이다(2:21). 하나님은 아브라함 시대부터 아브라함의 후손이 차지할 땅은 가나안이라 하셨으며, 그들에게서 땅을 빼앗아 이스라엘에게 주실 것이라고 말씀하셨다. 그런데 하나님이 더 이상 가나안 사람을 내쫓지 않으신다면 이스라엘 영토가 그만큼 줄어들 것이며, 더 나아가 이스라엘은 가나안 사람과 어깨를 맞대고 살아야 한다. 물론 가나안 사람은 이스라엘의 좋은 이웃이 아니라 옭아매는 올무가 될 것이다(2:1-5).

하나님은 이미 2:3에서 가나안 사람이 이스라엘에게 가시 같은 존재가 될 것이라고 말씀하셨다. 이제 가나안 사람에게 한 가지 기능을 더하신다. 가나안 사람은 이스라엘의 충성심을 시험하는 도구로 사용될 것이다(2:22). 하나님이 이런 목적을 마음에 두셨기에 심지어 여호수아에게도 가나안의 모든 사람을 넘겨주지 않으신 것이라고 한다(2:23). 여호수아서 일부에 기록된 정복 실패에 대해 신학적인 해석을 내리고

있다.

일부 주석가는 이 단락의 내용이 앞에서 언급된 것을 반복하고 있고, 자체적으로도 같은 내용을 중복하고 있다는 점을 근거로 매우 복잡하고 다양한 편집 과정을 제시했다(Lindars, Sweeney). 그러나 일부 내용이 반복된다고 해서 그렇게 볼 필요는 없다. 앞에서 하나님은 우상을 쫓는 이스라엘을 시험하기 위해 가나안 사람 일부를 이스라엘 곁에 남겨두어 올무가 되게 하겠다고 말씀하셨다(2:3, 22절). 저자는 하나님의 이 말씀이 가나안에 정착한 이스라엘 후손의 삶에 어떤 영향을 미쳤는지 회고한다. 즉, 이 단락은 앞에서 선포된 원리에 대한 일종의 주석인 것이다(Block). 하나님의 선택받은 백성이 가나안 사람과 함께 이웃이 되어 산다는 것은 한마디로 말해서 정체성을 위협할 정도로 위험한 동거다. 이스라엘의 가나안화에 가속노가 붙게 될 것이 뻔한 일이기 때문이다. 이 같은 위험 때문에 애초부터 하나님은 이스라엘에게 가나안 사람을 진멸하라고 명령하셨으나 결국 이스라엘은 불순종으로 엄청난 대가를 치르게 된다.

이스라엘의 영적 문제는 여호수아와 그를 도왔던 장로들 세대가 모두 죽은 다음에 시작된 것임을 밝힌바 있다(2:10). 그리고 이곳에서 회고하는 이야기가 '가나안 전쟁을 전혀 겪어본 일이 없는 모든 백성'(כָּל־אֲשֶׁר לֹא־יָדְעוּ אֵת כָּל־מִלְחֲמוֹת כְּנָעַן)에 관한 것이라는 점을 강조하여 이미 언급한 내용을 다시 확인하고 있다(3:1). 이 사람들은 하나님을 몰랐던(לֹא־יָדְעוּ) 자들이므로(2:10), 하나님이 주도하신 가나안 정복 전쟁도 몰랐다. '가나안 전쟁'(מִלְחֲמוֹת כְּנָעַן)이란 표현은 성경에서 이곳에서만 사용되며 하나님이 하신 성전(聖戰)을 일컫는 전문 용어가 되었던 것으로 생각된다(Block). 이스라엘 후손이 가나안 정복 전쟁을 알았더라면 하나님을 이렇게 쉽게 배반하지는 않았을 것이다. 이 세대가 하나님께로부터 멀어지게 된 데는 자신들의 간증과 하나님이 베푸신 은혜에 대해 제대로 가르치지 못한 전 세대의 책임이 크다. 하나님은 가나안 전쟁을 겪어

보지 못한 사람을 시험하려고 가나안 사람 중 일부를 남겨두셨다.

하나님은 남겨둔 가나안 사람을 통해 이스라엘에게 전쟁이 어떤 것인지 가르치기를 원했다(3:2). 이 말씀은 앞으로 이스라엘이 하나님이 내몰지 않은 이 민족과 전쟁을 치러야 할 것을 시사한다. 실제로 이스라엘은 아주 많은 전쟁을 치러야 한다. 한 가지 기억해야 할 것은 이 전쟁은 이스라엘이 치르지 않아도 될 것이었다는 점이다. 하나님이 전쟁을 치르게 하시는 것은 그들의 반역 때문이다. 즉, 앞으로 이스라엘이 해야 할 전쟁은 이스라엘의 군사력을 강화시켜 이 민족의 생존력을 높이기 위해 지나가야 하는 훈련 과정이 아니라, 이스라엘은 자신들의 죄 때문에 전쟁을 치러야 한다. 하나님이 평안을 축복으로 주실 때 감사할 줄 알고 더욱 열심히 그분을 섬기는 자는 복 있는 자일 뿐 아니라 지혜로운 자다. 하나님을 주인으로 인정하지 않고 축복을 감사히 누릴 줄 모르면 화가 임하게 된다.

하나님이 남겨두신 가나안 사람은 네 그룹이다(3:3). (1) 블레셋의 다섯 통치자, (2) 가나안 사람, (3) 시돈 사람, (4) 히위 사람. 1장에서 이스라엘이 내쫓지 않은 족속을 나열했는데(1:19, 21, 27-36), 이곳에 제시된 목록과는 잘 어울리지 않는다. 가장 큰 차이는 본문이 1장에서 전혀 언급하지 않은 블레셋의 다섯 통치자에 대해 언급하고 있다는 점이다.

블레셋 사람(פְּלִשְׁתִּים)은 소아시아와 지중해 연안에서 주전 11-12세기에 가나안 지역으로 이주해온 바다 사람과 해적이다(ABD). 성경은 이들이 그레데(혹은 크레타, Crete) 섬에서 유래했다고 한다(창 10:13-14; 암 9:7; 렘 47:4). 이들이 원래 정착하고자 했던 목적지는 이집트였지만 람세스 3세가 1190년경 이들을 대파했고(Kaufmann), 전쟁에 패한 블레셋 사람이 가나안 남서쪽에 정착하도록 허락했다. 이후 12세기 중반쯤 블레셋 사람은 이집트인 지배자를 내쫓고 독립 국가로 출범했다(Block). 그들은 아스돗, 아스글론, 에글론, 가드, 가사 등 다섯 도시 국가를 중심으로 한 연합 체제를 구성했다. 이런 역사적 정황을 감안할 때, 블레셋 다섯 도시 국가의 연합 체제가 출범하기 훨씬 이전의 일을 기록하고 있는 본문에 벌써 언급되는 것은 해석하기 어려운 역사적 문제가 될 수 있다(Halpern). 그러나 사사 시대 초기뿐만 아니라 이 시대 전체를 염두에 두고(viz., 사사 시대 전체에 있었던 일을 요약하는 차원에서) 블레셋의 다섯 통치자를 언급하는 것으로 간주한다면 별문제가 되지 않는다.

히위 사람(הַחִוִּי)은 바알 헤르몬 산으로부터 하맛 어귀까지에 이르는 레바논 산에 사는 사람이었다(3:3; cf. 수 11:17). 학자들은 '하맛 어귀'(לְבוֹא חֲמָת)를 다마스쿠스에서 북쪽으로 70km 떨어진 오론테스 강의 근원지 중 하나로 이해한다(Mazar). 훗날 성경은 이스라엘의 솔로몬과 북 왕국의 여로보암 2세가 건설한 왕국의 북쪽 한계선이 이곳이었다고 한다(왕상 8:65; 왕하 14:25).

본문에 언급된 족속의 숫자가 넷이라는 점은 상징성을 지닌다. 성경에서 숫자 4는 총체성/포괄성을 가진다. 게다가 블레셋 사람은 이스라엘 땅의 남서쪽, 시돈 사람은 북서쪽, 히위 사람은 북동쪽, 가나안 사람은 남동쪽을 차지했다. 저자는 이스라엘이 하나님께 반역한 대가로 이방인과 함께 어깨를 맞대고 살게 되었을 뿐만 아니라 아예 그들을 핍박하는 이방인에게 포위된 상태에서 살게 되었음을 시사한다.

저자는 이미 3:2에서 하나님이 가나안 사람을 이스라엘 사람과 함께 살게 하신 목적을 밝힌 바 있다. 전쟁을 모르는 이스라엘 후손에게 전쟁이 어떤 것인가를 경험하게 하기 위해서였다. 이제 3:4에서 새로운 이유를 말한다. 이스라엘 백성이 모세를 통해 주신 하나님 말씀에 잘 순종하는지, 아닌지를 시험하기 위해서이다. 하나님이 이스라엘을 어떻게 시험하겠다는 것인가? 이스라엘이 종교적인 순수성을 유지하는 것은 시내 산 언약의 가장 중요한 요구 사항이다. 시기하는 신이신 하나님이 이스라엘에게 흐트러지지 않는 충성을 요구하신다. 그러므로 이스라엘에게는 바알과 아세라를 숭배하는 가나안 사람 사이에 살면서 자신을 오염시키지 않고 하나님을 향한 일편단심을 어떻게 유지할 것인가가 가장 중요하고 근본적인 시험이다. 물론 이들이 철저하게 실패할 것을 미리 예측할 수 있다(2:11, 13). 그들은 마음을 나누어 여호와와 우상을 섬기는 것이 아니라, 아예 하나님께 등을 돌리고 본격적으로 우상만을 섬길 것이다. 왜 이스라엘은 여호와 하나님을 버리고 가나안 사람의 우상을 숭배했을까? 그것은 가나안 종교가 보장하는 풍요/다산과 이 종교들이 지향하던 성적(性的) 문란에 걸려 넘어졌기 때문이다.

이스라엘이 인종적으로 순수성을 유지하는 것도 중요한 시험의 일부다. 이방인, 특히 하나님의 심판을 받아 진멸당했어야 할 가나안 사람과 피를 섞는다는 것은 이스라엘 미래에 먹구름을 끼게 하는 결과를 초래한다. 당시 문화적 정서에 의하면 혈통은 곧 종교와 연결되었다. 그러므로 이스라엘의 가나안화를 둔화시키는 가장 좋은 방법 중 하나는 순수 혈통을 유지하는 것이었다. 하나님은 이런 이유에서 이스라엘 사람에게 이방인과 피를 섞지 말 것을 명령하셨다(신 7:3-4; cf. 창 34:16).

이 외에도 이스라엘이 가나안 사람 중에서 선민(選民)으로 살아가려면 치러야 할 대가가 많았다. 이스라엘이 여호와의 백성으로 살아가려면 가나안 사람이 아무 거리낌 없이 하는 일을 심사숙고해야 하고 경우에 따라 거부해야 한다. 반면 이스라엘 사람은 가나안 사람이 꺼려하는 일을 해야 할 경우도 발생할 것이다. 하나님이 율법에서 요구하시는 가치관과 가나안 사람의 가치관이 현저히 다르기 때문이다. 이스라엘과 가나안 사람의 세계관이 대립하고 있었던 것이다. 사사기는 이스라엘이 이런 시험에도 실패했음을 선언한다. 그들은 하나님이 율법을 통해 주신 세계관을 스스로 포기하고 가나안 사람의 가치관을 순순히 받아들였다.

I. 두 서론: 가나안 정복 실패(1:1-3:6)
B. 신학적 서론: 하나님을 배반함(2:6-3:6)

4. 반역의 결과(3:5-6)

5 그러므로 이스라엘 자손은 가나안 족속과 헷 족속과 아모리 족속과 브리스
족속과 히위 족속과 여부스 족속 가운데에 거주하면서 6 그들의 딸들을 맞아
아내로 삼으며 자기 딸들을 그들의 아들들에게 주고 또 그들의 신들을 섬겼
더라

하나님이 끊임없이 반역하는 이스라엘을 시험하는 도구로 사용하려고 가나안 족속을 더 이상 내치지 않으셨으므로 이스라엘 자손은 가나안 족속과 헷 족속과 아모리 족속과 브리스 족속과 히위 족속과 여부스 족속과 함께 섞여 살게(יָשְׁבוּ בְּקֶרֶב) 되었다(5절; cf. 3절). '섞어 사는 것'은 이미 1장에서 자주 사용된 표현이며, 이들이 진멸시켰어야 할 여섯 족속 중에 살고 있다는 자체가 매우 부정적인 의미를 내포하고 있다(Block). 신명기 7:1이 나열하는 일곱 족속 중 본문에 빠진 유일한 족속은 기르가스 족뿐이다.

가나안 사람 중에 사는 이스라엘은 과연 가나안 사람들로부터 자신들의 순수 혈통을 지킬 수 있을 것인가? 저자는 6절에서 이스라엘이 이 시험에서도 실패할 것이며, 가장 우려하는 결과가 속속 드러날 것을 미리 선언한다. "이스라엘 자손은 그 여러 민족의 딸을 데려다가 자기들의 아내로 삼았고, 또 자기들의 딸을 그들의 아들에게 주었으며, 그들의 신들을 섬겼다"(새번역). 그들은 가나안 사람과 결혼하여 가나안 사람의 신들을 섬기게 되었던 것이다.

가나안을 여호와화하기는커녕 오히려 자신들이 가나안화되어버린 이스라엘은 가나안 사람에게 긍정적인 영향을 끼치기보다 오히려 부정적인 영향을 받았다. 빛과 소금이 되어 세상에 빛을 발하기보다 오히려 자신들이 어두움의 세력에 의해 세속화되었다. 죄가 이렇다. 죄인이 거룩한 사람을 타락시키는 일이 거룩한 사람이 죄인을 경건하게 하는 것보다 훨씬 쉽다. 이스라엘이 가나안 사람과 서로 결혼하여 피를 섞었는데, 이런 행위는 하나님의 명령에 불순종하는 일이다(신 7:3-4). 사사기에는 이스라엘 사람이 이방인과 결혼한 예가 많다(8:29-9:57; 11:1; 14-15장). 이스라엘 사람이 원주민과 결혼을 통해 피를 섞으면 가나안화가 가속화될 것은 뻔한 일이다.

이스라엘 백성이 가나안 사람과 결혼한 가장 심각한 결과는 그들이 가나안 사람의 신들을 섬기게 되는 일이다(6절). 하나님이 가장 우려하셨고, 모세가 경고했던 일(신 7:3-4)이 이스라엘의 현실로 드러나고 있다. 이스라엘 사람이 가나안 사람과 같은 지역에서 함께 사는 것은 자연스럽게 피가 섞이도록 만들었고, 인종적인 섞임은 곧 영적 결합으로 이어졌다. 이스라엘이 하나님 말씀을 거역하기 시작할 때 자신들이 하나님으로부터 이렇게까지 멀리 올 것이라고는 생각하지 못했을 것이다. 죄와 불순종을 향한 한 걸음이 이렇게 큰 결과를 초래할 줄이야! 성경은 우리를 얽매이고 넘어뜨릴 수 있는 죄는 아예 처음부터 상종하지 말라고 한다(히 12:1-3).

이스라엘의 가나안 정복 전쟁의 실패에 대한 회고(1장)에 이어 실패에 대한 신학적 회고(2-3장)는 앞으로 사사기가 어떤 성향의 이야기로 책을 이어갈 것인지 예고하는 듯하다. 하나같이 부정적이고 비관적인 이스라엘의 실패에 대한 이야기가 우리를 기다리고 있다. 사사기는 독자에게 하나님 백성이 약속의 땅에서 저지른 죄에 대해 낱낱이 고발할 것이다. 그러나 이스라엘 백성의 반복되는 불순종과 죄에도 불구하고 끊임없이 그들에게 은총을 베푸시는 여호와 하나님의 인애와 머지않아 이 모든 불행과 무질서를 뒤집을 만한 은혜의 시대가 임할 것이라는 기대감이 긍정적으로 빛날 것이다.

II. 본론: 거듭되는 고난과 해방
(3:7-16:31)

두 개의 서론을 통해 이스라엘이 가나안 정복에 실패한 이유를 역사적·신학적 관점에서 소개한 저자는 이제부터 실제 사사들 이야기를 예로 들며 어떻게 시간이 갈수록 이스라엘 사회가 종교적·도덕적으로 더 악화되는 악순환을 겪었는지 회고하고자 한다. 저자는 2:11-23에 제시된 양식에 따라 사사들 이야기를 전개해 나갈 것이다. 책 안에서 묘사되고 있는 각 사사의 활동 영역이 이스라엘 땅 전체가 아니라 상당히 제한된 범위의 지역인 것으로 보아 사사는 각자 자신의 지역에서 활동한 지역 영웅이었던 것이 확실하다. 즉, 이스라엘이 사사 시대를 지나는 동안 사사기에 언급된 사사보다 훨씬 더 많은 사사가 있었던 것이다. 대부분의 학자가 엘리 제사장과 사무엘도 사사 목록에 포함되어야 한다고 주장하는 것도 이런 이유에서다.

수많은 사사 중 이스라엘 12지파를 염두에 두고 상징적 의미에서 12사사의 이야기만을 선별해 기록했고, 이 12사사에게 동일한 분량의 공간을 할애하지 않는다. 자신이 제시하고자 하는 메시지와 신학에 중요한 역할을 하는 사사에게는 많은 공간을 할애하지만 나머지 사사에게는 거의 공간을 할애하지 않는다. 그래서 사사기에 등장하는 12사사 중 일명 '소 사사'로 불리는 6명은 이름만 언급되는 수준이다. 나머지 6명이 사사들 이야기를 구성하는데, 이들 중에도 가장 모범적인 사사인 옷니엘 이야기는 최소한의 범위에서 기록되어 있다. 반면 최악의 사사라 할 수 있는 기드온, 삼손 같은 사람은 많은 공간을 할애받는다. 훌륭한 사사보다 문제가 많은 사사를 더 자세히 묘사하는 것에서 저자의 의도를 엿볼 수 있다. 또한 저자는 사사는 아니지만 아비멜렉을 포함한 7명의 이야기를 중점적으로 다루는 일을 통해 이스라엘 사회가 사사 시대를 지나면서 총체적으로 몰락했다는 것(viz., 숫자 7이 총체성을 지닌 만수)과 이 사회의 전반적인 몰락은 레위기 26장에 기록된 언약적 저주의 성취임을 강조하는 듯하다(Block).

비록 이스라엘의 죄와 하나님의 심판이 사사들 이야기의 중심을 이루며 책의 전반적인 분위기와 메시지를 매우 어둡고 비관적으로 몰아가고 있지만, 이 사사들의 이야기에서 거듭 강조되는 것은 바로 하나님의 끊임없는 용서다. 하나님이 시내 산에서 이스라엘과 맺은 언약의 미래는 하나님의 용서에 달려 있다. 하나님이 용서하기를 거부하는 순간 언약은 깨지며, 언약을 위반한 이스라엘이 할 수 있는 일은 아무것도 없다. 다행히 하나님은 이스라엘과 언약을 유지하기 위해 용서하신다. 하나님의 끊임없는 용서는 이스라엘과의 관계 회복을 위한 의로움(restorative justice)인 것이다(McCann). 여러 사사 이야기를 통해 책의 핵심 내용을 형성하는 본 텍스트는 다음과 같은 내용을 담고 있다.

A. 옷니엘 대 아람(3:7-11)
B. 에훗 대 모압(3:12-30)
C. 삼갈 이야기(3:31)
D. 드보라와 바락 대 가나안(4:1-5:31)
E. 기드온 대 미디안(6:1-8:32)
F. 아비멜렉 왕(8:33-9:57)

II. 본론: 거듭되는 고난과 해방(3:7-16:31)

A. 옷니엘 대 아람(3:7-11)

7 이스라엘 자손이 여호와의 목전에 악을 행하여 자기들의 하나님 여호와를
잊어버리고 바알들과 아세라들을 섬긴지라 8 여호와께서 이스라엘에게 진노
하사 그들을 메소보다미아 왕 구산 리사다임의 손에 파셨으므로 이스라엘
자손이 구산 리사다임을 팔 년 동안 섬겼더니 9 이스라엘 자손이 여호와께
부르짖으매 여호와께서 이스라엘 자손을 위하여 한 구원자를 세워 그들을
구원하게 하시니 그는 곧 갈렙의 아우 그나스의 아들 옷니엘이라 10 여호와
의 영이 그에게 임하셨으므로 그가 이스라엘의 사사가 되어 나가서 싸울 때
에 여호와께서 메소보다미아 왕 구산 리사다임을 그의 손에 넘겨 주시매 옷
니엘의 손이 구산 리사다임을 이기니라 11 그 땅이 평온한 지 사십 년에 그나
스의 아들 옷니엘이 죽었더라

옷니엘은 유다 지파 사람이었다. 사사기가 이스라엘 12지파 중 가장 유력한 지파에 속한 사람 이야기로 시작하는 것은 당연한 일이다(Younger). 이스라엘을 대표해서 가장 먼저 가나안 사람과 싸우러 올라갔던 지파가 유다였기 때문이다(1:1-2). 옷니엘은 최초의 사사이면서 동시에 가장 모범적인 사사다. 모범적이라는 것은 이스라엘 사사 중 가장 훌륭한 사람 중 하나라는 것을 뜻하기도 하지만, 동시에 문예적으로도 가장 훌륭한 모델이라는 뜻이다(Webb). 그의 이야기는 2장에서 제시

된 일명 이야기 주기의 모든 요소를 담고 있는 유일한 경우이기 때문이다(Latvus, O'Connell, Amit). 옷니엘은 나머지 사사를 평가하는 기준이 된다(Stone, Exum, Brettler). 그래서 옷니엘의 뒤를 잇는 사사들 이야기는 옷니엘 이야기에 포함된 일부 요소를 포함하지 않는다. 가장 모범적인 사사 옷니엘 이야기에는 다른 사사들 이야기에서 흔히 접하게 되는 대화, 자세한 전쟁 묘사, 사사들의 인격적인 결함 등에 대한 언급이 전혀 없다. 사사기에는 말을 많이 할수록 좋은 사사가 아니기 때문이다.

"이스라엘 자손이 여호와의 목전에 악을 행했다"(7절)라는 말씀은 각 사사 이야기를 시작하는 전형적인 표현이다(Boda, cf. 2:11; 3:7, 12; 4:1; 6:1; 10:6; 13:1). 이 표현은 이스라엘 자손이 여호와 하나님을 잊고 바알과 아세라를 숭배했다는 것을 뜻한다(7절). 이스라엘이 하나님을 '잊었다'(שכח)는 말은 사사들 이야기 중 옷니엘 이야기에서만 사용되는 표현이다. 이스라엘이 순간적으로 하나님을 망각했다는 뜻이 아니라 의도적으로 하나님을 무시하고 등을 돌렸다는 뜻이며 하나님과의 언약을 위반했다는 의미다(NIDOTTE). 이스라엘의 배반은 이미 예견된 일이다(2:1, 13). 이스라엘이 우상을 좇은 것은 당연히 '여호와의 목전에 악을 행한 일'(הָרַע בְּעֵינֵי יְהוָה)이었다(7절; cf. 2:11). 이 표현은 사사들 이야기(3:7-16:31)에서 여섯 차례 등장한다(3:7, 12; 4:1; 6:1; 10:6; 13:1). 이스라엘이 행한 악한 일에 대한 보응으로 여호와께서 이스라엘 백성에게 분노하셔서 원수의 손에 넘기셨다는(2:14) 사실도 이 단락에서 6차례 반복된다. 이스라엘 사람은 바알과 아세라를 좇는 것이 자신들이 '보기에 좋은 일'이었기에 이런 일을 저질렀다(17:6; 21:25). 그러나 그들의 눈에는 '보기 좋은 일'이 하나님 보시기에는 악한 일이었다. 인간이 하나님을 떠나 선을 정의하는 것은 이런 위험부담을 안고 있다.

하나님은 이스라엘의 배신에 분노하셔서 메소포타미아 왕 구산 리사다임(כּוּשַׁן רִשְׁעָתַיִם)에게 넘기셨다. 구산 리사다임은 '두 악의 구산'(Cushan of the two evils, cf. HALOT)(viz., Cushan of the Double Wickedness, Cushan

Double-Trouble of the Evil Empire)이란 뜻으로 풀이된다(McCann, Pressler). 이 이름의 독특한 의미에 근거해 이것이 일종의 비방 혹은 비아냥이지 실제 사람 이름이라고 생각하지 않는다(Niditch). 그렇다면 이 왕은 누구였는가? 학자들은 매우 다양한 제안을 내놓았다(Boling). 주전 1600-1150년대에 바벨론을 지배했던 카스족(Kassite) 지도자(창 10:8), 누비아인, 아르수(Arsu) 혹은 이르수(Irsu)라는 이름을 지녔으며 이집트를 정복한 것으로 알려진 아시아계 사람, 시리아인, 미디안 왕, 남쪽 지역에 생존하던 가나안 왕 등이다(Lindars, Webb, Malamat, cf. ABD). 옷니엘이 가나안 남쪽 지역을 차지한 유다 지파 사람이라는 점을 감안해, 강을 사이에 두고 유다와 인접해 있는 에돔 왕이 구산 리사다임이었을 것이라는 주장도 있다(Boling). 요세푸스는 아시리아의 왕 추사르사투스(Chusarsathus)라고 하는데, 일부 주석가는 이 왕이 다름 아닌 디글랏블레셀 1세(Tiglath Pileser I, 1114-1076 BC)를 뜻한다고 한다(Block). 그러나 옷니엘 시대에 비교해 이 왕의 시대는 너무 늦다. 이 모든 역사적 인물들이 만족할 만한 해석을 주지 못하고 있다. 가장 많은 학자의 지지를 받는 견해는 구산 리사다임이 에돔 왕이었다는 주장이다(Boling). 이 사람의 정체에 대한 논의에서 저자가 의도적으로 이 사람의 정체를 숨기고 있을 수도 있다는 점을 배제할 수 없다. 이렇게 간주할 경우 그가 정확히 누구였는지 결코 알 수 없고, 그다지 중요한 이슈도 아니다.

저자는 이스라엘을 지배했던 왕이 누구였는지 답하지 않을 뿐만 아니라 그 외 많은 질문에도 답하지 않는다. 구산 리사다임은 어떻게 이스라엘 사람을 억압했는가? 이스라엘 12지파 중 어느 지파(들)가 우상을 숭배했는가? 이들은 어디에 바알과 아세라를 세웠는가? 적의 핍박으로 고통당하던 이스라엘은 어떤 방식으로 여호와께 부르짖었는가? 저자는 이 외에도 사건을 해석하는 데 도움을 줄 수 있는 여러 가지 세부 사항을 밝히지 않는다. 이러한 세부 사항은 사사들 이야기를 진행하는 데 중요하지 않고, 자칫 잘못하면 관심이 엉뚱한 곳으로 쏠릴 수 있기 때문이다. 앞으로 모든 사사 이야기에서도 이러한 원리가 적용된다. 다만 확실하게 밝히는 것 한 가지는 하나님이 신음하는 이스라엘을 구원하기 위해 세우신 사사가 옷니엘이었다는 것이다(1:11-15). 저자는 최소한의 정보를 제공함으로써 옷니엘 이야기를 나머지 사사들 이야기를 묘사해 나가는 모델/시범 사례로 삼고자 한다(McCann). 그렇기에 2:11-23에 제시된 양식의 요소들이 이 이야기에 빠짐없이 등장한다.

옷니엘 이야기는 비록 이스라엘이 죄를 저질렀다 해도 신음 속에서라도 하나님께 울부짖으면 하나님은 사사를 세우셔서 그들을 구원하실 의향이 있었음을 분명히 보여준다. 하나님의 자비와 긍휼이 그분의 순간적인 분노를 이긴 것이다. 사사기 후반부에 가서는 아무리 혹독한 고통을 당하더라도 백성이 더 이상 하나님께 부르짖지 않는다. 시간이 흐르면서 이스라엘의 처한 상황이 더 악화되는 것이다.

이스라엘 백성은 구산 리사다임의 지배 아래 8년 동안 고통을 받았다(8절). 성경에서 숫자 8은 새로운 시작을 상징한다(Jordan). 이스라엘 가정에 사내아이가 태어나면 8일째 되는 날에 할례를 행해서 새로운 시작을 알리며, 그리스도께서는 6일째 되는 금요일에 죽으셨고, 8일째 되는 일요일에 부활하셨다. 그러므로 이스라엘이 이방인의 손에 고통을 받기 시작한 지 8년째 되던 해에 하나님이 옷니엘을 통해 그들을 구원하셨다는 것은 새로운 기회를 주시기 위해서다(Jordan). 물론 이스라엘은 하나님이 주신 새로운 기회를 살리지 못하고 다시 죄를 범한다.

앞으로 이스라엘이 이방인의 손에 고통받는 햇수가 꾸준히 증가한다. 백성이 신음 속에서 부르짖자 하나님이 그들을 구원하기 위해 세우신 구원자(מוֹשִׁיעַ)가 옷니엘이다(9절). 이스라엘 자손이 주께 부르짖는 것을 듣고 하나님이 구원자를 보내시는 것이 마치 조상이 이집트에서 노예살이가 힘들어 부르짖던 일과 모세를 구원자로 세우셨던 것을 연상케 한다(출 2:23-25). 어떻게 생각하면 하나님이 사사들을 통해 울부짖는 이스라엘 사람을 구원하시는 것은 모세를 통해 이스라엘을 구원하셨던 출애굽의 축소판이다(McCann). 사사기 안에서 작은 규모의 출애굽 사건이 수차례 반복되고 있다.

사사기에서 유일하게 이상적인 사사로 묘사되는 옷니엘이 유다 지파 사람이라는 것은 앞으로 이스라엘 구원자가 유다 지파에서도 다윗의 후손으로 오실 것을 암시한다(Boda). 또한 옷니엘은 그나스 사람(viz., 그나스 족에 속한 자)이다. 그가 유다 지파를 대표하는 지도자가 되었지만 조상은 이방인이었던 것이다. 그는 갈렙의 명령을 받아 드빌을 쳐서 정복하여 포상으로 갈렙의 딸인 악사를 아내로 맞이했던 명장이다(1:11–15; cf. 수 15:13–19). 또한 옷니엘은 갈렙의 조카이기도 하다. 그가 이스라엘의 첫 사사로 기록되는 것은 사사 시대가 여호수아가 죽은 이후 바로 시작되었음을 시사한다. 여호와께서는 옷니엘을 구원자로 세우고 그 위에 영(רוּחַ־יְהוָה)을 내려주셨다(10절). 여호와/하나님이 영(רוּחַ־יְהוָה)이라는 표현은 사사기와 사무엘서에서 이스라엘의 지도자로 세움 받은 자들에게 임하는 군사적 능력과 백성을 다스리는 리더십을 뜻한다. 신약의 관점에서 바라보는 인격적인 성령의 임재와는 조금 다른 개념인 것이다. 본문에서도 옷니엘이 하나님의 영을 받고 난 후 곧장 군대를 이끌고 전쟁터로 나가고 있다.

옷니엘이 승리하여 8년 동안 지속된 구산 리사다임의 이스라엘 지배에 종지부를 찍었으며, 옷니엘이 죽기까지 40년 동안 이스라엘에는 전쟁이 없어서 평온했다(11절). 이미 언급한 것처럼 8년 동안 진행된 이방인의 지배는 사사기 안에서 상대적으로 짧은 기간이다. 앞으로 이방인이 지배하는 기간이 길어질 뿐만 아니라 옷니엘의 승리의 대가로 이스라엘이 누린 40년의 평안도 점차 짧아질 것이다. 성경에서 40년은 한 세대를 상징하는 숫자이기도 하다. 옷니엘이 살아 있는 동안은 모든 것이 평안했다. 이 순간만큼은 사사 제도가 잘 진행되고 있었다.

우리가 첫 번째 사사 옷니엘 이야기에서 주목해야 할 가장 중요한 초점은 이스라엘의 진정한 구원자는 여호와 하나님이라는 점이다(Olson). 하나님이 백성의 울부짖음을 듣고 옷니엘을 세우셨다(9절). 이스라엘을 해방시킨 일은 결코 옷니엘이 자신의 힘으로 이루어낸 일이 아니다. 이미 여호수아 15:13-19와 사사기 1:11-15에서 언급된 것처럼 옷니엘은 대단히 용맹스러운 장군이었다. 그런 그가 구산 리사다임의 억압을 8년 동안 지켜보아야만 했다. 만약 스스로 해결할 수 있는 문제였다면 아낙 자손을 쳐서 헤브론을 정복한 적이 있는 용맹스러운 옷니엘이 이때까지 기다리지 않았을 것이다. 이방인의 억압이 8년 동안 지속된 다음에야 하나님이 이스라엘을 구원하기로 작정하시고 난 후에 옷니엘을 사용하여 비로소 이방인의 억압으로부터의 해방이 실현되었다. 또한 하나님이 옷니엘에게 영을 주신 다음에야 그가 전쟁터로 갈 수 있었다. 저자는 여호와께서 구산 리사다임을 옷니엘의 손에 넘겨주셨기에 승리가 가능했다는 점도 강조한다(10절). 처음부터 끝까지 이스라엘이 체험한 해방과 평안은 하나님의 사역이었다는 것이다. 물론 하나님은 옷니엘을 통해 역사하지 않고 직접 기적을 베풀어 이스라엘을 구원하셨을 수도 있다. 그러나 특별한 상황을 제외하고 하나님은 사람을 통해 역사하고자 하신다.

하나님의 은혜로 이스라엘이 구원을 체험하고 평안을 누리고 있지만, 애초에 죄 때문에 이방인의 손에 넘겨주신 분도 여호와이심을 기억해야 한다(8절). 여호와는 이스라엘에게 '병도 주고 약도 주는 분'이시다. 주의 백성은 여호와와 언약을 맺었기 때문에, 그 언약이 유효한 동안에는 삶에 임하는 축복과 저주는 모두 여호와께로부터 오는 것이다. 언약을 맺는다는 것은 관계를 맺는다는 것을 뜻하는데, 일단 관계를 맺으면 그 관계에서 좋은 일만 기대할 것이 아니라 나쁜 일도 감수해야 한다. 하나님이 시내 산에서 이스라엘과 언약을 맺을 때, 언약을 잘 이행할 경우 축복을 약속하셨지만 위반할 경우 저주를 내리실 것이라고 선언하셨다. 그러므로 이스라엘이 당하는 고통과 핍박은 하나님이 직접 내리는 심판이다. 이스라엘의 고통은 하나님이 언약을 잘 이행하고 계심을 증명하는 사례인 것이다.

예수 그리스도를 통해 하나님과 특별한 관계를 맺은 우리도 신중해야 한다. 하나님이 원하는 것은 온전한 충성이다. 하나님 외에 그 어떤 신을 섬겨서도 안 되며, 하나님보다 그 무엇에도 우선권을 두어서는 안 된다. 하나님보다 일이나 목표 등을 더 소중히 여기는 것 역시 우상숭배에 해당되기 때문이다. 만일 우리가 이런 죄를 저지르고도 무사하다면, 하나님 은혜가 아니라 하나님이 더는 우리와 관계를 중요하게 여기지 않는다는 증표일 수 있다.

II. 본론: 거듭되는 고난과 해방(3:7-16:31)

B. 에훗 대 모압(3:12-30)

두 번째 사사인 에훗 이야기는 다양한 문학적 요소로 구성되어 있으며 이스라엘을 핍박한 모압 사람을 우스갯거리로 만드는 동시에 여호와께 영광을 돌리는 사건이다(Amit). 옷니엘 시대 때 이스라엘을 압박했던 구산 리사다임의 무력은 에훗 시대에 와서는 어느덧 '뚱뚱이' 에글론의 육중한 몸무게로 바뀌어 있다(Younger). 에훗 이야기에서는 사사 이야기가 지녀야 할 모든 요소가 대부분 이야기의 시작과 끝에 위치하며 일종의 괄호(inclusion)를 형성해 세부적인 사항을 휘감고 있다. 괄호에 휩싸여 있는 에훗 이야기는 유머, 풍자, 아이러니 등을 다분히 포함하고 있으며(Niditch), 그의 이야기가 지니는 유머는 매우 으스스하다(Klein, Soggin).

옷니엘 이야기와는 달리 에훗 이야기에서는 상당한 시대적 배경을 제공하고 있는데, 이 정보의 대부분은 출토된 고고학적 자료를 통해 입증될 수 있다(Halpern). 이 단락은 다음과 같은 구조를 지녔다. 이야기가 시작할 때 모압 사람의 지배를 받던 이스라엘이 이야기 끝에 가서는 오히려 그들을 지배하는 반전이 있다.

A. 이스라엘이 모압의 지배를 받음(3:12–14)
　B. 여호와께서 에훗을 사사로 세우심(3:15a)
　　C. 에훗이 조공을 배달함(3:15b–18)
　B′. 에훗이 사사의 역할을 해냄(3:19–26a)
A′. 이스라엘이 모압을 지배함(3:26b–30)

II. 본론: 거듭되는 고난과 해방(3:7–16:31)
B. 에훗 대 모압(3:12–30)

1. 이스라엘이 모압의 지배를 받음(3:12–14)

12 이스라엘 자손이 또 여호와의 목전에 악을 행하니라 이스라엘 자손이 여
호와의 목전에 악을 행하므로 여호와께서 모압 왕 에글론을 강성하게 하사
그들을 대적하게 하시매 13 에글론이 암몬과 아말렉 자손들을 모아 가지고
와서 이스라엘을 쳐서 종려나무 성읍을 점령한지라 14 이에 이스라엘 자손이
모압 왕 에글론을 열여덟 해 동안 섬기니라

하나님이 옷니엘을 통해 이스라엘을 이방인의 손에서 구원하신 후 상당한 세월이 흘렀다. 최소한 40년은 흘렀을 것이다(3:11). 이스라엘이 다시 여호와 목전에서 악한 일을 행했다(12절). 그들이 어떤 죄를 저질렀는지 밝히지 않지만 지금까지의 내용을 감안하면, 이번에도 우상숭배였던 것이 확실하다(2:11; 3:7). 분노하신 하나님이 이번에는 이스라엘을 억압하게 하기 위해 모압 왕 에글론을 강성하게 하여 이스라엘을 대적하게 하셨다(12절). 하나님이 에글론을 '강성하게 하여 이스라엘을 대적하게 하셨다'라는 표현은 오직 에훗 이야기에만 사용되는 독특한 표현이다. 다른 사사들 이야기에서는 하나님이 '[넘겨] 주었다'(נתן) 혹은 '[적들에게] 팔았다'(מכר)라는 말을 사용한다. '하나님이 에글론을 강성하게 하셨다'라는 독특한 표현을 사용해 이때까지 이스라엘에게 위협적인 상대가 되지 못했던 모압이 이스라엘의 죄 때문에 그들을 억압할 정도로 강하게 되었으며, 상황을 이렇게 만들어가신 분이 다름 아닌 이스라엘의 하나님 여호와이셨음을 강조한다.

모압의 침략은 이스라엘에게 자존심이 상하는 일이며 추가적인 압박으로 작용했을 것이다. 평소에 이스라엘이 아예 적수로 생각하지 않았던 별 볼 일 없는 모압 사람이 어느 순간 강성해져서 쳐들어온 것이다. 평소 대수롭지 않게 생각했던 사람이 어느 날 갑자기 위협적인 존재로 돌변할 때, 특히 우리가 죄에서 헤매고 있을 때 이런 일이 생기면 하나님의 경고로 받아들이고 회개해야 한다. 그렇지 않으면 하나님이 그를 통해 우리를 징계하실 수도 있기 때문이다.

모압과 암몬은 아브라함의 조카 롯에게서 비롯된 족속이므로 이스라엘의 친척 나라였다. 이스라엘이 광야 생활을 하던 시절, 하나님은 이스라엘이 모압 땅을 취하는 것을 금하셨다(신 2:8-9). 이번에는 하나님이 모압 사람을 아예 이스라엘이 살고 있는 약속의 땅으로 끌어들이셨다! 여호와의 계획에 따라 강해진 모압 왕 에글론이 그래도 홀로 이스라엘을 상대하기는 버거웠는지 암몬 족과 아말렉 족과 합세해 이스라엘을 쳤다. 이 사실을 통해 이 일이 하나님이 하신 일임을 다시 한번 암시한다. 평소에는 이스라엘의 적수가 되지 못했던 자가 주변 민족과 합세해 이스라엘을 쳤다. 하나님이 죄지은 이스라엘을 징계하기 위해 하신 일이었다. 에글론은 '종려나무 성읍'(עִיר הַתְּמָרִים)을 쳐서 정복했다고 하는데, 1:16의 '종려나무 성읍'은 여리고 성이 아닐 수도 있다는 주장도 있는 반면 이 이야기에서의 '종려나무 성읍'은 여리고 성을 두고 하는 말이라는 해석이 일반적이다(Pressler, Block, Younger). 에글론이 여리고 성과 인근 지역을 이스라엘로부터 빼앗았던 것이다.

에글론은 여리고 성에 주둔군을 두고 이스라엘을 통치했던 것으로 생각된다. 여호수아는 여리고 성에 저주를 선언한 적이 있다(수 6:26). 그런데도 모압 왕이 이 지역을 차지하는 것은 여호수아의 저주에 대해 몰랐든지 아니면 알면서도 의도적으로 이곳을 통치를 위한 행정 도시로 삼기 위함이었을 것이다. 아마 전자일 가능성이 크다. 구산 리사다임은 8년 동안 이스라엘을 지배했다(3:8). 모압 왕 에글론은 이보다 10년이 더 많은 18년 동안 이스라엘을 지배했다(14절). 원래 하나님의 의도는 이스라엘이 가나안 땅을 취하는(ירשׁ) 것이었는데 오히려 이방인이 이스라엘 땅을 취하고(ירשׁ) 있다. 모두 이스라엘의 죄가 빚어낸 결과다.

저자는 이스라엘이 죄를 짓지 않았더라면 에글론이 결코 지배할 수 없었다는 점을 이 왕을 묘사하는 일(characterization)에서도 암시한다. '에글론'(עֶגְלוֹן)은 작은 황소를 뜻하는 단어(עֵגֶל)와 둥그스름한 것을 묘사하는 단어(עָגֹל)를 동시에 연상케 한다. 에글론은 '통통한 작은 황소'(little fat bull)라는 뜻을 지녔으며 오늘날의 '뚱뚱이'(fat cat)라는 뉘앙스를 지녔다(Hamlin, McCann). 그의 이름은 마치 뚱뚱한 소가 제물로 도살당하듯 잠시 후 살해될 것을 예고하고 있는 듯하다(Olson, cf. 레 9:2–3, 8).

저자는 에글론이 '매우 비둔한 자'(בָּרִיא מְאֹד)였다고 하는데(17절), 비둔하다는 의미를 지닌 단어(בָּרִיא)가 성경 안에서 보통 살찐 소나 양을 뜻한다는 점 역시 이런 해석을 지지하고 있다(Block, cf. 창 41:2, 4, 18, 20; 겔 34:3, 20; 슥 11:16). 나중에 에훗이 그를 칼로 찌르니 복부에 얼마나 기름기(חֵלֶב)가 많았던지 칼에 엉겨 붙었다고 한다(22절). 이 기름기(חֵלֶב) 역시 짐승, 특히 제물로 바쳐지는 짐승의 기름기를 뜻하면서 자주 사용된다(출 23:18 등). 에글론이 매우 뚱뚱하고 미련하여 자신의 능력으로는 도저히 이스라엘을 정복할 만한 인물이 못되었으며, 하나님의 계획에 따라 잠시 이스라엘을 괴롭히다가 살찐 가축이 도살당하듯이 살해된 모압의 왕이었음을 시사한다.

II. 본론: 거듭되는 고난과 해방(3:7–16:31)
B. 에훗 대 모압(3:12–30)

2. 여호와께서 에훗을 사사로 세우심(3:15a)

15a 이스라엘 자손이 여호와께 부르짖으매 여호와께서 그들을 위하여 한 구원자를 세우셨으니 그는 곧 베냐민 사람 게라의 아들 왼손잡이 에훗이라

모압의 통치 아래 18년을 보낸 이스라엘이 여호와께 부르짖으니 하나님이 그들의 울음소리를 듣고 에훗을 구원자로 세우셨다(15절). 에훗이 이스라엘의 구원자가 된 것은 결코 왼손을 능수능란하게 사용할 수 있다는 점에서 비롯되지 않았다. 이런 정보를 제공하는 것은 이야기를 흥미진진하게 진행해 나가기 위한 하나의 요소일 뿐이다. 그가 이스라엘의 구원자가 된 것에는 그의 재치(혹은 잔머리)가 결정적이었다(Wilcock, Pressler). 에훗의 속임수는 모압 사람의 둔함(dull-wittedness)과 큰 대조를 이루고 있으며(Block), 이런 대조는 이야기가 시작하는 순간부터 어떻게 결말이 날 것인가를 예측하게 한다. 또한 에훗과 에글론에 대해 제공되는 정보는 이 이야기를 일종의 희극으로 취급하게 한다(McCann).

에훗(אֵהוּד)의 이름이 예사롭지 않다. 학자들은 그의 이름을 종종 '영광이 어디에 있는가?'라는 뜻으로 풀이하기도 하지만(Pressler), 히브리어로 하나를 뜻하는 단어(אֶחָד)와 연결해 '독불장군'(loner)이라는 의미로 해석하기도 한다(Hamlin, McCann). 에훗이 홀로 일을 꾸며 에글론을 찾아가 암살하는 것도 그의 이름과 잘 어울리는 듯하다(McCann). 어떻게 보면 그는 홀로 잘난 체하는 사람이었다.

에훗이 베냐민 지파 사람이었다는 정보도 사사기 안에서는 평범하게 생각되는 정보가 아니다(Pressler). 이미 서론에서 언급한 것처럼 19–21장의 일(베냐민 지파가 거의 멸종되다시피 한 사건)이 사사 시대 초기에 있었던 일이 확실하며 심지어는 에훗 시대 바로 이전에 있었던 일이었을 가능성도 배제할 수 없기 때문이다. 만일 에훗이 19–21장 사건 이후의 사람이라면, 저자는 이 사건에서 일종의 역설을 포착하고 있다. 보잘것없고 아무것도 기대할 것 없을 뿐만 아니라 죄로 인해 거의 멸종한 지파에서 이스라엘의 구원자가 나온 것이다! 독자에게 이런 역설을 놓치지 말라는 의도에서 에훗이 베냐민 지파에 속했다는 점을 설명하면서 일반적으로 사용되는 표현인 베냐민('오른손의 사람', בֶּן־יְמִינִי)을 사용하지 않고 베하냐민('그 오른손의 아들 사람', בֶּן־הַיְמִינִי)이라며 정관사(הַ)가 붙은 독특한 문구를 사용한다(삼상 9:21). 베냐민(בִּן־יָמִין)을 문자적으로 해석하면 '오른손의 아들'이라는 뜻이다. 여기에 정관사를 붙이는 것은 그가 베냐민 지파에 속한 유능한 군인 중에서도 최고의 엘리트였던 점을 강조하기 위해서다(Block). 에훗은 '오른손의 아들[오른손잡이] 지파'에 속한 최고의 군인이었다. 그런데 에훗은 정작 '왼손잡이'(אִטֵּר יַד־יְמִינוֹ אִישׁ, lit., '오른손을 쓸 수 없는 사람')였다(15절)! 에글론 같은 미련한 '뚱뚱이'가 이스라엘을 지배한 것을 상상하기 힘든 것처럼 베냐민 지파에 속한 에훗이 구원자로 나선 일 역시 상상을 초월한 일이었다(Niditch).

일부 주석가는 이 문장의 뜻을 '오른손을 못 쓰는 장애인'을 뜻하는 것으로 풀이해 모압 왕 에글론이 에훗을 경계하지 않고 독대했던 것은 장애인이었기 때문이라고 한다(Wong, Webb, Soggin, Schneider). 그러나 19–21장 이야기에서 이 표현이 활을 잘 쏘는 베냐민 지파 군인에게도 사용되는 것으로 보아(20:16) 장애와 상관없이 왼손을 잘 쓰는 사람을 뜻하는 것 같다. 성경에서 왼손잡이를 뜻할 때 사용하는 단어(מַשְׂמְאִלִים)가 따로 있는 점(대상 12:2)과 칠십인역(LXX)이 본문을 양손을 자유자재로 사용할 수 있는(ambidextrous) 사람을 뜻하는 '암포테로데시오스'(ἀμφοτεροδέξιος)로 번역하고 있다는 점 등을 감안해 에훗이 왼손을 오른손처럼 자유자재로 사용할 수 있었던 것으로 묘사하는 것으로 이해하는 주석가도 많다(Pressler, Block, McCann). 그러나 본문의 가장 자연스러운 의미는 '왼손잡이' 혹은 '훈련을 받아 왼손을 잘 쓸 수 있는 사람'이다(O'Connell, Olson, Younger). '오른손의 아들' 에훗이 왼손잡이처럼 왼손을 사용하고 있는 것이다! 전쟁에서 왼손을 자유롭게 쓸 수 있는 것은 매우 큰 장점이었다. 오른손잡이는 오른손잡이 적을 상대로 싸우는 데는 익숙하지만 왼손잡이 적을 상대하는 데에는 익숙하지 못하다. 반면 왼손잡이는 오른손잡이 적과 싸우는 데 매우 익숙해 있기 때문에 전투에 나가면 상대적으로 매우 유리했다(Halpern, Pressler).

II. 본론: 거듭되는 고난과 해방(3:7-16:31)
B. 에훗 대 모압(3:12-30)

3. 에훗이 조공을 배달함(3:15b-18)

15b 이스라엘 자손이 그를 통하여 모압 왕 에글론에게 공물을 바칠 때에 16 에
훗이 길이가 한 규빗 되는 좌우에 날선 칼을 만들어 그의 오른쪽 허벅지 옷
속에 차고 17 공물을 모압 왕 에글론에게 바쳤는데 에글론은 매우 비둔한 자
였더라 18 에훗이 공물 바치기를 마친 후에 공물을 메고 온 자들을 보내고

에훗이 에글론을 죽이기 위해 어떻게 무기를 준비해 그와 낯을 익히기 위해 그를 찾아갔는가를 설명하고 있는 이 단락은 다음과 같이 A-B-A′ 구조를 지녔다(Younger). 중심에 에훗이 에글론을 암살하기 위해 준비한 칼에 대한 이야기가 있다. 에훗은 에글론에게 조공 외에 다른 것(칼)을 주고자 만반의 준비를 했다. 에훗은 에글론에게 조공(제물)을 바치면서 정작 그를 조공(제물) 삼기 위한 만반의 준비를 마쳤다.

A. 이스라엘이 에글론에게 조공을 보냄(3:15b)
　B. 암살 준비(3:16-18a)
A′. 에훗이 함께 온 자들을 보냄(3:18b)

이스라엘 백성이 자신들을 지배하는 모압에게 바칠 조공을 모아 에훗을 통해 에글론에게 보냈다(15절). 이스라엘 사람이 왜 에훗에게 모압 왕에게 바치는 조공을 운반하게 했는가는 밝히지 않는다. 아마도 그가 왼손과 오른손을 능수능란하게 사용할 수 있다는 점이 운송되는 조공을 보호하는 데 도움이 될 것이라는 취지에서였을 것이다(Pressler). 그러나 이 같은 정보를 제공하지 않는 것은 독자의 관심을 이날 '희생 제물'이 된 에글론의 죽음에 맞추게 하기 위해서다(O'Connell). 우리는 에훗이 이 일을 위해 선발된 것에 하나님의 주권이 가장 크게 작용되었음을 기억해야 한다.

이스라엘 백성의 선택을 받은 에훗은 '한 자'(גֹּמֶד)쯤 되는 양쪽에 날이 선 칼(שְׁנֵי פֵיוֹת)을 만들어 오른쪽 허벅지 옷 속에 차고 길을 떠났다(16절). '자'(גֹּמֶד)라는 히브리어 단어는 성경에서 이곳에만 한 번 사용되는 용어인데, 대부분 주석가는 성경에서 흔히 '자'를 뜻하며 사용되는 히브리어 단어(אַמָּה, 구약에서 245차례 사용)와 동일한 것으로 간주해 한 자를 45㎝ 정도의 길이로 생각한다(Boda, Wiseman). 그러나 만일 두 단위가 같은 길이였다면 일반화되어 있던 '암마'(אַמָּה)를 피하고 '고메드'(גֹּמֶד)를 사용하는 이유가 어디에 있겠냐며 '고메드'(גֹּמֶד)를 30㎝ 정도 되는 길이였을 것으로 해석하는 주석가도 있다(Younger). 이 두 단위가 서로 다른 길이를 뜻하는 것으로 간주하는 것이 바람직해 보인다. 길이가 30㎝ 정도 되는 칼은 45㎝나 되는 것보다 훨씬 숨기기가 쉬우면서 동시에 칼자루를 감안하더라도 살인 무기로 사용하기에 충분한 길이이기 때문이다.

에훗이 허벅지에 칼을 차고 길을 떠났다는 것은 이 기회를 통해 에글론을 암살하려고 마음을 굳혔음을 뜻한다. 또한 에훗이 양쪽에 날이 선 칼을 지녔다는 것은 적을 내리치는 것이 아니라 찌르려는 음모를 가졌음을 암시한다. 에훗이 오른쪽 허벅지에 단검을 찬 것은 왼손을 능률적으로 잘 사용할 수 있었음을 뜻한다. 그뿐만 아니라 대부분의 사람이 오른손잡이기 때문에 무기를 찾기 위해 몸을 수색할 때 일반적으로 왼쪽은 유심히 보지만 오른쪽은 대충 검사하는 경향을 잘 활용한 것이다(Olson). 에훗으로부터 이스라엘의 조공을 받은 모압 왕 에글론은 '매우 비둔한 자'(אִישׁ בָּרִיא מְאֹד)였다고 한다(17절). 이 정보가 이야기 진행에 더하는 것은 없지만 이스라엘의 원수인 에글론을 비웃게 만든다. 그를 묘사하는 '비둔한'(בָּרִיא)이라는 단어가 사람에게 사용되는 경우 흔히 약자 혹은 원래 가난한 자들의 음식을 먹고 비대해진 것을 뜻한다(Pressler). 즉, 에글론은 주의 백성을 착취해 뚱뚱해진 것이다(Webb).

II. 본론: 거듭되는 고난과 해방(3:7-16:31)
B. 에훗 대 모압(3:12-30)

4. 에훗이 사사의 역할을 해냄(3:19-26a)

19 자기는 길갈 근처 돌 뜨는 곳에서부터 돌아와서 이르되 왕이여 내가 은밀
한 일을 왕에게 아뢰려 하나이다 하니 왕이 명령하여 조용히 하라 하매 모
셔 선 자들이 다 물러간지라 20 에훗이 그에게로 들어가니 왕은 서늘한 다
락방에 홀로 앉아 있는 중이라 에훗이 이르되 내가 하나님의 명령을 받들어
왕에게 아뢸 일이 있나이다 하매 왕이 그의 좌석에서 일어나니 21 에훗이 왼
손을 뻗쳐 그의 오른쪽 허벅지 위에서 칼을 빼어 왕의 몸을 찌르매 22 칼자
루도 날을 따라 들어가서 그 끝이 등 뒤까지 나갔고 그가 칼을 그의 몸에서
빼내지 아니하였으므로 기름이 칼날에 엉겼더라 23 에훗이 현관에 나와서 다
락문들을 뒤에서 닫아 잠그니라 24 에훗이 나간 후에 왕의 신하들이 들어와
서 다락문들이 잠겼음을 보고 이르되 왕이 분명히 서늘한 방에서 그의 발을
가리우신다 하고 25 그들이 오래 기다려도 왕이 다락문들을 열지 아니하는
지라 열쇠를 가지고 열어 본즉 그들의 군주가 이미 땅에 엎드러져 죽었더라
26a 그들이 기다리는 동안에 에훗이 피하여 돌 뜨는 곳을 지나

에훗이 에글론을 어떻게 암살했는가를 회고하는 이 단락은 '돌 뜨는 곳'(19절)에서 시작해 '돌 뜨는 곳'에서 끝이 난다(26절). 두 '돌 뜨는 곳'에 대한 언급이 이야기를 감싸고 있다. 이 단락의 구조는 다음과 같다.

A. 에훗이 돌 뜨는 곳에서 돌아옴(3:19a)
　B. 에훗이 에글론을 죽임(3:19b-25)
A'. 에훗이 돌 뜨는 곳을 지나감(3:26a)

조공 배달 임무를 성공적으로 마친 에훗은 동료와 함께 자신의 땅으로 돌아가는 척하다가 길갈 근처 돌 우상들(פְּסִילִים)이 있는 곳에서 홀로 에글론에게 돌아왔다(19절). 개역개정 성경이 '돌 뜨는 곳'으로 번역한 히브리어 단어(פְּסִילִים)의 문자적 의미는 '돌 우상들'이다(NIV, cf. HALOT). 그러나 이 단어가 정확히 무엇을 뜻하는지는 확실하지 않다. 주석가들은 이 단어를 '채석장'(Amit), 소유한 땅의 범위를 표시하는 '표시 돌'(boundary stone)(Burney), '조각된 돌'(Moore) 등으로 풀이했다. 심지어는 이 단어를 길갈 근처에 있는 지역 이름으로 취급하기도 한다(TNK, cf. 26절). 대부분의 주석가는 이 단어를 모압 사람이 숭배했던 신 그모스의 석상 등과 같은 것으로 해석하여 이 이야기에서 우상이 등장하는 것은 에훗이 먼저 우상에게서 돌아섰다가(19절) 영구적으로 떠나는 것(26절)을 뜻하기 위함이라고 해석한다(Olson, Pressler, Younger, cf. McCann). 반면에 일부 학자들은 에훗이 '특별한 정보'가 있다며 모압 왕 에글론에게 가기 위해 이곳에 들린 것으로 해석한다(Mathews). 에훗이 전할 정보/신탁을 에글론이 숭배하는 신에게서 받았다는 것을 주장하기 위해서 꾸며낸 일이라는 것이다. 이러한 해석도 가능하지만, 이 이야기에서 모압 신의 이름이 등장하지 않는 것으로 보아 첫 번째 해석이 더 설득력이 있다. 이스라엘 역사에서 길갈이 자주 종교적인 중심지로 거론되는 점을 감안할 때, 단순한 영토 표시 기능을 초월해 이스라엘의 급속한 가나안화 내지는 그들이 가나안 종교를 따르고 있음을 시사하는 듯하다. 길갈은 이스라엘의 가나안 정복 전쟁의 베이스캠프였고, 이곳에는 범람하는 요단 강을 건너게 하신 여호와를 기념하는 돌무더기가 있었다. 이처럼 종교적으로 유서 깊은 곳이 에훗 시대에 이르러서는 모압 사람의 우상으로 가득 차 있었던 것이다(Handy, Boling). 에훗은 그의 백성이 따르는 우상에게서 돌아서는 일을 통해 오직 여호와만을 섬기겠다는 의지를 보이고 있다.

에글론에게 돌아온 에훗은 왕에게 '은밀한 말씀'(דְּבַר־סֵתֶר)을 드리겠다고 했다(19절). 에글론은 에훗이 바로 전에 조공을 바치고 돌아간 터라 그의 얼굴이 낯익었으며 하고자 하는 말에 솔깃했다. 더욱이 '은밀'(סֵתֶר)이 정치적 친밀함을(Niditch, cf. 렘 37:17; 38:16; 40:15) 상징한다는 점을 감안하면 에글론이 어떤 의심도 하지 않고 에훗을 맞이하는 것을 쉽게 이해할 수 있다. '말씀'은 히브리어 '다발'(דָּבָר)로 물건을 뜻하기도 한다. 그러므로 '은밀히 드릴 말씀'은 곧 '은밀히 드릴 물건'으로 해석될 수 있으며, 저자는 이 단어의 다의성(多義性)을 극대화시켜 사용하고 있다. 에글론은 에훗으로부터 이스라엘이 꾀하고 있는 반역에 대한 정보나 추가적인 소공에 대한 이야기를 기대했을 것이다. 그러나 에훗은 그에게 '은밀한 물건'(viz., 허벅지에 숨겨온 칼)을 주었다!(Pressler, Block) 일종의 언어유희가 사용되고 있다.

에훗을 전혀 의심하지 않는 에글론은 '은밀한 말'을 은밀하게 듣기 위해 에훗이 부탁한 대로 부하들을 모두 물러가게 했다(19절). 에훗이 에글론을 홀로 대면하게 된 때에 에글론은 다락방(עֲלִיָּה)에 있었다. 대부분의 번역본이 다락방(upper room/chamber)으로 번역하는 히브리어 단어 '알리아'(עֲלִיָּה)의 정확한 의미는 왕이 신하와 사람을 접견하는 공식 회견실(throne room)과 구분되는, 왕이 휴식을 취하거나 홀로 있고 싶을 때 찾는 왕만의 공간이다(Halpern). 에훗으로부터 매우 큰 것을 기대했던 에글론은 자신의 집무실에서 부하들을 내보낸 것만으로는 부족하여 아예 자신만의 공간으로 끌어들였던 것이다. 이미 언급한 것처럼 에훗의 교활함과 남의 말에 잘 넘어가는 에글론의 어리석음이 대조를 이룬다.

왕과 홀로 있게 된 에훗은 "왕에게 아뢸 일이 있나이다"(דְּבַר־אֱלֹהִים לִי אֵלֶיךָ)라고 했다(20절). 에글론은 '신들'의 말을 기대했을 것이나 에훗은 곧 그가 드릴 은밀한 말씀(דְּבַר־סֵתֶר)이 바로 [이스라엘의] 하나님의 말씀(דְּבַר־אֱלֹהִים)이라고 소개하고 있다. 여러 신을 숭배하는 에글론이 이스라엘의 하나님이 주시는 말씀이라는 말에 일어서서 하나님의 말씀을 들을 예를 갖추었다. 바로 그때 에훗은 오른쪽 허벅지에 숨겨둔 칼을 왼손으로 뽑아 전혀 의심치 않고 서 있던 뚱뚱한 에글론의 복부를 찔렀다(21절). '은밀한 말씀'이 '은밀한 물건(칼)'으로 실체를 드러내는 순간이다. 에글론은 하나님/신들로부터 온 신탁을 기대했다. 그러나 하나님이 그에게 주신 것은 죽음이었다. 또한 에훗으로부터 조공에 관한 정보를 기대했던 에글론은 결과적으로 이스라엘이 여호와께 바치는 '조공'이 되었다. 에훗의 양쪽에 날이 선 칼이 이미 '은밀한 말씀'의 양면성을 예고했다(Olson, McCann).

저자는 에글론의 죽음을 매우 적나라하게 묘사한다. 에훗이 얼마나 세게 찔렀는지 칼자루까지도 칼날을 따라 들어갔으며, 칼끝이 등 뒤로 나왔다고 한다. 그뿐만 아니라 에훗이 그 칼을 빼지 않고 그대로 두었기 때문에 기름기가 칼에 엉겨 붙었다(22절). 에글론의 비대함이 이야기의 어두운 유머를 형성하고 있다(Olson). 이스라엘을 착취하여 뚱뚱해진 에글론은 너무 비대해서 에훗의 칼을 피할 수 없었던 어리석고 멍청한 짐승에 불과했다(Younger). 일부 주석가는 이 사건에서 성적(性的)인 뉘앙스를 감지하지만 별로 설득력이 없는 상상력에 불과하다(Alter, Miller, Niditch).

우리 번역본의 '기름기가 칼에 엉겨 붙었다'(개정, 공동, 새번역)라는 번역은 히브리어 문구(וַיֵּצֵא הַפַּרְשְׁדֹנָה)의 정확한 뜻을 전하지 못한다. 이 문구는 몸에서 무언가가 흘러나왔다는 것을 뜻하는데, 흘러나온 것을 뜻하는 히브리어 단어(פַּרְשְׁדוֹן)는 이곳에서 딱 한 번 사용되는 것으로서 의미가 정확하지 않다. 대부분의 주석가와 번역본은 이 단어가 배설물을 뜻하는 단어(פֶּרֶשׁ)에서 비롯된 것으로 간주하여 배설물/똥이 배에서 흘러나온 것으로 해석한다(O'Connell, Amit, cf. NAS, NRS, TNK). 마치 번제로 사용하기 위해 소를 잡을 때 배설물이 흘러나오는 것처럼 말이다. 에글론의 부하들이 그가 용변을 보고 있는 것으로 생각했던 것에는(24절) 그의 몸에서 흘러나온 배설물의 냄새가 한몫했을 것이라고 추측하기도 한다(McCann).

에글론을 암살한 에훗은 문간방/현관(הַמִּסְדְּרוֹנָה)으로 나가 다락방 문을 잠근 뒤에 그곳을 빠져 나왔다(23절). 이 단어의 의미 역시 정확하지는 않으나 왕의 집무실로 들어가는 또 하나의 통로를 제공하는 역할을 하고 있다(Block). 다락방 문을 잠가 놓는 것은 에글론이 혼자만의 시간을 갖고자 하는 듯한 정황을 조성하여 탈출에 필요한 시간을 벌기 위함이다. 에훗이 에글론을 암살하는 일에서 속임수가 결정적인 역할을 했던 것처럼 이번에는 속임수가 그의 탈출을 돕는다. 그래서 밀실에서 빠져 나온 에훗은 태연하게 에글론의 부하들 앞을 지나 궁에서 탈출했다.

에훗이 떠난 후 에글론의 부하들이 와서 다락방 문이 잠겨있는 것을 보고 왕이 '발을 가리고 있는 것'(מֵסִיךְ הוּא אֶת־רַגְלָיו)이라고 확신했다(24절). 이 표현은 '용변을 보다'의 완곡어법이다. 왕의 신하들이 이런 결론을 내린 데는 에글론의 배에서 흘러나온 배설물의 냄새가 한몫을 했을 것이다. 그러나 문제는 아무리 시간이 지나도 왕이 모습을 드러내지 않았다는 점이다. 변비에 걸린 것일까? 한참 시간이 지난 후 더 이상 기다릴 수 없어 문을 열어보니 그들의 주인이 죽어 바닥에 쓰러져 있었다!(25절) 저자는 다음 장에서 시스라의 충격적인 죽음을 거의 비슷한 문구로 묘사한다(4:22).

II. 본론: 거듭되는 고난과 해방(3:7-16:31)
B. 에훗 대 모압(3:12-30)

5. 이스라엘이 모압을 지배함(3:26b-30)

26b 스이라로 도망하니라 27 그가 이르러 에브라임 산지에서 나팔을 불매 이
스라엘 자손이 산지에서 그를 따라 내려오니 에훗이 앞서 가며 28 그들에게
이르되 나를 따르라 여호와께서 너희의 원수들인 모압을 너희의 손에 넘겨
주셨느니라 하매 무리가 에훗을 따라 내려가 모압 맞은편 요단 강 나루를
장악하여 한 사람도 건너지 못하게 하였고 29 그 때에 모압 사람 약 만 명을
죽였으니 모두 장사요 모두 용사라 한 사람도 도망하지 못하였더라 30 그 날
에 모압이 이스라엘 수하에 굴복하매 그 땅이 팔십 년 동안 평온하였더라

이 단락은 에훗이 에글론을 암살한 후 어떻게 에브라임 산지로 들어가 군대를 일으켜 우두머리를 잃은 모압 군대를 치고 대승을 거두었는지를 회고한다. 모압 사람은 제대로 싸워보지도 못하고 이스라엘에게 일방적으로 당했으며, 결국 이스라엘이 한때 그들을 지배했던 모압을 오히려 지배하게 되었다. 그러므로 이 단락은 이스라엘의 범죄로 애초에 이스라엘의 상대가 될 수 없었던 모압을 하나님이 강성하게 하여 이스라엘을 지배하게 하셨다는 사실(12절)을 재차 확인해 준다. 이 단락은 다음과 같은 구조를 지녔다.

A. 에훗이 스이라로 도망함(3:26b)
  B. 이스라엘의 승리(3:27-29a)
A'. 모압 사람이 도망하지 못함(3:29b)

에글론의 왕궁에서 이런 일이 진행되는 동안 에훗은 돌 우상들이 있는 곳을 지나 스이라(שְׂעִירָה)로 도망쳤다. 스이라의 위치는 알려지지 않았으며, 문자적으로 해석하면 '암염소'라는 뜻을 지녔다(HALOT). 일부 주석가는 이 성읍이 베냐민 지파 영토에 있었던 것으로 추측하지만(Gray), 문맥으로 보아 길갈 근처에 있었던 곳으로서 에브라임 지파에 속했던 성읍임이 확실하다(27절). 에훗은 곧 '소집/전쟁 나팔'(שׁוֹפָר)을 불어 이스라엘 자손을 소집한 다음 에글론의 궁이 있던 여리고 성(13절)으로 쳐들어갔다. 물론 먼저 자신이 이미 에글론을 살해했음을 알려 지난 18년 동안 모압의 통치에 반역을 꿈꾸지 못했던 사람에게 용기를 불어넣어 주었을 것이다.

에훗의 전쟁 외침(war cry)은 "여호와께서 너희의 원수들인 모압을 너희의 손에 넘겨 주셨느니라"(נָתַן יְהוָה אֶת־אֹיְבֵיכֶם אֶת־מוֹאָב בְּיֶדְכֶם)였다. 비록 계략을 꾸미고 칼을 만드는 등 에훗 자신도 많은 노력을 했지만, 이날의 승리는 정작 여호와의 은총임을 고백하는 표현이다. 아직까지는 사사들이 제대로 된 신학을 소유하고 있음을 시사하는 함성이다. 훗날 기드온은 전쟁 함성에 자신의 이름을 끼어 넣어 오직 하나님께만 가야 할 영광을 나누어 갖는 죄를 저지른다.

모압이 이스라엘을 정복하여 통치하는 것이 그들에게 처음부터 버거운 일이었기에(cf. 13절 주해), 에글론이 죽은 이후의 모압 군대는 더 이상 이스라엘의 적이 되지 못했다. 특히 에훗이 고백한 것처럼 하나님이 그들을 이스라엘의 손에 붙이신 상황에서는 더욱 그랬다. 그러므로 에훗은 그들을 쉽게 물리칠 수 있었으며, 여리고 성 근처에서 모압으로 가는 요단 강 나루를 점령하여 강을 건너려던 모압 군인을 1만 명이나 죽였다(29절). 일부 주석가들은 1만 명을 문자적으로 해석하기에는 숫자가 너무 크다고 생각한다(Wenham). 그래서 1,000을 뜻하는 히브리어 단어(אֶלֶף)를 소대/중대와 같은 규모의 파견단으로 해석하여 죽은 모압 군인의 수가 10,000(10x1000)명이 아니라 10개의 군 단위 병력을 죽인 것으로 생각하거나(=200명? cf. Pressler), 이스라엘의 완전한 승리를 상징하는 문학적인 표현으로 해석한다(Block).

이스라엘이 이날 죽인 모압 사람의 수가 1만 명이든 몇 백/천 명이었는가는 사실 그다지 중요하지 않다. 중요한 것은 여호와의 은총으로 완전한 승리를 거두었다는 점이다. 하나님이 주신 승리가 얼마나 위대한 것인가는 이스라엘이 강 나루에서 죽인 모압 사람의 모습에서도 알 수 있다. 저자는 이스라엘이 쳐죽인 모압 사람이 "모두 장사요 모두 용사"(כָּל־שָׁמֵן וְכָל־אִישׁ חָיִל אִישׁ)였다고 한다(29절). 숫자 10,000은 [많은] 양을 의미하고, '장사요 용사'는 [높은] 질을 상징한다(Boda). 이스라엘은 하나님의 도움으로 모압의 수많은 엘리트 군인과 싸워 완전한 승리를 거두었던 것이다. 그뿐만 아니라 저자는 이 엄청난 승리에 "한 사람도 도망하지 못하였더라"라는 말을 추가한다(29절). 때로는 여호와께서 이스라엘에게 승리를 주실 때 확실하고 절대적인 승리를 주신다. 게다가 이스라엘의 승리는 단순히 모압의 굴레에서 해방되는 것에 그치지 않고 모압이 이스라엘의 통치를 받게 되는 상황까지 이른다(30절). 두 민족의 관계가 원래 이래야 했다. 그런데 이스라엘이 하나님께 죄를 범하여 적수가 될 수 없는 모압의 통치를 18년 동안이나 받았다. 모압의 이스라엘 지배는 죄에 대한 하나님의 징계였기 때문이다. 이처럼 죄는 전혀 예기치 못한 곳에서부터 고통과 핍박이 오게 하기도 한다. 모압의 지배에서 벗어난 이스라엘은 80년 동안 평안히 지낼 수 있었다(30절). 두 세대(2x40)동안 평온을 누렸다(Block).

에훗 이야기를 어떻게 이해해야 하는가? 그는 영웅인가 아니면 비겁한 사기꾼인가? 어느 관점에서 보느냐에 따라 답이 결정될 것이다. 이스라엘 관점에서 볼 때 그는 백성에게 해방을 가져온 영웅이다. 그럼에도 이 해방을 가져오기 위해 사용한 방법은 윤리적인 문제를 안고 있음을 학자들은 말한다(Schneider, Block, Pressler, McCann). 전투 중에 힘을 겨누어 적장을 죽이는 것은 정당한 일이다. 그러나 에훗은 에글론의 신뢰를 악용해 죽였다. 믿음과 신뢰는 여호와를 믿는 사람이 존중해야 할 가장 중요한 가치인데 말이다. 하나님이 이스라엘의 구원자로 보내셨다는 사실이 그를 영리한 사람으로 만들 수는 있어도, 잔인하다는 사실은 피할 수 없다. 특히 에훗이 에글론을 암살하는 과정에서 보인 하나님의 침묵은 이런 사실을 더욱 부각한다. 28절에 이르기까지 에훗은 하나님에 대한 어떤 영적 민감함을 드러내지 않으며, 자신이 하나님의 소명을 받고 이 일을 하고 있다는 의식도 없다. 반면 당시의 전형적인 가나안 사람처럼 행동하고 있다. 간교하고, 기회주의적이며, 폭력적이다. 윤리와 가치관에서 가나안 사람과 구분이 되지 않는 그의 행보가 이스라엘의 급속한 가나안화의 단면을 보여주고 있다.

저자는 속임수의 명수인 에훗을 통해 앞으로 어떤 일이 일어날 것인가를 암시하고자 한다. 하나님이 사용하시는 도구가 항상 모범적이고 완벽하지 않다는 점을 누차 강조하게 될 책의 성향을 예고하고 있는 것이다(McCann). 에훗 사건은 하나님이 우리가 전혀 기대하지 못했던 특이한 방법을 통해 역사하시는 것으로 엮어진 여러 사사 이야기의 예고편이다(Pressler). 물론 이런 해석에 충분히 동의하지만 에훗의 행위에 대한 저자의 침묵(가치 평가 유보)을 어떻게 해석할 것인가는 역시 문제로 남는다.

II. 본론: 거듭되는 고난과 해방(3:7-16:31)

C. 삼갈 이야기(3:31)

31 에훗 후에는 아낫의 아들 삼갈이 있어 소 모는 막대기로 블레셋 사람 육백 명을 죽였고 그도 이스라엘을 구원하였더라

에훗이 에글론을 암살하고 이스라엘을 모압 사람의 손에서 해방시킨 지 상당한 시간이 흐른 후 삼갈이란 사람이 등장해 블레셋 사람의 압박에서 이스라엘을 구원했다. 일부 주석가는 다음 절인 4:1이 에훗의 죽음을 언급한다 해서 삼갈과 에훗이 동시대에 살았던 것으로 추정하기도 하지만(McCann, cf. Boda), 사사기 저자는 자신이 묘사하는 사건의 시대적인 순서에 큰 비중을 두지 않고 있어 별로 설득력 있는 해석은 아니다. 드보라의 노래에 삼갈이 등장하는데, 만일 5:6의 "아낫의 아들 삼갈의 날에 또는 야엘의 날에"라는 말이 역사적 자료가 될 수 있다면, 삼갈은 야엘, 드보라, 바락과 같은 시대를 살았다. 그러나 이들이 정확히 어느 때쯤 사람이었는지는 알 수 없다.

삼갈은 서론에서 언급한 일명 '소 사사 여섯 명' 중 첫 번째 인물이다. 삼갈 이야기가 2장에 제시된 구조를 지니지 않고 있으며, 책의 흐름을 끊는 재고(afterthought) 수준을 지니고 있다고 해서, 소 사사들 이야기를 훗날 편집자(들)가 임의로 삽입한 것으로 해석하는 사람이 있다(Auld, Becker). 그러나 저자는 사사기에서 비중 있게 다루어지고 있는 여섯 사사 이야기에 거의 이름만 언급되다시피 하는 삼갈을 포함한 소 사사 여섯 명의 이야기를 더해 이스라엘 지파의 숫자인 12를 유지한다. 또한 소 사사들 이야기가 등장하는 곳을 보면 바로 앞에 회고된 대 사사들 이야기로 고조된 분위기를 식히기 위해 의도적으로 그곳에 삽입하고 있다는 것이 역력하다.

삼갈 이야기는 에훗 이야기에서 시작된 풍자를 계속 이어간다. 독불장군 에훗이 정치적인 사기극을 벌여 이스라엘을 구원했다면, 삼갈은 홀로 '농기구'(מַלְמַד)를 사용해 이스라엘의 적을 물리쳤다.[19] 삼갈이 전혀 예측하지 못한 무기를 사용하여 적을 죽인 일은 훗날 삼손이 당나귀 턱뼈로 원수를 죽인 일을 연상케 한다(Boda). 삼갈과 삼손은 둘 다 홀로 움직이는 독불장군이었으며, 블레셋 사람을 죽였다는 공통점도 지니고 있다.

삼갈 이야기는 상대적으로 자세하게 기록된 에훗 이야기와는 대조적

---

19 한 주석가는 그가 사용한 무기가 농기구를 변형시켜 임시방편으로 만든 것이었다고 한다(Webb). 이런 해석을 받아들인다면, 삼갈은 신중한 준비와 계획에 따라 움직이는 치밀한 사람이 아니라 즉흥적으로 되는 대로 일을 하는 사람이었을 것이다. 이런 점에서 삼손과 많이 비슷하다고 말할 수 있다.

으로 한 절로 요약되어 있어 많은 질문을 남긴다. 그는 어느 지파 사람이었는가? 삼갈은 어떤 경로를 통해 이스라엘의 구원자로 지명되었는가? 블레셋 사람이 어떻게 이스라엘을 핍박했는가? 삼갈은 어떻게 소를 모는 막대기로 블레셋 사람 600명을 죽일 수 있었을까? 그러나 저자는 이런 질문에 대해 침묵한다. 그에게는 별로 중요한 이슈가 아니기 때문이다.

저자는 삼갈이 '아낫의 아들'이었다고 하는데 이런 정보는 학자들 사이에 많은 논란을 불러일으켰다. 첫째, 삼갈의 이름이 히브리어 동사 '낮추다'(שׁפל)에서 비롯된 히브리어 이름이라고 하지만(van Selms), 대부분은 '삼갈'(שַׁמְגַּר)은 히브리 사람의 이름이 아니라고 한다. 고고학적인 자료에 의하면 갈그미스(Carchemish)에서 통치하던 한 헷 족속 왕(Hittite king)의 이름이 삼갈이었으며, 누지에서 발굴된 문서에 따르면 삼갈은 후리아 사람(Hurrian)의 이름이자 후리아 사람이 숭배하던 태양 신의 이름이기도 하다(HALOT). 그래서 그를 가나안 지역에서 활동하던 후리아 사람이라고 보는 견해가 지배적이다(ABD, Olson, Hamlin, Soggin, Craigie, McCann). 삼갈을 시리아 사람 혹은 시리아 사람과 이스라엘 사람 사이에 태어난 사람으로 보는 견해도 있다.[20]

학자들이 그를 이방인으로 보는 또 하나의 결정적인 단서는 저자가 그를 '아낫의 아들'(בֶּן־עֲנָת)이라고 밝히고 있는 점이다. 학자들은 한때 삼갈과 연루되어 있는 히브리어 문구 '벤아낫'(בֶּן־עֲנָת)을 출생한 고향 성읍의 이름으로 간주하여 삼갈이 갈릴리 지역에 있던 벤아낫 마을 출신이었다고 해석하기도 했다(Gray). 혹은 아낫이 전쟁의 여신이라 하여 '아낫의 아들'을 용사를 뜻하는 것으로 풀이하기도 했다(Pressler). 실제로 당시 가나안에는 '아낫의 아들'이라고 불리는 용병이 있었다고 한다(Shupak, Craigie, Boling). 삼갈이 용병이었는지 혁명가로 변한 농부였는

20 사사기 5:6이 이방 여인인 겐 족 여자 야엘과 함께 삼갈을 언급하는 것도 그가 이스라엘 사람이 아니었다는 증거라고 주장하는 주석가도 있다(Younger).

지는 확실하지 않지만(Snyman), '아낫의 아들'로 불린다는 것은 아낫을 숭배하는 자였음이 확실하다(Block, Pressler, McCann). 가나안 신화에 따르면 아낫은 바알의 아내이자 전쟁의 여신이었다. 발굴된 고고학적 자료에 의하면 주전 12세기경에 아낫은 가나안 용병이 가장 많이 숭배한 우상이었다(Younger). 아낫의 명성은 한때 가나안 지역을 초월해 이집트까지 이르게 되어 그곳에서 전쟁의 여신으로 숭배되었으며, 제15왕조(1634-1610 BC) 때는 바로를 보호하는 신으로 숭배되기도 했다(Shupak, Block, Younger).

삼갈은 바로 가나안 사람이 섬겼던 전쟁의 여신 아낫을 숭배했던 자였다. 저자는 그가 어떤 정황에서 블레셋 사람을 쳤는지 설명하지 않는다. 개인적인 이유 때문이었을 수도 있고 일부 주석가들이 추론하는 것처럼 이집트 왕의 명령을 받고 블레셋 사람 정벌에 나섰을 수도 있다(Shupak). 그러나 결과는 같다. 그가 블레셋 사람 600명을 쳐죽였기 때문에 이스라엘은 한동안 평안할 수 있었다. 삼갈은 자신도 모르게 이 목적을 달성하기 위해 하나님께 사용되었던 것이다. 하나님이 이방인을 사용해 이스라엘에 득을 끼치시는 일은 종종 있다. 여호수아서에는 라합이 있었다. 잠시 후에는 겐 족 여인 야엘이 시스라를 죽여 이스라엘에 득을 끼친다.

삼갈 이야기는 하나님의 구원 사역이 때로는 전혀 예측할 수 없는 방법과 사람을 통해 이루어지기도 한다는 결론을 다시 한번 확인해 준다. 우리는 에훗 이야기에서 전혀 예측할 수 없었던 여러 가지 정보를 접했다. 삼갈 이야기에도 전혀 뜻밖의 정보가 많다. 하나님이 이스라엘을 구원하기 위해 이방인, 그것도 아낫을 숭배하는 자를 사용하셨다. 독자가 전혀 예상할 수 없는 유형의 사람 삼갈을 통해 이스라엘이 적들로부터 구원을 받았다는 사실을 통해 사사 시대가 혼돈과 격동의 시대로 접어들고 있음을 암시하는 듯하다(Boda).

삼갈이 블레셋 사람을 죽이는 데 무기로 사용한 소를 모는 막대기 역시 매우 파격적이다. 특히 당시 블레셋 사람은 가장 용맹스럽고 예리한 무기로 무장한 전사들이라는 점을 감안하면 더욱 그렇다(Pressler). 이런 현상은 하나님의 사역 방법에 대해 일가견이 있다고 자부하는 우리를 겸손케 한다. 또한 자신은 하나님의 도구가 될 수 없다고 단정하는 자에게도 도전을 준다. 하나님의 손에 쥐어지기만 하면 아무 쓸모가 없는 듯한 자도 상상을 초월하는 기적을 이루어내기 때문이다.

D. 드보라와 바락 대 가나안(4:1-5:31)

이스라엘의 네 번째 사사 드보라/바락 이야기를 담고 있는 이 단락은 하나의 사건에 대해 두 종류의 기록을 담고 있다는 독특성을 지닌다. 구약에서 이처럼 같은 사건을 이야기체와 시가체로 두 번 기록하는 것은 이스라엘이 홍해를 건넌 일을 기념하는 출애굽기 14-15장에서 한 번 더 있는 일이다. 사사기 4장은 사건의 전모를 이야기체로 묘사하고 있는 데 반해 5장은 노래를 통해 같은 사건을 기념한다. 같은 사건을 설화와 노래로 두 차례 회고하는 것이 이 사건의 중요성을 강조하는 듯하다(O'Connell). 이런 독특성 때문에 본 텍스트는 구약학자들에 의해 가장 많이 연구된 본문 중 하나에 속한다. 또한 같은 사건을 두 가지 장르로 묘사하고 있기에 히브리어 설화와 시가체의 차이점과 특성을 이해하는 데 많은 도움을 준다.

두 버전이 같은 역사적 사건을 회고하고 있기는 하지만 같은 시대에 같은 저자에 의해 저작되었는가에 대해서는 학자들 사이에 많은 논쟁이 있다. 이 주제에 대해 수없이 많은 글이 출판되었는데, 주요 관점은 다음 다섯 가지로 요약될 수 있다(Block). 첫째, 시가체가 원작이고 이야기체는 시가체에서 파생된 것이다(Halpern, Pressler). 드보라의 노래는 매우 오래된 형태의 문법, 단어와 철자법을 지니고 있으며 많은 학자는 이 노래를 출애굽기 15장과 함께 성경에 기록된 가장 오래된 히브리어 시로 취급한다. 이 시를 드보라의 리더십에 초점을 두고 설화로 강해해 놓은 것이 바로 이야기체 버전인 4장이다. 그러므로 4장은 5장이 말하지 않는 세부 사항과 정확한 해석에 필요한 표현을 오래된 기억과 유래를 더듬어가며 추가해, 노래보다 더 현실감 있는 사건 묘사를 제시하고 있다. 둘째, 많지는 않지만 일부 학자들은 이야기체인 4장이 원작이고 이 설화에서 파생된 것이 5장의 노래라는 입장을 표명한다(Caquot). 노래와 설화가 보이고 있는 차이는 창의적인 역사 왜곡으로 간주한다. 셋째, 두 종류의 기록은 이스라엘에 존재했던 두 개의 독립적인 서술을 반영한 것이다(Lindars, Richter). 설화보다 노래가 더 오래되기는 했지만, 두 기록은 서로 다른 구전(口傳)에서 비롯된 전승이다(Bal, Lindars). 넷째, 설화가와 시인은 같은 출처를 바탕으로 자신들의 글을 썼다(Sternberg, Alter). 물론 그 출처는 문서화된 출처가 아니라 입을 통해 전해 내려오던 구전(口傳)일 수 있다. 그러므로 4장과 5장의 차이는 사용된 장르의 차이에서 유래된 불가피한 것이다(Malamat). 다섯째, 4장과 5장의 순서적 관계를 논의하는 것은 추론에 불과하며, 사사기의 문학적 정황에서 두 기록은 같은 사건을 조명하는 데 있어서 상호 보완(complementary) 역할을 한다(Brenner, Fewell & Gunn, Younger, McCann). 이런 주장을 제기하는 사람도 나름대로 본 텍스트의 유래에 관심을 가지고 있지만, 이슈를 논하는 것이 가설적이고 소모적일 뿐 텍스트의 기능을 이해하는 데는 별 도움이 되지 않는다고 생각한다. 그러므로 그들은 이 설화와 노래의 문학적 기능에 초점을 맞추어 메시지를 이해하고자 한다. 여러 가지를 감안할 때, 다섯 번째 관점이 가장 설득력 있고 현실감 있는 접근이다. 먼저 4장과 5장의 내용을 평행적으로 나열하여 서로 어떤 부분에서 겹치고 보충하고 있는지 쉽게 파악할 수 있다(Block).

설화(4장)	노래(5장)
	1 이날에 드보라와 아비노암의 아들 바락이 노래하여 이르되 2 이스라엘의 영솔자들이 영솔하였고 백성이 즐거이 헌신하였으니 여호와를 찬송하라 3 너희 왕들아 들으라 통치자들아 귀를 기울이라 나 곧 내가 여호와를 노래할 것이요 이스라엘의 하나님 여호와를 찬송하리로다 4 여호와여 주께서 세일에서부터 나오시고 에돔 들에서부터 진행하실 때에 땅이 진동하고 하늘이 물을 내리고 구름도 물을 내렸나이다 5 산들이 여호와 앞에서 진동하니 저 시내 산도 이스라엘의 하나님 여호와 앞에서 진동하였도다
1 에훗이 죽으니 이스라엘 자손이 또 여호와의 목전에 악을 행하매 2 여호와께서 하솔에서 통치하는 가나안 왕 야빈의 손에 그들을 파셨으니 그의 군대 장관은 하로셋 학고임에 거주하는 시스라요 3 야빈 왕은 철 병거 구백 대가 있어 이십 년 동안 이스라엘 자손을 심히 학대했으므로 이스라엘 자손이 여호와께 부르짖었더라	6 아낫의 아들 삼갈의 날에 또는 야엘의 날에는 대로가 비었고 길의 행인들은 오솔길로 다녔도다 7 이스라엘에는 마을 사람들이 그쳤으니
4 그 때에 랍비돗의 아내 여선지자 드보라가 이스라엘의 사사가 되었는데 5 그는 에브라임 산지 라마와 벧엘 사이 드보라의 종려나무 아래에 거주하였고 이스라엘 자손은 그에게 나아가 재판을 받더라	나 드보라가 일어나 이스라엘의 어머니가 되기까지 그쳤도다 8 무리가 새 신들을 택하였으므로 그 때에 전쟁이 성문에 이르렀으나 이스라엘의 사만 명 중에 방패와 창이 보였던가
	9 내 마음이 이스라엘의 방백을 사모함은 그들이 백성 중에서 즐거이 헌신하였음이라 여호와를 찬송하라 10 흰 나귀를 탄 자들, 양탄자에 앉은 자들, 길에 행하는 자들아 전파할지어다 11 활 쏘는 자들의 소리로부터 멀리 떨어진 물 긷는 곳에서도 여호와의 공의로우신 일을 전하라 이스라엘에서 마을 사람들을 위한 의로우신 일을 노래하라 그 때에 여호와의 백성이 성문에 내려갔도다
6 드보라가 사람을 보내어 아비노암의 아들 바락을 납달리 게데스에서 불러다가 그에게	

이르되 이스라엘의 하나님 여호와께서 이 같이 명령하지 아니하셨느냐 너는 납달리 자손과 스불론 자손 만 명을 거느리고 다볼 산으로 가라 7 내가 야빈의 군대 장관 시스라와 그의 병 거들과 그의 무리를 기손 강으로 이끌어 네 게 이르게 하고 그를 네 손에 넘겨 주리라 하셨느니라 8 바락이 그에게 이르되 만일 당신이 나와 함께 가면 내가 가려니와 만일 당신이 나와 함께 가지 아니하면 나도 가지 아니하겠노 라 하니 9 이르되 내가 반드시 너와 함께 가리라 그 러나 네가 이번에 가는 길에서는 영광을 얻 지 못하리니 이는 여호와께서 시스라를 여 인의 손에 파실것임이니라 하고	
드보라가 일어나 바락과 함께 게데스로 가 니라 10 바락이 스불론과 납달리를 게데스로 부 르니 만 명이 그를 따라 올라가고 드보라도 그와 함께 올라가니라	12 깰지어다 깰지어다 드보라여 깰지어다 깰지어다 너는 노래할지어다 일어날지어다 바락이여 아비노암의 아들이여 네가 사로 잡은 자를 끌고 갈지어다 13 그 때에 남은 귀인과 백성이 내려왔고 여 호와께서 나를 위하여 용사를 치시려고 내 려오셨도다 14 에브라임에게서 나온 자들은 아말렉에 뿌 리 박힌 자들이요 베냐민은 백성들 중에서 너를 따르는 자들이요 마길에게서는 명령하 는 자들이 내려왔고 스불론에게서는 대장군 의 지팡이를 잡은 자들이 내려왔도다 15 잇사갈의 방백들이 드보라와 함께 하니 잇사갈과 같이 바락도 그의 뒤를 따라 골짜 기로 달려 내려가니 르우벤 시냇가에서 큰 결심이 있었도다 16 네가 양의 우리 가운데 앉아서 목자의 피 리 부는 소리를 들음은 어찌 됨이냐 르우벤 시냇가에서 큰 결심이 있었도다 17 길르앗은 요단 강 저쪽에 거주하며 단은 배에 머무름이 어찌됨이냐 아셀은 해변에 앉으며 자기 항만에 거주하도다 18 스불론은 죽음을 무릅쓰고 목숨을 아끼 지 아니한 백성이요 납달리도 들의 높은 곳 에서 그러하도다

11 모세의 장인 호밥의 자손 중 겐 사람 헤벨이 떠나 게데스에 가까운 사아난님 상수리나무 곁에 이르러 장막을 쳤더라 12 아비노암의 아들 바락이 다볼 산에 오른 것을 사람들이 시스라에게 알리매 13 시스라가 모든 병거 곧 철 병거 구백 대와 자기와 함께 있는 모든 백성을 하로셋학고임에서부터 기손 강으로 모은지라	
14 드보라가 바락에게 이르되 일어나라 이는 여호와께서 시스라를 네 손에 넘겨 주신 날이라 여호와께서 너에 앞서 나가지 아니하시느냐 하는지라 이에 바락이 만 명을 거느리고 다볼 산에서 내려가니	19 왕들이 와서 싸울 때에 가나안 왕들이 므깃도 물 가 다아낙에서 싸웠으나 은을 탈취하지 못하였도다
15 여호와께서 바락 앞에서 시스라와 그의 모든 병거와 그의 온 군대를 칼날로 혼란에 빠지게 하시매 시스라가 병거에서 내려 걸어서 도망한지라	20 별들이 하늘에서부터 싸우되 그들이 다니는 길에서 시스라와 싸웠도다 21 기손 강은 그 무리를 표류시켰으니 이 기손 강은 옛 강이라 내 영혼아 네가 힘 있는 지를 밟았도다 22 그 때에 군마가 빨리 달리니 말굽 소리가 땅을 울리도다
16 바락이 그의 병거들과 군대를 추격하여 하로셋학고임에 이르니 시스라의 온 군대가 다 칼에 엎드러졌고 한 사람도 남은 자가 없었더라	23 여호와의 사자의 말씀에 메로스를 저주하라 너희가 거듭거듭 그 주민들을 저주할 것은 그들이 와서 여호와를 돕지 아니하며 여호와를 도와 용사를 치지 아니함이니라 하시도다
17 시스라가 걸어서 도망하여 겐 사람 헤벨의 아내 야엘의 장막에 이르렀으니 이는 하솔 왕 야빈과 겐 사람 헤벨의 집 사이에는 화평이 있음이라	
18 야엘이 나가 시스라를 영접하며 그에게 말하되 나의 주여 들어오소서 내게로 들어오시고 두려워하지 마소서 하매 그가 그 장막에 들어가니 야엘이 이불로 그를 덮으니라	24 겐 사람 헤벨의 아내 야엘은 다른 여인들보다 복을 받을 것이니 장막에 있는 여인들보다 더욱 복을 받을 것이로다
19 시스라가 그에게 말하되 청하노니 내게 물을 조금 마시게 하라 내가 목이 마르다 하매 우유 부대를 열어 그에게 마시게 하고 그를 덮으니	25 시스라가 물을 구하매 우유를 주되 곧 엉긴 우유를 귀한 그릇에 담아 주었고
20 그가 또 이르되 장막 문에 섰다가 만일 사람이 와서 네게 묻기를 여기 어떤 사람이 있느냐 하거든 너는 없다 하라 하고	

[21] 그가 깊이 잠드니 헤벨의 아내 야엘이 장막 말뚝을 가지고 손에 방망이를 들고 그에게로 가만히 가서 말뚝을 그의 관자놀이에 박으매 말뚝이 꿰뚫고 땅에 박히니 그가 기절하여 죽으니라	[26] 손으로 장막 말뚝을 잡으며 오른손에 일꾼들의 방망이를 들고 시스라를 쳐서 머리를 뚫되 곧 그의 관자놀이를 꿰뚫었도다 [27] 그가 그의 발 앞에 꾸부러지며 엎드러지고 쓰러졌고 그의 발 앞에 꾸부러져 엎드러져서 그 꾸부러진 곳에 엎드러져 죽었도다
[22] 바락이 시스라를 추격할 때에 야엘이 나가서 그를 맞아 그에게 이르되 오라 네가 찾는 그 사람을 내가 네게 보이리라 하매 바락이 그에게 들어가 보니 시스라가 엎드러져 죽었고 말뚝이 그의 관자놀이에 박혔더라	[28] 시스라의 어머니가 창문을 통하여 바라보며 창살을 통하여 부르짖기를 그의 병거가 어찌하여 더디 오는가 그의 병거들의 걸음이 어찌하여 늦어지는가 하매 [29] 그의 지혜로운 시녀들이 대답하였겠고 그도 스스로 대답하기를 [30] 그들이 어찌 노략물을 얻지 못하였으랴 그것을 나누지 못하였으랴 사람마다 한두 처녀를 얻었으리로다 시스라는 채색 옷을 노략하였으리니 그것은 수 놓은 채색 옷이리로다 곧 양편에 수 놓은 채색 옷이리니 노략한 자의 목에 꾸미리로다 하였으리라
	[31] 여호와여 주의 원수들은 다 이와 같이 망하게 하시고 주를 사랑하는 자들은 해가 힘 있게 돋음 같게 하시옵소서 하니라
[23] 이와 같이 이 날에 하나님이 가나안 왕 야빈을 이스라엘 자손 앞에 굴복하게 하신지라 [24] 이스라엘 자손의 손이 가나안 왕 야빈을 점점 더 눌러서 마침내 가나안 왕 야빈을 진멸하였더라	
[5:31] 그 땅이 사십 년 동안 평온하였더라	

위와 같이 설화(4장)와 노래(5장)를 비교할 때, 두 본문이 강조하는 것이 확연히 드러난다(Olson). 설화 형식의 성경 본문은 (1) 온 이스라엘의 축제 분위기를 전혀 반영하고 있지 않으며(5:1-3), (2) 하나님의 현현에 대한 언급이 없으며(5:4-5), (3) 이스라엘 군인에 대한 찬양이 없고(5:9-11), (4) 이 전쟁에 어느 지파가 참여하고 참여하지 않았는가에 대한 회고가 없으며(5:13-18), (5) 저주에 대한 언급이 없다(5:23). 반면 시가체 형식의 성경 본문은 (1) 가나안 왕 야빈에 대해 언급하지 않으며(4:2),

(2) 전쟁이 시작되기 전 드보라의 사역에 대해 침묵하며(4:4-5), (3) 드보라가 바락을 부른 것을 회고하지 않으며(4:6-9), (4) 야엘의 남편 헤벨과 가나안 사람의 관계에 대한 정보를 제공하지 않으며(4:11), (5) 드보라가 전쟁에서 어떤 역할을 했는가를 밝히지 않으며(4:14), (6) 바락이 시스라의 패잔병을 쫓은 일과 시스라가 어떻게 야엘에게 가게 되었는가에 대한 설명(4:15-17) 등이 없다. 이런 정황을 감안할 때, 이미 언급한 것처럼 두 이야기는 같은 역사적 사건에 대해 상호 보충하는 것으로 이해하는 것이 가장 바람직해 보인다.

II. 본론: 거듭되는 고난과 해방(3:7-16:31)
D. 드보라와 바락 대 가나안(4:1-5:31)

1. 이야기체: 드보라의 승리(4:1-24)

드보라의 승리에 대해 내러티브로 회고하는 이 단락은 학자들에 의해 매우 짜임새 있고 통일성을 지니고 있는 텍스트로 간주된다(Amit). 단락을 시작하는 4:1-3과 마무리하는 4:23-24는 같은 내용을 반복해 일종의 괄호를 형성하며 중앙의 이야기를 감싸고 있다. 중앙에 있는 이야기(4:4-22)는 다음과 같이 두 부분으로 구분한다. (1) 드보라와 바락이 시스라를 물리침(4:4-16), (2) 야엘이 시스라를 죽임(4:17-22). 더 나아가 첫 번째 단락(4:4-16)은 (a) 드보라와 바락이 전쟁하러 올라감(4:4-10)과 (b) 드보라와 바락이 전쟁에서 승리함(4:11-16)으로 나눈다. 두 번째 단락(4:17-22)은 (a) 야엘이 전쟁의 가장 큰 영광을 차지함(4:17-21)과 (b) 야엘이 바락에게 시스라의 시체를 보여줌(4:22)으로 나눌 수 있다. 그러므로 다음과 같은 구조 분석이 가능하다.

A. 서론(4:1-3)

B. 드보라와 바락이 시스라를 물리침(4:4-16)

a. 드보라와 바락이 전쟁하러 올라감(4:4-10)

b. 드보라와 바락이 전쟁에서 승리함(4:11-16)

B′. 야엘이 시스라를 죽임(4:17-22)

a. 야엘이 전쟁의 가장 큰 영광을 차지함(4:17-21)

b. 야엘이 바락에게 시스라의 시체를 보여줌(4:22)

A′. 결론(4:23-24)

II. 본론: 거듭되는 고난과 해방(3:7-16:31) D. 드보라와 바락 대 가나안(4:1-5:31) 1. 이야기체: 드보라의 승리(4:1-24)

(1) 서론(4:1-3)

[1] 에훗이 죽으니 이스라엘 자손이 또 여호와의 목전에 악을 행하매 [2] 여호와께서 하솔에서 통치하는 가나안 왕 야빈의 손에 그들을 파셨으니 그의 군대 장관은 하로셋 학고임에 거주하는 시스라요 [3] 야빈 왕은 철 병거 구백 대가 있어 이십 년 동안 이스라엘 자손을 심히 학대했으므로 이스라엘 자손이 여호와께 부르짖었더라

이스라엘 자손이 다시 "여호와 목전에 악을 행했다"(הָרַע בְּעֵינֵי יְהוָה, 1절). 이 표현은 모압 왕 에글론과 에훗 이야기를 시작하는 것(3:12)과 동일하다. 저자는 강조하고자 하는 '반복되는 역사'의 한 단면을 이 표현의 반복적인 사용으로 보여주고 있다(2:11; 3:7; 6:1; 10:6). 이스라엘 사람이 이런 일을 주저하지 않고 한 것은 하나님의 가치와 기준에 대해 무지(無知)해서였든지 아니면 자신들이 보기에는 좋은 일이라고 생각해서였을 것이다. 사사기의 중심 주제 중 하나가 하나님의 관점과 인간 관점의 대립이다. 하나님이 이미 이방인 통치자의 손에 고통받던 이스라엘을 위해 몇 차례나 그들의 역사에 개입하여 구원을 베푸셨지만,

하나님의 은총이 근본적인 가치관과 이방인의 풍습을 열망하는 병든 마음을 완전히 치유하지는 못했던 것이다.

분노하신 하나님은 하솔을 다스리는 가나안 왕 야빈의 손에 이스라엘을 넘기셨다(2절). 당시 가나안 지역에는 각 성을 중심으로 한 여러 도시 국가가 있었는데, 야빈은 하솔이라는 도시 국가의 왕이었다. 그는 철 병거 900대를 가진 자였으며, 20년 동안 이스라엘을 심하게 억압했다. 고대 사회에서 철 병거는 적의 진이나 방어벽을 무너뜨리는 등 최전선에서 공격 무기로 사용된 것이 아니라 주로 도망하는 적을 쫓아가 죽이는 일에 사용되었다(Younger). 그러므로 병거는 가나안 지역 전쟁에서는 효율적인 무기가 되지 못했을 뿐만 아니라, 거의 무용지물이라고 해도 과언이 아니다. 병거가 제 역할을 하려면 전쟁이 병거가 잘 달릴 수 있는 평지에서 진행되어야 하는데, 가나안에는 이 같은 열린 공간이 별로 없었기 때문이다. 그렇다면 이스라엘이 병거 900대를 가진 야빈에게 억압당하는 것은 모압 왕 '뚱뚱이 에글론'에게 당하는 것만큼이나 어이없는 일이다. 이스라엘이 죄를 지어 하나님이 야빈의 손에 넘기셨기 때문에 빚어진 일이다. 이스라엘은 하나님께 등을 돌리고 우상을 숭배하여 다시 한번 '당하지 않아도 될 고통'을 당하게 된 것이다.

야빈은 지휘관 시스라를 통해 이스라엘을 지배하고 있었다. 야빈은 배경적인 인물일 뿐 실제 억압자는 그의 장군 시스라였던 것이다. 시스라(סִיסְרָא)는 셈족어 이름이 아니라 아나톨리아 사람의 이름이다(Soggin, Boling). 아마도 시스라는 가나안 왕 야빈이 고용한 용병이었을 가능성이 크다(Younger). 이스라엘이 가나안 왕에게 억압당하는 것도 모자라 타지에서 고용된 용병의 지배를 받고 있다. 모두 하나님께 등을 돌린 결과다. 야빈(יָבִין)의 이름을 문자적으로 풀이하면 '그가 이해하다'라는 뜻이다(HALOT). 그러나 그는 이스라엘을 지배하게 된 이유가 주의 백성의 죄 때문이라는 것을 '이해하지 못하고' 자신이 잘나서인 줄 알았다. 사사기에서 자주 사용되는 '어두운 유머'가 다시 한번 사용되고 있는데, 자신의 위치를 '이해하지 못한' 야빈('이해하는 자')은 이스라엘을 혹독하게 억압했다(3절).

하솔의 왕 야빈에 대한 언급이 여호수아 11:1-15에서도 발견된다. 여호수아는 야빈이 주도한 대항 세력을 물리치고 주동자였던 야빈의 성 하솔 거주민을 모두 죽이고 성을 불태워 진멸했다(수 11:11). 성 이름이 같고 왕의 이름이 같다 하여 본문에 기록된 사건이 여호수아서의 사건을 재인용한 것이라고 주장하는 사람도 있다(Pressler). 그러나 지금까지 발굴된 자료에 의하면 야빈은 바로 아비멜렉처럼 통치 이름(throne name)이었으며 이 이름으로 불린 왕이 여럿 있었다(Malamat, McCann). 그러므로 여호수아 11장의 야빈과 본문의 야빈을 다른 사람으로 간주해야 한다.

야빈의 이름은 별 어려움을 더하지 않지만, 그가 다스리던 하솔은 어려운 문제를 제기한다. 하솔은 갈릴리 북쪽의 성읍 중 으뜸이었다(수 11:10). 여호수아서에 의하면 도시 주민이 진멸당하고 성읍이 불태워진 데는 가나안 북쪽 지역에서 하솔이 차지하고 있던 위치가 한몫했다. 하솔은 여호수아가 정복해 파괴하기 전까지 약 500년 동안 이 지역의 정치적 중심지였다(Yadin). 여호수아가 이 성을 진멸시킨 후 솔로몬이 이 지역의 주요 요새로 재건할 때까지 하솔은 폐허로 남아있었다는 것이 일반적인 고고학자의 견해다.

그렇다면 어떻게 이 도시의 왕이 드보라 시대 때 이스라엘을 억압할 수 있었을까? 일부 학자들은 야빈과 하솔에 대한 언급이 2절과 17절로 제한되어 있다는 점과 이 이야기의 지형적인 정황과 하솔이 잘 맞지 않는다고 하여 시스라를 중심으로 이미 완성된 이야기에 누군가 임의로 하솔과 야빈에 대한 언급을 삽입한 것이라고 한다(de Vaux, Malamat, Pressler). 그러나 이런 주장을 입증할 만한 자료는 없다. 한 가지 가능한 해석은 여호수아가 이 성을 정복했을 때 왕족을 중심으로 한 일부가 도피했다가 자신들과 하솔의 연관성 때문에 훗날 돌아와 도시 국가를 재건했다는 가정(假定)이다. 이스라엘의 하솔 지역 정복이 오래 가지 못했던 것이다(Boda). 옛 하솔 주민은 세력을 구축해 드보라 시대 때 이스라엘을 지배할 정도로 강국이 되었지만, 그들의 하솔 거주가 오래 지속되지는 못하여 이렇다 할 고고학적인 자료를 남기지 못하고 망했다(Block). 그래서 고고학자들이 하솔에서 이 당시의 유물을 별로 찾지 못하는 것이다.

야빈은 시스라를 통해 이스라엘을 통치했다. 시스라(סִיסְרָא)는 가나안 사람의 이름이 아니다. 그는 삼갈(3:31)처럼 헷 족속, 후리아 사람, 혹은 해적 출신 용병이었을 가능성이 크다(Albright, de Vaux, Soggin). 개역과 새번역이 '이방인의 땅 하로셋'으로 번역하고 있는 문구(חֲרֹשֶׁת הַגּוֹיִם)도 해석하기가 쉽지 않다. 대부분 번역본이 이 문구를 고유명사로 간주해 '하로셋 학고임'(Harosheth Haggoyim)이라는 지역 이름으로 표기하고 있다(개역개정, 공동번역, NIV, NAS, NRS, TNK). 문제는 성경 안에서 이 이름이 다시 등장하지 않으며, 아직까지 이런 이름을 지닌 성읍이 발견되지 않았다는 점이다. 일부 학자는 하로셋(חֲרֹשֶׁת)이 '이 울창한 지역'을 뜻하는 것으로 해석한다(Boling, Boda). 그러나 이야기 속에 900개의 철 병거가 언급되는 것이 이런 해석을 어렵게 한다. 왜냐하면 병거는 평지에서나 유용한 전쟁 무기이지 산악 지대에서는 별 효력을 발휘하지 못하기 때문이다. 그래서 다소 어려움이 있기는 하지만, 일부 주석가는 이 문구의 뜻을 '이방인의 경작 농지'라고 풀이한다(Block). 한 가지 확실한 것은 이 이야기가 갈릴리 호수 근처에서 진행되고 있다는 점이다.

20년 동안 야빈의 억압을 받은 이스라엘이 하나님께 울부짖었다(3절). 20년이면 지금까지 당한 이방인의 억압 중에 가장 긴 기간이다. 게다가 억압의 정도도 '매우 심했다'(לָחַץ בְּחָזְקָה)라고 한다. 저자는 이런 정황에 야빈이 철 병거 900개를 가지고 있었다는 정보를 추가하여 이스라엘이 매우 심각한 곤경에 빠져 있음을 강조한다. 야빈의 철 병거는 매우 튼튼하게 만들어진 특별한 것이었다(Boling). 곤경에 빠진 이스라엘이 하나님께 울부짖는 것은 당연한 일이다. 그 길밖에는 소망이 없지 않은가? 주의 백성이 이방인의 혹독한 억압 때문에 하나님께 울부짖는 것은 마치 출애굽 사건을 연상시키는 듯하다. 시스라의 철 병거 또한 이스라엘을 추격해오던 바로의 병거들을 회상케 한다(McCann, cf. 출 14:23-28).

II. 본론: 거듭되는 고난과 해방(3:7-16:31)
D. 드보라와 바락 대 가나안(4:1-5:31)
1. 이야기체: 드보라의 승리(4:1-24)

(2) 드보라와 바락이 시스라를 물리침(4:4-16)

이 단락은 어떻게 이스라엘이 20년 동안 가나안 왕 야빈의 지배를 받다가 드디어 드보라와 바락을 통해 해방이 되었는가를 묘사한다. 바락은 하나님의 명령을 받고 주저하다가 전쟁의 가장 중요한 영광인 적장을 죽이는 일을 야엘이라는 이방인 여인에게 빼앗긴다. 본문은 다음과 같이 두 부분으로 구분할 수 있다.

A. 드보라와 바락이 전쟁하러 올라감(4:4-10)
B. 드보라와 바락이 전쟁에서 승리함(4:11-16)

II. 본론: 거듭되는 고난과 해방(3:7–16:31)
D. 드보라와 바락 대 가나안(4:1–5:31)
1. 이야기체: 드보라의 승리(4:1–24)
(2) 드보라와 바락이 시스라를 물리침(4:4–16)

a. 드보라와 바락이 전쟁하러 올라감(4:4–10)

4 그 때에 랍비돗의 아내 여선지자 드보라가 이스라엘의 사사가 되었는데
5 그는 에브라임 산지 라마와 벧엘 사이 드보라의 종려나무 아래에 거주하였
고 이스라엘 자손은 그에게 나아가 재판을 받더라 6 드보라가 사람을 보내어
아비노암의 아들 바락을 납달리 게데스에서 불러다가 그에게 이르되 이스라
엘의 하나님 여호와께서 이같이 명령하지 아니하셨느냐 너는 납달리 자손과
스불론 자손 만 명을 거느리고 다볼 산으로 가라 7 내가 야빈의 군대 장관
시스라와 그의 병거들과 그의 무리를 기손 강으로 이끌어 네게 이르게 하고
그를 네 손에 넘겨 주리라 하셨느니라 8 바락이 그에게 이르되 만일 당신이
나와 함께 가면 내가 가려니와 만일 당신이 나와 함께 가지 아니하면 나도
가지 아니하겠노라 하니 9 이르되 내가 반드시 너와 함께 가리라 그러나 네
가 이번에 가는 길에서는 영광을 얻지 못하리니 이는 여호와께서 시스라를
여인의 손에 파실 것임이니라 하고 드보라가 일어나 바락과 함께 게데스로
가니라 10 바락이 스불론과 납달리를 게데스로 부르니 만 명이 그를 따라 올
라가고 드보라도 그와 함께 올라가니라

하나님이 울부짖는 이스라엘을 위한 구원자를 세우셨다(3:9, 15)는 말은 없지만, 이 일을 위해 바락이 부르심을 받았다(6절). 여선지자 드보라가 바락을 하나님이 세우신 구원자로 지명했을 때, 그녀는 이미 이스라엘에서 사사로 활동하고 있었다(4–5절). 드보라는 에브라임의 산간 지방인 라마와 벧엘 사이에 있는 '드보라의 종려나무'(תֹּמֶר דְּבוֹרָה) 아래에 앉아 있으면서 이스라엘 자손에게 판결을 해주었다고 한다. 책의 처음 독자는 '드보라의 종려나무'가 무엇을 의미하는지 대번에 알아들을 정도로 그녀의 사사 사역은 널리 알려져 있었다.

드보라(דְּבוֹרָה)는 '벌/꿀벌'이란 문자적인 의미를 지닌 이름이며 이삭의 아내 리브가의 유모도 이 이름으로 불렸다(창 35:8). 저자는 드보라가 '랍비돗의 아내'(אֵשֶׁת לַפִּידוֹת)였다고 한다(4절). 일부 주석가는 랍비돗(לַפִּידוֹת)이 '횃불들'이라는 뜻을 지닌 여성 명사라는 점에 근거해 이 문구를 '랍비돗의 아내'가 아니라 '불 같은 여인'으로 해석해야 한다고 한다(Schneider, cf. NEB). 바락(בָּרָק)의 이름이 '천둥/벼락'이라고 풀이되는 것에 근거해 바락과 드보라(viz., '천둥'과 '불 같은 여인')를 부부로 보는 사람도 있다(Boling, cf. Schneider). 그러나 이런 추측보다는 전통적인 견해에 따라 그녀를 '랍비돗이란 남자의 아내'로 이해하는 것이 무난하다(NAS, NIV, NRS, TNK). 이 이야기를 듣던 이스라엘 사람은 그녀가 랍비돗이란 한 남자의 아내였으며 동시에 매우 불 같은 여인이었다는 점을 놓치지 않았을 것이다(Pressler).

드보라는 여선지자(אִשָּׁה נְבִיאָה)였다고 한다(4절). 이런 문법적 구조는 두 명사(여인, 선지자)를 동격(apposition)으로 두는 표현으로 드보라의 성(性)을 확고히 강조한다(GKC §131b). 우리말로 번역하면, '여자, 여선지자' 혹은 '여자이자 여선지자'이며 성경에서 이 표현은 이곳에 한 번만 등장한다. '선지자'(נָבִיא)라는 단어의 유래는 확실하지 않지만 대체로 '선포자, [신의] 대변자, 혹은 [신께] 부르짖는 자'로 이해된다(Fleming, THAT, cf. HALOT). 고대 근동의 여러 종교에서 여선지자의 활동은 이스라엘이 나라로 출범하기 이미 오래전부터 일상화되어 있었다(Pressler). 여선지자로서 드보라는 당시 이스라엘의 그 누구도 누리지 못했던 하나님과의 특별한 관계를 누리고 있었다.

드보라가 이스라엘에서 여 사사(שֹׁפְטָה)로 활동했다는 점도 예사롭지 않다(4절). 그녀는 단순히 이스라엘을 원수의 손에서 해방시킨 구원자가 아니라 재판관 역할을 했던 사사였다(5절). 아마도 여선지자였다는 것이 이런 일을 가능하게 했을 것이다(Spronk). 선지자이자 사사인 드보라에 대한 정보는 남자를 중심으로 형성된 고대 근동의 사회 정서에 매우 예외적인 것으로 독자를 놀라게 한다(Pressler). 또한 지금까지 언급된 사사 중 누구도 드보라처럼 재판관 역할을 한 사람이 없었다. 드보라의 재판관 역할은 사사기 안에서도 매우 독특한 위치를 차지하며 그녀가 이스라엘을 다스렸다는 의미로 해석해야 한다(Block, Younger, cf. Soggin). 더 나아가 저자는 마치 드보라의 다스림이 매우 당연하고 자연스러운 일처럼 묘사한다. 드보라의 행보를 이렇게 묘사하는 데는 몇 가지 중요한 이유가 있다. 첫째, 드보라와 시스라를 대조하고자 한다(Block). 시스라는 하로셋 학고임에 거하는 자(יוֹשֵׁב)(qal., act., part., masc., sing., abs.)였다(2절). 드보라는 '드보라의 종려나무' 아래서 재판관의 자리에 앉아 있던 여인(יוֹשֶׁבֶת)(qal., act., part., fem., sing., abs.)이었다. 드보라는 곧 시스라의 이스라엘 대응자(counterpart)였던 것이다. 그렇다면 당시 이스라엘은 한 사람이 아닌 두 사람의 지배를 받고 있다. 그러므로 이런 대조는 머지않아 펼쳐질 두 사람의 필연적인 갈등을 예고하는 듯하다.

둘째, 저자가 드보라를 다른 사사와 전혀 다르게 묘사하는 것은 사사기의 전반적인 흐름에 저촉받지 않는 그녀의 독특한 위치와 역할을 강조하기 위해서다(Block). 시간이 흐르면서 이스라엘의 영적·정치적 상황이 급속히 악화되며 하향 곡선을 그렸다는 것이 사사기 저자의 전반적인 논지다. 또한 하나님이 구원자로 세우신 사사마저 흠이 많은 사람이었다. 특히 드보라의 뒤를 잇는 기드온, 입다, 삼손 등은 구원자라기보다 그들 자체가 이스라엘이 처하게 될 많은 문제를 제공하는 자들(anti–heroes)이었다(Brettler). 이런 정황에서 드보라는 처음부터 끝까지 긍정적이고 완벽한 사사로 제시되며(Olson), 그녀를 묘사하는 과정에서 드보라에 대한 어떤 부정적 요소도 제공하지 않는다. 드보라는 사사기의 정서에 역행하는 매우 독보적인 존재였다(Boling).

셋째, 비록 드보라가 바락의 불신 때문에 이스라엘의 해방 전쟁에 직접 관여하게 되지만, 그녀의 근본 역할은 하나님 말씀을 대언하는 것이지 직접 군사를 이끌고 나가서 이스라엘을 구원하는 전쟁을 하는 일이 아니었다. 선지자로서 드보라는 백성의 울부짖음에 대한 하나님의 반응을 이스라엘에게 전달하는 역할을 맡았지만 해결책은 아니었다(Block). 이스라엘의 울부짖음에 대한 하나님의 해결책은 바락이었다. 그러므로 훗날 이스라엘의 구원자 목록에 바락은 포함되고 드보라는 언급되지 않는다(삼상 12:9-11; 히 11:32).

백성이 신음 속에서 울부짖자 하나님은 여선지자 드보라를 통해 이스라엘 구원자를 세우셨다. 그의 이름은 바락으로 납달리 지파 땅 게데스에 거주하던 아비노암의 아들이었다(6절). 드보라는 사람을 보내어 게데스에 살던 바락을 불러와 하나님의 말씀을 전했다. 야빈이 다스리는 하솔은 드보라가 살며 사역하던 '드보라의 종려나무'가 있던 벧엘과 아이에서 상대적으로 멀리 떨어져 있는 곳이었다. 반면 바락이 살던 게데스에서는 가까운 곳이었다. 그러므로 이 지역의 구원이 가까운 곳이 아닌 먼 곳에 사는 사람에게서부터 시작된다는 것이 일종의 역설을 형성하고 있다(Younger).

게데스(קֶדֶשׁ)는 '성소'라는 뜻을 지닌 상대적으로 흔한 지역 이름이었다. 학자들은 이 게데스가 다볼 산(6절; cf. 11절) 근처에 있는 갈릴리 호수 남쪽 끝에서 서쪽으로 2㎞ 정도 떨어진 곳에 있는 키르벳게데스(Khirbet Qedish)라고 생각한다(Boling, Boda). 그러나 일부 학자는 갈릴리 북쪽 지역에 있는 훌레 호수(Lake Huleh) 위에 위치한 텔가데스(Tell Qadesh)라고 하기도 한다(Wiseman, Soggin, Halpern). 이 이야기에서 언급되는 이름이 이스르엘 계곡을 북쪽에서 내려다보는 다볼 산 근처 도시를 의미하는 것으로 보아 첫 번째 해석이 더 설득력이 있다(Boda). 여호수아가 이 성읍을 정복했으며(수 12:22), 레위 사람에게 주어진 도피성으로 지명했다(수 21:32). 이스라엘을 지배하고 있는 야빈의 성읍 하솔이 바락의 고향 게데스에서 별로 멀리 떨어져 있지 않다는 점은 바락에게 야빈을 대항해 더욱 열심히 싸우게 하는 추가적 요인이 될 수 있었다(Block).

드보라를 통해 바락에게 전달된 하나님의 명령은 명백했다. 납달리 지파와 스불론 지파에서 1만 명을 이끌고 다볼 산으로 가서 '진을 치라'(משך)라는 것이었다(6절). 많은 학자가 이 숫자를 실제 숫자가 아니라 많은 군인을 상징하는 상징적 숫자라고 생각한다(Boda, Olson). 일단 바락이 군사를 이끌고 다볼 산으로 이동하면 하나님이 야빈의 군지휘관 시스라와 그의 철 병거와 많은 군대를 기손 강가로 '끌어와'(משך) 바락의 손에 붙이실 것이다(7절). 다볼 산은 이스르엘 골짜기의 북동쪽 코너에 위치한 산으로서 해발 560m에 달하는 가파른 산이며 지역의 교통 요지이기도 하다(ABD). 하나님이 명령하시는 대로 바락이 군대를 이끌고 가서 진을 치고(משך) 기다리면 하나님이 적을 끌어와(משך) 바락의 손에 넘기실 것이라는 계략까지 알려 주셨다. 하나님은 바락에게 옷니엘에 버금가는 영광을(3:7–11) 안겨 주려고 하셨다(Younger). 그렇다면 바락의 입장에서 생각해보면 이 전쟁은 손으로 땅 짚고 헤엄치기다. 군대만 일으켜 다볼 산으로 가기만 하면 나머지는 하나님이 다 알아서 해주실 것이기 때문이다.

이 이야기에서 드보라는 선지자이자 재판관 역할을, 바락은 무력으로 이스라엘을 구원하는 군사 지도자 역할을 감당하는 등 역할 분담이 분명하다(Wong). 그러나 드보라를 통해 하나님이 승리를 보장하는 신탁을 받은 바락은 명령에 그대로 순종하는 것이 아니라 여선지자를 전쟁에 끌어들였다. "그대가 나와 함께 가면 나도 가겠지만, 그대가 나와 함께 가지 않으면 나도 가지 않겠소"(8절, 새번역). 하나님이 그에게 옷니엘에 버금가는 영광을 약속하셨지만, 바락은 옷니엘 같은 사람이 되지 못했을 뿐만 아니라 에훗에도 미치지 못하는 사람이었다(Younger). 바락의 반응은 겁쟁이라는 것을 암시하거나(Lindars, cf. McCann), 그녀의 인지도를 사용해 군대를 일으키려는 목적을 뜻할 수 있다(Pressler). 또한 바락이 드보라에게 이런 조건을 제시하는 것은 드보라가 여자이기 때문에(Fewell & Gunn) 혹은 성과 상관없이 단순히 그녀의 선지자의 권위를 의심하는 것으로 풀이될 수도 있지만(O'Connell), 하나님이 드보라와 함께하신다는 것을 확신하기에 그녀와 함께하여 하나님의 함께하심을 보장받으려는 노력으로 풀이될 수도 있다(Schneider, McCaan, Niditch). 바락이 전쟁이 진행되는 동안 드보라를 통해 끊임없는 하나님의 신탁을 받기 위해 이런 요구를 한 것으로 풀이될 수도 있다(Boling).[21] 그러나 드보라가 바락의 발언으로 전쟁의 영광을 여인에게 준다고 선언한 것은 바락의 이런 행동이 절대 긍정적으로는 평가될 수 없음을 전제한다. '벼락/천둥'이란 이름 뜻을 지닌 바락이 '횃불의 아내/불 같은 여자' 드보라의 도움 없이 빛을 발하지 못한다는 것이 다소 희극적이다(McCann).

바락의 조건을 들은 드보라는 원하는 대로 전쟁에 함께 가겠다고 했다. 여기서 드보라가 바락이 원하는 대로 그와 함께 갔다는 말을 9-10절에서 세 차례나 기록한다. 아울러 드보라는 바락이 직접 시스라를 죽이는 영광은 누리지 못할 것이라고 예언했다. 하나님이 그의 생명을 한 여인의 손에 넘기실 것이기 때문이었다(9절). 전쟁에서 가장 큰 영광은 적장을 죽이는 것이라고 생각했던 고대 근동의 정서를 감안하면 이 예언은 시스라에게 매우 수치스러운 일이었다. 어찌 되었든 이 시점까지 이야기 흐름은 시스라를 죽일 여인이 바로 드보라일 것이라는 기대감을 갖게 한다(Pressler, Block, Boda). 바락은 드보라와 함께 스불론과 납달리 지파에서 만 명의 군사를 일으켜 게데스로 올라갔다(10절).

21 칠십인역(LXX)은 8절에 "나는[바락] 어느 날 주님의 천사가 승리를 주실 것인가를 모르기 때문입니다"(ὅτι οὐκ οἶδα τὴν ἡμέραν, ἐν ᾗ εὐοδοῖ τὸν ἄγγελον κύριος μετ' ἐμοῦ)라는 말을 추가하여 이런 뉘앙스를 확실히 드러낸다.

II. 본론: 거듭되는 고난과 해방(3:7-16:31)
D. 드보라와 바락 대 가나안(4:1-5:31)
1. 이야기체: 드보라의 승리(4:1-24)
(2) 드보라와 바락이 시스라를 물리침(4:4-16)

b. 드보라와 바락이 전쟁에서 승리함(4:11-16)

**11 모세의 장인 호밥의 자손 중 겐 사람 헤벨이 자기 족속을 떠나 게데스에
가까운 사아난님 상수리나무 곁에 이르러 장막을 쳤더라 12 아비노암의 아
들 바락이 다볼 산에 오른 것을 사람들이 시스라에게 알리매 13 시스라가 모
든 병거 곧 철 병거 구백 대와 자기와 함께 있는 모든 백성을 하로셋학고임
에서부터 기손 강으로 모은지라 14 드보라가 바락에게 이르되 일어나라 이는
여호와께서 시스라를 네 손에 넘겨 주신 날이라 여호와께서 너에 앞서 나가
지 아니하시느냐 하는지라 이에 바락이 만 명을 거느리고 다볼 산에서 내려
가니 15 여호와께서 바락 앞에서 시스라와 그의 모든 병거와 그의 온 군대를
칼날로 혼란에 빠지게 하시매 시스라가 병거에서 내려 걸어서 도망한지라 16
바락이 그의 병거들과 군대를 추격하여 하로셋학고임에 이르니 시스라의 온
군대가 다 칼에 엎드러졌고 한 사람도 남은 자가 없었더라**

지금까지의 이야기 흐름을 감안하면, 바락의 승리는 신속하고 순식간에 임할 것이며 드보라가 시스라를 죽이는 영광을 차지할 것을 기대하게 한다(Younger). 그러나 유다 지파 자손과 함께 가나안 남쪽의 요충지 아랏을 취했던 겐 족(1:16)의 한 후손이 갑자기 이야기에 등장하며 사건은 전혀 예측하지 못한 쪽으로 전개된다. 겐 족은 모세의 장인이 속했던 족속이다. 성경은 모세의 장인 이름을 여러 개로 말한다. 이곳에서는 호밥(חֹבָב), 출애굽기 2:18에서는 르우엘, 출애굽기 18장에서는 이드로라고 한다. 이런 혼란을 어느 정도 해소하기 위해 NIV는 호밥을 모세의 장인이 아니라 '처남'(brother-in-law)이라고 하는데, 이는 히브리어 단어 '호텐'(חֹתֵן)의 정확한 번역이 아니다. 한 사람이 여러 이름

으로 불린다는 것이 다소 혼란스럽지만 호밥이 모세의 장인이라는 점을 그대로 유지해야 한다.

사사기 1:16에 의하면 겐 족은 가나안 남쪽에 있는 아랏 지역에 정착했다. 그러나 그들 중 헤벨(חֶבֶר)이란 자가 동족을 떠나 게데스 부근에 있는 사아난님 상수리나무 근처에 장막을 치고 살았다(11절). 헤벨(חֶבֶר)의 이름은 '동맹'(ally)으로 풀이될 수 있으며(McCann), 하솔 왕 야빈과 동맹을 맺은 사이라고 한다(17절). '사아난님'(צַעֲנַנִּים)이 고유명사인지 아니면 다른 의미를 지닌 단어인지, 헤벨이 텐트를 친 게데스가 정확히 어디에 있었는지에 대해 논란이 있지만(Soggins, Block), 이야기 진행에 별로 중요하지 않기에 이런 것에 대해 추가 정보를 제공하는 데 관심이 없다. 저자는 12절에서 이 정보를 제공한 다음 11절에서 잠시 멈추었던 이야기를 13절에서 계속 진행해 나간다. 겐 사람 헤벨이 게데스에 장막을 치고 살았다는 점이 잠시 후 이야기에 중요하게 작용할 것을 암시한다.

시스라는 바락이 대군을 이끌고 다볼 산으로 올라갔다는 소식을 듣고 곧장 조치를 취했다. 900대의 철 병거를 포함한 그의 전 병력을 그가 살던 하로셋학고임에서 기손 강가로 이동시킨 것이다(13절). 이미 언급한 것처럼 병거는 공격 무기라기보다 후퇴하는 적군을 도륙하는 무기라는 점을 감안할 때, 시스라는 별 어려움 없이 바락과 드보라의 군대를 상대로 대승을 거둘 것을 예상하고 있다.

기손 강(נַחַל קִישׁוֹן)은 이스르엘 계곡을 가로지르는 와디(wadi)로 므깃도 근처의 사마리아 북쪽 지역에서 시작해 북서쪽으로 흐르다가 갈멜 산 근처에서 지중해로 합류한다(ISBE). 시스라가 병거를 이끌고 기손 강 어귀 평지에 진을 친 것이 마치 자신의 전술에 따라 움직이는 것 같지만, 이미 7절에서 보았던 것처럼 하나님이 그를 바락의 손에 붙이기 위해 이곳으로 인도하신 것에 불과하다. 이 전쟁이 하나님이 계획하신 대로 진행될 것이며 시스라는 패할 것을 암시하는 것이다.

하나님이 말씀하신 대로 시스라가 기손 강가에 진을 치자 하나님이 약속하신 대로 일이 이루어질 것을 확신한 드보라가 바락에게 출전 명령을 내렸다. 드보라는 다시 한번 바락이 미지근한 반응을 보일 것을 염려해서 "여호와께서 너에 앞서 나가지 아니하시느냐?'(יְהוָה יָצָא לְפָנֶיךָ הֲלֹא, 14절)는 수사학적 질문으로 설득한다(Younger, O'Connell). 드보라에게 설득되었는지 이번에는 바락이 아무런 반론이나 조건도 제기하지 않고 순종했다(15절). '여호와께서 친히 그대 앞에 서서 싸우러 나가실 것'이라는 선지자의 말에 조건을 달 수 없었을 것이다. 바락이 만 명의 군대를 이끌고 시스라를 치자 훨씬 좋은 무기를 가지고 있었음에도 불구하고 시스라의 군대는 바락이 지휘하던 이스라엘 군대에게 완전히 패했다.

저자는 승리의 영광을 전적으로 여호와께 돌리고 있다. 개역한글과 새번역이 15절의 핵심 동사 '하맘'(הָמַם, 15절)을 '패하게 하다'라고 번역하여 의미가 잘 전달되고 있지 않지만, 이 동사의 근본 의미는 공동번역이 풀이하는 것처럼 '혼란에 빠뜨리다'이다(HALOT, cf. NRS, TNK). 이스라엘이 승리할 수 있었던 것은 하나님이 시스라의 병거와 군대를 바락 앞에서 혼란에 빠뜨리셨기 때문이다(Boda). 이스라엘이 홍해를 건널 때 그들을 뒤쫓던 바로의 병거들을 혼란에 빠뜨리셨던 것을 연상케 한다(Olson, cf. 출 14:24). 전쟁의 승패가 무기에 달려 있지 않고 여호와께 속했음을 보여주는 대목이다. 이스라엘의 성전(聖戰) 전승에서 가장 중요한 요소 중 하나가 바로 이곳에서 보여주는 것처럼 적이 혼란과 두려움에 휩싸이는 일이다(Pressler). 물론 하나님이 하시는 일이다. 그러므로 저자는 이 전쟁에서 바락의 역할을 최소화하고자 한다.

그날 하나님의 놀라운 능력을 목도한 시스라가 얼마나 절박했는지 타고 싸우던 병거에서 뛰어내려 도망쳤다(15절). 이미지의 대조를 상상해보라. 후퇴하는 적을 도륙하기 위해 철 병거를 타고 의기양양하게 위엄을 뽐내며 전쟁터에 등장한 자가 순식간에 그 병거를 오히려 부담스러워하며 버리고 걸어서 도망하고 있다! 그가 앞세울 수 있는 가장 위협적인 무기도 하나님이 직접 싸우시는 전쟁에서는 무용지물이었을 뿐만 아니라 오히려 살기 위해서는 버려야 하는 짐이 되었다. 전쟁을 지휘하던 장군이 무기를 버리고 도망했으니 부하들은 어떠했겠는가? 결국 시스라의 군대는 한 사람도 살아남지 못하고 모두 바락의 군대에 의해 죽임을 당했다(16절).

II. 본론: 거듭되는 고난과 해방(3:7-16:31) D. 드보라와 바락 대 가나안(4:1-5:31) 1. 이야기체: 드보라의 승리(4:1-24)

(3) 야엘이 시스라를 죽임(4:17-22)

하나님의 도우심으로 전쟁은 이스라엘의 대승으로 끝이 났다. 처음에 전쟁에 대해 확신이 없었던 바락은 열심히 싸웠다. 아마도 드보라의 말이 그로 하여금 최선을 다하게 했을 것이다. "일어나라 이는 여호와께서 시스라를 네 손에 넘겨주신 날이라 여호와께서 너에 앞서 나가지 아니하시느냐"(14절). 바락은 이 말을 자신이 최선을 다하면 적장 시스라를 죽이는 영광을 얻게 될 수 있음을 시사하는 것으로 이해했다(Younger). 그러나 이날의 영웅은 바락이 아니라 야엘이었다. 이 단락은 다음과 같이 두 부분으로 나눌 수 있다.

A. 야엘이 전쟁의 가장 큰 영광을 차지함(4:17-21)
B. 야엘이 바락에게 시스라의 시체를 보여줌(4:22)

a. 야엘이 전쟁의 가장 큰 영광을 차지함(4:17–21)

[17] 시스라가 걸어서 도망하여 겐 사람 헤벨의 아내 야엘의 장막에 이르렀으
니 이는 하솔 왕 야빈과 겐 사람 헤벨의 집 사이에는 화평이 있음이라 [18] 야
엘이 나가 시스라를 영접하며 그에게 말하되 나의 주여 들어오소서 내게로
들어오시고 두려워하지 마소서 하매 그가 그 장막에 들어가니 야엘이 이불
로 그를 덮으니라 [19] 시스라가 그에게 말하되 청하노니 내게 물을 조금 마시
게 하라 내가 목이 마르다 하매 우유 부대를 열어 그에게 마시게 하고 그를
덮으니 [20] 그가 또 이르되 장막 문에 섰다가 만일 사람이 와서 네게 묻기를
여기 어떤 사람이 있느냐 하거든 너는 없다 하라 하고 [21] 그가 깊이 잠드니
헤벨의 아내 야엘이 장막 말뚝을 가지고 손에 방망이를 들고 그에게로 가만
히 가서 말뚝을 그의 관자놀이에 박으매 말뚝이 꿰뚫고 땅에 박히니 그가
기절하여 죽으니라

전쟁은 이스라엘 사람의 완벽한 승리로 끝났고 시스라의 군대는 진멸당했지만(16절), 병거를 버리고 걸어 도망한 시스라 이야기는 이제부터 시작한다. 그가 도망가다가 이미 11절에서 언급한 겐 사람 헤벨의 아내 야엘의 장막으로 뛰어들었다(17절). 시스라가 헤벨의 집안에 몸을 맡긴 것은 상관 하솔의 왕 야빈과 헤벨이 동맹을 맺고 있었기 때문에 보호를 기대할 수 있어서였다. 두 집안 사이에 화평(שָׁלוֹם)이 있었다는 것은 동맹 관계가 체결되었음을 뜻한다(McCann, Niditch, cf. 공동). 그러나 이들의 관계가 우호적이기는 했지만 동맹 관계는 체결되지 않았다는 해석도 있다(Younger). 어찌 되었든 이런 정황에서 친절하고 아낌없는 대접을 매우 중요시 여겼던 근동 사회에서 두 집안이 동맹을 맺었다면 시스라가 보호받을 것을 기대한 것은 당연하다. 그러나 지금부터 이야기는 전혀 예측하지 못한 방향으로 전개된다.

야엘이 그녀의 장막을 찾은 시스라를 반갑게 맞아들여 마실 것을 주고 안심시킨 후 그가 잠이 들자 머리에 말뚝을 박아 죽인 것이다! 집을 찾은 객을 극진히 대접하는 것이 고대 근동의 풍습이자 가치관이었는데, 야엘이 전혀 의심을 품지 않은 시스라를 죽인 것에 대해 윤리적 문제를 제기하는 학자도 있다(Pressler, McCann). 이들에 의하면 야엘은 다음과 같이 여러 가지 윤리적 문제를 안고 있다(Jordan).

1. 야빈과 남편이 맺은 계약을 파괴하는 일을 통해 남편에게 불순종(4:17)
2. 자신의 집과 야빈 사이에 맺어진 계약을 파괴(4:17)
3. 의도적으로 시스라를 속이려고 노력(4:18)
4. 시스라에게 "두려워 말라"라며 거짓말한 것(4:18)
5. 접대 관례(hospitality code)를 깬 일(4:18–21)
6. 살인(4:21)

사실 어떤 면에서 야엘의 행동은 에브라임 산악 지대에 살던 레위 사람을 집으로 맞아들였다가 그 손님의 아내를 불량배들에게 내준 기브아의 노인과 비슷하다(19장). 그러나 애초부터 고대 근동의 접대 관례(hospitality code)를 어긴 것은 시스라라는 반론도 만만치 않다(Benjamin, Matthews, Boda). 첫째, 시스라는 헤벨을 직접 찾았어야 했는데 그의 아내 야엘을 찾았다(17절). 이런 시스라의 행동은 고대 근동의 정서에 의하면 헤벨을 모욕하고 야엘에게는 무례한 행동을 한 것이다. 둘째, 야엘이 시스라에게 안전을 보장하는데(18절), 이것 역시 헤벨로부터 와야 한다. 그러나 시스라가 먼저 접대 관계를 어겼기 때문에 무언가 잘못된 것을 알아차린 야엘은 이렇게 할 수밖에 없었다는 것이다(Matthews). 셋째, 시스라는 야엘의 제안을 받지 말았어야 한다. 그는 헤벨의 아내가 아니라, 헤벨에게 직접 보호를 요구해야 했다. 그러므로 그가 야엘의 제안을 받아들였을 때, 야엘은 무언가가 잘못되었음을 더욱 확신하게 된 것이다. 넷째, 접대 관례에 의하면 손님은 주인이 자원해서 내줄 때까지 절대 무엇을 요구해서는 안 된다. 그런데 시스라는 야엘에게 두 가지를 요구하고 있다. (1) 마실 것, (2) 망 보는 것. 특히 두 번째 요구(망 보는 것)는 주인을 위험에 빠뜨릴 수 있는 무리한 요구이며 고대 근동의 접대 관례를 심각하게 위반하는 행위다. 그러므로 시스라에게 어떤 일이 생기든 전적으로 그의 책임이다(McCann). 야엘이 이 일로 큰 축복을 받는 것을 보면(5:24-27), 저자는 야엘의 행동에 대해 어떤 윤리적 문제를 제기하지 않는다. 일부 학자는 시스라와 야엘이 성관계를 가졌다고 주장하는데(Niditch, Bal, Trible, Schneider), 성경 본문에 해석자의 의미를 투영하는 지나친 해석이다.

야엘은 시스라에게 갖은 정성을 쏟아 안심시켰다. 그를 장막으로 맞아들였을 뿐만 아니라 아무것도 걱정하지 말고 편히 쉬라고 격려했다(18절). 그러고는 시스라를 이불로 덮어주고 물을 청한 시스라에게 우유도 주었다(19절). 그런데 야엘은 왜 물을 청한 사람에게 우유를 주었을까? 정확하지는 않지만, 야엘이 우유에 사람을 졸리게 하는 기능이 있다고 믿었기 때문이라는 추측이 있다(Boling, Burney). 재미있는 것은 '야엘'(יָעֵל)이라는 이름을 문자적으로 풀이하면 '산 염소'(mountain goat)라는 뜻을 지녔다는 것이다(Younger). 산 염소인 야엘이 물을 달라는 시스라에게 염소의 우유를 주었다. 일종의 언어유희가 형성되고 있다. 야엘은 염소 우유로 시스라의 마음을 안정시킨 다음 망을 봐달라는 그의 부탁을 들어주는 척했다. 여기까지는 시스라를 대하는 야엘의 태도가 마치 지치고 상처 입은 아이를 대하는 엄마의 모습 같다(Exum, Olson). 야엘의 모성적인 보호에 마음을 놓은 시스라는 잠들었다(21절). 그날 전혀 예측하지 못한 전쟁을 치르느라 얼마나 피곤했을까! 그러나 고이 잠든 그는 다시 깨어나지 못했다! 시스라는 이 세상에서 마지막 잠을 잔 것이다.

시스라가 잠든 것을 확인한 야엘은 더는 지치고 불안해하는 아이를 돌보는 엄마가 아니라 무지막지한 살인자로 변했다. 그녀는 장막의 말뚝을 가져다가 잠들어 있는 시스라의 머리에 박았다! 말뚝은 시스라의 관자놀이(רַקָּה)를 관통해 땅에 꽂혔다(21절). 친절한 여인을 믿고 잠들었던 시스라는 그 자리에서 죽고 말았다. 사사기에서는 여인들이 주로 남자들의 머리를 노리는 듯하다. 아비멜렉도 여인이 던진 맷돌에 맞아 죽지 않았던가! 야엘이 시스라의 신뢰를 악용해 그를 살해한 것은 에훗이 에글론의 신뢰를 악용해 그를 살해한 것과 비슷하다(Chisholm, Brenner). 시스라도 에글론처럼 자신에게 호의를 베푼 사람을 너무 쉽게 믿었다가 변을 당했다(Younger).

II. 본론: 거듭되는 고난과 해방(3:7–16:31) D. 드보라와 바락 대 가나안(4:1–5:31) 1. 이야기체: 드보라의 승리(4:1–24) (3) 야엘이 시스라를 죽임(4:17–22)

b. 야엘이 바락에게 시스라의 시체를 보여줌(4:22)

22 바락이 시스라를 추격할 때에 야엘이 나가서 그를 맞아 그에게 이르되 오라 네가 찾는 그 사람을 내가 네게 보이리라 하매 바락이 그에게 들어가 보니 시스라가 엎드러져 죽었고 말뚝이 그의 관자놀이에 박혔더라

야엘은 곧바로 장막 밖으로 나가 시스라를 찾고 있던 바락을 안으로 안내했다(22절). 바락은 장막 안에 숨어 있는 시스라를 발견하여 자신이 죽이게 될 것을 기대했을 것이다. 이미 드보라가 여인이 영광을 차지할 것이라고 선언했지만(9절), 전쟁이 바로 시작하기 전에 바락이 이 영광을 차지할 수 있다고 암시하지 않았던가!(14절). 그래서 그는 온 마음을 모아 최선을 다해 싸워 승리했고, 적장을 찾아 이곳까지 왔다. 이제 남은 일은 숨어 있는 시스라를 찾아 처형하여 전쟁의 최고 영광을 차지하는 것이다. 그러나 장막 안으로 들어선 바락이 놀랐다. 시스라가 머리에 말뚝이 박힌 채 죽어 있었기 때문이다! 바락이 시스라의 시체를 발견하고 놀라는 것은 에글론의 시체를 발견하고 놀란 모압 사람을 연상케 한다(Webb, cf. 3:24–25). 바락이 에글론의 부하처럼 어리석은 사람으로 묘사되고 있다(Boda). 우리는 바락의 실망을 충분히 상상할 수 있다. 이 순간 그는 맨 처음 하나님의 말씀이 그에게 임했을 때 온전하게 순종하지 못한 것에 대해 많이 후회했을 것이다. 그러나 어떠하겠는가? 이미 때는 늦었다. 훗날 후회하지 않도록 최선을 다해 살아가는 것은 최고의 지혜이자 용기이다. 이렇게 하여 드보라가 예언한 말(9절)이 전혀 예측하지 못한 방법으로 생각지 못한 여인을 통해 성취되었다. 사사기 이야기는 이처럼 전혀 예측할 수 없는 놀라움(surprise)으로 가득하다.

II. 본론: 거듭되는 고난과 해방(3:7–16:31) D. 드보라와 바락 대 가나안(4:1–5:31) 1. 이야기체: 드보라의 승리(4:1–24)

(4) 결론(4:23–24)

23 이와 같이 이 날에 하나님이 가나안 왕 야빈을 이스라엘 자손 앞에 굴복하게 하신지라 24 이스라엘 자손의 손이 가나안 왕 야빈을 점점 더 눌러서 마침내 가나안 왕 야빈을 진멸하였더라

하나님은 그날 시스라의 죽음을 통해 가나안 왕 야빈을 굴복시켰다(23절). 하나님의 은총을 입은 이스라엘이 더 강해져서 마침내 야빈을 멸망시켰다(24절). 하나님이 이스라엘에게 해방을 주신 것뿐만 아니라 그들의 억압자를 완전히 제거해 주셨다. 이 이야기의 진정한 영웅은 오직 여호와시라는 점을 강조하듯 저자는 하나님이 두 여인(드보라와 야엘)을 도구로 사용하여 이 놀라운 일을 행하셨음을 회고했다. 이야기의 가장 큰 놀라움(surprise)은 바로 여인들이 주인공이라는 점이다(Webb).

주의 백성이 하나님 안에 거하기만 하면 두려울 것이 없다. 하나님이 어떤 놀라운 방법을 통해서라도 자신의 백성을 반드시 구원하실 것이기 때문이다. 문제는 백성이 하나님께 등을 돌릴 때 시작되지, 하나님이 먼저 등을 돌리시는 경우는 없다.

II. 본론: 거듭되는 고난과 해방(3:7-16:31)
D. 드보라와 바락 대 가나안(4:1-5:31)

2. 시가체: 드보라의 노래(5:1-31)

본문은 전쟁을 모두 마치고 하나님의 말씀대로 승리한 드보라와 바락이 하나님의 은혜를 기념하며 그날 있었던 일을 회고하며 부른 노래다. 이야기체로 전쟁을 회고한 4장이 전쟁에서 있었던 일에 대해 논리적으로 조명했다면, 노래(시)로 같은 전쟁을 회고하는 5장은 이미 승리한 전쟁에 대한 기념비적인 성향을 띠기 때문에 분위기가 훨씬 느긋하고(Blenkinsopp) 승리를 주신 여호와를 찬양하는 일에 초점이 맞추어져 있다.

이 시가 사용하는 단어, 문법, 철자법 등을 근거로 학자들은 출애굽기 15장에 실려 있는 모세의 노래와 함께 성경에 기록된 가장 오래된 시 중 하나라고 한다(Boda). 심지어 한 주석가는 이 노래가 성경에 수록된 가장 오래된 히브리어 텍스트라고 한다(Soggin). 또한 대부분의 학자는 드보라의 노래가 구약 성경에서 가장 어려운 성경 본문 중 하나라고 한다. 게다가 이 노래의 저자, 텍스트 상태, 통일성 등은 끊임없는 논쟁과 추론을 자아냈다(Boling, Boda, Block). 이런 소모적인 논쟁을 뒤로하면 이미 언급한 대로 4장과 5장의 관계는 같은 전쟁에 대해 설화적인 정보와 시적인 정보를 제공하며 상호 보완적(complementary)이라는 것이 확실하다(Kooij, Olson). 먼저 이야기체로 사건을 회고하고 그 다음 시가체로 다시 한번 사건을 정리하는 것은 이미 출애굽기에서도 사용된 기법이다. 출애굽기 14장은 이스라엘이 홍해를 건넌 일을 이야기체로, 15장은 노래를 통해 회고한다. 출애굽기에서도 두 버전은 상호 보완적인 역할을 했다.

드보라의 노래가 지닌 구조는 여러 각도에서 분석되었으며, 대부분의 학자는 이 시가 매우 짜임새 있고 통일성이 있는 구조를 지녔다고 결론지었다(Fokkelman, Coogan). 물론 학자들 사이에 다소 차이는 있다. 예를 들면 폭켈만(Fokkelman)은 드보라의 노래를 21절(strophes)로 구성된 7연(stanzas)으로 나누는 반면, 영거(Younger)는 이 노래를 20절(strophes)로 구성된 7연(stanzas)으로 구분하여 다음과 같은 구조 분석을 제시한다.[22]

이야기체적 서론(5:1)

A. 시작을 알리는 찬양과 찬양의 필요성(5:2-8; stanzas 1-2, strophes 1-5)

여호와를 찬양할 것을 호소(5:2)

관심을 집중하라는 지시(5:3)

찬양의 이유: 여호와의 현현(5:4-5)

찬양의 이유: 승리 전의 상황(5:6-8)

B. 전쟁에 참여한 자들을 생각하며 찬양(5:9-13; stanza 3, strophes 6-7)

여호와를 찬양할 것을 호소(5:9)

22 대안으로 다음 구조를 참고하라(Niditch).

Introduction: 5:1-3

Divine warrior's march/cosmogonic myth: 5:4-5

Catalogue of Israelite warriors: 5:14-18

Battle/mythic allusions: 5:19-22

Conclusion: 5:31

관심을 집중하라는 지시(5:10)

찬양의 이유와 백성의 반응: 그들이 전쟁으로 내려감(5:11)

찬양의 이유와 백성의 반응: 그들이 전쟁으로 내려감(5:12-13)

C. 전쟁에 참여한 지파와 참여하지 않은 지파(5:14-18; stanza 4, strophes 8-10)

D. 전쟁(5:19-22) + 변환(5:23)(stanza 5, strophes 11-14)

전쟁(5:19-22)

변환(transition): 메로스에 대한 저주(5:23)

E. 야엘, 시스라의 어머니, 절정적 결론(5:24-31c, stanzas 6-7, strophes 15-20)

야엘의 행위(5:24-27)

시스라의 어머니(5:28-30)

절정적 결론(5:31a-c)

이야기체적 결론(5:31d)

이야기체적인 서론과 결론이 하나의 괄호를 형성하여 노래를 감싸고 있으며, 노래의 가장 중심을 차지하는 것은 전쟁에 참여한 지파에 대한 칭찬과 참여하지 않은 지파에 대한 비난/저주다. 이 노래는 이스라엘 연합 체제에 심각한 균열이 가고 있음을 시사한다(Echols). 이야기체 서론과 결론은 가장 가까운 시와 함께 취급하여 주해할 것이다.

II. 본론: 거듭되는 고난과 해방(3:7-16:31)
D. 드보라와 바락 대 가나안(4:1-5:31)
2. 시가체: 드보라의 노래(5:1-31)

(1) 시작을 알리는 찬양과 찬양의 필요성(5:1-8)

1 이 날에 드보라와 아비노암의 아들 바락이 노래하여 이르되

2 이스라엘의 영솔자들이 영솔하였고
백성이 즐거이 헌신하였으니 여호와를 찬송하라
3 너희 왕들아 들으라 통치자들아 귀를 기울이라
나 곧 내가 여호와를 노래할 것이요
이스라엘의 하나님 여호와를 찬송하리로다
4 여호와여 주께서 세일에서부터 나오시고
에돔 들에서부터 진행하실 때에
땅이 진동하고 하늘이 물을 내리고
구름도 물을 내렸나이다
5 산들이 여호와 앞에서 진동하니 저 시내 산도
이스라엘의 하나님 여호와 앞에서 진동하였도다
6 아낫의 아들 삼갈의 날에
또는 야엘의 날에는 대로가 비었고
길의 행인들은 오솔길로 다녔도다
7 이스라엘에는 마을 사람들이 그쳤으니
나 드보라가 일어나
이스라엘의 어머니가 되기까지 그쳤도다
8 무리가 새 신들을 택하였으므로
그 때에 전쟁이 성문에 이르렀으나
이스라엘의 사만 명 중에
방패와 창이 보였던가

드보라의 노래를 소개하는 1절은 크게 세 가지 정보를 제공한다. 첫째, '그날에'(בַּיּוֹם הַהוּא)라는 표현을 통해 이 노래가 4장이 회고한 시스라와의 전쟁에서 승리한 날을 기념하고 있음을 밝힌다(Olson). 둘째, 드보라의 이름을 바락의 이름 앞에 두는 것을 통해 드보라의 역할을 부각하고 바락의 비중을 최소화하고 있다(Boda, Pressler, Block). 셋째, '[노래를] 부르다'(שִׁיר)라는 동사를 사용해 본 성경 본문의 장르가 시/노래임을 알려 준다.

시인은 노래를 듣고 있는 사람에게 함께 여호와를 찬양하자고 권유함으로 시작한다(2-3절). 여호와를 찬양할 이유는 무엇보다 온 이스라엘이 하나 되어 적극적으로 하나님의 전쟁터로 부르심에 순종하게 된 것이다(2절; cf. Gottward). 승리는 이스라엘의 지도자와 백성이 함께 일구어낸 업적이지만 이 모든 일을 시작한 촉매 역할은 하나님의 사역이었음을 고백하고자 한다. 그러므로 시인은 하나님의 은혜를 체험한 청중에게 '여호와를 찬송하라'(בָּרֲכוּ יְהוָה)라고 호소한다.

'찬송하다'로 번역되어 있는 히브리어 동사(ברך)는 원래 '축복하다'라는 뜻이며, 일반적으로 강자가 약자에게 내리는 것이다. 반면에 본문처럼 약자(인간)가 강자(하나님)를 축복할 때는 강자가 누리는 모든 축복의 근원이라는 사실을 시인하는 것이다(HALOT). 그러므로 '찬송하다'와 같은 의미의 말이 된다. 시인은 하나님이 바로 자신들이 즐기고 있는 승리의 근원이시기 때문에 그분을 찬양하는 것으로 노래를 시작하고자 한다.

저자는 함께 여호와를 찬양하자는 권면을 개인적 차원에도 적용한다. "내가 여호와를 노래할 것이요 이스라엘의 하나님 여호와를 찬송하리로다"(אָנֹכִי לַיהוָה אָנֹכִי אָשִׁירָה אֲזַמֵּר לַיהוָה, 3절). 그는 온 이스라엘 공동체가 함께 드리는 찬양에 만족하지 못하고 개인적인 찬양을 더하고 있다. 하나님의 선하심과 자비를 생각하니 절제할 수 없는 감격이 엄습한 것이다. 하나님의 은총에 완전히 도취되어 있는 자만이 이렇게 말할 수 있으며, 사사기 정황에서는 매우 독특한 고백이다(Block).

모든 사람에게 함께 여호와를 찬양하자고 호소한 드보라는 왜 하나님을 찬양해야 하는지 그 이유를 설명한다. 이스라엘의 하나님 여호와가 자기 백성이 하는 전쟁에 오셨기 때문이다(4-5절). 즉, 이스라엘의 하나님이 오셔서 도우셨기에 승리할 수 있었다는 것이 드보라의 고백이다. 시인은 신적 용장(divine warrior)이신 여호와께서 자신의 백성 이스라엘을 돕기 위해 세일에서 오셨다고 한다(4절). 창세기 36:20-21과 역대상 1:38에 의하면 세일(שֵׂעִיר)은 세일 산악 지대에 살던 호리 족의 조상이 된 사람의 이름이다. 이스라엘이 출애굽할 때는 에서의 자손 에돔 사람이 호리 사람으로부터 이 지역을 빼앗아 정착해 살고 있었다(신 2:12, 22).

여호와께서 세일에서 오셨다는 표현은 일명 '겐 족/미디안 족 가설'(Kenite/Midianite Hypothesis)의 잔해가 본문에 남아있기 때문이라고 몇몇 학자들은 말한다. 이 가설에 의하면 여호와는 원래 겐 족 혹은 미디안 족의 신이었다. 이스라엘 사람이 이집트에서 탈출해 가나안 땅으로 오던 길에 광야에서 미디안/겐 사람으로부터 그들의 신 여호와에 대해 배우게 되었고 훗날 이스라엘이 가나안에 정착했을 때 미디안/겐 사람의 신 여호와를 자신의 신으로 숭배하게 되었다는 것이 가설의 핵심이다(de Vaux, van der Toorn, Halpern). 그러나 이렇다 할 증거가 없기에 별로 설득력을 지니지 않는다.

또 여호와께서 세일에서 오신다는 표현은 이스라엘이 요단 강을 건너 가나안에 정착하게 될 때까지 그분이 백성 중에 거하며 함께하셨던 것을 회상하는 것일 수 있다(Pressler). 이스라엘이 이 경로를 통해 약속의 땅에 이르게 되었기 때문이다(Boda). 특히 다음 구절(5절)에서 기념하고 있는 하나님의 시내 산 현현이 이스라엘의 광야 시절 동안 함께하신 여호와 하나님을 회고하고 있다면 말이다. 이런 해석이 설득력이 있는 것은 시인이 이날 체험한 엄청난 승리를 기념하면서 과거 하나님이 주의 백성에게 베풀어주신 은혜를 기념하고자 하는 것인데, 출애굽 사건과 가나안 정복 사건보다 더 큰 상징은 없기 때문이다.

여호와의 현현은 여러 가지 초자연적인 현상을 동반한다. 지진이 나서 땅이 흔들리고, 폭풍이 일어 하늘은 물을 쏟아낸다. 심지어 시내 산을 포함한 산들마저 하나님 앞에서 진동한다(5절; cf. 출 19:16-18). 이런 하나님 앞에서 어느 민족이 고개라도 제대로 들 수 있겠는가? 그러므로 성전(聖戰)에서는 하나님이 자기 백성 중에 임하는 순간에 승리가 보장된다. 고대나 지금이나 하나님을 모르는 사람 중 상당수가 자연 현상이나 자연을 신으로 숭배한다. 그러나 성경은 자연을 창조한 창조주가 있으며, 그분 앞에서 그들이 신들로 숭배하는 것이 녹아내리고 진동한다고 한다. 피조물을 숭배하지 않고 그것을 손수 만드신 창조주 하나님을 섬기는 것은 상상을 초월하는 축복이자 특권이다. 주변에서 종종 하나님의 현현을 갈망하는 사람을 보는데, 성경은 하나님이 모습을 드러내시면 우리는 기뻐하는 것이 아니라 죽음의 공포에 짓눌릴 것이라고 한다. 하나님의 임재는 무섭고 떨리는 현상을 동반하기 때문이다.

그렇다면 하나님이 오셔서 이스라엘을 도우신 것이 어떤 구체적인 역사적 사건으로 표현되었는가? 시인은 드보라의 출현이 바로 하나님이 이스라엘을 돕기 위해 세일에서 오신 것의 실제 현상이라고 한다(6-8절). 하나님이 자신의 백성과 함께하심이 한 사람을 통해 역사하심으로 현실화되고 있는 것이다. 이 단락을 정확히 해석하는 것은 매우 어려운 일이다. 특히 8절은 매우 난해하나 의미를 파악하는 데는 별로 어렵지 않다.

드보라는 자신이 '이스라엘의 어머니'(אֵם בְּיִשְׂרָאֵל)로 모습을 드러내기 전과 후의 백성의 형편을 대조하고 있다. '이스라엘의 어머니'라는 표현이 특정한 관직을 뜻하는 호칭이거나(Olson), 혹은 머지않아 드보라를 통해 이스라엘에게 새로운 탄생과 양육이 있을 것을 뜻하는 것일 수도 있지만(McCann), 이 외에도 드보라가 이스라엘 선지자로서 모든 사람의 인정을 받았음을 암시한다. 성경에 의하면 선지자 엘리야(왕하 2:12)와 엘리사(왕하 6:21)가 각각 '이스라엘의 아버지'로 불린다. 동일한 맥락에서 드보라는 '이스라엘의 어머니'로서 죽어가는 이스라엘에게 생명을 주는 어머니 역할을 한다(Exum).

드보라가 선지자로 모습을 드러낼 때까지 이스라엘의 형편은 매우 어려웠다. "아낫의 아들 삼갈 때에도, 야엘 때에도, 큰길에는 발길이 끊어지고, 길손들은 뒷길로 다녔다"(6절, 새번역). 삼갈은 3:31에 언급된 이방인이다. 저자는 그의 시대가 곧 야엘 시대이기도 하다고 한다. 즉, 삼갈, 야엘, 드보라, 바락은 모두 같은 시대를 살았던 사람들인 것이다. 이때 이방인의 지배를 받고 있던 이스라엘의 형편이 얼마나 어려웠는지 그들은 큰길로 다니지 못하고 뒷길로 다녔다. 4장의 전쟁이 이스르엘 계곡을 중심으로 진행되었다는 점을 감안할 때, 가나안 북쪽과 남쪽을 잇는 이 지역 대로가 모두 이방인 지배자의 통치 아래 있어 길을 사용하려면 엄청난 세금을 물어야 했다는 것을 의미하거나(Shloen) 상황이 너무 악화되어 치안이 유지되지 않자 이스라엘 사람이 스스로 이 길들을 피했다는 것을 뜻할 수 있다(Pressler).

드보라가 등장할 때끼지 이스라엘에는 적을 대항할 만한 결집력이 없었다(8절). 성문에 전쟁이 들이닥쳤는데도 4만 명의 군인 중 그 누구도 방패와 창을 들고 싸우려 하지 않았다(8절). 물론 4만 명은 많은 사람을 뜻하는 상징적인 숫자다(Block). 모두 무관심과 패배감으로 가득 차 있었다. 구슬이 서 말이라도 꿰어야 보배라고, 재능이 아무리 많고 잠재력이 무한하다 한들 모아지지 않고 계발되지 않으면 무슨 소용이 있겠는가? 드보라는 카리스마를 한껏 사용하여 흐트러져 있던 이스라엘의 마음과 능력을 하나로 묶을 수 있었다.

드보라는 어떻게 이런 일을 할 수 있었을까? 시인이 이스라엘 문제가 "무리가 새 신들을 택하였으므로"(יִבְחַר אֱלֹהִים חֲדָשִׁים, 8절) 시작된 것이라고 회고하는 것으로 미루어 보아, 드보라가 그동안 그들이 잊고 있던 여호와 하나님에 대한 가르침과 말씀으로 도전하여 이루어낸 성과라고 볼 수 있다. 이스라엘이 우상을 좇을 때 여호와에 대한 믿음만 잃은 것이 아니라 삶에 대한 애착과 올바른 가치관까지 함께 잃었다. 드보라가 나타나 여호와의 말씀으로 치유하고 회복시켜주었을 때, 비로소 의욕을 가지고 이방인의 지배에서 벗어날 수 있는 전쟁을 할 수 있었던 것이다. 사람의 목표와 삶의 자세가 바뀌기 위해서는 먼저 하나님을 만나야 한다.

II. 본론: 거듭되는 고난과 해방(3:7-16:31) D. 드보라와 바락 대 가나안(4:1-5:31) 2. 시가체: 드보라의 노래(5:1-31)

(2) 전쟁에 참여한 자들을 생각하며 찬양(5:9-13)

9 내 마음이 이스라엘의 방백을 사모함은
그들이 백성 중에서 즐거이 헌신하였음이니
여호와를 찬송하라
10 흰 나귀를 탄 자들,
양탄자에 앉은 자들,
길에 행하는 자들아
전파할지어다
11 활 쏘는 자들의 소리로부터
멀리 떨어진 물 긷는 곳에서도
여호와의 공의로우신 일을 전하라
이스라엘에서 마을 사람들을 위한
의로우신 일을 노래하라
그 때에 여호와의 백성이
성문에 내려갔도다
12 깰지어다 깰지어다 드보라여
깰지어다 깰지어다 너는 노래할지어다
일어날지어다 바락이여
아비노암의 아들이여 네가 사로잡은 자를 끌고 갈지어다
13 그 때에 남은 귀인과

백성이 내려왔고
여호와께서 나를 위하여
용사를 치시려고 내려오셨도다

하나님이 드보라를 통해 이스라엘을 도우신 것이 바로 여호와의 현현하심의 표징이라고 선언한 시인은 전쟁의 구체적인 내용을 언급하기 전에 먼저 여호와의 의로운 업적을 증언하라고 권고한다(9-11b절). 다시 한번 이스라엘에게 승리를 주신 하나님을 찬양하라고 유도하고 있다.

드보라는 이미 2절에서 칭찬한 리더와 백성을 다시 한번 칭찬한다(9절). 하나님의 구원의 손길이 이스라엘에 임하게 된 것에는 그들의 일치된 마음이 큰 역할을 했음을 강조하고자 하는 것이다. 드보라가 리더십을 발휘하기 전에는 수많은 이스라엘의 장정이 적의 침략에도 속수무책 방관했던 점을 감안하면(8절) 모처럼 이루어진 이들의 단결은 많은 찬사를 받을 만하다. "뭉치면 살고 흩어지면 죽는다!"라는 이승만 박사의 말이 생각난다. 비록 이스라엘의 지도자와 백성이 하나가 되기 위해 많은 몸부림을 쳤겠지만, 이 일을 이루신 이는 바로 하나님이라는 것을 기억해야 한다. 그러므로 저자는 사람들에게 "여호와를 찬송하라"라고 권면한다(9절). 이스라엘의 연합은 보이지 않는 곳에서 역사하신 하나님의 사역인 것이다.

이스라엘의 연합을 칭찬한 시인은 주의 모든 백성이 여호와의 의로운 업적을 찬양할 것을 지시한다(10-11a절). 저자는 세상의 왕들과 통치자들에게 자신이 이스라엘 왕이신 여호와에 대해 증언하는 것에 귀를 기울이라고 했다(3절). 그는 3절의 '왕들과 통치자들'을 '흰 나귀를 타고 다니는 사람들과 양탄자를 깔고 사는 사람들'로 대치하고 있다. 흰색을 뜻하는 히브리어 단어(צָחֹר)는 성경에서 한 번만 사용되는 단어로 그 의미가 정확하지 않다. 흰 나귀가 매우 귀하다는 점을 감안해서 일부 주석가와 번역본은 '황갈색'(tawny)으로 해석한다(TNK). 고대 근동에서 부자와 상류층 사람이 가급적 연한 색깔의 나귀를 타고 다니는 것을 선호했던 것은 오늘날 우리가 타고 다니는 자동차가 어느 정도 우리의 신분을 말해 준다고 생각하듯이 당시에는 타고 다니는 나귀의 색깔과 화려한 안장이 신분을 나타냈기 때문이다(Block).

나귀를 타고 양탄자 위에 앉아있는 상류층뿐만 아니라 길을 가는 행인도 여호와를 찬양하라는 권고를 받고 있다(10절). 지도층에서 서민에 이르기까지, 남녀노소와 신분의 귀천을 초월해서 모든 백성이 하나님을 찬양해야 한다. 하나님이 이루신 구원이 그만큼 위대한 일이기 때문이다. 저자는 이런 총체성을 '[나귀를] 타고 있는 자들(רֹכְבִים), [양탄자에] 앉아 있는 자들(יֹשְׁבִים), [길을] 걷고 있는 자들(הֹלְכִים)' 등 세 가지 자세를 취하고 있는 자들을 언급하며 강조한다. 어떤 신분에서 어떤 일을 하고 있는 자이건 상관없이 모두 여호와를 찬양하라는 것이다.

아울러 저자는 하나님에 대한 찬양과 경배는 반드시 공식적인 예배에서만 드리는 것이 아니라는 점을 가르친다(11절). 이 구절은 번역하기가 매우 어렵다. 그러나 시인이 전하고자 하는 메시지는 쉽게 파악할 수 있다. 일상에서 우물가(מַשְׁאָב)에 모였을 때에 여호와를 찬양하라고 한다. 개역성경과 새번역은 성경에서 단 한 번 등장하는 11절의 '메캇찜'(מְחַצְצִים)을 '활 쏘는 자들'로 번역하는데 이 경우 '활 쏘는 자들의 목소리보다 더 크게 [여호와를 찬양하라]'가 된다(TNK). 그러나 창을 휘두르며 진군하는 사람들이라면 몰라도 차분히 자세를 가다듬고 정신을 집중해 활을 쏘아야 하는 사람들이 무슨 소리를 지른단 말인가? 그러므로 그다지 설득력 있어 보이는 해석은 아니다. 일부 번역본은 '노래하는 자'로 해석한다(NIV, NRS). 그러나 찬양대가 우물가에 모습을 드러낸다는 것도 일반적이지 않기에 이 해석도 별로 설득력이 없어 보인다.

이곳에서 사용된 이미지는 목자가 가축을 샘으로 끌고 와 물을 먹이면서 대화를 나누는 풍경이다. 이 과정에서 목자는 자신의 가축을 무리를 나누어 물을 먹였다. 이때 목소리를 높여 가축을 나누는 광경을 묘사하는 것으로 이해해 이 단어를 목자의 '가축 떼를 나누는 목소리'로 해석하는 것이 가장 유력해 보인다(NAS, cf. HALOT). 목자는 우물가에 모여 가축에게 물을 먹이면서 정보를 공유했다. 저자는 유목민 사회의 전형적인 모습을 그리면서 일상에서 하나님에 대한 찬양이 끊이지 않기를 권면한다. 우리 일상에서도 하나님의 사역에 대한 찬양이 끊이지 않아야 한다.

이스라엘이 일상에서 끊임없이 찬양할 주제는 "여호와의 공의로우신 일"(צִדְקוֹת יְהוָה, 11절)이다. 무엇을 뜻하는 말인가? 저자가 바로 다음 문구에서 "이스라엘에서 마을 사람들을 위한 의로우신 일"(צִדְקֹת פִּרְזוֹנוֹ בְּיִשְׂרָאֵל)을 이 문구의 동격(apposition)으로 사용하고 있으며, 의로운 일(צְדָקָה)의 근본 의미가 명예 회복이라는 점을 감안할 때, 여호와의 이로운 업적은 바로 이스라엘이 전쟁에서 승리한 것이다(Boling, Soggin, Lindars). 하나님이 승리를 주셨기에 이스라엘의 승리는 곧 하나님의 의로운 업적이다.

모든 백성에게 하나님을 찬양하라고 권면한 후, 시인은 그날의 전쟁에 참가했던 이스라엘 지파의 정황을 회고한다(14–18절). 자세한 내용을 설명하기 전에 그날의 일을 "그 때에 여호와의 백성이 성문에 내려갔도다"(11절)라며 12–18절 내용을 요약한다. '여호와의 백성'(עַם־יְהוָה)은 사사기 안에서는 이곳에서만 사용되는 표현이다. 이 문구는 시내 산에서 체결된 하나님과 이스라엘의 관계를 가장 이상적으로 묘사한다. 이스라엘은 여호와의 백성, 여호와는 이스라엘의 왕이라는 의미다.

이스라엘을 전쟁으로 이끈 리더는 드보라와 바락이었지만 드보라의 이름이 먼저 등장하면서 다시 한번 그녀의 우월적인 위치를 암시한다(12절). 지난 20년간 야빈과 시스라의 압박에 시달리면서도 대항할 엄두를 내지 못하고 당하고만 있던 이스라엘의 지도자와 백성이 드보라와 바락의 리더십을 믿고 전쟁에 참여했다(13절; cf. 8절). 그러나 드보라와 바락이 전쟁에서 승리할 수 있었던 것은 무엇보다 하나님이 이스라엘의 용사 가운데 함께하며 도우셨기 때문이다(13절). 용사들이 평소와 달리 적극적으로 싸울 수 있었던 것은 그들 중에 거하신 하나님이 그들의 사기를 북돋아주었기 때문이다.

II. 본론: 거듭되는 고난과 해방(3:7–16:31)
D. 드보라와 바락 대 가나안(4:1–5:31)
2. 시가체: 드보라의 노래(5:1–31)

(3) 전쟁에 참여한 지파와 참여하지 않은 지파(5:14–18)

14 에브라임에게서 나온 자들은 아말렉에 뿌리 박힌 자들이요
베냐민은 백성들 중에서 너를 따르는 자들이요
마길에게서는 명령하는 자들이 내려왔고
스불론에게서는 대장군의 지팡이를 잡은 자들이 내려왔도다
15 잇사갈의 방백들이 드보라와 함께 하니
잇사갈과 같이 바락도 그의 뒤를 따라
골짜기로 달려 내려가니
르우벤 시냇가에서 큰 결심이 있었도다
16 네가 양의 우리 가운데에 앉아서
목자의 피리 부는 소리를 들음은 어찌 됨이냐
르우벤 시냇가에서 큰 결심이 있었도다
17 길르앗은 요단 강 저쪽에 거주하며
단은 배에 머무름이 어찌 됨이냐
아셀은 해변에 앉으며 자기 항만에 거주하도다
18 스불론은 죽음을 무릅쓰고 목숨을 아끼지 아니한 백성이요
납달리도 들의 높은 곳에서 그러하도다

이스라엘의 모든 지파가 전쟁에 적극적으로 동참한 것은 아니었다. 드보라는 지파의 참여도를 자원자(14-15a절), 불참자/반대자(15b-17절), 장렬한 전사(18절)로 구분한다. 첫째, 자원자 그룹에는 에브라임, 베냐민, 마길의 지휘관, 스불론, 잇사갈이 속한다. 스불론 지파는 18절에서 가장 장렬한 전사로 다시 언급된다. 에브라임이 제일 먼저 언급되는 것은 아마도 드보라가 이 지파에 속했기 때문에 가장 큰 영예를 주기 위함일 것이다. "에브라임에게서는 아말렉에 뿌리를 내린 사람들이 내려왔다"(14절, 새번역)라는 말의 뜻에 대해 학자들 사이에 많은 논란이 있지만(Craigie, Lindars, Gray, cf. LXX), 아마도 이때 일부 아말렉 족이 에브라임 지파가 거주하던 산악 지대에 정착하고 있었음을 암시하는 듯하다(Block). 마길(מָכִיר)은 므낫세의 큰아들이었으며(창 50:23), 길르앗의 아버지였다(민 26:29; 27:1; 36:1). 민수기 32:29-40은 마길이 길르앗을 정복했으며, 모세가 그 땅을 그에게 기업으로 주었다고 한다. 그러므로 그의 이름이 본문에서 의미하는 것은 그가 속한 므낫세 지파도 이 전쟁에 자원하여 참여했다는 것이다. 스불론은 바락과 드보라가 처음에 1만 명의 군대를 소집한 두 지파 중 하나였다(4:6, 10). 잇사갈의 참여도가 가장 자세하게 기록된 것은(15a절) 드보라가 이 지파에게 가장 큰 찬사를 보냈기 때문이다.

둘째, 불참자/반대자 그룹에는 르우벤, 길르앗, 단, 아셀 등이 포함되어 있다(15b-17절). 르우벤의 태도를 정확히 파악하는 것이 쉽지 않다. 새번역은 이 지파의 태도를 설명하는 히브리어 문구(גְדוֹלִים חִקְרֵי־לֵב)를 "마음에 큰 반성이 있었다"로 번역하여 마치 이 지파가 전쟁에 참여하지 않은 것을 나중에 후회한 것으로 묘사한다(14, 16절). 그러나 공동번역은 같은 문구를 "끝도 없이 토론이나 벌이는구나"로 번역한다(NIV, NRS). 또 다른 대안은 '강한 의지로 결단했다'(NAS, TNK)로 이해해 이들이 전쟁에 참여하라는 드보라의 제안을 받은 순간부터 동참하지 않겠다는 굳은 의지를 밝힌 것으로 풀이하는 것이다(Block). 르우벤 지파는 요단 강 건너편에서 벌어지고 있는 형제 지파의 생존을 건 전쟁에 참여하지 않고 양떼를 먹이며 피리 소리나 듣고 있었다. 길르앗(גִּלְעָד)은 요단 강 동편에 정착한 갓 지파를 상징한다(수 13:24-28). 단과 아셀은 뱃일을 하느라 바빠서 전쟁에 참석하지 않았다. 지파마다 어쩔 수 없는 형편에 처해 있었을 수 있다. 그러나 형제 지파를 통한 하나님의 부르심에 순종하지 않은 것에 대한 책임은 피할 수 없다.

셋째, 가장 장렬하게 싸운 그룹에는 스불론과 납달리 지파가 속해 있다. 드보라와 바락은 이 두 지파에서 1만 명의 군대를 징집했다(4:6, 10). 바락은 납달리 지파에 속한 사람이었다. 두 지파는 생명(נֶפֶשׁ)을 내걸고 열심히 싸웠다는 칭찬을 받는다.

목록에서 빠진 지파는 유다와 시므온이다. 드보라가 가나안의 가장 남쪽을 차지했던 두 지파에 대해 전혀 언급하지 않는 것에 대해 학자들은 다양한 추측을 내놓았다. 어떤 주석가는 이 노래가 저작될 때 유다와 시므온 족속이 이스라엘에 가입하지 않았기 때문이라고 하기도 하고(Pressler, Gray), 시인의 반(反)유다-시므온 지파 정서를 반영한 것이라고 하기도 한다. 그러나 해결책은 매우 간단할 수 있다. 어떤 이유에서인지 정확히 알 수는 없지만, 드보라가 가나안 남쪽으로는 베냐민 지파까지만 사람을 보내어 전쟁에 동참하라 했으며, 베냐민 지파의 남쪽에 살던 유다와 시므온 지파에게는 기별을 보내지 않았기 때문에 그들의 참여 여부를 논할 수 없었다는 해석이다. 어찌 되었든 여호수아의 리더십 아래에서는 탄탄해 보이던 이스라엘 연합 체제에 조금씩 금이 가고 있음을 실감할 수 있다.

II. 본론: 거듭되는 고난과 해방(3:7–16:31)
D. 드보라와 바락 대 가나안(4:1–5:31)
2. 시가체: 드보라의 노래(5:1–31)

(4) 전쟁 결과와 메로스(5:19–23)

19 왕들이 와서 싸울 때에
가나안 왕들이
므깃도 물 가 다아낙에서 싸웠으나
은을 탈취하지 못하였도다
20 별들이 하늘에서부터 싸우되
그들이 다니는 길에서 시스라와 싸웠도다
21 기손 강은 그 무리를 표류시켰으니
이 기손 강은 옛 강이라
내 영혼아 네가 힘 있는 자를 밟았도다
22 그 때에 군마가 빨리 달리니
말굽 소리가 땅을 울리도다
23 여호와의 사자의 말씀에 메로스를 저주하라
너희가 거듭거듭 그 주민들을 저주할 것은
그들이 와서 여호와를 돕지 아니하며
여호와를 도와 용사를 치지 아니함이니라 하시도다

그날의 전투를 묘사하고 있는 19–23절은 이 노래의 클라이맥스이다(Block). 시인은 이스라엘이 이 전쟁에서 별다른 어려움 없이 승리할 수 있었던 것은 하나님이 관여하셨기 때문이라 한다. 저자는 또한 이 전쟁을 야빈/시스라와 드보라/바락의 갈등으로 보지 않고 모든 가나안 민족과 주의 백성의 전쟁으로 묘사하고 있다. 그래서 설화 버전에서는 가나안의 여러 나라에 대한 언급이 전혀 없었는데, 19절은 두 차례나 여러 왕이 므깃도에서 이스라엘을 대항하여 싸웠다고 한다. 저자가 일종의 과장법을 사용하여 이 전쟁의 중요성을 가나안에 사는 모든 이방인과 주의 백성의 싸움으로 묘사하고 있는 것이다. 드보라가 이렇게 표현할 만하기도 한 것이 패배주의와 무관심으로 가득했던 이스라엘이(6-8절) 첨단 살상 무기를 자랑하던 야빈의 군대를 물리친 것은 결코 평범한 일이 아니기 때문이다.

원수들이 므깃도의 물가 다아낙에서 싸움을 돋우었다(19절). 므깃도는 기손 강에 있는 곳이 아니기 때문에 이 말은 기손 강가에서 시작된 전쟁이 므깃도까지 번져갔다는 것을 뜻한다(Block). 가나안 군인들은 자신들이 쉽게 이스라엘을 이길 것으로 생각하고는 싸울 생각보다는 전리품을 약탈하려는 생각으로 가득 차 있었다. 그러나 그들은 전리품을 하나도 얻지 못했다. 하나님이 천재지변을 통해 시스라와 그의 군대를 치셨기 때문이다(20-21절). 첫째, 하늘에서는 별들이 자신들의 위치를 이탈하여(מִמְּסִלּוֹתָם) 시스라와 싸웠다고 한다. 한 학자는 별들이 위치를 이탈한다는 말이 일식(solar eclipse)이라는 것을 뜻하며 이 일식은 주전 1131년에 므깃도 지역에 있었던 것이라고 한다(Sawyer).

우가릿 신화에 의하면 별들은 비를 내리게 한다(Pressler, Block). 본문에서도 별들이 자리를 이탈하는 것은 하나님이 이 피조물들을 사용하여 비를 내리신 것을 의미한다고 해석할 수 있다. 이 비는 평소에는 메말라 있던 기손 강을 범람하게 했다(21절). 시스라가 병거를 버리고 도망간 것도(cf. 4:15) 아마 비가 내리는 계절이 아니어서 비가 올 것을 전혀 예측하지 못했는데, 갑자기 비가 내려 질퍽해진 땅에 병거의 바퀴가 박혀 이동이 어렵게 되자 일어난 일이 아닌가 싶다. 기손 강이 범람하여 시스라의 병거를 휩쓸어 간 것은 마치 출애굽 때 홍해의 물이 이집트의 병거들을 휩쓸어간 것을 연상케 한다.

때아닌 비에 적군의 병거들이 휩쓸려 가는 것을 보고 더욱더 용기를 얻은 드보라가 소리쳤다. "나의 영혼아! 너는 힘차게 진군하여라!"(21절; 새번역). 이스라엘은 이미 하나님이 홍수로 혼비백산한 적들을 뒤쫓으며 죽이기만 하면 되는 상황이었다. 하나님이 이스라엘에게 승리를 주셨으니 땅 짚고 헤엄치기와 같은 싸움이었다. 이스라엘의 살육이 시작되자 적군의 진영은 더욱더 처절해졌다. 이러한 상황에서 요란한 말발굽 소리가 이곳저곳에서 들렸다(22절). 이 말발굽 소리가 무엇을 의미하는가? 이 노래에서는 이미 시스라의 병거들이 강물에 휩쓸려 떠내려갔다(cf. 21절). 설화 버전에서도 바락이 병거 부대를 완전히 무력화시켰다고 기록하고 있는 것으로 보아(4:15-16), 이 말발굽 소리는 곤경에 빠진 시스라 군대의 말들이 다급해져서 이리 뛰고 저리 뛰며 발버둥을 치는 소리다(cf. Block).

이스라엘의 절대적인 승리를 노래한 시인이 갑자기 메로스(מֵרוֹז)를 저주한다(23절). 성경에서 메로스는 이곳에 한 번 등장하는 마을 이름이며 정확한 위치는 알 수 없다. 아마도 전쟁이 진행되고 있는 가나안 북쪽 다볼 산과 기손 강 근처에 있었던 이스라엘 사람들의 성읍이었을 것이다. 이 성읍 사람들이 저주를 받는 것은 드보라의 호소에도 불구하고 전쟁에 참여하지 않았기 때문이다. 그러므로 여호와의 천사(יְהוָה מַלְאַךְ)가 이 성읍에 저주를 내리는 것은 당연하다.

천사들은 이스라엘과 직접적인 연관이 없다고 생각할 수도 있는 존재들이다. 그들은 하나님이 지시하시는 대로 움직일 뿐이다. 그런 그들도 이 전쟁에 참여하여 별들을 움직여 비를 내렸는데, 하물며 이스라엘에 속한 메로스 사람들은 이 일이 자신들의 자유를 위한 싸움이었는데도 손가락 하나 까딱하지 않았으니 비난을 면할 수 없는 것이다. 메로스는 이 전쟁에 참여하지 않은 이스라엘의 모든 성읍을 대표한다. 자신들의 해방 전쟁에 참여하지 않은 이스라엘 성읍들에 대한 저주는 이스라엘 사람이 아니면서도 이 전쟁에서 가장 큰 수훈을 세운 야엘에게 내려지는 축복을 기대하게 하며 동시에 대조를 이룬다. 선민이라 할지라도 제 역할을 하지 않으면 하나님의 저주를 피할 수 없을 것이며, 이방인이라 할지라도 하나님의 사역에 동참하면 무한한 축복을 누리게 될 것이다.

II. 본론: 거듭되는 고난과 해방(3:7–16:31) D. 드보라와 바락 대 가나안(4:1–5:31) 2. 시 버전: 드보라의 노래(5:1–31)

(5) 야엘, 시스라의 어머니, 절정적 결론(5:24–31)

24 겐 사람 헤벨의 아내 야엘은
다른 여인들보다 복을 받을 것이니
장막에 있는 여인들보다 더욱 복을 받을 것이로다
25 시스라가 물을 구하매 우유를 주되
곧 엉긴 우유를 귀한 그릇에 담아 주었고
26 손으로 장막 말뚝을 잡으며
오른손에 일꾼들의 방망이를 들고
시스라를 쳐서 그의 머리를 뚫되
곧 그의 관자놀이를 꿰뚫었도다
27 그가 그의 발 앞에 꾸부러지며
엎드러지고 쓰러졌고
그의 발 앞에 꾸부러져 엎드러져서
그 꾸부러진 곳에 엎드러져 죽었도다
28 시스라의 어머니가 창문을 통하여 바라보며
창살을 통하여 부르짖기를
그의 병거가 어찌하여 더디 오는가
그의 병거들의 걸음이 어찌하여 늦어지는가 하매
29 그의 지혜로운 시녀들이 대답하였겠고
그도 스스로 대답하기를
30 그들이 어찌 노략물을 얻지 못하였으랴

그것을 나누지 못하였으랴
사람마다 한두 처녀를 얻었으리로다
시스라는 채색 옷을 노략하였으리니
그것은 수 놓은 채색 옷이리로다
곧 양쪽에 수 놓은 채색 옷이리니
노략한 자의 목에 꾸미리로다 하였으리라
31 여호와여 주의 원수들은 다 이와 같이 망하게 하시고
주를 사랑하는 자들은
해가 힘 있게 돋음 같게 하시옵소서 하니라
그 땅이 사십 년 동안 평온하였더라

메로스에 대한 저주를 통해 이스라엘 사람이면서도 전쟁에 동참하지 않은 사람들을 비난한 저자는 이스라엘 사람이 아니면서도 획기적인 공을 세운 겐 사람 헤벨의 아내 야엘을 칭찬한다(24-27절). 내용은 이미 4:17-22절에 기록된 일을 요약하여 노래한 것이며, 설화 버전에 대하여 잘 알고 있다는 것을 전제하고 쓰여졌다. 노래 버전에 기록되어 있는 야엘의 이야기, 특히 "시스라는 그의 발 앞에 고꾸라져서 쓰러진 채 누웠다. 그의 발 앞에 고꾸라지며 쓰러졌다. 고꾸라진 바로 그 자리에서 쓰러져서 죽고 말았다"(27절; 새번역)를 남자와 여자 사이의 성 관계를 묘사하는 것이라고 주장하는 사람들이 있지만(Brenner, Niditch, Bal, Exum, Schneider), 지나친 해석이다. 저자는 이 구절에서 '고꾸라지다'(כָּרַע) 와 '쓰러지다'(נָפַל)를 세 차례씩 반복하여 야엘이 참으로 강한 자를 넘어뜨렸다는 것을 강조할 뿐이다(cf. McCann).

시스라는 여인의 손에 죽어 시체가 되어 있는데, 그의 어머니는 전쟁터에서 돌아오지 않는 아들을 애타게 기다린다(28-30절). 전쟁은 전투에 임한 남자들에게만 영향을 미치는 것이 아니라, 후방에서 그들을 기다리는 가족들에게까지 영향을 미친다. 그런데 왜 이 노래에 시스라

의 어머니가 모습을 드러내는 것일까? 전쟁 때문에 일부 이스라엘 사람들이 축복을 받은 것에 반해 일부는 저주를 받은 것처럼, 이방 여인 중에서도 야엘처럼 축복을 받는 사람이 있는가 하면 시스라의 어머니처럼 비참하게 되는 여인이 있다는 사실을 보여주고 있다. 또한 드보라는 이스라엘의 어머니로 부각되었다(7절). 이날 승전가를 부르며 기뻐하는 이스라엘의 어머니와는 대조적으로 이스라엘과 싸운 적장의 어머니는 아들의 죽음으로 인해 통곡해야 한다. 두 여인(이스라엘과 가나안 사람)의 엇갈리는 운명을 대조하기 위해 시스라의 어머니가 노래에 등장하는 것이다.

시스라를 죽여 순식간에 이스라엘의 영웅이 된 야엘은 허름한 텐트에 거하던 촌스러운 여인이었다. 반면에 아들이 전쟁에서 돌아오기만을 기다리는 시스라의 어머니는 궁에 거하는 상류층 여인이다. 그런데 이 두 여인이 느끼는 감정이 매우 대조적이다. 야엘은 기뻐 춤추고 있는데, 시스라의 어머니는 창 밖을 내다보며 울부짖는다(28절). 그녀의 마음은 극도로 불안하다. '그의 병거가 왜 이렇게 더디 오는가? 그의 병거가 왜 이처럼 늦게 오는가?' 시스라의 어머니는 별일 없을 것이며 너무나도 많은 노획물을 가지고 오느라 늦어지는 것일 것이라는 시녀들의 말을 들으며 스스로를 위로해본다(29-30절).

시스라의 어머니는 자신도 여인이면서 전쟁에서 여인들이 제물이 되어 남자들에게 겁탈당하고 희생당하는 것을 당연하게 생각하는 사람이다(30절). "용사마다 한두 처녀를 차지하였을 것이다"(새번역). 특히 '한두 처녀'로 번역된 히브리어 문구(רַחַם רַחֲמָתַיִם)를 문자적으로 해석하면 '자궁 한두 개'다(HALOT, Pressler, Schneider). 이스라엘 여자들이 남자들의 성적 노리개 정도로 간주되었던 것이다(Niditch, Bal). 무지하고 못 배운 여인이 아니라 당시 가장 많이 배우고 귀품이 있는 여인이 전쟁에서 희생되는 여인에 대하여 이런 생각을 가지고 있다는 것이 충격적이다. 여자에 대한 비하 발언이 남자가 아닌 여자로부터 나왔다는 것이 아이러니하다(Block).

시스라의 어머니는 다른 사람은 다 강간당해도 상관없다고 생각한다. 오직 자기와 자기가 아끼는 사람들만 피해를 입지 않으면 된다는 안일한 생각을 지닌 여인이다. 그러므로 하나님이 그녀의 아들을 죽이셔서 자식을 잃은 어미의 슬픔이라도 체험하게 하시는 것은 정당한 심판이다. 시인은 시스라가 죽은지도 모르고 그가 전쟁에서 돌아오기만을 기다리는 어머니의 마음을 이렇게 묘사하여 이스라엘의 적들에 대하여 불쌍하게 생각할 필요가 없다고 한다. 모두 다 심판을 받아 죽어 마땅하기 때문이다.

이날의 전쟁과 이 전쟁이 후방에 있는 사람들에게 어떤 영향을 미쳤는가를 묘사한 시인이 결론적인 소망으로 노래를 마친다(31절). "주님, 주님의 원수들은 이처럼 모두 망하고, 주님을 사랑하는 사람들은 힘차게 떠오르는 해처럼 되게 하여 주십시오"(새번역). 이 전쟁에서는 여호와를 대적하는 적과 이스라엘을 괴롭힌 적이 같았다. 그러므로 이 말씀은 이스라엘을 대적하는 모든 적이 시스라처럼 비참한 종말을 맞게 해 달라고 드리는 간구이다. 그러나 저자는 '주의 원수들'을 구체화시키지 않고 의노석으로 애매모호하게 남겨두었다. 왜냐하면, 사사기 정황에서는 주의 원수들이 꼭 이방인들이 아니라 여호와께 불순종하는 이스라엘 사람들이 되는 경우들이 많기 때문이다(cf. Block). 그러므로 이 간구는 이스라엘의 정황을 감안하면 독자들을 상당히 불안하게 하는 기도다.

저자는 주를 사랑하는 사람들은 힘차게 떠오르는 태양처럼 되게 해 달라고 기도한다. 야엘, 드보라, 바락 등이 이 부류에 속한다(McCann). 어두운 세상에 항상 빛을 주고 생명을 선사하는 사람들이 되게 해 달라는 부탁이다. 하나님을 사랑하는 사람들은 이런 존재들이다. 그들은 자신이 의식하든 의식하지 못하든 간에 지친 세상 사람들에게 위로가 되고 소망이 되어 생명을 선사하는 사람들이다.

전쟁이 있은 후에 이스라엘은 40년 동안 전쟁이 없이 평온했다. 40년은 한 세대를 상징하는 숫자다. 드보라가 선지자로 활동하고 바락이 사사로 군림한 동안 이스라엘은 평온했다. 드보라는 사사기 안에서 가장 긍정적으로 묘사되며 최고의 평가를 받은 사람이다(Block). 그 어디에도 그녀에 대한 부정한 평가를 찾아볼 수 없다. 사사기 안에 묘사된 것처럼 시간이 흐를수록 악화되어만 가는 이스라엘의 형편과 전혀 완벽하지 못한 사사들의 모습을 감안하면 드보라는 참으로 놀라운 위치에 있다. 그럼에도 불구하고 이 이야기에서 가장 축복받은 사람은 이방 여인 야엘이다(24절). 이 전쟁은 하나님을 사랑한 두 여인이 만들어낸 작품이었다. 또한 이스라엘 사람과 이방인이 함께 만들어낸 걸작품이었다. 하나님이 역사하시는 방법이 시간이 지날수록 전혀 예측할 수 없도록 다양해지고 있다.

E. 기드온 대 미디안(6:1–8:32)

기드온 이야기는 사사들의 이야기 중 가장 자세하고 가장 완벽하게 기록되어 있다. 기드온이 미디안 족을 상대로 한 전쟁에서 승리한 것과 그의 나머지 행보에 대하여 6–8장이 회고하고 있으며, 이어 기드온의 아들 아비멜렉의 이야기는 사사기에서 가장 긴 장(章)인 9장(=57절)이 묘사하고 있다. 즉, 기드온 일가에 대한 이야기가 사사기에 기록된 여러 사사의 이야기 중 가장 상세하게, 그것도 중심부에 전개되어 있는 것이다. 사사기에서 기드온은 그만큼 큰 비중을 차지하는 인물이다.

기드온이 저자의 집중적인 관심을 받지만, 그는 '혼란스러운 약점과 심각한 결함들'을 지닌(Exum) '외부자 사사 그룹'(Out-group judge)의 첫 번째 인물이다(Younger, cf. 서론). 외부자 사사 그룹에 속한 사람으로는 기드온·입다·삼손을 들 수 있는데, 모두 한결같이 심각한 윤리적 결함을 지닌 사람들이며 정상적인 상황에서는 결코 사사가 될 수 없는 자격 미달자들이다. 기드온의 아버지는 바알을 위하여 제단을 만들고 아세라 목상을 세운 사람이었다. 입다는 창녀의 아들이었으며, 패거리를 거닐고 약탈을 일삼는 양아치 삶을 살았다. 삼손은 변절한 단 지파 출신이었다.

이 외부자 사사 그룹에 속한 사람들은 종교적으로도 문제가 심각했다. 기드온과 그의 아들 아비멜렉은 우상들을 숭배했으며, 입다는 자기 딸을 인간 번제를 바쳤고, 삼손은 나실인의 신분을 망각하고 온갖 추태를 부리며 마음에 내키는 대로 살았다. 그들은 하나님의 백성을 구해야 한다는 사명감보다는 개인적인 이유로 인해 복수심에 불타는 사람들이었다. 저자는 이 외부자 사사들을 매우 부정적으로 평가한다. 그들 중 기드온이 처음이다.

기드온 이야기의 분량이 많고 제시하는 정보들이 항상 일치하거나 매끈하지 않다 보니 기드온 이야기는 여러 관점에서 학자들의 조명을 받았다. 예를 들자면, '저자는 왜 주인공에게 기드온과 여룹바알이라는 두 이름을 주었을까? 기드온은 왜 네 지파를 전쟁으로 불렀다가 극소수만 남기고 돌려보내더니, 전쟁이 시작되자 다시 나머지 지파들을 전쟁에 끌어들인 것일까?' 등의 질문이 학자들의 호기심을 자극한 것이다.

이러한 이유에서 일부 옛 학자들은 이 텍스트를 오경 형성에 대한 가설인 문서설(Documentary Hypothesis)에 따라 J, E, D, P 출처로 구분하기도 했으며, 많은 시간이 지나며 점차적으로 편집자들의 손에 의하여 오늘날 우리가 접하는 최종적인 텍스트에 도달한 것이라고 주장하는 학자도 있었다(cf. Boling). 그러나 최근 학자들은 대부분 이러한 주장의 사실성을 확인하는 것은 불가능하다는 입장을 표명한다. 기드온 이야기에는 세 개의 플롯이 매우 복잡하고 예술적으로 어우러져 있을 뿐 아니라 시대적으로 다른 편집자들의 손길을 구분하는 것은 불가능하므로 통일성을 지닌 하나의 이야기로 취급해야 한다는 주장도 있다(O'Connell). 오코넬(O'Connell)이 말하는 세 플롯은 (1) 여호와께서 기드온을 통해 이스라엘을 구원하시는 일, (2) 여호와께서 이방인의 풍습을 버리지 못하는 기드온과 그의 지파에게 내리시는 심판, (3) 여호와께서 언약적 불의를 행하는 기드온, 그의 아들들 그리고 그의 지파에게 내리는 심판 등이다.

기드온 이야기는 시간이 흐를수록 하향 곡선을 그리며 몰락으로 치닫고 있는 이스라엘 사회에 여러 가지 새로운 불안 요소들을 더하고 있다(O'Connell, cf. 서론). 첫째, 하나님이 이스라엘을 구원하기 위하여 지금까지 세우신 사사들이 완벽하지는 않았지만, 기드온처럼 심각한 윤리적·신앙적 문제를 지닌 사람은 없었다. 기드온은 심각한 결함을 지니고 있는 첫 사사인 것이다(Pressler). 둘째, 이미 드보라의 노래가 이스라엘의 여러 지파 사이에 어느 정도의 균열이 있다는 것을 암시했지만(cf. 5:13-18), 이스라엘 사람들 사이에 심각한 분열이 있다는 것을 기정 사실화하는 것은 기드온 이야기가 처음이다. 셋째, 사사기 안에서 이스라엘의 왕권이 처음으로 이슈화되는 곳이 이 이야기다. 넷째, 이스라엘 사사가 백성들이 하나님을 떠나 우상을 숭배하게 하는 것은 기드온이 처음이다. 기드온은 우상 파괴자(idol breaker)에서 우상 만드는 자(idol maker)로 전락한다(Olson). 다섯째, 주의 백성이 이방인들의 억압을 당하면서 부르짖었을 때, 하나님이 즉시 구원자를 보내시는 것이 아니라 선지자를 보내 구원을 약속하지 않으시면서 야단만 치시는 경우도 기드온 이야기가 처음이다. 그러므로 학자들은 기드온 이야기가 사사기의 '분기점'(turning point)이라고 한다(Tanner, McCann, Boda).

사사기에서 가장 많은 공간을 차지하는 기드온 이야기의 구조는 다음과 같이 교차대구법적 구조를 지녔다(Tanner). 중심(6:33-7:18)을 차지하는 내용은 하나님이 어떻게 믿음이 없어 두려워하는 기드온에게 확신을 심어주셨는가이다. 사사의 자격은 고사하고 하나님에 대한 믿음도 갖추지 못한 사람을 사용하여 승리하신 하나님이 이야기의 핵심이신 것이다.

A. 기드온 이야기 머리말(6:1–10)
B. 하나님의 기드온을 통한 구원 계획 – 두 제단 이야기(6:11–32)
B1. 첫 번째 제단 – 기드온을 부르심(6:11–24)
B2. 두 번째 제단 – 집안을 정결케 함(6:25–32)
C. 기드온의 신앙적 갈등(6:33–7:18)
a. 믿음이 없는 기드온과 4지파에서 온 군대(6:33–35)
b. 승리를 확신하고픈 기드온과 두 양털 테스트(6:36–40)
c. 두려워하는 사람들을 돌려보낸 후 더 줄이기 위하여 물가로 내려감(7:1–8)
c′. 두려워하는 기드온이 적들을 엿듣기 위해 적진으로 내려감(7:9–11)
b′. 하나님이 '보리떡 꿈'을 통해 확신을 주심(7:12–14)
a′. 하나님을 경배하는 기드온과 300명의 군대 출전(7:15–18)
B′. 미디안 사람들로부터의 하나님의 구원 – 두 전투(7:19–8:21)
B1′. 첫 번째 전투(요단 강 서편)(7:19–8:3)
B2′. 두 번째 전투(요단 강 동편)(8:4–21)
A′. 기드온 이야기 맺음말(8:22–32)

1. 서론(6:1–10)

[1] 이스라엘 자손이 또 여호와의 목전에 악을 행하였으므로 여호와께서 칠 년 동안 그들을 미디안의 손에 넘겨 주시니 [2] 미디안의 손이 이스라엘을 이긴지

라 이스라엘 자손이 미디안으로 말미암아 산에서 웅덩이와 굴과 산성을 자
기들을 위하여 만들었으며 3 이스라엘이 파종한 때면 미디안과 아말렉과 동
방 사람들이 치러 올라와서 4 진을 치고 가사에 이르도록 토지 소산을 멸하
여 이스라엘 가운데에 먹을 것을 남겨 두지 아니하며 양이나 소나 나귀도
남기지 아니하니 5 이는 그들이 그들의 짐승과 장막을 가지고 올라와 메뚜
기 떼 같이 많이 들어오니 그 사람과 낙타가 무수함이라 그들이 그 땅에 들
어와 멸하려 하니 6 이스라엘이 미디안으로 말미암아 궁핍함이 심한지라 이
에 이스라엘 자손이 여호와께 부르짖었더라 7 이스라엘 자손이 미디안으로
말미암아 여호와께 부르짖었으므로 8 여호와께서 이스라엘 자손에게 한 선
지자를 보내시니 그가 그들에게 이르되 여호와께서 이같이 말씀하시기를 이
스라엘의 하나님 내가 너희를 애굽에서 인도하여 내며 너희를 그 종 되었던
집에서 나오게 하여 9 애굽 사람의 손과 너희를 학대하는 모든 자의 손에서
너희를 건져내고 그들을 너희 앞에서 쫓아내고 그 땅을 너희에게 주었으며
10 내가 또 너희에게 이르기를 나는 너희의 하나님 여호와이니 너희가 거주
하는 아모리 사람의 땅의 신들을 두려워하지 말라 하였으나 너희가 내 목소
리를 듣지 아니하였느니라 하셨다 하니라

이스라엘이 여호와 앞에서 또다시 악한 일을 저질렀다(1절). 책 안에서 지금까지 이 표현이 사용된 사례들을 감안할 때 하나님께 등을 돌리고 우상을 숭배했다는 것을 뜻한다(cf. 2:11; 3:7, 12; 4:1; cf. 10:6; 13:1). 이스라엘이 하나님께 등을 돌릴 때마다 그랬던 것처럼 이번에도 하나님이 그들을 이방인의 손에 붙이셨다. 이스라엘을 억압한 사람들은 미디안 사람들이었다. 그들은 이스라엘을 7년 동안 괴롭혔다(1절).

'미디안 사람'(מִדְיָן)은 아브라함과 그의 두 번째 아내 그두라 사이에 태어난 아들에게서 유래한 자손이다(창 25:2-4). 미디안 사람들은 시내 반도와 아라비아 서쪽을 배회하며 살던 반(半)유목민들이었다(Block). 이스라엘과 미디안 사람들의 관계는 긍정적이기도 하고 부정적이기도

했다. 모세가 사람을 죽이고 이집트에서 도망하여 미디안으로 가서 그 곳에서 미디안 여자 십보라와 결혼했다(출 2:15-22). 모세의 장인이었던 미디안 사람 이드로는 모세에게 행정 체계에 대한 좋은 아이디어를 주기도 했다(출 18장). 이러한 일들은 모두 긍정적이다.

반면에 미디안 사람들은 이스라엘의 선조 요셉을 이집트에 노예로 팔아 넘겼다(창 37:25-36). 광야에서 미디안 사람들은 이스라엘을 유혹하여 여호와께 등을 돌리게 했다(민 25:6-16). 이 일로 인해 하나님은 이스라엘에게 "너희는 미디안 사람을 원수로 여겨, 그들을 쳐죽여라. 그들은 브올에서 생겼던 일과, 미디안의 한 우두머리의 딸, 곧 브올에서 생긴 일로 염병이 돌던 때에 처형당한 그들의 누이 고스비의 일로 너희를 속였고, 그렇게 너희를 속였을 때에, 이미 너희에게 고통을 주었기 때문이다"라고 말씀하셨다(민 25:17-18; 새번역). 미디안 사람의 일부인 겐 사람 헤벨(야엘의 남편)이 이스라엘을 괴롭히던 하솔의 왕 야빈과 동맹을 맺은 적이 있다(삿 4:17). 이런 점들을 고려할 때, 이 두 민족들의 관계는 부정적일 수밖에 없다.

미디안 사람들은 아말렉 족과 동방 사람들과 합세하여 이스라엘을 괴롭혔다(3절). 아말렉 족은 야곱의 형제 에서의 후손이며(창 36:12, 16), 이미 모압 왕 에글론과 함께 이스라엘을 괴롭힌 적이 있다(삿 3:13). '동방 사람들'(בְּנֵי־קֶדֶם)은 요단 강 동쪽에 살던 민족 중 어느 족속에게도 적용될 수 있는 표현이다(Pressler). 미디안 사람들과 함께 아라비아 사막을 떠돌던 유목민들을 뜻하는 것으로 생각된다(Block).

미디안 사람들은 이스라엘을 7년 동안 억압했다. 지금까지 이스라엘이 경험했던 여러 이방인의 지배 기간에 비하면 상대적으로 짧은 세월이다. 그러나 이스라엘은 이 7년 동안 전에 겪어보지 못한 혹독한 고통을 경험했다. 저자는 이러한 사실을 강조하기 위해 이스라엘이 미디안 사람들로부터 경험한 고통을 지금까지 있었던 이방인의 통치보다 더 상세하게 회고하고 있다(cf. 2-6절). 시간이 지날수록 하나님의 이방인을 통한 이스라엘 징계 수위가 높아지고 있는 것이다.

미디안 사람들은 이스라엘 백성이 자신들의 집에서 편안히 살도록 내버려두지 않았다. 끊임없는 공포와 두려움으로 그들을 폭행했다. 그래서 이스라엘 사람들은 산(הַר), 동굴(מְעָרָה), 요새(מְצָד) 등에 은신처(מִנְהָרָה)를 만들어 놓고 살았다(2절). 여차하면 밤중에라도 피신처로 떠나야 했던 것이다. 저자는 산, 동굴, 요새 등 세 종류의 은신처를 나열하여 이스라엘이 처한 곤경을 극대화하고 있다(Block). 원래 산, 동굴, 요새 등은 유목민들인 미디안 사람들이 이동하며 사는 곳이다(Webb). 그런데 이스라엘이 유목민인 미디안 사람들의 습격을 받아 이런 곳들로 도피해야 한다는 것이 아이러니하다. 시도 때도 없이 언제든 은신처로 피신할 것을 대비하고 살아가야 했던 이스라엘 사람들이 겪은 심리적인 불안감은 어느 정도였을까? 아마도 극에 달했을 것이다.

미디안 사람들의 억압은 심리적인 것으로 끝나지 않았다. 그들은 이스라엘 사람들의 농사를 망쳐 생존을 위협했다(3-4a절). 침략자들이 이스라엘의 농사를 망치는 방법도 매우 잔인했다. 이스라엘 사람들이 씨앗을 심어 놓으면, 미디안, 아말렉, 동방 사람들이 연합하여 올라와서는 아예 진을 치고 지내면서 체계적으로 농사를 완전히 망쳐놓는 것이다. 추수하면 일부를 빼앗아가는 것도 아니고, 아예 농사를 짓지 못하도록 해서 이스라엘의 생존 자체를 위협했다. 저자는 미디안 사람들을 중심으로 한 적들이 '메뚜기 떼'처럼 많았다고 하는데(5절), 이 말씀은 이스라엘이 하나님과의 언약을 어겨 언약적 저주를 받고 있다는 것을 의미한다(Olson, Boda, cf. 신 28:38).

그렇다면 미디안 사람들은 어떤 방법으로 이스라엘의 농사를 망쳤는가? 그들은 수많은 가축 떼를 몰고 와 들에서 한참 자라고 있는 곡식에 짐승들을 풀어 먹게 했다(5절). 이스라엘 사람들이 먹고 살려고 심은 곡식이 침략자들에게는 가축이 먹을 만한 풀밖에 되지 않았다. 미디안 사람들의 잔인성이 역력하게 드러난다. 미디안 사람들은 이스라엘 사람들이 굶주림에 허덕이다가 완전히 멸종되기를 원했던 것이다(cf. Webb).

미디안 사람들은 이스라엘의 농사를 망쳤을 뿐만 아니라 양, 소, 나귀도 모두 빼앗아갔다(4절). 농사를 망쳐 곡식을 빼앗아갔을 뿐만 아니라 그들의 가축까지 모두 빼앗아간 것이다. 이스라엘의 미래와 생명을 완전히 끊어 놓겠다는 의지를 보이는 행위다. 기드온 이야기의 전반적인 내용과 1-6절이 묘사하는 내용을 감안할 때, 미디안 사람들은 모압 왕 에글론처럼 이스라엘을 정복하고 통치하여 제도적으로 억압하지는 않은 것으로 생각된다. 만일 그렇게 했더라면 미디안은 이스라엘로부터 더 많은 조공을 받아내려고 노력했을 것이고, 그러기 위해서는 이스라엘의 농사를 망치면 안 된다.

그러므로 미디안 사람들이 휘두르는 폭력의 성향을 보면 오직 자신들이 힘이 세다는 한 가지 이유로 주기적으로 찾아와 특별한 이유 없이 약자를 괴롭히는 가장 비겁한 형태를 띠고 있다. 그들은 때가 되면 일시적으로 주민들을 괴롭히는 산적들과 같았다. 이런 유형의 폭력이 피해자를 더 괴롭힌다는 것은 더 이상의 설명이 필요 없다. 저자는 이 모든 일 뒤에는 하나님의 이스라엘에 대한 심판이 숨겨져 있다고 한다.

그러므로 비록 미디안 사람들의 억압이 7년밖에 지속되지 않았지만, 이스라엘 사람들이 체감한 고통은 그들이 이때까지 체험한 그 어느 이방인의 압제보다도 혹독하게 느껴졌다. 그래서 미디안의 억압이 지속된 7년 동안 이스라엘은 매우 '빈곤해졌다/작아졌다'(דלל)(6절). 날이 갈수록 왕성해지는 억압자 미디안에 반해 이스라엘은 이 시대를 지나면서 경제적으로, 심리적으로 매우 위축되었던 것이다(Boda). 고통이 더 이상 견딜 수 없는 수위에 도달하자 마침내 이스라엘 자손들이 하나님께 울부짖었다(6절). 그러나 이번에도 그들의 울부짖음이 회개를 전제하는 것은 아니다(Younger). 그냥 너무 고통스러워서 소리치는 것에 불과하다(Block).

하나님이 백성의 울부짖음에 어떻게 대응하실 것인가? 하나님은 여태까지 백성이 울부짖으면 구원자를 세우셨다. 그러나 이번에는 구원자 대신 선지자를 보내셨다(8절). 사사기에서 남자 선지자가 모습을 보이는 것은 이곳뿐이다. 선지자는 마치 천사처럼 권위를 가지고 말한다(Bluedorn). 하나님은 선지자를 통해 구원 약속을 주시지 않고 이스라엘의 죄를 비난하셨다(8-10절). 전혀 기대하지 못했던 일이 벌어지고 있는 것이다. 물론 하나님은 잠시 후에 기드온이라는 구원자를 세우실 것이다. 그러나 여태까지 이스라엘의 죄를 묵인하시고 구원을 베푸셨던 것과는 달리 이번에는 먼저 그들이 무엇을 잘못했는가를 확실히 짚고 넘어가시겠다는 것이다.

하나님은 먼저 자신이 출애굽의 하나님이라는 사실을 밝히신다(8-9a절). 이스라엘 역사에서 가장 중요한 사건은 출애굽이다. 이스라엘은 출애굽 사건을 통해서 한 국가로 출범할 수 있었다. 또한 출애굽 사건으로 인하여 이스라엘은 여호와의 백성이 될 수 있었다. 그러므로 출애굽 사건은 이스라엘의 신분을 노예에서 영토를 지닌 당당한 백성으로 바꾸어 놓았다.

출애굽 사건은 이스라엘이 경험한 하나님의 구원 사역 중 가장 위대한 사건이기도 하다. 그러므로 이스라엘은 출애굽의 하나님을 기념해야 한다. 그런데 그 당시 사람들이 출애굽의 하나님을 잊었다. 여호와가 이스라엘의 조상들에게 은혜를 베푸신 하나님으로 기억될지는 모르지만, 자신들과는 별로 상관없는 하나님으로 간주되었던 것이다. 이러한 정황에서 여호와께서 출애굽의 하나님으로 자신을 밝히신다. 백성에게 자신들의 과거를 뒤돌아보고 신학적 뿌리를 찾으라는 권면이 암시되어 있다.

하나님은 자신이 이스라엘에게 가나안 땅을 기업으로 준 장본인이라는 사실을 밝히신다(9b절). 이스라엘이 자신들보다 훨씬 더 강한 민족을 이길 수 있었고, 억압하는 모든 사람의 손에서 벗어날 수 있었던 것은 전적으로 하나님의 은총이었다. 심지어는 하나님이 이스라엘 앞에서 가나안 사람들을 내치시고 그들의 땅을 이스라엘에게 주셨다. 가나안 정복 전쟁은 하나님의 성전이었으며, 이스라엘은 가나안 땅을 싸워 취한 것이 아니라 하나님께 선물로 받은 것이다.

하나님은 이스라엘을 출애굽하게 하시고, 가나안 땅을 기업으로 주신 다음 그들에게 딱 한가지를 요구하셨다. 오직 여호와에게만 충성하고 절대 가나안 사람들의 신을 숭배하지 말라는 것이다(10절). 냉정하게 생각해보면, 이스라엘이 지금까지 하나님이 베풀어 주신 은혜를 생각한다면 하나님이 이런 요구를 하지 않으셔도 그렇게 하는 것은 당연하다. 또한 여태까지 그들이 체험한 것을 되돌아보면 이렇게 하는 것이 그들의 당연하고 유일한 선택이다. 그런데 그들은 여호와 그들의 하나님의 당연한 요구마저 지비리고는 가나안 사람들의 우상을 좇았다. 이스라엘은 배은망덕한 민족이다. 죄는 이처럼 사람을 비이성적으로 변질시킨다. 그러므로 이스라엘이 그들의 언약 파트너이신 하나님의 비난을 받는 것은 당연하다.

하나님이 이스라엘이 부르짖을 때 사사를 보내어 구원하시는 것이 아니라 대신 선지자를 보내셔서 야단치시는 것이 불안하다. 이제부터는 배은망덕한 주의 백성을 더 이상 구원하지 않으실 것인가? 이스라엘이 아무리 울부짖어도 그들의 고통을 지켜만 보실 것인가? 비록 하나님은 이스라엘이 주께 등을 돌린 것을 비난하셨을지라도, 다음 섹션에서 다시 그들을 위하여 구원자를 세우신다. 정말 다행스러운 일이다. 하나님이 사람이 하는 대로 갚으시면 이 세상에는 살아남을 사람이 없기 때문이다.

II. 본론: 거듭되는 고난과 해방(3:7–16:31)
E. 기드온 대 미디안(6:1–8:32)

2. 하나님이 기드온을 구원자로 세우심(6:11–32)

하나님이 이름 모를 선지자를 보내 이스라엘을 책망하신 지 얼마나 시간이 흘렀을까? 이번에는 주의 천사(מַלְאַךְ יְהוָה)가 이스라엘에 모습을 드러냈다. 기드온을 이스라엘의 구원자로 세우기 위해서였다(11–18절). 그러나 기드온은 쉽게 하나님의 부르심을 받아들이지 않았다. 하나님의 부르심에 쉽게 응하지 않는 기드온은 옛적 호렙 산에서 모세가 하나님의 부르심에 불응했던 모습을 연상케 한다(Webb, Niditch, cf. 출3장). 그러나 중요한 차이점들도 있다(cf. O'Connell). 기드온은 일종의 유사품 모세인 것이다(Block, Younger). 기드온의 부르심은 또한 여호수아의 부르심(수1장)과도 비슷하다. 이 세 사람은 다음과 같은 공통점을 지녔다(Klein).

	기드온(삿 6장)	모세(출 3장)	여호수아(수 1장)
정황	적들에게서 숨어서 집안의 유지이자 이방종교의 제사장인 아버지 요아스를 위해 일하고 있음	천사가 그를 찾았을 때 그는 장인 이드로의 양을 돌보고 있었음	모세가 죽은 후에 싯딤에 있는 이스라엘의 진영
위임	내가 너를 보내지 않았느냐?	내가 너를 보내느니라	일어나라, 내가 너를 권면하지 않았느냐?
반론	부족함에 대한 변명: 내가 무엇으로… 내 집안은 가장 약한 집안. 나는 내 집안에서도 가장 낮은 자.	부족함에 대한 변명: 내가 누구이길래 이스라엘의 아들들을 이집트로부터 인도해낼 수 있단 말인가?	없음
확인	내가 너와 함께하리다	내가 너와 함께하리다	내가 너와 함께하리다
징표	징표를 주소서	이것이 징표가 되리라	없음
현현	불	불	없음
그 외			강하고 담대하라. 두려워 말라

하나님이 현현을 통해 직접 소명을 주신 사사로는 기드온이 유일하다. 기드온은 대단한 영광을 누렸던 것이다. 주의 사자가 모습을 드러낸 곳은 아비에셀 사람 요아스의 땅 오브라에 있는 상수리나무 아래였다(11절). '상수리나무 아래'라는 말은 드보라가 바락에게 소명을 준 일을 연상케 한다(Bluedorn). 그러나 하나님의 공정한 판결이 이루어진 드보라와 바락의 이야기와는 달리 이 이야기에서는 상수리나무 아래가 우상숭배의 중심지가 되어 있다(Boda). 시간이 지나면서 이스라엘이 더욱더 타락한 것이다.

기드온의 아버지 요아스(יוֹאָשׁ)는 여호아스(יְהוֹאָשׁ)를 줄인 이름을 가진 사람이며 그의 이름은 '여호와는 강하다'라는 뜻을 지녔다. 그러나 이처럼 신앙적으로 좋은 의미의 이름을 지닌 요아스와 그의 아들 기드온은 하나님이 강하다는 것을 인정하지 않는다. 그래서 우상 숭배자들이 되어 있다. 그것도 한때 여 선지자 드보라가 사역하던 일을 연상케 하는 '상수리나무 아래'에서 말이다(Boda). 쿤틸렛 아즈루드(Kuntillet 'Ajrud)라는 곳에서 이 시대의 것으로 추정되는 그림과 새겨진 글이 발견되었는데, 이렇게 쓰여 있었다. "여호와… 그리고 그의 [아내] 아세라"(Mathews). 기드온 시대에 종교적인 복합주의가 성행했음을 알 수 있다.

요아스는 아비에셀 사람(אֲבִי הָעֶזְרִי)이었다. 여호수아서 17:2와 역대기상 7:18에 의하면 아비에셀 사람들은 므낫세 지파에 속한 자들이었다(cf. 15절). 여호수아는 므낫세 지파에게 요단 강 동편과 서편에 기업을 주었다. 이 중 아비에셀 자손들은 요단 강 서편에 정착한 것이 확실하다(cf. 35절). 요아스는 오브라(עָפְרָה)에 땅을 소유하며 살고 있었다. 오브라는 이스르엘 계곡 어디쯤 있었던 것이 추측될 뿐 정확한 위치는 밝혀지지 않았다(Pressler, Boda, cf. ABD).

기드온(גִּדְעוֹן)의 이름을 풀이하면 '부수는 자/[도끼로] 찍는 자'(hacker)이다(McCann, Block). 잠시 후에 그는 아버지의 바알 제단을 허물고 아세라 목상을 찍어낸다(25–27절). 저자는 그가 '여룹바알'(יְרֻבַּעַל)이란 이름으로도 불렸다고 한다(6:32; 7:1). 일부 주석가들은 기드온이 이처럼 두 이름을 지닌 것이 그의 이야기가 최소한 두 개의 다른 전승에서 비롯되었기 때문이라 한다(Pressler). 그러나 이야기가 진행되는 정황을 참작하면 이 사람의 본명은 따로 있고, 여룹바알과 기드온이 그에게 주어진 별명/애칭이었을 가능성을 배제할 수 없다(cf. Block). 기드온은 미디안 사람들만 부수는 것이 아니라, 이스라엘 사람들의 여호와를 향한 믿음도 부순다(8:24–27). 비록 그가 천사에게 "나의 가문은 므낫세 지파 가운에서도 가장 약하다"라고 말하지만(15절), 이야기 전개 과정에서 드러나는 것은 그의 집안이 상당한 재력을 지닌 유력한 집안이었다는 사실이다. 이 섹션은 다음과 같이 두 파트로 나뉠 수 있다.

A. 하나님이 기드온을 부르심(6:11–24)
B. 기드온이 집안을 정결케 함(6:25–32)

II. 본론: 거듭되는 고난과 해방(3:7–16:31) E. 기드온 대 미디안(6:1–8:32) 2. 하나님이 기드온을 구원자로 세우심(6:11–32)

(1)하나님이 기드온을 부르심(6:11–24)

11 여호와의 사자가 아비에셀 사람 요아스에게 속한 오브라에 이르러 상수리
나무 아래에 앉으니라 마침 요아스의 아들 기드온이 미디안 사람에게 알리
지 아니하려 하여 밀을 포도주 틀에서 타작하더니 12 여호와의 사자가 기드
온에게 나타나 이르되 큰 용사여 여호와께서 너와 함께 계시도다 하매 13 기
드온이 그에게 대답하되 오 나의 주여 여호와께서 우리와 함께 계시면 어찌
하여 이 모든 일이 우리에게 일어났나이까 또 우리 조상들이 일찍이 우리
에게 이르기를 여호와께서 우리를 애굽에서 올라오게 하신 것이 아니냐 한

그 모든 이적이 어디 있나이까 이제 여호와께서 우리를 버리사 미디안의 손
에 우리를 넘겨 주셨나이다 하니 14 여호와께서 그를 향하여 이르시되 너는
가서 이 너의 힘으로 이스라엘을 미디안의 손에서 구원하라 내가 너를 보낸
것이 아니냐 하시니라 15 그러나 기드온이 그에게 대답하되 오 주여 내가 무
엇으로 이스라엘을 구원하리이까 보소서 나의 집은 므낫세 중에 극히 약하
고 나는 내 아버지 집에서 가장 작은 자니이다 하니 16 여호와께서 그에게 이
르시되 내가 반드시 너와 함께 하리니 네가 미디안 사람 치기를 한 사람을
치듯 하리라 하시니라 17 기드온이 그에게 대답하되 만일 내가 주께 은혜를
얻었사오면 나와 말씀하신 이가 주 되시는 표징을 내게 보이소서 18 내가 예
물을 가지고 다시 주께로 와서 그것을 주 앞에 드리기까지 이 곳을 떠나지
마시기를 원하나이다 하니 그가 이르되 내가 너 돌아올 때까지 머무르리라
하니라 19 기드온이 가서 염소 새끼 하나를 준비하고 가루 한 에바로 무교병
을 만들고 고기를 소쿠리에 담고 국을 양푼에 담아 상수리나무 아래 그에게
로 가져다가 드리매 20 하나님의 사자가 그에게 이르되 고기와 무교병을 가
져다가 이 바위 위에 놓고 국을 부으라 하니 기드온이 그대로 하니라 21 여호
와의 사자가 손에 잡은 지팡이 끝을 내밀어 고기와 무교병에 대니 불이 바
위에서 나와 고기와 무교병을 살랐고 여호와의 사자는 떠나서 보이지 아니
한지라 22 기드온이 그가 여호와의 사자인 줄을 알고 이르되 슬프도소이다
주 여호와여 내가 여호와의 사자를 대면하여 보았나이다 하니 23 여호와께서
그에게 이르시되 너는 안심하라 두려워하지 말라 죽지 아니하리라 하시니라
24 기드온이 여호와를 위하여 거기서 제단을 쌓고 그것을 여호와 살롬이라
하였더라 그것이 오늘까지 아비에셀 사람에게 속한 오브라에 있더라

하나님의 부르심을 전하기 위하여 천사가 기드온을 찾았을 때, 그는 미디안 사람들에게 들키지 않으려고, 포도주 틀에서 몰래 밀이삭을 타작하고 있었다(11절). 미디안 사람들이 두려워서 숨어서 곡식을 타작하고 있는 기드온의 모습이 상당히 우스꽝스럽다. 밀을 타작하는 일은

많은 공간이 필요하다. 거두어들인 곡식을 도리깨로 내리쳐 줄기(지푸라기)와 곡식을 나눈 다음, 곡식을 채질하여 검불/왕겨와 곡식을 분류해야 한다. 그래서 성경은 '타작 마당'이라는 말을 자주 사용한다. 반면에 포도주 틀은 보통 바위를 파내어 2층 계단식으로 만든 협소한 공간이다. 위쪽 통에 포도를 넣고 사람이 들어가 짓밟아 으깨면 즙이 흘러 아래 쪽에 있는 저장고에 고이게 디자인 되었다. 포도를 넣고 밟아 즙을 채취하는 술틀의 깊이는 보통 1m 정도 되었다. 기드온은 이곳에서 들키지 않으려고 몸을 낮추어가며 곡식을 타작하고 있다(Block). 그는 이처럼 비좁은 공간에 들어가 넓게 트인 곳에서 해야 하는 작업을 하고 있다. 시절이 악하니 어떡하겠는가!

미디안 사람들의 눈을 피해 포도주 틀에 들어가 몰래 밀이삭을 타작하고 있는 기드온의 형편을 아는지 모르는지 하나님의 천사는 그에게 나타나 '힘센 장사'(גִּבּוֹר הֶחָיִל)라고 부른다! 하나님이 직접, 혹은 천사를 통해 사사를 부르신 것은 기드온이 유일하다. 그러나 기드온만큼 하나님을 믿지 못하는 사사도 없다(Exum). 천사가 기드온을 '힘센 장사'라고 부르는 것은 전혀 예상하지 못했던 일이며 그의 귀족적인 신분을 염두에 두고 한 것이든지(Boling), 아니면 그를 지나치게 치켜세우는(flattering) 말이다(Pressler). 이스라엘을 구원할 '영웅' 기드온이 비겁하게 미디안 사람들의 눈을 피해 조그만 술틀에 숨어 곡식을 털고 있다는 것은 매우 희극적인 아이러니다(Younger). 이렇게 비겁한 기드온과 여호와께서 함께하신다는 사실이 놀라울 뿐이다(12절).

천사의 말을 듣고 있던 기드온은 설득이 되지 않아 '하나님이 너와 함께하신다'라고 선언한 천사에게 반론을 제기한다(13절). 기드온이 제기하는 문제는 크게 세 가지다. 첫째, 천사의 말대로 하나님이 이스라엘과 함께 계신다면 왜 그들이 고통을 겪고 있는가? 둘째, 옛적 조상들 시절에는 그렇게 흔하던 하나님의 기적이 자기 시대에 와서는 왜 멈추었는가? 셋째, 이스라엘이 처해 있는 정황을 보면 하나님이 자기 백성을 미디안 사람들에게 버리신 것이 확실하지 않는가? 즉, 하나님은 더 이상 이스라엘에 관심이 없으시거나 이스라엘을 사랑하지 않으시는 분이라는 것이다. 기드온의 반론은 논리 정연한 것들이다. 그러나 그가 이 모든 문제가 이스라엘의 죄 때문에 빚어지고 있는 일이라는 것을 깨달았다면 하나님을 원망하지 않았을 것이다. 오히려 회개했을 것이다.

그러자 여호와(יְהוָה)께서 그를 바라보면서 말씀하셨다(14절). 이 대화를 시작한 이는 여호와의 사자(מַלְאַךְ יְהוָה)였는데(11절), 어느 순간에 여호와로 바뀌어 있다. 구약에서는 하나님의 현현과 천사들의 현현이 구분되지 않는다. 천사들을 보는 것은 곧 하나님을 보는 것인 경우가 흔하다. 하나님은 기드온이 제기한 세 가지 문제에 직접적으로 대답하지 않으신다. 여호와께서 문제를 해결하려고 직접 오셨으니 기드온이 제기한 반론들은 무의미해졌기 때문이다(McCann).

하나님이 고통당하고 있는 자기 백성을 구하라며 기드온을 부르신 일은 여러 면에서 모세를 부르신 일과 비슷하다(cf. Schökel, Bluedorn, Webb). 하나님은 기드온에게 명령하셨다. "너에게 있는 힘을 가지고 가서 네 백성 이스라엘을 구하라. 내가 너를 보내노라"(14절). 나중에 여호와의 영이 기드온을 사로잡은 후에야(34절) 그가 전쟁에 임하는 것을 보면 이 말씀은 기드온의 개인적인 능력으로 이스라엘을 구원하라는 말이 아니다. 또한 바로 앞에서 '여호와께서 너와 함께하신다'라고 했다(12절). 곧 '내가 너에게 주는 능력을 가지고 가서 이스라엘을 구원하라'라는 말씀이다. 기드온이 이스라엘을 구원하는 일에서 성공할 것을 보장하는 것은 하나님이 주시는 능력과 하나님이 이 일을 위하여 그를 보내셨다는 사실이다.

기드온은 하나님의 소명에 순종하지 않고 다시 반론을 제기한다(15절). 자기 가문은 므낫세 지파 중에서도 가장 약하며, 자신은 형제 중에서도 가장 어리다고 한다. 즉, 자신은 이런 일을 감당할 만한 여력을 지닌 사람이 아니라는 것이다. 옛적에 모세가 그랬던 것처럼, 기드온은 하나님의 사역을 자신의 힘과 재력으로 해야 하는 것으로 착각하고 있다. 하나님이 우리에게 소명을 주시면 그 소명을 감당할 능력도 주신다는 것이 성경의 가르침이다. 이미 하나님이 "내가 너와 함께 한다. 내가 너를 이스라엘의 구원자로 임명했다"(새번역)라고 말씀하셨는데 기드온이 이런 말을 하는 것은 하나님의 사역에 대한 올바른 이해가 없다는 것을 의미하며, 그가 하나님을 온전히 믿지 못한다는 증거다.

하나님은 다시 한번 기드온을 안심시키셨다(16절). "너는 분명 미디안 사람들을 쳐서 승리할 것이다. 내가 너와 함께하기 때문이다"(새번역) 모세가 소명을 받고도 확신이 서지 않아 고민할 때 하나님이 그에게 주셨던 말씀을 연상케 한다(cf. 출 3:12-14). 하나님은 기드온이 미디안과의 전쟁에서 승리할 것을 이 전쟁의 결과를 결정할 가장 중요한 것 두 가지를 약속하여 보장하신다. 하나님의 능력과 함께하심(Olson). 능력의 하나님이 함께하시니 기드온은 분명히 미디안과의 전쟁에서 승리할 것이다. 아무리 많은 적군을 만나도 마치 한 사람과 싸워 이기는 것처럼 쉽게 이길 것이다. 하나님이 약속하셨고, 이 약속을 지키기 위하여 그와 함께하실 것이기 때문이다. 기드온은 자신의 성공 여부가 다름 아닌 하나님이 그와 함께하시는 것 한 가지에 의하여 결정된다는 것을 깨달아야 한다.

기드온의 마음이 조금 움직였다. 그러나 확신은 서지 않았다. 그는 구체적으로 두 가지를 확인하고 싶었다. (1) 하나님의 특별한 은혜가 그에게 임했다는 것 (2) 여호와께서 이 일을 하는 동안 꼭 그와 함께 하실 것이라는 것(Block). 그래서 기드온은 자기를 찾아와 대화하시는 분이 여호와라는 것을 입증할 만한 '증표'(אוֹת)를 요구했다(17절). 자기가 드릴 제물(מִנְחָה)을 가져올 때까지 떠나지 말고 기다려 달라는 것이다(18절). 제물을 드리는 것이 어떻게 증표가 된다는 말인가? 그것은 만일 자기와 대화하시는 분이 여호와시라면 제물을 드리면 하나님이 스스로 제물을 불사르실 것이며, 이것이 증표가 될 것이라는 생각 때문이다(cf. 21절). 하나님은 기드온이 제물을 가지고 돌아올 때까지 기다려 주시겠다고 했다. 하나님이 아직 확신이 서지 않은 기드온을 기다려 주시는 것이 인상적이다.

기드온은 급히 집으로 돌아가서 제물을 가져다가 하나님께 드렸다(19-24절). 염소 새끼 한 마리로 요리를 만들고 밀가루 한 에바(22ℓ)로 누룩이 들어가지 않은 빵을 만들어 상수리나무 아래에서 기다리는 천사에게 가져왔다. 미디안 사람들의 억압으로 인해 당시 이스라엘 사람들의 삶이 매우 어려웠던 점을 고려하면 상당히 큰 제물이다. 이 정도 분량의 제물이면 당시 가나안 사람들이 우상들에게 바치는 규모 정도 되었다(Block). 기드온은 우상들에게 제물을 바치듯 하나님께 예물을 가져온 것이다(Block, Younger). 그가 여호와 하나님을 모른다는 사실을 감안하면 당연한 일이다. 또한 기드온이 가져온 예물은 그를 찾아온 손님을 접대하고자 하는 의도도 포함하고 있다(Amit). 그런데도 하나님은 그의 제물을 받으셨다. 하나님이 기드온을 구원자로 사용하시기 위하여 많이 참으신 것이다.

천사의 명령에 따라 기드온이 빵과 고기를 바위 위에 놓고 국물을 부었다. 천사가 가지고 있던 지팡이 끝을 그 고기와 빵에 대니 순식간에 고기와 빵에 불이 붙었다(21절). 제물이 불살라진 다음에 천사는 더 이상 보이지 않았다. 기드온과의 약속대로 그가 제물을 가져 올 때까지 기다렸다가 자신이 곧 여호와께로부터 온 사자라는 것을 입증했으니 더 이상 그곳에 머물 필요가 없었다.

구약에서 사람이 하나님께 제물을 드렸을 때 그 제물이 순식간에 타 올라간다는 것은 하나님이 그 제물을 받으시고 드린 사람을 인정하고 축복하신다는 뜻이다(Block). 특히 기드온의 경우 주의 천사가 직접 제물에 불을 붙였다. 그러니 더 이상 바랄 게 없게 되었다. 그런데도 기드온은 오히려 생명에 위협을 느끼며 두려움에 떤다. "주 하나님, 내가 주님의 천사를 대면하여 뵈었습니다"(22절; 새번역). 지금까지 하나님에게 갖가지 반론과 변명을 늘어놓는 것을 두려워하지 않던 사람의 태도가 자기가 드린 제물이 불타는 것을 보고 순식간에 바뀐 것이다. 만일 여호와께서 그를 죽이려고 하셨다면 왜 그의 앞에 나타나셔서 이스라엘의 구원에 대하여 대화를 하셨겠는가? 그러므로 지금은 기드온이 죽음을 두려워할 때가 아니라, 그를 택하신 분에게 감사의 제단을 쌓을 때다. 기드온의 어리석음을 엿볼 수 있는 대목이다.

하나님은 생명에 위협을 느끼며 떨고 있는 기드온에게 세 개의 짤막한 문장으로 위로를 주셨다. '안심하여라(שָׁלוֹם לְךָ). 두려워하지 말아라(אַל־תִּירָא). 너는 죽지 않는다(לֹא תָּמוּת)'(23절). 기드온은 절대로 죽지 않을 뿐만 아니라 모든 것이 하나님이 이미 그에게 말씀하신 대로 될 것이니 걱정하지 말고 순종하라는 권면이다. 하나님이 이 정도까지 배려해 주시니 무엇이 문제가 되겠는가? 그러나 잠시 후에 보겠지만 기드온은 불신과 근심으로 가득 찬 사람이었다.

하나님의 말씀에 정신을 차린 기드온은 곧장 그 자리에 제단을 쌓고 그 제단의 이름을 '주님은 평화'라는 뜻을 지닌 '여호와 샬롬'(יְהוָה שָׁלוֹם)이라고 불렀다(24절). 하나님이 그를 위로하시면서 말씀하셨던 "평안이 너에게 있으리라"(שָׁלוֹם לְךָ)(23절)에 감동하여 지은 이름이다. 또한 기드온이 이 전쟁에서 자신이 아니라 여호와가 주인공이라는 것을 고백하는 이름이기도 하다(Pressler). 저자는 이 제단이 '오늘날까지'(עַד הַיּוֹם הַזֶּה) 기드온의 아버지 땅에 있다고 한다. 저자는 이러한 정보를 제공하여 '오늘날까지 여호와 샬롬 제단'이 그곳에 있기 때문에 기드온 시대에 하나님이 자기 백성에게 주신 평화가 아직도 그들을 보호하고 있다는 것을 강조하고자 한다(Bluedorn, Boda). 이때가 언제쯤인지는 알 수 없지만, 이 글을 처음 읽던 사람들의 시대다.

II. 본론: 거듭되는 고난과 해방(3:7-16:31)
  E. 기드온 대 미디안(6:1-8:32)
    2. 하나님이 기드온을 구원자로 세우심(6:11-32)

(2)기드온이 집안을 정결케 함(6:25-32)

25 그 날 밤에 여호와께서 기드온에게 이르시되 네 아버지에게 있는 수소 곧
칠 년 된 둘째 수소를 끌어 오고 네 아버지에게 있는 바알의 제단을 헐며 그
곁의 아세라 상을 찍고 26 또 이 산성 꼭대기에 네 하나님 여호와를 위하여
규례대로 한 제단을 쌓고 그 둘째 수소를 잡아 네가 찍은 아세라 나무로 번
제를 드릴지니라 하시니라 27 이에 기드온이 종 열 사람을 데리고 여호와께
서 그에게 말씀하신 대로 행하되 그의 아버지의 가문과 그 성읍 사람들을
두려워하므로 이 일을 감히 낮에 행하지 못하고 밤에 행하니라 28 그 성읍
사람들이 아침에 일찍이 일어나 본즉 바알의 제단이 파괴되었으며 그 곁의
아세라가 찍혔고 새로 쌓은 제단 위에 그 둘째 수소를 드렸는지라 29 서로
물어 이르되 이것이 누구의 소행인가 하고 그들이 캐어 물은 후에 이르되
요아스의 아들 기드온이 이를 행하였도다 하고 30 성읍 사람들이 요아스에게
이르되 네 아들을 끌어내라 그는 당연히 죽을지니 이는 바알의 제단을 파괴
하고 그 곁의 아세라를 찍었음이니라 하니 31 요아스가 자기를 둘러선 모든
자에게 이르되 너희가 바알을 위하여 다투느냐 너희가 바알을 구원하겠느냐
그를 위하여 다투는 자는 아침까지 죽임을 당하리라 바알이 과연 신일진대
그의 제단을 파괴하였은즉 그가 자신을 위해 다툴 것이니라 하니라 32 그 날
에 기드온을 여룹바알이라 불렀으니 이는 그가 바알의 제단을 파괴하였으므
로 바알이 그와 더불어 다툴 것이라 함이었더라

기드온이 제단의 이름을 통해 하나님에 대한 신앙을 고백했지만, 하나님은 그에게 순종을 요구하셨다. 그래서 하나님은 기드온에게 믿음이 없이는 하기 어려운 일을 요구하셨는데, 바로 그의 아버지 집에서 모든 이방 종교의 흔적을 제거하라는 것이다. 모세가 하나님의 종이 되어 이스라엘 구원 사역에 참여하기 앞서 아들들에게 할례를 행해야 했던 것처럼, 기드온은 바알을 숭배하고 있는 자기 집안을 먼저 정결하게 해야 한다. 기드온은 그의 이름이 뜻하는 '찍는 자'가 되어 바알 제단을 허물고 아세라 목상을 찍어 내야 한다. 하나님이 때로는 우리의 삶과 자세가 바뀌었다는 증거를 요구하신다. 기드온의 경우 그가 먼저 하나님께 '징표'를 요구했는데, 이번에는 하나님이 그에게 징표를 요구하신다. 하나님은 이 일을 통해 우상숭배가 이루어지는 이 제단을 주님께 제물을 바치는 제단으로 정화하려 하신다(Younger).

하나님이 기드온에게 바알 제단을 허물고 아세라 목상을 찍어내라고 명령하신 부분은 명확한데, 소를 사용하라는 부분은 혼란스럽다(25절). 가나안 종교에서 바알이 황소로 묘사되는 것은 흔한 일이었다(Olson). 그러므로 소를 사용하여 '황소 바알'(Baal the bull)의 제단을 허무는 것은 쉽게 이해가 간다.

문제는 일부 번역본들이(표준; TNK) '어린 수소'로 번역하고 있는 히브리어 문구(פַּר־הַשּׁוֹר)가 성경에서 이곳에만 사용되며, 문자적으로 해석하면 '수송아지 중 황소'(the bull of the bullock)라는 다소 이해하기 어려운 의미를 지니고 있다. 또한 '둘째 황소'라고 번역되고 있는 히브리어 문구(פַּר הַשֵּׁנִי) 역시 해석이 쉽지 않다(cf. 개역; NIV, NAS, NRS, JPS). 왜냐하면 이 이야기에서 '둘째 황소'의 의미나 중요성이 전혀 드러나지 않기 때문이다(cf. 25, 26, 28절). 게다가 만일 25절이 두 황소가 사용된 것을 뜻한다면, 첫 번째 황소는 26절 이후부터 이야기에서 자취를 감춘다. 그러므로 상당수의 학자(Emerton, Soggin, Block)와 번역본(개역; 공동; NIV, NRS)은 25절이 한 마리의 소를 언급하는 것으로 이해한다.

그렇다면 '둘째'(הַשֵּׁנִי)가 의미하는 바는 무엇인가? 이스라엘의 주변 언어들에 근거하여 이 단어가 '둘'을 뜻하는 것이 아니라 '고귀한, 우수한'을 뜻한다는 주장이 제기되었다(Emerton). 이 경우 25절의 소에 대한 언급은 '칠 년 된 우수한 소'(the prize bull, seven years old)가 된다. 이야기의 흐름에서 두 마리의 소가 필요 없을 뿐만 아니라, 첫 번째 소와 두 번째 소가 각자 이야기 진행에 기여하는 바도 없으며, 첫 번째 소의 행방을 설명하기가 어렵다는 점을 고려할 때, 이 해석이 바람직하다. 기드온은 두 마리의 소를 바친 것이 아니라 한 마리의 7년 된 우수한 소를 바친 것이다. 이 소가 왜 일곱 살이 되어야 하는가는 미스터리로 남을 수밖에 없지만, 이스라엘이 미디안 사람들에게 고통을 당한 햇수가 7년이라는 점하고 무관하지는 않는 듯하다(Rudman, Bluedorn, cf. 6:1).

하나님은 기드온에게 아버지의 외양간에서 칠 년 된 우량 소 한 마리를 끌고 가서 바알 제단을 허물고 아세라 목상을 찍으라고 하셨다. 사람이 손으로 하는 것보다 힘센 소에 끈을 매어 제단을 허무는 것이 훨씬 더 수월했을 것이다. 제단을 허물고 아세라 상을 찍어낸 다음 그곳에 율법의 규례에 따라 하나님께 제단을 쌓고 그 제단 위에 소를 잡아 아세라 목상을 찍은 나무를 사용하여 주께 번제로 드리라고 하셨다(26절).

기드온은 종 중 10명을 데리고 여호와께서 명령하신 대로 모두 실천했지만, 집안 사람들과 이웃들이 두려워 밤에 일을 진행했다(27절). 하나님의 현현을 직접 체험하고 하나님이 함께하시며 도우실 것이라는 약속을 받은 기드온이 하나님께 완전히 마음을 드리지 못하고 아직도 사람을 두려워하고 있다. 그래서 그는 모든 사람이 보는 앞에서 당당하게 해야 할 일을 그들의 눈을 피해 밤에 숨어서 하고 있다(Block, Younger). 천사가 기드온을 '큰 용사'라고 불렀는데(6:12), 기드온은 아직 그 같은 명성에 부응하는 삶을 살지 못하고 있다(Olson). 저자는 그가 밤에 이 일을 행했다는 세부적 정보를 제공하는 것이 그에 대한 부정적인 평가에 일조한다. 기드온은 바락처럼 겁이 많은 사람이었다는 것이다(Schneider).

다음날 한바탕 소동이 일었다. 바알 제단이 헐려 있고 아세라 상이 찍혀 있으며 새로 여호와께 만든 제단에는 그 칠 년 된 우량 소가 제물로 타고 있었기 때문이다(28절). 흥분한 마을 사람들이 기드온이 범인인 것을 알고 몰려와 그를 죽이려 했다(29-30절). 기드온이 그들을 두려워하여 야밤에 제단을 헌 것에는 그럴 만한 이유가 있었던 것이다. 우상 숭배자들을 죽여야 할 사람들이(cf. 신 13:1-18) 오히려 우상을 파괴한 사람을 죽이려고 한다는 것이 다소 아이러니컬하다. 이것이 죄인의 모습이다. 죄를 짓다 보면 해야 할 일과 해서는 안 될 일에 혼선을 빚는다.

분노한 동네 사람들을 맞이한 기드온의 아버지 요아스는 "왜 당신들이 바알을 구하려 하느냐? 바알이 신이라면 그가 직접 나서서 자기 제단을 헌 사람과 싸우도록 하라"라며 오히려 호통을 쳤다. "만일 이 일에 계속 참견하면 내일 아침까지 죽게 될 것"이라는 경고도 추가했다(31절; 새번역). 기드온을 해하면 가만히 있지 않겠다는 협박이다. 요아스는 재력이 있는 유지였기 때문에 사람들은 그의 경고에 귀를 기울일 수밖에 없다. 또한 만일 성읍 사람들이 바알을 위해 기드온을 죽인다면, 요아스에게는 살해된 기드온의 아버지로서 그들에게 보복할 권리가 있다.

요아스의 경고는 아들의 목숨을 보존하려는 아버지의 의지일까, 아니면 늦게나마 우상숭배의 어리석음을 깨닫고 회개한 죄인의 결단일까? 아마도 아들의 생명을 보존하려는 부성애(父性愛)의 표현이었을 것이다(cf. Pressler). 요아스는 의식하지 못하고 이런 말을 했지만, 그는 우상에 대하여 진실을 말하고 있다. 우상은 어떠한 능력도 없고 신도 아니다. 우상은 인간이 만들어낸 조각품일 뿐이다.

이 일로 인하여 기드온에게 '여룹바알'(יְרֻבַּעַל)이라는 이름이 주어졌다. 성경에서 사람의 이름이 바뀐다는 것은 새로운 신분과 정체성을 상징한다. 그러나 기드온의 경우 새로운 신분에 상관없이 그는 아직도 여호와를 온전히 신뢰하지 못한다. 참으로 안타까운 일이다. 저자는 그가 바알의 제단을 헐었으니, 바알이 직접 그와 싸우게 하라는 말에서 그렇게 부른 것이라고 설명한다. 전통적으로 주석가들은 저자의 설명에 근거하여 '여룹'(יָרֵב)을 지령형(jussive)로 이해하여 '바알이 스스로 다투게/나서게 하라'라는 의미로 해석하지만, 이 동사의 원형(ריב)이 지령형으로 사용되는 사례가 없다 하여 '바알이 다투리라/싸우리라'라는 의미로 풀이하기도 한다(Block, Pressler). 이렇게 해석할 경우 바알이 이 이름을 가진 기드온을 위하여 싸우리라는 뜻이 되며, 그의 아버지 요아스의 친(親)바알 입장을 반영하고 있다(Block).

물론 여룹바알이란 이름을 설명하기가 쉽지 않은 것이 사실이지만, 저자가 이미 풀이를 해 주었는데 굳이 새로운 의미로 해석할 필요가 있는가? 그러므로 '바알이 [제단을 헌 자와] 스스로 다투게 하라'로 간주하는 것이 바람직하다. '바알'이라는 우상의 이름은 이 사건을 계기로 앞으로 책에서 더 자주 언급된다. 비록 기드온의 새 이름이 그가 바알을 찍어낸 일을 기념하지만, 바알은 앞으로 이스라엘의 삶에서 점차 더 큰 비중을 차지하게 될 것이 아이러니하다. 또한 이 이름의 구원이 되는 '다투다'(ריב)는 여러 면에서 기드온의 이야기가 시작되면서 하나님이 이스라엘과 다투신 일(6:8-10)을 연상케 한다.

II. 본론: 거듭되는 고난과 해방(3:7-16:31)
E. 기드온 대 미디안(6:1-8:32)

3. 기드온의 신앙적 갈등(6:33-7:18)

이 섹션은 기드온이 하나님의 천사에게 구한 징표를 받고도 확신이 서지 않아 전쟁에 나서기 전에 신앙적 갈등을 빚은 일을 회고하고 있다. 하나님은 이 섹션에서 기드온을 통해 이스라엘을 구원하실 것을 다섯 차례나 확인해 주신다(6:36; 7:2, 7, 9, 14-15). 또한 기드온의 두려움도 두 차례나 언급된다(7:3, 10). 하나님의 구원 약속과 기드온의 두려움이 팽팽한 긴장구도를 유지하고 있는 것이다.

기드온이 양털을 가지고 하나님께 요구한 두 가지 징조를 더 보여 주셨지만, 확신이 없기는 마찬가지였다. 기적은 기드온의 마음을 바꾸지 못했던 것이다. 하나님은 주저하는 기드온을 적진으로 보내어 이스라엘의 적들이 스스로 이 전쟁에서 패할 것을 예측하는 이야기를 엿듣게 하셨다. 기드온은 그들의 대화를 엿듣고서야 비로소 용기와 확신을 갖고 전쟁에 임했다. 이러한 내용을 담고 있는 이 섹션은 기드온이 군대를 일으킨 일(6:33-35)과 기드온이 군대를 이끌고 전쟁터로 향하는 것(7:15-18) 등 두 군대 이야기로 감싸여 있으며 다음과 같은 구조를 지녔다.

A. 기드온이 군대를 일으킴(6:33-35)
  B. 불신: 기드온과 양털 테스트(6:36-40)
    C. 불안한 기드온: 300명의 군대(7:1-8)
    C′. 기드온의 불안 해소: 적진으로 보내심(7:9-11)
  B′. 확신: 기드온과 보리떡(7:12-14)
A′. 기드온이 군대와 진군함(7:15-18)

II. 본론: 거듭되는 고난과 해방(3:7-16:31)
  E. 기드온 대 미디안(6:1-8:32)
    3. 기드온의 신앙적 갈등(6:33-7:18)

(1) 기드온이 군대를 일으킴(6:33-35)

**33 그 때에 미디안과 아말렉과 동방 사람들이 다 함께 모여 요단 강을 건너
와서 이스르엘 골짜기에 진을 친지라 34 여호와의 영이 기드온에게 임하시니
기드온이 나팔을 불매 아비에셀이 그의 뒤를 따라 부름을 받으니라 35 기드
온이 또 사자들을 온 므낫세에 두루 보내매 그들도 모여서 그를 따르고 또
사자들을 아셀과 스불론과 납달리에 보내매 그 무리도 올라와 그를 영접하
더라**

기드온이 아버지 집안에서 우상들을 없애고 온 집안을 성결하게 한 후 얼마 되지 않아 미디안-아말렉-동방 사람들로 구성된 침략자들이 요단 강을 건너와 이스르엘 평지에 진을 쳤다(33절). '이스르엘'(יִזְרְעֶאל) 이라는 이름을 문자적으로 풀이하면 '하나님이 심으신다'라는 뜻을 지녔으며, 이 땅의 비옥함을 의미한다(cf. HALOT). 하나님이 심으신 비옥한 땅에 이방인 군대가 그 비옥함을 초토화시키기 위하여 모여들었다는 것이 다소 아이러니하다(Boda).

이스라엘 평지는 갈릴리 호수와 사마리아 사이에 있는 매우 기름진 땅이었으며, 군대와 상인들이 지나다니는 매우 전략적인 곳이었다(Mathews, cf. ABD). 동방 사람들이 이곳에 진을 친 시기는 파종한 곡식들이 한참 자라고 있을 때였다(cf. 3-6절). 그들은 예전처럼 많은 가축을 몰고 왔을 것이다. 침략자들은 지난 7년 동안 해 왔던 것처럼 이 가축들에게 한참 잘 자라고 있는 이스라엘 사람들의 곡식들을 먹여 그들의 밭을 쑥대밭으로 만들 참이었다. 자식 키우듯이 애지중지하게 키운 곡식들이 한순간에 짐승들의 먹이가 되는 데도 발만 동동 구르며 지켜봐야 하는 이스라엘 사람들이 고통을 즐기기 위해서다. 참으로 잔인한 사람들이다. 창조주 하나님이 이스라엘의 울부짖음 때문이 아니라도, 이처럼 잔인하게 창조의 섭리를 위반하는 사람들의 만행은 심판하셔야 한다.

우리가 기대한 대로 하나님이 침략자들의 심판을 시작하셨다. '여호와의 영'(רוּחַ יְהוָה)이 사사(구원자)로 세움을 받은 기드온을 사로잡은 것이다(34절). '사로잡다'는 히브리어 동사(לבשׁ)의 기본적인 의미는 '옷을 입히다'이다(HALOT). 하나님의 영이 '내리는 것'(תְּהִי עָלָיו)(3:10)보다 훨씬 더 극적인 표현이다(Waldman, Niditch). 하나님이 매사에 신앙적 확신이 없을 뿐만 아니라 하나님에 대한 불신으로 가득한 기드온을 잠시라도 사용하시기 위해서는 그에게 '영의 옷'을 입히셔야 했던 것이다(Block, Younger). 그러나 사람이 옷을 입듯 '여호와의 영'을 입은 기드온은 여호와의 영을 받기 전과 비교했을 때 하나님에 대한 불신이 전혀 바뀌지 않았다(Olson).

사사기에서 누구에게 하나님의 영이 내리거나 영에 사로잡힌다는 것이 꼭 좋은 상황을 의미하는 것은 아니다. 사사기에서 누구에게 하나님의 영이 내리거나 하나님의 영이 그를 사로잡는 경우는 총 여섯 차례 언급되는데, 이 중 다섯 차례는 정상적인 상황에서는 사사가 될 수 없었던 일명 '외부 그룹 사사들'(Out-group judges)이며, 오직 한 차례만 '내부 그룹 사사'에게 임했기 때문이다. 내부 그룹 사사 중에 유일하게 하나님의 영이 임한 것으로 표현되는 사람은 옷니엘이다. 이미 언급한 것처럼 옷니엘은 문예적 모델로서 사사들의 이야기가 어떻게 진행되어야 하는가를 보여주는 모범 사례이기 때문에 그에게 영이 임했다는 것은 어떠한 부정적인 뉘앙스를 지니지 않았다.

반면에 외부자 사사들은 꾸준히 하나님의 영이 그들에게 임해야 겨우 소명을 감당한다(cf. Olson) 특히 사사 중 가장 형편없는 삼손에게 이러한 표현이 가장 많이 사용되는 것을 보면 더욱더 그렇다. 그는 이성과 논리로 통제가 되지 않는 사람이었기 때문에 시시때때로 하나님의 영이 그를 사로잡아야 했다. 그러므로 사사기에서 하나님의 영이 누구에게 임한다는 것은 하나님이 그 사람을 통제하고 사용하시기가 그만큼 어렵다는 것을 의미한다. 사사기에서 하나님의 영이 누구에게 임한다는 것은 그 사람의 인품과 신앙을 부정적으로 묘사하는 것이다(cf. Olson, Boda, Block, Younger). 다음 도표를 참조하라.

사사	표현과 구절
옷니엘(내부 그룹)	여호와의 영이 그에게 임하셨으므로(3:10)
기드온(외부 그룹)	여호와의 영이 기드온에게 임하시니(6:34)
입다(외부 그룹)	이에 여호와의 영이 입다에게 임하시니(11:29)
삼손(외부 그룹)	여호와의 영이 삼손에게 강하게 임하니(14:6) 여호와의 영이 삼손에게 갑자기 임하시매(14:19) 여호와의 영이 삼손에게 갑자기 임하시매(15:14)

하나님에 대한 불신으로 가득했던 기드온은 하나님이 강압적으로 '입혀주신 영'의 도움으로 자기가 속한 아비에셀 집안뿐만 아니라 온 므낫세, 아셀, 스불론, 납달리 지파들에게 전령들을 보내 군사를 모았다(35절). 기드온이 자원해서가 아니라 하나님의 영에 사로잡힌 뒤에 비로소 군사를 모으는 것은 이 구원 사역이 하나님께로부터 시작되었다는 것을 의미한다. 사사들의 행보에서 무엇이라도 긍정적인 것이 있다면 모두 하나님께로부터 비롯된 것이기 때문에 하나님께 모든 영광을 돌려야 한다.

기드온이 보낸 전령이 전하는 소식을 듣고 많은 사람이 몰려들었다(cf. 7장). 바로 얼마 전까지 기드온을 죽이려 했던 그의 집안 사람들인 아비에셀 족속도 동참했다(34절). 기드온의 용맹스러운 행동에 감동하여 그의 리더십을 따르기로 한 것일까? 기드온의 하나님에 대한 믿음에 설득이 된 것일까? 아니면 예년처럼 그냥 당하느니 이번에는 한번 대항해 보겠다는 의지에서 기드온을 따른 것일까? 어떤 이유에서 백성이 기드온의 부름에 응한 것인지는 확실하지 않다. 다만 확실한 것은 다음 섹션에서 보듯이 하나님이 자기 영으로 옷을 입히신 기드온에게는 이렇다 할 신앙적인 변화가 없었다는 것이다. 즉, 백성이 기드온의 소집 명령에 따른 것 또한 하나님의 역사였다.

II. 본론: 거듭되는 고난과 해방(3:7–16:31) E. 기드온 대 미디안(6:1–8:32) 3. 기드온의 신앙적 갈등(6:33–7:18)

(2) 불신: 기드온과 양털 테스트(6:36–40)

36 기드온이 하나님께 여쭈되 주께서 이미 말씀하심 같이 내 손으로 이스라
엘을 구원하시려거든 37 보소서 내가 양털 한 뭉치를 타작 마당에 두리니 만
일 이슬이 양털에만 있고 주변 땅은 마르면 주께서 이미 말씀하심 같이 내

손으로 이스라엘을 구원하실 줄을 내가 알겠나이다 하였더니 38 그대로 된지
라 이튿날 기드온이 일찍이 일어나서 양털을 가져다가 그 양털에서 이슬을
짜니 물이 그릇에 가득하더라 39 기드온이 또 하나님께 여쭈되 주여 내게 노
하지 마옵소서 내가 이번만 말하리이다 구하옵나니 내게 이번만 양털로 시
험하게 하소서 원하건대 양털만 마르고 그 주변 땅에는 다 이슬이 있게 하
옵소서 하였더니 40 그 밤에 하나님이 그대로 행하시니 곧 양털만 마르고 그
주변 땅에는 다 이슬이 있었더라

바알 제단을 헐어버리라는 하나님의 명령에 순종하기는 했지만, 사람들이 두려워서 보는 눈이 없는 야밤에 일을 해치운 기드온은 아직도 하나님에 대한 확고한 믿음이 서지 않았다. 비록 바알의 제단을 허물고 아세라 목상을 찍어낸 일이 잘 풀리기는 했지만, 그는 이 일이 하나님이 하신 일이라고 생각하기보다는 아버지 요아스의 적극적인 개입으로 위기를 모면한 것이라고 생각했던 것이다. 그래서 군대를 모아 적과 싸우려고 하니 다시 하나님의 승리 약속을 확인하고 싶어졌다. 기드온은 이미 하나님께 이적을 구했고, 하나님이 그의 요구를 들어주신 일을 통해 자신이 여호와 하나님께 이스라엘을 원수들의 손에서 구하라는 소명을 받았다는 사실을 깨달은 적이 있다(cf. 6:17-24). 그런데 그는 이곳에서 다시 징표를 요구한다. 게다가 이번에는 하나가 아닌 둘을 요구한다. 물론 그가 상대해야 할 적의 규모가 상상을 초월할 정도로 크다는 것도 그가 느끼는 불안감에 일조했을 것이다. 그럼에도 그의 불신은 결코 정당화될 수 없다.

기드온의 행동은 전혀 기대 밖이다. 그가 하나님의 영을 입었기 때문에 우리는 그가 즉시 영적인 거인이 되어 전쟁터로 나갈 것을 기대했다. 그런데 옷니엘에게 하나님의 영이 임했을 때에 그는 곧장 전쟁터로 나가 이스라엘을 구원했던 것과는 달리, 여호와의 영을 입은 기드온은 그를 사사로 세우신 하나님을 온전히 믿지 못하여 머뭇거린다.

하나님의 영이 사람을 사로잡아도 그 사람이 협조하지 않으면 효과적인 사역이 진행되지 못한다(McCann). 기드온의 신앙이 시간이 지나면서 나아지기는커녕 오히려 더 나빠진다는 느낌을 떨칠 수 없다(Boling). 그러므로 다른 사사들의 경우 상황이 이 정도 되면 곧바로 전쟁 이야기로 이어지는데, 기드온의 경우 그의 여호와에 대한 믿음을 강화시키는 일들이 전쟁 이야기를 지연시키고 있다(Bluedorn).

일부 주석가들은 기드온이 이적을 구하는 것이 마치 하나님의 뜻을 분별하기 위한 것인 양 해석한다. 이러한 해석은 별로 설득력이 없다. 기드온은 증표를 구할 때마다 '이미 당신이 말씀하신 대로'(כַּאֲשֶׁר דִּבַּרְתָּ)라는 단서를 첨부한다(36, 37절). 하나님의 뜻은 이미 확고히 선포되었으며 기드온도 하나님의 뜻이 무엇인지를 정확하게 알고 있다(cf. 16절). 그러므로 그가 증표를 구하는 것은 불확실한 하나님의 뜻을 확실하게 분별하기 위해서가 아니라 하나님이 혹시나 약속을 지키지 않으실까 염려해서다. 그러므로 기드온이 증표를 구하는 것은 믿음과 확신에서 비롯된 것이 아니라 불신에서 비롯된 요구다.

이러한 사실은 기드온이 자신은 하나님을 '시험하고 있다'(נסה)고 하는 고백에서도 역력히 드러난다(39절). 광야 생활 중에 이스라엘이 르비딤에서 하나님을 시험했을 때 사용되었던 단어다(출 17:2, 7; 신 6:16). 기드온은 불신으로 가득했던 출애굽 1세대의 전철을 밟고 있는 것이다(cf. Bluedorn). 그는 또한 자기가 하나님의 인내심을 시험하고 있다는 것도 안다. "하나님께 여쭈되 주여 내게 노하지 마옵소서"(39절).

생각해보면 기드온은 그 어느 사사보다도 하나님의 격려와 징표를 많이 받은 사람이다. 또한 기드온은 사사 중에 유일하게 하나님이 직접 말씀하신 사람이다. 그런 그가 그 어떤 사사들보다도 많은 불신으로 가득 차 있다. 기드온은 어떻게 해서라도 하나님이 그에게 주신 소명에서 벗어나려고 안간힘을 쓰는 어리석은 사람이라는 평가가 설득력이 있다는 생각이 든다(Block). 하나님이 끝까지 참으시며 이런 사람을 도구로 사용하셨다는 것이 그저 놀라울 따름이다.

기드온이 요구한 첫 번째 징표는 양털 한 뭉치를 밤새 타작마당에 놓아 둘 테니 그 양털 뭉치만 이슬에 젖게 하고 주변 땅에는 이슬이 내리지 않아서 말라 있게 해달라는 것이었다(36-37절). 다음날 기드온이 일어나 양털 뭉치를 짜보니 많은 물이 나왔다. 하나님이 기드온이 요구한 증표를 주신 것이다. 그러나 기드온은 이것에 만족하지 못하고 두 번째 증표를 요구했다. 이 과정에서 기드온은 자신의 말을 번복하는 죄를 저지른다. 그가 하나님께 첫 번째 이적을 요구하면서 그렇게만 해 주시면 주님께서 말씀하신 대로 그를 시켜서 이스라엘을 구원하시려는 것으로 알겠다고 했기 때문이다(37절). 그런데 이제 와서 또 다른 표징을 구하고 있다! 그는 아직도 여호와 하나님을 신뢰하지 못하고 있다.

기드온이 요구한 두 번째 징표는 양털만 마르게 해 주시고 주변 땅은 온통 이슬에 젖게 해 달라는 것이었다(39절). 왜 기드온이 이런 순서로 징표를 요구했을까? 아마도 처음에는 증표를 한 번만 구하려고 했는데 일단 첫 번째 기적이 일어나고 보니 일이 그렇게 된 것이 자연적인 현상일 수도 있다는 생각이 들었을 것이다. 왜냐하면 양털은 물을 머금을 수 있지만, 땅은 물을 흡수해버리기 때문이다(Pressler). 그러므로 메마른 땅에 이슬을 머금은 양털을 접하게 되는 것이 큰 기적처럼 여겨지지 않았다. 그래서 그는 더 확실한 기적이라고 생각되는 두 번째 이적을 요구했다. 하나님은 이번에도 기드온이 원하는 대로 해 주셨다.

기드온이 왜 이처럼 무례한 요구를 두 차례나 하는 것일까? 저자는 그가 '신(들)'과 '여호와'를 구분할 만한 지식을 가지지 못해서라고 한다. 양털 이야기에서 기드온은 이스라엘과의 특별한 관계를 뜻하는 하나님의 성호 '여호와'를 사용하는 것이 아니라 한결같이 일반적인 하나님의 호칭인 '엘로힘'(אֱלֹהִים)을 사용하는 점에서 이러한 사실이 드러난다(Block). 또한 기드온이 양털을 사용하여 하나님을 테스트하는 것은 고대 근동에서 이방 종교인들이 자신의 신들의 뜻을 확인하고자 요구하는 징표들과 별반 다르지 않다(Younger). 기드온은 이스라엘의 하나님이신 여호와에 대한 올바른 이해와 지식을 가지지 못한 사람이었다. 훗날 입다가 무남독녀를 여호와께 제물로 바친 일도 그가 이스라엘의 하나님 여호와와 인간 번제를 즐기는 우상 그모스를 구분하지 못해서다. 사사기에 전개되는 비극적인 이야기들은 사사들과 이스라엘 사람들이 여호와를 아는 지식이 없어서 일어난 비극인 것이다. 그러므로 저자는 "그 때에는 사람들이 각자 자기 소견에 옳은 대로 행하던 시대"라는 말을 몇 차례나 반복하며 자신의 안타까움을 더한다.

기드온이 하나님을 시험하는 일을 통해 저자는 한 가지 진실을 확고히 하고자 한다. 이스라엘이 체험하게 될 구원이 결코 기드온의 능력이나 믿음에서 비롯된 것이 아니라 전적으로 하나님이 그를 통해 이스라엘에게 주신 선물이라는 것이다. 기드온의 불신이 이러한 사실을 부각한다. 놀라운 것은 하나님이 계속 의심하는 기드온을 버리고 새로운 사람을 취하지 않으시고 끝까지 부족하고 결함이 많은 기드온을 도구로 사용하셨다는 것이다. 주님께서는 기드온이 하나님에 대하여 반(半) 이교도(semi-pagan)적인 생각을 가지고 있는 것에 구차스런 대화를 나누기보다는 이스라엘을 구원하시는 일을 우선으로 생각하셨기 때문에 그의 불신과 잘못된 신학을 문제삼지 않으셨다(Block). 그래서 하나님은 기드온을 통해 미디안 사람들을 내쳐 이스라엘에게 평화를 주신 다음에는 기드온 이야기에서 자취를 감추신다. 기드온은 이스라엘을 구원하는 도구로 쓰임을 받지만, 하나님이 인정하시고 지속적으로 함께 하실 만한 믿음을 소유한 사람이 아니었기 때문이다. 이것이 바로 하나님의 은총이 아니겠는가!

II. 본론: 거듭되는 고난과 해방(3:7–16:31)
E. 기드온 대 미디안(6:1–8:32)
3. 기드온의 신앙적 갈등(6:33–7:18)

(3) 불안한 기드온: 300명의 군대(7:1–8)

1 여룹바알이라 하는 기드온과 그를 따르는 모든 백성이 일찍이 일어나 하
롯 샘 곁에 진을 쳤고 미디안의 진영은 그들의 북쪽이요 모레 산 앞 골짜기
에 있었더라 2 여호와께서 기드온에게 이르시되 너를 따르는 백성이 너무 많
은즉 내가 그들의 손에 미디안 사람을 넘겨 주지 아니하리니 이는 이스라엘
이 나를 거슬러 스스로 자랑하기를 내 손이 나를 구원하였다 할까 함이니라
3 이제 너는 백성의 귀에 외쳐 이르기를 누구든지 두려워 떠는 자는 길르앗
산을 떠나 돌아가라 하라 하시니 이에 돌아간 백성이 이만 이천 명이요 남
은 자가 만 명이었더라 4 여호와께서 또 기드온에게 이르시되 백성이 아직도
많으니 그들을 인도하여 물 가로 내려가라 거기서 내가 너를 위하여 그들을
시험하리라 내가 누구를 가리켜 네게 이르기를 이 사람이 너와 함께 가리라
하면 그는 너와 함께 갈 것이요 내가 누구를 가리켜 네게 이르기를 이 사람
은 너와 함께 가지 말 것이니라 하면 그는 가지 말 것이니라 하신지라 5 이
에 백성을 인도하여 물 가에 내려가매 여호와께서 기드온에게 이르시되 누
구든지 개가 핥는 것 같이 혀로 물을 핥는 자들을 너는 따로 세우고 또 누구
든지 무릎을 꿇고 마시는 자들도 그와 같이 하라 하시더니 6 손으로 움켜 입
에 대고 핥는 자의 수는 삼백 명이요 그 외의 백성은 다 무릎을 꿇고 물을
마신지라 7 여호와께서 기드온에게 이르시되 내가 이 물을 핥아 먹은 삼백
명으로 너희를 구원하며 미디안을 네 손에 넘겨 주리니 남은 백성은 각각
자기의 처소로 돌아갈 것이니라 하시니 8 이에 백성이 양식과 나팔을 손에
든지라 기드온이 이스라엘 모든 백성을 각각 그의 장막으로 돌려보내고 그
삼백 명은 머물게 하니라 미디안 진영은 그 아래 골짜기 가운데에 있었더라

드디어 미디안 사람들을 중심으로 구성된 적군과 기드온의 군대가

한판 승부를 겨룰 만반의 준비를 마쳤다. 이스라엘의 입장에서는 전세가 별로 좋아 보이지는 않았다. 이스라엘 군은 네 지파에서 징병된 32,000명의 보병이다(7:3). 적군은 135,000명에 달하며 이중 많은 사람이 낙타를 타고 있었다(8:10). 숫자적으로만 계산해도 이스라엘 군인 한 명이 적군 다섯 명을 상대해야 한다. 게다가 적들에게는 낙타가 있었다! 이러한 정황을 감안하면 기드온이 불안해 하는 것은 당연하다. 도대체 승리가 보이지 않는 것이다. 그러나 믿음이란 보이지 않는 것의 증거 아닌가! 게다가 이제는 되돌릴 수 있는 상황이 아니다. 되돌리기에는 기드온과 이스라엘이 너무 멀리 왔다. 이제는 오직 한 길, 하나님이 약속하신 것을 믿고 나가는 길 외에는 다른 대안이 없다. 이러한 기드온의 심정을 전혀 모르시는 듯 하나님은 그에게 엉뚱한 요구를 하신다. 기드온이 거느린 군대의 수가 너무 많으니 일부를 집으로 되돌려 보내라는 것이다!(2절)

기드온은 하롯(חֲרֹד)이라는 샘 곁에 진을 쳤는데, 이 이름은 '떨림/두려움'이라는 뜻을 지녔다. 하나님의 명령에 따라 기드온이 미디안과 싸우겠다고 모여든 사람 중 두려워 떠는 사람들을 집으로 돌려보내게 되는데(3절), 두려워 '떠는 자'를 뜻하는 단어(חָרֵד)와 동일한 이름을 가진 샘에서 돌려 보낸다. 아마도 이 샘에서 이런 일이 있었기 때문에 그 샘의 이름을 이렇게 바꾸었을 수도 있다. 또한 샘의 이름은 기드온의 심정을 잘 표현한다. 율법책에 기록되어 있는 군대에 대한 규례를 보면, 전쟁을 하기 위해 모인 사람 중 두려운 사람들은 전쟁에 참여시키지 말고 집으로 돌려보내라고 한다(신 20:8). 주님께서 하시는 전쟁에는 아무나 참여할 수 있는 것이 아니다. 오직 하나님에 대한 확고한 믿음이 있는 사람들만 참여할 자격이 있다. 성전(聖殿)에 참여하는 것은 의무가 아니라 특권인 것이다. 미디안 사람들을 중심으로 한 연합군은 이스라엘 진영에서 북쪽에 진을 쳤다(1절).

기드온의 군대는 두 단계를 거쳐서 상상을 초월할 정도로 축소되었다. 첫 번째 단계에서 하나님은 그가 거느리고 있는 32,000명 중 적이 두려워서 떠는 사람들을 모두 집으로 돌려보내라고 하셨다(2절). 기드온이 하나님의 명령에 따라 적을 두려워하는 사람들을 돌려 보내니 32,000명 중 22,000명이 돌아가고 10,000명만 남았다. 군대의 규모가 1/3로 줄어든 것이다. 그렇다면 적들이 135,000명이니 이스라엘 군인 한 사람이 적군 14명을 상대로 싸워야 한다! 그것도 엄청난 규모의 낙타 부대를 앞세운 군대를 상대로 말이다. 기드온도 얼마나 집에 가고 싶었을까! 사실 싸우겠다고 모여든 이스라엘 군인 중 적을 가장 두려워하는 사람은 기드온이 아닌가!

하나님이 이처럼 군인 수를 확 줄이신 이유는 딱 한 가지다. 이 전쟁에서 이스라엘이 승리할 것은 보장되어 있는데, 혹시 그들이 교만하여 자신들의 능력으로 승리한 것처럼 우쭐댈 것이라는 염려에서다(2절). 주의 백성은 오직 하나님의 능력을 입어 사역을 하기 때문에 모든 영광은 하나님께만 돌려야 한다. 하나님은 결코 자신의 영광을 사람과 나누는 분이 아니시다. 하나님이 이처럼 영광을 인간과 나누시는 것에 대하여 부정적으로 생각하시는데, 기드온은 전쟁에 임할 때 이스라엘 군인들에게 '여호와를 위하여! 기드온을 위하여'를 외치며 싸우도록 한다(18절). 기드온은 하나님의 의중을 잘못 읽어도 한참 잘못 읽었을 뿐만 아니라 하나님께만 가야 할 영광을 탐하는 첫 번째 사사다. 기드온은 참으로 다양한 영적인 결함을 지닌 사람이었다.

하나님은 1/3로 줄어든 이스라엘 군대가 아직도 많다고 하셨다(4절). 남은 10,000명을 물가로 데려가서 물을 먹게 하면 그들이 물을 먹는 모습을 통해 집으로 보낼 사람들과 기드온과 남아 전쟁할 사람들을 구분해 주시겠다고 했다. 하나님의 명령에 따라 기드온이 10,000명을 물가로 데려가 물을 마시게 하니, 두 가지 자세로 구분되었다. 한 부류는 개처럼 엎드려서 먹는 타입이었고, 한 부류는 무릎을 꿇고 먹는 타입이었다. 종종 목회자들이 이 군인들이 물을 먹는 자세에 초점을 맞추어 설교하고 설명하는 경우를 본다(cf. Boling). 하나님이 민첩하고 조심성 있게 물을 마시는 사람들만 선별하여 사용하셨으니, 우리도 하나님의 정예군이 되기 위해서는 민첩하고 조심성 있게, 그러나 적극적으로 봉사에 임해야 한다는 것이다.

그러나 이러한 해석과 적용에는 상당한 무리가 있다. 첫째, 본문이 묘사하고 있는 이 두 자세의 차이가 명확하지 않다. 첫 번째 그룹이 개처럼 물을 핥기 위해서는 먼저 무릎을 꿇어야만 가능하다. 두 번째 그룹의 자세를 설명하는 데서 그들이 무릎을 꿇었다는 말 외에는 없다. 그러므로 두 자세의 차이를 논하는 것은 본문에 의미를 투영하는 것에 지나지 않는 것이다. 텍스트 자체가 이 두 그룹이 취한 자세의 차이에 대하여 엄청난 혼란 내지는 불확실성을 지니고 있기 때문이다(Soggin). 실제로 요세푸스(Josephus)가 오래전에 주장한 이후(Ant. 5.6.3)로 많은 주석가가 집으로 돌아간 9700명이 아니라, 전쟁에 참여하게 된 300명이 겁쟁이들이었다고 해석한다(Amit, Boda). 이야기의 흐름과 기드온의 불신을 생각하면 큰 설득력이 있는 해석이다.

텍스트의 불확실성은 저자의 의도에서 비롯되었다. 첫째, 독자들이 혹시 이 이야기를 읽으면서 이 사건이 지닌 메시지보다는 이야기를 구성하고 있는 여러 요소 중 하나에 불과한 사람들의 자세 차이에 초점을 맞추지 않을까를 우려해서다. 그러므로 선택받은 사람들이 한쪽 무릎만 꿇고 한쪽 손에는 창을 움켜 쥐고 있는 채 한 손으로 물을 떠서 마셨다는 등의 해석은 상상에 불과하다. 둘째, 하나님이 사용하시는 300명도 물을 허겁지겁 개처럼 먹은 사람들이지 조심스럽게 주변을 살피며 먹은 것은 아니다. 셋째, 이 이야기의 핵심은 군인의 숫자를 줄이는 데 있지, 그들이 취하는 자세에 초점이 맞추어져 있는 것이 아니다. 그러므로 만일 무릎을 꿇고 먹는 사람이 300명이고, 개처럼 핥아 먹는 사람들이 주류였다면, 하나님은 분명 무릎을 꿇는 사람들을 취하셨을 것이다. 즉, 현상에 중요성을 부여하지 말라는 것이다(Younger).

결국 기드온은 두 차례의 '병력 감축' 프로젝트를 통해 300명의 군대를 거닐게 되었다. 처음에 32,000명으로 시작했으나 모두 집으로 돌아가고 오로지 1/100이 남은 것이다. 소집된 군대의 99%는 집으로 돌아가고 1%가 남아 전쟁을 하게 되었다! 이스라엘이 싸워야 할 적의 숫자가 135,000명에 달했다는 점을 감안하면, 이스라엘 군인 한 사람이 450명의 적을 상대로 싸워야 한다! 이러한 정황에서 이스라엘이 이긴다면, 그들은 결코 자신들의 능력으로 승리했다고 말할 수 없을 것이다. 하나님은 이러한 사실을 가르치시고자 기드온의 군대를 축소시키셨다. 기적이 아니면 도저히 이길 수 없고, 하나님이 아니면 도저히 승리가 설명될 수 없는 여건을 조성하기 위해서다. 하나님은 이스라엘에게 승리를 주실 것을 전제로 이런 일을 하셨지만, 믿음이 없는 기드온의 불안감은 당연히 더해갈 수밖에 없다.

II. 본론: 거듭되는 고난과 해방(3:7–16:31) E. 기드온 대 미디안(6:1–8:32) 3. 기드온의 신앙적 갈등(6:33–7:18)

(4) 기드온의 불안 해소: 적진으로 보내심(7:9–11)

9 그 밤에 여호와께서 기드온에게 이르시되 일어나 진영으로 내려가라 내가
그것을 네 손에 넘겨 주었느니라 10 만일 네가 내려가기를 두려워하거든 네
부하 부라와 함께 그 진영으로 내려가서 11 그들이 하는 말을 들으라 그 후에
네 손이 강하여져서 그 진영으로 내려가리라 하시니 기드온이 이에 그의 부
하 부라와 함께 군대가 있는 진영 근처로 내려간즉

하나님의 명령에 따라 기드온은 그나마 적군에 비해 상대적으로 적은 이스라엘 군대에 속한 99%의 군인을 일단 돌려보냈다. 믿음이 없고 이스라엘의 하나님이 어떤 분이신가를 모르는 그의 마음이 편할 리 없었다(10절). 이러한 사실을 알고 계시는 하나님이 기드온에게 그의 불신과 불안감을 한방에 날려보내는 일을 경험하게 하기 위하여 적진으로 정탐을 다녀오라 하셨다. 하나님의 오래 참으심과 부족한 종을 설득하려는 노력이 돋보이는 사건이다.

대부분의 군인을 집으로 돌려 보내놓고 달랑 300명의 군대를 이끌고 불안해 잠 못 이루는 밤을 보내고 있던 기드온에게 하나님이 말씀하셨다. "오늘 밤 적진으로 쳐내려가거라. 내가 그들을 너의 손에 넘겨주겠다"(9절; 새번역). 기드온의 입장에서는 도저히 믿기지 않는 명령이다. 자신도 설득이 안된 상황에서 어떻게 300명밖에 안 되는 군인들을 135,000명을 상대로 싸우러 나가자고 설득한단 말인가? 기드온의 심적 갈등을 아시는 하나님이 이런 말을 더하셨다. "네가 쳐내려가기가 두려우면, 너의 부하 부라와 함께 먼저 적진으로 내려가 보아라. 그리고 적들이 무슨 말을 하는지 들어보면, 네가 적진으로 쳐내려갈 용기를 얻을 것이다"(10–11절; 새번역).

아직까지 하나님을 전적으로 믿지 못하는 기드온은 하나님이 제시한 옵션을 선택했다. 자신의 부하 부라를 대동하고 적진을 살피러 내려간 것이다. 물론 겁이 많은 기드온은 적진 깊이 들어가지 못했다. 가장 변경에 설치된 '전초지'(outpost)(קְצֵה הַחֲמֻשִׁים)에 가서 미디안 군인들의 말을 엿듣는 것으로 만족해야 했다(11절). 저자는 기드온을 하나님을 믿지 못하는 겁쟁이로 묘사하고 있다.

II. 본론: 거듭되는 고난과 해방(3:7–16:31) E. 기드온 대 미디안(6:1–8:32) 3. 기드온의 신앙적 갈등(6:33–7:18)

(5) 확신: 기드온과 보리떡(7:12–14)

[12] 미디안과 아말렉과 동방의 모든 사람들이 골짜기에 누웠는데 메뚜기의 많

은 수와 같고 그들의 낙타의 수가 많아 해변의 모래가 많음 같은지라 [13] 기드온이 그 곳에 이른즉 어떤 사람이 그의 친구에게 꿈을 말하여 이르기를 보라 내가 한 꿈을 꾸었는데 꿈에 보리떡 한 덩어리가 미디안 진영으로 굴러 들어와 한 장막에 이르러 그것을 쳐서 무너뜨려 위쪽으로 엎으니 그 장막이 쓰러지더라 [14] 그의 친구가 대답하여 이르되 이는 다른 것이 아니라 이스라엘 사람 요아스의 아들 기드온의 칼이라 하나님이 미디안과 그 모든 진영을 그의 손에 넘겨 주셨느니라 하더라

기드온이 잠시 후 듣게 될 적군의 말이 얼마나 상상을 불허하는 것인가를 강조하기 위해 저자는 12절에서 잠시 기드온이 처한 현실을 실감나게 묘사한다. "미디안 사람과 아말렉 사람과 사막 부족들이 메뚜기 떼처럼 그 골짜기에 수없이 널려 있었으며, 그들의 낙타도 바닷가의 모래알처럼 헤아릴 수 없이 많았다"(새번역). 기드온은 절대 자신의 힘으로 이런 군대를 상대로 싸울 수 없다. 그러므로 그가 가지고 있는 전쟁에 대한 두려움이 어느 정도는 이해가 간다. 이런 상황에서 기드온이 승리하는 것은 참으로 기적 중에 기적이다.

믿음이 없어 하나님의 능력을 믿지 못하는 기드온에게 실망하신 하나님은 미디안 사람들에게 '여호와의 능력을 믿어 의심하지 않는 믿음'을 주셨다! 하나님은 미디안 사람들에게 이미 자신이 이스라엘을 위해 기적 중 기적을 행하실 것을 보여주셨으며, 미디안 사람들은 전쟁이 자신들의 패배로 끝날 것을 믿어 의심하지 않는다(13절). 기드온의 불신과 미디안 사람들의 '믿음'이 대조를 이룬다.

기드온이 엿듣는 상황에서 두 미디안 군사가 서로 대화를 하는데 한 병사가 보리떡 한 덩어리가 미디안 진으로 굴러 들어와 진을 쑥대밭으로 만든 꿈을 꾸었다고 한다. 이스라엘 사람들도 꿈을 통해 하나님의 계시를 받지만, 꿈을 통해 계시를 받는 것은 이방인들이 가장 선호했고 많이 사용했던 방법이다(Block, Boda). 이야기를 듣던 다른 병사가 서 승지 않고 미디안 진영을 쑥대밭으로 만든 보리떡은 다름 아닌 기드온이라는 해몽을 내놓았다. 그러고는 하나님이 자신들을 기드온의 손에 넘긴 것이라고 해석했다(14절). 미디안 사람들이 서로 주고받는 말은 이미 하나님이 두 차례나 기드온에게 하신 말씀과 동일하다(6:16, 36). 하나님이 이미 미디안 사람들을 기드온의 손에 넘기셨으니 이스라엘은 싸움다운 전투를 해보지도 못하고 승리할 것이다. 보리떡은 미디안 사람들이 짓밟기 위하여 올라온 이스라엘의 농작물과 농부를 상징한다(Boda, Pressler).

II. 본론: 거듭되는 고난과 해방(3:7-16:31)
E. 기드온 대 미디안(6:1-8:32)
3. 기드온의 신앙적 갈등(6:33-7:18)

(6) 기드온이 군대와 진군함(7:15-18)

15 기드온이 그 꿈과 해몽하는 말을 듣고 경배하며 이스라엘 진영으로 돌아
와 이르되 일어나라 여호와께서 미디안과 그 모든 진영을 너희 손에 넘겨
주셨느니라 하고 10 삼백 명을 세 대로 나누어 각 손에 나팔과 빈 항아리를
들리고 항아리 안에는 횃불을 감추게 하고 17 그들에게 이르되 너희는 나만
보고 내가 하는 대로 하되 내가 그 진영 근처에 이르러서 내가 하는 대로 너
희도 그리하여 18 나와 나를 따르는 자가 다 나팔을 불거든 너희도 모든 진
영 주위에서 나팔을 불며 이르기를 여호와를 위하라, 기드온을 위하라 하라
하니라

적들의 대화를 엿들은 '미스터 보리떡'(Mr. Barley Cake)(McCann) 기드온이 드디어 전쟁을 할 용기를 갖게 되었다(15절). 드디어 이 불신자에게 하나님이 원하신 바가 실현되기 시작한 것이다(Boda). 하나님이 그토록 말씀하실 때에는 설득이 안되던 사람이 이방인 적들의 말을 엿듣고 비로소 용기와 확신을 갖게 된다는 것이 참으로 기가 막힌 일이 아닐 수 없다. 기드온은 참으로 믿음과는 거리가 먼 사람이었던 것이다. 그는 먼저 이 일을 목격하게 하신 하나님을 경배하였다. 드디어 하나님이 처음부터 기드온에게 가장 바라셨던 일(viz., 경배)이 비로소 행해지고 있다. 그것도 그가 적들의 말을 들은 다음에야 하나님을 경배한다!

기드온은 진으로 돌아와 '일어나라! 주님께서 미디안의 진을 너희 손에 넘겨 주셨다!'라며 자신 있게 군인들을 설득했다. 아이러니가 극에 달하는 순간이다(Tanner). 하나님이 누차 그에게 승리를 주실 것이라고 말씀하셨지만 기드온은 믿지 못했다. 하나님의 약속을 믿지 못하던 그가 미디안 군인의 말을 듣고 믿게 된 것이다! 사람이 불신에서 믿음으로 옮겨가는 방법도 여러 가지인가 보다.

정탐에서 돌아온 기드온은 300명을 세 부대로 나누고 각 사람에게 나팔과 빈 항아리를 주었다. 각자 빈 항아리 안에다 횃불을 감추어 왼손에 들게 하고 오른손에는 나팔을 들도록 했다. 군사들은 신호에 따라 항아리를 부수고 숨겨두었던 횃불을 치켜들고 나팔을 불며 '여호와를 위하여! 기드온을 위하여!'라며 소리치라는 명령을 받았다(18절; cf. 20절). 기드온의 전략은 1대 450으로 적군을 대항해서 싸우는 소수 정예군의 전략으로는 도저히 납득이 되지 않는다. 기드온의 전술은 여호수아가 여리고 성을 정복할 때 사용했던 방법처럼 황당하게만 느껴진다. 나팔을 불고 목청껏 외치는 소리 역시 여리고 성 전투를 연상케 한다(Olson, Pressler). 그러나 큰 차이가 있다. 여호수아는 여리고 성을 정복하면서 모든 영광을 하나님께 드렸는데(수 3:16), 기드온은 하나님의 영광을 탐하고 있다(Olson). 항아리를 부수는 일은 일종의 예식이며 기드온이 전쟁에서 승리한 것은 기적이라는 것을 강조한다(Niditch).

기드온과 이스라엘 군대는 '여호와를 위하여'(לַיהוָה)만 싸우지 않는다. 그들은 '기드온을 위하여'(לְגִדְעוֹן)도 싸운다. 일부 주석가들은 이 표현에 어떠한 기드온의 부정적인 의도가 숨겨져 있지 않다고 생각하지만(cf. Block), 이야기의 전반적인 흐름을 감안할 때(특히 8장), 분명 부정적인 의도가 있다(Bluedorn, Olson, Boda, Wong). 게다가 최근에 출토된 자료에 의하면 '여호와를 위하여, 기드온을 위하여'(לַיהוָה וּלְגִדְעוֹן)는 이미 가나안 사람들이 흔히 듣던 매우 일반화된 전쟁 구호일 가능성이 크다(Younger). 본문에서와 같이 전쟁에서 '[신의 이름]을 위하여, [사람이름]을 위하여'라는 문구를 사용할 때에는 '사람의 이름'에 항상 왕의 이름이 투입된다(Gitin & Cogan, Krahmalkov). 기드온은 자신을 왕의 위치에 놓고 있다. 그러니 전쟁이 끝난 다음에 사람들이 그에게 왕이 될 것을 권했던 것이다. 자신을 왕으로 부상시키고 이날의 영광을 하나님과 나누려고 하는 기드온의 영성이 상당히 의심스럽다.

이스라엘 군인들의 모습을 생각해보면 각자 손이 하나 부족한 상황이다. 횃불을 항아리에 숨기고 가려면 두 손이 모두 필요하기 때문이다. 아마도 나팔을 어깨에 메고 갔다가 항아리를 부수고 난 후에 왼손에 횃불을 들고 오른손으로 나팔을 잡고 불었던 것으로 생각된다. 또한 그들이 창과 칼을 가지고 싸우지 않고 횃불과 나팔을 가지고 승리했다는 것은 매우 중요하다(cf. Amit). 이스라엘 군인들은 결코 자신들의 전투 능력으로 전쟁에서 승리했다고 할 수 없다. 전쟁은 여호와에게 속한 것이기 때문에 하나님이 개입하시면 아무리 불가능해 보이는 상황에서도 주의 백성은 승리한다.

이 사건에서 횃불이 등장하는 것 역시 상당한 상징적 의미를 지닌 듯하다. 물론 밤에 치르는 전쟁이기에 횃불이 필요했을 것이다. 그러나 이 횃불은 또한 이스라엘의 영적 어두움을 밝혀주는 하나님의 구원의 빛을 상징한다. 이 시대의 어두움을 생각해보자. 사람들은 모두 바알과 아세라를 따라갔다. 하나님이 이스라엘을 구원할 사람을 찾으셨을 때, 순종은커녕 불신으로 가득하여 도저히 자격이 없어 보이는 기드온이 그래도 가장 적격자로 선발되었다. 마치 예수님께서 "추수할 것은 많은데 추수할 사람이 없다"(마 9:37)라고 탄식하신 일을 생각나게 한다.

우리는 이야기가 시작된 이후 기드온이 처해 있는 영적 어두움이 얼마나 심각한가를 보아왔다. 하나님의 구원의 서광을 상징하는 이 횃불이 한순간에 이들의 어두움을 밝혀주었다. 선지자 이사야는 훗날 이날을 메시아 시대에 하나님의 구원의 서광이 크게 빛난 날로 기념한다(사 9:4).

II. 본론: 거듭되는 고난과 해방(3:7–16:31)
E. 기드온 대 미디안(6:1–8:32)

4. 이스라엘의 승리 – 두 전투(7:19–8:21)

기드온이 야밤에 300명의 군대를 이끌고 미디안 진영을 쳐 큰 승리를 거둔 일에 대한 회고다. 본 텍스트는 다음과 같이 두 파트로 나뉠 수 있다. 이 두 전투는 모두 이스라엘의 승리로 끝이 난다. 또한 각 전투에서 적장이 죽임을 당한다.

A. 요단 강 서편에서 펼쳐지는 첫 번째 전투(7:19–8:3)
B. 요단 강 동편에서 펼쳐지는 두 번째 전투(8:4–21)

II. 본론: 거듭되는 고난과 해방(3:7–16:31)
E. 기드온 대 미디안(6:1–8:32)
4. 이스라엘의 승리—두 전투(7:19–8:21)

(1) 첫 번째 전투(요단 강 서편)(7:19–8:3)

**19 기드온과 그와 함께한 백 명이 이경 초에 진영 근처에 이른즉 바로 파수꾼
들을 교대한 때라 그들이 나팔을 불며 손에 가졌던 항아리를 부수니라 20 세
대가 나팔을 불며 항아리를 부수고 왼손에 횃불을 들고 오른손에 나팔을 들
어 불며 외쳐 이르되 여호와와 기드온의 칼이다 하고 21 각기 제자리에 서**

서 그 진영을 에워싸매 그 온 진영의 군사들이 뛰고 부르짖으며 도망하였는
데 [22] 삼백 명이 나팔을 불 때에 여호와께서 그 온 진영에서 친구끼리 칼로
치게 하시므로 적군이 도망하여 스레라의 벧 싯다에 이르고 또 답밧에 가까
운 아벨므홀라의 경계에 이르렀으며 [23] 이스라엘 사람들은 납달리와 아셀과
온 므낫세에서부터 부름을 받고 미디안을 추격하였더라 [24] 기드온이 사자들
을 보내서 에브라임 온 산지로 두루 다니게 하여 이르기를 내려와서 미디안
을 치고 그들을 앞질러 벧 바라와 요단 강에 이르는 수로를 점령하라 하매
이에 에브라임 사람들이 다 모여 벧 바라와 요단 강에 이르는 수로를 점령
하고 [25] 또 미디안의 두 방백 오렙과 스엡을 사로잡아 오렙은 오렙 바위에서
죽이고 스엡은 스엡 포도주 틀에서 죽이고 미디안을 추격하였고 오렙과 스
엡의 머리를 요단 강 건너편에서 기드온에게 가져왔더라 [8:1] 에브라임 사람
들이 기드온에게 이르되 네가 미디안과 싸우러 갈 때에 우리를 부르지 아니
하였으니 우리를 이같이 대접함은 어찌 됨이냐 하고 그와 크게 다투는지라
[2] 기드온이 그들에게 이르되 내가 이제 행한 일이 너희가 한 것에 비교되겠
느냐 에브라임의 끝물 포도가 아비에셀의 맏물 포도보다 낫지 아니하냐 [3] 하
나님이 미디안의 방백 오렙과 스엡을 너희 손에 넘겨 주셨으니 내가 한 일
이 어찌 능히 너희가 한 것에 비교되겠느냐 하니라 기드온이 이 말을 하매
그때에 그들의 노여움이 풀리니라

하나님이 이스라엘에게 승리를 주시리라고 확신한 기드온은 하나님의 명령대로 그날 밤 적진을 향해 돌격했다. 그들이 미디안 연합군 진영에 도착했을 때는 마침 파수꾼들이 교대하는 시간이었다(19절). 적진을 공격하기에 가장 적합한 때다(Boda). 역시 하나님이 처음부터 이 전쟁에 개입하여 상황을 조정하고 있으시다는 것을 암시한다. 하나님이 말씀하신 대로 기드온의 군대는 크게 승리했다. 괄목할 만한 것은 기드온과 이스라엘 군대는 칼로 싸워 승리한 것이 아니라 무기가 될 수 없는 것들을 가지고 승리했다는 사실이다. 이스라엘이 한 일이라고는

나팔을 불고 항아리를 깨고, 횃불을 휘두르며 소리를 지른 것뿐이다. 하나님이 싸우시는 성전(聖戰)에서는 주의 백성이 어떤 무기를 사용하는가는 중요하지 않다. 실제적인 전투가 시작되기 전에 하나님이 적군의 진영에 공포감을 조성하셔서 싸울 의지를 꺾는 것이 성전의 성향 중 하나이기 때문이다(Pressler). 이스라엘의 이런 행동은 적들의 공포감을 가중시켰을 것이다.

적진에 도착한 이스라엘 군은 기드온이 지시한대로 나팔을 불며 단지를 깨고 왼손에는 횃불을 들고 "주님의 칼이다! 기드온의 칼이다!"라고 외쳤다(20절). 그러나 이미 언급한 것처럼 그들에게는 칼이 없다. 그들은 나팔, 항아리, 횃불을 가져왔을 뿐이다. 각자 자신들의 자리를 지키며 계속 나팔을 불어대고 소리를 지르자 '여호와의 칼'이 모습을 드러냈다. 여호와께서 이스라엘의 적들이 자기들끼리 서로 칼로 치도록 하신 것이다(22절). "주님께서 모든 적들이 저희들끼리 칼로 치게 하셨다."

어떻게 이런 일이 가능했던 것일까? 저자는 기드온 군의 공격을 받은 적군의 상황을 묘사하기 위하여 큰 혼란과 연관된 동사 3개를 사용한다(21절): '[갈팡질팡] 뛰어다녔다'(רוץ); '[아우성치며] 부르짖었다'(רוע); '[허겁지겁] 도망쳤다'(נוס). 하나님이 공포와 두려움으로 그들을 사로잡으니 적을 상대로 싸워볼 생각은 아예 못하고 허둥대다가 서로를 상대로 칼질을 하게 된 것이다. 특히 아군과 적군을 구분하기 쉽지 않은 밤에 있은 일이고, 한 민족이 아니고 최소한 세 민족이 합세한 연합군 진영에서 있었던 일이니 한번 혼란이 빚어진 다음에는 아무도 걷잡을 수 없었을 것이다.

패배한 미디안 연합군은 도망하여 스레라의 벧 싯다와 답밧에 가까운 아벨므홀라의 경계선까지 후퇴했다(22절). 스레라의 벧 싯다(צְרֵרָתָה בֵּית הַשִּׁטָּה), 답밧(טַבָּת), 아벨므홀라(אָבֵל מְחוֹלָה)의 위치는 아직까지 정확하게 밝혀지지 않았다(cf. Boda, Boling). 그러나 그들이 요단 강을 건너

왔다는 점을 감안할 때, 아마도 전쟁이 시작된 이스르엘 평지에서 요단 강 쪽으로 가는 길목에 있었을 것이다(Block). 벳시다와 스레라는 요단 계곡에 있었고 답밧은 길르앗 동쪽에 있었을 것이라는 추측도 있다(Boling).

상식적으로 이해가 안 되는 상황이다. 어떻게 135,000명이 300명-그것도 칼과 창이 아니라 나팔과 횃불을 가지고 싸우러 나온 사람들에게 패하여 도망을 한단 말인가? 하나님이 이루신 기적으로밖에 설명이 안 된다. 기드온은 납달리, 아셀, 므낫세 지파에서 모여든 사람들에게 그들의 뒤를 쫓게 했다(23절). 처음에는 적들이 두려워서 집으로 돌아갔던 겁쟁이들이 용감무쌍하게 패잔병을 쫓았다(Klein). 기드온은 또한 에브라임 산간 지방 전역에 전령들을 보내서 그들도 미디안을 뒤쫓도록 했다. 기드온의 명령에 따라 에브라임 사람들은 벧 바라(בֵּית בָּרָה)와 요단 강에 이르기까지의 나루들을 점령하였다(24절).

에브라임 지파는 에훗 이야기에서도 패잔병이 요단 강을 건너는 일을 차단한 적이 있다(cf. 3:27-28). 벧 바라는 이곳에 한 번 언급되는 곳으로 어디에 있었는지 밝혀지지 않았다. 이 성읍의 이름은 '나루터 집'으로 풀이되기도 한다(Block). 에브라임 사람들은 미디안 군의 두 우두머리 오렙과 스엡을 사로잡아 오렙은 오렙 바위에서, 스엡은 스엡 포도주 틀에서 죽였다(25절). 이스라엘 사람들은 그들을 죽인 장소에 새로운 이름을 주어 이날의 승리를 두루 기념하도록 했던 것이다.

아이러니한 것은 하나님이 기드온을 처음 찾아오셨을 때 그는 바위를 깎아 만든 포도주 틀에서 타작을 하고 있었다(6:11-20). 그러던 그가 적장들을 바위에서 죽이고 포도주 틀에서 처형한 것이다. 기드온 이야기에서 돌/바위는 이처럼 중요한 반전을 상징하는 듯하다(Olson). '오렙'(עֹרֵב)은 까마귀라는 뜻을 지녔고, '스엡'(זְאֵב)은 늑대라는 의미를 가진 이름이다(cf. HALOT). 이 적장들의 이름은 미디안 사람들의 잔인함과 그로 인해 지난 7년 동안 이스라엘이 그들에게 당했던 고통을 상징한다(Boda). 그러나 이스라엘을 '물어 죽이던 늑대'와 물려 죽은 이스라엘 시체를 '뜯어 먹던 까마귀'가 하나님의 심판을 받아 죽었다. 에브라임 사람들은 그들의 목을 잘라 트로피 삼아 기드온에게 가져왔다.

기드온이 추가로 이스라엘 사람들을 징집하여 적들을 쫓게 한 것을 긍정적으로 볼 것인가, 아니면 부정적으로 볼 것인가? 즉, 기드온이 300명밖에 안 되는 군대로 적들을 뒤쫓기에는 역부족이어서 이스라엘 사람들을 전쟁에 불러들인 것이 자연스럽고 당연한 일인가, 아니면 이미 하나님이 기적적인 승리를 주셨으니, 마무리도 하나님이 기적적으로 하실 것이라 기대하고 이들을 전쟁에 끌어들이지 말았어야 했는가? 기드온의 행동을 긍정적으로 보는 학자들도 있다(Boda). 그러나 많은 사람이 부정적으로 본다. 그가 하나님의 기적을 체험하고 나서 바로 다시 인간의 수단과 방법에 의존한다는 것이다(Klein, Olson). 하나님이 미디안 사람들 사이에 두려움과 공포감을 조성하셔서 서로 죽이게 한 이후(22절) 이야기에서 자취를 감추시는 것도 이러한 해석을 뒷받침하는 듯하다(cf. Olson). 23절 이후의 나머지 이야기에는 온통 기드온만 보일 뿐 하나님은 모습을 보이지 않으신다. 기드온에 대한 하나님의 불편한 심기를 암시하는 듯하다.

하나님은 기드온이 전쟁을 진행하는 방식에 대하여 불편하셨지만 침묵하셨다. 그러나 뒤늦게 전쟁터로 부름받은 에브라임 사람들은 기드온에게 불만을 표했다(8:1). 왜 처음부터 전쟁에 부르지 않았냐는 것이다. 에브라임이 늦게 전쟁에 참여하여 이기고 난 후 이런 말을 하는 것은 마치 공치사를 듣기 위한 것으로 생각된다. 만일 그들이 참으로 자기 동족들을 위해 미디안 사람들과 싸울 준비가 되어 있었다면, 왜 지난 7년간 이스라엘이 그토록 고통스러워하는 동안 침묵했는가?

기드온이 전쟁을 시작할 때 에브라임을 부르지 않은 것은 사실이다(cf. 6:35). 전세가 결정된 다음 적들이 도망치는 것을 우려하여 마지막 순간에 도움을 청한 것도 사실이다. 그럼에도 에브라임 사람들이 그렇게 말할 자격이 있는가라는 의구심이 간다. 아마도 에브라임 사람들이 불편해하는 가장 큰 이유는 기드온이 이 전쟁을 통해 영웅으로 부각되면서 그동안 이스라엘 사회에서 특권을 누리던 자신들의 입지가 좁아지거나 기드온에게 넘어갈 것이라는 염려일 것이다(Kirkpatrick, Pressler, Boda). 또한 전쟁을 통해서 얻을 수 있는 경제적인 수익(viz., 약탈물)도 그들의 불평에 일조했던 것이 확실하다(Mathews).

에브라임 사람들의 트집 잡기에 기드온은 단어를 골라가며 조심스럽게 그들에게 이번 전쟁의 가장 큰 공을 돌렸다(2-3절). 기드온의 말을 요약하자면, 에브라임이 적군의 두 우두머리를 죽였으니, 이 전쟁에서 가장 큰 공을 세웠다는 것이다. 그는 하나님이 에브라임에게 이 공을 세우도록 축복하셨다는 말도 덧붙였다(3절). 그리고 자신의 공로는 아무것도 아닌 것처럼 자세를 낮추었다. 자신과 자신이 속한 아비에셀 족속이 추수한 것 전부가 에브라임이 떨어진 포도를 주운 것만 못하다는 것이다(2절). 풀이하자면 아비에셀이 생산한 최고의 것이 에브라임의 식탁에서 떨어진 부스러기보다도 못하다는 뜻이다(Boda, Block). 에브라임 사람들을 달래는 기드온의 능력이 수준급이다(Derby, Olson). 기드온의 말에 설득된 에브라임 지파 사람들은 더 이상 문제를 제기하지 않았다. 훗날 에브라임 지파는 동일한 수법을 입다에게도 사용하려다가 엄청난 대가를 치르게 된다(12:1-6).

이 일을 통해 기드온의 능수능란한 협상 능력이 빛을 보게 되었지만, 이스라엘의 연합 체제에 균열이 가고 있다(Olson). 이 이야기는 사사기 안에서 이스라엘 지파 간의 분열을 암시하는 첫 에피소드이다. 그러나 결코 마지막은 아니다. 앞으로 지파 간의 갈등이 심화된다. 이스라엘 사람 중 많은 수가 적을 두려워하여 싸우기를 거부했다(7:3). 나머지 사람 중 일부는 전쟁에 부르지 않았다고 트집을 잡는다. 지파들의 연합이 무너지고 있다. 이스라엘의 여러 지파가 미디안 전쟁에서 승리했지만, 자신들이 가장 큰 원수로 남아 있다(Block).

II. 본론: 거듭되는 고난과 해방(3:7–16:31)
G. 기드온 대 미디안(6:1–8:32)
4. 이스라엘의 승리—두 전투(7:19–8:21)

(2) 두 번째 전투(요단 강 동편)(8:4–21)

4 기드온과 그와 함께한 자 삼백 명이 요단 강에 이르러 건너고 비록 피곤하
나 추격하며 5 그가 숙곳 사람들에게 이르되 나를 따르는 백성이 피곤하니
청하건대 그들에게 떡덩이를 주라 나는 미디안의 왕들인 세바와 살문나의
뒤를 추격하고 있노라 하니 6 숙곳의 방백들이 이르되 세바와 살문나의 손
이 지금 네 손 안에 있다는거냐 어찌 우리가 네 군대에게 떡을 주겠느냐 하
는지라 7 기드온이 이르되 그러면 여호와께서 세바와 살문나를 내 손에 넘겨
주신 후에 내가 들가시와 찔레로 너희 살을 찢으리라 하고 8 거기서 브누엘
로 올라가서 그들에게도 그같이 구한즉 브누엘 사람들의 대답도 숙곳 사람
들의 대답과 같은지라 9 기드온이 또 브누엘 사람들에게 말하여 이르되 내가
평안히 돌아올 때에 이 망대를 헐리라 하니라 10 이 때에 세바와 살문나가
갈골에 있는데 동방 사람의 모든 군대 중에 칼 든 자 십이만 명이 죽었고 그
남은 만 오천 명 가량은 그들을 따라와서 거기에 있더라 11 적군이 안심하고
있는 중에 기드온이 노바와 욕브하 동쪽 장막에 거주하는 자의 길로 올라가
서 그 적진을 치니 12 세바와 살문나가 도망하는지라 기드온이 그들의 뒤를
추격하여 미디안의 두 왕 세바와 살문나를 사로잡고 그 온 진영을 격파하니
라 13 요아스의 아들 기드온이 헤레스 비탈 전장에서 돌아오다가 14 숙곳 사
람 중 한 소년을 잡아 그를 심문하매 그가 숙곳의 방백들과 장로들 칠십칠
명을 그에게 적어 준지라 15 기드온이 숙곳 사람들에게 이르러 말하되 너희
가 전에 나를 희롱하여 이르기를 세바와 살문나의 손이 지금 네 손 안에 있
다는거냐 어찌 우리가 네 피곤한 사람들에게 떡을 주겠느냐 한 그 세바와
살문나를 보라 하고 16 그 성읍의 장로들을 붙잡아 들가시와 찔레로 숙곳 사
람들을 징벌하고 17 브누엘 망대를 헐며 그 성읍 사람들을 죽이니라 18 이에
그가 세바와 살문나에게 말하되 너희가 다볼에서 죽인 자들은 어떠한 사람

들이더냐 하니 대답하되 그들이 너와 같아서 하나 같이 왕자들의 모습과 같
더라 하니라 [19] 그가 이르되 그들은 내 형제들이며 내 어머니의 아들들이니
라 여호와께서 살아 계심을 두고 맹세하노니 너희가 만일 그들을 살렸더라
면 나도 너희를 죽이지 아니하였으리라 하고 [20] 그의 맏아들 여델에게 이르
되 일어나 그들을 죽이라 하였으나 그 소년이 그의 칼을 빼지 못하였으니
이는 아직 어려서 두려워함이었더라 [21] 세바와 살문나가 이르되 네가 일어나
우리를 치라 사람이 어떠하면 그의 힘도 그러하니라 하니 기드온이 일어나
세바와 살문나를 죽이고 그들의 낙타 목에 있던 초승달 장식들을 떼어서 가
지니라

에브라임 사람들의 전쟁 참여와 불만 토로로 잠시 중단되었던 미디안 연합군과의 전쟁 이야기를 다시 시작한다. 기드온이 에브라임 지파와 빚은 갈등은 전혀 예측하지 못했던 것이며 이스라엘의 연합 체제에 금이 가고 있다는 것을 뜻하지만, 이 섹션에 기록된 사건에 비하면 별 것 아니다. 본 텍스트가 기록하고 있는 사건에는 집단 살인까지 포함되어 있다. 적을 '부수고'(이름 '기드온'의 문자적 의미) [바알과] '싸워야 할'(이름 '여룹바알'의 문자적 의미) 사람이 자신의 동족을 '부수고' '싸운다'(Klein). 본문의 기드온에 대한 평가가 매우 부정적이기 때문에 한 주석가는 만일 기드온 이야기가 8:3에서 마무리되었더라면 그는 이스라엘의 위대한 영웅으로 남았을 것이라고 한다(Younger). 이 이야기는 그동안 독자들의 마음에 기드온에 대하여 조금이라도 긍정적인 생각이 있었다면, 한순간에 다 날려버리고 그를 전적으로 부정적인 사람으로 평가하게 한다.

더 충격적인 것은 에브라임 사람들과의 갈등을 대화와 설득으로 지혜롭게 해결해 많은 생명을 구한 기드온이 이번에는 설득이나 대화를 아예 시도하지 않고 오히려 많은 사람을 죽인다는 것이다. 그는 자기 일에 협조하지 않는 사람들에 대한 분노와 보복으로 가득 차 있다. 기드온은 강자에게는 비굴하고, 약자에게는 잔인한 사람이었다. 이 사건은 이스라엘 연합 체제에 심각한 균열이 진행되고 있다는 것을 시사한다. 사사기에서 이스라엘 사람들이 서로 간의 갈등으로 동족을 죽이는 일은 이 이야기가 처음이며, 앞으로 이러한 분위기가 고조되어 끝에 가서는 베냐민 지파를 멸종시키다시피 하게 된다(cf. 19–21장).

하나님이 그동안 기드온을 어떻게 대해주셨는가를 생각해보면 그의 무자비함이 더욱 악하게 드러난다. 하나님은 불신과 무지함으로 여호와를 신뢰하지 못하는 기드온을 여러 이적을 통해 설득시키고 그가 확신을 가지게 될 때까지 참고 기다려 주셨다. 매사에 소극적이고 겁이 많아 하나님의 속을 썩이던 기드온이 어느덧 자기 백성에게는 매우 성급하고 잔인한 지도자가 된 것이다(Block). 하나님께 은혜를 체험한 사람은 남에게 은혜를 베풀 줄 알아야 하는데 기드온은 기대에 전혀 미치지 못하는 야박한 사람이다. 그래서 그가 미디안의 두 우두머리 오렉과 스엡을 죽일 때까지는 하나님의 적극적인 개입과 인도가 있었지만, 이 사건 이후로는 하나님이 기드온 이야기에서 아예 자취를 감추신다(Boling, Olson, Boda, Younger).

에브라임 사람들과의 위기를 잘 극복한 기드온은 요단 강을 건너 가나안 북쪽에서 계속 패잔병들을 추적했다. 그가 이끌던 300명의 군대는 이미 전쟁에 지칠 대로 지친 상황이라 숙곳과 브누엘 사람들에게 협조를 요청했지만, 거절당했다(4–9절). 기드온은 복수를 선언하고 지친 몸을 이끌고 적을 쫓았다. 135,000명에 달하던 적의 규모는 어느덧 15,000명으로 줄었지만(10절), 300명에게는 아직도 버거웠다. 기드온은 한 명이라도 더 죽여야 후한이 없을 것이라고 생각해서 승리한 여세를 몰아 이곳까지 왔다.

기드온이 300명의 지친 군사를 이끌고 먼저 도착한 곳은 숙곳(סֻכּוֹת) 이다(5절). 숙곳의 의미를 문자적으로 풀이하면 '초막들'이라는 뜻을 지녔으며 모세가 갓 지파에게 준 땅이다(수 13:27). 기드온이 숙곳에 도착하여 배고프고 지친 군사들을 이끌고 미디안의 두 왕 세바와 살문나를 쫓고 있다는 것을 설명하고 군인들을 위하여 빵과 물을 요청했다. 기드온이 이 두 왕을 쫓는 가장 큰 이유는 에브라임 지파에게서 영광을 빼앗고 그들에게 수치를 안겨주기 위해서이다(Boda). 기드온은 전쟁에 자기들을 부르지 않았다며 시비를 걸어온 에브라임 지파에게 "당신들이 적장 오렙과 스엡을 죽였으니 전쟁의 가장 큰 공을 세운 것이다"라며 달랜 적이 있다(8:3). 전쟁의 가장 큰 공을 그들에게 넘겨줄 기드온이 아니다. 그래서 그는 지금 두 왕을 쫓고 있다. 숙곳 사람들은 기드온의 말에 호의적이던 요단 강 동편 지파 사람들하고는 달리 그의 요청에 부정적으로 응했다. 혹시 빵을 준 것이 잘못되어 세바와 살문나의 보복을 받게 될까 봐 두렵다는 것이다(6절).

숙곳 사람들의 입장을 어느 정도는 이해할 수 있다. 그들은 기드온이 어떻게 300명의 군대로 135,000명의 적들과 싸워 승리했는가에 대한 소식을 아직 듣지 못했을 것이다. 기드온이 두 왕을 쫓고 있다고 하기는 하지만, 그에게는 고작 300명의 배고프고 지친 군인들만 있을 뿐이다. 게다가 그들이 쫓고 있는 군대는 아직도 15,000명에 달한다. 계산해보면 전쟁을 시작할 때는 이스라엘 군대와 적들의 비율이 1:450이었다. 지금은 1:50이다. 하나님의 은혜로 승리해서 비율이 많이 줄었지만, 아직도 기드온과 300명에게는 버거운 싸움이다. 그러므로 앞으로 전쟁이 어떻게 진행될지 알 수 없는 것이다. 더욱이 기드온이 아직까지 세바와 살문나를 생포하지 못한 상황이다(6절). 이러한 상황에서 강자의 눈치를 보며 살아야 하는 약자의 입장에서는 기드온을 돕는 것이 엄청난 부담으로 느껴질 수 있다. 그러므로 숙곳 사람들이 기드온에게 빵과 물을 내주기 전에 기드온은 먼저 하나님이 미디안 왕들과 군대를 넘겨 주셔서 전쟁에서 완승했다며 그들을 설득해야 했다(McCann).

기드온은 숙곳 사람들을 설득하려 하지 않고 미디안의 두 왕을 죽인 다음에 돌아와서 '들가시와 찔레'로 보복하겠다고 맹세하고는 그곳을 떠났다(7절). 이야기가 시작된 이후 기드온이 변했다(Webb, McCann). 그는 원래 겁이 많고 결정을 잘 못하는 사람이었다. 그런데 미디안 사람들을 상대로 승리를 거둔 다음에는 그에게 협조하지 않는 사람들을 협박하고 있다(Boda).

기드온이 에브라임 사람들과의 대화에서 보여준 협상 능력은 모두 어디로 간 것일까? 기드온이 자기는 하나님의 명령을 받아 이 전쟁을 하고 있다고 말했다면, 사람들의 태도가 완전히 바뀌었을 수도 있다. 그런데 그는 하나님과 전쟁의 관계에 대하여 침묵한다. 이 과정에서 기드온의 군대는 더 이상 하나님의 지휘 아래 작전에 임하는, 곧 성전에 임하는 하나님의 군대가 아니라 기드온의 개인 군대가 되어 있다(Olson, Boda, Block).

저자는 기드온이 적들에게 승리하고 돌아오는 길에 실제로 이 성읍 장로들을 체포하여 들가시와 찔레를 가져다 응징했다고 한다(16절). "당신들이 말한 세바와 살문나가 여기 있소"(15절, cf. 6절)라며 장로들이 한 말에 대하여 보복한 것이다. 그가 정확히 어떤 절차를 통해 피해자에게 고통을 주었는가는 알 수 없다. 확실한 것은 기드온이 사용한 방법은 혹독한 고통뿐만 아니라 엄청난 수치와 모멸감도 동반했다. 또한 그가 주저하지 않고 브누엘 사람들을 죽이는 것을 감안할 때(17절), 숙곳 사람들도 같은 운명을 맞았을 것이라고 추측하는 주석가도 있다(Pressler). 기드온은 협조하지 않은 사람들을 먼저 혹독한 고통과 수치를 안겨준 다음에 처형했던 것이다. 사사기에서 사사가 이스라엘 사람들을 상대로 폭력을 행사하는 것은 이곳이 처음이다.

기드온이 이어 브누엘(פְּנוּאֵל)로 올라가 숙곳 사람들에게 한 것처럼 같은 요청을 해보았지만 반응은 마찬가지였다(8절). 브니엘/브누엘은 야곱이 하나님의 천사와 씨름한 곳으로 유명해진 곳이며 '하나님의 얼굴'이란 뜻을 지녔다. 정확한 위치는 밝혀지지 않았지만, 숙곳과 같은 지역에 있는 성읍이었다. 이번에도 기드온은 브누엘 사람들을 설득하려

하지 않고 보복을 선언하고 떠났다(9절).

왜 기드온이 협상과 설득으로 문제를 해결하려 하지 않았던 것일까? 전쟁에 너무 진이 빠져서 모든 것이 귀찮아진 것일까? 아니면 설득하느라고 시간을 잃느니 1분이라도 더 적을 쫓아 더 많이 죽이겠다는 것일까? 기드온은 요단 강 동편에 정착한 지파들에게는 쉽게 지지를 얻었는데, 강 서편에 사는 지파들이 그를 대하는 태도는 옹색하다. 요단 강 동편과 서편 사람들의 사고가 그만큼 다르다는 것이다. 요단 강을 중심으로 이스라엘 사회에 균열이 진행되고 있다는 것을 암시한다(Block). 여호수아 시대에 가나안 정복 전쟁을 마치고 자기 집으로 돌아가던 동편 지파들이 우려했던 일이 현실로 드러나기 시작했다(cf. 수 22:10-34).

기드온이 드디어 미디안의 두 왕 세바와 살문나를 따라잡았다(10절). 미디안 군대는 병사의 90%를 잃은 터라 사기가 땅에 떨어져 있었다. 기드온은 열심히 싸워 300명으로 방심하고 있던 적 15,000명을 쳐서 전멸시키고 세바와 살문나를 사로잡았다(11-12절). 그는 돌아오는 길에 숙곳에 들려 이미 선언한 것처럼 77명의 장로들을 들가시와 찔레를 가져다 응징했다(16절). 그리고 브누엘에 들러서 망대를 헐고 성읍 사람들을 죽였다(17절). 이 일을 통해 이스라엘을 구원하라고 소명을 받은 기드온은 어느덧 이스라엘을 죽이는 자가 되었다. 이야기를 시작할 때 소심했던 기드온이 어느덧 폭력을 행사하는 독재자로 변해 있다(Boda). 그는 이스라엘의 사사 중 처음으로 동족을 죽이는 사람으로 기록되고 있다. 이것은 앞으로 사사기에서 자주 반복될 일을 예고하고 있다(Webb).

자신의 요청을 거부한 숙곳과 브누엘 사람들에게 보복을 마친 기드온이 세바와 살문나를 처형했다(18-21절). 기드온이 이 왕들을 심문한 것과 처형하는 이유를 살펴보면 이스라엘을 괴롭힌 공공의 적을 처형하는 것이 아니라, 개인적인 원수를 갚는 듯하다. 기드온이 자기 형제들의 죽음을 복수하겠다는 신념으로 불타는 모습이 얼마나 강렬한지,

독자들은 기드온 이야기의 처음으로 돌아가 이 사람이 전쟁을 시작한 목적이 무엇인지를 다시 생각하게 된다(Sternberg). 그가 전쟁을 시작할 때는 하나님께 의존하는 모습이 확연하게 드러났지만, 이번에는 자기가 하고 싶은 대로 한다(Pressler). 시간이 지날수록 기드온이 변질되어가고 있는 것이다. 시간이 지나며 기드온이 변질되어가는 것이 마치 사사기 전체의 흐름을 보는 듯하다(Schneider). 기드온의 뒤를 이을 입다와 삼손도 개인적인 이득을 추구하는 사람들이지 이스라엘 공동체를 염려하는 사람들이 아니다(Wong).

기드온이 끌려온 세바와 살문나에게 물었다. '너희가 다볼에서 죽인 사람들은 어떠한 사람들이더냐?'(18절). 다볼(תָּבוֹר)은 이스라엘 평지의 북쪽, 갈릴리의 남서쪽에 우뚝 솟은 산으로 납달리, 스불론, 잇사갈 영토의 접경 지역에 있었다(HALOT). 기드온 이야기에서 이때까지 다볼에 대한 언급이 없었다는 이유로 이곳에 다볼이 등장하는 것을 의심스럽게 보는 사람들도 있지만, 하나님이 기드온을 사사로 세우시기 전에 있었던 일에 대하여 복수심에 불타 생포한 왕들에 대한 심문을 진행하고 있다는 것을 감안하면 문제가 될 수 없다. 기드온이 하나님의 소명을 받고 전쟁에 임했지만, 개인적으로는 예전에 미디안 사람들에게 죽은 형제들의 원수를 갚기 위해 더욱더 열심히 전쟁했다(Olson).

두 왕은 기드온의 질문에 이렇게 대답을 했다. '그들은 당신처럼 하나 하나가 왕자와 같았다.' 잠시 후 기드온은 사람들에 의해 왕으로 추대되고, 그의 아들 아비멜렉은 스스로 왕을 자처하게 되는 등(9장) 기드온 이야기의 나머지 부분에서 왕권은 매우 중요한 이슈로 부각된다. 이곳에서 기드온은 처음으로 '왕족'에 비교되고 있다. 미디안 왕들의 발언은 기드온을 '왕자같이 생겼다'라며 그를 치켜세우는 듯하다(Guest, Niditch). 전쟁에서 승리한 이스라엘은 기드온을 세바와 살문나 같은 왕으로 세우도록 유혹을 받고 있다(Boda).

그러나 이 왕들의 말은 기드온을 비아냥거리는 것일 수도 있다. 왕들의 발언을 '당신은 아무리 노력해도 왕은 될 수 없는 왕자에 불과하다'라고 이해한다면 그들은 기드온을 비웃고 있는 것이다. 미디안 왕들은 자신들이 135,000명의 대군을 이끌고도 기드온에게 당한 것이 기가 막히는 일이기는 하지만, 어찌 되었건 기드온은 300명밖에 거느리지 못한, 그러므로 결코 '왕의 대열'에 낄 수 없는 사람이라는 것이다. 그들 눈에는 기드온이 하찮고 우습게 보인 것이다.

이 왕들이 기드온에게 아부해서 목숨이라도 건져보려고 그를 추켜세우기 위하여 이렇게 말했을 수도 있다는 해석을 배제할 필요는 없다. 그러나 미디안 왕들이 이런 목적으로 말했다면, 우리는 그들에게서 '왕자' 대신 '왕'이란 표현뿐만 아니라 전반적으로 좀더 기드온의 비위를 맞추는 말을 기대할 수 있다. 또한 그들은 죽음 앞에서 담대하다(21절). 그러므로 미디안 왕들이 기드온을 추켜세우며 이 말을 했을 가능성은 희박하다. 그들은 기드온을 비아냥거리며 이런 말을 한 것이다(Block).

무시당한 기드온이 화가 나서 미디안 왕들을 죽이기로 했다. 그러나 자신이 직접 그들을 처형하지 않고, 큰아들 여델(יֶתֶר)에게 명령했다(20절). 여델의 이름은 '남은 것/초과량'이라는 뜻을 지녔다. 그러나 그는 아직 어렸기 때문에 두려워서(יָרֵא) 칼을 들기를 꺼려했다. 저자가 이곳에 여델을 등장시키는 것은 7장의 기드온과 8장의 기드온을 대조시키기 위해서다(Boda). 7장에서 기드온은 여델처럼 마음이 여리고 겁이 많은 사람이었다. 두려워 칼을 들기를 꺼리는 여델은 전쟁이 처음 시작될 때 망설이고 주저하던 기드온의 모습이다(Younger, Olson). 8장에서 기드온은 폭군으로 돌변해 있다. 어느새 기드온은 피에 굶주린 늑대로 변해 있는 것이다. 죽음을 기다리던 미디안의 두 왕 세바와 살문나가 '당신이 직접 우리를 치라'라고 요구했고 기드온이 드디어 칼을 뽑아 그들을 쳤다. 그러나 기드온은 여호와를 위하여 그들을 처형한 것이 아니라, 자기 형제들의 죽음을 복수하기 위하여 왕들을 죽였다.

기드온은 죽은 왕들이 탔던 낙타의 목에서 초승달 모양의 장식을 떼어 가졌다(21절). 왕을 상징하는 장식이다(Block). 전쟁에서 승리한 장군이 당연히 취하는 물건이지만, 바로 다음에 기드온이 왕으로 추대되는 상황에서 저자가 이 일을 언급하는 것이 예사롭지 않다. 기드온을 왕으로 추대한 사람들이 그가 왕들만이 지닐 수 있는 물건을 취하는 것을 보고 아이디어를 얻은 것은 아닐까? 기드온이 왕들에게나 어울리는 것을 취하는 이야기가 26절에 다시 언급된다.

II. 본론: 거듭되는 고난과 해방(3:7–16:31) G. 기드온 대 미디안(6:1–8:32)

5. 결론(8:22–32)

22 그 때에 이스라엘 사람들이 기드온에게 이르되 당신이 우리를 미디안의
손에서 구원하셨으니 당신과 당신의 아들과 당신의 손자가 우리를 다스리소
서 하는지라 23 기드온이 그들에게 이르되 내가 너희를 다스리지 아니하겠고
나의 아들도 너희를 다스리지 아니할 것이요 여호와께서 너희를 다스리시리
라 하니라 24 기드온이 또 그들에게 이르되 내가 너희에게 요청할 일이 있으
니 너희는 각기 탈취한 귀고리를 내게 줄지니라 하였으니 이는 그들이 이스
마엘 사람들이므로 금 귀고리가 있었음이라 25 무리가 대답하되 우리가 즐
거이 드리리이다 하고 겉옷을 펴고 각기 탈취한 귀고리를 그 가운데에 던지
니 26 기드온이 요청한 금 귀고리의 무게가 금 천칠백 세겔이요 그 외에 또
초승달 장식들과 패물과 미디안 왕들이 입었던 자색 의복과 또 그 외에 그
들의 낙타 목에 둘렀던 사슬이 있었더라 27 기드온이 그 금으로 에봇 하나를
만들어 자기의 성읍 오브라에 두었더니 온 이스라엘이 그것을 음란하게 위
하므로 그것이 기드온과 그의 집에 올무가 되니라 28 미디안이 이스라엘 자
손 앞에 복종하여 다시는 그 머리를 들지 못하였으므로 기드온이 사는 사십
년 동안 그 땅이 평온하였더라 29 요아스의 아들 여룹바알이 돌아가서 자기
집에 거주하였는데 30 기드온이 아내가 많으므로 그의 몸에서 낳은 아들이

칠십 명이었고 31 세겜에 있는 그의 첩도 아들을 낳았으므로 그 이름을 아비
멜렉이라 하였더라 32 요아스의 아들 기드온이 나이가 많아 죽으매 아비에셀
사람의 오브라에 있는 그의 아버지 요아스의 묘실에 장사되었더라

기드온의 리더십으로 인해 이스라엘은 역사상 가장 위대한 승리 중 하나를 경험했다. 불과 300명의 군인들로 135,000명의 적을 물리쳤다. 비율로 계산하면 '일당백'이 아니라 '일당사백오십'이다. 게다가 도주하는 적들을 쫓아가 거의 다 죽이다시피 했다. 특히 미디안 사람들은 그 누구보다도 이스라엘을 악랄하게 괴롭히던 사람들이 아니었던가! 그러므로 이스라엘 사람들이 기드온에 대하여 열광하는 것은 당연하다.

흥분한 사람들이 기드온을 통치자로 추대했다(22절). "장군께서 우리를 미디안의 손에서 구하여 주셨으니, 장군께서 우리를 다스리시고, 대를 이어 아들과 손자가 우리를 다스리게 하여 주십시오"(새번역). 기드온을 민족의 지배자로 추대하고 있는 사람들이 그나마 이스라엘의 왕은 여호와께서 세우셔야 한다는 생각을 마음에 두고 있는지 의도적으로 '왕'(מֶלֶךְ)과 '[왕이] 통치하다'(מלך)라는 단어는 피하고 있다. 그러나 그들이 사용하는 '다스리다'(משל)는 흔히 주권을 가지고 군림하는 것을 뜻하며 왕과 하나님께 사용되는 단어다(cf. HALOT). 이스라엘 사람들은 왕이란 말을 사용하지 않으면서 기드온에게 왕권을 제시하고 있는 것이다.

기드온 이야기에서 이때까지 꾸준히 강조된 것이 여호와께서 이스라엘을 구원하신다(ישע)는 것이었는데(cf. 7:2), 백성들은 어느덧 기드온이 그들을 구원했다(ישע)고 한다. 이스라엘 사람들의 생각은 미디안 군인들보다 못하다. 미디안 군인들은 하나님이 자신들을 기드온에 넘겼다고 했는데 말이다(Gunn, cf. 7:14). 기드온이 하나님께 모든 영광을 돌리지 못하고 일부를 자신이 나누어가졌기 때문에 빚어진 일이다. 더 놀라운 것은 기드온이 백성의 잘못된 생각을 교정해줄 생각을 하지 않고 하나님께 가야 할 영광을 자기가 가로챈다는 것이다(Younger).

백성들은 기드온이 이미 전쟁을 통해 왕들을 죽였기 때문에 왕이 될 자격이 충분히 있다고 생각했을 것이다. 또한 기드온은 당시 왕들이 했던 것처럼 전쟁 구호에 자신의 이름을 하나님 이름 뒤에 넣도록 했다. 기드온이 미디안 왕들을 처형한 후 이 왕들이 왕족 신분을 과시하기 위하여 쓰던 물건들(곧, 왕들만 사용하던 물건)에 미련을 갖고 있는 것도 백성들에게 자극제가 되었을 것이다(cf. Block). 게다가 요단 강을 건넌 후부터 기드온이 더욱더 왕처럼 행동하는 일도 이러한 분위기를 조성해 나갔다(Younger). 물론 기드온이 왕이 되면 자신들의 신분도 왕의 보좌관으로 상승한다는 것도 마음에 두고 하는 말이다.

그들은 기드온에게 왕권을 제안하면서 심각한 죄를 범하고 있다. 하나님이 32,000명에 달하던 기드온의 군대를 두 차례에 걸쳐 300명으로 줄이신 이유는 이스라엘 사람들이 전쟁에서 승리하면 영광을 하나님께 돌리지 않고 자신들에게 돌리는 것을 우려해서였다(7:2). 그런데 전쟁이 끝나자마자 이 사람들은 모든 영광을 기드온에게 돌리고 있다! 하나님이 이런 일이 일어날 것을 아시고 아예 처음부터 이스라엘이 스스로 영광을 차지하는 것을 막겠다는 대책을 세우셨는데도 말이다. 이스라엘 백성이 이런 생각을 하게 된 것에는 8:4-21에 묘사된 기드온의 행동과 자세가 크게 기여했다(McCann). 특히 기드온이 전투에 임하는 군인들에게 "여호와를 위하여! 기드온을 위하여!"라고 소리지르며 진군하라고 명령한 것이(7:18, 20) 백성들에게는 기드온에게 전쟁의 모든 영광을 돌리는 것을 부추겼다(Block). 리더가 하나님께 영광을 돌리지 않자, 따르는 사람들이 그를 마치 하나님 대하듯 한 것이다.

기드온은 백성의 요구에 "나는 여러분을 다스리지 않을 것입니다. 나의 아들도 여러분을 다스리지 않을 것입니다. 오직 주님께서 여러분을 다스리실 것입니다"라고 대답한다(23절; 새번역). 오직 여호와께서 이스라엘을 다스리신다는 그의 대답은 신학적인 모범 답안이다(cf. 출

15:18). 한동안 하나님을 잊고 있었다가 정신을 차린 것일까? 그가 왕권을 거부하는 것이 마음속 깊은 곳에서 우러난 진심이라고 생각하는 주석가들도 있다(Pressler).

그러나 대부분 학자는 그의 말을 진심으로 생각하지 않는다. 기드온이 지금까지 보여준 행동이 의구심을 품게 하며, 이후에 드러나는 그의 행동 역시 그가 흑심을 품고 있다는 것을 시사한다(McCann, Block, Schneider). 특히 기드온이 전쟁 구호로 "기드온을 위하여!"를 더한 일은 전쟁이 끝난 다음 백성들이 그를 왕으로 추대하는 일에 일조했다(Wong). 그는 바로 이 순간에도 하나님께 모든 영광을 돌리는 일에 실패했다. 백성이 그에게 왕이 되어달라고 하는 것은 기드온이 미디안과의 전쟁을 승리로 이끌었다고 생각해서다. 그러므로 기드온이 "오직 주님께서 여러분을 다스리실 것입니다"에 "여호와께서 우리에게 승리를 주셨기 때문입니다"라는 말을 덧붙였어야 한다(Block). 그러나 기드온은 자기 때문에 이스라엘이 미디안 사람들에게 승리하게 되었다는 백성의 잘못된 생각을 교정하려 하지 않는다.

기드온이 백성에게 하는 말과 행동이 이분화되어 있는 것도 그의 마음을 의심하게 하는 데 한 몫을 한다. 그가 여호와께서 다스리실 것이라고 말한 다음 백성에게 그들이 전쟁을 통해 얻은 전리품 중 미디안 사람들의 금 귀고리들을 달라고 했다(24절). 저자는 미디안 군은 이스마엘 사람들이므로 모두 금 귀고리를 하고 있다는 말을 추가한다(24절). 아브라함의 아들 이스마엘의 자손들이 이스라엘을 괴롭혔던 것이다. 기드온이 백성에게 금 귀고리를 요구하는 것은 두 가지 상징성을 지녔다(Block).

첫째, 지도자가 백성들에게 선물을 요구하는 것은 곧 그들의 순종을 요구하는 행위다. 그러므로 백성들이 기드온의 요구에 따라 금 귀고리를 상납하는 것은 그에게 충성을 맹세하는 행위다. 둘째, 기드온이 받은 금의 양이 왕의 금고에 저장하기에 적합한 양이다. 금 1700세겔은

20kg에 달하는 많은 양이다. 기드온은 미디안 왕들이 신분을 나타내기 위하여 그들이 타던 낙타 목에 걸었던 초승달 모양의 장식 외에도(26절; cf. 21절) 미디안 왕들이 입었던 자주색 옷과 낙타 목에 둘렀던 사슬도 가졌다. 공식적인 타이틀만 왕이 아니지 왕의 물건들을 취하여 왕처럼 행동하고 있는 것이다. 기드온이 아들의 이름을 아비멜렉(אֲבִימֶלֶךְ)(viz., '나의 아버지는 왕이다')이라고 지은 것도(cf. 9:1), 그가 왕처럼 많은 자손을 거느린 것도(cf. 9:2) 그의 왕권에 대한 야심을 엿보게 하는 것들이다.

기드온이 모은 금을 가지고 무엇을 만들었는가는 왕처럼 행세하는 것보다 더 큰 죄가 되었다. 그는 모은 금으로 에봇(אֵפֹד)을 만들었다(27절). 에봇은 제사장들이 입는 옷이다(출 28:15-30). 그러므로 기드온이 설령 금으로 에봇을 만든다 해도 문제는 되지 않는다. 그래서 기드온이 이때까지만 해도 좋은 의도에서 에봇을 만들었는데, 세월이 지나면서 에봇이 악용된 것이라고 하는 주석가들도 있다(Amit, Webb).

기드온이 만든 에봇으로 인하여 저자는 이스라엘이 "그것[에봇]을 음란하게 섬겨서, 그것이 기드온과 그 집안에 올가미가 되었다"라고 한다(27절; 새번역). 어떻게 이해해야 하는가? 첫째, 기드온이 백성에게 금을 달라고 해서 만든 물건이 온 이스라엘에게 올무가 되는 것이 광야에서 아론이 백성에게 금을 달라고 해서 금송아지를 만들어 백성을 실족하게 하는 행위와 매우 흡사하다. 아론의 리더십은 우상숭배의 결과를 낳았다. 기드온의 리더십도 우상숭배를 낳았다는 것이다. 그래서 일부 주석가들은 기드온이 소명을 받을 때에는 모세처럼 행동하다가 이곳에서는 아론이 되었다고 한다(McCann). 기드온이 만든 물건은 결코 이스라엘 종교에 도움이 되는 것이 아니다. 노골적인 우상숭배(Block) 혹은 종교적인 복합주의(Younger)를 가속화하는 물건이었다.[23] 혹

23 기드온이 금으로 에봇을 만들었다는 것이, 매우 많은 금으로 치장되어 화려하고 대단한 제사장의 옷을 마련했다는 뜻인지, 아니면 실제 금으로 제사장이 입는 옷 모양을 만들었

날 기드온이 만든 올무에 가장 처참하게 걸린 사람은 다름 아닌 그의 아들 아비멜렉이다(Klein). 아비멜렉은 세겜 사람들에게 정치자금을 받아 70명의 형제를 죽이고 왕이 되는데, 그의 정치 자금이 다름 아닌 바알 신전에서 흘러나왔기 때문이다.

둘째, 사사기 안에서 에봇은 우상들과 연루되어 있다(Pressler). 사사기 17-18장은 드라빔과 귀금속을 녹여 만든 우상을 에봇과 함께 취급한다(18:14). 사사기 안에서 에봇은 우상숭배에 사용하는 물건이며, 이곳에서도 이러한 상징성을 지니고 있는 것이다. 셋째, 이스라엘이 에봇을 음란하게 섬겼다(זנה)는 것과 에봇이 그들에게 올무(מוֹקֵשׁ)가 되었다는 것은 사사기 저자를 포함한 성경 저자들이 자주 사용하는 노골적인 우상숭배에 대한 비난이다(cf. 2:17; 2:3). 기드온이 만든 에봇은 제사장들이 하나님의 뜻을 분별할 때 사용했던 우림과 둠밈(cf. 출 28:30; 레 8:8)의 기능과는 전혀 상관없는 우상인 것이다. 아마도 저자가 기드온이 선생이 끝나자마자 '우상'을 만들었다는 말을 차마 할 수 없어서 이렇게 표현하는 것으로 생각된다.

기드온은 우상을 만들어 자신의 집이 있는 오브라에 두었다. 물론 자신과 그의 집안을 영화롭게 하기 위한 의도에서였다. 기드온의 이 같은 행위로 당시 여호와의 법궤가 있는 실로는 상대적으로 쇠퇴할 수밖에 없게 되었다. 실로로 순례를 가던 사람 중 일부가 오브라로 가기 시작했을 것이기 때문이다. 기드온은 한때 하나님의 명령에 따라 오브라에 있던 바알 제단을 허물었다(6:25-32). 그런데 전쟁이 끝나자마자 그는 이스라엘의 영적 삶에 걸림돌이 될 제단을 오브라에 다시 세웠다. 기드온의 신앙이 원점으로 돌아온 것이다(Webb, Mathews).

기드온은 하나님의 영을 입은 하나님의 형상이었다(6:34). 그러나 우

다는 뜻인지 정확하지가 않다. 학자들의 추측은 제사장 옷 모양을 따서 만든 금 조각품에서(Cundall), 우림과 둠밈에 필요한 도구(Webb), 혹은 우상숭배에 필요한 실제 동상과 모든 장식품을 포함한 '우상 종합세트'(Klein)에 까지 이르도록 다양하다.

리가 이곳에서 만나는 기드온은 한 형상을 만들고, 그 형상에 이방 종교의 옷을 입혔다(Block). 기드온이 죽은 후에 이스라엘 백성이 더 적극적으로 우상을 숭배했다는 33절의 내용을 감안하면 그와 이스라엘이 여호와를 완전히 버린 것은 아니었고, 절제된 범위에서 우상을 숭배했던 것으로 생각된다.

기드온은 바로 앞에 등장했던 드보라와 바락처럼 승리를 주신 하나님을 찬양하지도 않는다. 두 전쟁의 규모와 결과를 생각해보면 하나님의 은혜에 대하여 더 확실한 감격의 찬양이 나올 만도 한데 말이다. 기드온의 이름은 '찍는 자/부수는 자'라는 뜻을 지녔다. 그는 바알 제단을 부수고 아세라 목상을 찍었다. 그러나 이제 그는 여호와의 제단을 부수고 여호와를 향한 신앙을 찍어 내리고 있다. 기드온은 참으로 심각한 결함이 있는 사사였다(Hamlin). 기드온을 기점으로 이스라엘은 급속한 하향 곡선을 그리게 된다(Olson).

다행히 기드온과 이스라엘 백성의 불신과 배은망덕이 하나님의 은총을 거두지는 못했다. 하나님이 그들의 죄에 여념하지 않으시고 그들을 축복하셨기 때문이다. 결국 이스라엘을 괴롭히던 미디안은 이 전쟁을 통해 이스라엘의 종이 되었다. 기드온이 살아 있는 40년 동안 전쟁이 없었다. 한 세대 동안 평안했다는 뜻이다. 모든 것이 하나님이 기드온과 이스라엘의 죄에 상관없이 베풀어주신 은총이다.

전쟁을 통해 영웅이 된 기드온이 왕으로 등극하지는 않았지만, 왕에나 걸맞은 생활을 했다. 비록 그가 백성들 앞에서 공식적으로 왕권을 거부했지만, 진심 어린 거부는 아니었던 것이 확실하다(Wong, Webb). 물론 저자는 기드온의 이러한 생활을 매우 부정적으로 평가한다. 기드온의 나머지 여생이 어떻게 묘사되는지 살펴보자. 첫째, 미디안과의 전쟁이 있은 후 40년 동안 이스라엘에 평안이 있었는데, 이 기간에 기드온은 자기 집에 거주했다(29절). 히브리어는 '거주하다'와 '[왕이 보좌에] 앉다'를 같은 동사(ישׁב)로 표현한다. 기드온이 집에 거주했다는 말은 그가 '왕으로 행세했다'라고 풀이할 수 있는 것이다.

둘째, 이 기간에 기드온은 많은 아내를 두었고, 아내들로부터 얻은 아들들이 70명이나 되었다(30절). 이스라엘의 왕이 해서는 안 되는 일 중 하나가 많은 아내를 두는 것이다(cf. 신 17:24-20). 기드온의 아들들이 70명이었다고 하는데, 70명은 이상적이거나 완전한 왕족 집안을 뜻한다(Block, cf. 1:7; 12:14; 왕하 10:1-7). 평민들은 이렇게 많은 가족을 거느릴 수 없다. 또한 가나안 종교에 의하면 모든 신의 아버지 엘과 그의 아내 아세라는 70명의 아들 신들을 두었다. 그러므로 저자가 기드온이 많은 아내와 아들을 두었다는 사실을 밝혀 그의 신분 상승에 대해 부정적으로 언급하고 있는 듯 하다.

셋째, 기드온은 세겜에 있는 첩(פִּלֶגֶשׁ)과의 사이에 아들을 두었다(31절). 많은 아내로도 부족하여 첩들까지 두었던 것이다. 첩(פִּלֶגֶשׁ)의 가장 기본적인 역할은 남자의 성적 욕구를 채워주는 것이다(Block). 게다가 이 첩은 세겜 여인이었다. 당시 세겜은 가나안 사람들의 성읍이었던 점과 아비멜렉이 자기 혈통에 대하여 말하는 것을 감안하면(cf. 9:2), 책에는 명확하게 기록되어 있지 않지만, 이 여인은 가나안 여인이었던 것이 확실하다(Block, Younger). 기드온은 가나안 사람을 첩으로 맞아들인 것이다. 모세는 이스라엘 사람들이 가나안 사람들과 결혼해서는 안 된다며 선을 그었다(출 34:15-16; 신 7:3-4). 기드온은 모세의 율법을 위반하고 있다. 율법도 왕처럼 누리고 있는 그를 얽맬 수는 없었던 것이다.

넷째, 기드온은 가나안 첩과의 사이에서 태어난 아이를 아비멜렉(אֲבִימֶלֶךְ)이라고 이름지었다(31절). 이 이름을 문자적으로 풀이하면 '나의 아버지는 왕이다'가 된다. 기드온이 이루지 못한 야심을 아들의 이름을 통해 드러내고 있다. 또한 가나안에서 숭배되었던 신 중 이름이 말릭(Malik)이 있다. 에블라(주전 3000년대), 우가릿(주전 2000년대), 페니키아와 암몬(주전 천년대) 등에서 숭배되던 신이다. 일부 학자들은 이 신과 연결하여 아비멜렉의 이름을 '나의 아버지는 말릭이다'로 풀이하기도 한다(cf. Block). 이렇게 해석한다면 우리는 기드온의 가나안화 된 모습을 목격하고 있다. 가나안 사람들하고는 결혼하지 말라는 하나님의 말씀을 어기고 가나안 여인을 첩으로 삼았다. 성경에는 아비멜렉이라는 이름을 지닌 사람 셋이 더 등장하는데, 모두 이방인들이다. 전쟁이 끝난 직후 동족 이스라엘 사람들에게는 차마 흑심을 드러낼 수 없었지만, 자신의 욕망을 적나라하게 드러내는 이름을 아들에게 주었다. 훗날 아비멜렉이 형제들을 죽이고 왕이 되는데, 기드온은 반(半)이방인 아들에게 이스라엘을 지배하는 계기를 마련해준 셈이다(cf. Mathews, Bluedorn, O'Connell).

다섯째, 기드온은 죽어서 왕족의 묘에 묻혔다(Block). 저자는 32절에서 "요아스의 아들 기드온은 나이가 많을 때까지 잘 살다가, 죽어서 아비에셀 사람의 땅 오브라에 있는 그의 아버지 요아스의 무덤에 묻혔다"(새번역)라고 말하는데, 열왕기에 의하면 이러한 표현은 왕의 죽음을 묘사하는 데 적합하다. 마치 그의 아버지 요아스가 왕조를 시작한 것처럼 묘사되고 있다. 저자는 기드온이 왕이라는 타이틀은 거부했지만, 왕처럼 살다가 왕처럼 묻혔다며 기드온을 매우 부정적으로 묘사하고 있는 것이다.

기드온의 이야기를 마치며 씁쓸하고 안타까운 생각이 든다. 하나님의 영을 받은 사람의 이야기로는 결과가 매우 실망스럽다. 기드온 이야기는 우리에게 최소한 네 가지 교훈을 준다(Block). 첫째, 주의 백성의 삶에 긍정적인 일이 일어난다면, 그것은 그들이 노력해서 얻은 결과라기보다는 하나님이 일방적으로 내려주시는 은혜라는 것이다. 하나님이 이스라엘을 미디안 사람들의 손에서 구원하시기로 결정하신 것은 울부짖는 그들이 불쌍해서였지, 특별한 이유가 없었다. 기드온은 자신이 살던 오브라에서 하나님의 소명을 받고, 소명을 받아들인다는 의미에서 그의 아버지가 세워놓은 바알 제단을 허물었다. 그러나 하나님의 도우심으로 전쟁에서 승리하자마자 그는 하나님을 배반하고 다시 그곳에 우상숭배를 위한 제단을 쌓았다. 기드온은 하나님이 도우셔도 미디안 사람들을 상대로 승리할 만한 영성을 갖추지 못한 사람이다. 그런데도 하나님이 일방적으로 그에게 승리를 안겨주신 것이다.

둘째, 하나님이 함께하신다면 어떠한 적도 문제가 되지 않는다. 하나님이 기드온과 함께하시니 그는 300명으로 135,000명을 이겼다. 전쟁은 여호와께 속한 것이기 때문에 무기나 숫자에 의하여 결과가 결정되지 않는다. 하나님은 세상의 지혜로운 사람들을 겸손하게 하시려고 종종 어처구니 없어 보이는 방법을 사용하여 자기 능력을 과시하신다. 중요한 것은 하나님께 쓰임받은 사람은 오직 주님께 영광을 돌려야 한다는 것이다.

셋째, 하나님의 사역에 가장 큰 걸림돌은 주님 백성의 불신이다. 기드온은 믿음이 없는 겁쟁이였다. 어떻게 생각하면 기드온의 이야기에서 가장 큰 문젯거리는 기드온 자신이었다(Block, Younger). 하나님이 그런 기드온을 사용하신 일이 그저 놀라울 뿐이다. 만일 기드온이 신앙적으로 바로 선 사람이었다면 하나님은 그를 통해 얼마나 더 많은 일을 하시고, 더 많은 은혜를 이스라엘에게 베푸셨을까? 이런 관점에서 생각하면 우리는 공동체의 안녕과 축복을 위해서라도 하나님 앞에서 신실해야 한다.

넷째, 믿음 공동체의 리더로 세움을 입은 사람은 하나님의 비전과 개인적인 야심을 구분해야 한다. 기드온은 어느 순간부터 더 이상 하나님의 이스라엘 공동체를 위한 이상을 실현하기 위해 싸우는 것이 아니라 개인적인 원한을 갚기 위해 미디안과 싸우고 있다. 물론 하나님의 이상과 개인적인 이유가 맞아 떨어졌기 때문에 별 탈은 없었지만, 인생이 항상 그렇지 않다는 것을 기억해야 한다. 리더는 공동체의 비전과 성공을 위하여 개인적인 야심과 이익을 버려야 한다.

F. 아비멜렉 왕(8:33–9:57)

기드온은 심각한 결함을 지닌 사사였다. 이미 언급한 것처럼 그는 여러 차원에서 사사기의 흐름을 급격한 하강세로 바꾸어 놓았다. 그가 이스라엘 백성을 미디안의 손에서 구해 그들의 삶에 긍정적인 영향을 미친 것은 사실이지만, 그보다는 부정적인 영향을 더 많이 끼쳤으며, 기드온이 끼친 부정적인 영향은 그가 죽은 후에도 지속된다. 이스라엘은 기드온의 아들 아비멜렉을 통해 다시 한번 큰 어려움을 겪게 된 것이다.

이 섹션의 중심 인물인 아비멜렉의 삶은 "검을 가지는 자는 다 검으로 망하느니라"(마 26:52)라는 예수님의 말씀이 진리라는 사실을 보여준다. 그는 성화되지 않은 욕망을 채우려고 칼로 70 형제들을 몰살했다가 결국 자신도 비참한 종말을 맞는다. 심은 대로 거둔 것이다. 비록 이 원리가 이야기의 가장 중요한 주제이기는 하지만, 아비멜렉의 이야기는 단순히 신적(divine) 인과응보(因果應報) 원리만을 입증하는 것에서 끝나지 않는다. 그의 이야기는 더 나아가 사사들이 통치하던 이스라엘이 통치 체제에 있어서 새로운 국면을 맞기 시작했다는 것을 알린다.

아비멜렉 이야기는 책의 중심에 있으면서 이스라엘의 암울했던 역사의 한 면을 장식한다. 그러나 그는 사사로 분류되지 않으며, 그와 연루된 사건은 하나의 일탈(digression)로 취급된다. 아비멜렉은 이스라엘을 이방인들의 손에서 구한 적이 없기 때문이다. 그러나 만일 아비멜렉을 사사로 분류하고 드보라를 사사로 간주한다면 책에 등장하는 사사들의 수가 14명이 된다. 이미 서론에서 언급한 것처럼 14는 속박과 구속의 숫자다. 사사기 저자는 이 숫자를 사용하여 이스라엘은 이 시대를 지나며 이방인들뿐만 아니라, 자신들이 세운 경건하지 못한 사람들에게도 억압을 받았다는 것을 암시하고자 한다. 이스라엘을 억압한 이스라엘 사람 중에 아비멜렉은 당연 최악이다.

아비멜렉이 사사로 분류되든 그렇지 않든 간에 그가 이스라엘 역사에 끼친 영향은 매우 컸다. 사사기의 흐름을 살펴보면 그동안은 외부에서 오는 위협이 관건이었지만, 아비멜렉 사건을 기점으로 내부적인 갈등들이 국가적 위기를 초래한다. 이 사건의 경우 이방인이 아니라 오히려 이스라엘의 지도자가 공동체의 생존에 위협을 주고 있는 것이다. 물론 그의 아버지 기드온이 이스라엘 성읍 둘을 응징한 적이 있지만, 국가적인 위기라고 할 정도는 아니었다. 저자는 아비멜렉 이야기를 통해 기드온의 아들이 보여주는 리더십은 자신이 선호하는 리더십의 정 반대 유형일 뿐만 아니라, 내부에서의 위협이 외부에서부터 오는 위협보다 더 심각할 수 있다는 것을 경고한다.

아비멜렉의 폭력적인 이야기를 담고 있는 9장은 베냐민 지파와 연관된 이야기인 17-21장과 한 쌍을 이루며 나머지 사사들에 관한 이야기들을 감싸 안는 것을 통해 그들의 시대가 어떠했는가에 대한 평가를 제시하고 있다(Block). 아울러 이 이야기는 단순히 통치권에 연관된 것이 아니라, 우상숭배와도 연관되어 있다. 가나안 정복 이후 세겜에 대한 마지막 언급은 여호수아 24장에서 이스라엘이 하나님과의 언약을 다시 한번 확인하는 이야기에서였다. 그러나 세겜은 이스라엘 사람들과 가나안 사람들이 함께 섞여 사는 곳이 되었다. 가나안 사람들과 함께 이스라엘은 세겜에서 하나님을 버리고 우상을 숭배한 것이다. 아비멜렉은 세겜에 있는 바알베릿 신전의 돈으로 폭력배들을 동원해 형제들을 죽였다(9:4-5). 기드온이 이스라엘에 우상숭배를 들여온 점을 감안할 때(8:27), 아비멜렉을 포함한 그의 아들들의 죽음은 하나님의 심판으로 생각될 수 있다(Pressler). 본 텍스트는 다음과 같은 구조를 지녔다.

A. 정황 소개(8:33-35)
B. 아비멜렉의 상승(9:1-21)

C. 아비멜렉의 몰락(9:22–57)

II. 본론: 거듭되는 고난과 해방(3:7–16:31) F. 아비멜렉 왕(8:33–9:57)

1. 정황 소개(8:33–35)

33 기드온이 이미 죽으매 이스라엘 자손이 돌아서서 바알들을 따라가 음행하
였으며 또 바알브릿을 자기들의 신으로 삼고 34 이스라엘 자손이 주위의 모
든 원수들의 손에서 자기들을 건져내신 여호와 자기들의 하나님을 기억하지
아니하며 35 또 여룹바알이라 하는 기드온이 이스라엘에 베푼 모든 은혜를
따라 그의 집을 후대하지도 아니하였더라

아비멜렉이 사사는 아니지만, 그의 이야기를 시작하는 방식이 다른 사사들의 이야기를 시작하는 방식과 거의 비슷하다(Exum, cf. 2:17). 그러므로 아비멜렉의 이야기를 마치 여느 사사의 이야기처럼 읽어도 무난하다(cf. Gray, Fensham). 혹은 기드온 이야기의 연장선에서 읽는 것도 괜찮다(Boling). 아비멜렉은 이스라엘의 초대 왕 사울과 솔로몬의 죄로 인하여 나라가 둘로 나뉘었을 때 10지파를 중심으로 세워진 북 왕국 이스라엘을 다스렸던 여로보암과 성향이 비슷한 사람이다(Boda). 그의 이야기는 왕권의 정당성을 부인하는 이야기가 아니라, 왕이 될 자격이 없는 사람의 이야기인 것이다.

기드온이 죽은 후 이스라엘의 영적 타락이 가증되었다. 이스라엘이 그나마 얼마 남지 않았던 여호와를 향한 믿음을 완전히 저버렸다. 바알들을 섬기고 바알브릿(בַּעַל בְּרִית)을 자신들의 신으로 삼았다(33절). 바알브릿의 이름을 풀이하면 '언약의 바알/주'라는 뜻이다. '언약의 신/엘'이라는 뜻을 지닌 '엘브릿' 신전이 9:46에 언급되는 것으로 보아 이스라엘은 그들이 하나님과 시내 산에서 맺은 언약을 마치 바알과 엘과 맺은 것처럼 변질시켰던 것이 확실하다(Lewis, Bluedorn). 이 시대에 가나안 신들의 아버지 엘(El)은 세겜에서 주('바알')로, 또한 지역의 수호신으로 숭배되었다(Lewis).

그러므로 '바알브릿'은 엘(El)의 아들이자 천둥의 신인 바알을 뜻하는 것이 아니라, 그의 아버지 엘(El)과 연관된 이름인 것이 확실하다(Lewis, Boda, Younger, cf. 9:46). 이스라엘은 어느새 그들을 미디안 사람들의 혹독한 핍박에서 구원하신 '언약의 하나님'을 잊어버리고 짝퉁 '언약의 엘(El)'로 대체해버렸다. 여호와 하나님과 이스라엘의 관계는 하나님이 먼저 그들을 선택하시는 것으로 시작했다. 이제 이스라엘은 자신들이 먼저 다른 신을 선택하여 하나님과의 관계를 대체하고 있다.

이스라엘의 방탕은 의도적이다. 이스라엘은 그들을 적들의 손에서 구원하신 하나님을 기억하지 않았다(34절). 구약에서 저자들이 본의 아니게 망각하는 것을 뜻할 때에는 "잊다"(שכח)를 사용한다. 저자가 이곳에서 사용하는 "기억하지 않았다"(לֹא זָכְרוּ)는 인정하지 않거나 자신이 알고 있는 것에 대하여 적절한 반응을 보이지 않았다는 뜻이다(Block). 이스라엘은 과거에 하나님이 그들에게 베풀어주신 은혜에 대하여 감사하지도, 그 은혜에 부응하며 살지도 않았다는 것이다.

이스라엘은 또한 그들이 한때 은인이라고 생각했던 기드온의 자손들도 대접하지 않았다(35절). 만일 이스라엘 사람들이 하나님께 감사하고 그의 은총을 기념하는 것을 꺼려한 동기가 여호와의 역사와 베풀어주신 은총이 그들의 눈에 보이지 않았기 때문이라면, 기드온의 집안을 적절하게 대접하지 않은 것에 대하여는 변명할 여지가 없다. 이스라엘이 어느덧 하나님만 무시하는 것이 아니라 그들에게 은혜(חֶסֶד)를 베푼 사람들까지 박대하는 천박한 사람들로 타락했다. 이러한 결과는 당연하다. 하나님의 자비를 경험하지 못하거나, 경험하고도 잊은 사람은 결코 다른 사람에게 은혜를 베풀지 못한다는 것이 성경의 가르침이기 때문이다. 이스라엘이 하나님을 잊었으니, 기드온의 집안이 잊혀지는 것은 당연한 일이다.

한 주석가는 은혜로 번역되고 있는 단어(חֶסֶד)가 흔히 언약적 충성을 뜻한다고 해서 저자가 이스라엘이 기드온을 왕으로 섬기기로 약속해 놓고도 그의 후손들을 왕으로 인정하지 않는 것을 이렇게 표현하는 것이라고 해석한다(Block). 본문에 흐르는 왕권 테마를 감안하면 나름대로 어느 정도 타당성이 있어 보이지만, 34-35절이 근본적으로 이스라엘의 배은망덕함을 고발하고 있다는 점이 가장 중요하다. 기드온의 집안이 이스라엘 사람들에게 대접받지 못하는 것은 일종의 인과응보라고 할 수 있다. 그가 하나님을 대접하지 않았기 때문에 하나님이 이런 심판을 내리신 것이다.

Ⅱ. 본론: 거듭되는 고난과 해방(3:7-16:31)
F. 아비멜렉 왕(8:33-9:57)

2. 아비멜렉의 상승(9:1-21)

이 섹션은 기드온이 죽고 난 후 그의 아들 아비멜렉이 스스로 이스라엘의 왕이 된 이야기를 회고한다. 저자는 아비멜렉이 불손하고 야비한 방법뿐만 아니라 바알 숭배자들의 도움을 받아 왕위에 올랐다며 그를 매우 부정적으로 평가하고 있다. 게다가 그는 반(半)이방인이다. 모든 면에서 결코 왕이 될 수 없는 자가 스스로 왕이 된 것이다. 형제 70명을 죽이고 왕이 된 아비멜렉의 상승 이야기는 다음과 같이 두 섹션으로 나뉜다.

A. 아비멜렉이 형제들을 죽임(9:1-6)
B. 요담의 우화와 조건적 저주(9:7-21)

II. 본론: 거듭되는 고난과 해방(3:7-16:31)
F. 아비멜렉 왕(8:33-9:57)
2. 아비멜렉의 상승(9:1-21)

(1) 아비멜렉이 형제들을 죽임(9:1-6)

[1] 여룹바알의 아들 아비멜렉이 세겜에 가서 그의 어머니의 형제에게 이르러
그들과 그의 외조부의 집의 온 가족에게 말하여 이르되 [2] 청하노니 너희는
세겜의 모든 사람들의 귀에 말하라 여룹바알의 아들 칠십 명이 다 너희를
다스림과 한 사람이 너희를 다스림이 어느 것이 너희에게 나으냐 또 나는
너희와 골육임을 기억하라 하니 [3] 그의 어머니의 형제들이 그를 위하여 이
모든 말을 세겜의 모든 사람들의 귀에 말하매 그들의 마음이 아비멜렉에게
로 기울어서 이르기를 그는 우리 형제라 하고 [4] 바알브릿 신전에서 은 칠십
개를 내어 그에게 주매 아비멜렉이 그것으로 방탕하고 경박한 사람들을 사
서 자기를 따르게 하고 [5] 오브라에 있는 그의 아버지의 집으로 가서 여룹바
알의 아들 곧 자기 형제 칠십 명을 한 바위 위에서 죽였으되 다만 여룹바알
의 막내 아들 요담은 스스로 숨었으므로 남으니라 [6] 세겜의 모든 사람과 밀
로 모든 족속이 모여서 세겜에 있는 상수리나무 기둥 곁에서 아비멜렉을 왕
으로 삼으니라

기드온의 아들 중에서도 신분적으로 가장 큰 결함을 지니고 태어난 아비멜렉은 유난히도 큰 야심을 품은 사람이었다. 아비멜렉은 기드온의 첩의 아들이었지만, 어떤 이유에서인지 기드온과 합류하지 않고 자기 친정이 있는 세겜에 살았던 여인이 낳은 아들이었다(8:31; cf. Amit, Stone). 그는 사사가 되어 40년 동안 이스라엘을 다스렸던 아버지 기드온의 대를 이어 사사가 되는 것을 꿈꾼 것이 아니라 한 걸음 더 나아가 이스라엘의 왕이 되고 싶었다. 아버지가 이루지 못한 야심을 자신이 실현해야 한다는 사명감에 불탄 것일까?

아비멜렉은 어떻게 해야 자신이 쉽게 왕이 될 수 있는가에 대하여

도 정확히 알고 있었다. 그는 매우 교활한 사람이었다. 아비멜렉은 어머니의 고향이자, 그녀가 살고 있는 세겜으로 가서 어머니의 형제들을 포함한 모든 외갓집 친척에게 지역 주민들을 상대로 일종의 여론 조사를 해 달라고 부탁했다(1절). 그가 표면적으로 내세운 명분은 실용성이었다. "백성들에게 선택의 여지가 있다면 칠십 명의 통치를 받는 것이 좋은가, 아니면 한 사람의 통치를 받는 것이 좋은가?"(2절; 새번역)

아비멜렉의 질문은 객관적인 여론 조사를 요구하는 것으로 보일 수 있다. 그러나 그는 이 질문 끝에 "나는 너희와 골육임을(עַצְמְכֶם וּבְשַׂרְכֶם אֲנִי) 기억하라"(2절)라는 말을 첨부하여 그들과 피를 나눈 자신이 바로 70명에 대한 대안인 '한 사람'이라는 것을 부각했다. 혈연(血緣)과 지연(地緣)을 교묘하게 이용하는 정치적 술수다. 예나 지금이나 정치인들이 가장 잘 써먹는 수법이 바로 혈연과 지연을 악용하는 것이다. 오늘날에도 한국 사회는 이 부분에 있어서 자유하지 못하다. 선거 때만 되면 이 두 가지에 학연(學緣)이 더해져 죄악의 삼위일체를 이루고 있지 않은가!

교단이나 교회에서 지도자를 세울 때도 이처럼 경건하지 못한 요소들이 결정적인 영향력을 행사하는 사례를 종종 목격하곤 한다. 우리가 죄인 되었을 때, 우리의 배경 중 그 어떠한 것에도 관여치 않으시고 우리를 구원하신 예수 그리스도를 구주로 모신 사람들이 왜 이렇게 엉뚱한 것들에 집착하는가? 한국 교회가 갱신되려면 여러 가지가 필요하지만, 교회와 교인들이 이처럼 경건하지 못한 연줄에 얽매여 있는 것에 대한 철저한 회개와 함께 이러한 줄들로부터 자유를 선언하는 역사도 선행되어야 할 것이다.

아비멜렉의 계략은 정확하게 들어 맞았다. 세겜 사람들이 그의 '한 형제'(אִישׁ אֶחָד)라는 호소에 동요되었을 뿐만 아니라(3절), 은 70세겔(=800g)을 마련해 주었다(4절). 아비멜렉은 세겜 사람들이 마련해준 돈으로 '방탕하고 경박한 사람들'을 고용했다. 아비멜렉은 그들을 데리고 어머니의 고향 세겜에서 50㎞ 떨어진 아버지의 고향 오브라로 가서 형제 70명을 살해했다(5절). 저자는 아비멜렉이 그들을 '한 바위 위에서'(עַל־אֶבֶן אֶחָת) 죽였다고 한다(5절). 바위가 기드온 이야기와 아비멜렉의 이야기를 연결해준다. 기드온은 천사를 통해 받은 소명이 참으로 여호와께서 주신 것인가를 시험하기 위해 바위 위에 제물을 바친 적이 있다(6:20-21). 아비멜렉은 형제들을 바위에서 자기 야심을 채우기 위한 '제물'로 삼는다. 기드온은 미디안 군대의 장군 오렙을 잡아 오렙 바위에서 처형했다(7:25). 아비멜렉은 욕심을 채우는데 방해가 될 수 있는 사람 70명을 바위 위에서 죽인다.

일부 주석가들은 아비멜렉이 형제들을 바위 위에서 죽였다는 말을 그가 여호와께 제물로 바칠 짐승을 죽이는 바위에서 형제들을 죽여 예배 장소를 완전히 오염시키고 있다고 풀이한다(Boling). 그러나 이 말은 전혀 위험을 알아차리지 못하고 방심하던 사람들을 덮쳐서 순식간에 죽인 것이 아니라, 체계적이고 조직적인 작전을 통해 모두 잡아다가 충분한 시간이 지난 후에 같은 바위에서 한 사람 한 사람씩 차례대로 죽였다는 뜻이다. 저자는 아비멜렉의 잔인함을 최대한 부각하고자 하는 것이다. 아비멜렉은 자신의 외가와 친가를 철저하게 구분하여 외가의 친척들은 왕이 되는 수단으로 사용하고, 친가 쪽은 모두 죽였다. 그는 왕이 되겠다는 영감은 아버지에게서 받았지만, 아버지의 아들들을 모두 죽이는 일을 통해 아버지에 대한 미움과 분노를 드러내고 있다(Younger).

당시 기드온의 70명의 아들들이 왕자들처럼 대우를 받은 것과 아비멜렉이 은 70개를 자금으로 사용하여 그들을 죽인 것을 감안할 때, 그들의 죽음은 왕자 한 사람의 생명이 은 한 개에 팔리는 값싼 죽음이었다(Block). 아비멜렉은 권력을 잡기 위하여 그의 아버지 집안과 어머니 집안이 서로 원수가 되도록 일을 꾸몄다. 욕망의 노예가 되어 있는 사람에게는 생명의 존엄성이란 존재하지 않는다. 누구든지 그의 계획에 차질을 가져올 수 있는 사람은 제거되어야 할 하나의 걸림돌일 뿐이다. 그러나 하나님은 생명의 존엄성을 인정하지 않는 자들을 심판하시는 분이다. 아비멜렉이 '값싸게' 형제들을 죽인 것만큼이나 그도 이름 모를 여인에게 '값싼' 죽음을 당하게 하실 것이다. 예수님의 말씀 중 "남에게 대접을 받고자 하는 대로 너희도 남을 대접하라"(눅 6:31)라는 황금률(golden rule)을 생각나게 한다.

저자는 아비멜렉이 고용한 사람들을 '방탕하고 경박한 사람들'(וּפֹחֲזִים אֲנָשִׁים רֵיקִים)이라고 묘사하여 그의 행위를 매우 부정적인 시각에서 보고 있을 뿐만 아니라 이 사건의 발단에 상당한 종교적인 부패가 작용하고 있다는 것을 암시한다. 첫째, 아비멜렉이 정치적 자금으로 사용하는 돈은 다름 아닌 '바알브릿 신전'(בֵּית בַּעַל בְּרִית)이라는 우상 숭배지에서 나왔다(4절). 이스라엘의 종교적 성지인 세겜에서 어느새 '여호와브릿'(언약의 여호와)이 '바알브릿'(언약의 바알[엘])으로 대체된 것이다. 아비멜렉의 음모는 정치적-윤리적으로만 문제가 있는 것이 아니라, 종교적으로도 심각한 문제를 안고 있다.

둘째, 세겜 사람들이 아비멜렉을 왕으로 세운 곳이 "상수리나무 기둥 곁"(עִם־אֵלוֹן מֻצָּב)인데 가나안에서 성행했던 바알 종교에서의 기둥(מֻצָּב)은 흔히 바알을 상징하는 물건이다(ABD, Block). 아마도 아비멜렉의 정치 자금의 출처인 바알브릿 신전이 이 상수리나무 근처에 있었을 것이다(cf. Boda). 성경은 이스라엘의 왕은 하나님이 하나님의 방법에 따라 하나님의 때에 세우셔야 한다는 것을 전제하고 있는데, 아비멜렉은 세겜 사람들과 바알의 힘을 빌어 스스로 왕이 되었다. 아비멜렉은 가나안 사람들보다 더 가나안화된 사람이다(Wong). 세겜에서 왕이 될 자격이 없는(illegitimate) 아비멜렉이 불법적인 제단들(illegitimate shrines)과 연관되어 왕이 되는 것은 훗날 왕의 자격이 없는(illegitimate) 여로보암이 10지파를 중심으로 한 북 왕국의 왕이 된 다음 단과 벧엘에 불법적인 제단들(illegitimate shrines)을 세운 일과 평행을 이룬다(Schneider).

셋째, 본문에서 기드온의 다른 이름인 여룹바알(lit., '바알이 대항하리!')이 지속적으로 사용되고 있다. 저자가 이처럼 아비멜렉 이야기를 묘사하면서 기드온의 이교와 연관된 이름을 계속 사용하는 것은 기드온의 하나님에 대한 배교적인 행위가 아비멜렉의 방종에 상당한 영향을 끼쳤음을 시사한다. 아버지가 심은 불손한 씨앗이 아들을 통해 포악한 열매를 맺고 있는 것이다! 기드온은 40년 동안 이스라엘을 통치하면서 백성을 하나님의 품으로 돌아오게 할 수 있는 자리에 있었다. 하나님이 믿음 공동체 안에서 일부 지도자들에게 권력을 위임하시는 유일한 목적은 그분을 영화롭게 하는 것과 그 공동체를 하나님의 품으로 인도해 덕을 끼치게 하기 위해서다.

안타깝게도 기드온은 자신의 지위를 사용하여 오히려 백성을 하나님께로부터 멀리 떠나게 했다. 그러므로 이제 그에게 많은 것을 맡기셨던 하나님이 그의 아들의 세대에 이르러서 큰 대가를 치르게 하신다. 주석가들은 일반적으로 아비멜렉을 포함한 기드온의 아들들의 몰락을 하나님이 그에게 내리신 심판으로 간주한다(Pressler, McCann, Block).

II. 본론: 거듭되는 고난과 해방(3:7-16:31)
F. 아비멜렉 왕(8:33-9:57)
2. 아비멜렉의 상승(9:1-21)

(2) 요담의 우화와 조건적 저주(9:7-21)

7 사람들이 요담에게 그 일을 알리매 요담이 그리심 산 꼭대기로 가서 서서
그의 목소리를 높여 그들에게 외쳐 이르되 세겜 사람들아 내 말을 들으라
그리하여야 하나님이 너희의 말을 들으시리라 8 하루는 나무들이 나가서 기
름을 부어 자신들 위에 왕으로 삼으려 하여 감람나무에게 이르되 너는 우리
위에 왕이 되라 하매 9 감람나무가 그들에게 이르되 내게 있는 나의 기름은
하나님과 사람을 영화롭게 하나니 내가 어찌 그것을 버리고 가서 나무들 위

에 우쭐대리요 한지라 10 나무들이 또 무화과나무에게 이르되 너는 와서 우
리 위에 왕이 되라 하매 11 무화과나무가 그들에게 이르되 나의 단 것과 나
의 아름다운 열매를 내가 어찌 버리고 가서 나무들 위에 우쭐대리요 한지라
12 나무들이 또 포도나무에게 이르되 너는 와서 우리 위에 왕이 되라 하매
13 포도나무가 그들에게 이르되 하나님과 사람을 기쁘게 하는 내 포도주를
내가 어찌 버리고 가서 나무들 위에 우쭐대리요 한지라 14 이에 모든 나무
가 가시나무에게 이르되 너는 와서 우리 위에 왕이 되라 하매 15 가시나무가
나무들에게 이르되 만일 너희가 참으로 내게 기름을 부어 너희 위에 왕으로
삼겠거든 와서 내 그늘에 피하라 그리하지 아니하면 불이 가시나무에서 나
와서 레바논의 백향목을 사를 것이니라 하였느니라 16 이제 너희가 아비멜렉
을 세워 왕으로 삼았으니 너희가 행한 것이 과연 진실하고 의로우냐 이것이
여룹바알과 그의 집을 선대함이냐 이것이 그의 손이 행한 대로 그에게 보답
함이냐 17 우리 아버지가 전에 죽음을 무릅쓰고 너희를 위하여 싸워 미디안
의 손에서 너희를 건져냈거늘 18 너희가 오늘 일어나 우리 아버지의 집을 쳐
서 그의 아들 칠십 명을 한 바위 위에서 죽이고 그의 여종의 아들 아비멜렉
이 너희 형제가 된다고 그를 세워 세겜 사람들 위에 왕으로 삼았도다 19 만일
너희가 오늘 여룹바알과 그의 집을 대접한 것이 진실하고 의로운 일이면 너
희가 아비멜렉으로 말미암아 기뻐할 것이요 아비멜렉도 너희로 말미암아 기
뻐하려니와 20 그렇지 아니하면 아비멜렉에게서 불이 나와서 세겜 사람들과
밀로의 집을 사를 것이요 세겜 사람들과 밀로의 집에서도 불이 나와 아비멜
렉을 사를 것이니라 하고 21 요담이 그의 형제 아비멜렉 앞에서 도망하여 피
해서 브엘로 가서 거기에 거주하니라

기드온의 아들 중 유일하게 아비멜렉의 살인극을 모면한 사람은 막내 아들 요담이었다(5절). 그는 세겜 사람들이 아비멜렉을 왕으로 세웠다는 말을 듣고 도시의 남쪽에서 세겜을 내려다보는 그리심 산 꼭대기로 가서 목소리를 높여 비난의 메시지를 외쳤다. 도주를 위한 충분한

거리를 확보해놓고 동시에 소리 증폭 효과를 최대한으로 활용하려는 의도에서였다. 오래전에 여호수아는 세겜을 중간에 두고 서로 마주보고 있는 그리심 산과 에발 산에서 축복과 저주를 선포한 적이 있다(수 8:30-35). 그때 세겜의 북쪽에 있는 에발 산에서는 저주를, 남쪽에 있는 그리심 산에서는 축복이 선포되었다. 그런데 요담은 에발 산이 아닌 그리심 산에서 저주를 선포하고 있다. 요담은 아마도 그리심 산에서 선포된 축복이 세겜 사람들처럼 언약을 파괴하는 사람들에게는 저주로 변할 것이라며, 한때 축복이 선포되었던 그리심 산에서 저주를 선언하고 있는 듯하다(Jordan).

요담의 비난은 기드온 이야기가 시작되기 바로 전에 선지자가 이스라엘을 비난했던 일(6:7-10)과 비슷한 기능을 한다(Webb). 먼저 요담은 비유를 통해 왕으로서 아비멜렉의 직합성과 그를 왕으로 추대한 세겜 사람들의 진실성을 문제 삼았다. 나무들이 한 나무를 지목하여 자신들의 왕으로 세우고자 감람나무, 무화과나무, 그리고 포도나무를 찾아가 설득했지만, 이 나무들은 한결같이 거부했다. 자신들은 나무들의 왕으로 군림하는 것보다 더 소중한 일을 이미 하고 있다는 자부심 때문이었다. 일부 주석가들은 나무들의 왕이 되기를 거부한 이 세 종류의 나무가 이스라엘의 왕이 되기를 거부한 기드온을 상징한다고 한다(Amit, Boda). 그러나 기드온의 숨겨진 야심을 생각하면 큰 설득력이 없는 해석이다. 나무들이 가시나무에게 가서 왕이 되어달라고 했더니 그 가시나무는 선뜻 응할 뿐만 아니라 자신의 그늘에 거하지 않으면 화를 당할 것이라는 협박까지 했다. 바로 이 가시나무가 아비멜렉이다.

요담의 비유는 아비멜렉이 결코 왕의 자격을 갖춘 사람이 아니라는 것을 강조한다. 그가 언급하고 있는 감람나무, 무화과나무와 포도나무는 고대 가나안 사람들이 가장 소중하게 여겼던 과실 나무들이었다. 이 나무들은 나무들 세계에서 왕이 될 만한 충분한 자격을 갖추고 있다. 반면에 가시나무는 인간과 하나님에게 이렇다 할 이익을 끼치지 못할 뿐만 아니라 오히려 해를 끼치는 나무다. 아비멜렉이 바로 이 가시나무와 같다는 것이다. 왕이 되어 이스라엘을 이끌 만한 사람들은 모두 자부심을 가지고 자신의 일에 몰두하고 있는데, 가장 자격이 없고 포악한 아비멜렉만이 왕권에 야심을 품고 음모를 꾀했고, 세겜 사람들이 그의 음모에 동조했다는 것이다. 세겜 사람들이 도와서 아비멜렉이 형제들을 죽이고 왕이 되었는데, 머지 않아 아비멜렉은 세겜 사람들에게도 자기 형제들을 대했던 것처럼 대할 것이다(viz., 그들을 죽일 것이다). 세겜 사람들도 심은 대로 거두게 된다.

이 이야기에서는 왕권이 문제라기보다는 왕을 세우는 과정에서 사람들이 서로에게 진실하지 못하고 의롭지 못한 것이 문제다(9:16). 왜 하필이면 아비멜렉이냐는 것이다. 우리는 지도자의 자질과 자격을 갖춘 사람들은 오히려 자신들은 자격이 되지 않는다며 직분과 직책을 기피하고, 결코 직책과 직분을 가져서는 안될 사람들이 안간힘을 쓰며 얻으려고 하는 상황을 주변에서 흔히 목격한다. 이러한 현상은 단지 우리 사회의 정치 무대에서만 일어나는 것이 아니라, 비영리 단체와 NGO, 심지어는 일부 교단과 교회 정치에서도 일어난다. 이처럼 추한 교회를 바라보시는 하나님의 심정은 어떠할까? 이 땅에 하나님의 나라를 세워나가는 일에 부르심을 받은 교회가 먼저 진실과 의에 기준하여 지도자들을 세우며 내부적인 개혁을 추구해야 한다.

자신의 분수를 모르고 날뛰는 아비멜렉이 왕이 된 것도 문제이지만, 그런 아비멜렉을 추대한 세겜 사람들의 행위는 더 큰 문제라는 것이 요담의 주장이다. 왜냐하면 세겜 사람들은 이 일로 인하여 예전에 기드온이 죽음을 무릅쓰고 그들에게 베풀었던 은혜에 대해 배은망덕한 짓을 저질렀기 때문이다(17-18절). 성경에 의하면 은혜를 배신으로 갚는 것은 인간이 할 수 있는 가장 저질적인 행동에 속한다. 요담은 이러한 원리에 근거하여 신적인 심판을 청한다. 만일 아비멜렉과 세겜 사람들이 공모하여 한 일이 의로운 일이라면 그들은 평안할 것이요, 만일 그들이 한 일이 불의한 일이라면 그들 사이에 내분이 생겨 서로 대적하게 될 것이라고 선언한다(19-20절).

비록 요담이 하나님의 이름을 직접 언급하고 있지는 않지만, 이 세상은 선을 선호하고 악을 배척하는 창조주의 질서에 따라 운영되고 있다는 것을 확신하는 선언이다. 잠시 후에 보겠지만, 아비멜렉과 세겜 사람들이 공모하여 70명의 무고한 사람들을 죽인 일은 하나님의 심판을 받는다. 그러나 세겜 사람들이 여룹바알[기드온] 집안에게 배은망덕했다는 요담의 주장은 하나님의 심판에 영향을 미치지 않는다. 기드온의 온갖 죄로 인하여 하나님이 그의 집안을 심판할 것을 결정하셨는데, 아비멜렉의 만행이 '하나님의 수고'를 덜어주었기 때문이다. 하나님이 기드온의 집안을 심판하시는 일에 아비멜렉의 죄를 이용하신 것이다. 그러나 하나님이 아비멜렉을 이용하셨다고 해서 그를 인정하신 것은 아니다. 하나님은 자기의 역사를 이루기 위하여 사탄도 이용하시는 분이시다.

우리가 요담에게서 한 가지 배울 점은 아무리 세상이 악인들의 손에서 놀아나는 것 같고 진리와 의가 무너진 듯하여도 진리와 의를 귀하게 여기시는 하나님이 세상을 결코 악인들의 손아귀에 버려두지 않으실 것이라는 확신이다. 인류 역사가 누누이 입증하듯 악에 의하여 하나님의 의롭고 진리에 기초한 통치가 순간적으로 왜곡되어 보일 수는 있지만, 악의 성행은 결코 오래가지는 않는다. 하나님은 자기가 창조하고 통치하는 세상에서 악인들이 오랫동안 농간을 부리도록 허락하지 않으신다. 하나님은 악의 세력이 세상을 지배하는 것을 오랫동안 방관하시기에는 이 세상과 사람들을 너무 많이 사랑하신다. 그러므로 하나님의 창조와 통치를 믿는 우리는 아무리 어둡고 암울한 날을 만나더라도 좌절하거나 절망할 필요가 없다. 잠시 후 하나님께 오는 정의의 빛이 그 어두움과 암울함을 한순간에 물리칠 것이기 때문이다.

II. 본론: 거듭되는 고난과 해방(3:7-16:31)
F. 아비멜렉 왕(8:33-9:57)

3. 아비멜렉의 몰락(9:22-57)

아비멜렉이 세겜에 있는 외가 친척들의 도움을 받아 형제 70명을 죽이고 왕이 된 지 3년이 지났다. 하나님 보시기에 이 일은 참으로 악한 일이었다. 그래서 하나님은 아비멜렉과 세겜이 함께 저지른 만행을 심판하기 위하여 그들 사이에 악령을 보내어 '옛적 동료들'이 원수들로 돌변하게 하셨다. 한때 아비멜렉을 왕으로 추대했던 세겜 사람들이 더 이상 그를 왕으로 지지하지 않았던 것이다. 이렇게 시작하는 아비멜렉의 몰락 이야기는 다음과 같이 네 파트로 구분될 수 있다.

A. 몰락에 대한 신학적 설명(9:22-24)
　B. 세겜이 아비멜렉을 배반함(9:25-41)
　B'. 아비멜렉이 세겜을 응징함(9:42-55)
A'. 몰락에 대한 신학적 설명(9:56-57)

II. 본론: 거듭되는 고난과 해방(3:7-16:31)
F. 아비멜렉 왕(8:33-9:57)
3. 아비멜렉의 몰락(9:22-57)

(1) 몰락에 대한 신학적 설명(9:22-24)

22 아비멜렉이 이스라엘을 다스린 지 삼 년에 23 하나님이 아비멜렉과 세겜 사람들 사이에 악한 영을 보내시매 세겜 사람들이 아비멜렉을 배반하였으니 24 이는 여룹바알의 아들 칠십 명에게 저지른 포학한 일을 갚되 그들을 죽여 피 흘린 죄를 그들의 형제 아비멜렉과 아비멜렉의 손을 도와 그의 형제들을 죽이게 한 세겜 사람들에게로 돌아가게 하심이라

요담이 하나님께 요청한 신적 심판은 오래지 않아 현실로 드러났다. 아비멜렉이 자칭 왕이 된지 3년 만에 하나님의 심판이 그에게 임한 것이다. 3년은 사사기에 기록된 그 어느 이방인들의 억압이나 사사들의 통치보다 짧다. 하나님이 그들의 경건하지 못한 연합을 오랫동안 묵인하실 수 없기 때문에 신속하게 심판을 시작하신 것이다.

저자는 지금부터 묘사될 일이 하나님의 의로우신 심판이라는 것을 처음부터 확실하게 강조하고자 한다. 반인륜적인 악을 행한 사람과 그 일에 동조한 사람들이 함께 심판을 받고 있다. 또한 칼로 정권을 잡은 아비멜렉은 공교롭게도 그를 왕으로 추대했던 사람들과의 전쟁에서 죽게 되었다. 어제의 동맹군이 오늘의 적이 되어 싸우게 된 것이다. 공평과 정의의 하나님이 하신 일이다.

요담이 그리심 산 꼭대기에서 아비멜렉과 세겜 사람들의 거룩하지 못한 연합이 분명히 신적 심판을 받을 것이라는 말을 남기고 잠적한지 3년이 지났다(22절). 그동안 그들 사이에 어떤 일이 있었는지는 모르지만 어느새 세겜 사람들은 아비멜렉의 일거수일투족을 감시하고 있다. 그뿐만 아니라 그들은 세겜 지역(viz., 아비멜렉의 영토)을 지나가는 사람들을 모두 약탈했다. 당연히 이 지역의 통치자로 군림하고 있는 아비멜렉을 욕되게 하는 행위다. 백성이 안전하게 이동할 수 있도록 치안을 유지하는 것은 다스리는 사람의 몫이기 때문이다.

세겜 사람들이 아비멜렉을 배신한 것은 결코 놀라운 일이 아니다. 오늘날에도 우리 주변에는 어제의 적이 오늘의 아군이 되고, 어제의 아군이 오늘의 적이 되는 정치적인 현실이 만연해 있다. 그런데 왜 이런 일이 역사 속에 수없이 반복되는 것일까? 왜 세겜 사람들은 자신들이 왕으로 세운 아비멜렉을 배반한 것일까? 요담의 주장이 의미심장하다. "진실과 의로움에 근거하지 못한 연합체는 깨어진다"(16절). 우리 주변에서 이루어지는 대부분의 연합은 동일한 목적을 중심으로 형성된다. 그러나 본문은 연합을 이루는 일에 있어서 가장 중요한 것은 목적이 아니라 진실과 의라고 선언한다. 진실과 의에 바탕을 두지 않은 연합은 아무리 명분과 목표가 매력적이라고 해도 오래가지 못한다. 심판하시는 하나님이 이런 연합을 파괴할 것이기 때문이다.

저자는 아비멜렉과 세겜 사람들 사이에 금이 간 것이 하나님의 심판이라는 것을 강조한다. 그들의 불의한 연합을 깨기 위해 하나님이 그들 사이에 악한 영을 보내신 것이다. 하나님이 보내신 '악한 영'(רוּחַ רָעָה)의 정확한 정체에 대하여 학자들의 논쟁이 분분하다(cf. Pressler, Block). 히브리어 문구 '악한 영'(רוּחַ רָעָה)은 '파괴하는 영'(injuring spirit)이라는 의미를 지녔다(Wong). 훗날 사울을 괴롭히는 영도 동일한 표현으로 묘사된다(cf. 삼상 16:14–23; 18:10–12; 19:9). 이 두 상황을 고려할 때 하나님이 보내시는 '악한 영'은 왕과 백성들의 관계를 파괴하는 일을 한다. '악한 영'은 백성 중에 왕에 대한 악화된 여론을 상징한다(Boda). 하나님이 이 영을 부리시어 아비멜렉과 세겜 사람들이 심은 대로 거두게 하는 일을 파괴하셨다.

앞서 요담이 세겜 사람들에게 "이것이 여룹바알[기드온]과 그의 집을 선대함이냐?"라고 비난했던 말(16–18절)이 심판의 이유에는 반영되지 않았다. 요담의 발언에서는 은혜를 베푼 자에 대한 배은망덕이 가장 큰 이슈이지만(Webb), 하나님의 심판에서는 반인륜적인 폭력과 잔인함이 문제가 되지, 우상숭배를 통해 이스라엘을 넘어지게 한 기드온에 대한 배반이 문제가 되지는 않는다. 이미 기드온 자신이 하나님을 배반했기 때문이다. 그러므로 아비멜렉이 기드온의 아들들을 모두 살해한 것은 하나님의 심판이라 할 수 있다. 사사기에서 하나님의 영이 한 사람에게 임하면 그와 백성을 살리는 일로 이어진다. 반면에 아비멜렉 이야기에서는 하나님의 영이 임하여 아비멜렉과 세겜 사람들을 죽인다. 이러한 사실도 이 이야기가 기드온 집안에 내린 심판이라는 것을 암시한다.

II. 본론: 거듭되는 고난과 해방(3:7–16:31)
F. 아비멜렉 왕(8:33–9:57)
3. 아비멜렉의 몰락(9:22–57)

(2) 세겜이 아비멜렉을 배반함(9:25–41)

25 세겜 사람들이 산들의 꼭대기에 사람을 매복시켜 아비멜렉을 엿보게 하고
그 길로 지나는 모든 자를 다 강탈하게 하니 어떤 사람이 그것을 아비멜렉
에게 알리니라 26 에벳의 아들 가알이 그의 형제와 더불어 세겜에 이르니 세
겜 사람들이 그를 신뢰하니라 27 그들이 밭에 가서 포도를 거두어다가 밟아
짜서 연회를 베풀고 그들의 신당에 들어가서 먹고 마시며 아비멜렉을 저주
하니 28 에벳의 아들 가알이 이르되 아비멜렉은 누구며 세겜은 누구기에 우
리가 아비멜렉을 섬기리요 그가 여룹바알의 아들이 아니냐 그의 신복은 스
불이 아니냐 차라리 세겜의 아버지 하몰의 후손을 섬길 것이라 우리가 어찌
아비멜렉을 섬기리요 29 이 백성이 내 수하에 있었더라면 내가 아비멜렉을
제거하였으리라 하고 아비멜렉에게 이르되 네 군대를 증원해서 나오라 하니
라 30 그 성읍의 방백 스불이 에벳의 아들 가알의 말을 듣고 노하여 31 사자
들을 아비멜렉에게 가만히 보내어 이르되 보소서 에벳의 아들 가알과 그의
형제들이 세겜에 이르러 그 성읍이 당신을 대적하게 하니 32 당신은 당신과
함께 있는 백성과 더불어 밤에 일어나 밭에 매복하였다가 33 아침 해 뜰 때
에 당신이 일찍 일어나 이 성읍을 엄습하면 가알 및 그와 함께 있는 백성이
나와서 당신을 대적하리니 당신은 기회를 보아 그에게 행하소서 하니 34 아
비멜렉과 그와 함께 있는 모든 백성이 밤에 일어나 네 떼로 나누어 세겜에
맞서 매복하였더니 35 에벳의 아들 가알이 나와서 성읍 문 입구에 설 때에
아비멜렉과 그와 함께 있는 백성이 매복하였던 곳에서 일어난지라 36 가알이
그 백성을 보고 스불에게 이르되 보라 백성이 산 꼭대기에서부터 내려오는
도다 하니 스불이 그에게 이르되 네가 산 그림자를 사람으로 보았느니라 하
는지라 37 가알이 다시 말하여 이르되 보라 백성이 밭 가운데를 따라 내려오
고 또 한 떼는 므오느님 상수리나무 길을 따라 오는도다 하니 38 스불이 그

에게 이르되 네가 전에 말하기를 아비멜렉이 누구이기에 우리가 그를 섬기
리요 하던 그 입이 이제 어디 있느냐 이들이 네가 업신여기던 그 백성이 아
니냐 청하노니 이제 나가서 그들과 싸우라 하니 39 가알이 세겜 사람들보다
앞에 서서 나가 아비멜렉과 싸우다가 40 아비멜렉이 그를 추격하니 그 앞에
서 도망하였고 부상하여 엎드러진 자가 많아 성문 입구까지 이르렀더라
41 아비멜렉은 아루마에 거주하고 스불은 가알과 그의 형제들을 쫓아내어 세
겜에 거주하지 못하게 하더니

세겜 사람들의 반역이 아비멜렉에게 보고된 상황에서 새로운 인물이 등장하여 아비멜렉과 그의 지지자들을 자극했다. 가알(גַּעַל)이란 사람과 그의 형제들이 세겜에 정착하게 된 것이다. 가알의 이름이 '싫어하다'(cf. HALOT)라는 뜻을 지닌 것으로 보아 이 이름은 그의 본명이 아니라 별명인 것으로 생각된다(cf. Boda). 이 단어의 히브리어 소리가 '기업 무르는 자'(kinsman redeemer)를 뜻하는 단어 '고엘'(גֹּאֵל)과 소리가 비슷하다. 가알이 어디서 왔는지 알 수는 없지만, 그도 아비멜렉처럼 친척들과 함께 모습을 드러냈다. 세겜 사람들은 가알 일행을 좋아했다(26절).

그러던 어느 날 술에 취한 가알이 아비멜렉의 통치를 비난하고 비하하는 발언을 했다(27-28절). 내용인즉 아비멜렉은 순수 혈통의 세겜 사람이 아닌데 세겜 사람들이 굳이 왜 그를 왕으로 섬겨야 하냐는 것이다. 반면에 자기는 오래전에 세겜을 지배했던 하몰(cf. 창 33:19; 34:2)의 자손임을 암시한다(Boda, cf. 28절). 더 나아가 아비멜렉의 아버지 기드온과 아비멜렉이 세겜의 지배자로 세운 스불은 하몰을 섬기던 자들이라고 비하한다(28절). 가알의 스피치는 3년 전에 아비멜렉이 세겜 사람들을 설득할 때 사용했던 논리를 반영하고 있다(cf. 9:1-3). 지연과 혈연이 다시 주제로 등장하고 있는 것이다.

심지어 가알은 아비멜렉에게 군사적인 도전장도 냈다(29절). 아마도 아비멜렉을 싫어하던 사람들에게는 가뭄의 단비처럼 느껴졌을 것이

다. 그러나 아직까지는 세겜에 아비멜렉을 지지하는 세력도 있었다. 가알이 취중에 한 말은 곧바로 그가 아비멜렉과 함께 비하한 스불을 통해 아비멜렉에게 보고가 되었다. 아비멜렉의 심복인 스불이 전혀 손을 쓰지 못하고, 심지어 스불을 속여 그를 지지하는 척하는 것을 보면(cf. 36–37절), 이때 세겜 사람들은 완전히 아비멜렉을 버리고 스불을 자신들의 새 통치자로 삼은 것이 확실하다. 아비멜렉이 스불의 말에 따라 성 밖에 잠복해 있다가 아침 일찍 기습 공격을 하는 것도 세겜이 가알의 통제 아래 있다는 것을 암시한다.

밤새 세겜 주변의 산(그리심 산과 에발 산?)에 매복해 있던 아비멜렉과 군인들이 아직 어둑어둑할 때 산에서 내려와 성을 에워싸기 시작할 때 가알이 그들의 움직임을 포착했다(36절). 스불은 그가 나무를 본 것이라며 시간을 벌려고 했지만, 결국 가알이 아비멜렉과 그의 군대가 성을 에워싸고 있다는 것을 깨달았다(37절). 가알은 성을 버리고 도망갈 생각을 했다. 그래서 스불은 "당신이 아비멜렉에 대하여 한 말에 책임져라"라며 도망가지 말고 싸우라고 가알을 압박했다(38절). 결국 자기가 한 말이 있기 때문에 체면상 도망할 수 없다는 것을 알아차린 가알이 세겜 사람들을 이끌고 아비멜렉의 군대와 싸우러 나갔다가 많은 사상자가 나왔다(39–40절). 모두 다 스불이 '명예'를 앞세워 이루어 낸 일이기 때문에 이날 아비멜렉의 승리에서 스불의 역할이 결정적이다(Boda). 아비멜렉의 심복이었던 스불이 다시 세겜을 접수한 후 가알과 형제들을 지역에서 살지 못하도록 내쳤다(41절). 가알과 그의 형제들은 결국 능력은 없으면서 입만 살아 있던, 소리만 나는 꽹과리에 불과했던 것이다. 우리는 말하는 일에 있어서 신중해야 한다. 책임지지 못할 말, 허영심을 드러내는 말은 삼가 해야 한다.

Ⅱ. 본론: 거듭되는 고난과 해방(3:7-16:31)
F. 아비멜렉 왕(8:33-9:57)
3. 아비멜렉의 몰락(9:22-57)

(3) 아비멜렉이 세겜을 응징함(9:42-55)

42 이튿날 백성이 밭으로 나오매 사람들이 그것을 아비멜렉에게 알리니라
43 아비멜렉이 자기 백성을 세 무리로 나누어 밭에 매복시켰더니 백성이 성
에서 나오는 것을 보고 일어나 그들을 치되 44 아비멜렉과 그 떼는 돌격하
여 성문 입구에 서고 두 무리는 밭에 있는 자들에게 돌격하여 그들을 죽이
니 45 아비멜렉이 그 날 종일토록 그 성을 쳐서 마침내는 점령하고 거기 있
는 백성을 죽이며 그 성을 헐고 소금을 뿌리니라 46 세겜 망대의 모든 사람
들이 이를 듣고 엘브릿 신전의 보루로 들어갔더니 47 세겜 망대의 모든 사람
들이 모인 것이 아비멜렉에게 알려지매 48 아비멜렉 및 그와 함께 있는 모
든 백성이 살몬 산에 오르고 아비멜렉이 손에 도끼를 들고 나뭇가지를 찍어
그것을 들어올려 자기 어깨에 메고 그와 함께 있는 백성에게 이르되 너희는
내가 행하는 것을 보나니 빨리 나와 같이 행하라 하니 49 모든 백성들도 각
각 나뭇가지를 찍어서 아비멜렉을 따라 보루 위에 놓고 그것들이 얹혀 있는
보루에 불을 놓으매 세겜 망대에 있는 사람들이 다 죽었으니 남녀가 약 천
명이었더라 50 아비멜렉이 데베스에 가서 데베스에 맞서 진 치고 그것을 점
령하였더니 51 성읍 중에 견고한 망대가 있으므로 그 성읍 백성의 남녀가 모
두 그리로 도망하여 들어가서 문을 잠그고 망대 꼭대기로 올라간지라 52 아
비멜렉이 망대 앞에 이르러 공격하며 망대의 문에 가까이 나아가서 그것을
불사르려 하더니 53 한 여인이 맷돌 위짝을 아비멜렉의 머리 위에 내려 던져
그의 두개골을 깨뜨리니 54 아비멜렉이 자기의 무기를 든 청년을 급히 불러
그에게 이르되 너는 칼을 빼어 나를 죽이라 사람들이 나를 가리켜 이르기를
여자가 그를 죽였다 할까 하노라 하니 그 청년이 그를 찌르매 그가 죽은지
라 55 이스라엘 사람들이 아비멜렉이 죽은 것을 보고 각각 자기 처소로 떠나
갔더라

세겜 사람들은 전쟁이 일단락된 것으로 생각하고 일상생활로 돌아갔다. 그러나 아비멜렉은 가알로 야기된 문제에 훨씬 더 깊은 뿌리가 있다는 것을 잘 알고 있었다. 다음날 밭일을 하기 위하여 사람들이 성에서 쏟아져 나왔다. 소식을 들은 아비멜렉은 그들을 상대로 군사적인 작전을 펴서 죽이고 성을 헐고 저주의 상징으로 소금을 뿌렸다(45절, Boda, Block, cf. 신 29:23; 렘 17:6). 아비멜렉의 손아귀에서 살아남은 세겜 사람들이 소식을 듣고 신전의 보루로 피해보았지만 소용이 없었다. 아비멜렉과 추종자들이 살몬 산에서 나무를 해다가 장작을 만들어 피신한 사람들을 모두 태워 죽인 것이다(48-49절). 요담이 예언한 대로 아비멜렉에게서 불이 나와 세겜 사람들을 태웠다(cf. 9:20). 살몬(צַלְמוֹן)은 '어두움'을 뜻하며(HALOT), 아마도 세겜에 그림자를 드리우는 그리심 산이나 에발 산을 의미하는 듯하다(Boda).

아비벨렉이 자기 지역 사람이라는 이유로 그의 폭력적이고 추악한 음모에 동조한 세겜 사람들이 드디어 하나님의 심판을 받았다. 성경은 분명히 선언한다. 악을 행하는 사람들만 심판을 받는 것이 아니라 악에 동조하거나 묵인하는 사람들도 함께 심판을 받는다는 사실을 말이다. 혹시 본의 아니게 우리도 악에 동조하고 있지 않는가를 끊임없이 살펴야 한다.

세겜 사람들이 악을 심었기 때문에 죽음을 거둔 것은 당연하다고 할 수 있다. 그러나 아비멜렉이 그들에게 사용한 폭행의 정도가 지나치다는 느낌이 든다. 그를 적대시한 것에 대한 보복일까? 이유를 정확히 알 수는 없지만, 이 일 역시 아비멜렉의 잔인성의 단면을 보여준다. 저자는 정권을 잡기 전의 아비멜렉의 포악함이 그가 왕이 된 후에도 변하지 않았다는 사실을 암시하고 있다. 사람은 참으로 변하지 않는다. 오직 하나님이 인간을 사로 잡으실 때 비로소 사람이 변한다.

사람은 높은 지위에 오를수록 더 자비롭고 관대해져야 한다. 아비멜렉에게는 이러한 기본적인 아량도 없다. 저자는 이처럼 아비멜렉의 잔인성을 상당히 자세하게 묘사하여 그는 죽을 때까지 성품이 변하지 않았으며, 한 번도 왕이 될 만한 재목이 아니었다는 것을 시사한다. 그러므로 이 사건은 아비멜렉의 포악함뿐만 아니라 세겜 사람들의 어리석음도 강조한다. 왕이 갖추어야 할 덕망을 전혀 갖추지 못한 사람을 왕으로 세운 그들의 어리석은 행위가 무자비한 죽음으로 부메랑이 되어 그들에게 되돌아온 것이다. 교회는 지도자를 세우는 일에 있어서 특별히 신중해야 한다. 좋은 리더를 세우면 교회에 덕이 되고 하나님께 영광이 되지만, 잘못된 지도자를 세우면 두고두고 후회할 뿐만 아니라 그 대가를 온 공동체가 치러야 하기 때문이다.

세겜을 초토화시킨 아비멜렉은 여세를 몰아 데베스(תֵּבֵץ)를 쳤다(50절). 데베스의 정확한 위치에 대하여 학자들의 여론이 분분하지만, 대체적으로 세겜에서 동북쪽으로 10-20㎞ 떨어진 곳으로 추정한다(cf. ABD). 이야기의 흐름을 감안할 때 세겜의 왕이었던 아비멜렉이 영토 확장에 나섰던 것이다(Block). 그러니 욕심이 그의 죽음을 잉태했다. 아비멜렉이 데베스 사람들이 피신해 있는 망대를 공격하다가 한 여인이 던진 '맷돌'에 맞아 '어처구니 없는' 죽음을 맞이하게 된 것이다. 이 사건을 우리 말로 묘사하면 재미있는 언어 유희를 구상할 수 있다. "전쟁에서 어떤 무기를 써야 하는지를 전혀 모르는 한 여인이 어처구니 없는 맷돌을 던졌더니 적장이 그 어처구니 없는 맷돌에 맞아 죽는 어처구니 없는 일이 벌어졌다!"

아비멜렉은 70형제의 생명을 귀하게 여기지 않았다. 하나님이 아비멜렉도 여인의 손에 '값싼 죽음'을 당하게 하셨다. 아비멜렉은 심은 대로 거둔 것이다. 또한 아비멜렉 이야기는 어느덧 원점으로 돌아왔다. 그의 이야기는 그에게 생명을 준 어머니(여인)와 연관하여 시작되었다. 이제 한 여인이 그의 목숨을 끝내고 있다(Wilcock). 사사기는 하나님이 가나안 사람들을 포함한 이방인들보다 이스라엘 사람들을 더 사랑하신다는 것을 강조한다. 그러나 아비멜렉의 죽음은 이스라엘 사람들이 이방인들의 관습과 가치관에 따라 살아간다면 하나님이 그들을 이방인으로 취급하여 심판하실 것을 경고하는 이야기다.

아비멜렉은 '한 여인'(אִשָּׁה אַחַת)에 의하여 죽었는데(53절), 그가 세겜에 사는 어머니의 친척들에게 여론 조사를 부탁할 때 여룹바알의 칠십 아들보다 '한 사람'(אִישׁ אֶחָד)이 통치하는 것이 좋으며, 자기가 바로 그 한 사람이라는 것을 강조했다(2–3절). 이제 그 한 사람(אִישׁ אֶחָד)이 한 여인(אִשָּׁה אַחַת)에게 죽음을 당한다. '한 사람 부메랑'이 돌아와 그를 친 것이다(Block). 아비멜렉은 형제들을 '한 돌' 위에서 죽였다. 이제 그는 '한 돌'에 맞아 죽었다(Pressler). 아비멜렉이 여인의 손에 죽은 것이 전에 시스라가 야엘이라는 여인의 손에 죽게 된 것을 연상케 한다(McCann).

요담은 "세겜 사람들과 밀로 족속에게서 불이 나와서 아비멜렉을 사를 것"이라고 했는데(20절), 히브리어로 불은 '에쉬'(אֵשׁ)이고 여인은 '이샤'(אִשָּׁה)인데 소리가 비슷한 단어들이다. 요담이 저주한 대로 된 것이다(Pressler). 아비멜렉이 전혀 예상하지 못한 무기로 인해 머리가 깨져 죽는 일과 여인에 의하여 죽임을 당하는 것은 드보라 시대에 야엘이 시스라를 죽인 일을 연상케 한다(cf. 4:17–22). 또한 여인이 던진 맷돌에 치명적인 상처를 입은 아비멜렉이 소년에게 죽여줄 것을 부탁하는 것은 훗날 전쟁에 패한 사울이 길보아 산에서 소년에게 죽여달라고 부탁하는 것과 맥을 같이하고 있다. 둘 다 하나님께 거부당한 권세자들이었기 때문에 비참한 죽음으로 생을 마감한다. 하나님이 인정하시지 않은 권력은 지속될 수 없다.

II. 본론: 거듭되는 고난과 해방(3:7–16:31)
F. 아비멜렉 왕(8:33–9:57)
3. 아비멜렉의 몰락(9:22–57)

(4) 몰락에 대한 신학적 설명(9:56–57)

56 아비멜렉이 그의 형제 칠십 명을 죽여 자기 아버지에게 행한 악행을 하나
님이 이같이 갚으셨고 57 또 세겜 사람들의 모든 악행을 하나님이 그들의 머
리에 갚으셨으니 여룹바알의 아들 요담의 저주가 그들에게 응하니라

아비멜렉이 죽자 그를 따르던 사람들은 저마다 자기가 사는 곳으로 돌아갔다. 아비멜렉이 시작한 광란이 멈추었으며, 이스라엘의 왕권 실험이 실패로 끝난 것이다. 하나님과 상관없이 왕을 세웠으니 실패로 끝난 것이 당연하다. 저자는 아비멜렉 이야기를 정리하면서 모든 것이 신적(神的) 인과응보였다고 한다. 아비멜렉이 죽은 것은 그가 형제 70명을 죽인 것에 대한 하나님의 심판이었다(56절). 그는 아버지가 지어준 이름('나의 아버지는 왕이다')을 실현하려고 욕심을 부리다가 결국 '왕[하나님]이 나의 아버지다'라는 것을 고백할 수밖에 없는 죽음을 당했다(Fokkelmann). 세겜 사람들이 죽은 것은 그들이 전혀 왕의 자질을 갖추지 못한 아비멜렉을 왕으로 세웠기 때문이었다. 이 모든 일에 있어서 요담이 아비멜렉과 세겜 사람들에게 내렸던 저주가 그대로 이루어졌다(57절).

3000여 년 전에 있었던 아비멜렉 사건은 오늘을 살아가는 우리에게도 시사하는 바가 많다. 첫째, 남의 생명을 하찮게 여기는 사람은 하나님도 그의 삶을 하찮게 여기신다는 황금률이다. 아비멜렉이 형제들의 생명을 값싸게 취급했던 것처럼, 하나님도 그의 생명을 값싸게 취급하셨다. 둘째, 정의와 진실에 바탕을 두지 않은 연합은 하나님의 심판의 대상이 될 것이라는 인과응보의 법칙이다. 혈연과 지연에 근거하여 형성된 세겜 사람들과 아비멜렉의 불의한 연합체가 하나님이 보내신 악령에 의하여 붕괴되었을 뿐만 아니라 오히려 적대적 관계로 변했다. 셋째, "욕심이 잉태한즉 죄를 낳고 죄가 장성한즉 사망을 낳느니라"(약 1:15)라는 원리다. 아비멜렉은 지나친 욕심을 부리며 형제들을 죽이고 왕이 되는 죄를 낳았고, 영토 확장의 욕심을 부리다가 죗값으로 죽임 당했다.

넷째, 내부에서의 위협은 외부에서의 위협만큼이나 심각하다는 진리다. 사사기의 흐름에서 아비멜렉 이야기가 기여하는 것은 이 사건이 이스라엘 공동체가 붕괴되어간다는 신호탄이라는 것이다. 결국 책이 끝나갈 무렵에는 내란으로 인하여 베냐민 지파의 생존이 위협을 받게 된다. 이와 같은 공동체의 붕괴가 외부에서 온 위협이 아니라 내부에서 비롯된 위협에서 시작된 것이다. 우리는 오늘날에도 교회가 분열되고 어려움을 당하는 이유는 내부적인 요소에서 비롯된다는 것을 잘 알고 있다. 그뿐만 아니라 교회가 선교, 전도, 구제 등을 통하여 외부로 성열과 관심을 쏟지 않으면 내부적으로 어려움을 겪는 것을 종종 목격한다. 교회가 이 세상에 존재하는 한, 항상 내부적인 위협이 공동체의 생존을 위협할 것이다.

II. 본론: 거듭되는 고난과 해방(3:7-16:31)

G. 돌라와 야일(10:1-5)

기드온과 아비멜렉의 피비린내 나는 폭풍이 지난 다음 잠시 돌라와 야일의 평안한 시대를 맞는다. 저자는 이들이 누구의 손에서 이스라엘을 구했는지, 이스라엘이 어떠한 정황에서 구원을 받았는지도 밝히지 않는다. 책의 흐름에 이러한 정보는 중요하지 않기 때문이다. 다만 이 두 사사의 시대가 여기에 언급되는 것은 그들을 앞서갔던 아비멜렉과 기드온 이야기, 뒤에 등장하는 입다 이야기 사이에서 잠시나마 쉼을 주기 위해서이다. 입다의 이야기도 큰 충격과 엄청난 소용돌이를 일으킬 것이기 때문이다. 그러므로 돌라와 야일의 이야기는 마치 두 폭풍 사이의 짧은 고요라고 할 수 있다(McCann).

돌라와 야일의 평화로운 이야기는 기드온-아비멜렉 부자의 폭력적인 이야기와 강력한 대조를 이룬다. 저자는 이 같은 대조를 드러내기 위하여 돌라와 야일의 이야기를 이곳에 삽입하고 있다(Smith). 기드온과 아비멜렉의 지배가 지나치게 폭력적이었는데, 사실 사사들은 그처럼 폭력적일 필요가 없었으며, 돌라와 야일처럼 평화롭게 통치할 수 있었다는 것이다. 저자는 돌라와 야일의 이야기를 통해 기드온과 아비멜렉을 비난하고 있다.

기드온 이야기는 여러 가지 면에서 사사기의 전환점(turning point)이었다. 기드온 이야기 이후 사사기에는 하나의 패턴이 생겼다. 주요 사사/지도자가 적들을 물리친 이야기 다음에는 꼭 이스라엘이 이스라엘을 상대로 전쟁을 하는 갈등으로 이어진다는 것이다. 기드온은 미디안 사람들을 물리친 다음 동족인 숙곳과 브누엘 사람들을 죽였다. 아비멜렉은 세겜 사람들을 죽이고 데베스를 징벌하다 죽었다. 잠시 후 등장할 입다 역시 동족인 에브라임 사람들과 전쟁을 치른다(12:1-6). 이후 이스라엘은 역사상 가장 큰 내란에 휘말린다(17-21장). 이 사건들을 살펴보면 하나의 흐름이 역력하다. 시간이 흐를수록 동족간의 폭력 수위가 높아져 죽는 사람이 더 많아진다는 것이다. 기드온은 숙곳의 장로 77명을 '들가시와 찔레'로 쳤고, 브누엘 사람들을 죽였다. 아비멜렉은 세겜 사람들을 죽이고 데베스 사람들마저 죽이려 했다. 입다는 42,000명에 달하는 에브라임 사람들을 죽였다. 마지막 내란에서는 베냐민 지파가 전멸하다시피 했다. 내란의 규모가 커져가고 있는 것이다.

이 내란들이 야기하는 혼돈들 사이에 소 사사들의 평온한 시대가 끼어 있다. 기드온—아비멜렉(6-9장)과 입다(10:6-12:7)의 이야기 사이에 돌라와 야일(10:1-5)의 평온한 시대가 있고, 입다(10:6-12:7)와 삼손(13-16장)의 이야기 사이에 입산-엘론-압돈의 평온한 시대가 있다(12:8-15). 이러한 구조를 통해 저자는 이스라엘 내에서 벌어지고 있는 감당하기 어려운 폭력의 맥을 잠시나마 끊어놓고자 한다.

소 사사들의 등장은 또 하나의 패턴을 형성하고 있다. 저자는 소 사사 6명을 등장시키는데, 처음에는 삼갈(3:31)을, 그 다음에서 돌라와 야일(10:1-5)을, 마지막으로 입산과 엘론과 압돈(12:8-15)을 함께 등장시킨다. 사사들의 숫자를 1-2-3 세 그룹으로 나누어 언급하는 것이다. 저자가 책이 전개됨에 따라 더 많은 소 사사를 언급하는 이유는 아마도 시간이 지날수록 심화되고 있는 폭력과 내란에 걸맞은 휴식을 주기 위해서인 것으로 생각된다. 짧지만 두 사사의 이야기로 구성되어 있는 이 섹션은 다음과 같이 두 파트로 구분된다.

A. 돌라 이야기(10:1-2)
B. 야일 이야기(10:3-5)

II. 본론: 거듭되는 고난과 해방(3:7-16:31)
G. 돌라와 야일(10:1-5)

1. 돌라 이야기(10:1-2)

1 아비멜렉의 뒤를 이어서 잇사갈 사람 도도의 손자 부아의 아들 돌라가 일
어나서 이스라엘을 구원하니라 그가 에브라임 산지 사밀에 거주하면서 2 이
스라엘의 사사가 된 지 이십삼 년 만에 죽으매 사밀에 장사되었더라

아비멜렉 사건 이후에 이스라엘 역사에 등장한 사람은 돌라였다. 그는 잇사갈 지파 사람이었으며 아버지는 부아(פּוּאָה), 할아버지는 도도(דּוֹדוֹ)였다. 부아와 도도에 대하여 우리는 더 이상 아는 바가 없다. 잇사갈 지파의 영토는 이스르엘 계곡의 동쪽으로, 갈릴리 호수 바로 아래 있었다(수 19:17-23). 사사 중 계보가 3대까지 제시되는 것은 돌라가 유일하며 아마도 그가 사회적-경제적으로 좋은 집안 출신이었다는 것을 암시하는 듯하다(Younger). 돌라(תּוֹלָע)는 '지렁이'라는 뜻을 지닌 이름이다. 성화되지 않은 야심으로 가득 차 기고만장했던 아비멜렉과 대조되는 겸손한 이름이다.

저자는 돌라가 한 일을 묘사하는 데 네 동사를 사용한다. (1) '일어났다'(קום), (2) '구했다'(ישׁע), (3) '살았다/군림했다'(ישׁב), (4) '다스렸다'(שׁפט). 처음 두 동사는 그가 여느 사사처럼 하나님이 이스라엘을 구원하기 위해 사사로 세우셨다는 것을 의미한다. 그러나 저자는 그가 누구의 손에서 이스라엘을 구원했는지는 밝히지 않는다. 일부 주석가들은 돌라가 아비멜렉의 손에서 이스라엘을 구원한 것이라고 주장한다(Amit, Webb). 이스라엘이 아비멜렉에 의해 완전히 붕괴되는 것을 막았다는 것이다. 만일 이러한 해석이 타당하다면 아비멜렉 사건 이후 이스라엘이 구원을 필요로 했다는 것은 아비멜렉의 통치가 이스라엘에 엄청난 혼란과 무질서를 가져왔다는 것을 의미하는 것으로 풀이되기도 한다(Beem). 어느덧 이스라엘은 이방인들이 아니라 자신에게서 자기를 구원해야 하는 상황에 처한 것이다. 그러나 본문이 정확히 밝히고 있지 않기 때문에 이러한 해석은 하나의 추측으로 남아야 한다(cf. Boda).

세 번째 동사(ישׁב)는 단순히 살았다는 뜻으로 풀이될 수 있지만, 왕이나 권세가가 군림하는 것을 뜻하기도 한다(cf. 8:29주해). 그는 자신의 고향 사밀에 살면서 이스라엘을 다스렸다. 일부 주석가들은 사밀(שָׁמִיר)이 사마리아를 뜻한다고 하지만(Boling, Niditch, cf. LXXa), 확실하지 않으며 이 성읍이 에브라임의 산간 지방에 있었던 것 외에는 알려진 바가 없다(cf. Boda). 돌라는 잇사갈 지파 사람이었지만, 거주지는 에브라임에 속한 곳에 있었던 것이다. 네 번째 동사(שׁפט)는 그가 사밀에 거하면서 23년 동안 다스렸다고 한다. 그의 통치 햇수를 정확히 23으로 표기하는 것은 이 숫자가 상징적이거나 정수(round number)가 아니라는 것을 시사한다. 그는 죽어서 사밀에 묻혔다.

II. 본론: 거듭되는 고난과 해방(3:7-16:31) G. 돌라와 야일(10:1-5)

2. 야일 이야기(10:3-5)

[3] 그 후에 길르앗 사람 야일이 일어나서 이십이 년 동안 이스라엘의 사사가 되니라 [4] 그에게 아들 삼십 명이 있어 어린 나귀 삼십을 탔고 성읍 삼십을 가졌는데 그 성읍들은 길르앗 땅에 있고 오늘까지 봇야일이라 부르더라 [5] 야일이 죽으매 가몬에 장사되었더라

돌라의 뒤를 이어 등장한 사사는 야일(יָאִיר)이다(3절). 그의 이름을 풀이하면 '여호와께서 빛을 발하시리라'라는 뜻이다(HALOT). 그는 잠시 후 등장할 입다처럼 요단 강 동편에 있는 길르앗 사람이었다. 길르앗은 므낫세 지파에 속한 지역이므로 야일과 입다가 길르앗 사람이라는 것은 그들이 므낫세 지파에 속한 사람들이라는 것을 의미한다(Boda). 같은 지역 출신인 야일과 입다의 통치는 매우 대조적이다. 야일이 통치한 시대는 매우 평온했던 것에 반해, 입다의 통치는 혼란과 갈등으로 가득하다. 길르앗 사람들이 야일의 평온한 통치에 익숙해졌기에 입다가 사사로 일어났을 때 그는 먼저 길르앗 사람들의 인준을 받아야 했다(Block).

저자는 그가 이스라엘을 구원했다는 말을 하지 않는다. 그는 평화스러운 시대에 사사가 되어 이스라엘을 다스렸던 것이다. 전쟁을 하지 않은 사사는 야일이 처음이다. 그의 통치 기간은 22년에 달했다(3절). 돌라의 통치 기간보다 1년 짧다. 돌라가 몇 명의 아들들을 두었는지 저자는 밝히지 않는다. 반면에 야일은 30명의 아들들을 두었다.[24] 입다의

24 한 주석가(Boling)는 '아들'이 야일과 같은 연맹에 속한 사람들을 뜻하는 것으로 이해한

이야기 바로 다음에 등장하는 입산도 30명의 아들과 30명의 딸을 두었다(12:9). 무남독녀를 가졌던 입다의 이야기를 많은 자식을 가진 사사들의 이야기가 감싸고 있는 것이다. 입다는 매우 비정상적인 상황에서 사사가 되었다는 것을 암시한다(Pressler, Block).

야일의 아들 30명은 각자 나귀를 타고 다녔다. 나귀는 고대 근동 사람들의 '에쿠스'다(cf. Pressler). 야일은 30개의 성읍도 가지고 있다. 그러므로 이 성읍들을 '오늘날까지' 하봇야일(חַוֹּת יָאִיר)이라고 불렀다고 하는데(4절), 하봇야일을 풀이하면 '야일의 성읍들'이라는 뜻이다. 야일의 아들 30명이 30마리의 나귀를 타고 다녔다는 것은 그가 대단한 재력가였으며 그의 통치는 평화와 풍요로움을 상징한다(Beem, Block). 그러나 야일이 죽자마자 이스라엘이 곧바로 암몬 사람들의 통치를 받게 되는 것으로 보아(cf. 10:6), 야일의 아들들은 아버지에 견줄 만한 인물들이 되지 못했다(Webb). 야일이 죽어서 가몬(קָמוֹן)에 묻혔다(5절). 가몬의 위치는 학자들 사이에 논란이 되고 있다(cf. Boling, Thompson).

이 두 사사의 시대는 기드온-아비멜렉의 시대와 매우 대조적이다. 살생도 없고 갈등도 없다. 모든 것이 평안하며 자손들도 번성하고 있다. 구약에서 자손을 많이 갖는 것은 하나님의 축복이다. 이 두 사사의 시대에 평온과 자손 번성의 축복이 임했다. 기드온-아비멜렉(특히 아비멜렉)의 폭력으로 가득한 이야기를 읽으면서 하나님이 어떻게 역사하실 것인가에 대하여 질문하게 되었다면, 이 두 사사의 이야기는 모든 질문을 잠재우는 것이다.

기드온-아비멜렉의 이야기에 역력한 것은 시간이 지날수록 이스라엘이 하나님께 등을 돌리는 수위가 높아지고 있다는 것이다. 돌라와

다. 그러므로 그가 30명의 아들을 가졌다는 것은 30명의 동맹자와 함께했다는 것이다. 그러나 입산(12:8-10)의 경우에 '아들'은 그의 자녀를 뜻하는 것이 확실하며, 만일 그의 30명의 아들이 동맹자들이라면, 30명의 딸은 누구인가가 정확하지 않다. 사사기 저자가 야일이 이 많은 아들과 딸을 두었다고 하는 것은 그가 왕에 걸맞은 삶을 살았다는 것을 강조하는 것으로 보는 것이 바람직하다.

야일의 이야기는 하나님이 이스라엘을 버리지 않으셨다는 것을 시사한다. 이스라엘은 하나님을 버려도, 하나님은 이스라엘을 버리시지 않으셨다. 갈수록 심화되는 이스라엘의 배신과 불순종도 하나님이 그의 백성에게 생명을 주시고자 하는 계획을 방해할 수 없다(Westermann).

II. 본론: 거듭되는 고난과 해방(3:7-16:31)

H. 입다 대 암몬(10:6-12:7)

입다는 이스라엘의 사사 중 가장 비극적인 삶을 살았던 사람이다. 그는 창녀의 아들로 태어나 어렸을 때 이복 형제들에 의해 아버지 집에서 쫓겨나 건달로 살았다. 그리다가 입나는 그를 쫓아낸 형제들을 포함한 자기 동족들에게 인정받을 수 있는 좋은 기회를 얻었고, 그 기회를 최대한 잘 활용하여 남들에게 인정받는 사람이 되고 싶은 간절함이 앞서 여호와께 결코 해서는 안될 맹세를 했다. 입다에게는 무남독녀가 있었는데, 여호와께 잘못 맹세한 것 때문에 그 딸마저 어린 나이에 제물로 바쳤다. 또한 입나는 자기 동족 이스라엘 사람들에게 인정받고 싶었만, 결국 에브라임 지파 사람들을 42,000명이나 죽이는 동족 살상자가 되었다.

입다의 이야기는 지금까지 전개된 주요 사사들의 이야기와 중요한 공통점들을 지니고 있다. 그래서 그런지 입다 이야기는 옷니엘 이야기를 제외하고는 2:6-3:6에 기록되어 있는 '사사 이야기 모형'에 가장 근접해 있다(Sjöberg, Latvus). 이스라엘이 죄를 범해서 여호와께서 그들을 이방인들의 손에 붙여 고통당하게 하신 것과 이스라엘이 너무 괴로워서 여호와께 부르짖는 것까지는 같다. 그러나 그 이후의 흐름은 이전 사사들의 이야기와 사뭇 다르다. 첫째, 여호와께서 이스라엘을 위해 입다를 구원자로 세우셨다는 말이 없다. 입다가 이스라엘의 구원자가 된 것은 길르앗을 대표하는 장로들이 결정한 일이다. 둘째, 하나님이 입다에게 영을 부어주시고 암몬 사람들을 그의 손에 붙이시지만, 하나님의 은혜로운 사역은 입다의 어리석은 맹세가 초래한 비극으로 가려지고 만다. 입다가 이스라엘을 해방시키는 전쟁을 마친 후 몇 년 동안 평안이 있었다는 말도 없다. 저자는 단순히 그가 6년 동안 사사로 통치했다는 말만 할 뿐이다. 또한 6년은 지금까지 언급된 사사들의 통치 기간 중 가장 짧다. 입다 이야기는 이때까지 전개된 그 어느 사사 이야기보다 타락한 이야기다(Stone). 시간이 지날수록 이스라엘이 처한 상황이 악화되고 있다는 것을 암시한다(Webb).

입다의 이야기는 기드온 이야기와 특별히 많은 공통점을 지녔다(cf. McCann). 첫째, 두 이야기 모두 여호와께서 이스라엘을 책망하시는 것으로 시작한다(6:7–10; 10:6–16). 둘째, 기드온과 입다는 둘 다 무명의 사람으로 시작하여 이스라엘 사람들을 죽이는 독재자가 된다. 셋째, 둘 다 여호와의 영을 받으며, 그 영적인 능력을 이용하여 군대를 모은다(6:34–35; 11:29). 넷째, 두 사람 모두 하나님의 능력을 받고도 믿지 못한다(6:36–40; 11:30–31). 다섯째, 둘 다 적들을 상대로 크게 승리한다(7:19–25; 11:32–33). 여섯째, 둘 다 전쟁이 끝난 다음 시기하는 에브라임 사람들을 상대해야 한다(8:1–3; 12:1–6). 마지막으로, 둘 다 자기 백성 이스라엘 사람들을 잔인하게 대한다(8:4–17; 12:4–6).

입다와 기드온 사이에는 한 가지 중요한 차이가 있다. 기드온은 전쟁이 시작되기 전까지는 하나님과 대화를 하고 어느 정도 순종하는 모습도 보였다. 입다도 기드온처럼 하나님에 대하여 간혹 말을 하기는 하지만, 한 번도 하나님과 협의하거나 하나님의 뜻을 분별하여 순종하려 하지 않는다. 입다 이야기에서는 하나님과 사사 사이에 대화가 단절된 것이다. 아마도 입다가 하나님과의 사이에서 느끼는 거리감이 그의 승리를 곧바로 비극으로 바꾸지 않았나 싶다(Pressler).

입다의 이야기가 기드온의 이야기와 많은 공통점을 지녔지만, 그는 결코 기드온의 복사본이 아니다. 그는 자라난 환경과 성품에 있어서 기드온보다는 오히려 아비멜렉과 비슷하다(Block). 첫째, 입다와 아비멜렉은 둘 다 어머니가 사회적으로 떳떳하지 못한 사람들이다(8:31; 11:1). 하나는 첩이었고, 하나는 창녀였다. 둘째, 둘 다 주변에 건달들이 들끓었다(9:4; 11:3). 셋째, 둘 다 기회를 타서 협상을 통해 리더의 자리에 올랐다(9:1-6; 11:4-11). 넷째, 둘 다 협약을 맺은 다음에 신성한 곳에서 예식을 치렀다(9:6; 11:11). 다섯째, 둘 다 매우 잔인한 지도자였으며 친척을 죽이고(9:5; 11:34-40), 동족을 살해했다(9:26-57; 12:1-6). 여섯째, 둘 다 미래가 없는 비참한 모습으로 일생을 마친다(9:50-57; 11:34-35). 이처럼 아비멜렉과 입다는 많은 공통점을 지녔지만, 이 둘 사이에는 한 가지 큰 차이가 있었다. 아비멜렉은 파괴자에 불과했지만, 입다는 구원자였다(Block).

입다 이야기의 특징은 다른 사사들의 이야기보다 대화를 많이 사용하고 있다는 점이다. 사사기에서 등장인물들이 하는 말이 이야기의 흐름에 가장 큰 영향력을 행사하는 곳이 입다 이야기다. 실제적으로 입다 이야기는 전개되는 대화를 중심으로 다음과 같이 다섯 에피소드로 나뉠 수 있으며 교차내구법석 구조를 지녔다(Webb, Polzin). 섹션마다 대화가 중요한 위치를 차지하며, 갈등 또한 입다의 이야기를 구성하는 중요한 요소다(Block). 입다의 이야기는 그의 어처구니없는 서원에서 절정에 이른다(Younger).

A. 여호와 대 이스라엘(10:6-16)
  B. 암몬 족의 위협(10:17-11:11)
    C. 입다 대 암몬 왕(11:12-28)
  B′. 암몬 족의 패배(11:29-40)
A′. 입다 대 에브라임(12:1-7)

II. 본론: 거듭되는 고난과 해방(3:7-16:31)
H. 입다 대 암몬(10:6-12:7)

1. 여호와 대 이스라엘(10:6-16)

6 이스라엘 자손이 다시 여호와의 목전에 악을 행하여 바알들과 아스다롯과
아람의 신들과 시돈의 신들과 모압의 신들과 암몬 자손의 신들과 블레셋 사
람들의 신들을 섬기고 여호와를 버리고 그를 섬기지 아니하므로 7 여호와께
서 이스라엘에게 진노하사 블레셋 사람들의 손과 암몬 자손의 손에 그들을
파시매 8 그 해에 그들이 요단 강 저쪽 길르앗에 있는 아모리 족속의 땅에
있는 모든 이스라엘 자손을 쳤으며 열여덟 해 동안 억압하였더라 9 암몬 자
손이 또 요단을 건너서 유다와 베냐민과 에브라임 족속과 싸우므로 이스라
엘의 곤고가 심하였더라 10 이스라엘 자손이 여호와께 부르짖어 이르되 우
리가 우리 하나님을 버리고 바알들을 섬김으로 주께 범죄하였나이다 하니
11 여호와께서 이스라엘 자손에게 이르시되 내가 애굽 사람과 아모리 사람과
암몬 자손과 블레셋 사람에게서 너희를 구원하지 아니하였느냐 12 또 시돈
사람과 아말렉 사람과 마온 사람이 너희를 압제할 때에 너희가 내게 부르짖
으므로 내가 너희를 그들의 손에서 구원하였거늘 13 너희가 나를 버리고 다
른 신들을 섬기니 그러므로 내가 다시는 너희를 구원하지 아니하리라 14 가
서 너희가 택한 신들에게 부르짖어 너희의 환난 때에 그들이 너희를 구원하
게 하라 하신지라 15 이스라엘 자손이 여호와께 여쭈되 우리가 범죄하였사오
니 주께서 보시기에 좋은 대로 우리에게 행하시려니와 오직 주께 구하옵나
니 오늘 우리를 건져내옵소서 하고 16 자기 가운데에서 이방 신들을 제하여
버리고 여호와를 섬기매 여호와께서 이스라엘의 곤고로 말미암아 마음에 근
심하시니라

이스라엘이 다시 하나님을 배반했다(6절). '배반하다'(עזב)는 반역의 의지를 강력하게 드러내는 단어다. 사사기가 시작한 후 이 시점까지 일곱 명의 사사가 있었다. 옷니엘, 에훗, 삼갈, 바락(드보라), 기드온,

돌라, 야일. 저자는 하나님이 이 일곱 사사를 통해 이스라엘에게 자비를 베푸시며 우상들을 섬기지 말라고 권면하신 것이 그 어떠한 효과도 발휘하지 못했다는 점을 강조하며 비난하는 것처럼 이스라엘이 하나님을 버리고 대신 숭배한 우상들을 총 일곱 가지로 언급한다. "바알 신들과 아스다롯과 시리아의 신들과 시돈의 신들과 모압의 신들과 암몬 사람의 신들과 블레셋 사람의 신들." 바알과 아세라로는 부족함을 느낀 것일까? 이스라엘은 주변 이웃들이 숭배하는 우상들도 숭배하고 있다. 세상의 우상들이 모두 한 자리에 모인 듯하며 이스라엘은 어느덧 '우상 백화점'을 차렸다. 이스라엘의 영적 상태가 최악으로 치닫고 있다는 의미다(Boda).

또한 저자가 이스라엘이 숭배한 우상들을 일곱 가지로 정리하는 것은 죄가 하늘에까지 사무쳐 하나님이 더 이상 내버려둘 수 없어서 이스라엘에게 정복하여 몰살하고 땅을 빼으라 했던 가나안의 일곱 족속을 연상케 한다(신 7:1; cf. 삿 3:5). 이스라엘의 영적 삶이 그들이 진멸시켜야 했던 가나안 사람들의 것과 별반 차이가 없게 되었다. 이스라엘이 하나님의 심판을 받아 진멸해야 했던 가나안 사람들의 자리에 와 있는 것이다. 이스라엘이 가나안을 여호와화 하는 일에 실패했을 뿐만 아니라, 오히려 그들이 철저하게 가나안화 되었다. 이스라엘의 가나안화가 거의 최고조에 이르다시피 했다. 그러므로 저자는 이 순간 하나님이 이스라엘에게 어떠한 재앙을 내리기로 결정하신다 해도 그 결정은 정당한 것이라는 것을 암시한다.

하나님을 배반한 이스라엘은 시내 산에서 하나님과 맺은 언약의 규정에 따라 벌을 받아야 한다(7–9절). 그래서 하나님은 진노하시어(חרה) 이스라엘을 이방인의 손에 파셨다(מכר)(7절). 이스라엘을 이방인에게 넘기신 하나님의 감정을 진노로 표현하는 것은 3:8 이후 처음이다. 블렛셋 사람들과 암몬 사람들이 하나님의 심판의 도구로 사용되었는데, 하나님이 한 민족이 아니라 두 민족에게 이스라엘을 넘기신 것도 처음 있는 일이다. 블레셋은 남서쪽에서, 암몬은 북동쪽에서 이스라엘에 압박을 가해왔다. 하나님의 진노가 어느 정도였는지 상상이 가는 대목이다.

암몬 사람들은 이미 모압 왕 에글론과 함께 이스라엘을 괴롭힌 적이 있다(3:13). 블레셋 사람들은 삼갈 시대에 이스라엘을 괴롭혔다(3:31). 그러므로 암몬과 블레셋 사람들 모두 새로운 억압자들은 아니다. 저자는 지금까지 사용하지 않았던 동사 '억압하다'(רעץ)와 '학대하다'(רצץ)(8절)에 '고생이 막심하다'(צרר)(9절)를 더하여 암몬과 블레셋으로 인해 이스라엘의 고통이 극에 달했다는 것을 강조한다. 하나님의 진노가 극에 달한 만큼 그들에게 가해지는 징계도 새로운 수위에 도달한 것이다.

블레셋 사람들도 이스라엘에 많은 고통을 주었지만, 저자는 특별히 암몬 사람들의 억압에 초점을 맞춘다. 아마도 블레셋 사람들은 삼손 이야기에서 다시 등장하기 때문에 암몬 사람들 중심으로 입다 이야기를 진행해 나가는 듯하다(McCann). 암몬은 18년 동안 이스라엘을 괴롭혔다(8절). 암몬 사람들은 자신들의 영토에 인접해 있던 길르앗 지역에 사는 이스라엘 사람들을 괴롭혔다. 길르앗은 요단 강 동편에 정착한 르우벤, 갓, 므낫세 지파가 차지한 땅을 칭하는 말로 한때는 서쪽으로는 요단 강, 동쪽으로는 사막, 남쪽으로는 아르논 강, 북쪽으로는 바산에 이르는 매우 넓은 지역이었다(Pressler).

길르앗의 남쪽 지역에 있는 얍복 강에서 아르논 강에 이르는 지역은 영토 분쟁에 자주 휘말렸으며 이스라엘, 모압, 암몬, 아람, 아모리 사람 등이 뺏고 빼앗김을 거듭했다. 암몬 사람들은 길르앗 지역에 정착한 이스라엘 사람들만 억압하는 것에 만족하지 않고 요단 강을 건너와 가나안 땅에 정착한 유다와 베냐민과 에브라임 지파까지 괴롭혔다(9절). 유다, 베냐민, 에브라임은 가나안의 중심 부분을 차지한 지파들이다. 암몬이 이스라엘의 '허리'를 못쓰게 한 것이다. 이 지파들이 암몬 사람들에게 당하고 있었다는 것은, 이 시대 이스라엘의 고통이 매우 광범위하고 극에 달했다는 것을 시사한다.

우리는 하나님께 좋은 것을 받는 일에는 익숙하지만, 징계를 받는 것은 생소하게 생각한다. 하나님께 징계를 받으면 분노하는 사람들까지 있다. 이스라엘과 하나님의 관계를 생각해보자. 하나님은 이스라엘이 죄를 범했을 때 그대로 버려두시지 않고 징계하셨다. 만일 하나님이 이스라엘을 사랑하신다면 꼭 징계하셔야 한다. 사랑에는 책임이 따르기 때문이다. 또한 이스라엘은 시내 산에서 하나님과 언약을 맺었다. 하나님은 이 언약의 내용에 따라 이스라엘을 대하셔야 한다. 그들이 신실하면 복을 내려주시고 그들이 하나님을 거역하면 벌을 받는 것도 언약의 내용이다. 그러므로 여호와께서 우상을 숭배한 이스라엘을 가만히 내버려두시면 안 된다. 그것은 무책임한 사랑일 뿐만 아니라, 하나님이 직무유기를 하시는 것과 마찬가지이기 때문이다. 우리의 죄로 인해 환난이 오면 하나님께 서운하다고 말하는 대신 감사드려야 한다. 하나님이 우리를 징계하시는 것은 아직도 우리와 주님의 관계가 지속되고 있다는 것을 의미하기 때문이다. 하나님의 징계는 주님이 아직도 우리를 사랑하신다는 것을 의미한다.

암몬 사람들의 억압이 18년 동안 계속되니 장사라도 당할 힘이 없는 것은 당연한 일이다. 견디다 못해 이스라엘이 하나님께 부르짖었다. 이번에는 아프다고 소리만 친 것이 아니라, 죄 고백을 덧붙였다. 이스라엘이 처해 있던 정황이 그만큼 어려웠다는 것을 암시한다. 그러나 하나님은 회개하는 그들을 위하여 구원자를 세우시지 않고 오히려 이스라엘이 뻔뻔스럽다며 야단치셨다(10-16절).

사사기에서는 처음으로 이스라엘이 자신들의 죄에 대하여 고백한다(10절). 그들의 고백은 일반적인 "우리가 죄를 지었습니다"와 구체적인 "우리가 여호와를 저버리고 바알을 섬겼습니다" 등 두 파트로 구성되어 있다. 일부 주석가들은 이스라엘이 가식적이고 위선적인 고백을 하고 있기 때문에 하나님이 그들의 회개를 받아들이지 않으신다고 해석한다(Webb, Polzin, cf. Pressler, Block). 책의 흐름을 감안하고, 이 이야기의 흐름에 비추어보면 적절한 해석이다. 이스라엘은 자신들이 첫 번째 계명을 어겼다는 사실을 시인하고 있다. 다만 아쉬운 것은 용서에 대한 강력한 간구와 진실함이 동반되지 않는다는 점이다.

처음으로 자신들이 죄를 지었다고 고백하는 이스라엘에게 하나님은 과거에 이스라엘에게 베풀어주셨던 구원의 은혜를 몇 가지 예를 들어 말씀하신다. 하나님은 이처럼 배신을 밥 먹듯이 하는 이스라엘의 배은망덕을 용서하지 않으실 것이며, 사사를 세워 그들을 구원해 주셔도 곧바로 죄의 길로 빠지는 이스라엘을 더 이상 구원하실 의향이 없다고 선언하신다(11-13절). 사사기가 시작된 이후 하나님이 울부짖는 이스라엘에게 구원을 거부하시는 일은 처음이다.

이스라엘이 숭배한 우상이 일곱 가지였던 것처럼(6절), 하나님도 일곱 이방 민족을 언급하시면서, 이때까지 이 민족들로부터 이스라엘을 구원해 주신 일을 회고하신다. 이집트, 아모리, 암몬, 블레셋, 시돈, 아말렉, 마온(11-12절). 이집트 사람은 당연히 출애굽 사건과 연관되어 있으며, 아모리 사람은 모세가 헤스본의 시혼과 바산의 옥과 싸워서 승리한 일을 뜻한다(민 21:21-35). 암몬 사람들은 에훗이 모압 왕 에글론을 죽였을 때의 일을 배경으로 하고 있다(삿 3:15-30). 블레셋 사람에 대한 회고는 삼갈이 소를 모는 막대기로 블레셋 사람 600명을 죽였던 사건이다(삿 3:31). 시돈 사람들에 대한 언급은 가나안 사람들을 대상으로 바락이 승리한 것을 뜻한다(Block, 4장). 아말렉 사람들은 사사기에서 이스라엘의 적으로 이미 두 차례 등장한 적이 있다(3:13; 6:3, 33; 7:12).

마온(מָעוֹן) 사람들이 이곳에 언급되는 것은 예외적이다. 만일 이 말씀이 기드온 사건(6-8장)을 배경으로 하고 있다면, 마온 사람 대신 미디안 사람이 언급되어야 하기 때문이다. 이때까지 전혀 들어보지 못한 민족이 등장하고 있다는 것에 대하여 문제의식을 가졌던 LXX는 이곳에 마온 대신 미디안(Μαδιαμ)을 표기한다. LXX 번역자들은 마소라 사본이 미디안을 마온으로 잘못 표기하고 있다고 생각한 것이다. 그러나 마온을 미디안으로 수정할 필요는 전혀 없다. 이미 언급한 것처럼 사사기는 이스라엘의 수많은 사사 중 12명만 선별하여 책을 전개하고 있다. 그렇다면 사사기가 우리가 책을 통해 접해본 적이 없는 사사를 하나님이 세우셔서 전혀 들어보지 못한 민족에게서 이스라엘을 구원하신 일을 언급하는 것을 배제할 필요가 없다. 사사기에 기록된 것만이 유일한 사사들의 이야기가 아니기 때문이다. 그러므로 LXX가 미디안으로 마온을 대처한 것은 사사기에 등장하는 사사들이 대를 이어가며 순차적으로(linear) 이스라엘을 다스렸다는 오해에서 비롯된 것이다. 그러나 우리가 서론에서 언급한 것처럼 사사기는 이스라엘의 여러 지역에서 동시다발적으로 사역했던 지역 통치자들의 이야기 중 일부를 수집해서 엮은 책이다. 마온에 대하여 알려진 바가 전혀 없으며, 대체적으로 미디안 사람들과 같은 지역에 살며 미디안과 협력 체제를 구축했던 뮤님(Meunim)을 뜻하는 것으로 이해한다(cf. ABD, HALOT).

하나님은 위 일곱 민족에게서 이스라엘을 구원하셨던 일을 회고하신 다음 이스라엘의 지속된 반역과 배반을 비난하신다. "그런데도 너희는 나를 저버리고 다른 신들을 섬겼다"(13절). 하나님의 탄식과 상처가 배어 있는 말씀이다. 아무리 구원을 베풀어도 잠시 후면 다시 하나님의 품을 떠나 죄의 길로 돌아서는 이스라엘을 바라보며 하나님은 어떤 상처를 받으셨을까? 우리는 흔히 은혜를 모르는 사람을 "개만도 못하다"라고 한다. 주의 백성이라고 자부하는 우리는 어떠한가?

하나님은 아픈 심정을 토로한 후 이스라엘을 구원하지 않겠다고 하시며 "너희가 선택한 신들에게나 가서 부르짖어라. 너희가 괴로울 때에 그들에게 가서 구원하여 달라고 해라"라고 말씀하셨다(14절; 새번역). 하나님의 냉소적인 반응은 이스라엘이 곤경에 처할 때마다 여호와께 부르짖는 유일한 이유가 당장 그들을 힘들게 하는 적들의 손에서 벗어나기 위한 임시방편이지 회개하고 돌아와서 주님을 영원히 예배하고 섬기기 위해서가 아니라는 것을 의미한다(Block). 이스라엘에게 여호와는 그들이 예배해야 할 하나님이 아니라 필요할 때만 부리는 하수인처럼 되어 있었던 것이다.

인간이 신(들)을 섬기는 가장 기본적인 이유 중 하나가 환난에 처했을 때 도움을 받고 싶어서다. 그런데 지금까지 이스라엘의 기록을 보면, 하나님을 떠나 우상을 숭배하다가도 곤경에 처하면 그때서야 하나님을 찾는다. 하나님이 사사를 세워 그들을 구원하시면 그들은 다시 하나님께 등을 돌리고 우상을 숭배한다. 이스라엘에게 하나님은 남편이 아니라, 곤경에 처할 때만 필요한 '곤경 연인'이 되어 있다. 이러한 사실에 분노하신 하나님이 이번에는 이스라엘에게 그들이 숭배하는 우상을 찾아 도움을 청하라고 하신다. 하나님이 더 이상 이스라엘에게 이용당하고 싶지 않다고 선언하시는 것이다.

논리적으로 당연한 일이다. 다만, 우상은 돌과 나무 조각이어서 숭배자들을 구원할 능력이 없다. 이스라엘도 그들을 구원할 수 있는 능력을 지닌 분은 오직 여호와뿐이라는 사실을 잘 안다. 그래서 하나님과 결혼한 이스라엘이 정부들(우상들)과 놀아나다가도 곤경에 처하면 꼭 남편이신 여호와를 찾아와 구해달라고 부르짖는다. 그러나 이번에는 하나님이 그들을 구원하지 않으실 것이라고 한다. 하나님이 더 이상 이스라엘에게 이용만 당하고 있지는 않겠다는 의지를 보이시는 선언이다. 돕기를 거부하시는 하나님 앞에서 이스라엘은 어떻게 행동할 것인가?

이스라엘은 "너희가 섬기는 우상에게 가서 부탁해 봐라" 하고 말씀하시는 여호와께 더 강력하게 호소한다. "우리가 죄를 지었습니다. 주님의 뜻대로 다 하십시오. 그러나 오늘만은 우리를 구출하여 주십시오"(15절; 새번역). 이스라엘이 여호와께 "당신이 보시기에 좋은 대로 하십시오"라고 말하는 것이 마치 하나님의 주권을 인정하여 자신들의 생명을 여호와께 맡기겠다는 의지의 표현 같지만, "다만 오늘만은 우리를 구해주십시오"라는 말이 이들의 본심을 드러낸다. 이스라엘은 자신들이 처해 있는 핍박에서 우선 벗어나고자 하는 마음으로 가득 차 있을 뿐이다(Webb, O'Connell). 그들은 하나님을 섬길 생각이 없다. 오직 필요할 때 하나님을 찾아와 도움을 청할 뿐이며, 도움을 받고 나서는 곧바로 다시 주님을 떠날 것이다(Younger).

그러나 이번에는 상황이 얼마나 절박했는지 이스라엘이 여호와를 향한 의지를 보여주기 위해 그들이 숭배하던 우상들을 모두 제거했다. 그리고 여호와를 섬겼다(16a절). 여호와께서 이스라엘이 겪는 고통을 보고만 계실 수 없으셨다(16b절). '보고만 계실 수 없으셨다'(תִּקְצַר נַפְשׁוֹ)라는 말은 매우 의미심장한 표현이다. 문자적으로 해석하면 "그[하나님]의 생명이 단축됐다/짧아졌다"가 된다. 주의 백성이 당하는 고통으로 인하여 하나님의 삶의 질이 낮아졌다는 것을 뜻하며 하나님의 아픔을 표현한다(McCann, Younger). 하나님은 자기 백성과 함께, 또한 자기 백성 때문에 고통을 당하시는 분이시다(Fretheim).

해석에 있어서 이슈가 되는 것은 16a절과 16b절의 관계다. 이스라엘이 우상을 버리고 여호와를 섬겼기 때문에 하나님이 그들의 고통을 더 이상 보고만 계실 수 없게 되었는가, 아니면 이 둘은 전혀 상관이 없는 독립적인 문장들인가? 대부분 번역본은 이스라엘이 회개하고 하나님을 섬겼기 때문에 하나님이 그들을 구원하신 것으로 번역한다(개역, 공동, 새번역, NAS, NIV, NRS, TNK). 16a절과 16b절을 '원인과 결과'(cause-and-effect) 관계로 이해하는 것이다. 그러나 상당수의 주석가는 이러한 해석에 반론을 제기한다. 하나님이 이스라엘을 구원하기로 결정하시는 일에 이스라엘의 회개가 전혀 영향을 미치지 않았으며, 하나님이 그들이 고통스러워하는 것을 불쌍히 여기셔서 하신 일이다(Webb, Polzin, O'Connell). 이스라엘과 언약을 맺으신 하나님이 그들의 죄를 무시하고 그들을 긍휼이 여기신 결과인 것이다(Niditch).

이 주석가들이 제시하는 증거를 종합해보면 다음과 같다. 첫째, 하나님이 구원하시지 않겠다고 선언하신 말씀(13절)을 번복하는 말이 없다. 둘째, 이 이야기에서 '회개하다'라는 단어가 사용되지 않는다. 셋째, 하나님이 14절 이후에는 침묵하신다. 넷째, 하나님이 입다를 '구원자로 세우셨다'라거나 그에게 '능력을 주셨다'라는 말이 사용되지 않는다. 다섯째, 입다가 리더로 추대될 때 하나님의 역할이 전혀 표면화되지 않는다. 하나님이 고통당하는 이스라엘이 불쌍하다는 단 한 가지 이유 때문에 그들에게 은혜를 베푸시는 것은 책의 전반적인 성향하고 잘 어울리는 해석이다. 게다가 이후 이야기가 이스라엘이 진심으로 회개했다고 보기에는 어려운 부분이 있다. 그러므로 이 학자들의 해석을 따르는 것이 바람직하다(cf. Pressler, Block). 이스라엘의 회개가 하나님의 마음을 움직인 것이 아니라, 하나님의 무조건적인 은총이 주의 백성을 원수의 손에서 구원하게 된 것이다.

II. 본론: 거듭되는 고난과 해방(3:7-16:31) H. 입다 대 암몬(10:6-12:7)

2. 암몬 족의 위협(10:17-11:11)

17 그 때에 암몬 자손이 모여서 길르앗에 진을 쳤으므로 이스라엘 자손도 모
여서 미스바에 진을 치고 18 길르앗 백성과 방백들이 서로 이르되 누가 먼저
나가서 암몬 자손과 싸움을 시작하랴 그가 길르앗 모든 주민의 머리가 되
리라 하니라 11:1 길르앗 사람 입다는 큰 용사였으니 기생이 길르앗에게서 낳
은 아들이었고 2 길르앗의 아내도 그의 아들들을 낳았더라 그 아내의 아들들
이 자라매 입다를 쫓아내며 그에게 이르되 너는 다른 여인의 자식이니 우리
아버지의 집에서 기업을 잇지 못하리라 한지라 3 이에 입다가 그의 형제들
을 피하여 돕 땅에 거주하매 잡류가 그에게로 모여 와서 그와 함께 출입하
였더라 4 얼마 후에 암몬 자손이 이스라엘을 치려 하니라 5 암몬 자손이 이
스라엘을 치려 할 때에 길르앗 장로들이 입다를 데려오려고 돕 땅에 가서 6
입다에게 이르되 우리가 암몬 자손과 싸우려 하니 당신은 와서 우리의 장관
이 되라 하니 7 입다가 길르앗 장로들에게 이르되 너희가 전에 나를 미워하

여 내 아버지 집에서 쫓아내지 아니하였느냐 이제 너희가 환난을 당하였다
고 어찌하여 내게 왔느냐 하니라 [8] 그러므로 길르앗 장로들이 입다에게 이르
되 이제 우리가 당신을 찾아온 것은 우리와 함께 가서 암몬 자손과 싸우게
하려 함이니 그리하면 당신이 우리 길르앗 모든 주민의 머리가 되리라 하매
[9] 입다가 길르앗 장로들에게 이르되 너희가 나를 데리고 고향으로 돌아가서
암몬 자손과 싸우게 할 때에 만일 여호와께서 그들을 내게 넘겨 주시면 내
가 과연 너희의 머리가 되겠느냐 하니 [10] 길르앗 장로들이 입다에게 이르되
여호와는 우리 사이의 증인이시니 당신의 말대로 우리가 그렇게 행하리이다
하니라 [11] 이에 입다가 길르앗 장로들과 함께 가니 백성이 그를 자기들의 머
리와 장관을 삼은지라 입다가 미스바에서 자기의 말을 다 여호와 앞에 아뢰
니라

이스라엘이 하나님께 부르짖는 동안에 암몬 사람들이 길르앗에 진을 쳤나. 어쩔 수 없이 전쟁을 해야 하는 이스라엘 사람들도 미스바에 진을 쳤다(10:17). 이미 언급한 것처럼 길르앗은 상당히 넓은 지역을 칭하는 이름이다. 미스바(מִצְפָּה)의 위치는 정확히 알 수 없지만 야곱이 라반과 인약을 맺은 곳일 수 있다(ABD, cf. 창 31:43-55). 한 가지 확실한 것은 이 미스바는 길르앗에 속한 성읍이라는 것이다. 그러므로 이 이야기에 등장하는 미스바는 사사기 19-21장에 기록된 이야기에서 등장하는 베냐민 지파 땅의 미스바와 구분되어야 한다(cf. Boda).

암몬 사람들이 어떠한 제제도 없이 길르앗의 중심부에 진을 쳤다는 것은 당시 이스라엘이 얼마나 빈약했는가를 보여준다. 아니나 다를까. 암몬 사람들을 대항해서 싸우러 나온 이스라엘은 지도자도 없이 진을 쳤다. 그래서 그들은 서로 말하기를 누구든지 먼저 나가서 암몬 사람들과 싸우는 사람이 길르앗에 사는 모든 사람의 통치자가 될 것이라고 했다(10:18). 참으로 절박한 상황이며 이제 이스라엘에는 기드온 같은 사람마저도 없다. 지도자가 없으니 적을 이길 만한 전략이 있을 리 만

무하다. 길르앗 사람들은 아무런 전략도 없이 그저 침략자 암몬에 대항하기 위해 전쟁에 나왔다. 평범해 보이는 이 상황에서 우리는 이스라엘이 이때까지 당면했던 최고의 위기를 목격하고 있다. 전략은 고사하고 아무런 대책도 없이 어쩔 수 없이 전쟁터에 나오게 된 이스라엘은 과연 어떻게 될 것인가?

암몬 사람들과 전쟁하기 위해 진을 치고 있는 이스라엘이 누가 자신들의 리더가 될 것인가를 논하는 동안, 저자는 잠시 입다(יִפְתָּח)라는 사람에게 조명을 비춘다. 그의 이름을 풀이하면 '그가[신이] 열었다'라는 뜻이다(cf. HALOT). 그의 이름이 지적하고 있는 신은 누구일까? 여호와일까, 아니면 가나안의 여러 신 중 하나일까? 이야기가 전개되는 것을 감안하면 그의 이름은 이스라엘의 하나님 여호와가 아니라 가나안 신 중 하나를 염두에 둔 것으로 생각된다(Block).

입다의 자라온 배경이나 삶은 그가 이스라엘의 지도자가 되는 것이 당연한 일이 아니라는 것을 시사한다. 그는 길르앗이란 사람과 창녀 사이에 태어난 사생아였다(11:1). 여러 가지 정황을 감안할 때, 그의 아버지 길르앗은 유력한 사람이었을 것이다. 그러나 문제는 그의 어머니가 창녀였다는 것이다. 게다가 그의 어머니는 가나안 여인이었던 것이 거의 확실하다. 입다가 어느 정도 성장했을 때, 그의 이복 형제들은 그를 아버지 집에서 내쫓았다. "너는 우리의 어머니가 아닌 다른 여인의 아들이므로, 우리 아버지의 유산을 이어받을 수 없다"(11:2; 새번역).

형제들에게 생명의 위협을 느낀 입다는 '돕'(אֶרֶץ טוֹב)이라는 곳으로 도망가 살았다. 돕은 다윗 이야기에서도 자주 등장하는 이름이다(삼상 22:2; 27:8; 삼하 10:6, 8). 그러나 돕의 정확한 위치는 아직까지 밝혀지지 않았다. 학자들은 대체적으로 돕이 길르앗의 북쪽 혹은 북동쪽에 있었으며 인구가 그리 많지 않았던 곳으로 추정한다. 저자가 이곳에서 돕을 성읍으로 지적하기보다는 '돕 땅'(אֶרֶץ טוֹב)(lit., '좋은 땅')이라고 하는 것으로 보아 그는 돕 성 근처에 살았을 것이다.

입다는 돕 땅에 살면서 자수성가를 지향하기보다는 건달의 삶을 추구했다(11:3). 그의 주변에 '건달들'(אֲנָשִׁים רֵיקִים)이 모여들었던 것을 보면 알 수 있다(cf. Boda). 아비멜렉이 형제들을 살해하기 위하여 고용한 사람들도 똑같은 명칭으로 불렸다(9:4). 또한 개역성경이 '함께 출입하였다'로, 새번역이 '그를 따라다녔다'라고 번역한 히브리어 문구(וַיֵּצְאוּ עִמּוֹ)는 평범한 표현이 아니다. 많은 학자는 이 말을 입다가 부하들을 거느리고 이곳 저곳을 다니며 약탈한 일을 뜻하는 것으로 풀이한다(McCann, Block, Pressler). 그래서 공동번역과 영어 번역본 중 상당수가 "그를 따라 약탈하러 다녔다"라는 의미로 번역한다(NRS, TNK). 암몬 사람들과 전쟁을 하려고 모여 있는 길르앗 사람 중에 입다의 모습이 보이지 않는 것도 그가 불량배로 전락해 있음을 시사한다. 그는 국가나 민족에 대한 애정이나 애착이 전혀 없는 사람이었으며, 개인적인 이익을 위해서는 누구든지 칠 수 있는 양아치였던 것이다.

입다와 아비멜렉은 출생뿐만 아니라, 삶에서 추구했던 것들이 비슷한 사람들이다(Amit, O'Connell, cf. Soggin). 하나는 첩의 아들로, 다른 하나는 창녀의 아들로 태어났다. 둘 다 건달들을 거느리며 살았다. 입다가 '돕'(אֶרֶץ טוֹב; lit., '좋은 땅')이라는 좋은 땅에 살았지만, '좋은 땅'이 그에게는 결코 좋은 땅이 못되었던 것이다. 이스라엘이 이런 사람을 지도자로 추대할 정도라면, 그들이 처해 있던 상황이 얼마나 절박했는지 상상이 간다.

입다에 대한 소개를 마친 저자는 11:4에서부터는 그가 이스라엘의 리더가 된 경위를 설명한다. 저자가 이 섹션의 이야기를 진행하는 방식은 바로 앞 장(10장)에서 하나님과 이스라엘이 나눈 대화와 비슷하다. 저자는 여호와께서 이스라엘에 의하여 더 이상 이용당하기를 거부하시자 사람들이 입다를 찾아가 호소했고, 입다는 그들이 자기를 이용하려는 의도를 역이용하여 자신의 입지를 굳힌다는 내용을 전달하고자 하는 듯하다. 다음을 참조하라(Block).

여호와와 이스라엘의 대화(10:10–16)	입다와 장로들의 대화(11:4–11)
암몬 족의 압박(10:7–9)	암몬 족의 압박(11:4)
이스라엘이 여호와께 호소함(10:10)	길르앗 사람들이 입다에게 호소함(11:5–6)
여호와께서 냉소적으로 반박함(10:11–14)	입다가 냉소적으로 반박함(11:7)
이스라엘이 다시 호소함(10:15–16a)	길르앗 사람들이 다시 호소함(11:8)
여호와께서 이용당하기를 거부함(10:16b)	입다가 상황을 기회로 삼음(11:9–11)

이스라엘의 '지도자 세우기 프로젝트'는 실패했고, 암몬 자손들은 계속 군사적 압박을 가해왔다(4절). 암몬의 침략에 대하여 어떠한 대책도 없었던 길르앗 사람들은 최후 방편으로 장로들을 입다에게 보냈다(5절). 그들이 입다를 물망에 올리게 된 것은 비록 그가 불량배의 두목이기는 하지만, 그 사람만큼 싸움에 능숙한 사람이 없기 때문이었다. 우선 발등에 떨어진 불부터 끄고 보자는 의도에서다. 지금으로서는 입다가 길르앗 사람들이 지닌 유일한 와일드카드다. 저자도 1절에서 이미 입다의 전투 능력을 인정한바 있다. 그는 입다를 굉장한 용사(גִּבּוֹר חַיִל)라고 평했다. 전투력에 있어서 입다는 암몬 사람들과 싸워 볼 만한 실력을 지녔다는 의미다.

한 가지 아이러니한 것은 입다와 그의 '건달 군대'가 길르앗 사람들로부터 군사적인 지휘력과 전투 능력을 인정받게 된 배경이다. 입다와 그의 건달 군대는 지난 수년 동안 길르앗 사람들의 마을과 성읍을 습격하고 약탈하면서 이러한 명성을 쌓았다! 아마도 입다를 찾아온 장로 중에서도 그에게 당한 사람들이 있었을 것이다. 길르앗 사람들이 평소에 그들을 괴롭히던 기생충 같은 인간들에게 도움을 청하고 있다(cf. Niditch). 그만큼 상황이 절박한 것이다.

장로들은 입다에게 '지휘관'(קָצִין)이 되어달라고 부탁했다. 이 단어는 구약에서 상대적으로 흔히 사용되는 단어가 아니며, 사용될 때에는 항상 전쟁과 연관되어 있다. 장로들이 입다를 암몬과의 전쟁에서만 지도자로 대우하려고 하는 것이다(Willis). 장로들은 입다를 일종의 '용병'으로 고용하고자 한다. 저자는 이미 길르앗 사람들이 누구든지 암몬 자손과 싸워 이기면 그를 길르앗 모든 사람의 통치자(ראשׁ)로 삼을 것이라고 한 말을 우리에게 들려준 적이 있다(10:18). 이러한 정황에 따라 장로들의 제안을 해석할 때, 그들은 입다를 백성의 지도자는커녕 길르앗 시민으로도 받아들일 의향이 없다. 다만 그를 전쟁에서만 이용하고 싶은 것이다(Webb).

입다가 장로들의 제안을 쉽게 받아들일 리 없다. 그래서 그는 '쫓아낼 때는 언제고 이제 와서 도와달라고 하느냐?'라는 반응을 보였다(7절). 입다는 자신은 결코 길르앗 사람들에게 이용만 당할 생각이 없다는 것을 명백하게 밝히고 있다. 그뿐만 아니라 이러한 입다의 반응은 '당신들끼리는 누구든지 승리하면 통치자로 삼겠다고 했으면서 왜 나에게는 그에 상응하는 대우를 해주지 않느냐?'라는 뜻으로 풀이될 수 있다(Marcus, Willis). 입다는 장로들에게 그가 창녀의 아들이라는 이유로 형제들에게 쫓겨났을 때 포기해야 했던 길르앗 시민의 권한을 회복시켜 주기를 요구하고 있는 것이다(Marcus).

장로들은 원래 입다를 암몬과의 전쟁에서만 지도자로 세울 참이었다. 그러나 입다가 시큰둥한 반응을 보이자 하는 수 없이 비장의 카드를 꺼냈다. 길르앗 장로들은 원칙과 기준에 따라 입다와의 협상에 임한 것이 아니라 상황에 따라 아무 것이나 내놓을 수 있는 기회주의자들이었던 것이다(Willis, Marcus). 만일 그들이 원칙을 준수하는 사람들이었다면 처음부터 입다를 찾아오지는 않았을 것이다(Younger). 장로들은 만약에 입다가 이스라엘을 암몬 사람들과의 전쟁에서 승리로 이끈다면, 그는 모든 길르앗 사람의 통치자(ראשׁ)가 될 것이라고 했다(8절). 그러나 이 제안은 결코 파격적인 것이 아니다. 이들은 이미 모든 길르앗 시민에게 동일한 제안을 한 적이 있다(10:18). 그러므로 장로들의 발언은 드디어 입다를 길르앗의 시민으로 인정하겠다는 것에 불과하다(Marcus).

장로들의 말을 들은 입다는 그들의 제안을 재차 확인했다(9-10절). 만일 자기가 암몬 사람들을 이기면 정말 길르앗 모든 사람의 통치자(ראשׁ)로 삼겠냐고 물었다. 장로들은 그렇게 하겠다며 여호와의 이름으로 맹세했다. 암몬 자손들에게 억압당하느니 입다의 통치 아래 있는 것이 더 나을 것이라는 생각에서였을 것이다. 입다는 장로들을 따라갔고, 장로들은 약속대로 그를 '통치자(ראשׁ)와 지휘관(קָצִין)'으로 삼았다(11절). 원래는 통치자 자격은 주지 않고 지휘관으로만 세우려 했다가 실패하자 통치자로 삼은 것이다.

생각해보면 길르앗 장로들 입장에서는 별로 잃을 것이 없다. 입다를 통치자로 삼아서 암몬 사람들을 상대로 싸우게 하여 입다가 죽으면 그를 통치자로 삼은 것은 아무런 의미가 없게 되며 이스라엘은 암몬 사람들의 지배를 받아야 한다. 만일 입다가 승리하면, 그가 통치자가 되어 길르앗을 다스린다 해도 암몬 사람들이 그들을 억압하는 것처럼 혹독하지는 않을 것이다. 그러므로 입다를 통치자로 세우는 것은 괜찮은 일이다. 입다가 길르앗 사람들의 통치자가 되면 자연히 지휘관 자리도 함께 따라온다. 통치자(ראשׁ)를 문자적으로 풀이하면 '머리'(일인자)를 뜻한다. 물론 입다의 권한은 그에게 이러한 권한을 부여하는 장로들의 권한에 의하여 제재를 받을 수 있다(Willis). 길르앗의 가장 볼품없는 사람이 길르앗의 머리가 된 것이다. 그러나 우리는 입다가 이렇게 된 것을 결코 자수성가라 볼 수 없다.

입다는 미스바에서 이 모든 일을 여호와께 아뢰었다. 하나님 앞에서 그들이 맹세했다는 뜻이다(McCann, Pressler, Block). 백성이 미스바에 가서 하나님 앞에서 맹세했다는 것은 당시 미스바에 성막이 있었다는 것을 전제한다 하여 언제 성막이 요단 강을 건너 이곳에 와 있게 되었는가에 대하여 의아해하는 주석가들도 있다(Boling, Block). 그러나 당시에 이스라엘은 여러 곳에 산당을 가지고 있었고, 산당도 얼마든지 여호와의 임재를 상징할 수 있기 때문에 요단 강 동편에 있는 미스바에서 계약이 체결되고 맹세가 이루어지는 것은 문제가 되지 않는다. 장로들과 입다는 여러 성지 중 하나를 골라 하나님 앞에서 예배를 드리지만, 사실은 하나님을 경배하고자 해서가 아니라 자신들의 필요에 따라 하나님을 이용하기 위해 이곳에서 예배를 드리고 있다(Younger).

비록 백성과 장로들이 여호와 앞에서 입다를 통치자로 세웠지만, 입다가 이스라엘의 지도자로 세워지는 과정에서 하나님은 어떤 역할을 하시는가? 그 어디에도 하나님의 모습이 보이지 않는다. 입다를 지도자로 세운 자들도 길르앗 장로들이고 백성들이지 하나님이 아니다. 하나님이 그동안 불신하는 사람(기드온)을 세우신 적은 있지만, 불량배들의 두목을 지도자로 세우신 적은 없다. 물론 아비멜렉도 입다처럼 폭력적인 사람이었지만, 아비멜렉은 자청해서 스스로 왕이 된 것이고 하나님은 그를 심판하셨다. 입다는 하나님이 아니라 사람들이 세운 최초의 사사이자 유일한 사사다. 어느덧 이스라엘은 사사를 세우는 하나님의 고유 권한을 침해하고 있다(Webb, Schneider, Younger). 불량배의 두목 입다의 리더십이 시작부터 불안하다.

또 하나의 이슈는 입다가 이제부터라도 하나님의 말씀에 귀를 기울일 것인가다. 그가 모든 일을 여호와께 아뢰고 주님의 도움을 구한다면, 주께서 주시는 말씀에 순종한다면 지금까지의 문제는 별로 큰 이슈가 되지 않을 것이다. 하나님은 이스라엘에게 구원을 베풀기를 원하시며(cf. 10:16), 구원을 베푸시려면 사사를 세우셔야 한다. 이미 장로들과 백성들이 입다를 사사로 세웠으니 그를 사용하시면 된다. 그러므로 지금부터 빚어지는 전쟁의 결과와 입다의 길르앗 통치는 그가 어떻게 하느냐에 달려 있다. 하나님이 그에게 백지를 주시고 그림을 그리라 하시는 것이다. 만일 그가 순종과 믿음으로 그림을 그린다면 그의 그림은 역사에 길이 빛나는 걸작품이 될 것이지만, 만일 그가 지금까지 살아왔던 가나안 사람의 방식대로 그림을 그린다면, 그의 그림은 역사에 길이길이 악평을 받는 졸작이 될 것이다.

II. 본론: 거듭되는 고난과 해방(3:7–16:31)
H. 입다 대 암몬(10:6–12:7)

3. 입다 대 암몬 왕(11:12–28)

[12] 입다가 암몬 자손의 왕에게 사자들을 보내 이르되 네가 나와 무슨 상관
이 있기에 내 땅을 치러 내게 왔느냐 하니 [13] 암몬 자손의 왕이 입다의 사자
들에게 대답하되 이스라엘이 애굽에서 올라올 때에 아르논에서부터 얍복과
요단까지 내 땅을 점령했기 때문이니 이제 그것을 평화롭게 돌려 달라 하니
라 [14] 입다가 암몬 자손의 왕에게 다시 사자들을 보내 [15] 그에게 이르되 입다
가 이같이 말하노라 이스라엘이 모압 땅과 암몬 자손의 땅을 점령하지 아니
하였느니라 [16] 이스라엘이 애굽에서 올라올 때에 광야로 행하여 홍해에 이르
고 가데스에 이르러서는 [17] 이스라엘이 사자들을 에돔 왕에게 보내어 이르기
를 청하건대 나를 네 땅 가운데로 지나게 하라 하였으나 에돔 왕이 이를 듣
지 아니하였고 또 그와 같이 사람을 모압 왕에게도 보냈으나 그도 허락하지
아니하므로 이스라엘이 가데스에 머물렀더니 [18] 그 후에 광야를 지나 에돔
땅과 모압 땅을 돌아서 모압 땅의 해 뜨는 쪽으로 들어가 아르논 저쪽에 진
쳤고 아르논은 모압의 경계이므로 모압 지역 안에는 들어가지 아니하였으
며 [19] 이스라엘이 헤스본 왕 곧 아모리 족속의 왕 시혼에게 사자들을 보내어
그에게 이르되 청하건대 우리를 당신의 땅으로 지나 우리의 곳에 이르게 하
라 하였으나 [20] 시혼이 이스라엘을 믿지 아니하여 그의 지역으로 지나지 못
하게 할 뿐 아니라 그의 모든 백성을 모아 야하스에 진 치고 이스라엘을 치
므로 [21] 이스라엘의 하나님 여호와께서 시혼과 그의 모든 백성을 이스라엘의
손에 넘겨 주시매 이스라엘이 그들을 쳐서 그 땅 주민 아모리 족속의 온 땅
을 점령하되 [22] 아르논에서부터 얍복까지와 광야에서부터 요단까지 아모리
족속의 온 지역을 점령하였느니라 [23] 이스라엘의 하나님 여호와께서 이같이
아모리 족속을 자기 백성 이스라엘 앞에서 쫓아내셨거늘 네가 그 땅을 얻고
자 하는 것이 옳으냐 [24] 네 신 그모스가 네게 주어 차지하게 한 것을 네가 차
지하지 아니하겠느냐 우리 하나님 여호와께서 우리 앞에서 어떤 사람이든

지 쫓아내시면 그것을 우리가 차지하리라 25 이제 네가 모압 왕 십볼의 아들
발락보다 더 나은 것이 있느냐 그가 이스라엘과 더불어 다툰 일이 있었느냐
싸운 일이 있었느냐 26 이스라엘이 헤스본과 그 마을들과 아로엘과 그 마을
들과 아르논 강 가에 있는 모든 성읍에 거주한 지 삼백 년이거늘 그 동안에
너희가 어찌하여 도로 찾지 아니하였느냐 27 내가 네게 죄를 짓지 아니하였
거늘 네가 나를 쳐서 내게 악을 행하고자 하는도다 원하건대 심판하시는 여
호와께서 오늘 이스라엘 자손과 암몬 자손 사이에 판결하시옵소서 하였으나
28 암몬 자손의 왕이 입다가 사람을 보내어 말한 것을 듣지 아니하였더라

입다가 어떠한 과정을 통해 길르앗의 통치자가 되었든 간에 그는 대단한 협상력을 지닌 사람이다(Sjöberg, Bluedorn). 입다는 암몬 사람들과의 전쟁에 앞서 대화를 통해 평화스럽게 문제를 해결하려는 노력을 보인다. 입다와 암몬 사람들의 협상은 고대 근동의 소송 양식(ריב-form)의 여러 요소를 포함하고 있다(O'Connell). 마치 법정에서 원고와 피고가 서로 다투는 듯한 분위기로 대화가 진행되고 있는 것이다.

저자는 입다의 탁월한 협상력을 묘사하기 위해 많은 공간을 그와 암몬 사람들의 대화에 할애한다. 입다 이야기에 사용되는 히브리어 단어가 1,000개에 달하는데, 이 중 345개가 암몬 족과의 협상을 회고하는데 사용되었다(Block). 암몬 족과의 협상이 입다 이야기의 1/3 이상을 차지하는 것이다. 저자가 이처럼 입다의 협상 능력을 부각하는 것이 그의 통치력과 행정력을 긍정적으로만 평가하고자 하는 의도에서 비롯된 것은 아니다. 입다의 이야기가 끝나갈 무렵 그는 에브라임 사람 42,000명을 죽이게 되는데(12:6), 그때에는 이렇다 할 사전 협상 노력이 없다. 입다는 암몬 사람들하고는 대화로 문제를 풀려고 노력하는 의지를 보이지만, 동족인 에브라임 사람들하고는 대화할 생각이 전혀 없는 매정한 사람이었다는 것을 고발하는 것이다.

이스라엘의 지도자가 되어 전쟁에 나온 입다는 먼저 사절단을 보내 암몬 왕과 예비 교섭을 시도한다(11:12-13). 그가 암몬 왕에게 직접 사절단을 보내는 것이 마치 그가 이스라엘의 왕이 된 듯한 분위기를 조성한다(Block). 그는 이스라엘의 대표로서 당당하게 암몬 사람들을 대하고 있다. 입다는 예비 교섭을 통해 암몬 사람들과의 문제가 대화나 어느 정도의 금전적인 보상으로 해결할 수 있는 성격의 것인지, 아니면 군사적 충돌이 불가피한 것인지를 알아보고자 했다.

입다는 사절단을 통해 암몬 왕에게 "우리 사이에 무엇이 잘못되었기에, 나의 영토를 침범하십니까?"라고 질문했다(12절). '우리 사이에 무엇이 잘못되었기에'(מַה־לִּי וָלָךְ)(lit, '당신과 나 사이에 뭐가 있느냐?')라는 말은 입다가 자신을 암몬 왕과 동등한 위치에 두고 있다는 것을 시사한다. 암몬 족과 전쟁하기 위해 나온 이스라엘의 대표로서 당연히 취할 태도이다. 이 말은 또한 '용건/욕구 불만이 뭐냐?'라는 뜻이다. 암몬 족이 왜 이스라엘을 치려는지 도대체 이해가 되지 않는다는 취지의 질문이다.

암몬 왕은 사절단을 통해 "이스라엘이 이집트에서 올라올 때에 아르논 강에서부터 얍복 강과 요단 강에 이르는 나의 땅을 점령하였습니다. 그러니 이제 말썽을 일으키지 말고 그 땅을 내놓으시기 바랍니다"라고 단호하게 말했다. 자다가 봉창 두드린다고 하듯이 암몬 왕이 300년 전 이야기, 그것도 정확한 사실에 근거한 것도 아닌 요구를 하고 있으니 황당하다(cf. 26절). 입다의 관점에서 암몬 왕의 말은 협상의 여지가 별로 없다는 것을 의미하며, 만일 이스라엘이 전쟁을 피하려면 암몬 왕이 내놓으라는 땅을 내줄 수밖에 없다.

암몬 왕이 내놓으라는 이 지역은 300년 전부터 이스라엘의 영토이며, 길르앗 사람들의 삶의 터전이다. 그러므로 전쟁에 나온 길르앗 사람들이 암몬 왕의 요구를 들어줄 수 없다는 것은 당연한 일이다. 즉, 암몬 왕은 자신의 요구가 군사적인 충돌로 이어질 수밖에 없다는 것을 잘 알면서 이러한 요구를 하고 있다. 암몬 사람들은 자신들이 군사적으로 이스라엘보다 우월하다고 생각한다. 암몬이 이스라엘을 압박한 지난 18년 동안(10:8) 이스라엘은 변변한 대항 한 번 해보지 못했지 않은가! 그러므로 암몬이 교만의 극치에 달해 이스라엘에게 무모한 요구를 하는 것은 충분히 이해가 가는 일이다. 예나 지금이나 힘은 불의와 억지를 정당화시키는 능력이 있다.

암몬 왕이 침략해 온 이유를 듣고 난 입다는 황당했지만, 불가피한 군사적인 충돌로 돌입하기 전에 암몬 왕을 한 번 더 설득해보려 했다. 가능하면 유혈 사태는 막아보겠다는 의지에서다. 이 두 군대가 충돌하면 많은 사람이 죽거나 다치게 되는 것은 뻔한 일이기 때문이다. 입다는 역사적 사실에 근거한 매우 논리정연하고 설득력 있는 회신을 보냈다. 그의 스피치의 논제는 15절에 요약되어 있다. "이스라엘이 모압 땅이나 암몬 자손의 땅을 빼앗은 것이 아닙니다."

입다는 크게 네 가지 이유를 제시하며 암몬 왕의 생각이 잘못되었다는 것을 지적했다(cf. Pressler, Block). 첫째, 입다는 역사적 사실에 근거한 논리로 암몬 왕의 주장을 반박했다(16-22절). 암몬 왕이 "너희들이 출애굽 때 빼앗은 우리 땅을 돌려달라"라고 억지를 쓴 것에 대해 입다는 출애굽 때의 상황을 설명하면서 이스라엘이 처음부터 문제의 땅을 빼앗으려 한 적이 없다는 것을 설명하는데 많은 공간을 할애한다. 입다가 하나님은 잘 몰랐지만, 이스라엘의 역사에 대하여는 어느 정도 알고 있었다. 그래서 그는 민수기 20-21장과 신명기 2장에 기록된 사실에 근거하여 이스라엘이 어떻게 길르앗 지역을 차지하게 되었는가를 설명한다.

이스라엘이 이집트에서 탈출해 처음 광야 생활을 시작할 때, 그들은 모압과 에돔을 자극하지 않으려고 매우 신경을 쓰며 조심스럽고 공손하게 그들을 대했다(16-18절). 그들의 영토를 지나가야 할 일이 있을 때마다 사절단을 보내 공손히 요청을 했고, 거부당할 때에는 그들과 대립하기보다는 그들의 땅을 피해서 돌아갔다는 것이다. 일부 주석가들은 본문에 모압과 에돔이 언급되면서 암몬이 언급되지 않는 것을 의 아해한다. 신명기 2:16-22이 이스라엘이 모압과 에돔을 대한 것처럼 암몬을 대했다고 기록하고 있기 때문이다.

이 전쟁에서 입다의 적은 암몬이다. 그러므로 입다가 암몬을 목록에서 빼놓은 것은 의도적이다. 그는 암몬 왕이 자기 땅이라고 주장하는 지역을 모압과 에돔에게서 빼앗았을지언정 암몬 사람들에게서 빼앗은 적이 없다는 것을 강조하기 위하여 암몬에 대한 언급을 삭제했다(Pressler, Block). 이스라엘이 이 땅을 빼앗은 민족은 모압과 에돔을 포함한 아모리 사람들이지 암몬 사람들이 아니라는 것이다.

이스라엘은 처음부터 문제의 땅을 빼앗으려는 생각을 하지 않았다(19-21절). 이스라엘이 헤스본을 통치하던 아모리 왕 시혼에게 사절단을 보내 그의 영토를 지나가게 해달라고 부탁했으나, 시혼은 그들의 부탁을 거절했을 뿐만 아니라 오히려 이스라엘을 치려고 군대를 이끌고 나왔다(20절). 이스라엘은 어쩔 수 없이 그의 군대와 싸워 이겼고, 그 결과로 문제의 땅을 차지하게 되었다는 것이다. 입다는 시혼을 아모리 왕이라고 하며 암몬과 상관없는 사람으로 취급한다(21-22절). 이스라엘은 아모리 사람과 전쟁해서 논쟁이 되고 있는 땅을 소유하게 된 것이지 암몬 족과 싸워서 이 땅을 취한 적이 없다. 입다의 역사적 사실에 근거한 주장을 정리하자면, 이스라엘은 에돔, 모압, 암몬 사람들에게 땅을 빼앗은 적이 없다. 그러므로 암몬은 이스라엘에게 그들이 빼앗아간 암몬 땅을 돌려달라고 주장할 역사적 근거가 없다는 것이다.

둘째, 입다는 신학적 논리로 암몬 왕의 주장이 잘못되었다는 것을 지적했다(23-24절). 이 땅은 이스라엘의 하나님 여호와께서 자기 백성에게 선물로 주신 땅이다. 이스라엘이 그들의 하나님 여호와께서 주신 땅에 만족하는 것처럼, 암몬 사람들도 그들의 신 그모스에게 받은 땅으로 만족해야 한다는 논리다. 입다의 이 같은 발언은 겉으로 보기에는 각 민족은 자신들이 숭배하는 신(들)에게 영토를 받은 것이라는 평범한 발언인 것처럼 느껴지지만, 성경적으로 생각해보면 매우 심각한 신학적 문제를 안고 있는 말이다. 입다의 말은 그가 여호와와 그모스를 동급으로, 혹은 여호와와 그모스를 같은 신으로 생각하고 있다는 것을 드러내기 때문이다(Younger). 나중에 그가 자기 딸을 여호와께 바친 것도 신학적인 오류에서 비롯된다. 입다는 두 개의 수사학적인 질문(viz., 답이 뻔한 질문)을 통해 자신의 주장을 펼치고 있다.

입다의 주장은 한 가지 정확하지 않은 정보를 근거로 하고 있다. 그모스는 모압 사람들의 신이고, 암몬 사람들의 신은 밀곰인데, 입다가 암몬 사람들의 신을 그모스라고 한다(ANET, ABD, cf. 왕상 11:5, 7, 33; 습 1:4-6). 그래서 학자들은 입다가 그모스를 암몬 사람들의 신이라고 하는 것에 대하여 다양한 추론을 제시한다(cf. Block). 그모스가 일반적으로 모압의 신으로 알려져 있는 것이 사실이지만, 모압과 암몬의 밀접한 관계 때문에(둘 다 롯과 딸들 사이의 근친상간에서 비롯된 족속들임, cf. 창 19:30-38) 이곳에서 암몬의 신으로 등장하는 것으로 생각하는 사람들이 있다(Olson, McCann).

비록 본문이 암몬을 지적하고 있지만, 두 족속의 친밀한 관계상 모압도 암몬과 함께 와서 이스라엘과 전쟁을 하고 있기 때문에 입다가 이렇게 말하는 것이라는 해석도 있다(O'Connell, Boda). 혹은 입다가 단순히 이스라엘의 입장에서는 모압이나 암몬이나 별 차이가 없는 '도긴개긴'이기 때문에 의도적으로 이렇게 말하든지(Younger), 아니면 참으로 암몬과 전쟁하고 싶은 입다(전쟁을 통해 큰 공을 세워야만 자기의 입지가 확고해지기 때문에)가 암몬 왕을 자극하기 위해 의도적으로 이렇게 말해 그와 그의 신을 비하하는 것일 수도 있다(Sjöberg).

혹은 일부 학자들이 주장하는 것처럼 모압의 신 그모스가 여기서 언급되는 것이 이스라엘과 싸우다가 곤경에 처한 모압 왕이 자신의 장자를 그모스에게 바쳐 화를 모면했던 사건(왕하 3:26-27)과 비슷한 유형의 사건이라면, 그모스에 대한 언급은 입다가 딸을 바치게 될 일을 미리 예고하고 있는 듯하다(Olson). 입다는 이 전쟁에서 승리하기 위해 자기 자식까지 그모스에게 바칠 준비가 되어있다는 것이다. 그러니 어설프게 싸울 것 같으면 지금 물러나라는 뜻이다. 입다는 암몬 왕이 알아들을 수 있는 언어를 사용하여 강력하게 경고하고 있다.

입다는 논리 정연한 역사적 회고를 이어간다. 이스라엘의 하나님이 자기 백성의 부탁을 거절한 것도 모자라 오히려 그들과 싸우겠다고 나온 아모리 사람의 왕 시혼을 물리치시고 그 땅을 이스라엘에게 주셨다. 시혼이 다스리는 땅을 이스라엘이 먼저 침략한 것도 아니고, 공격해온 적을 상대로 방어하는 과정에서 빚어진 일이다. 그러므로 이스라엘이 이 땅을 차지하는 것은 당연한 일이라는 논리다. 이스라엘은 여호와의 백성으로서 그들의 하나님이 주신 땅을 받은 것뿐이다. 이스라엘이 그들의 하나님 여호와께서 주신 땅을 누리며 만족하는 것처럼, 암몬도 그들의 신 그모스가 주는 땅으로만 만족해야 하는 것은 당연한 것이다(24절). 괜히 억지를 쓰며 남의 땅 넘보지 말라는 충고다. 입다는 암몬 사람들을 상대로 싸울 준비가 되어 있다. 그러므로 이처럼 자신 있고, 때로는 그들의 자존심을 자극하는 말을 한다.

셋째, 입다는 암몬 왕의 개인적인 능력에 의문을 제기했다(25절). 입다는 모압의 왕 십볼의 아들 발락을 예로 삼으면서 암몬 왕은 발락에게서 배우라고 한다. 그는 두 개의 수사학적인 질문을 통해 암몬 왕을 권면하는데, 의미는 이러하다. '발락은 이스라엘이 이 땅을 차지한 것에 대하여 문제 제기를 하지 않았다.' 발락이 문제를 제기하려면 이스라엘과의 전쟁을 피할 수 없었는데, 이스라엘이 상대하기에 너무 강하여 싸울 엄두를 내지 못했기 때문이다. 입다는 암몬 왕이 이스라엘 앞에서 꼬리를 내린 발락만도 못한 인물이라고 비아냥거리고 있다. 그러므로 암몬 왕보다 훨씬 더 능력이 있었던 모압 왕 발락도 이스라엘이 이 땅을 차지한 것에 대하여 침묵했다면, 암몬 왕도 이스라엘이 이 지역을 차지한 것에 대하여 문제 제기를 하거나 무력을 사용하여 이스라엘로부터 이 땅을 빼앗으려는 생각은 버리라는 것이다. 민수기 22-24

장에 기록된 모압 왕 발락에 대한 이야기를 보면, 그는 이스라엘을 저주하고자 했다. 그러나 발락과 이스라엘의 분쟁은 영토에 관한 것은 아니었다. 그러므로 입다가 하는 말이 부분적으로 맞지만, 어느 정도는 역사를 왜곡한 부분이 있다.

넷째, 입다는 연대적인 논리로 암몬 왕의 주장이 억지라는 것을 지적했다(26절). 이번에도 입다는 수사학적인 질문을 사용한다. 만일 암몬이 길르앗 지역에 대하여 정당한 권리를 가지고 있다고 생각했다면, 왜 이때까지 잠잠했냐는 반론이다. 암몬이 이 시점에 이스라엘에 쳐들어 온 유일한 이유는 자신들이 이스라엘보다 더 강하다고 생각하여 폭력을 사용하여 이미 이스라엘의 영토가 된 땅을 빼앗으려는 것이라는 사실을 암시하며 암몬 왕의 억지 주장을 부각시키고 있다. 어쨌든 이스라엘은 이미 이 땅에서 300년을 살아왔다. 그러므로 이제 와서 그 땅을 내놓으라는 것은 억지이며 너무 늦었다는 것이다.

학자들에 따라 입다의 300년에 대한 해석이 다르다. 출애굽을 15세기 사건으로 이해하는 사람들은 입다의 300년을 문자적으로 수용한다(Howard, Shea; Bimson & Livingston, cf. 왕상 6:1). 즉, 입다의 300년을 여호수아가 15세기 말에 가나안을 정복한 시대로부터 300년이 흘러 입다의 시대가 주전 12세기쯤이라는 것을 암시하는 숫자로 보는 것이다. 반면에 일부 학자들은 이 숫자를 훗날 누군가가 삽입한 것이라며 신빙성을 인정하지 않는다(Boling, Hughes). 그러나 입다가 언급하는 300년의 성향을 논하면서 우리가 염두에 두어야 할 것이 있다. 입다는 지금 정치적인 발언을 하고 있지, 역사적인 사실들을 나열하고 있는 것이 아니다. 그렇기 때문에 이미 그는 그모스로 밀곰을 바꿔치기했고, 발락 사건을 왜곡했다. 게다가 300은 정수(整數)다. 이 숫자는 문자적일 수도 있지만, 상징적일 수도 있는 것이다. 그러므로 입다의 300(=100x3)년은 실제적인 역사적 사실일 수도 있지만, 암몬 사람들에게 이스라엘이 이 지역에서 매우 오랜 세월 동안 살아왔다는 사실을 강조하기 위해서 이 숫자를 사용한 것으로 생각할 수 있다(Block). 두 옵션 중 하나만 취하기는 증거가 부족하다는 의미다.

마지막으로 입다는 암몬과의 군사적인 충돌이 불가피하다면 결코 물러서지 않을 것이라는 결론으로 스피치를 마무리했다(27절). 모든 것을 심판자이신 여호와께 맡기고 필사적으로 싸우겠다는 것이다. 비록 입다가 매우 논리 정연하게 암몬 왕의 주장에 반론을 제기하지만, 암몬 왕이 평화스러운 해결책에 관심이 없는 것처럼 입다도 협상을 통해 문제를 해결하는 데 관심이 없는 듯하다. 왜냐하면 지금까지 그가 말한 내용을 보면 암몬 왕도 결코 물러설 수 없게 만들었다. 이 상황에서 암몬 왕이 물러설 수 있는 유일한 방법은 자신이 도저히 입다와 싸워서 이길 수 없다는 생각에서 꼬리를 내리고 자기 나라로 돌아가는 것이다. 비록 입다가 여호와의 이름을 언급하며 스피치를 마무리하지만, 그는 하나님을 이용하고 있을 뿐, 그분에 대한 올바른 이해와 섬김에는 관심이 없다. 입다는 암몬 왕과 꼭 싸우고 싶어한다. 그러므로 우리는 '하나님이 과연 이런 입다를 들어 사용하실 것인가?'라는 질문을 해본다(Younger).

이스라엘을 굴복시키고 그들에게서 땅을 빼앗는 것을 유일한 목표로 세우고 길르앗을 침략한 암몬 왕이 입다의 논리 정연한 반론에 설득될 리 없다(28절). 더구나 입다의 반박은 암몬 왕에게 정면 충돌을 피할 여지를 주지 않았다. 오히려 암몬 왕을 자극하기에 충분했다. 입다는 처음부터 암몬과 협상을 통해 평화를 유지하려는 마음이 없었던 사람이다(Webb, Pressler). 두 사람 모두 전면전을 염두에 두고 대화를 시작했다. 결과적으로 이 전쟁은 암몬과 이스라엘로 시작하여 이 순간에는 두 사람의 자존심 싸움으로 전락했다. 그렇다면 입다가 이렇게 논리 정연한 반박을 제시하는 목적은 무엇일까? 이스라엘이 제대로 훈련하고 무장하려면 얼마간의 시간이 필요하기 때문에 시간을 벌기 위해서일까? 무엇보다도 이 모든 것을 지켜보고 계시는 여호와 하나님을 설득시키기 위한 것이라는 해석이 지배적이다(Webb, Pressler). 입다는 하나님이 사용하실까 하는 의심이 드는 사람–자신의 이익을 위하여 하나님을 얼마든지 이용하려 드는 사람의 전형적인 유형이기 때문이다(Block, Younger).

II. 본론: 거듭되는 고난과 해방(3:7–16:31)
H. 입다 대 암몬(10:6–12:7)

4. 암몬 족의 패배(11:29–40)

29 이에 여호와의 영이 입다에게 임하시니 입다가 길르앗과 므낫세를 지나서
길르앗의 미스베에 이르고 길르앗의 미스베에서부터 암몬 자손에게로 나아
갈 때에 30 그가 여호와께 서원하여 이르되 주께서 과연 암몬 자손을 내 손
에 넘겨 주시면 31 내가 암몬 자손에게서 평안히 돌아올 때에 누구든지 내 집
문에서 나와서 나를 영접하는 그는 여호와께 돌릴 것이니 내가 그를 번제물
로 드리겠나이다 하니라 32 이에 입다가 암몬 자손에게 이르러 그들과 싸우
더니 여호와께서 그들을 그의 손에 넘겨 주시매 33 아로엘에서부터 민닛에
이르기까지 이십 성읍을 치고 또 아벨 그라밈까지 매우 크게 무찌르니 이에
암몬 자손이 이스라엘 자손 앞에 항복하였더라 34 입다가 미스바에 있는 자
기 집에 이를 때에 보라 그의 딸이 소고를 잡고 춤추며 나와서 영접하니 이
는 그의 무남독녀라 35 입다가 이를 보고 자기 옷을 찢으며 이르되 어찌할꼬
내 딸이여 너는 나를 참담하게 하는 자요 너는 나를 괴롭게 하는 자 중의 하
나로다 내가 여호와를 향하여 입을 열었으니 능히 돌이키지 못하리로다 하
니 36 딸이 그에게 이르되 나의 아버지여 아버지께서 여호와를 향하여 입을
여셨으니 아버지의 입에서 낸 말씀대로 내게 행하소서 이는 여호와께서 아
버지를 위하여 아버지의 대적 암몬 자손에게 원수를 갚으셨음이니이다 하
니라 37 또 그의 아버지에게 이르되 이 일만 내게 허락하사 나를 두 달만 버
려 두소서 내가 내 여자 친구들과 산에 가서 나의 처녀로 죽음을 인하여 애
곡하겠나이다 하니 38 그가 이르되 가라 하고 두 달을 기한하고 그를 보내니

그가 그 여자 친구들과 가서 산 위에서 처녀로 죽음을 인하여 애곡하고 39 두 달 만에 그의 아버지에게로 돌아온지라 그는 자기가 서원한 대로 딸에게 행하니 딸이 남자를 알지 못하였더라 이것이 이스라엘에 관습이 되어 40 이스라엘의 딸들이 해마다 가서 길르앗 사람 입다의 딸을 위하여 나흘씩 애곡하더라

이때까지 하나님이 입다를 사사로 세우셨다는 말씀이나 증거는 하나도 없다(Exum). 그러나 하나님이 입다의 논리에 설득되셔서일까? 여호와의 영(רוּחַ יְהוָה)이 그에게 임했다(29절). 이미 옷니엘(3:10)과 기드온(6:34)이 경험했고, 앞으로 삼손(14:19)이 경험할 일이 입다에게도 일어난 것이다. 하나님의 영이 입다에게 임했다는 것은 주님께서 그를 사사로 세우셨다는 증표다(Webb). 그러나 이미 언급했듯이 사사기에서 하나님의 영이 사사에게 임한다고 해서 모든 것이 잘될 것을 뜻하는 것은 아니며, 특히 하나님의 영을 받은 사람의 영성이 더 좋아진다는 것을 보장하는 것도 아니다. 다만 하나님의 영을 받은 사람에게 이스라엘을 구원할 수 있는 권한을 주는 것(empowerment)뿐이다(Younger). 입다의 경우 주의 백성을 위하여 전쟁을 하는 권한을 주신 것을 상징한다.

사사기에서 하나님의 영은 경건과 거룩으로 사람을 사로잡지 않는다. 오히려 하나님의 영을 받은 사사들의 행동이 시간이 흐를수록 괴팍해진다. 옷니엘은 사사 중 모범 사례이기 때문에 하나님의 영을 받자 마자 이스라엘을 구원했다. 그러나 기드온은 하나님의 영을 받고도 하나님의 말씀에 대하여 의심을 계속 품었다. 잠시 후에 만나게 될 삼손도 하나님의 영을 받고 난 후에도 통제 불능이 된다. 그래서 삼손에게는 하나님의 영이 세 차례나 임해야 한다. 시간이 흐를수록 사사들의 성향이 악화되어 삼손은 거의 통제 불능의 상태가 되는 것이다. 물론 시간이 지나면서 하나님의 영의 능력이 약화되기 때문에 일어나는 현상은 아니다. 다만 사사들의 완악함이 더해가서 하나님의 영의 영향을 받기를 거부하는 것이다. 이러한 맥락 속에서 입다의 이야기도 해석되어야 한다. 입다도 하나님의 영을 받지만, 그 영으로부터 많은 영향을 받기를 거부한다. 그래서 결국 무남독녀를 희생시키는 비극의 주인공이 되고, 더 나아가 42,000명의 동족을 살해하는 잔인한 지도자로 전락한다.

하나님 영의 임재는 여호와께서 입다 이야기에서 처음으로 침묵을 깨시는 순간이기도 하다. 하나님이 이스라엘을 야단치시면서(10:11-16) 더 이상 이스라엘을 구원하지 않으시겠다고 선언하신 순간부터 이때까지 지속되어왔던 질문, 곧 이스라엘은 과연 어떻게 될 것인가라는 질문이 응답 받는 순간이다. 하나님이 다시 한번 이스라엘에게 구원의 손길을 뻗치셨다. 비록 입다가 순전히 사람들의 결정과 노력으로 이스라엘의 통치자가 되었지만, 하나님은 관여하지 않으시고 그를 이스라엘을 구원하는 도구로 사용하기로 작정하신 것이다.

사사기에서 사람이 하나님의 영을 받는다는 것은 항상 물리적인/신체적인 힘이 그에게 임한다는 것을 의미한다(Boda). 하나님이 주신 힘으로 무장한 입다는 길르앗, 므낫세, 미스바 등을 분주히 돌았다. 암몬 사람들을 대적할 만한 병력을 동원하기 위해서였을 것이다(Block). 이스라엘 사람들이 그의 부름에 어떻게 반응했는지는 알 수 없다. 그가 암몬 사람들이 있는 곳으로 돌아갈 때쯤에는 충분한 군사가 동원되었을 것이다. 하나님의 영이 그를 도왔을 것이기 때문이다. 그의 활발하고 민첩한 움직임은 그에게 임한 하나님의 영의 사역이다(Webb).

전쟁에 임하기 바로 전에 그는 매우 어리석고 어이없는 서원(נדר)을 했다. "하나님이 암몬 자손을 내 손에 넘겨 주신다면, 내가 암몬 자손을 이기고 무사히 돌아올 때에, 누구든지 내 집 문에서 먼저 나를 맞으러 나오는 그 사람은 주님의 것이 될 것입니다. 내가 번제물로 그를 드리겠습니다"(30-31절; 새번역). 주석가들은 그의 서원을 즉흥적이고 무모한 짓(Klein, Marcus), 혹은 하나님을 이용하려 드는 일(Block, Younger)

등으로 해석하여 매우 부정적인 행위로 취급한다. 한 주석가는 뇌물을 바치는 사람들이 하는 것처럼 입다가 하나님께 '탁상 밑으로 뇌물을 건네고 있다'(slips a bribe under the table)라고 한다(Webb). 하나님을 매수하려고 한다고 한다. 그의 서원은 많은 문제를 안고 있으며, 그냥 지나쳐서는 안 되는 약속이다.

입다가 하나님께 어떤 제물을 드리겠다고 하는 것은 확실하다. 그는 번제물(עֹלָה)을 드리겠다고 한다. 번제물은 짐승 전체를 불에 태워 드리는 제물이다. 문제는 그가 번제물로 약속한 것이 무엇인가 하는 것이다. 히브리어로는 "[대문에서] 나오는 것"(הַיּוֹצֵא)이라고 애매모호하게 표현되어 있는 것과 구약에서 번제는 짐승을 전제로 한다 해서, 이 표현이 짐승을 약속한 것이라고 해석하는 사람들도 있다(cf. Block, Pressler). 그러나 히브리어 단어의 불확실성은 짐승을 전제하는 만큼이나 사람을 전제할 수도 있다(Marcus, Willis).[25] 게다가 만일 입다가 짐승만을 의미했다면, 그의 딸이 나왔을 때 왜 그렇게 좌절했겠는가? 어떤 짐승이든 나오는 것을 바치면 되는데 말이다. 이 논쟁의 해결에 한 가지 중요한 단서는 고대 근동에서는 전쟁에서 승리하고 돌아오는 사람을 환영하는데 짐승이 동원되지 않았다는 사실이다(Bal, Boda). 입다는 자기를 환영하러 나오는 첫 번째 사람을 바치겠다며 인간 번제를 약속한 것이다.

율법은 인간 번제를 금하고 있다(레 18:21; 20:1-5; cf. 왕상 11:7; 왕하 23:10; 렘 32:35). 그렇다면 어떻게 하나님께 쓰임받는 사람이 율법이 금하는 행위를 할 수 있단 말인가? 그러나 우리가 입다에게 많은 것을 기대하지 않는다면, 이 질문은 문제가 되지 않는다. 그는 하나님이 세우신 신자가 아니라 사람들이 세운 자이며, 통치자로 추대되기 전에는 약한 사람들을 약탈하는 불량배 집단의 두목이었다. 더구나 그가 어렸을

25 당시 사람들은 흔히 가축들과 같은 공간에서 함께 살았기 때문에 짐승이 나올 것을 기대했다는 주장도 있지만(Younger), 서원 자체는 짐승이건 사람이건 무조건 먼저 나오는 것을 드리겠다고 한다. 그의 서원은 인간 번제의 가능성에도 열려 있는 것이다.

때부터 보고 자란 이방 종교의 풍습이 그의 신학과 세계관을 형성했다.

또한 입다는 길르앗 사람이었다. 그 당시 그 지역에 살던 이방 사람 중 많은 사람이 모압 사람들의 영향을 받아 그모스를 숭배했다. 그모스 숭배자들은 신에게 바치는 제사 중 가장 순수하고 감동적인 제물로 인간, 특히 아이를 번제로 드리는 것이라고 생각했다(cf. 왕하 3:27). 그러므로 그모스 숭배자들이 진정으로 원하는 것이 있을 때에는 종종 자신들의 아이들을 바쳤다. 입다는 자라면서 그모스를 숭배하는 사람들이 간혹 사람을 바치는 제사를 드리는 것을 목격하며 자랐을 것이다. 여호와가 어떤 분이신지를 잘 모르는 상황에서 입다는 주님을 이방 신들과 다름없는 신으로 여겼다. 입다가 안고 있는 가장 큰 신학적 문제가 바로 이 점이다(Younger).

여호와와 그모스를 구분하지 못한 입다는 그모스 숭배자들이 자기 신에게 인간 번제를 바치는 것처럼, 입다는 여호와께 사람을 번제로 드릴 생각을 했나. 그의 불행했던 어린 시절을 생각하면 우리는 환경이 사람에게 얼마만큼 영향을 미칠 수 있는가를 깨닫게 된다. 우리의 선조들이 자식의 결혼 상대를 고를 때 집안을 보았던 데는 분명한 지혜가 담겨 있었다. 맹자의 어머니는 자식을 위하여 세 차례나 이사를 했다고 하지 않는가? 우리의 성장 배경은 그만큼 중요한 것이다. 그러나 배경을 지나치게 의식하다가 그 사람의 인격과 됨됨이를 읽지 못하는 것은 더 큰 불행이다.

한 가지 이해가 잘 안 되는 것은 입다는 분명 사람이, 그것도 여인이 제일 먼저 나올 것을 예측했을 것이다. 왜냐하면, 근동에서는 전쟁에서 승리하고 돌아오는 군인들을 제일 먼저 반겨주는 환영객이 보통 여인들이었다(Meyers, Niditch). 다윗이 골리앗을 죽이고 전쟁터에서 돌아오던 날, 여인들이 제일 먼저 그를 반겼었던 일도 이런 맥락에서 이해가 된다(삼상 18:6–7; cf. 출 15:19–21). 입다는 자기 집에서 누가 나오기를 기대했단 말인가? 어렸을 때 그를 쫓아냈던 형제들의 아내나 딸이 나와서 그를 맞이하기를 바란 것일까? 이 해석에 의하면 입다는 그를 박대한 형제들에게 보복하기를 원한 것이다(Patton). 그러나 현실적으로 생각할 때 입다가 승리하고 돌아오는 날, 그를 환영하는 여인들의 제일 앞에 서 있을 사람은 자신의 아내이거나 딸이 아니겠는가! 그러므로 그가 왜 이런 맹세를 했는지 잘 납득이 가지 않는 부분이 분명히 있다. 결국 그 당시에는 '왕이 없어서 각자 자기 소견에 옳은 대로 행하는 시대'였기 때문이라는 것이 유일한 설명이다.

입다는 협상하면서 여기까지 왔다. 그는 장로들과의 협상을 통해 길르앗의 통치자가 되었다(11:4-11). 또한 암몬 사람들과 협상했고 암몬 사람들은 그의 제안을 거부했다(11:12-28). 이번에는 여호와와 협상을 하고자 한다. 하나님이 이미 그에게 승리를 약속하시면서 영을 부어주셨지만(29절), 입다는 하나님의 약속을 믿지 못했던 것이다. 그러나 하나님은 그의 제안에 가부(可否)를 말씀하시지 않고 그저 침묵하셨다. 입다는 하나님과의 협상을 통해 안전과 승리를 보장받고 싶었다. 그러나 이 협상은 결국 그에게 덫이 되었다(Block).

입다의 서원은 사사기의 흐름에서 부정적으로 평가될 수밖에 없다. 책 안에서 시간이 흐를수록 이스라엘의 영적 상황이 악화된다는 것이 입다의 서원을 이해하는데도 영향을 끼친다. 트리블(Trible)의 말이 의미심장하다. "서원을 하는 것은 불신을 드러내는 행위다. 입다는 영의 은사를 받기보다는 서원으로 하나님을 얽어매기를 원한다. 입다는 하나님이 그에게 공짜로 주신 것을 벌고자 하여 하나님을 이용하려 든다. 그의 서원은 믿음의 표현이 아니라 의심의 언어다. 용기가 아니라 통제다. 이러한 서원에 대해 하나님은 당연히 침묵하신다"(cf. McCann).

입다가 불안과 불신 때문에 하나님께 서원했다는 것은 27절에 기록된 그의 발언을 참조하면 더 역력히 드러난다. 그는 암몬 왕에게 "심판자이신 여호와께서 오늘 이스라엘 자손과 암몬 자손 사이를 판가름해 주실 것입니다"라고 했다. 이렇게 말한 그가 이제 와서 이런 서원을 하는 것은 그가 한 말이 거짓이었던지, 아니면 전시용이었으며 자기 자신은 자기가 한 말을 믿지 않았다는 것을 의미한다. 또한 그가 하나님께 서원하면서 사용하는 '만일(אִם) + 절대형 부정사(infinitive absolute)' 역시 그의 근본적인 불신을 드러내고 있다(IBHS §35, 3, 1g).

입다의 맹세는 충동에서 나온 것이었다. 그가 승리를 원하는 간절한 마음은 충분히 이해할 수 있다. 평생 첩의 아들이라는, 그것도 창녀의 아들이라는 신분 때문에 괴로웠던 사람이다. 그의 배다른 형제들은 아예 그를 집에서 쫓아냈다. 이러한 아픔이 있었기 때문에 이번 기회를 통해 하찮은 사람(nobody)으로 여겨지는 자신의 위치를 대단한 사람(somebody)으로 바꾸고 싶었을 것이다. 그러므로 하나님이 영을 그에게 부어주셨지만 그것으로 만족하지 못하고 더 확실하게 승리를 확신하고 싶었다. 결국 그는 충동을 이기지 못하고 순간적으로 이처럼 어이없는 약속을 한 것이다. 그의 맹세는 하나님을 신뢰하지 못해 협상 내지는 타협을 추구하는 과정에서 선언된 것이다. "하나님, 당신이 이만큼 하시면, 나는 저만큼 하겠습니다!" 언제부터 인간이 이렇게 하나님과 협상할 수 있게 되었는가? 입다의 기도와 맹세는 매우 잘못된 것이다.

입나는 남을 희생제물로 삼을 생각으로 서원했다. 이미 언급한 것처럼 납득이 가지 않는 부분이 있기는 하지만, 입다의 아내와 딸을 환영 행렬에서 제외해보자. 그렇다면 그는 당연히 다른 사람이 나올 줄로 생각했다. 틀림없이 종 중 하나가 될 것으로 생각했을 것이다. 그러나 가슴을 조이며 아버지의 승리를 위해 기도하고 있었을 그의 딸이 아버지가 승전가를 부르며 집으로 돌아오신다는 소식을 듣고 버선발로 뛰어나온 것이다. 하나님은 입다가 가장 소중히 여기는 딸을 가지고 이 맹세의 책임을 물으셨다. 만약에 입다의 아내가 뛰어나왔다면 입다는 어떤 반응을 보였을까? 남을 희생제물로 삼아 자신의 믿음 생활을 하려는 것은 문제가 있는 것이 아닌가? 입다는 이러한 윤리적인 문제를 지닌 사람이다.

입다의 서원은 성경에 기록된 여러 서원과 성향이 다르다. 입다가 여호와께 서원한 것과 비슷한 것들이 네 개가 있다. (1) 야곱이 벧엘에서 하나님께 서원한 것(cf. 창 28:20-22), (2) 이스라엘이 호르마를 점령하면서 한 서원(민 21:1-3), (3) 한나가 사무엘을 낳으면서 서원한 일(삼상 1장), (4) 압살롬이 서원한 것(삼하 15:7-8). 이 서원들의 공통점은 서원을 한 사람들이 약속한 것과 하나님께 부탁한 일이 서로 연관되어 있다는 것이다. 예를 들자면 한나가 서원하기를 하나님이 아이를 주시면, 그 아이를 하나님께 한평생 나실인으로 바치겠다고 했고, 이스라엘 사람들은 하나님이 호르마를 그들의 손에 붙이시면 그 성읍들을 모두 전멸시키겠다고 했다. 반면에 입다는 암몬 사람들과의 전쟁과 전혀 상관없는 일을 약속하고 있다. 예를 들자면 그가 해야 했을 서원은 "하나님이 암몬 사람들을 제게 주시면, 제가 암몬 왕 일가를 진멸시키겠습니다"등의 유형을 제시해야 되는 것이다.

여호와께서는 입다의 서원에 어떠한 반응도 보이지 않으시고 이미 하나님의 영을 그에게 주신 것을 통해 보장한 승리를 주셨다(32절). 입다는 아로엘에서 민닛까지 20성읍을 쳐부스고 아벨그라밈까지 쫓아가며 적들을 크게 무찔렀다. 결국 암몬은 이스라엘에게 항복하고 말았다(33절). 비록 입다가 동분서주하면서 군대를 모아 치른 전쟁이지만, 저자는 이스라엘이 승리하게 된 이유를 분명히 밝힌다. 여호와께서 그들에게 승리를 주신 것이다. 모든 영광은 입다가 아닌 여호와께 가야 한다.

아로엘(עֲרוֹעֵר)을 잘 알려진 아르논 강으로 해석하는 사람도 있고, 오늘날의 요르단 수도 암만의 남서쪽에 있는 '랍바 앞의 아로엘'(수 13:25)이라고 하는 사람들도 있다(Malamat, Mattingly, Ramussen). 민닛(מִנִּית)의 위치도 정확히 밝혀지지 않았지만, 대체적으로 암만과 헤스본 사이에 있었던 것으로 추정된다(Younker). 아벨그라밈(אָבֵל כְּרָמִים)(lit., '포도원 지대') 역시 암만 근처에 있었던 것으로 추정될 뿐 더 이상 알려진 바가 없다. 이 세 성읍의 위치를 감안하면 입다는 암몬 사람들의 땅까지는 쳐들어가지 않고, 이스라엘의 영토를 방어하는데 만족했던 것으로 생각된다(Block).

입다가 암몬 사람들과 싸워 승리한 일은 불과 두 절에 정리되어 있다. 저자가 입다의 이야기를 이곳에 기록하는 이유가 그의 용맹이나 그가 어떻게 이스라엘을 구원했는가에 초점을 맞추고자 한 것이 아니라는 것을 시사한다. 오히려 저자는 그의 부도덕함, 불신, 잔인함 등에 이야기의 초점을 맞추고 있다. 입다의 영웅적인 삶을 부각시키고자 그의 이야기를 회고하는 것이 아니라, 이렇게 부족하고 형편 없는 사람을 들어 쓰신 하나님의 위대하심과 신실하심을 알리기 위해 입다 이야기를 기록하고 있는 것이다.

여호와께서 암몬 사람들을 입다의 손에 붙이셨다는 말로 잠시 흐름이 멈춘 서원 이야기가 계속된다. 입다가 전쟁에서 승리하고 미스바에 있는 집으로 돌아왔을 때, 그를 환영하려 나온 첫 번째 사람이 다름 아닌 그의 무남독녀(יְחִידָה)였다(34절). 그녀는 아버지를 반기기 위해 소고를 치고 춤추며 나왔다. 대문을 나서는 그녀를 보는 순간 입다의 표정이 굳었다. 그는 옷을 찢으며 괴로워했다(35절). "아이고, 이 자식아, 네가 이 아버지의 가슴을 후벼 파는구나. 나를 이렇게 괴롭히는 것이 하필이면 왜 너란 말이냐! 주님께 서원한 것이어서 돌이킬 수도 없으니, 어찌한단 말이냐!"(새번역)

입다의 발언을 보면 문제가 자기의 잘못된 서원에 있는 것이 아니라 마치 아버지를 환영하러 나온 딸에게 있다는 식으로 딸을 원망한다(Pressler, McCann). 그는 딸의 비극적인 운명 때문에 탄식하는 것이 아니라, 자신의 처지 때문에 탄식한다. 마치 딸이 그의 몰락을 가져온 듯한 어조로 말하고 있는 것이다(Block). 이에 반해 딸은 입다에게 '나의 아버지여!'(אָבִי)라는 말로 친근감을 바탕으로 말을 시작한다. 딸은 자신이 어떻게 되어도 좋으니 아버지가 서원한 대로 하라고 한다. 평생 불량배(nobody)로 살아왔던 아버지가 드디어 영웅(somebody)이 되게 하신 여호와께 기꺼이 자기 자신을 바치겠다는 것이다(36절).

입다의 이야기가 시작되면서 하나님은 다시는 이스라엘을 구원하시지 않겠다고 말씀하셨다가(10:6-16) 마음을 바꾸어 그들에게 은혜를 베푸셨다. 입다는 왜 마음을 바꾸어 딸에게 생명을 베풀 수 없는가? 입다와 딸은 율법이 잘못된 서원은 무효로 간주하며 인간의 생명에 연관된 서원은 다른 것으로 대처하는 것을 허락한다는 사실을 모르고 있다(cf. 레 27:1-8; 민 18:15-16; 30장). 율법은 구체적으로 인간 번제를 금한다(레 18:21; 20:2-5). 그러므로 입다가 서원을 지키면 오히려 하나님께 죄를 범하게 되는 것이다. 또한 율법은 사람을 서원할 경우 속전으로 대처하라며 구체적인 가격도 제시한다(레 27:1-8).

안타깝게도 입다의 주변에는 이러한 사실을 알려줄 만한 제사장이나 레위 사람이 한 사람도 없다. 입다의 문제는 결국 하나님의 말씀의 부재에서 비롯된 것이다. 사람들이 하나님의 말씀을 없는 것처럼 여기며 모두 다 각자 자기 소견에 옳은 대로 행하는 시대였다. 입다의 이야기는 이스라엘의 가나안화가 가시화되고 있다는 것을 시사하며, 이스라엘의 가나안화의 가장 큰 원인은 하나님 말씀의 부재다. 우리 앞에 펼쳐지고 있는 일은 아버지의 율법에 대한 무지함(ignorance)과 딸의 순진함(innocence)이 빚어낸 비극이다(Klein). 결과적으로 암몬 사람들과 싸워 승리한 입다가 암몬 사람처럼 인간 번제를 신에게 바치고 있다!(McCann)

입다의 딸은 제물이 되어 죽기 전에 친구들과 함께 처녀로 죽어야 하는 자신의 죽음을 슬퍼하며 시간을 보낼 수 있도록 두 달의 말미를 달라고 했다(37절). 협상의 대가인 입다의 딸도 아버지와 협상을 하고 있다(Mathews). 그녀가 왜 두 달의 시간을 요구했고, 왜 생애의 마지막 시간을 가족과 보내지 않고 친구들과 보내는 것일까? 그녀는 입다의 무남독녀였다. 사람이 자손을 남기지 않고 죽는 것을 가장 큰 불행이라고 생각했던 고대 근동의 정황에서 그녀가 죽으면 그녀에게도 수치이지만, 입다에게는 감당하기 힘든 불행이 된다. 딸이 죽으면서 입다의 자손(씨앗)도 죽었다.

두 달이 지난 다음 입다의 딸은 집으로 돌아와 처녀 제물이 되어 생을 마감했다(39절). 이 일로 인하여 이스라엘 여인들이 매년 산으로 들어가서 4일 동안 애곡하는 풍습이 생겼다(40절). 학자들은 이 풍습이 길르앗 산악 지대에서 행해지던 변태적 종교 행위(a veiled reference to some cult in the hills)가 어떻게 시작되었는가를 설명하는 것으로 해석한다(Mehlman, Janzen, cf. 호 4:13-14; 겔 8:14). 성경 다른 곳에서 이 풍습에 대한 언급이 전혀 없는 것으로 보아 충분히 가능한 해석이다.

사사기는 통곡의 책(a book of weeping)이다(Tate). 하나님이 더 이상 가나안 사람들을 내치지 않으실 것이라고 말씀하셨을 때 이스라엘은 보김(lit., '통곡')에서 울었다(2:4). 책이 끝나갈 무렵 이스라엘은 피비린내 나는 내란을 겪는 과정에서(20:23, 26), 내란의 참담한 결과 때문에 운다(21:2). 책의 중심 부분에 있는 이 이야기에서는 이스라엘의 여인들이 통곡한다. 이스라엘 여인들의 통곡의 중심에 입다의 딸의 통곡이 있다.

일부 기독교와 유대교 주석가들은 입다의 딸이 번제물로 희생된 것이 아니라 결혼을 하지 않고 평생 처녀로 산 것이라고 주장한다(Marcus, Jordan). 이러한 해석의 근원은 중세기 유대인 랍비 김키(David Kimchi)로 알려져 있다(McCann). 본문의 내용을 문자적으로 받아들이기에는 너무 충격적이라는 관점에서 시작된 해석이다. 그러나 이 사건을 묘사하면서 사용되는 단어들의 구체성, 정황 등이 이러한 해석을 가능하게 하지 않는다(cf. 서론의 '사사기 이슈들' 섹션). 설령 입다의 딸이 제물로 바쳐지지 않고 독신으로 평생을 살았다 할지라도, 입다의 서원은 어리석고, 잘못된 것이며, 불필요한 것이며 지켜서는 안 되는 것이었다(Olson, Trible, McCann).

입다가 서원을 지키기 위해 딸을 바친 것을 종종 칭찬하는 설교를 듣는다. 한번 서원한 것은 무슨 일이 있어도 지켜야 하며, 입다가 그 모범을 보이고 있다는 것이다. 그러나 입다는 자신의 것이 아닌 것을 제물로 삼았다. 바로 다른 사람의 생명이다. 입다의 행위는 결코 우리가 따라야 할 모범 사례가 아니다. 옛 유태인들의 미드라쉬(midrash)에 의하면 입다는 딸을 제물로 바친 죄 때문에 하나님께 심판을 받아 몸이 토막 나서 죽었다고 한다(Pressler).

맹세는 어겨도 되지만, 서원은 꼭 지켜야 한다고 주장하는 사람들도 있다. 그러나 이러한 이해는 잘못된 것이다. 맹세(שבע)는 하나님의 이름을 사용하여 자신이 증언하는 것이 사실이라는 것을 선언하는 행위다. 서원(נדר)은 하나님께 드리는 약속이다. 서원이 맹세처럼 취급될 수 있어도, 맹세는 서원처럼 취급될 수 없다. 맹세는 한 번 선언하면 돌이킬 수 없다. 서원은 잘못된 것이라면 무효화시킬 수 있다. 그러므로 성경은 맹세를 서원보다 훨씬 더 심각하게 생각한다는 것이 학자들의 일반적인 견해다(cf. Block).

입다가 이 순간에 해야 할 일은 자신의 잘못된 맹세를 지기키 위해 딸을 죽이는 것이 아니라, 그가 잘못한 맹세에 대하여 하나님께 무릎을 꿇고 회개하는 일이다. 최악의 경우에는 딸을 희생시키기보다는 자신이 서원을 어기고 하나님의 심판을 감수하면 된다. 그러나 결국 그는 자신의 알량한, 그것도 잘못된 믿음을 지킨다는 명목으로 딸을 죽게 만들었다. 하나님이 그녀의 죽음을 제물로 받으셨을까? 인간 번제를 금하신 분이 받았을 리 없다. 결국 그녀는 '배달 사고'의 희생물이 되었던 것이다.

II. 본론: 거듭되는 고난과 해방(3:7-16:31)
H. 입다 대 암몬(10:6-12:7)

5. 입다 대 에브라임(12:1-7)

1 에브라임 사람들이 모여 북쪽으로 가서 입다에게 이르되 네가 암몬 자손과
싸우러 건너갈 때에 어찌하여 우리를 불러 너와 함께 가게 하지 아니하였느

냐 우리가 반드시 너와 네 집을 불사르리라 하니 2 입다가 그들에게 이르되
나와 내 백성이 암몬 자손과 크게 싸울 때에 내가 너희를 부르되 너희가 나
를 그들의 손에서 구원하지 아니한 고로 3 나는 너희가 도와 주지 아니하는
것을 보고 내 목숨을 돌보지 아니하고 건너가서 암몬 자손을 쳤더니 여호와
께서 그들을 내 손에 넘겨 주셨거늘 너희가 어찌하여 오늘 내게 올라와서
나와 더불어 싸우고자 하느냐 하니라 4 입다가 길르앗 사람을 다 모으고 에
브라임과 싸웠으며 길르앗 사람들이 에브라임을 쳐서 무찔렀으니 이는 에브
라임의 말이 너희 길르앗 사람은 본래 에브라임에서 도망한 자로서 에브라
임과 므낫세 중에 있다 하였음이라 5 길르앗 사람이 에브라임 사람보다 앞서
요단 강 나루턱을 장악하고 에브라임 사람의 도망하는 자가 말하기를 청하
건대 나를 건너가게 하라 하면 길르앗 사람이 그에게 묻기를 네가 에브라임
사람이냐 하여 그가 만일 아니라 하면 6 그에게 이르기를 쉽볼렛이라 발음
하라 하여 에브라임 사람이 그렇게 바로 말하지 못하고 십볼렛이라 발음하
면 길르앗 사람이 곧 그를 잡아서 요단 강 나루턱에서 죽였더라 그 때에 에
브라임 사람의 죽은 자가 사만 이천 명이었더라 7 입다가 이스라엘의 사사가
된 지 육 년이라 길르앗 사람 입다가 죽으매 길르앗에 있는 그의 성읍에 장
사되었더라

일부 학자들은 이 이야기가 입다가 딸을 제물로 바치기 전에 있었던 일이라고 한다(Boda). 충분히 가능한 일이지만, 딸의 죽음 이후에 있었던 일로 보아도 별문제는 없다. 입다가 암몬 사람들과의 전쟁에서 승리하고 딸을 번제물로 희생시킨 지 얼마나 시간이 흘렀을까? 새로운 위기가 그를 찾아왔다. 그러나 이번에는 그가 상대해야 하는 적이 이방인들이 아니라 동족들이다. 이 사건은 당시 이스라엘의 연합 체제가 얼마나 흔들리고 있으며, 비록 입다가 길르앗에 사는 이스라엘 사람들의 통치자와 지도자가 되었다지만, 이스라엘의 모든 지파 사람이 그의 리더십을 인정하지 않았다는 것을 시사하는 사건이다. 이스라엘의 영성이 부

패한 것처럼 그들의 전반적인 정치와 사회 구조도 몰락하고 있다.

입다가 암몬 사람들과의 전쟁을 성공적으로 끝냈다는 소문이 온 이스라엘에 퍼지자 에브라임 사람들이 무장하고 요단 강을 건너 사본으로 와서 입다를 협박했다(1절). "너는 왜 암몬 자손을 치러 건너갈 때에 우리를 불러 같이 가지 않았느냐? 우리가 너와 네 집을 같이 불태워 버리겠다"(새번역). 사본(צָפוֹן)은 벳산에서 남서쪽으로 25㎞ 떨어진 곳에 있었으며, 요단 강 바로 동편에 있었다(ABD). 에브라임의 주장은 고대 근동에서 흔히 있었던 '계약 위반 항의'(covenant disputation) 양식을 취하고 있으며(Younger), 그들은 기드온에게 항의했을 때처럼 이번에도 요단 강 여울에서 입다에게 시비를 걸었다.

예전에 에브라임 사람들은 기드온에게도 같은 이유로 강력하게 항의한 적이 있다(8:1-3). 그때 기드온은 그들을 추켜세워서 위기를 모면했다. 에브라임 사람들은 "남이 차려놓은 밥상에 숟가락을 올려놓은 파렴치한 사람들"이었지만, 기드온으로부터 큰 공치사를 받았다. 그래서 그들은 그때 일을 참으로 많이 즐겼나 보다. 이번에도 비슷한 트집을 잡고 있다. 암몬 사람들이 에브라임 사람들까지 괴롭혔으니(10:9) 엄밀히 말하면 입다는 그들의 은인이다.

또한 여태까지 지난 18년 동안 암몬의 괴롭힘을 못 본 척했으면서(cf. 10:8) 웬 돼먹지 않은 소리인가? 더구나 이번에는 기드온 이야기에서 찾아볼 수 없던 공갈과 협박을 더했다. "우리가 너와 네 집을 같이 불태워 버리겠다." 집(בַּיִת)은 집안 사람들을 뜻한다. 그들은 입다의 집안 사람을 모두 몰살하겠다고 협박하고 있다. 게다가 입다는 바로 얼마 전에 딸을 불사름으로 '집(딸)을 불태웠는데' 그들이 또 그의 '집을 불태우겠다'라고 한다(McCann). 입다의 아픈 곳을 자극한 것이다.

에브라임 사람들이 무엇을 기대하고 입다를 협박했는지는 추측할 수 밖에 없지만,[26] 이번에는 번지수를 잘못 짚었다. 무엇보다도 입다는 기

26 한 학자는 에브라임이 여태까지 잠잠하다가 갑자기 문제를 제기하는 이유는 입다가 길

드온이 아니다. 입다가 기드온처럼 협상에 뛰어난 사람이기는 하지만, 이미 암몬 사람들과의 분쟁에서 보여준 것처럼 그는 평화스러운 해결책을 위한 협상에는 관심이 없다. 오히려 상대방을 자극하는 말을 잘하는 사람이다. 상황도 많이 다르다. 기드온은 겨우 300명의 군대를 가지고 있었기 때문에 에브라임을 다독거려 위기를 모면해야 했지만, 입다는 에브라임과 싸울 만한 군사력을 가지고 있는 사람이다. 게다가 입다가 전쟁을 하면서 에브라임에게 도움을 청했지만, 그들이 거절했던 일을 생각하면(cf. 2절), 에브라임이 늦게나마 축하 사절단을 보내도 부족할 텐데 오히려 협박을 하고 있다.

에브라임 사람들은 다시 한번 공치사를 받으면서 이스라엘 연합체제에서 자신들의 위치를 확인하고자 이런 짓을 했다(cf. Kirkpatrick). 그러나 그들은 가뜩이나 딸을 떠니 보내고 새끼 잃은 곰처럼 괴로워하며 공허했던 입다에게 딸을 잃은 울분을 풀 만한 기회를 제공했다. 에브라임 사람들의 말에 위협을 느끼기는커녕 오히려 분노한 입다가 그들의 위선을 비난했다. 도움을 청할 때 거부했으면서 무슨 뚱딴지 같은 소리냐는 것이다(2-3절).

입다는 처음부터 에브라임 사람들을 달래거나 설득하려는 노력은 생각도 하지 않고 곧장 길르앗 사람들에게 가서 그들과 싸울 군대를 일으켰다(4절). 그는 장로들의 요청을 받고 암몬 사람들과 싸울 때보다 에브라임 사람과 싸우고자 하는 이 전쟁에 더 적극적이고 더 자신이 있다(Webb). 길르앗 사람들도 평소에 에브라임에게 좋지 않은 감정을 가지고 있었기 때문에 입다의 부름에 적극적으로 동참했다. 이번 기회에 에브라임을 굴복시켜서 그동안 진 빚을 갚겠다는 것이다.

에브라임 사람들과 길르앗 사람들 사이에 무슨 감정이 있었는가? 저자는 에브라임 사람들이 평소에 길르앗 사람들을 얕보며 "너희는

르앗뿐만 아니라 에브라임의 영토에까지 영향력을 행사하려고 해서라고 한다(Willis). 그러나 본문에는 이러한 추측을 뒷받침할 만한 정보가 제공되지 않는다.

에브라임에서 도망친 사람들이다"(פְּלִיטֵי אֶפְרַיִם)라고 비아냥거렸다고 한다(4절). 그들 사이에 성경에 기록되어 있지 않은 전쟁이 있었고, 그 전쟁에서 패한 길르앗 사람들이 도망쳤다는 의미일 수 있고, 그냥 단순히 아무런 근거 없이 얕잡아보는 말일 수도 있다. 영국이 호주를 범죄자들의 귀양소로 사용했던 시절에 영국 사람들이 호주 사람들을 보면 범죄자 취급했던 것처럼 말이다. 에브라임 사람들의 비아냥은 길르앗 사람들의 상처만 자극하는 것으로 끝나지 않았다. 이때 길르앗 군을 호령하고 있는 입다도 한때 '도망친 자'의 아픔을 겪어본 사람이었기 때문에 그가 가장 큰 자극을 받았을 것이다(Younger).

전쟁은 입다의 승리로 끝났다(4절). 길르앗 사람들은 에브라임 사람을 앞질러 요단 강 나루에 도착하여 도망치는 에브라임 사람들(אֶפְרַיִם פְּלִיטֵי)의 퇴로를 막았다(5절). 에브라임은 길르앗 사람들에게 '에브라임에서 도망친 사람들'(פְּלִיטֵי אֶפְרַיִם)이라고 빈정댔다(4절). 이제 그들이 '도망치는 에브라임 사람들'(פְּלִיטֵי אֶפְרַיִם)이 되었다. 두 그룹의 입장이 완전히 바뀐 것이다. 요단 강 나루터를 장악하여 도망하는 적을 죽인 일은 에브라임이 몇 차례 사용했던 전술이다. 그들은 에훗이 모압 사람들을 상대로 싸웠을 때(3:27-30), 기드온이 미디안 사람들을 상대로 싸웠을 때(7:24-25) 이 방법으로 많은 패잔병을 처리했다. 이제 그들이 똑같은 전술의 희생자가 되고 있다.

강 나루를 지키던 길르앗 사람들은 에브라임 사람들을 식별하여 모두 죽였다. 식별하는 방법은 간단했다. 강을 건너려는 사람에게 쉽볼렛(שִׁבֹּלֶת)(lit., '옥수수 대' 혹은 '흐르는 물')을 발음해보라고 했다가 잘 발음하지 못해 십볼렛(סִבֹּלֶת)이라고 하면 에브라임 사람이라 하여 모두 죽였다. 마치 오늘날 길 가는 사람을 붙잡아놓고 '쌀'이라고 해보라고 했다가, 그 사람이 '살'이라고 발음하면 그는 대구 사람이라는 것을 알 수 있는 것처럼, 쉽볼렛을 발음하라고 했는데, 십볼렛이 나오면 에브라임 사람이라는 것을 알 수 있었던 것이다. 지역마다 특정한 단어의 발음을 달리 하는 것을 이용한 기발한 작전이다.

전쟁으로 인해 죽은 에브라임 사람의 숫자가 42,000명에 달했다(6절). 엄청난 동족상잔이었다. 기드온 시대 때 시작된 동족간의 갈등이 심화되고 있다. 훗날 베냐민 군인 25,000명의 죽음이 그 지파를 거의 멸종시키다시피 한 일을 감안할 때(20:35, 46), 에브라임 사람 42,000명의 죽음은 에브라임 지파에 심각한 타격을 입히기에 충분했을 것이다. 입다가 이렇게 엄청난 동족의 피를 흘리고 얻은 것은 무엇인가? 별로 없다. 이스라엘의 정세가 시간이 지날수록 불안해져만 간다(cf. Amit).

전쟁이 끝난 후에 입다는 여섯 해 동안 이스라엘의 사사로 있었다(7절). 지금까지 저자가 언급한 사사 중 통치 기간이 가장 짧다. 입다가 통치하는 동안 땅에 평안이 있었다는 말도 없다. 이스라엘 내에서 한 지역(길르앗) 사람들이 다른 지역(에브라임) 사람들을 42,000명이나 죽였으니 무슨 평안이 있었겠는가? 입다가 사사가 되어 길르앗을 다스리던 시대는 참으로 비극과 슬픔으로 가득한 때였다.

II. 본론: 거듭되는 고난과 해방(3:7–16:31)

I. 입산과 엘론과 압돈(12:8–15)

숨가쁘게 읽어 내려온 입다의 비극적인 이야기를 마치고 잠시 숨을 돌릴 겨를이 생겼다. 기드온의 이야기처럼 입다의 이야기도 엄청난 폭력의 이야기로 막을 내렸다. 저자는 이처럼 긴장된 분위기에서 독자들에게 숨돌릴 겨를을 주기 위하여 소 사사 세 명의 평화스러운 시대에 대하여 이야기한다.

소 사사들의 숫자가 점차적으로 늘어나고 있다. 상대적으로 평안했던 에훗의 이야기를 읽은 저자는 삼갈 한 사람의 이야기를 읽으며 쉬어갔다(3:31). 요란했던 기드온과 아비멜렉 이야기를 마친 독자는 돌라와 야일 등 두 사사의 이야기를 통해 숨을 고를 수 있었다(10:1–5). 저자는 충격과 폭력이 난무했던 입다의 이야기를 읽은 독자들에게 입산, 엘론, 압돈 등 세 사사의 이야기를 통해 거친 숨을 고르며 다음 사사인 삼손의 이야기를 위하여 준비하도록 한다.

이와 같이 소 사사들의 이야기가 1명–2명–3명의 순서로 삽입된 것은 갈수록 내용이 충격적이기 때문에 더 많은 '숨 고르기 시간'이 필요하다는 것을 암시한다(Block, Younger). 세 사사의 이야기를 회고하고 있는 이 섹션은 다음과 같이 세 파트로 구성되어 있다.

A. 입산 이야기(12:8–10)
B. 엘론 이야기(12:11–12)
C. 압돈 이야기(12:13–15)

II. 본론: 거듭되는 고난과 해방(3:7–16:31)
I. 입산과 엘론과 압돈(12:8–15)

1. 입산 이야기(12:8–10)

**8 그 뒤를 이어 베들레헴의 입산이 이스라엘의 사사가 되었더라 9 그가 아들
삼십 명과 딸 삼십 명을 두었더니 그가 딸들을 밖으로 시집 보냈고 아들들
을 위하여는 밖에서 여자 삼십 명을 데려왔더라 그가 이스라엘의 사사가 된
지 칠 년이라 10 입산이 죽으매 베들레헴에 장사되었더라**

입산(אִבְצָן)의 이름은 '날렵한 자'로 풀이되며(Block), 구약에서는 이곳에만 등장하는 이름이다. 그는 베들레헴(בֵּית לֶחֶם) 사람이라고 하는데, 구약에는 두 개의 베들레헴이 있다. 스불론 지파에 속한 베들레헴이 있고(수 19:15), 다윗이 태어난 유다의 베들레헴이 있다. 학자들은 입산을 스불론 지파에 속한 베들레헴 사람으로 생각한다(Soggin, Boling). 그

러나 저자가 입산이 속한 지파를 언급하지 않는 것이 스불론의 베들레헴보다 훨씬 더 잘 알려졌던 유다의 베들레헴을 의미하는 것으로 풀이되기도 한다. 입산이 베들레헴 출신이라는 것은 훗날 이스라엘을 지배할 다윗의 탄생을 예고하는 듯하다(Boda).

입산은 길르앗 사사 야일처럼(10:4) 서른 명의 아들을 두었다. 그에게는 30명의 딸이 더 있었다. 입산은 아들들을 위하여 다른 집에서 30명의 며느리를 데려왔으며, 딸 30명을 모두 다른 집으로 결혼시켰다. 입산은 무남독녀를 희생시킨 입다와는 새삼 다른 모습의 가정을 가지고 있다. 사사 중에 딸을 가졌던 것으로 기록된 사람은 입다와 입산뿐이다. 그러므로 이 두 사람의 대조가 더욱더 극적으로 느껴지는 것이다(McCann).

입산의 자손이 번성하고, 결혼하는 것은 그가 통치하던 시대가 평온했다는 것을 뜻한다. 딸들을 각기 다른 집으로 시집 보내고, 며느리들을 각기 다른 집에서 데려왔나는 것은 그가 건강한 공동체를 건설하려고 많은 노력을 했다는 것을 시사할 수도 있지만(Block), 입산이 자신의 정치적-경제적 입지를 굳히려고 안간힘을 썼다는 것을 뜻한다. 자녀들의 결혼을 정략적으로 사용하여 개인의 이익을 추구했으며 입산은 자녀들의 결혼을 통하여 가나안 남쪽 지역으로 영향력을 뻗어나갔다(Nelson). 소 사사 야일처럼 입산은 이스라엘을 구원하는 일보다는 개인적인 평안을 추구하는데 정성을 다했던 것이다(Younger). 입산은 7년 동안 이스라엘의 사사로 있었다. 입다보다 한 해 더 통치했다. 그는 죽어서 베들레헴에 묻혔다.

II. 본론: 거듭되는 고난과 해방(3:7–16:31)
  I. 입산과 엘론과 압돈(12:8–15)

2. 엘론 이야기(12:11–12)

11 그 뒤를 이어 스불론 사람 엘론이 이스라엘의 사사가 되어 십 년 동안 이
스라엘을 다스렸더라 12 스불론 사람 엘론이 죽으매 스불론 땅 아얄론에 장
사되었더라

엘론(אֵילוֹן)의 이름은 '참나무/상수리나무' 혹은 '어린 산양'(Boda)을 뜻한다. 그는 스불론 사람이었다. 엘론은 10년 동안 이스라엘의 사사로 있었다. 그는 죽어서 스블론 땅에 있는 아얄론(אַיָּלוֹן)에 묻혔다. 성경에 언급된 유일한 아얄론은 단 지파에 속한 성읍이다(수 19:42; 21:24; 삿 1:35). 그러나 엘론이 단 지파의 땅에 묻힐 가능성은 희박하다. 야알론(אַיָּלוֹן)과 엘론(אֵילוֹן)은 히브리어 자음이 같다. 아마도 엘론이 자신이 수도로 삼아 통치하던 성읍 이름을 자신의 이름에 따라 이렇게 부른 것으로 생각된다(Block).

II. 본론: 거듭되는 고난과 해방(3:7–16:31)
  I. 입산과 엘론과 압돈(12:8–15)

3. 압돈 이야기(12:13–15)

13 그 뒤를 이어 비라돈 사람 힐렐의 아들 압돈이 이스라엘의 사사가 되었더
라 14 그에게 아들 사십 명과 손자 삼십 명이 있어 어린 나귀 칠십 마리를 탔
더라 압돈이 이스라엘의 사사가 된 지 팔 년이라 15 비라돈 사람 힐렐의 아들
압돈이 죽으매 에브라임 땅 아말렉 사람의 산지 비라돈에 장사되었더라

압돈(עַבְדּוֹן)의 이름은 '섬김' 혹은 '작은 종'이라는 이라는 뜻을 지녔다(Boda, cf. HALOT). 그는 비라돈 사람(פִּרְעָתוֹנִי) 힐렐(הִלֵּל)의 아들이었다.

비라돈은 세겜에서 남서쪽으로 10㎞ 떨어져 있으며 오늘날의 이름은 파라타(Farata)이다(ABD, Smith). 비라돈이 있는 지역은 원래 므낫세 지파에게 기업으로 주어졌기 때문에(cf. 수 17:7-9) 저자가 본문에서 이 성읍이 에브라임에 속했다고 하는 것이 종종 논란이 된다. 당시 각 지파에게 할당된 영토의 경계선이 명확하지 않았거나 에브라임이란 말이 에브라임과 므낫세 지역을 일컫는 일반적인 용어였기 때문에 빚어지는 혼란일 수 있다(Block). 저자는 이 에브라임 땅을 아말렉 사람의 산간 지방이라고도 하는데 아말렉 족은 미디안 사람들과 연관이 있는 사막의 유목민들이었다(cf. 6:33; 7:12). 아말렉 족이 어떻게 이 지역에 정착하게 되었는가는 알 수 없다. 힐렐이란 이름을 지닌 사람은 구약에서 압돈의 아버지뿐이다.

압돈의 시대가 매우 평화로웠다는 것은 그가 40명의 아들을 두었던 것에서 알 수 있다. 저자는 그의 미래 또한 밝다는 것을 그가 아들 40명 외에도 다음 세대를 보장하는 30명의 손자를 두었다는 정보를 제공하여 강조한다(Block). 그는 8년 동안 사사로 통치하다가 죽어 비라돈에 묻혔다.

저자가 소 사사들의 이야기를 간산히 들려주는 것은 주요(대) 사사들의 이야기가 전반적으로 사사 시대를 대표하기는 하지만, 다는 아니라는 것을 강조하고자 해서다. 지금까지 보았던 것처럼 사사기에서 비중을 차지하는 사사들의 이야기는 윤리적-신앙적 결함이 많은 사람의 이야기였다. 또한 그들의 사역이 상당히 부정적인 결과를 초래하기도 했다. 그래서 그들의 이야기를 읽다 보면 이 시대에 대하여 매우 부정적인 시각을 가질 수밖에 없다. 저자는 소 사사들의 평화스러운 통치 시대에 대한 이야기를 책의 중간 중간에 삽입하여 사사 시대가 전반적으로 매우 어두웠기는 하지만, 평온하고 안정적인 때도 있었다는 것을 강조하고자 한다. 사사 시대를 역사적 배경으로 하고 있는 룻기도 사회가 매우 평온하고 신앙적으로도 하나님을 사랑하고 말씀대로 사는 것을 기쁨으로 생각하는 사람들의 이야기다. 사사 시대가 매우 폭력적이고 절망적이었던 것이 사실이지만, 그 당시에도 '바알에게 무릎 꿇지 않은 7,000명'이 있었다는 의미다.

또한 저자는 소 사사 6명의 이야기를 책에 포함하여 사사 시대 이스라엘에는 자신이 책에서 회고하는 6명의 대 사사와 6명의 소 사사만 있었던 것이 아니라 더 많은 사사가 있었다는 것을 암시한다. 저자는 수많은 이스라엘의 사사 중 이스라엘의 12지파를 상징하기 위하여 12명만 선별하여 그들의 이야기를 책에 수록한 것이다. 사무엘서에 등장하는 사무엘과 엘리도 사사들이라는 사실이 이스라엘에는 사사기에 등장하지 않는 여러 사사가 더 있었다는 것을 암시한다.

그렇다면 이 소 사사들의 이야기가 책의 흐름과 신학에는 어떤 기여를 하고 있는가? 이것은 이미 언급한 것처럼 흐름에 있어서는 대 사사들의 이야기를 읽으며 고조될 수 있는 독자들의 감정을 추스르게 하는 역할을 한다. 일종의 '쉼표' 작용을 하는 것이다. 신학과 메시지에 있어서 소 사사들의 이야기가 가장 크게 기여하는 부분은 왕권에 대한 논의다. 기드온은 왕이 되고픈 속내를 보인 적이 있는 최초의 사사이며 그 이후로 왕권은 사사들의 이야기에서 중요한 화두로 등장한다. 물론 왕을 자청하고 나선 사람은 아비멜렉 한 사람이지만, 기드온 이후 사사들은 왕처럼 많은 아내와 자식들을 두었고, 상당 부분 왕처럼 누리며 살았다. 이러한 전반적인 분위기를 가장 확실하게 묘사하고 있는 것이 소 사사들의 이야기인 것이다. 그러므로 소 사사들의 이야기는 장차 이스라엘을 다스리게 될 '의로운 왕'에 대한 논의를 급진전시키고 있다. 다음 도표를 참조하라(Jordan).

사사	기록된 자녀의 수	비고
기드온	아들 70명	백성들이 그를 왕으로 세우려 함
아비멜렉		스스로 왕이 됨
돌라		대조: 왕권과 연관된 언급이 없음

야일	아들 30명과 나귀 30마리	아들들에게 30성읍을 맡김
입다		왕권을 세우려 함
입산	아들 30명과 딸 30명	정약을 통해 영향력을 행사하는 집안을 세움
엘론		대조: 왕권과 연관된 언급이 없음
압돈	아들 40명과 손자 30명과 나귀 70마리	손자 시대에 이르기까지 통치권이 지속됨

II. 본론: 거듭되는 고난과 해방(3:7–16:31)

J. 삼손 대 블레셋(13:1–16:31)

사사기는 가나안 정복 전쟁의 영웅인 여호수아가 죽은 이후 시간이 흐를수록 이스라엘 공동체의 영적 그리고 사회적 부패가 더욱더 심각해져만 갔으며, 하나님이 그들을 구원하기 위해 사사로 세운 사람들도 매우 의심스러운 자질의 소유자들이었다는 점을 회고했다. 책이 언급하고 있는 마지막 사사인 삼손 시대에 이르러서는 이스라엘의 영적 부패와 하나님이 사사로 세우신 사람의 자질 문제가 새로운 정점(頂點)에 도달한다(Webb). 만일 작품의 미학적인(aesthetic) 가치가 그 작품이 독자들의 기대치를 얼마나 만족시키거나 혹은 실망시키는 것으로 평가된다면, 삼손 이야기는 단연 걸작품이다. 삼손 이야기는 독자들의 상상을 초월할 뿐만 아니라 모든 통념을 깨는 이야기이기 때문이다.

책이 시작된 이후 하나님이 이스라엘을 구원하기 위해 지도자로 세우신 사람들을 보면 모두 리더에 대한 일반적인 기대를 실망시킨 사람들이었다. 제임스 본드를 방불케 한 에훗, 고대판 논개 야엘, 이스라엘의 잔다르크 드보라, 사울 왕의 원형 기드온, 비극적인 신데렐라 입다 같은 사람들을 하나님이 이스라엘을 구원하는 리더들로 세우셨다는 것은 순리적이고 합리적인 사고에 익숙해져 있는 독자들에게 상당한 충격을 안겨준다. 삼손은 이처럼 독특한 사람들에게 비교해보아도 더 이례적인 사사였다. 삼손은 군사적인 지도자가 아니었으며, 이스라엘을 구원하는 일에는 더욱이 관심이 없는 사람이었다(Amit, McCann). 그는 음탕하고, 다혈질이고, 역사 의식이라고는 찾아볼 수 없는 부도덕한 한량이었다. 삼손의 유일한 관심사는 이스라엘을 억압하고 있는 블레셋 사람들의 여자들과 놀아나는 것이었다(Webb). 간혹 그가 블레셋 사람들을 괴롭힌 것은 애국심이나 그들의 손에 억압당하는 백성을 마음에 두고 하는 일이 아니었고, 단순히 그의 불타는 정욕과 복수심에서 비롯된 일이었다. 하나님이 이스라엘을 구원하려고 세우신 사사가 삼손 이야기에서는 이스라엘의 골칫덩어리가 되는 것이다(Block).

기드온 이야기에서 가속화된 리더십의 '나선형 하향 곡선'(downward spiral) 역시 삼손 이야기에서도 지속된다. 하나님의 영으로 옷을 입었던 기드온은 미디안 사람들과의 전쟁이 끝난 후 백성들에게 수집한 금으로 에봇을 만들어 자기 집안과 이스라엘에게 걸림돌이 되게 했다. 여호와의 영에 사로잡혔던 입다는 종종 여호와의 이름을 언급했지만, 한 번도 하나님의 조언을 구하지 않았다. 그는 어리석고 일방적인 서원 때문에 딸을 죽였다.

지금부터 시작되는 이야기의 주인공인 삼손은 모태에 있을 때 이미 하나님께 나실인으로 바쳐졌던 사람이었기 때문에 독자들은 그에 대하여 큰 기대를 하며 이야기를 읽어내려 가지만, 삼손은 어른이 된 후 자신이 나실인이라는 사실을 전혀 아랑곳하지 않고 정욕의 노예가 되어 불같은 성격대로 살았다. 그가 유일하게 하나님을 찾은 때가 두 차례 있었는데 큰 곤경을 당했을 때였다. 한 번은 목말라 죽게 되었을 때, 다른 한 번은 눈이 뽑히고 갖은 수모를 당한 노예로서 복수와 죽음을 갈망하면서였다. 삼손은 이 두 차례를 제외하고는 한 번도 하나님께 기도하지 않았다.

삼손의 삶에서 사사 시대를 지나는 이스라엘의 문제점들이 적나라하게 드러난다고 하여 그는 종종 당시 하나님께 반역하고 살아가던 이스라엘의 의인화로 취급된다(Webb, Block). 삼손과 이스라엘 사이에는 다음과 같은 공통점들이 있기 때문이다. 첫째, 삼손은 이스라엘처럼 하나님의 뜻에 따라 기적적으로 탄생한 신동(Wunderkind)이었다. 하나님은 이집트에서 노예 생활로 고생하던 이스라엘을 구원하시어 시내 산에서 자기 백성으로 삼으시는 기적을 베푸셨다. 블레셋의 억압 때문에 신음하는 이스라엘을 구원하시기 위하여 평생 아이를 갖지 못해 절망하는 부부에게 삼손을 주시는 기적을 베푸셨다. 둘째, 삼손은 이스라엘처럼 여호와께 절대적으로 구별된 삶을 살도록 소명을 받았다. 하나님은 시내 산에서 이스라엘과 언약을 맺으시면서 세상 민족들과 구별된 삶을 살 것을 요구하셨다. 삼손은 태어나기 전부터 정결하고 성결한 삶을 살도록 나실인으로 구분되었다.

셋째, 삼손은 까딱하면 하나님을 버리고 우상을 쫓는 이스라엘처럼 무분별하고 기회주의적이며 성숙하지 못한 인격을 지녔다. 사사기에서 이스라엘은 남편 하나님을 버리고 우상을 쫓는 영적 간음을 밥 먹듯이 한다. 삼손도 까딱하면 정부를 갈아치우는 정욕의 노예다. 넷째, 삼손은 지속적으로 이방 여인들에게 끌렸는데, 이는 이스라엘이 변함없이 우상들에게 끌렸던 것과 같다. 삼손은 여자 중에서도 특별히 블레셋 여인들을 좋아한다. 이스라엘의 사사이자 나실인으로 부르심을 받은 사람이 해서는 안 될 일을 하고 있다. 하나님의 아내인 이스라엘도 자꾸 '이방 남자들'(우상들)에게 마음을 준다.

다섯째, 삼손은 이스라엘처럼 원수들에게 압박과 박해를 당했다. 여섯째, 삼손은 고통이 임하면 이스라엘처럼 하나님께 부르짖었다. 일곱째, 삼손은 이스라엘처럼 앞을 보지 못했다. 여덟째, 삼손은 이스라엘처럼 하나님께 버림받고도 이 사실을 깨닫지 못했다.

위와 같은 여러 가지 부정적인 요소와 사사기 구조가 삼손을 최악의 사사로 몰아가지만, 삼손 이야기는 사사기에 기록된 여러 사사의 일대기 중 가장 잘 알려진 이야기다. 유년 주일 학교를 다녔던 사람이라면 삼손 이야기를 한 두 번쯤은 들어보았을 것이다. 어떤 사람들은 세실 드밀(Cecil B. DeMille)의 '삼손과 딜라일라'라는 영화를 기억할 것이다. 삼손 이야기는 오늘날에도 많은 사람의 상상력을 자극하는 것이다.

삼손 이야기는 초대 교회에서도 인기가 높았다. 교부들은 삼손을 그리스 신화의 헤라클레스에 비교하는 것을 즐겼다(Cohen, Margalith). 『실낙원』의 저자 밀톤도 삼손 이야기를 바탕으로 『투사 삼손』(*Samson Agonistes*)이라는 작품을 남겼다. 삼손 이야기가 예나 지금이나 잘 알려지게 된 것에는 '성인 영화 등급'에 필요한 모든 것–지나친 폭력, 로맨스와 섹스, 유머 등을 고루 갖추고 있는 것이 한몫한 것으로 생각된다(McCann). 그러나 또 한 가지 이유는 삼손 이야기가 지니고 있는 정교한 작품성이다. 학자들은 삼손 이야기를 예술적인 걸작품이라고도 하고(Alter), 히브리어 내러티브의 최고봉(zenith)이라고 부르기도 한다(Crenshaw).

삼손 이야기는 시작과 끝이 두 개의 모순적인 사건(paradoxes)으로 둘러싸여 있다. 불임으로 고생하던 여자가 아이를 낳은 일(13:1–25)로 시작하여 장애인 용사가 수많은 적을 죽이는 사건(16:23–31)으로 마무리되는 것이다(Freeman). 이러한 현상은 이 두 사건이 감싸고 있는 이야기가 평범하지 않다는 것을 암시하는 듯하다. 삼손 이야기는 대체적으로 다음과 같이 세 파트로 나뉜다.

A. 출생 이야기: 두 현현(13:1–25)
B. '사역' 이야기: 한 여인과 연관된 두 사건(14:1–15:20)
C. 죽음 이야기: 몰락과 죽음(16:1–31)

II. 본론: 거듭되는 고난과 해방(3:7–16:31)
J. 삼손 대 블레셋(13:1–16:31)

1. 출생 이야기: 두 현현(13:1–25)

삼손의 출생 이야기는 하나님/천사의 현현 두 개를 중심으로 구성되어 있다. 두 현현 이야기는 동일한 구조를 지니고 있다. 첫 번째 현현 이야기는 나실인으로 태어날 구원자(사사)에 대한 예언(13:3–5)과 예언을 믿지 못하는 마노아의 반응(13:6–7)으로 구성되어 있다. 두 번째 현현 이야기 역시 첫 번째 것처럼 나실인으로 태어날 구원자에 대한 예언(13:8–14)과 예물을 드리는 마노아의 반응(13:15–23)으로 구성되어 있는 것이다. 이 두 현현 이야기를 서론과 결론이 감싸고 있다. 다음 구조를 참조하라.

A. 서론(13:1)
  B. 마노아의 아내와 첫 번째 현현(13:2–7)
  B′. 마노아의 아내와 두 번째 현현(13:8–23)
A. 결론(13:24–25)

II. 본론: 거듭되는 고난과 해방(3:7–16:31)
J. 삼손 대 블레셋(13:1–16:31)
1. 출생 이야기: 두 현현(13:1–25)

(1) 서론(13:1)

1 이스라엘 자손이 다시 여호와의 목전에 악을 행하였으므로 여호와께서 그들을 사십 년 동안 블레셋 사람의 손에 넘겨 주시니라

이스라엘이 다시 하나님께 죄를 범했다. 저자가 이스라엘이 어떤 죄를 범했는지 밝히고 있지 않지만, 우리는 사사기 안에서 이러한 표현을 이미 여러 차례 접했다. 이스라엘이 하나님을 버리고 우상을 숭배한 것을 뜻한다. 삼손 이야기는 이때까지 제시된 사사들의 이야기 중 가장 짧고, 가장 제한된 정보 제공으로 시작한다(Boda). 주석가들은 이러한 현상을 삼손이 이스라엘의 온전한 구원자가 되지 못하고 '부분적/반쪽 구원자'가 될 것을 예고하는 것으로(Amit), 혹은 이때까지 그나마 유지되었던 사사 이야기의 사이클(cycle)적인 요소를 망가뜨릴 것을 예고하는 것으로 이해한다(Wong). 실제로 삼손 이야기에서는 2장에 제시되었던 사이클이 상당 부분 망가진다.

하나님은 이스라엘을 40년 동안 블레셋 사람들에게 넘겨주셨다. 블레셋 사람들이 지속적으로 이스라엘을 괴롭힐 것이 삼손 이야기 앞에 기록된 입다 이야기에서 암시된 적이 있다(cf. 10:7). 블레셋 사람들이 40년 동안 이스라엘을 괴롭혔다고 하는데, 40년은 사사기에 기록된 이방인들의 억압 중 가장 긴 시간이다. 40년 다음으로 긴 기간이 드보라와 바락 시대에 있었던 20년 동안의 억압이었다. 그러므로 40년 동안 지속된 블레셋 사람들의 억압은 삼손 시대에 접어들면서 이방인들의 압제가 그만큼 장기화되고 혹독했다는 것을 암시한다. 이러한 사실은 또한 이스라엘이 하나님께 그만큼 큰 죄를 저지르고 있다는 것을 시사한다. 그러므로 사사기는 시간이 지날수록 이스라엘의 영적 상태가 악화되고 있으며, 삼손 시대에 최고조에 달하고 있다는 사실을 강조한다.

하나님은 블레셋 사람들을 채찍으로 사용하여 주의 백성 이스라엘을 내리치셨다. 블레셋 사람들이 이스라엘을 억압한 것이 이번이 세 번째다. 삼갈이 소를 모는 막대기로 블레셋 사람 600명을 죽여 이스라엘에 평화를 준 적이 있다(3:31). 암몬 사람들이 요단 강 동편에 정착한 이스라엘 사람들을 괴롭히는 동안, 블레셋은 요단 강 서편에 정착한 사람들을 괴롭혔다(10:7). 그러나 지금부터 펼쳐질 이야기에 비하면, 그동안 블레셋 사람들이 이스라엘을 괴롭힌 일들은 아무것도 아니다.

블레셋 사람들이 정확히 어디서 비롯된 인종인가에 대하여 아직도 베일에 감춰진 부분이 있기는 하지만, 학자들은 대체적으로 그들이 에게 해(Agean Sea) 근처에서 이주해온 사람들이라고 생각한다. 그들은 소아시아를 거치는 육로와 그레데(Crete) 섬과 시프러스(Cyprus) 섬을 거치는 해상 통로를 거쳐 가나안에 입성한 것으로 추측된다. 육로를 통해 가나안에 입성한 사람들은 가는 곳마다 엄청난 파괴의 흔적을 남겼다(cf. Niditch).

배를 통해 가나안에 입성한 사람들은 이집트 정복을 목표로 두었으나, 주전 1190년경 이집트의 바로 람세스 3세가 그들을 물리쳤다(ABD). 람세스는 패배한 군인 중 많은 사람을 용병으로 고용했으며, 그들을 가나안 남서쪽 해안 지역에 위치한 가사, 아스글론, 아스돗 등에 정착시켰다(Block). 그들이 가나안 땅에 정착하면서 이미 가나안에 정착했던 이스라엘과 갈등을 빚는 것은 뻔한 일이었다. 삼손 이야기는 이 두 민족의 대립을 반영하고 있다. 이스라엘과 블레셋의 대립은 다윗이 통일 왕국의 왕이 될 때까지 계속된다.

이스라엘은 블레셋에게 40년 동안이나 억압을 당했지만, 하나님께 부르짖지 않았다. 기드온과 입다의 이야기에서는 이스라엘이 하나님께 부르짖은 일과 하나님이 그들을 야단치신 일이 상세하게 기록되어 있는데, 삼손 이야기에서는 이스라엘이 그나마 부르짖는 것마저 잊은 것이다. 이스라엘의 배교가 매우 심각했다. 그뿐만 아니라 심지어 이스라엘은 블레셋이 아닌, 하나님의 통치를 받아야 하는 백성이라는 사실도 잊은 듯 하다(McCann, Pressler, cf. 15:11). 시간이 지나면서 '나선형 하향 곡선'(downward spiral)이 계속되고 있다는 의미다(Schneider, McCann).

이미 언급한 것처럼 이스라엘이 이방인의 지배를 40년 동안 받게 된 것은 이번이 처음이다. 지금까지 가장 긴 세월은 하솔 왕 야빈이 20년 동안 지배했을 때다(4:3). 시간이 지날수록 이스라엘의 타락이 심화되는 만큼, 하나님의 심판 수위도 높아가고만 있다. 그런데도 이스라엘은 블레셋의 억압에서 벗어나는 것을 희망하지도 않았다(Younger). 너무 오래 지속된 속박을 통해 고통에 대한 감각이 우둔해진 것일까? 하나님이 자유를 주기 위하여 이집트로부터 탈출시켜주신 이스라엘은 어느덧 속박과 억압의 삶에 너무 익숙해져 아프면 아프다고 부르짖는 것까지 잊어버렸다. 죄에 멍든 삶이 그들의 감각 기관을 멍들게 한 것이다.

II. 본론: 거듭되는 고난과 해방(3:7–16:31) J. 삼손 대 블레셋(13:1–16:31) 1. 출생 이야기: 두 현현(13:1–25)

(2) 마노아의 아내와 첫 번째 현현(13:2–7)

[2] 소라 땅에 단 지파의 가족 중에 마노아라 이름하는 자가 있더라 그의 아내
가 임신하지 못하므로 출산하지 못하더니 [3] 여호와의 사자가 그 여인에게 나
타나서 그에게 이르시되 보라 네가 본래 임신하지 못하므로 출산하지 못하
였으나 이제 임신하여 아들을 낳으리니 [4] 그러므로 너는 삼가 포도주와 독주
를 마시지 말며 어떤 부정한 것도 먹지 말지니라 [5] 보라 네가 임신하여 아들
을 낳으리니 그의 머리 위에 삭도를 대지 말라 이 아이는 태에서 나옴으로
부터 하나님께 바쳐진 나실인이 됨이라 그가 블레셋 사람의 손에서 이스라
엘을 구원하기 시작하리라 하시니 [6] 이에 그 여인이 가서 그의 남편에게 말
하여 이르되 하나님의 사람이 내게 오셨는데 그의 모습이 하나님의 사자의
용모 같아서 심히 두려우므로 어디서부터 왔는지를 내가 묻지 못하였고 그
도 자기 이름을 내게 이르지 아니하였으며 [7] 그가 내게 이르기를 보라 네가
임신하여 아들을 낳으리니 이제 포도주와 독주를 마시지 말며 어떤 부정한
것도 먹지 말라 이 아이는 태에서부터 그가 죽는 날까지 하나님께 바쳐진
나실인이 됨이라 하더이다 하니라

하나님은 이방인들에게 억압을 당하면서도 자신들의 고통이 무엇 때문에 비롯되었는가를 생각해보지도 않고, 자신들의 구세주이신 여호

와께 부르짖는 것마저도 잊어버린 이스라엘을 그대로 내버려두지 않으셨다. 하나님이 스스로 이스라엘을 위해 구원자를 주시기로 결정하신 것이다. 하나님은 그 당시 사회가 너무 악하고 우상을 숭배하는 종교적 병이 심하게 들어 있기 때문에 이처럼 오염된 상황에서 구원자를 보호하기 위해 새로운 아이가 탄생하게 하셨다. 또한 이 아이를 아예 모태에서부터 나실인으로 구분하셨다. 악한 환경에서 구원자의 순수성을 최대한 보호해보려는 하나님의 은혜였다.

아이가 태어날 곳은 소라였으며 그의 부모는 단 지파에 속한 마노아라는 사람과 잉태하지 못하는 그의 아내였다(2절). 소라(צָרְעָה)는 예루살렘에서 서쪽으로 23㎞, 벧세메스에서 북쪽으로 몇 ㎞ 떨어진 비옥한 소렉 계곡 북쪽에 있던 조그만 마을이었다(ISBE). 여호수아는 소렉을 유다(수 15:33)와 단(19:41) 지파에게 주었다. 소라는 유다와 단 지파의 경계선에 있는 마을이었던 것이다. 마노아의 아내가 잉태하지 못한다는 것도 중요한 정보다. 고대 근동 사회에서 불임은 신(들)의 징벌로 생각되었으며, 이스라엘 사람들도 불임은 하나님이 내리시는 벌/저주라고 생각했다(Galpaz-Feller, cf. 신 28:18). 반면에 자녀들은 하나님의 축복이라고 생각했다(신 28:4-11; 시 127; 128). 그러므로 마노아의 아내가 임신을 못한다는 것은 우상숭배로 인하여 하나님의 언약적 저주가 이스라엘에 임하고 있다는 것을 암시한다(Block, Boda).

마노아(מָנוֹחַ)는 '선물'이라고 풀이되기도 하지만, 대체적으로 '안식'이라는 뜻을 지닌 이름으로 간주된다(HALOT). 그러나 삼손 이야기에 비추어진 마노아의 모습은 이름에 걸맞지 않게 매우 불안해 하는, 곧 '안식'하고는 거리가 먼 사람이다(Boda). 반면에 이름이 밝혀지지 않은 그의 아내는 매우 차분하고, 침착하며, 자신에게 벌어지고 있는 일들이 어떤 의미를 가지고 있는가를 잘 깨닫고 있는 현명한 여인이다(Alter). 그래서 일부 주석가들은 삼손의 어머니를 삼손 이야기의 유일한 영웅이라고까지 한다(Galpaz-Feller, Schneider, cf. Mathews).

삼손의 출생 이야기에서 가장 중요한 인물인 어머니의 이름이 밝혀지지 않는 것이 아이러니하다고 생각하는 사람들이 많다(Reinhartz, McCann, Pressler, Block). 아마도 잠시 후에 등장할 '하나님의 사자' 역시 이름이 알려지지 않은 것과 연관이 있는 듯하다(Reinhartz). 그녀가 잉태하지 못했다는 것은 이스라엘의 선조 사라, 리브가, 라헬 등을 연상케 할 뿐만 아니라, 삼손의 탄생은 하나님의 특별한 사역이었다는 것을 강조한다. 저자는 이 현명한 여인을 이야기가 시작하는 시점에 부각하여 앞으로 삼손 이야기가 어떻게 여자를 중심으로 진행될 것인가를 암시하는 듯하다. 삼손의 출생에 한 여인의 역할이 결정적이었던 것처럼, 그의 몰락에도 여인들이 결정적인 역할을 할 것을 예고하는 것이다(Block).

천사가 임신하지 못한 마노아의 아내를 찾아와 아들을 낳을 것이라고 선포했다(3절). 천사는 그녀에게 두 종류의 명령을 내렸다. 첫째, 매우 특별한 아이를 잉태할 것이니 산모가 될 그녀가 포도주나 독한 술을 마셔서는 안 되며, 부정한 것을 먹어서도 안 된다(4절). 그동안 아이를 낳지 못해 수치를 당하던 여인에게 좋지도 않은 술은 마시지 말라는 것과 음식을 골라 먹으라는 정도 요구는 별것 아니다. 더구나 그녀가 잉태할 아이가 하나님의 이스라엘 구원 사역의 시작을 알리는 아이이니 말이다. 그런데 천사의 말이 다소 이상하다. 다른 곳에서처럼 하나님이 이스라엘을 구원하실 것이라고 하지 않고, 이 아이를 통하여 '구원하기 시작할 것'이라고 한다(5절). 그래서 일부 학자들은 천사의 말을 삼손이 이스라엘을 구원하는 일에서 부분적으로만 성공할 것을 암시하는 것으로 이해한다(Amit, Olson, Boda).

둘째, 태어날 아이의 머리카락을 자르지 않아야 한다. 그 아이는 모태에서부터 하나님께 나실인(נָזִיר)으로 바쳐진 사람이기 때문이다(5절). 민수기 6:1-8에 의하면 나실인은 세 가지를 피해야 한다. (1) 술과 그 외 취하게 하는 것들, (2) 머리카락을 자르는 일, (3) 죽은 사람이나 짐승을 만지는 것. 나실인이 되는 것은 남자나 여자가 서원하면 되는 것이며, 일정한 기간을 정해놓고 하는 것이 일반적이었다. 그러나 삼손의 경우 모태에서부터 시작된 나실인의 삶은 평생 지속되어야 한다는 것을 전제하고 있다(7절). 성경에서 태어날 때부터 나실인의 삶을 산 사람은 삼손과 사무엘이 유이하다. 삼손 이야기와 사무엘 이야기는 탄생 이야기(birth narrative)로 시작한다는 공통점을 지닌 것 외에도 여러 가지 면에서 비슷하다(Galpaz-Feller, cf. Chisholm, Niditch).

천사의 선포에 깜짝 놀란 여인은 곧장 남편에게 가서 이 사실을 알렸다(6-7절). 그녀는 남편에게 천사에 대하여 설명하면서 세 가지를 강조한다(6절). 첫째, 그는 하나님의 사람(אִישׁ הָאֱלֹהִים)이었다. 성경에서 선지자들을 흔히 하나님의 사람이라고 부르지만, 이 이야기에서는 천사를 뜻하는 것이 확실하다. 둘째, 그는 모습이 하나님의 천사(מַלְאַךְ הָאֱלֹהִים)의 모습과 같았다(cf. 2:1; 6:11). 저자가 그를 구체적으로 '여호와의 천사'(מַלְאַךְ־יְהוָה)라고 했는데(3절), 그녀가 일반적인 호칭인 '하나님'을 사용하는 것은 아마도 그녀의 집안에서도 이스라엘의 하나님 여호와에 대한 이해가 많이 불식되었다는 것을 암시하는 듯하다(Block). 셋째, 그는 매우 두려운 자였다. 그래서 그녀는 그가 누구인지 물어보지도 못했다고 한다. 그러므로 이 사람의 정체를 알아보는 일은 그녀의 남편 마노아의 몫으로 남았다.

여인은 남편 마노아에게 천사의 메시지도 알려주었다. 내용은 천사의 말을 요약하는 것이지만, 감한 정보도 있고, 추가하는 것도 있다. 천사가 그녀의 불임에 대하여 언급한 것, 그녀는 지금부터 몸가짐을 조심해야 한다는 것, 아이의 머리에 칼을 대지 말라는 것 등은 빠져 있다. 그녀가 추가한 것은 태어날 아이는 모태에서부터 죽는 날까지 하나님께 바쳐진 나실인으로 살아가야 한다는 사실이다.

학자들은 천사가 태어날 아이의 '죽는 날'을 언급한 적이 없는데(cf. 3-5절), 여인이 이 말을 더하는 것을 예사로운 일로 보지 않는다. 그래서 한 학자는 삼손의 어머니가 이 말씀을 통해 삼손이 태어나기도 전에 그의 비극적인 죽음을 예고한다고 생각한다(Galpaz-Feller). 그녀의 관심은 온통 자기가 매우 특별한 사내 아이를 낳을 것이라는 사실에 맞추어져 있다. 천사가 선포한 내용에서 가장 중요한 것은 이스라엘의 구원이 이 아이를 통해 시작될 것이라는 사실이지만, 오랫동안 잉태하지 못한 수치를 벗어나는 기쁨이 가장 중요한 그녀에게 이스라엘의 구원자가 자기 태에서 나온다는 것은 그다지 중요하지 않은 뉴스다.

상황이 이러했기 때문에 이 여인은 삼손에게 어렸을 때부터 정체성 교육을 하지 않은 것으로 생각된다. 만일 삼손에게 하나님이 그를 통해 이스라엘을 구원하실 것이라는 사실을 어렸을 때부터 각인시켜 주었다면, 훗날 삼손이 그렇게 엉망으로 살지는 않았을 것이라는 아쉬움이 남는다. 하나님이 우리에게 은혜를 베풀어 주실 때, 우리는 그 은혜가 하나님 나라와 주의 백성 공동체에 어떻게 기여할 것인가를 깊이 묵상하며 또한 나누고 선포해야 한다.

II. 본론: 거듭되는 고난과 해방(3:7-16:31)
J. 삼손 대 블레셋(13:1-16:31)
1. 출생 이야기: 두 현현(13:1-25)

(3) 마노아의 아내와 두 번째 현현(13:8-23)

[8] 마노아가 여호와께 기도하여 이르되 주여 구하옵나니 주께서 보내셨던 하
나님의 사람을 우리에게 다시 오게 하사 우리가 그 낳을 아이에게 어떻게
행할지를 우리에게 가르치게 하소서 하니 [9] 하나님이 마노아의 목소리를 들
으시니라 여인이 밭에 앉았을 때에 하나님의 사자가 다시 그에게 임하였으
나 그의 남편 마노아는 함께 있지 아니한지라 [10] 여인이 급히 달려가서 그
의 남편에게 알리어 이르되 보소서 전일에 내게 오셨던 그 사람이 내게 나
타났나이다 하매 [11] 마노아가 일어나 아내를 따라가서 그 사람에게 이르러

그에게 묻되 당신이 이 여인에게 말씀하신 그 사람이니이까 하니 이르되 내
가 그로다 하니라 12 마노아가 이르되 이제 당신의 말씀대로 되기를 원하나
이다 이 아이를 어떻게 기르며 우리가 그에게 어떻게 행하리이까 13 여호와
의 사자가 마노아에게 이르되 내가 여인에게 말한 것들을 그가 다 삼가서
14 포도나무의 소산을 먹지 말며 포도주와 독주를 마시지 말며 어떤 부정한
것도 먹지 말고 내가 그에게 명령한 것은 다 지킬 것이니라 하니라 15 마노
아가 여호와의 사자에게 말하되 구하옵나니 당신은 우리에게 머물러서 우리
가 당신을 위하여 염소 새끼 하나를 준비하게 하소서 하니 16 여호와의 사자
가 마노아에게 이르되 네가 비록 나를 머물게 하나 내가 네 음식을 먹지 아
니하리라 번제를 준비하려거든 마땅히 여호와께 드릴지니라 하니 이는 그
가 여호와의 사자인 줄을 마노아가 알지 못함이었더라 17 마노아가 또 여호
와의 사자에게 말하되 당신의 이름이 무엇이니이까 당신의 말씀이 이루어질
때에 우리가 당신을 존귀히 여기리이다 하니 18 여호와의 사자가 그에게 이
르되 어찌하여 내 이름을 묻느냐 내 이름은 기묘자라 하니라 19 이에 마노아
가 염소 새끼와 소제물을 가져다가 바위 위에서 여호와께 드리매 이적이 일
어난지라 마노아와 그의 아내가 본즉 20 불꽃이 제단에서부터 하늘로 올라가
는 동시에 여호와의 사자가 제단 불꽃에 휩싸여 올라간지라 마노아와 그의
아내가 그것을 보고 그들의 얼굴을 땅에 대고 엎드리니라 21 여호와의 사자
가 마노아와 그의 아내에게 다시 나타나지 아니하니 마노아가 그제야 그가
여호와의 사자인 줄 알고 22 그의 아내에게 이르되 우리가 하나님을 보았으
니 반드시 죽으리로다 하니 23 그의 아내가 그에게 이르되 여호와께서 우리
를 죽이려 하셨더라면 우리 손에서 번제와 소제를 받지 아니하셨을 것이요
이 모든 일을 보이지 아니하셨을 것이며 이제 이런 말씀도 우리에게 이르지
아니하셨으리이다 하였더라

아내로부터 좋은 소식을 들은 마노아가 아내의 말이 미덥지가 않아 여호와께 그 '하나님의 사람'을 다시 보내주시어 앞으로 태어날 아이를

어떻게 키워야 하는지에 대하여 가르쳐달라고 기도했다(8절). 사실 그에게는 더 이상의 정보가 필요 없다. 율법은 나실인이 어떻게 살아야 하는가를 규정하고 있고, 천사는 이미 아이를 키우는 방법을 그의 아내에게 말해 주었다. 그런데도 그가 천사로부터 직접 듣고자 해서 기도하는 것은 마노아가 자기 아내를 신뢰하지 못하거나 천사가 가장이자 남자인 자기가 아니라 그의 아내에게 나타나 말한 것을 시기했다는 것을 뜻한다(Block). 아니면 마노아는 여자를 통한 계시는 도대체 믿을 수 없다고 생각했다(Pressler).

놀랍게도 하나님은 마노아의 기도를 들으시고 다시 한번 천사를 보내셨다. 그러나 이번에도 천사는 들에서 혼자 일하던 마노아의 아내를 찾아왔지, 마노아를 직접 찾지 않았다(9절). 결코 여자의 권위를 저하시키지 않겠다는 하나님의 의지가 느껴진다(Pressler). 여인은 급히 달려가 남편에게 천사에 대하여 말하였고, 마노아도 드디어 천사를 직접 대면하게 되었다(10절). 아내의 말을 이미 들었으면서도 마노아는 '당신이 전에 내 처에게 나타난 자'냐고 물었다(11절). 천사는 한마디로 "그렇다"(אָנִי)(lit, '내가 그다')라고 했다. 마노아는 아내의 말을 전혀 믿지 않는 사람이다. 자존심이 상처를 받은 것일까? 그래서 천사의 정체를 확인한 다음에도 아내를 통해서 이미 들었던 말씀을 다시 들으려 했다. 아이가 태어나면 어떻게 키워야 하느냐는 질문을 한 것이다(12절).

천사는 자신이 이미 그의 아내에게 일러준 대로 하면 되고, 마노아의 아내는 술을 먹으면 안 된다는 것을 재확인할 뿐, 새로운 정보는 주지 않았다(13-14절). 새로운 정보가 있다면 산모가 술뿐만 아니라 포도나무에서 나는 것은 어떤 것도 먹어서는 안 된다는 것뿐이다(14절). 마노아는 천사가 가장인 자신에게 새로운 정보를 주기를 원하지만, 천사는 이미 그의 아내에게 준 것으로 족하다는 입장을 확인할 뿐이다(Block). 천사는 마노아의 아내가 남편에게 전한 메시지의 권위를 세워주기 위해 그녀를 믿지 못하는 마노아에게 나타난 것이다. 그러므로 천사가 다시 나타난 것은 마노아의 기도로 인해 그를 위해서가 아니라, 순전히 그의 아내를 위해서다. 삼손 이야기에서는 여자들이 매우 중요한 역할을 하는데, 그의 출생에서도 어머니의 역할이 아버지의 역할을 앞서고 있다.

마노아가 하나님께 제물을 드리는 이야기는 여러 면에서 기드온이 여호와께 제물을 드린 것과 평행을 이루고 있다(Galpaz-Feller, Amit, Webb). 천사의 말을 듣고 난 마노아가 그를 위해 새끼 염소를 잡을 테니 기다려 달라고 부탁했다(15절). 제물을 바치는 과정에서 마노아는 자신의 어리석음을 드러내는 세 가지 발언을 했다. 앞 섹션에서는 아내를 믿지 못하는 남편이었는데, 이 섹션에서는 영적인 분별력이 없는 어리석은 사람으로 전락한 것이다. 그가 범한 실수는 다음과 같다.

첫째, 이미 아내가 그에게 자신이 만난 사람이 '하나님의 천사' 같았다고 말했지만(6절), 마노아는 이 사람이 하나님의 사자인지 모르고 단순히 '하나님의 사람'(선지자) 정도로 알았다(16b절; cf. Galpaz-Feller). 이번에도 아내의 말을 믿지 않은 것이다. 그래서 그는 이 사람이 길을 떠나기 전에 음식을 대접하려 했고, 천사는 자신은 먹지 않을 테니 그 짐승을 여호와께 번제(עֹלָה)로 드리라고 권면했다(16절). 번제는 하나님께 짐승 전체를 불살라 바치는 제물이다. 마노아는 설령 이 사람이 선지자라 해도, 그를 통해 이렇게 좋은 말씀을 주신 하나님께 먼저 제단을 쌓는 것이 당연한 일이라는 것을 모르고 있다.

둘째, 제물은 오직 여호와께만 드리라는 천사의 권면에서 전혀 깨닫지 못한 마노아가 이번에는 그의 이름을 물었다. 이름을 가르쳐주면 다음에 자기가 아이를 얻고 난 후 그에게 영광을 돌리겠다는 것이다(17절). 마노아가 던지는 질문이 "당신의 이름이 무엇이니이까?"(개역)이지만 문자적으로 해석하면 "당신의 이름이 누구요?"이다. 이름을 물을 때 사용되는 의문 대명사는 '무엇'(מָה)인데, 마노아는 '누구'(מִי)를 사용하고 있는 것이다. 아마도 자신이 음식을 대접하겠다는 것을 거부한 천사의 말에 당황한 것으로 생각된다(Block). 마노아는 또한 이 천사를 선지자로 생각하고 있다. 그래서 훗날 자신이 아들을 낳으면 '영험한 선지자'의 이름을 사람들에게 알리겠다는 것이다. 이 사람의 예언에 따라 자기가 아들을 낳았노라고! 천사는 그를 나무라며 자신의 이름은 '비밀'(הוּא־פֶלִאי)이라고 할 뿐이다(18절). 그의 이름 자체가 비밀이란 뜻이 아니라, 그의 이름은 마노아가 듣고 알기에는 너무 놀라운 것/특별한 것이라는 의미다(cf. NIV, NRS, TNK). 마노아는 여태 불임한 여인이 아이를 낳게 되는 것이 하나님의 특별한 사역이자 은총이라는 것도 모르고 있다. 그래서 그는 이 '선지자'에게 연연한다.

셋째, 마노아가 바위를 제단 삼아 여호와께 드린 염소와 곡식 예물을 하나님이 태우실 때, 그제서야 주의 천사를 알아본 그는 죽을까 봐 벌벌 떨었다(22절). 하나님을 보았으니 죽게 되었다고 절망한 것이다. 그의 신학은 분명 옳다. 성경에는 하나님을 직접 보고 산 사람은 별로 없다. 그러나 그의 논리는 잘못되었다. 마노아의 탄식을 들은 아내는 '만일 하나님이 우리를 죽이려 하셨다면 제물을 받지 않았을 것이며, 이 모든 일을 보이거나 말씀하지 않으셨을 것'이라는 논리와 이성으로 그를 달랬다. 그가 믿지 못하고 권위를 인정하지 못한 아내가 어리석은 마노아를 깨우쳐준 것이다.

삼손의 출생을 둘러싼 13장의 이야기를 읽으면서 불안한 마음을 감출 수 없는 일이 한 가지 있다. 삼손은 분명 이스라엘의 구원을 위하여 하나님이 특별히 사용하시려고 모태에서 택하신 사람이다(5b절). 그러나 그의 부모의 관심은 온통 아이가 없던 집안에 아들이 태어난다는 사실에만 쏠려 있다. 그들은 하나님이 이 아이를 통해 이스라엘을 구원하실 것이라는 일에는 별로 관심이 없다. 그러므로 삼손의 이야기는 부모들이 첫 단추부터 잘못 채우고 있는 듯한 느낌을 지울 수 없다.

II. 본론: 거듭되는 고난과 해방(3:7-16:31)
J. 삼손 대 블레셋(13:1-16:31)
1. 출생 이야기: 두 현현(13:1-25)

(4) 결론(13:24-25)

[24] 그 여인이 아들을 낳으매 그의 이름을 삼손이라 하니라 그 아이가 자라매 여호와께서 그에게 복을 주시더니 [25] 소라와 에스다올 사이 마하네단에서 여호와의 영이 그를 움직이기 시작하셨더라

드디어 아이가 태어났다. 여인은 그에게 삼손이라는 이름을 주었다(24절). 고대 이스라엘 사회에서 아이의 이름은 두 부모 중 아무나 줄 수 있다. 구약에서는 어머니들이 아이의 이름을 지어주는 일이 아버지가 하는 것보다 더 많이 언급된다. 그러나 어미니가 삼손에게 이름을 준 것은 삼손 이야기에서 여인들이 결정적인 역할을 한다는 테마를 지속할 뿐만 아니라, 마노아를 더 소외시키는 역할을 한다(Block).

삼손(שִׁמְשׁוֹן)의 이름을 어떻게 이해할 것인가? 그의 이름은 태양(שֶׁמֶשׁ)에 작다는 뜻을 가진 접미사 וֹן–을 더한 것으로써 문자적으로 풀이하면 '작은 태양'이 된다(HALOT). 그래서 영어권 주석가들은 그를 'Sunny' 혹은 'Sunny-boy'라고 부른다(Pressler, Block). 그런데 이 이름이 무엇을 상징하는가? 어떤 학자들은 이때까지 이스라엘 역사에 지속되어 왔던 어두움을 빛으로 온 삼손이 날려버린다는 의미에서 풀이하려 한다. 어떤 사람들은 삼손이 '태양 같은 힘'을 갖게 될 것을 예고하는 것으로 이해한다(Hildebrandt). 그러나 가장 현실적이고 가장 많은 학자의 지지를 얻는 해석은 그의 이름이 태양을 숭배하는 종교를 배경으로 하고 있다는 것이다.

저자는 삼손이 소라에서 태어나 에스다올(אֶשְׁתָּאֹל)과 소라 사이에 있는 마하네단(מַחֲנֵה־דָן)에서 살았다고 한다(25절). 에스다올과 소라는 소렉 계곡 북쪽에 있는 성읍들로 알려져 있다(cf. ABD). 이곳에서 몇 ㎞만 내려가면 벧세메스(בֵּית־שֶׁמֶשׁ)가 나오는데 이 성읍의 이름을 문자적으로 풀이하면 '태양의 집'이며, 태양을 신으로 숭배하는 종교의 중심지였다(Gray). 삼손의 이름이 이 태양 신을 숭배하는 종교를 배경으로 하고 있다. 그의 아버지의 태도와 이스라엘이 처해 있는 정황을 감안하면 충분히 가능한 해석이다. 이스라엘의 구원자가 이번에는 태양을 신으로 숭배하는 집에서 태어난 것이다.

삼손의 이름이 여호와가 아닌 태양 숭배를 바탕으로 하고 있다는 것이 독자들을 조금은 불안하게 한다. 그러나 하나님은 개의치 않으시고 그를 축복하셨다(24절). 아이는 잘 자랐으며, 그가 마하네단에 있을 때, 여호와의 영(רוּחַ יְהוָה)이 그를 처음으로 감동했다(חלל)(25절). 공동, 새번역 등이 '감동했다'(חלל)를 '내렸다'라고 번역하고 있지만, 정확한 번역은 아니다. 이 동사의 기본적인 의미는 '휘젓다'(stir)이다(HALOT, cf. NIV, NAS, NRS). 이때부터 하나님의 영이 그의 삶을 요동치게 하신 것이다.

II. 본론: 거듭되는 고난과 해방(3:7–16:31)
J. 삼손 대 블레셋(13:1–16:31)

2. '사역' 이야기: 한 여인과 연관된 두 사건(14:1–15:20)

비록 이름의 종교적 배경이 마음에 걸리기는 하지만, 삼손의 탄생은 많은 기대를 하게 한다. 구약의 여러 영웅이 태어날 때처럼 천사가 먼저 나타나 그의 탄생을 선포했기 때문이다. 삼손은 하나님의 축복을 받으며 잘 자랐다. 사사기에서 이스라엘의 구원자 중 하나님의 축복을 받았다고 기록된 사람은 삼손이 유일하다. 하나님은 그에게 영을 부어주셨다. 특히 그가 모태에서부터 하나님께 나실인으로 드려졌다는 사실이 우리의 기대를 몇 배로 가중시킨다. 또한 삼손 이야기가 시작된 이후 이때까지 모든 것이 잘 진행되고 있기 때문에 우리가 그동안 이스라엘의 여러 사사에게서 느껴보지 못하고, 알지 못했던 하나님의 놀랍고 대단한 규모의 구원 사역을 기대하는 것은 당연한 일이다.

그러나 지금부터 삼손 이야기는 전혀 예측하지 못한 방향으로 진행된다. 그는 위대한 구원자가 아니라 자기만 알고 쉽게 화내는 불손한 청년에 불과하다! 그는 여자를 무척 좋아한다. 특별히 블레셋 여인들을 좋아한다. 율법에 비추어보아도 삼손이 블레셋 여인들을 선호하는 것은 문제가 많다. 그는 이스라엘을 구원하는 일에는 전혀 관심이 없다. 그저 개인적인 욕망에 사로잡혀 마음이 가는 대로 행동하는 망나니일 뿐이다. 그러므로 지금부터 전개되는 삼손의 이야기는 기대가 큰 만큼 실망도 크다.

삼손의 탄생 배경을 설명한 서론을 제외한 그의 이야기는 14-15장과 16장으로 구분되며 이 두 섹션은 여러 가지 공통적인 요소들을 지녔다(Exum). 첫째, 두 섹션 모두 삼손이 블레셋 여인을 욕망하는 것으로 시작한다. 둘째, 블레셋 지도자들이 삼손의 연인들에게 그로부터 비밀을 알아내도록 압력을 가하는 것과 연인들이 삼손에게서 비밀을 얻어내는 것도 동일하다. 셋째, 두 섹션 모두 삼손이 연인에게 고백하는 비밀이 블레셋 사람들에게 큰 정보를 제공하는 것 같지만, 결국 그 비밀이 수많은 블레셋 사람의 생명을 앗아가는 것도 같다.

더 나아가 14장과 15장은 다음과 같이 각각 4개의 에피소드로 구성된 두 사건을 중심으로 한 평행적인 구조를 지녔다(Younger, cf. Exum, Webb). 제시된 구조를 보면 1과 2는 대체적으로 무난한 평행을 이루고 있지만, 3과 4는 다소 강요된 느낌을 준다. 특히 15장의 4섹션에서는 일부 텍스트가 구조에서 제외되고 순서도 뒤바뀐 아쉬움이 있다. 그러나 전반적으로는 이 두 이야기의 흐름이 어느 정도의 평행을 이루고 있음을 보여준다.

<table>
<tr><th colspan="2">14장</th><th colspan="2">15장</th></tr>
<tr><td rowspan="4">1
1–4절</td><td>삼손이 딤나에 내려가서 한 여자를 봄(1절)</td><td rowspan="4">1
1–3절</td><td>삼손이 [아내를] 찾아감(1a절)</td></tr>
<tr><td>삼손과 부모의 대화(2절)</td><td>삼손과 장인의 대화(1b절)</td></tr>
<tr><td>부모의 반대(3절)</td><td>장인의 반대(15b절)</td></tr>
<tr><td>다른 여자에 대한 가능성과 삼손의 거부(4절)</td><td>다른 여자에 대한 가능성과 삼손의 거부(2–3절)</td></tr>
<tr><td rowspan="2">2
5–6절</td><td>삼손이 부모와 딤나로 내려감(5a절)</td><td rowspan="2">2
4–6a절</td><td>삼손이 내려감(4a절)</td></tr>
<tr><td>짐승(사자)과 연루된 행동(5b–6절)</td><td>짐승(여우)과 연루된 행동(4b–6a절)</td></tr>
<tr><td rowspan="2">3
7–9절</td><td>그가 내려가 여자와 대화함(7절)</td><td rowspan="2">3
6b–8절</td><td>블레셋 사람들이 올라옴(6b절)</td></tr>
<tr><td>꿀과 연관된 자비로운 행동(8–9절)</td><td>보복과 연관된 포악한 행동(7–8절)</td></tr>
<tr><td rowspan="5">4
10–20절</td><td>그의 아버지가 여자에게 내려감(10a절)</td><td rowspan="5">4
9–19절</td><td>블레셋 사람들이 올라옴(9a절)</td></tr>
<tr><td>삼손과 블레셋 사람들, 블레셋 사람들과 딤나 사람, 딤나 사람과 삼손, 블레셋 사람과 삼손 사이의 대화(중심 인물 셋 사이의 대화)(10b–14절)</td><td>유다 사람들과 블레셋 사람들, 유다 사람들과 삼손 사이의 대화(중심 인물 셋 사이의 대화)(9b–14a절)</td></tr>
<tr><td>삼손의 첫 번째 수수께끼(14절)</td><td>삼손의 두 번째 수수께끼(16절)</td></tr>
<tr><td>블레셋 사람들이 삼손의 수수께끼를 풀기 위해 3자를 위협함(15–18절)</td><td>블레셋 사람들이 수수께끼를 풀기 위해 3자를 위협함(9b절)</td></tr>
<tr><td>여호와의 영이 삼손에게 임하여 블레셋 사람들을 죽임(19–20절)</td><td>여호와의 영이 삼손에게 임하여 블레셋 사람들을 죽임(14b–19절)</td></tr>
</table>

II. 본론: 거듭되는 고난과 해방(3:7–16:31)
J. 삼손 대 블레셋(13:1–16:31)
2. '사역' 이야기: 한 여인과 연관된 두 사건(14:1–15:20)

(1)첫 번째 사건(14:1–20)

삼손이 하나님이 주신 소명과 상관없이 어떻게 블레셋 사람들을 죽이게 되었는가를 설명하는 이 이야기는 그가 딤나에 사는 한 블레셋 여인을 좋아하게 된 일과 그녀와의 결혼을 중심으로 구성되어 있다. 삼손이 이 여인을 좋아하게 된 단 한가지 이유는 보기에 좋아서였다. 그는 느낌과 감정에 좌지우지되는 사람이었던 것이다(Younger). 삼손의 이러한 성향은 외부자 사사들(Out-group judges)의 인격이 지속적으로 나빠지고 있다는 것을 시사한다. 기드온은 잘못된 신학적 논리에 사로잡힌 사사였으며, 그의 뒤를 이은 입다는 무지막지한 신앙에 스스로 걸려 넘어진 사람이었다. 이제부터 우리가 접하게 될 삼손은 오직 성욕에 불타는 어리석은 사람이다.

그뿐만 아니라 삼손은 부모의 말도 듣지 않고 막무가내로 행동한다. 그는 삶에서 그 어떠한 권위도 인정하지 않고 '스스로 옳다고 생각되는 대로 행동하는 사람'이었던 것이다. 시간이 지날수록 저질 사사들이 이스라엘의 구원자들이 되며, 삼손은 이 저질 사사 중에서도 최악이다. 위에서 언급한 것처럼 본 텍스트는 네 개의 에피소드로 구성되어 있으며 다음과 같은 구조를 지니고 있다.

A. 삼손이 사랑에 빠짐(14:1–4)
  B. 청혼하러 가는 길에 생긴 일(14:5–7)
  B′. 결혼하러 가는 길에 생긴 일(14:8–9)
A′. 삼손이 결혼함(14:10–20)

II. 본론: 거듭되는 고난과 해방(3:7–16:31)
J. 삼손 대 블레셋(13:1–16:31)
2. '사역' 이야기: 한 여인과 연관된 두 사건(14:1–15:20)
(1)첫 번째 사건(14:1–20)

a. 삼손이 사랑에 빠짐(14:1–4)

1 삼손이 딤나에 내려가서 거기서 블레셋 사람의 딸들 중에서 한 여자를 보고 2 올라와서 자기 부모에게 말하여 이르되 내가 딤나에서 블레셋 사람의 딸들 중에서 한 여자를 보았사오니 이제 그를 맞이하여 내 아내로 삼게 하소서 하매 3 그의 부모가 그에게 이르되 네 형제들의 딸들 중에나 내 백성 중에 어찌 여자가 없어서 네가 할례 받지 아니한 블레셋 사람에게 가서 아내를 맞으려 하느냐 하니 삼손이 그의 아버지에게 이르되 내가 그 여자를 좋아하오니 나를 위하여 그 여자를 데려오소서 하니라 4 그 때에 블레셋 사람이 이스라엘을 다스린 까닭에 삼손이 틈을 타서 블레셋 사람을 치려 함이었으나 그의 부모는 이 일이 여호와께로부터 나온 것인 줄은 알지 못하였더라

저자는 삼손이 블레셋 여인과 사랑에 빠지게 된 것이 하나님의 계획의 일부라는 것을 인정하면서도(4절), 이 해괴망측한 일이 마치 전적으로 옳고 그름을 분별하지 못하는 삼손의 어리석음과 고집에서 비롯된 것처럼 묘사한다. 삼손이 블레셋 사람들로 인해 망가지는 것을 감안할 때 그가 블레셋 여인과 사랑에 빠진 것은 개인적으로도 결코 좋은 일이 아니다(cf. Mobley, Niditch). 즉, 이 이야기는 하나님이 나실인인 삼손의 의지를 시험하는 사건이다(Block). 불행하게도 삼손은 이 테스트에서 완전히 낙제했다.

삼손이 딤나에 갔다가 어떤 처녀를 보고 돌아와서 아버지에게 그녀를 아내로 얻어달라고 떼를 썼다. 고대 사회에서 결혼은 당사자들이 직접 결정하는 것이 아니라, 양가 부모가 만나 협상을 통해 결정하는 것이었기 때문이다(Galpaz-Feller). 그는 부모와의 대화에서 '이제/당장'(עַתָּה) 그 여자를 아내로 맞이하고 싶다고 한다. 저자는 삼손이 즉흥적인 만족을 추구하는 사람이었으며, 이성과 논리뿐만 아니라 하나님이 그의 삶에 개입하실 가능성을 완전히 배제하는 형편없는 사람이었다는 것을 강조한다(Younger). 또한 사사기에 등장하는 사사 중에서도 삼손은 남을 위한 희생을 전혀 찾아볼 수 없는 가장 이기적인 사람이다(Wong, Webb). 삼손은 모든 면에서 첫 번째이자 모델 사사였던 옷니엘과 비교했을 때 여자들과의 관계, 군사적 지도력, 백성을 구원하는 일 등에서 완전히 대조되는 사사다(Gooding). 옷니엘은 여호와와 이스라엘을 위해서 행동했지만, 삼손은 전적으로 자기 개인의 이익을 위해 복수하는 사람일 뿐이다(Schneider, Amit).

삼손에게는 자기 백성을 블레셋 사람들의 속박에서 구원해야겠다는 사명감이 없다. 그저 '그의 눈에는 그녀가 좋아서'(הִיא יָשְׁרָה בְעֵינָי) 결혼하려는 것이다(3절). 이스라엘이 지금까지 반복적으로 하나님께 죄를 범한 이유는 그들이 하나님의 관점은 생각하지 않고 그저 자기들 눈으로 '보기에 좋은 대로 행하는 것'에서 빚어진 일이다. 이스라엘이 스스로 보기에 좋은 대로 행한 것이 하나님 보시기에는 악한 일이었던 것이다. 하나님이 그들을 벌하셨던 것을 감안하면 삼손의 행동이 결코 좋은 일이 아니라는 것을 쉽게 알 수 있다.

딤나(תִּמְנָה)는 삼손이 태어난 소라에서 서쪽으로 10㎞ 떨어진 곳에 있었다. 이 성읍은 단 지파에게 할당되었으며(수 19:43), 유다와 단 지파의 경계선에 있었다(수 15:10). 삼손 시대에는 이 성읍이 블레셋 사람들의 통치 아래 있었다. 삼손은 그곳에서 마음에 끌리는 블레셋 여인을 보았다. '보았다'(ראה)라는 동사가 1–2절에서 반복되는 것은 삼손이 원칙이나 최고의 선을 추구하면서 신중하게 행동하는 것이 아니라 눈에 보이는 것과 개인적인 관심사에 의존하여 직감적으로 움직이고 있다는 것을 암시한다(Block).

삼손은 집으로 돌아와 부모에게 그 처녀에게 장가들겠다고 했고, 부모들은 이방 여인은 안 된다고 타일렀다(2-3절). 신명기는 이스라엘 사람들이 가나안 사람과 결혼하는 것을 법으로 금지한다(7:3). 여호수아도 고별 설교에서 이스라엘 사람들이 이방인과 결혼하면 하나님이 가나안 사람들을 그들 앞에서 몰아내지 않으실 것이라고 경고했다. 하나님의 말씀은 삼손이 블레셋 여인하고 결혼하는 것을 허락하지 않는다.

그러나 삼손의 부모는 종교적인 이유는 전혀 언급하지 않고 단순히 블레셋 사람들을 '할례도 받지 않은 사람들'(הָעֲרֵלִים)이라는 경멸적인 어투로 비하하며 아들의 결혼을 반대했다. 합리적이지 못한 요구를 하고 있는 삼손을 이성적으로 판단하도록 유도하겠다는 것이다. 또한 이 말은 비록 이스라엘이 블레셋의 지배를 받고 있기는 하지만, 그들에게는 압제자들이 결코 앗아갈 수 없는 여호와의 할례 받은 백성이라는 정체성과 자부심이 있었다는 것을 시사한다.

삼손의 부모는 왜 그에게 출생과 연관하여 천사에게 받은 사명과 신분에 대하여 말하지 않는 것일까? 하나님이 삼손을 통해 이스라엘을 블레셋 사람들의 손에서 구원하기 위해 모태에서부터 그를 사사로 세우셨다. 또한 삼손은 평범한 아이들과는 달리 모태에서부터 하나님께 나실인으로 드려진 사람이기 때문에 특별한 삶을 살아야 한다. 이런 이유 때문에 이방인과의 결혼은 더욱더 안 된다. 그의 부모는 왜 이러한 사실을 삼손에게 말하지 않은 것일까? 삼손의 부모들은 삼손의 요청을 종교적인 이유와는 전혀 상관없는 문화와 혈통 이슈로만 취급하고 있다. 삼손의 부모들은 아들의 결혼이 어떤 신적(神的) 작정에 의한 것인지도 모르고 있다(4절).

눈에 콩깍지가 씌워진 삼손이 부모의 설득에 물러설 리 없다. 삼손은 그 블레셋 여인이 자기가 가지고 있는 아내에 대한 모든 기준과 이상에 부합하니 그녀를 아내로 데려와 달라고 떼를 썼다. 삼손은 '그녀는 내 눈에 쏙 들었다'(הִיא יָשְׁרָה בְעֵינָי 새번역)라고 표현한다. 이스라엘이 보기 좋은 대로 행한 것이 하나님의 눈에는 악한 일이었다는 점을 감안하면 이 말 역시 우리를 불안하게 하는 표현이다(McCann).

저자는 지금까지 삼손과 그의 부모의 관점에서만 삼손의 일방적인 로맨스를 조명했다. 저자는 이제 하나님의 관점에서 삼손의 로맨스를 조명한다. 하나님이 삼손의 결혼 문제를 블레셋 사람을 치실 계기로 삼으시려고 계획하셨다는 것이다(4절). 하나님이 블레셋 여인과 결혼시켜 달라고 떼쓰는 삼손의 죄를 사용하여 자기 백성을 돕기로 결정하셨다(Amit). 개역개정은 마치 삼손이 이번 기회를 사용하여 블레셋 사람을 치려 한 것으로 번역하고 있지만(4절), 하나님이 삼손의 결혼을 통해 블레셋을 치려고 하셨다는 것이 더 정확한 번역이다. "그의 부모는, 주님께서 블레셋 사람을 치실 계기를 삼으려고 이 일을 하시는 줄을 알지 못하였다"(새번역, cf. 공동, 아가페, NAS, TNK, NIV, NRS). 이스라엘 사람 삼손과 블레셋 여인의 결혼은 이 두 족속이 서로 어우러져 살겠다는 화평의 표현이다. 그런데 하나님은 이 평화를 의미하는 이벤트를 통해 이 두 족속을 갈라 놓으실 것이다. 물론 현재 상황에서 만일 하나님이 이 일을 통해 블레셋 사람들을 치신다면, 상대적 약자인 이스라엘은 블레셋의 보복을 피할 수 없다.

하나님이 처음부터 삼손을 이런 일에 사용하시려고 계획하신 것일까, 아니면 그의 성격과 성품이 너무 과격해서 고상한 방법으로 그를 사용하는 것은 도저히 가능하지 않아서 계획을 수정하신 것일까? 모태에 있을 때부터 나실인으로 하나님께 드려졌고, 이날까지 하나님의 축복 아래 살았으며, 하나님의 영이 임한 사람이 이런 결혼을 원한다는 것이 전혀 뜻밖이며 이해가 가지 않기 때문에 나오는 질문이다. 저자는 이 질문에 대한 답을 미스터리로 남겨둔다. 한 가지 확실한 것은 이 일이 '여호와께로부터 나온 것'(כִּי מֵיְהוָה)이라는 사실이다. 흥미로운 것은 여호수아기 11:20에서 이 문구가 여호와께서 여호수아와 싸울 가나안 사람들의 마음을 강퍅하게 하는 일을 묘사하는 일에 사용된다는 것이다. 이번에는 하나님이 자기의 뜻을 이루기 위하여 삼손의 마음을 강퍅하게 하셨다(O'Connell, Boda, cf. Chisholm, Klein). 하나님은 어떠한 상황에서도 자신의 뜻을 이루어나가시는 분이시다. 경우에 따라서는 자기가 들어 쓰는 사람의 마음도 강퍅하게 하여 사용하신다.

II. 본론: 거듭되는 고난과 해방(3:7-16:31) J. 삼손 대 블레셋(13:1-16:31) 2. '사역' 이야기: 한 여인과 연관된 두 사건(14:1-15:20) (1)첫 번째 사건(14:1-20)

b. 청혼하러 가는 길에 생긴 일(14:5-7)

5 삼손이 그의 부모와 함께 딤나에 내려가 딤나의 포도원에 이른즉 젊은 사
자가 그를 보고 소리 지르는지라 6 여호와의 영이 삼손에게 강하게 임하니
그가 손에 아무것도 없이 그 사자를 염소 새끼를 찢는 것 같이 찢었으나 그
는 자기가 행한 일을 부모에게 알리지 아니하였더라 7 그가 내려가서 그 여
자와 말하니 그 여자가 삼손의 눈에 들었더라

예로부터 자식 이기는 부모가 없다고 했다. 삼손에게 들볶임을 당한 부모들은 마지 못해 그의 결혼을 주선하기 위해 그와 함께 딤나로 갔다. 삼손 일행이 딤나로 간 것 자체는 별문제가 아닌데 가는 길에 포도원이 있었다는 것이 문제다. 나실인은 포도나무에서 비롯된 것은 모두 피해야 한다(cf. 민 6:1-4). 삼손의 어머니도 그를 임신했을 때 포도와 연관된 모든 것을 멀리했다(cf. 13:14). 그런데 삼손은 포도원에서 으르렁거리며 달려드는 사자를 맨손으로 때려 눕혔다(6절). 일부 주석가들은 이 사자는 삼손이 포도원에 너무 가까이 오는 것을 막기 위해 하나님이 그에게 경고하기 위해 보내신 것이라고 한다(McCann). 그러나 이 사자가 삼손에게 달려든 것과 그 순간 삼손에게 하나님의 영이 임하여 사자를 어린 염소 찢듯이 찢게 하신 것을 보면 별로 설득력이 있는 해석은 아니다. 정확히 사자의 출현이 무엇을 의미하는지는 알 수 없지만, 이 짐승의 출현이 앞으로 이야기가 전개되는 방향에 큰 영향을 미치는 것은 확실하다.

위기에 처했던 삼손이 초인적인 힘을 발휘하여 사자를 죽이게 된 것에는 하나님의 영이 그에게 힘을 주셨기 때문이다. 삼손은 이러한 사실을 알고 있었을까? 저자는 우리에게 어떠한 힌트도 주지 않는다. 사자를 처치한 삼손은 부모들과 여행을 계속했으며, 이 사실을 부모들에게 알리지 않았다(6절). 삼손이 왜 알리지 않았을까? 달려드는 사자에게서 자신을 방어하기 위하여, 그것도 하나님이 주신 힘으로 사자를 죽인 일은 좋은 일인데 말이다.

아마도 그가 나실인이었기 때문이었을 것이다. 나실인은 우연이라도 주검을 접하면 그동안 길렀던 머리카락을 살라야 하며 성막을 찾아가 제물을 바치며 8일 동안 정결 예식을 치러야 한다(cf. 민 6:9-12). 삼손은 이런 일이 번거로웠을 뿐만 아니라 돈도 많이 드는 일이므로 부모에게 말하지 않았을 것이다. 성막을 찾아가 이런 예식을 치르는 것은 삼손의 스타일이 아니다(Younger). 그의 마음에는 오직 딤나에 사는 블레셋 여인이 있을 뿐이다. 여호와와 여호와 율법은 안중에도 없다.

삼손과 함께 딤나로 내려가던 부모들이 삼손이 사자를 죽인 사실을 전혀 몰랐다는 것은 삼손이 홀로 포도원으로 들어갔다가 이런 일을 당했다는 것을 암시한다. 그가 부모님과 함께 포도원 앞을 지나는데 이유 없이 사자가 달려든 것이 아니라, 부모님 몰래 포도원 안으로 들어가서 사자를 만난 것이다. 나실인이 포도밭은 피하는 것이 당연한 일인데 말이다. 삼손은 나실인이 해서는 안 되는 일을 찾아가서 했다.

드디어 삼손 일행은 딤나에 도착했고 일은 잘 되었다. 삼손은 그 여인과 달콤한 시간을 가졌다(7절). 삼손이 식을 올리기 전에 신부 될 사람과 대화를 나누는 것은 당시 결혼에 관한 풍습에 역행하는 일이다(Galpaz-Feller). 아랑곳하지 않는 삼손은 여인과 함께 시간을 보낼수록 그녀에 대한 욕망이 커져만 갔다. 그 여인은 '삼손의 눈에 딱 들었다'(וַתִּישַׁר בְּעֵינֵי שִׁמְשׁוֹן). 하나님과 그의 율법에 따라 사는 것은 안중에도 없는 삼손에게 이 여인이 보기에 좋았다는 것은 그는 사람이 각자 '자기 소견에 옳은 대로 행하는 시대'에 걸맞은 사람이었다는 사실을 드러낸다. 그런데 삼손은 이처럼 블레셋 여인을 좋아했는데, 그 블레셋 여인은 삼손에 대해 어떻게 생각했을까? 나중에 벌어지는 일을 감안하면, 별로 탐탁하게 생각하지는 않았던 것 같다.

II. 본론: 거듭되는 고난과 해방(3:7–16:31) J. 삼손 대 블레셋(13:1–16:31) 2. '사역' 이야기: 한 여인과 연관된 두 사건(14:1–15:20) (1)첫 번째 사건(14:1–20)

c. 결혼하러 가는 길에 생긴 일(14:8–9)

[8] 얼마 후에 삼손이 그 여자를 맞이하려고 다시 가다가 돌이켜 그 사자의 주검을 본즉 사자의 몸에 벌 떼와 꿀이 있는지라 [9] 손으로 그 꿀을 떠서 걸어가며 먹고 그의 부모에게 이르러 그들에게 그것을 드려서 먹게 하였으나 그 꿀을 사자의 몸에서 떠왔다고는 알리지 아니하였더라

양가 부모들이 결혼에 합의한 후 어느 정도의 시간이 흘렀다. 삼손은 딤나에 사는 블레셋 여인과 혼례를 올리기 위해 길을 떠났다. 딤나로 내려가는 길에 그는 전에 사자를 죽였던 포도원을 찾아가 보았다. 그런데 이게 웬 일인가!(הִנֵּה) 죽은 사자의 주검에 벌 떼가 있고 꿀이 고여 있지 않은가! 그는 그 꿀을 따다가 가면서 먹었고, 부모들에게도 주었다. 그러나 그 꿀이 사자의 주검에서 떠온 것이라는 말은 하지 않았다. 삼손은 나실인은 고사하고 일반인들도 해서는 안 될 일을 서슴지 않고 했다(cf. 레 11:24–25, 39).

벌들이 사자의 주검에 모여 사는 것이 결코 일상적인 일은 아니다. 보통 짐승이 죽으면 구더기와 파리 떼가 몰리지 벌이 그 주검에 집을 짓지 않는다. 즉, 이 일은 하나님이 하신 특별한 일인 것이다(Younger). 또한 벌 '떼'(עֵדָה)라는 말도 예사롭지 않다. 성경은 벌레들의 떼를 뜻할 때는 '셰레츠'(שֶׁרֶץ)를 사용하지 '에다'(עֵדָה)를 사용하지 않는다. 구약은 '에다'(עֵדָה)를 주로 성도의 회중 혹은 믿음 공동체를 뜻할 때 사용한다(NIDOTTE). '떼'(שֶׁרֶץ)가 사용될 때는 이 벌레들이 사람에게 해를 끼치는 것을 전제하는데 저자가 이 벌들은 인간에게 이득을 끼쳤기 때문에(꿀을 제공했음) '벌 공동체'(עֲדַת דְּבוֹרִים)라는 용어를 사용하는 것으로 생각된다.

하나님께서 벌들이 사자의 주검에 꿀을 모으는 기적을 베푸신 이유는 무엇일까? 주석가들은 이 광경이 삼손을 시험하는 것이었다고 한다(Block). 아무리 꿀이 먹음직스럽다 하더라도 삼손은 그 꿀에 손대지 말고 그냥 지나갔어야 한다. 꿀을 따기 위해 삼손은 나실인이 해서는 안 될 일을 해야 하기 때문이다. 그가 꿀을 따기 위해서는 사자의 주검을 만져야 하는데, 나실인은 주검을 만져서는 안 된다(민 6:6). 삼손은 이번에도 시험에 든 것이다. 나실인이 아닌 이스라엘 사람도 주검을 만지면 부정해진다(cf. 레 11:24-25, 39). 삼손은 꿀의 출처에 대하여 전혀 의심하지 않은 그의 부모들도 부정하게 만들었다. 삼손의 부모들은 그를 성결하게 했는데, 삼손은 그들을 부정하게 만들었다. 삼손은 오직 자기 욕구를 충족시키는 일과 순간적인 만족을 위해 사는 사람이다(Younger). 삼손의 사악함에는 한계가 없다(Block).

II. 본론: 거듭되는 고난과 해방(3:7–16:31)
J. 삼손 대 블레셋(13:1–16:31)
2. '사역' 이야기: 한 여인과 연관된 두 사건(14:1–15:20)
(1)첫 번째 사건(14:1–20)

d. 삼손이 결혼함(14:10–20)

10 삼손의 아버지가 여자에게로 내려가매 삼손이 거기서 잔치를 베풀었으니
청년들은 이렇게 행하는 풍속이 있음이더라 11 무리가 삼손을 보고 삼십 명
을 데려와서 친구를 삼아 그와 함께 하게 한지라 12 삼손이 그들에게 이르되
이제 내가 너희에게 수수께끼를 내리니 잔치하는 이레 동안에 너희가 그것
을 풀어 내게 말하면 내가 베옷 삼십 벌과 겉옷 삼십 벌을 너희에게 주리라
13 그러나 그것을 능히 내게 말하지 못하면 너희가 내게 베옷 삼십 벌과 겉옷
삼십 벌을 줄지니라 하니 그들이 이르되 네가 수수께끼를 내면 우리가 그것
을 들으리라 하매 14 삼손이 그들에게 이르되

먹는 자에게서 먹는 것이 나오고
강한 자에게서 단 것이 나왔느니라

하니라 그들이 사흘이 되도록 수수께끼를 풀지 못하였더라 15 일곱째 날에
이르러 그들이 삼손의 아내에게 이르되 너는 네 남편을 꾀어 그 수수께끼
를 우리에게 알려 달라 하라 그렇지 아니하면 너와 네 아버지의 집을 불사
르리라 너희가 우리의 소유를 빼앗고자 하여 우리를 청한 것이 아니냐 그렇
지 아니하냐 하니 16 삼손의 아내가 그의 앞에서 울며 이르되 당신이 나를 미
워할 뿐이요 사랑하지 아니하는도다 우리 민족에게 수수께끼를 말하고 그
뜻을 내게 알려 주지 아니하도다 하는지라 삼손이 그에게 이르되 보라 내가
그것을 나의 부모에게도 알려 주지 아니하였거든 어찌 그대에게 알게 하리
요 하였으나 17 칠 일 동안 그들이 잔치할 때 그의 아내가 그 앞에서 울며 그
에게 강요함으로 일곱째 날에는 그가 그의 아내에게 수수께끼를 알려 주매
그의 아내가 그것을 자기 백성들에게 알려 주었더라 18 일곱째 날 해 지기
전에 성읍 사람들이 삼손에게 이르되

무엇이 꿀보다 달겠으며
무엇이 사자보다 강하겠느냐
한지라 삼손이 그들에게 이르되
너희가 내 암송아지로 밭 갈지 아니하였더라면
내 수수께끼를 능히 풀지 못하였으리라
하니라 19 여호와의 영이 삼손에게 갑자기 임하시매 삼손이 아스글론에 내려
가서 그 곳 사람 삼십 명을 쳐죽이고 노략하여 수수께끼 푼 자들에게 옷을
주고 심히 노하여 그의 아버지의 집으로 올라갔고 20 삼손의 아내는 삼손의
친구였던 그의 친구에게 준 바 되었더라

삼손 일행은 부정한 꿀을 먹은 일을 뒤로하고 딤나에 있는 신부 집에 도착했다. 고대 근동 사람들은 결혼 잔치를 신부 집에서 1주일 동안 했다(12절, cf. 창 29:23-27). 이 기간 신랑은 신부측의 풍습과 식을 따라 주어야 한다. 그렇다면 이 1주일 동안 삼손은 또다시 나실인이 해서는 안 될 일을 했을 것이다(Olson, McCann). 당시 결혼 잔치에 빠질 수 없는 것이 술이었는데, 삼손이 1주일 동안 술을 전혀 마시지 않았을 가능성이 얼마나 되느냐는 것이다. 특히 바로 앞에서 포도원에 들어가 부정한 꿀을 따먹었던 삼손이 자신은 포도에서 난 모든 것을 멀리해야 하는 나실인이라는 이유로 술을 거절했을 가능성은 없어 보인다.

신부 집에서 1주일 동안 지내야 하는 삼손이 심심해졌다. 그래서 그는 잔치에 와 있던 블레셋 젊은이 30명에게 제안을 했다. 이 30명의 정체와 역할에 대하여 학자들의 추측이 분분하다(cf. Block). 고대 근동 풍습에 신랑이 결혼 잔치에 시중드는 사람을 데리고 등장하는 예는 없기 때문이다(Soggin). 저자가 블레셋 사람들이 삼손을 본 후에 30명을 불렀다고 하는 것으로 보아 삼손의 생김새가 위협적이어서 그를 감시하기 위해 삼손의 장인이 고용한 사람들로 생각된다(cf. 공동).

삼손이 그를 감시하고 있는 블레셋 청년 30명에게 제안한 것은 자기

가 그들에게 수수께끼를 내서 그들이 7일 내에 알아 맞추면 모시옷 30벌과 겉옷 30벌을 줄 것이요, 알아 맞추지 못하면 모시옷 30벌과 겉옷 30벌을 내놓으라는 것이었다(12-13절). 블레셋 사람들은 쉽게 그의 제안을 받아들였고 삼손은 그들에게 수수께끼를 냈다(14절).

"먹는 자에게서 먹는 것이 나오고(מֵהָאֹכֵל יָצָא מַאֲכָל),
강한 자에게서 단 것이 나왔다"(וּמֵעַז יָצָא מָתוֹק).

이 수수께끼는 여섯 개의 히브리어 단어로 구성된 매우 간략한 것이다. 학자들은 고대 근동 사람들은 이런 수수께끼에 익숙했기 때문에 별 어려움 없이 풀 수 있었을 것으로 생각한다. 이 수수께끼가 잔치에서 주어진 것이고, 청년들(강한자들)에게 주어진 것이라는 사실을 감안하여 그들은 최소한 두 개의 유력한 답을 추측할 수 있었을 것이다(cf. Schneider, McCann, Block). 첫 번째 가능성은 '토한 것'(vomit)이다(Block). 일주일 동안 지속되는 잔치를 치르다 보면 필요 이상의 음식과 술을 마시게 되는 것은 흔히 있던 일이다. 이러한 정황에서 '먹는 자'에게서 '먹는 것'이 나온 것이 구토가 아니면 무엇이겠는가? 또한 잔치에 참석한 '강한 자'가 토해낸 것은 온갖 고급 잔치 음식이므로 '단 것'이 된다.

두 번째 가능성은 '정액'(semen)이다(Crenshaw, Schneider). 이 경우 '먹는 자'와 '강한 자'는 곧 신랑이다. 신랑에게서 나온 '먹는 것'과 강한 자에게 나온 '단 것'은 곧 그의 정액이며, 은유적으로 말할 때 신부는 신랑의 정액을 '먹는다'는 해석이다. 삼손은 이 수수께끼를 통해 본인도 모르게 그의 종말을 예고하는 듯 하다. '먹는 것/단 것'(사랑/성관계)이 '먹는 자/강한 자'를 이길 것이기 때문이다(Nel, Crenshaw, Block).

그렇다면 왜 블레셋 사람들은 이 수수께끼에 대한 답을 3일이 지나도록 파악하지 못하고 끙끙댔을까? 무엇보다도 이 두 가지 답은 너무 당연하고 쉽다는 것이 그들의 마음에 걸렸을 것이다(McCann). 삼손이 많은 물품을 걸고 내놓은 수수께끼의 답이 결코 이렇게 쉬운 것은 아닐 것이라는 생각이 그를 압도했던 것이다. 어찌되었든 간에 이 둘은 삼손이 생각하고 있던 답이 아니었다. 삼손은 자신이 포도원에서 체험했던 일을 토대로 수수께끼를 냈다. 그는 부모에게도 자신이 체험한 것에 대하여 말한 적이 없으니, 이 세상에서 그가 마음에 두고 있는 답을 아는 사람은 오직 삼손 자신뿐이다. 그러므로 블레셋 사람들이 삼손의 수수께끼를 푸는 것은 불가능한 일이다(Galpaz-Feller).

삼 일 동안(14절) 수수께끼를 풀지 못한 블레셋 사람들이 잔치 나흘째 되던 날 비열한 방법을 동원했다. 삼손의 아내를 협박한 것이다(15절). "신랑을 꾀어서, 그가 우리에게 낸 그 수수께끼의 해답을 알아내서 우리에게 알려주시오. 그렇지 않으면 새댁과 새댁의 친정 집을 불살라 버리겠소. 우리가 가진 것을 빼앗으려고 우리를 초대한 것은 아니지 않소?"(새번역) 마소라 사본은 '칠일째 되던 날'(וַיְהִי בַּיּוֹם הַשְּׁבִיעִי; 개정)이라는 말로 15절을 시작한다. 하지만 바로 앞 문구가 그들이 3일 동안 풀지 못했다는 말을 하며, 삼손이 아내에게 답을 가르쳐준 것이 7일째 되던 날인데(17절), 그가 답을 가르쳐주기 전에 그의 새 아내가 한동안 눈물로 그를 들볶았다는 점을 감안하면 '나흘째 되던 날'이 맞다(cf. 공동; NAS, NIV, NRS, LXX).

협박을 당한 여인은 삼손에게 눈물로 애원하며 답을 가르쳐 달라고 했다. "나를 사랑한다면 답을 가르쳐 주세요!" 삼손은 "부모에게도 알려드리지 않은 것을 넘보다니!"라는 말로 단호히 거절했다(16절). 그러나 여자의 눈물에 가장 약한 것은 남자다(왜냐하면 남자는 흙으로 빚어졌으며, 흙은 액체에 약하기 때문이다!). 여자가 4일 동안 징징대니 삼손의 마음이 녹아내려서였는지, 아니면 단순히 귀찮아서였는지 그녀에게 답을 말해주었다(17절). 여인은 당연히 그녀를 협박한 자기 백성에게 답을 전달해 주었다. 그녀가 삼손에 대하여 어떻게 생각했는가를 가늠해 볼 만한 행동이다. 그녀에게는 삼손에 대한 애정이 없다. 만일 조금이라도 있었다면, 삼손과 협의하여 대책을 강구했을 것이다. 결국 삼손은 이 여인을 짝사랑해서 결혼한 것이다. 또한 주변 사람들이 이 여자를 협박하는 것을 보면 이 결혼이 얼마나 무모한 짓인가를 암시한다(Niditch).

삼손의 아내가 그를 배반한 가장 큰 이유는 그녀와 그녀의 친정이 불타는 것을 모면하기 위해서였다(15절). 그녀가 삼손에 대하여 어떠한 애정을 가지지 않았다는 점도 크게 작용했다. 저자는 이 딤나 여인이 삼손에 대하여 별다른 사랑을 가지지 않았다는 것을 수수께끼에 대한 답을 알아낸 그녀가 '자기 동족'(עַמָּה)(17절)에 알려주었다는 말을 통해 암시한다(Younger). 그러나 잠시 후 그녀가 남편을 버리면서까지 모면하고자 했던 위기가 그녀를 엄습한다(15:6). 이것이 종종 하나님이 배신자들에게 내리시는 삶의 아이러니가 아닐까?

비열한 방법으로 답을 알아낸 블레셋 사람들이 삼손에게 당당하게 답을 말했다(18a절). 삼손이 "나의 암소로 밭을 갈아서 얻은 답"(새번역)이라며 '부정!'을 외쳤지만 별 소용이 없었다. 삼손이 내기에서 진 것이다. 그가 아내를 암소(עֶגְלָה)라고 부르는 것은 애칭이 아니라 그녀를 경멸하는 것이다. 삼손도 아내의 배신에 화가 잔뜩 났다는 뜻이다.

하는 수 없이 삼손은 약속대로 모시옷 30벌과 겉옷 30벌을 마련하기 위해 아스글론으로 내려가 블레셋 사람 30명을 죽이고 그들의 옷을 빼앗았다(19절). 아스글론은 딤나에서 30㎞ 이상 떨어진 곳에 있는 블레셋 사람들의 도시였다. 그는 블레셋 사람과의 내기에 건 옷을 마련하기 위하여 블레셋 사람들을 죽인 것이다.

하나님의 영이 삼손에게 임해 이 일을 하도록 했다. 삼손은 개인적인 이유 때문에 블레셋 사람 30명을 죽여야 했다. 그러나 그 이상은 죽이지 않았다. 또한 그가 블레셋 사람들을 죽였지만, 이스라엘에게는 해방이 임하지 않았다. 삼손은 이스라엘의 사사로서 블레셋 사람들을 죽인 것이 아니다. 앞으로 삼손과 블레셋 사람들의 관계는 갈수록 치열해질 것이다. 이야기의 흐름은 삼손이 블레셋 사람들의 비열함을 응징하는 형태를 취한다. 다음 도표를 참조하라(Younger).

블레셋의 비열함	삼손의 응징
14:15	14:19
14:20–15:2	15:3–5
15:6	15:8
15:9–10	15:15
16:2	16:3
16:5	16:30

약속대로 옷을 건네준 삼손은 화가 풀리지 않아 아내를 처가에 둔 채 혼자 집으로 돌아왔다. 그의 장인은 삼손이 매우 화가 난 것을 보고 다시는 자기 딸을 찾지 않을 것으로 생각하고 그 딸을 결혼에 참석했던 사람 중 한 사람에게 아내로 주었다(20절). 삼손과 여인의 결혼을 축하하고 그들의 신빙을 보호해야 하는 사람이 결혼을 깨는 당사자가 되었다(Yadin). 삼손 이야기는 온갖 아니러니로 가득 차 있다(cf. Klein). 삼손의 '국제 결혼'이 실패했다. 앞으로 이 일 때문에 삼손과 결혼했던 딤나 여인의 집안에는 엄청난 재앙이 임하게 된다. 이렇게 해서 삼손의 결혼 사건을 통한 하나님의 블레셋 사람들에 대한 심판이 시작되었다.

II. 본론: 거듭되는 고난과 해방(3:7–16:31)
J. 삼손 대 블레셋(13:1–16:31)
2. '사역' 이야기: 한 여인과 연관된 두 사건(14:1–15:20)

(2) 두 번째 사건(15:1–20)

몇 달이 지났을까? 결혼식 잔치에서 있었던 일로 단단히 화가 났던 삼손이 어느 정도 화를 삭이고 다시 아내를 찾았다. 오늘날 남자가 연인을 찾을 때 초콜릿 한 박스 들고 가는 것처럼 삼손은 새끼 염소 한 마리를 앞세우고 딤나로 내려갔다. 물론 삼손은 결혼식 때 자리를 박차고 나온 이후로 그녀의 근황에 어떠한 변화가 있었는지 전혀 모르는 상황이다. 이 섹션은 앞 장(章)처럼 네 에피소드를 중심으로 구성되어 있으며, 다음과 같이 교차대구법적 구조를 지녔다.

A. 삼손이 아내를 찾아 내려감(15:1–3)
  B. 블레셋 사람들이 삼손의 아내 가족을 죽임(15:4–6)
  B′. 삼손이 블레셋 사람들을 닥치는 대로 죽임(15:7–8)
A′. 블레셋이 삼손을 찾아 올라옴(15:9–20)

II. 본론: 거듭되는 고난과 해방(3:7–16:31)
  J. 삼손 대 블레셋(13:1–16:31)
    2. '사역' 이야기: 한 여인과 연관된 두 사건(14:1–15:20)
      (2)두 번째 사건(15:1–20)

a. 삼손이 아내를 찾아 내려감(15:1–3)

1 얼마 후 밀 거둘 때에 삼손이 염소 새끼를 가지고 그의 아내에게로 찾아 가서 이르되 내가 방에 들어가 내 아내를 보고자 하노라 하니 장인이 들어 오지 못하게 하고 2 이르되 네가 그를 심히 미워하는 줄 알고 그를 네 친구에게 주었노라 그의 동생이 그보다 더 아름답지 아니하냐 청하노니 너는 그를 대신하여 동생을 아내로 맞이하라 하니 3 삼손이 그들에게 이르되 이번은 내가 블레셋 사람들을 해할지라도 그들에게 대하여 내게 허물이 없을 것이니라 하고

저자는 삼손의 결혼 잔치가 1년 중 어느 때 있었던 일인지 알려 주지 않았다. 그가 아내에게 배신감을 느끼고 처가를 떠난 후 어느 정도의 시간이 지난 후 다시 아내를 찾은 때가 밀 추수 때라는 점을 감안하면 아마도 이른 봄쯤에 식을 올렸던 것으로 추정된다(Block). 밀(חִטָּה)은 고대 근동에서 널리 재배되던 곡식이었으며, 게셀(Gezer)에서 발견된 농사 달력에 의하면 보리 수확이 끝난 후 5월에 추수되었다.

삼손은 새끼 염소 한 마리를 가지고 아내를 찾았다. 지난번에 화를 내며 떠난 것에 대하여 사과하고 달래려는 의도에서였다. 그러므로 이 이야기에서 그가 '화목제'로 택한 새끼 염소는 오늘날의 '초콜릿 박스 혹은 꽃 한 다발'이라고 할 수 있다(cf. Boling). 삼손은 그녀와의 결혼을 끝낼 생각이 없었던 것이다.

그가 처가에 도착했을 때, 장인은 그를 반기기보다는 난감해했다. 결혼 잔치 중 있었던 일로 인해 삼손이 다시는 찾아오지 않을 것으로 생각하고 딸을 이미 다른 남자에게 아내로 주었기 때문이다(cf. 14:20). 삼손의 부모가 블레셋 족 며느리에 대하여 호감이 없었던 것처럼, 삼손의 장인도 이스라엘인 사위에게 어떠한 애정이나 미련도 없었다. 입장이 난처해진 장인은 삼손에게 제안을 했다. "그 아이보다 더 예쁘고 어린 딸을 자네에게 아내로 주겠네"(2절; 새번역). 장인의 제안은 정황상 가장 현명한 해결책이라 할 수 있다. 사실 일이 이렇게 된 것에 대해 화만 내며 마치 다시는 돌아오지 않을 것처럼 아내를 내팽개치고 떠났던 삼손에게도 어느 정도의 책임이 있다. 그러나 평소에 자신의 눈에 보기에 좋은 대로 행했던 사람이니 이번에도 마음에 내키는 대로 행할 것이다.

삼손은 장인의 제안을 거부하며 이번만큼은 당당하게 블레셋 사람들에게 많은 해를 끼칠 것을 선언했다(3절). 자기 생각에 옳은 대로 행하는 것에 익숙해져 있는 삼손에게 그 누구도 아내를 맞이하는 일에 대하여 그가 만족할 만한 조언을 할 수 없었던 것이다(Boling). 순식간에 긴장감과 기대감이 감돈다. 삼손이 무엇을 계획하고 있는 것일까? 이번 일을 통해 이스라엘에 구원이 임할 것인가?

II. 본론: 거듭되는 고난과 해방(3:7-16:31)
J. 삼손 대 블레셋(13:1-16:31)
2. '사역' 이야기: 한 여인과 연관된 두 사건(14:1-15:20)
(2)두 번째 사건(15:1-20)

b. 블레셋 사람들이 삼손의 아내와 그 가족을 죽임(15:4-6)

4 삼손이 가서 여우 삼백 마리를 붙들어서 그 꼬리와 꼬리를 매고 홰를 가지고 그 두 꼬리 사이에 한 홰를 달고 5 홰에 불을 붙이고 그것을 블레셋 사람들의 곡식 밭으로 몰아 들여서 곡식 단과 아직 베지 아니한 곡식과 포도원과 감람나무들을 사른지라 6 블레셋 사람들이 이르되 누가 이 일을 행하였느냐 하니 사람들이 대답하되 딤나 사람의 사위 삼손이니 장인이 삼손의 아내를 빼앗아 그의 친구에게 준 까닭이라 하였더라 블레셋 사람들이 올라가서 그 여인과 그의 아버지를 불사르니라

삼손이 장인과 블레셋 사람들에게 화내기를 혼인 잔치에서 배신한 아내에게 냈던 화만큼이나 냈다. 그는 들로 나가 여우 300마리를 잡아 두 마리씩 꼬리를 묶고 그 꼬리에 횃불을 하나씩 달아서 추수 중이던 블레셋 사람들의 들녘과 과수원들을 지나게 해서 모두 태워버렸다. 저자가 정확한 정보를 제공하지 않기 때문에 그가 어디에 가서 어떻게 순식간에 여우를 300마리씩이나 생포했는지 알 수 없다. 한 가지 확실한 사실은 이 일은 그에게 별로 어려운 일이 아니었다는 것이다.

저자는 이러한 사실을 삼손의 행동을 묘사하는 4-5절에서 동사를 무려 8개나 순식간에 사용하여 강조한다. '그가 [들판으로] 나갔다(וַיֵּלֶךְ)… [여우를] 붙들었다(וַיִּלְכֹּד)… [여우를] 취했다(וַיִּקַּח)… [여우 꼬리를] 묶었다(וַיָּשֶׂם)… [홰를] 매달았다(וַיִּתֵּן)… [홰에] 불을 붙였다(וַיַּבְעֶר־אֵשׁ)… [여우를] 보냈다(וַיְשַׁלַּח)… [곡식을] 태웠다(וַיַּבְעֵר).' 4-5절을 구성하고 있는 26개의 히브리어 단어 중 8개가 동사이니 거의 1/3이 동사인 것이다. 히브리어 문학에서는 일이 순식간에 일어났다는 것을 강조할 때 이런 기법을 흔히 사용한다. 삼손이 여우 300마리를 생포한 것은 식은 죽 먹기였던 것이다. 비록 저자가 하나님의 직접적인 개입을 언급하지 않았지만, 이 일은 분명 하나님이 하신 일이다.

블레셋은 곡창 지대였으며 블레셋 사람들은 주로 농사를 지었다. 그래서 그들이 숭배하던 가장 중요한 신 다곤도 곡식의 신이었다. 그러므로 삼손이 블레셋 사람들의 곡식을 태우는 것은 블레셋 경제의 심장을 찌르는 행위였다. 삼손의 행위는 단순한 개인적인 보복의 차원을 넘어서 한 국가의 경제를 위협하는 상징성을 지닌 것이다. 한 가지 이해할 수 없는 것은 삼손이 왜 여우의 꼬리를 묶어 두 마리씩 짝지어 보냈을까이다. 묶지 않고 횃불을 한 마리에 하나씩 매달아 보냈으면, 더 많은 곡식을 불태울 수도 있었을 텐데 말이다. 주석가들은 함께 묶인 여우들이 서로 떨어지려고 안간힘을 쓰나 보면 지그재그로 가게 되는 효과를 삼손이 노렸다고 풀이한다(Boda, Block). 혹시 삼손이 너무 화가 나서 이성을 잃었던 것일까? 화가 난 사람은 합리성에서 먼 거리에 떨어져 있다.

전에 들어보지도 못하고, 상상도 하지 못했던 황당한 일을 당해 엄청난 경제적 손실을 입은 밭주인들이 범인을 찾았다(6절). 블레셋 사람들은 삼손의 장인이 삼손의 아내를 남에게 넘긴 일로 인해 화가 나 저지른 범행이라는 것을 밝혀냈다. 블레셋 사람들은 곧장 딤나로 올라가 삼손의 아내와 그녀의 친정 아버지를 불태워 죽였다. 아마도 모녀를 집에 가둔 채 집에 불을 지른 것으로 생각된다(cf. 14:15). 삼손의 아내는 그녀의 집에 불을 지르겠다는 협박에 못 이겨 남편을 배반했다. 그런데 불과 몇 개월 만에 그녀가 남편을 배신하면서까지 피하고자 했던 일을 직접 당하게 된 것이다.

삼손이 블레셋 사람들의 밭을 태운 일은 벌집을 쑤셔놓은 것과 같다. 그런데 이상하게 벌집이 조용하다. 오히려 이 '벌들'은 삼손에게 빌미를 제공한 '벌들'을 스스로 처단했다. 정확한 이유는 알 수 없다. 삼손이 전에 30벌의 옷을 마련하기 위해 맨손으로 30명을 때려죽인 일을 감안할 때, 아마도 그들은 삼손에게 대항하는 것보다는 그를 화나게 한 사람들을 처단해서 그를 달래려고 했던 것으로 생각된다(Younger, cf. Pressler). 또한 블레셋 사람들은 삼손이 충분히 화가 날 만하다고 생각했을 것이다.

II. 본론: 거듭되는 고난과 해방(3:7-16:31) J. 삼손 대 블레셋(13:1-16:31) 2. '사역' 이야기: 한 여인과 연관된 두 사건(14:1-15:20) (2)두 번째 사건(15:1-20)

c. 삼손이 블레셋 사람들을 닥치는 대로 죽임(15:7-8)

7 삼손이 그들에게 이르되 너희가 이같이 행하였은즉 내가 너희에게 원수를 갚고야 말리라 하고 8 블레셋 사람들의 정강이와 넓적다리를 크게 쳐서 죽이고 내려가서 에담 바위 틈에 머물렀더라

삼손은 블레셋 사람들이 그의 아내와 장인을 태워 죽였다는 소식을 듣고 만족해하기는커녕 오히려 더 화를 냈다. "너희가 이렇게 하였으니, 내가 너희에게 원수를 갚기 전에는 가만히 있지 않겠다"(새번역). 아내의 죽음에 대하여 블레셋 사람들에게 복수하겠다는 것이다. 블레셋 사람들이 삼손을 달래려고 했던 일이 오히려 그의 화를 더 북돋았다. 비록 남의 여인이 되기는 했지만, 삼손은 아직도 이 여인을 포기하지 않고 아내로 생각했던 것일까, 아니면 그저 블레셋 사람들에게 시비를 걸기 위한 수단으로 사용하고 있는 것일까? 전자일 가능성을 배제할 수는 없지만(cf. Younger), 그의 불 같고 원칙이 없는 성격을 감안할 때 후자일 가능성이 크다. 삼손은 그를 달래려 했던 사람들에게 화풀이를 하고 있는 것이다.

삼손은 닥치는 대로 블레셋 사람들을 죽이고는 에담 바위 동굴로 내려갔다(8절). 에담 동굴(סֶלַע עֵיטָם)의 위치가 정확히 밝혀지지는 않았지만, 다음 섹션에 전개되는 이야기를 감안하면, 유다 지파에 속한 영토인 소렉 계곡의 북쪽에 있었던 것이 확실하다(ABD). 그가 유다에 속한 에담 동굴로 피신한 것은 상당한 상징적인 의미를 지니고 있다. 에담(עֵיטָם)은 '육식조'(bird of prey)를 뜻하는 단어(עַיִט)에서 비롯된 것이다(HALOT). 삼손은 마치 육식조(肉食鳥)에 쫓기는 짐승처럼 그를 죽이려는 블레셋 사람들을 피해 동족 유다 사람들의 땅으로 갔다. 그러나 삼손은 에담에서도 평안할 수 없다. 그가 보호를 기대하고 찾아간 동족 유다 사람들이 그를 찾던 블레셋 사람들에게 내주었기 때문이다.

II. 본론: 거듭되는 고난과 해방(3:7-16:31)
J. 삼손 대 블레셋(13:1-16:31)
2. '사역' 이야기: 한 여인과 연관된 두 사건(14:1-15:20)
(2)두 번째 사건(15:1-20)

d. 블레셋이 삼손을 찾아 올라옴(15:9-20)

[9] 이에 블레셋 사람들이 올라와 유다에 진을 치고 레히에 가득한지라 [10] 유다
사람들이 이르되 너희가 어찌하여 올라와서 우리를 치느냐 그들이 대답하되
우리가 올라온 것은 삼손을 결박하여 그가 우리에게 행한 대로 그에게 행하
려 함이로라 하는지라 [11] 유다 사람 삼천 명이 에담 바위 틈에 내려가서 삼손
에게 이르되 너는 블레셋 사람이 우리를 다스리는 줄을 알지 못하느냐 네가
어찌하여 우리에게 이같이 행하였느냐 하니 삼손이 그들에게 이르되 그들
이 내게 행한 대로 나도 그들에게 행하였노라 하니라 [12] 그들이 삼손에게 이
르되 우리가 너를 결박하여 블레셋 사람의 손에 넘겨 주려고 내려왔노라 하
니 삼손이 그들에게 이르되 너희가 나를 치지 아니하겠다고 내게 맹세하라
하매 [13] 그들이 삼손에게 말하여 이르되 아니라 우리가 다만 너를 단단히 결

박하여 그들의 손에 넘겨 줄 뿐이요 우리가 결단코 너를 죽이지 아니하리라
하고 새 밧줄 둘로 결박하고 바위 틈에서 그를 끌어내니라 14 삼손이 레히에
이르매 블레셋 사람들이 그에게로 마주 나가며 소리 지를 때 여호와의 영이
삼손에게 갑자기 임하시매 그의 팔 위의 밧줄이 불탄 삼과 같이 그의 결박
되었던 손에서 떨어진지라 15 삼손이 나귀의 새 턱뼈를 보고 손을 내밀어 집
어들고 그것으로 천 명을 죽이고 16 이르되

나귀의 턱뼈로 한 더미, 두 더미를 쌓았음이여
나귀의 턱뼈로 내가 천 명을 죽였도다 하니라

17 그가 말을 마치고 턱뼈를 자기 손에서 내던지고 그 곳을 라맛 레히라 이름
하였더라 18 삼손이 심히 목이 말라 여호와께 부르짖어 이르되 주께서 종의
손을 통하여 이 큰 구원을 베푸셨사오나 내가 이제 목말라 죽어서 할례 받
지 못한 자들의 손에 떨어지겠나이다 하니 19 하나님이 레히에서 한 우묵한
곳을 터뜨리시니 거기서 물이 솟아나오는지라 삼손이 그것을 마시고 정신이
회복되어 소생하니 그러므로 그 샘 이름을 엔학고레라 불렀으며 그 샘이 오
늘까지 레히에 있더라 20 블레셋 사람의 때에 삼손이 이스라엘의 사사로 이
십 년 동안 지냈더라

삼손을 달래려고 그의 아내와 장인을 죽였다가 더 큰 화를 자처한 블레셋 사람들이 삼손이 유다 땅에 있다는 소식을 듣고 그를 잡겠다고 떼지어 올라와 레히(לְחִי) 지방을 짓밟았다(9절). 블레셋 사람들은 수고스럽게 스스로 삼손을 찾으려 하지 않고 유다 사람들을 괴롭혀서 그들이 삼손을 자신들의 손에 넘기지 않고는 견디지 못하게 할 참이었다. 스스로 밥을 짓지 않고, 남이 해주는 밥을 먹겠다는 심보다. 삼손은 잠시 후 그들의 '다 된 밥'에 재를 뿌린다(cf. 15절).

문맥을 감안할 때, 레히가 유다에 속한 땅이었던 것은 확실하지만 위치는 알 수 없다. 한 가지 중요한 것은 잠시 후 삼손이 블레셋 사람들을 죽이면서 사용하는 턱뼈가 히브리어로는 레히와 같은 단어(לְחִי)이

다. 삼손은 '레히(지역)에서 레히(턱뼈)로 블레셋 사람 1,000명의 레히(턱뼈)를 날렸던' 것이다. 아마도 삼손이 이곳에서 당나귀 턱뼈로 블레셋 사람들을 쳐죽인 다음에 이 지역 이름이 레히로 바뀌었을 것이다. 이 지역의 원래 이름은 알려지지 않았다.

얼마나 많은 블레셋 사람이 몰려왔는지는 알 수 없지만, 유다 사람들에게는 전혀 침략자들과 싸울 의욕이 없다(cf. 11절). 블레셋 사람들의 지배가 오랫동안 지속되다 보니 이스라엘은 모든 저항력과 저항 의지를 상실했다. 하나님은 삼손의 일을 통해 이스라엘이 블레셋 사람들을 대상으로 싸우도록 유도하셨지만, 이스라엘은 전혀 이러한 신적 의지를 파악하지 못한 것이다(Block). 이스라엘 사람들은 그저 블레셋 사람들이 몰려와 행패를 부리는 것에 겁을 먹고 그들을 찾아가 그 이유를 말해달라고 부탁할 뿐이다. 이 순간을 기다려왔던 블레셋 사람들은 삼손을 잡아 보복하려고 왔다고 했다(10절). 삼손을 찾아 넘기라는 뜻이다.

유다 사람 3,000명이 에담 동굴에 거하던 삼손을 찾아가 '왜 잠자는 사자를 건드렸느냐'라는 논지의 비난을 했다. 유다 사람들의 행동이 조금은 우스꽝스럽다. 무기도 없이 혼자 지내는 삼손을 잡기 위하여 3,000명이 몰려왔다! 이 정도 숫자라면 차라리 블레셋 사람들과 싸우지! 삼손이 때려 죽인 블레셋 사람의 숫자가 1,000명이었다는 점을 감안하면 충분히 승산이 있는 싸움이었다(cf. 15-16절). 게다가 기드온은 삼손을 잡겠다고 모인 유다 사람 3,000명의 1/10인 300명으로 미디안 사람 145,000명을 물리치지 않았던가! 그러므로 유다 사람들이 이처럼 소극적으로 나오는 것은 하향 곡선을 그리고 있는 사사기의 흐름에서도 가장 낮은 지점이라고 할 수 있다(McCann).

가장 기가 막힌 일은 유다 사람들이 하나님이 블레셋 사람의 손에서 그들을 구원하시려고 세운 삼손을 자신들의 평화와 안전을 위협하는 존재로 취급하고 있다는 점이다. 일이 이렇게 된 것이 매우 아쉽다. 당시 이스라엘의 문제는 하나님에 대한 믿음도, 하나님의 능력을 의존하여 싸워보겠다는 의지도 전혀 없다는 것이 역력하게 드러나는 점이다. 유다 사람들의 문책에 삼손은 그들이 한 대로 보복해준 것뿐이라며 자신을 변호했다(11절). 어느새 이스라엘의 사사 삼손은 블레셋 사람들의 윤리와 가치관에 따라 행동하는 사람이 되어 있다(Block).

만일 유다 사람 3,000명과 삼손이 충돌한다면, 많은 희생자가 나올 수밖에 없다. 게다가 그들은 같은 동족이 아닌가? 그래서 그들은 협상을 했다. 쌍방 모두 유혈 사태를 피할 수 있는 것이어서 순조롭게 이루어졌다. 유다 사람들은 삼손을 죽이지 않고 묶기만 하여 블레셋 사람들에게 넘기는 대신 삼손은 어떠한 저항도 하지 않고 순순히 묶이기로 한 것이다(12-13절). 삼손은 유다 사람들이 그를 새 밧줄 두 개에 묶도록 허락했다. 저자가 삼손이 묶인 밧줄이 새 것이라는 정보를 제공하는 것은 잠시 후에 그가 블레셋 사람들 앞에서 밧줄을 끊은 것이 결코 밧줄에 결함이 있어서가 아니었다는 것을 강조하기 위해서다. 새 밧줄에 묶인 삼손은 훗날 그가 머리가 깎여 묶인 채 블레셋 사람들에게 넘어갈 일을 예고하고 있다(Niditch).

유다 사람들이 밧줄에 묶인 삼손을 끌고 레히에 다다르자, 블레셋 사람들이 소리치며 삼손에게 다가왔다. 블레셋의 한 해 농사를 망쳤을 뿐만 아니라 많은 사람을 죽인 골칫거리가 밧줄에 묶여서 나타났으니 얼마나 흥분되었겠는가? 호박이 덩굴째 굴러온 것 정도로 생각했을 것이다. 그러나 삼손은 그들에게 먹힐 호박이 아니었다. 삼손이 블레셋 사람들을 보는 순간 요즘 말로 '뚜껑이 열리면서' 하나님의 영이 그에게 강하게 임했다(14절). 그러자 그를 묶고 있던 새 밧줄은 마치 불에 탄 삼 오라기처럼 끊어졌다. 삼손은 다시 자유의 몸이 된 것이다.

휘두를 무기를 찾다가 그는 싱싱한(טְרִיָּה) 당나귀 턱뼈를 발견하고는 그것을 잡고 휘둘러 단숨에 블레셋 사람 1,000명을 쳐죽였다. 옛적에 삼갈이 소를 모는 막대기로 블레셋 사람 600명을 죽인 일을 연상케 한다(Webb). 턱뼈가 싱싱했다는 것은 짐승이 죽은 지 얼마 되지 않아 아직 뼈가 마르지 않았다는 것을 뜻하며, 마르지 않은 뼈는 굳지 않았기 때문에 단단하지 못하다. 그러므로 싱싱한 뼈는 마른 뼈보다 효과적인 무기가 아니다. 그가 이 어이없는 무기로 블레셋 사람 1,000명을 죽인 것은 이 일은 하나님이 하신 일이라는 것이다. 또한 삼손이 싱싱한 뼈를 집었다는 것은 그가 또다시 나실인이 만지지 않아야 할 것–짐승의 주검–을 만졌다는 것을 뜻한다(Block).

삼손은 블레셋 사람 1,000명을 죽이게 된 것을 기뻐하며 노래를 불렀다(16절). "나귀 턱뼈 하나로 주검을 무더기로 쌓았다(חֲמוֹר חֲמוֹר חֲמֹרָתָיִם לְחִי הַחֲמוֹר הִכֵּיתִי אֶלֶף אִישׁ)//나귀 턱뼈 하나로 천 명이나 쳐죽였다"(בִּלְחִי הַבּ). 당나귀 턱뼈 하나로 1,000명이나 되는 적을 시체 무더기로 만들어 버렸다는 자랑이다. 히브리어로 '당나귀'(חֲמוֹר)와 '무더기'(חֲמוֹר)는 같은 소리가 나지만 다른 의미를 지닌 동음이의어(同音異義語)이다. '하몰의 턱뼈로 하몰을 쌓았다'라는 매우 재미있는 언어유희가 사용되고 있는 것이다.

승전가를 부르는 것만으로 성이 차지 않은 삼손은 그 지역의 이름도 바꾸었다. 그가 당나귀 턱뼈로 블레셋 사람 1,000명을 죽인 일을 기념하기 위하여 그곳을 라맛레히(רָמַת לֶחִי)라고 이름 지었던 것이다(17절). 라맛레히는 '턱뼈의 언덕'이라는 뜻이다. 삼손은 승리한 것이 너무 기뻐서 노래를 부르고, 그 장소의 이름을 바꾸고 있지만, 마음 속 깊은 곳에서 이 모든 승리가 여호와께로부터 온 것이라는 사실을 알고 있다(cf. 18절). 아쉬운 것은 그의 노래가 이 사실을 포함하지 않는다는 점이다.

블레셋 사람들을 상대로 큰 승리를 거둔 삼손에게 위기가 왔다. 목이 마른데 마실 물이 없다(18절). 그래서 그는 하나님께 부르짖었고(קרא) 하나님은 그에게 샘을 주셨다(19절). 저자는 삼손이 하나님께 부르짖는 것(קרא)과 이스라엘이 하나님께 부르짖는 것(זעק)을 구분하기 위하여 각기 다른 동사를 사용한다. 삼손은 이스라엘의 구원을 위하여 부르짖는 것이 아니라, 자신의 개인적 이유에서 부르짖는 것이다

(Block). 샘물을 마시고 정신을 차린 삼손은 그 샘을 엔학고레(עֵין הַקּוֹרֵא)라고 이름 지었다(19절). '부르짖는 자의 우물'이라는 뜻이다. 삼손의 처음 기도는 하나님께 살려달라는 것이지만, 그의 두 번째 기도는 '죽게 해 달라'가 된다(Amit, Webb).

많은 주석가가 지금까지 기록된 삼손의 실망스러운 행동을 감안할 때, 하나님이 그의 기도를 들어주시는 것을 매우 괄목할 만한 일로 생각한다(Pressler). 그러나 이게 하나님의 은혜가 아니겠는가? 하나님은 인간의 연약함과 부족함에 실망치 않으시고 은총을 베푸시는 분이시다. 지금까지 전개된 삼손 이야기에서도 하나님은 보이지 않는 곳에서 계속 역사하시며 은총을 베푸셨다. 또한 모태에서부터 나실인으로 자란 이스라엘의 구원자 삼손이 블레셋 여인과 결혼하는 것이 그의 부모와 우리의 눈에는 있을 수 없는 일로만 보였다. 그러나 그의 실패한 결혼으로 인해 하나님은 이스라엘을 괴롭히는 블레셋 사람을 최소한 1,000명 이상 죽이시고, 블레셋 경제에 막대한 피해를 입히셨다. 우리는 저자가 왜 삼손의 결혼을 하나님이 블레셋 사람을 칠 계기로 삼으려고 하신 일이라고 했는지 이해할 수 있다(14:4). 하나님이 이번에도 독자들의 영적 기준에 전혀 못 미치는 삼손의 기도를 들으신 것은 삼손 개인을 위한 일일 뿐만 아니라, 이스라엘 공동체를 위한 일이라고 확신할 수 있다.

삼손과 딤나에 사는 블레셋 여인과의 결혼 이야기는 그가 블레셋 사람들이 다스리던 시대에 이십 년 동안 이스라엘의 사사로 있었다는 말로 끝을 맺는다(20절). 이때까지의 내용과 비교할 때 두 가지가 독특하다. 첫째, 이방인이 이스라엘을 다스리던 시대에 사사로 활동한 사람은 삼손이 처음이다. 그동안 사사들은 한결같이 이방인 압제자들의 손에서 이스라엘을 구원하는 일을 했다. 그런데 삼손은 블레셋 사람들이 다스리던 이스라엘에서 사사로 활동했다. 이방인의 지배가 당연시 되고 있는 것이다. 이스라엘의 영적·정치적 상태가 그만큼 악화되어서 그들은 더 이상 이방인 압제자들을 상대로 싸울 필요성을 느끼지 못하고 있다. 둘째, 삼손이 사사로 군림하는 동안 이스라엘에 평온이 있었다는 말이 없다. 삼손은 사사로서 이스라엘에 평안을 안겨 주어야 하는데, 그 역할을 감당하지 못했던 것이다. 이스라엘이 블레셋의 지배 아래 있는 한 주의 백성에게 평안이 있을 리 없다.

II. 본론: 거듭되는 고난과 해방(3:7-16:31)
J. 삼손 대 블레셋(13:1-16:31)

3. 삼손의 몰락과 죽음(16:1-31)

일부 학자들은 삼손 이야기가 원래 15장에서 끝이 났는데, 훗날 누군가가 본 텍스트를 삽입한 것이라고 한다(Boling, Fensham). 그러나 삼손 이야기에 본 텍스트가 없다면, 이야기는 어떠한 절정과 결말도 없이 마무리되는 반쪽 이야기가 된다. 이러한 사실을 고려할 때 16장은 처음부터 삼손 이야기에 절정과 본론으로 포함되었던 것이 확실하다. 삼손 이야기의 세 번째 주요 섹션을 구성하고 있는 본 텍스트는 크게 두 파트로 구분된다.

A. 삼손의 몰락(16:1-22)
B. 삼손의 죽음(16:23-31)

II. 본론: 거듭되는 고난과 해방(3:7-16:31)
J. 삼손 대 블레셋(13:1-16:31)
3. 삼손의 몰락과 죽음(16:1-31)

(1) 삼손의 몰락(16:1-22)

삼손 이야기는 그의 블레셋 여인에 대한 욕망으로 시작했다. 그는 한 번도 자신이 이스라엘을 구원해야 한다는 소명 의식을 가진 적이 없다. 이때까지 오로지 자기의 정욕과 질투심으로 살아왔다. 이제 삼손 이야기는 블레셋 여인의 배신으로 마지막 단계에 접어든다. 예수님의 '칼로 흥하는 자는 칼로 망할 것'이라는 말씀이 생각난다. 삼손은 지체할 수 없는 정욕으로 사사의 삶을 시작했다. 이제 그는 그 정욕을 좇다가 최후를 맞이한다. 그것도 자기 나라가 아닌 적들의 땅 블레셋에서 죽는다. 삼손의 몰락 이야기는 다음과 같이 두 파트로 나뉜다.

A. 가사에 사는 창녀(16:1-3)
B. 들릴라(16:4-22)

II. 본론: 거듭되는 고난과 해방(3:7-16:31) J. 삼손 대 블레셋(13:1-16:31) 3. 삼손의 몰락과 죽음(16:1-31) (1)삼손의 몰락(16:1-22)

a. 가사에 사는 창녀(16:1-3)

1 삼손이 가사에 가서 거기서 한 기생을 보고 그에게로 들어갔더니 2 가사 사
람들에게 삼손이 왔다고 알려지매 그들이 곧 그를 에워싸고 밤새도록 성문
에 매복하고 밤새도록 조용히 하며 이르기를 새벽이 되거든 그를 죽이리라
하였더라 3 삼손이 밤중까지 누워 있다가 그 밤중에 일어나 성 문짝들과 두
문설주와 문빗장을 빼어 가지고 그것을 모두 어깨에 메고 헤브론 앞산 꼭대
기로 가니라

삼손이 처가 일로 인하여 블레셋 사람들에게 막대한 피해를 입히고 레히에서 1,000명을 죽인 이후 있었던 일이다. 가사(עַזָּה)는 블레셋 사람들의 다섯 도시 중에서도 가장 큰 도시다(Boda). 블레셋 사람 1,000

명을 죽인 삼손이 홀로 당당하게 블레셋의 가장 큰 도시인 가사에 입성하는데도 어떠한 제제도 받지 않았다는 점은 블레셋 사람들의 삼손에 대한 두려움을 상상하게 한다. 블레셋 사람들이 삼손을 이처럼 두려워하는 것을 보면서 만일 삼손이 군대를 일으켜 그들을 쳤다면 얼마나 효과적이었을까 하는 아쉬움이 남는다. 삼손은 하나님이 주신 은사를 가장 사용하지 못한 사람이다.

이번에도 삼손은 하나님이나 하나님의 율법에 대해 그 어떠한 경각심도 없는 사람이라는 것을 스스로 보여주고 있다(Younger). 가사가 블레셋 사람들의 다섯 도시 중 가장 남쪽에 있는 것을 감안할 때, 이 창녀도 블레셋 여인이라는 것이 확실하다(Galpaz–Feller). 가사는 삼손의 집이 있는 소라와 에스다올 지역에서 거의 80㎞나 떨어져 있는 먼 곳이다. 삼손은 무엇 때문에 위험을 무릅쓰고 블레셋 땅 가장 깊숙한 이곳까지 간 것일까? 저자가 알려주지 않으니 알 방법이 없지만, 블레셋 사람들은 가사의 거리를 배회하고 있는 삼손이 두려워서 수수방관할 뿐이다.

삼손이 찾은 창녀(אִשָּׁה זוֹנָה)는 어떤 여인이었을까? 그녀가 삼손에게 특별한 여인이어서 그가 위험을 무릅쓰고 이곳까지 온 것일까? 그렇지는 않다. 삼손과 여인의 만남을 묘사하고 있는 1절의 문법은 삼손이 어떤 이유에서인지 가사에 갔다가, 거기서 우연히 이 여인을 '보았고'(ראה), 다른 사람들보다 유별나게 시각적인 자극에 약한 삼손이 '[서비스를 받으려고] 그녀에게 갔다'(וַיָּבֹא אֵלֶיהָ)는 식으로 기록되어 있다. 첫 번째 여인과는 달리 이번에는 어떠한 사랑이나 로맨스는 없었고 단순히 정욕에 이끌려 그녀를 찾았다. 그가 이 여인을 찾은 것은 혼인과도 무관하다. 삼손은 단지 성적인 욕구를 충족시키기 위해 여인을 찾은 것이다. 삼손의 이 같은 행동은 마치 이스라엘이 우상숭배에 빠져 상습적으로 간음하는 행위를 상징하는 듯하다(Olson).

삼손이 가사에 들어왔다는 소식이 알려지자 온 도시 사람들이 흥분했다. 드디어 블레셋 사람들의 '공공의 적 1호'를 제거할 기회가 왔다고 생각했기 때문이다. 그것도 스스로 걸어 들어왔으니 호박이 덩굴째 굴러들어온 것이다! 그러나 상대가 워낙 강자이기 때문에 곧장 정면충돌로 제압하려 하지 않고 창녀의 집 주변에 잠복해 있다가 새벽에 그가 깊이 잠들어 있을 때 죽이기로 했다. 삼손이 밤새 여인과 놀아나 새벽이 되면 기진맥진하여 잠을 청할 것을 기대했던 것이다(Block). 이러한 음모를 아는지 모르는지 삼손은 아랑곳하지 않고 창녀의 집에 머물렀다. 그러다가 밤이 지나면 블레셋 사람들이 그를 죽이려 하고 있다는 사실을 알아챘는지 한밤중에 일어나 성문을 양쪽 기둥과 빗장째 뽑아 메고는 성에서 유유히 사라졌다(3절).

상식적으로는 상상하기 어려운 일이 벌어진 것이다. 그가 성문을 뜯어낼 때 큰 소리가 났을 텐데 그를 죽이겠다고 잠복하고 있던 블레셋 사람들은 무엇을 했단 말인가? 게다가 만일 성문의 구조가 당시 가나안 지역 성읍들의 것과 같거나 동일했다면, 성문을 지키던 군인들은 왜 그를 막지 않았을까?

지금까지 발굴된 당시 가나안 성읍들의 성벽과 불침번 형태를 근거로 추정해보면 삼손은 성을 탈출하기 위해서 6개의 초소 병력을 통과해야 했다(cf. Block). 혹시 그들도 새벽에 삼손을 체포할 것을 대비해서 미리 잠을 자고 있었던 것일까? 아니면 자신들의 힘만으로는 당나귀 턱뼈로 순식간에 1,000명을 죽인 삼손을 대항하기에는 역부족이라 생각하여 아무 소리 못하고 숨을 죽인 채 그의 횡포를 지켜만 본 것일까? 혹은 평소에 말로만 듣던 삼손이 자신들의 눈앞에 실제로 나타나니 너무 가슴이 뛰고 놀라 싸워볼 생각을 아예 하지 못하고 도망한 것일까? 블레셋 사람들이 삼손의 이러한 행동을 막지 못했다는 것은 삼손이 블레셋 사람들에게 주는 공포감과 위압감을 상상할 수 있도록 한다(Matthews).

삼손은 가사의 성 문짝을 어깨에 메고 60㎞ 이상을 걸어서 헤브론 맞은편 산꼭대기에 올라가 거기에 버렸다. 가사에서 헤브론으로 가는 길은 해안의 저지대에서 산악 지역의 고지대로 올라가는 험난한 길이다. 삼손은 왜 성 문짝을 메고 이렇게 먼 길을 갔을까? 그것도 문짝을 가져다 사용한 것도 아니고 버리기 위해서 말이다. 삼손이 블레셋 사람들의 주요 도시 다섯 개 중에서도 이스라엘 땅에서 가장 멀리 있는 곳에 있는 가사의 성문을 뜯어다가 이스라엘의 중심부인 헤브론으로 가져와 버린 것은 상당히 상징적인 의미를 지닌 듯하다. 본인이 의식했는지는 확실하지 않지만, 삼손의 행동은 이스라엘을 억압하고 있는 블레셋 사람들에게 수모를 안겨주기에 충분했다(Olson).

비록 이스라엘이 40년 동안 블레셋의 지배를 받다 보니 그들의 통치는 당연한 것 같고, 이스라엘 사람들이 자신들에게는 블레셋을 저항할 만한 힘이 없다고 생각할지라도(cf. 15:11), 이스라엘이 회개하고 돌아와 하나님을 의지하면, 그들이 두려워하는 블레셋은 결코 문제가 될 수 없다는 것이다. 삼손은 이미 혼자의 힘으로-그것도 변변한 무기 하나 없이-블레셋 사람 1,000명을 죽인 적이 있고, 이번에도 삼손이 도저히 믿기지 않는 일을 했어도 블레셋에는 그를 제재할 사람이 없었다. 즉, 이스라엘의 문제는 블레셋 사람들이 아니고, 하나님과 단절된 이스라엘 사람들이다. 그들의 문제는 군사적인 것이 아니라 영적인 것이다. 안타깝게도 이스라엘은 이 사실을 깨달을 만한 지혜가 없다.

II. 본론: 거듭되는 고난과 해방(3:7-16:31)
J. 삼손 대 블레셋(13:1-16:31)
3. 삼손의 몰락과 죽음(16:1-31)
(1)삼손의 몰락(16:1-22)

b. 들릴라(16:4-22)

4 이 후에 삼손이 소렉 골짜기의 들릴라라 이름하는 여인을 사랑하매 5 블레셋 사람의 방백들이 그 여인에게로 올라가서 그에게 이르되 삼손을 꾀어서

무엇으로 말미암아 그 큰 힘이 생기는지 그리고 우리가 어떻게 하면 능히
그를 결박하여 굴복하게 할 수 있을는지 알아보라 그리하면 우리가 각각 은
천백 개씩을 네게 주리라 하니 6 들릴라가 삼손에게 말하되 청하건대 당신의
큰 힘이 무엇으로 말미암아 생기며 어떻게 하면 능히 당신을 결박하여 굴복
하게 할 수 있을는지 내게 말하라 하니 7 삼손이 그에게 이르되 만일 마르지
아니한 새 활줄 일곱으로 나를 결박하면 내가 약해져서 다른 사람과 같으리
라 8 블레셋 사람의 방백들이 마르지 아니한 새 활줄 일곱을 여인에게로 가
져오매 그가 그것으로 삼손을 결박하고 9 이미 사람을 방 안에 매복시켰으므
로 삼손에게 말하되 삼손이여 블레셋 사람들이 당신에게 들이닥쳤느니라 하
니 삼손이 그 줄들을 끊기를 불탄 삼실을 끊음 같이 하였고 그의 힘의 근원
은 알아내지 못하니라 10 들릴라가 삼손에게 이르되 보라 당신이 나를 희롱
하여 내게 거짓말을 하였도다 청하건대 무엇으로 당신을 결박할 수 있을는
지 이제는 내게 말하라 하니 11 삼손이 그에게 이르되 만일 쓰지 아니한 새
밧줄들로 나를 결박하면 내가 약해져서 다른 사람과 같으리라 하니라 12 들
릴라가 새 밧줄들을 가져다가 그것들로 그를 결박하고 그에게 이르되 삼손
이여 블레셋 사람이 당신에게 들이닥쳤느니라 하니 삼손이 팔 위의 줄 끊기
를 실을 끊음 같이 하였고 그 때에도 사람이 방 안에 매복하였더라 13 들릴라
가 삼손에게 이르되 당신이 이 때까지 나를 희롱하여 내게 거짓말을 하였도
다 내가 무엇으로 당신을 결박할 수 있을는지 내게 말하라 하니 삼손이 그
에게 이르되 그대가 만일 나의 머리털 일곱 가닥을 베틀의 날실에 섞어 짜
면 되리라 하는지라 14 들릴라가 바디로 그 머리털을 단단히 짜고 그에게 이
르되 삼손이여 블레셋 사람들이 당신에게 들이닥쳤느니라 하니 삼손이 잠
을 깨어 베틀의 바디와 날실을 다 빼내니라 15 들릴라가 삼손에게 이르되 당
신의 마음이 내게 있지 아니하면서 당신이 어찌 나를 사랑한다 하느냐 당신
이 이로써 세 번이나 나를 희롱하고 당신의 큰 힘이 무엇으로 말미암아 생
기는지를 내게 말하지 아니하였도다 하며 16 날마다 그 말로 그를 재촉하여
조르매 삼손의 마음이 번뇌하여 죽을 지경이라 17 삼손이 진심을 드러내어

그에게 이르되 내 머리 위에는 삭도를 대지 아니하였나니 이는 내가 모태에
서부터 하나님의 나실인이 되었음이라 만일 내 머리가 밀리면 내 힘이 내게
서 떠나고 나는 약해져서 다른 사람과 같으리라 하니라 18 들릴라가 삼손이
진심을 다 알려 주므로 사람을 보내어 블레셋 사람들의 방백들을 불러 이르
되 삼손이 내게 진심을 알려 주었으니 이제 한 번만 올라오라 하니 블레셋
방백들이 손에 은을 가지고 그 여인에게로 올라오니라 19 들릴라가 삼손에게
자기 무릎을 베고 자게 하고 사람을 불러 그의 머리털 일곱 가닥을 밀고 괴
롭게 하여 본즉 그의 힘이 없어졌더라 20 들릴라가 이르되 삼손이여 블레셋
사람이 당신에게 들이닥쳤느니라 하니 삼손이 잠을 깨며 이르기를 내가 전
과 같이 나가서 몸을 떨치리라 하였으나 여호와께서 이미 자기를 떠나신 줄
을 깨닫지 못하였더라 21 블레셋 사람들이 그를 붙잡아 그의 눈을 빼고 끌고
가사에 내려가 놋 줄로 매고 그에게 옥에서 맷돌을 돌리게 하였더라 22 그의
머리털이 밀린 후에 다시 자라기 시작하니라

삼손의 이야기는 세 여인을 중심으로 진행되는데 이번에 등장하는 들릴라는 세 번째이자 가장 치명적인 여인(femme fatale)이다. 삼손 이야기에서 이 여인의 역할이 지금까지 등장한 두 여인보다 훨씬 더 중요하기 때문에 저자는 다른 여인들의 이름은 밝히지 않았지만, 이 여인의 이름은 밝히고 있다. 또한 지금까지 책에 등장한 삼손의 여인들은 삼손에 의하여 역할이 정의되었다고 할 수 있지만, 들릴라는 삼손의 연인이기는 하지만, 삼손으로부터 완전히 독립적으로 행동한다(Mathews).

저자는 들릴라라는 이름을 정확히 7차례 사용한다. 매우 전략적으로 이 여인의 이름을 언급하고 있는 것이다. 들릴라는 소렉 골짜기(נַחַל שֹׂרֵק)에 살았으며 그녀가 이스라엘 사람이었는지 블레셋 사람이었는지, 아니면 가나안 사람이었는지 정확히 알 수 없다.[27] 블레셋 사람의 통치

27 그녀가 이스라엘 사람이었다는 주장은 크게 세 가지에 근거한다(Sasson). 첫째, 그녀의

자들이 그녀와 공모하여 삼손이 몰락하게 하는 것을 보면 블레셋 여인이었을 가능성이 매우 크다(Mobley). 게다가 삼손은 한 번도 이스라엘 여인에게는 관심을 표한 적이 없으며 이때까지 그는 오직 외국 여인들에게 마음이 끌렸다. 그러나 당시 이스라엘의 영적 상태를 감안하면 그녀가 이스라엘 사람이면서도 삼손을 블레셋 사람들에게 팔아 넘겼을 가능성을 배제할 수는 없다. 블레셋 사람들의 관점에서 볼 때 들릴라는 시스라를 죽인 야엘과 같은 여인이다(Chisholm).

삼손이 태어난 소라(צָרְעָה)가 소렉 골짜기 북쪽에 있던 점을 감안할 때, 삼손이 이번에는 자기 마을과 가까운 곳에 사는 여인에게 마음을 빼앗겼다. 삼손은 들릴라를 사랑했지만, 여인은 삼손에 대해 별로 정을 느끼지 못했다. 삼손은 첫 번째 여인과도 이런 관계에 있다가 봉변을 당한 적이 있다. 들릴라(דְּלִילָה)라는 이름의 의미에 대하여는 매우 다양한 주장들이 있다. '매달린 것,' '헌신한 자,' '요염한 여자,' '바람난 자,' '작은'(Boda, Olson, Pressler, Boling).

그러나 그녀의 이름의 중요성은 두 단어로 분해하면 소사(דִּי) + 밤을 뜻하는 명사(לַיְלָה)로 구성되어 '밤의 여인'이라는 풀이가 가능하다는데 있다(Galpaz-Feller, Pressler). 삼손은 태양과 연결된 이름이다. 그의 연인 들릴라는 밤의 여자다. 태양 빛이 밝혀주는 낮에 익숙했던 삼손이 밤의 여인을 만나서 앞을 전혀 못 보게 된다. '밤'(night)이 '작은 태양'(sunny)을 이겼기 때문이다(Pressler). 그러나 들릴라가 블레셋 여인이었다면, 그녀의 이름도 블레셋 사람들 고유의 의미를 지녔을 수 있다. 이 경우 우리는 그녀 이름의 중요성을 알 방법이 없다.

이름이 이스라엘을 포함한 셈족이 사용하는 이름이었다. 둘째, 그녀는 이스라엘의 영토인 소렉 계곡에서 살았다. 셋째, 그녀는 삼손의 여인 중 유일하게 이름이 언급된 사람이다. 그녀를 블레셋 여인으로 간주하는 사람들은 그 당시 블레셋 사람들이 셈족 이름을 많이 사용했다는 점, 블레셋 사람들이 이미 소렉 계곡에 침투해 살고 있었다는 점, 그녀의 이름이 밝혀지는 것은 그녀가 삼손과 같은 민족이어서가 아니라 그의 이야기에서 이 여자가 차지하는 비중이 그만큼 크기 때문이라는 점 등을 반론으로 제시한다(Younger).

블레셋 사람들은 어떻게 해서든 삼손을 죽이고 싶었지만, 무력으로는 결코 그를 이길 수 없다는 것을 잘 알고 있다. 그래서 삼손이 사랑에 빠졌다는 말을 듣고 그의 연인 들릴라를 찾아가 거부할 수 없는 제안을 했다. 저자가 삼손이 누구를 '사랑했다'(אהב)라고 기록한 것은 이번이 처음이다. 삼손이 다른 블레셋 여인들을 대하는 것과 들릴라를 대하는 것이 완전히 달랐다는 점을 의미한다. 삼손의 들릴라에 대한 감정이 그만큼 확실했으며, 그가 왜 들릴라의 청을 들어줄 수밖에 없었는가를 암시한다.

블레셋 청년들은 삼손의 첫 번째 연인에게 협박과 공갈로 원하는 것을 얻어냈었던 것에 반해 블레셋 방백들은 돈으로 원하는 것을 얻으려 했다. 블레셋 방백들은 여인이 삼손의 힘을 못쓰게 하는 비밀을 알아내면 그녀에게 각자 은 1,100세겔씩 주겠다고 약속했다(5절). 정확히 몇 명의 블레셋 방백들이 이 일에 가담했는지 알 수 없다. 일부 주석가들이 블레셋은 다섯 개의 주요 도시로 구성되어 있었기 때문에 그녀에게 돈을 주겠다고 약속한 사람은 각 도시를 대표하는 다섯 사람이었을 것이라고 추측한다(Block). 이러한 추측이 사실이라고 가정한다면, 이 여자는 말 그대로 '돈벼락'을 맞을 수 있다. 노예의 몸값이 20-60세겔 정도 되고, 노동자의 1년 수입이 5-15세겔 정도 되었던 점을 감안하면(cf. 17:10), 그녀에게 약속된 5,500세겔(약 665kg)의 은은 말 그대로 '로또 당첨금'이다.

우리는 일상적으로 삼손이 마치 헐크(Hulk) 혹은 골리앗처럼 몸집이 큰 거인이었을 것으로 생각하지만 본문은 그가 별로 크지 않았으며 일반인들과 비슷한 몸집을 가졌던 것을 암시한다(Younger). 만일 삼손이 몸집이 큰 거인이었다면, 블레셋 사람들은 그의 힘이 큰 몸집에서 오는 것으로 알았기에 이처럼 많은 돈을 주고 그의 무한한 힘의 비밀을 찾아내려 하지 않았을 것이다. 그러나 그들이 이처럼 많은 돈을 지불하면서까지 삼손의 힘에 얽힌 비밀을 밝혀내려고 했던 것은 그가 평범한 체격을 지닌 사람이면서도 믿기지 않는 힘을 발휘했기 때문이다.

엄청난 돈을 약속 받은 들릴라는 곧장 작업에 들어갔다. 만일 그녀가 이스라엘 사람이라면 동족을 적에게 팔아 넘긴다는 것이 마음에 걸리기는 하지만, 워낙 많은 액수의 돈이 달려있기 때문에 자신의 행동을 여러 가지로 변명할 수 있었을 것이다. 반면에 그녀가 블레셋 사람이었다면, 일석이조(一石二鳥)의 일이다. 애국도 하고, 복권도 타고! 그녀는 삼손의 비밀을 알아내기 위해 네 차례나 바가지를 긁어 결국 성공했다. 블레셋 사람들의 성문을 부수어 60㎞나 끌고가 버릴 정도로 강한 사람이 한 여인의 계략에 치명적인 약점을 보인 것이다. 우리 속담에는 "열 번 찍어 안 넘어갈 나무 없다"라는 말이 있는데, 인내심이 약한 삼손은 들릴라에게 도끼질 네 번 당하고 넘어졌다.

들릴라가 삼손에게 그의 힘이 어떻게 하면 꺾일 수 있냐고 물었다(6절). 삼손은 만일 자신이 마르지 않은 어떤 줄(יֶתֶר) 일곱 개에 묶이면 자신이 꼼짝 못할 것이라고 말했다. 그런데 삼손이 말하는 줄이 정확히 무엇인가? 그가 사용하는 단어(יֶתֶר)를 우리말 번역본들은 '새 밧줄/칡넝쿨'로 번역한다. 충분히 가능한 해석이다(cf. HALOT). 그러나 이 단어(יֶתֶר)는 금방 도살한 짐승에서 채취한 마르지 않은 힘줄을 뜻하기도 한다(HALOT). 이 두 번째 의미(도살한 짐승에서 채취한 마르지 않은 힘줄)가 본문에 더 잘 어울린다(Block, Younger, TNK, cf. NIV, NRS). 또한 삼손이 이미 레히에서 새로 만든 밧줄(15:13)에 묶인 적이 있다는 것도 이 줄이 도살한 짐승에서 채취한 마르지 않은 싱싱한 힘줄이라는 해석에 힘을 더한다.

블레셋 사람들은 삼손의 초인적인 힘의 출처에 대하여 매우 신비스럽게 생각했다. 그러므로 마르지 않은 힘줄의 힘이 새 밧줄을 실오라기 끊듯 끊어버렸던 삼손을 결코 묶어둘 수 없다는 것을 안다. 다만 짐승의 힘줄이 삼손에게 부적처럼 마력을 발휘할 것을 기대한다. 마치

온 세상을 들 수 있는 괴력을 가진 수퍼맨(Superman)이 크립토나이트(Kryptonite) 앞에서는 꼼짝 못하는 것처럼 말이다. 게다가 새 밧줄은 잠시 후 두 번째 시도에서 사용되는 것이기 때문에 첫 번째 시도에서도 사용했을 가능성은 별로 없어 보인다.

삼손이 금방 도살한 짐승의 힘줄을 언급하는 것은 그가 다시 한번 나실인의 규례를 등한시하고 있다는 것을 암시한다(Block). 마르지 않은 짐승의 힘줄은 주검을 접하는 것을 의미하기 때문이다. 물론 삼손은 이 여인을 놀리고 있다. 어떠한 힌트도 주지 않고 단호하게 세상에 그런 것이 존재하지 않는다고 잡아뗐다면 사건이 더 진전되지 않았을 것이다. 아예 애초부터 가능성을 배제해버리면 들릴라도 포기할 수밖에 없었을 텐데 삼손이 들릴라를 놀리는 것에 재미를 붙였다가 결국 진실을 말하여 대가를 치르게 된다. 우리의 삶에서도 처음에는 재미로 시작했다가 나중에는 혹독한 대가를 치르는 일이 종종 있지 않은가?

물에 빠진 사람이 지푸라기라도 잡고 싶은 심정이었던 블레셋 사람들이 만반의 준비를 갖추고 삼손의 말대로 해보았다(8-9절). 그러나 그를 묶은 힘줄은 전혀 능력을 발휘하지 못했다. 짐승의 힘줄로 된 밧줄이 삼손의 힘을 제압하는 네 어떠한 영향력도 발휘하지 못한 것이다. 옆방에 숨어서 광경을 지켜보던 블레셋 사람들은 그 자리에서 조용히 빠져나갈 수밖에 없었다.

첫 번째 일로 인해 수모를 당한 들릴라가 화를 내며 졸랐다(10절). 삼손은 못이긴 척하면서 자신을 한 번도 쓰지 않은 새 밧줄로 묶으면 힘이 빠진다고 말했다. 우리는 삼손의 말이 거짓말이라는 것을 잘 안다. 왜냐하면, 그는 이미 유다 사람들이 그를 묶었던 '새 밧줄'(עֲבֹתִים חֲדָשִׁים)을 불에 탄 삼 오라기같이 끊어버린 적이 있기 때문이다(15:13-15). 사용하는 문구까지 같다. 들릴라는 혹시 해서 새 밧줄을 구해다가 그를 묶었다(12절). 물론 옆방에 블레셋 사람들도 대기시켰다. 그러나 새 밧줄은 삼손의 힘에 어떠한 영향도 미치지 못했다. 삼손은 새 밧줄을 마치 실오라기 끊듯이 끊어 버렸다.

두 번이나 속은 들릴라가 삼손에게 더 강력한 압력을 행사했다(13절). 삼손은 또다시 그녀를 놀릴 생각으로 자신의 머리 일곱 가닥으로 베틀 날실을 엮어 짜면 된다고 했다(13절). 정확히 어떻게 들릴라가 해냈는지 알 수는 없지만, 그녀는 그가 말한 대로 했다. 삼손이 베틀 옆에서 잠이 든 것일까? 들릴라가 삼손이 잠든 사이에 아예 베틀을 옮겨온 것일까?

그러나 이번에도 효과가 있을 리 없다. 사실이 아니기 때문이다. 그러나 이 세 번째 시도에서 삼손이 처음으로 머리에 대하여 언급하고 있다. 우스갯소리로 준 답이 점차적으로 진실에 가까이 가고 있는 것이다. 삼손은 엄청난 근육(brawn)을 가졌지만, 두뇌(brain)는 없는 사람이었다(Block). 삼손은 들릴라를 떠나야 했다. 그러나 그는 그녀와 놀아나는 것에 재미 붙여서 떠날 생각을 전혀 하지 않았다.

세 번이나 속은 들릴라가 삼손을 가만둘 리 없었다. 이제 포기하기에는 너무 많은 노력을 했고, 걸려 있는 상금도 너무 아까웠다. 그녀가 드디어 삼손에게서 진실을 얻어냈을 때는 블레셋 지도자들도 포기하고 그녀 곁을 떠난 상황이었던 점을 감안하면(cf. 18절), 그녀가 이렇게 하는 것은 순전히 돈에 대한 욕심과 자존심을 되찾겠다는 오기인 것 같다.

그녀는 더욱더 삼손을 괴롭혔다. '당신은 나를 사랑하지 않는다'라는 말에서 시작하여 매일매일 그를 들볶았다(16절). 삼손이 다른 여인들과는 달리 들릴라는 사랑했다는 말로 이야기가 시작되었는데(4절), 들릴라는 삼손의 그녀에 대한 감정을 최대한 활용하여 자신이 얻고자 하는 것을 요구한다. 여자가 남자를 괴롭게 하는 일이 어느 수준에까지 갈 수 있는가는 악한 아내에게 시달렸던 것으로 잘 알려진 고대 그리스 철학자 소크라테스(470-399 BC)의 말에서 가늠할 수 있다. 결혼에 대하여 상담하러 온 사람에게 그는 이런 말을 했다. "결혼하고 싶으면 하

라. 만약에 좋은 아내를 얻으면 당신은 매우 행복할 것이다. 그러나 고약한 아내를 얻으면 당신은 철학자가 될 것이다!"

얼마의 시간이 흘렀을까? 삼손은 귀찮아 죽을 지경이 되어(וַתִּקְצַר נַפְשׁוֹ לָמוּת) 진실을 말했다. 블레셋 사람들에게 도저히 풀 수 없는 수수께끼를 낼 정도로 지혜로운 사람이 매우 어리석은 짓을 한 것이다(Boda). 마치 악한 재판장을 귀찮게 해서 판결을 얻어낸 과부의 이야기와 비슷하다. 삼손이 원했다면 이번에도 얼마든지 그녀 곁을 떠날 수 있었다. 그녀에게 죽을 지경이 되도록 들볶이느니 집으로 돌아가든지, 아니면 다른 곳으로 옮겨가면 더 좋으련만! 이 둘은 결혼한 사이도 아니니 말이다. 그러나 삼손은 그녀 곁에 머물면서 괴로워했다. 삼손은 조만간 그를 찾아올 불행에 대하여 그 누구도 원망할 수 없다. 모두 자신이 결정한 것이고 선택한 일이다. 들릴라는 삼손이 그녀에세 진실을 말하는 것은 시간문제라는 것을 알고 있었다.

삼손은 자신은 모내에서부터 하나님께 나실인으로 바쳐진 사람이므로 평생 머리를 자른 적이 없으며, 만일 머리가 잘리면 힘을 못쓴다고 고백했다(17절). 삼손이 자신의 정체성에 대하여 이렇게 확실하게 알고 있으면서도 전혀 나실인의 삶을 살지 않았던 것을 어떻게 이해해야 하는가? 삼손의 문제는 그가 의도적으로 나실인 규례를 어긴 것도 있지만, 가장 큰 문제는 자신이 나실인으로 부름을 받았다는 것에 대한 무관심이다. 삼손의 나실인 신분은 노력해서 성취해야 하는 소명이 아니라, 그의 괴력적인 힘과 주변에 있던 사람들(특히 여자들)을 가지고 논 것처럼, 장난감에 불과했다(Block).

들릴라도 이번에는 삼손이 진실을 말하고 있다는 것을 직감했다. 그래서 세 번이나 속고 이미 철수해버렸던 블레셋 지도자들에게 연락을 취해 한 번만 더 와달라고 했다(18절). 물론 돈을 챙겨서 말이다. 들릴라는 삼손을 깊이 잠들게 한 다음, 그의 머리를 잘랐다. 그랬더니 삼손이 말한 것처럼 그의 힘은 모두 사라졌다. '여호와께서 그를 떠나셨기'(יְהוָה סָר מֵעָלָיו) 때문이다(20절). 이 말씀은 하나님이 삼손과 함께하셨을 때만 그의 힘이 강인했다는 것을 뜻한다.

삼손의 머리카락에 어떤 마력이 있었던 것이 아니다. 삼손의 긴 머리는 자신만 아는 하나님의 임재의 상징이었다. 그런데 그가 임재의 상징인 머리카락이 잘리도록 했다. 그러므로 하나님이 그를 떠나시니, 그는 보통 사람과 전혀 다를 바 없는 약한 사람이 되었다. 그의 힘은 분명 하나님이 주신 은사였다. 그런데 그는 그 힘을 하나님의 영광을 위해 쓰지 않고 자신의 정욕을 채우고 복수하는 일에만 이용했다. 그런 삼손을 하나님이 사용하셨다는 것이 왠지 낯설지 않다. 우리 주변에서 이런 예를 종종 보기 때문이다.

옆방에서 이 모든 광경을 지켜보고 있던 블레셋 사람들이 뛰쳐나와 그를 사로잡아 두 눈을 뽑고, 가사로 끌고 내려 갔다(21절). 삼손이 예전에 가사로 내려가 성문을 부셔 어깨에 메고 올라온 적이 있다(16:1-3). 이제 그는 맹인이 되어 그 80㎞ 길을 돌아갔다. 평생 하나님이 주신 소명에는 아랑곳하지 않고 오직 자기 눈에 보기 좋은 대로 하고 살았던 삼손이 눈을 잃었다. 더 이상 자기 '눈에 보기 좋은 대로' 하면서 살 수 없게 되었던 것이다. 삼손의 이야기는 앞을 보지 못하는 주의 백성의 이야기이기도 하다.

블레셋 사람들은 그를 사슬로 묶어 감옥에서 연자 맷돌을 돌리게 했다. 당시 사회에서 연자 맷돌을 돌리는 일은 짐승, 노예, 혹은 여자들이나 하던 일이었는데 삼손이 그 일을 하고 있다(Smith, Pressler, cf. 출 11:5; 삿 9:53). 블레셋 사람들은 삼손을 영웅으로 대접하지 않았다. 만일 그러했더라면 그를 처형했을 것이다. 그들은 힘이 빠진 삼손에게 확실한 수모를 주기로 작정한 것이다. 삼손의 '작은 태양'이 지고 있는 순간이다. 하나님이 부러울 것이 없을 만큼 축복해주신 사람의 말로로는 참으로 안타까운 모습이다.

다행히 연자 맷돌을 돌리는 일이 삼손의 마지막은 아니었다. 저자는 잘렸던 삼손의 머리털이 다시 자라기 시작했다는 말로 이 섹션을 마친다(22절). 저자는 예술가의 붓으로 한순간에 먹구름을 뚫고 비치는 서광의 빛 한줄기를 그리고 있는 것이다(Crenshaw). 삼손의 일생이 이렇게 끝나지 않을 것이며, 그가 무언가 놀라운 일을 할 것이라는 기대감을 갖게 한다.

II. 본론: 거듭되는 고난과 해방(3:7-16:31)
J. 삼손 대 블레셋(13:1-16:31)
3. 삼손의 몰락과 죽음(16:1-31)

(2) 삼손의 죽음(16:23-31)

23 블레셋 사람의 방백들이 이르되
우리의 신이 우리 원수 삼손을
우리 손에 넘겨 주었다
하고 다 모여 그들의 신 다곤에게 큰 제사를 드리고 즐거워하고 24 백성들도
삼손을 보았으므로 이르되
우리의 땅을 망쳐 놓고 우리의 많은 사람을 죽인 원수를
우리의 신이 우리 손에 넘겨 주었다
하고 자기들의 신을 찬양하며 25 그들의 마음이 즐거울 때에 이르되 삼손을
불러다가 우리를 위하여 재주를 부리게 하자 하고 옥에서 삼손을 불러내매
삼손이 그들을 위하여 재주를 부리니라 그들이 삼손을 두 기둥 사이에 세웠
더니 26 삼손이 자기 손을 붙든 소년에게 이르되 나에게 이 집을 버틴 기둥
을 찾아 그것을 의지하게 하라 하니라 27 그 집에는 남녀가 가득하니 블레셋
모든 방백들도 거기에 있고 지붕에 있는 남녀도 삼천 명 가량이라 다 삼손
이 재주 부리는 것을 보더라 28 삼손이 여호와께 부르짖어 이르되 주 여호와
여 구하옵나니 나를 생각하옵소서 하나님이여 구하옵나니 이번만 나를 강하
게 하사 나의 두 눈을 뺀 블레셋 사람에게 원수를 단번에 갚게 하옵소서 하

고 [29] 삼손이 집을 버틴 두 기둥 가운데 하나는 왼손으로 하나는 오른손으로
껴 의지하고 [30] 삼손이 이르되 블레셋 사람과 함께 죽기를 원하노라 하고 힘
을 다하여 몸을 굽히매 그 집이 곧 무너져 그 안에 있는 모든 방백들과 온
백성에게 덮이니 삼손이 죽을 때에 죽인 자가 살았을 때에 죽인 자보다 더
욱 많았더라 [31] 그의 형제와 아버지의 온 집이 다 내려가서 그의 시체를 가지
고 올라가서 소라와 에스다올 사이 그의 아버지 마노아의 장지에 장사하니
라 삼손이 이스라엘의 사사로 이십 년 동안 지냈더라

블레셋 사람들이 삼손을 생포한 것을 기념하는 종교적인 축제를 열기 위해 그들의 신 다곤의 신당에 모였다. 블레셋 사람들의 공공의 적 1순위였던 삼손 때문에 열린 축제라는 점을 감안하면, 삼손이 잡힌 지 얼마 되지 않아 있었던 일이다. 블레셋 사람들은 다곤이 그들에게 삼손을 잡도록 도와준 것으로 생각한다. 그래서 다곤을 기념하는 축제에서 전리품 삼손을 불러내 다곤에게 영광을 돌리고자 한다. 사실은 여호와 하나님께서 삼손을 블레셋 사람들에게 넘겨주셨는데 말이다.

비록 삼손의 머리가 다시 자라기 시작했지만, 그가 충분히 힘을 쓸 만한 길이로 자라지 않았을 것이라는 사실이 독자들을 불안하게 한다. 그러나 이러한 불안감은 오해와 착각에서 비롯된 것이다. 삼손의 괴력은 하나님이 그와 함께하셨기 때문에 생긴 능력이지, 머리가 길어서 생긴 힘이 아니다(cf. 20절). 그의 긴 머리는 하나님께 헌신된 나실인 신분을 뜻하는 것이었을 뿐이었다. 그러므로 삼손의 머리가 길든, 짧든 중요한 것은 그가 하나님과의 특별한 관계를 회복하는 일이다. 게다가 블레셋 사람들이 여호와의 심기를 자극하고 있다(Webb). 여호와께서 삼손을 떠나서 일이 이렇게 된 것인데, 그들은 이 일이 자신들의 신 다곤이 위대해서 그들에게 준 승리라고 한다. 상황이 이렇다면 하나님이 개입하실 수밖에 없다(Younger). 하나님이 개입하시면 삼손은 다시 불가능한 일을 하게 될 것이라는 기대감을 갖게 한다.

성경에서 다곤은 항상 블레셋 사람들의 신으로 언급되는 곡물의 신이다. 블레셋 사람들이 에게 해(Aegean Sea)에서 이주해온 바다 사람들이고 히브리어로 생선을 뜻하는 단어(דָּגָה)가 다곤(דָּגוֹן)의 근원이라 해서 다곤을 물고기 신이라고 생각하기도 하지만(ISBE), 히브리어로 곡물을 뜻하는 단어(דָּגָן)에서 비롯된 것으로 이해하여 그를 곡물 신으로 간주하는 해석이 지배적이다. 또한 다곤에 대하여 지금까지 발굴된 유물들도 그가 농사와 연관되었다는 것을 알 수 있다(Healey, Handy, cf. Black &Green). 블레셋 사람들이 정복했던 우가릿에서는 다곤이 바알의 아버지라고 불리기도 했다(Block).

블레셋 통치자들은 자신들의 신 다곤이 삼손을 그들의 손에 넘겨주었다고 기뻐 소리쳤다(23절). 비록 다곤이 농사에 연관된 신이지만, 군사적인 승리도 주는 신이라고 이 우상을 찬양하고 있는 것이다. 블레셋 사람들도 지도자들의 다곤 찬양에 맞장구를 쳤다(24절). 그들은 삼손을 세 가지로 불렀다. 우리의 원수(אוֹיְבֵנוּ), 우리 땅을 망쳐놓은 자(מַחֲרִיב אַרְצֵנוּ), 우리 백성을 많이 죽인 자(הִרְבָּה אֶת־חֲלָלֵינוּ). 땅을 망쳤다는 것은 삼손이 결혼했던 딤나 여인의 일로 인해 블레셋 사람들의 곡식과 과수원을 태워버린 사건을 연상시키며(cf. 15:1-7), 블레셋 사람들을 많이 죽였다는 것은 그 결혼 사건으로 인하여 죽인 사람들(14:19; 15:7-8)과 그를 잡으러 온 블레셋 사람 1,000명을 죽인 일을 회고하고 있다(15:13-16). 그러므로 블레셋 사람들에게 이처럼 엄청난 피해를 입힌 삼손이 그들의 원수로 간주되는 것은 당연한 일이다.

블레셋 통치자들과 백성들이 삼손을 불러내 재주를 부리도록 했다(25절). 그들은 삼손에게 재주를 부리라며 그를 불러냈는데(קרא), 잠시 후 삼손은 블레셋 사람들을 죽이게 해 달라고 하나님을 부른다(קרא)(28절). 블레셋 사람들은 삼손을 넘겨준 다곤을 찬양하고 있다. 그러나 다곤이 삼손을 그들에게 넘겨준 것이 아니라는 것을 우리는 잘 안다. 만일 다곤에게 그러한 능력이 있었다면 잠시 후에 삼손이 그의 신전을 파괴하며 수많은 블레셋 사람을 죽이는 일도 다곤이 막았어야 했다.

그런데 다곤은 자신의 신전이 무너져 내리고 그를 숭배하는 수많은 사람이 죽어가도 전혀 힘을 발휘하지 못했다. 그러므로 삼손을 블레셋 사람들에게 넘겨준 것은 여호와이시며, 다곤은 어떠한 능력도 없는, 인간의 손이 조각한 우상에 불과하다. 사람들은 아직도 다곤처럼 전혀 능력이 없고 사람이 만들어낸 우상에 불과한 신들에게 절을 하고 소원을 빈다. 참으로 어리석은 일이다.

잔치의 흥을 돋구기 위하여 감옥에서 불려 나온 삼손은 그들 앞에서 재주를 부려야 했다. 삼손이 그들 앞에서 부린 재주가 어떤 것이었는지 저자는 말하지 않는다. 잠시 쉬는 사이에 삼손은 그를 돕고 있던 소년의 안내를 받아 다곤 신전을 버티고 있는 기둥을 만질 수 있는 곳으로 갔다(26절). 한순간에 당나귀 턱뼈로 1,000명을 죽였던 영웅이 맹인이 되어 감옥에 갇혀 짐승이나 하는 일을 하더니 이번에는 어린 소년(נַעַר)의 손을 붙잡고야 움직일 수 있게 되었다. 참으로 처량한 상황이다. 그러나 삼손은 아직 죽지 않았다. 비록 그의 '작은 태양'은 저물었지만, 이 작은 태양은 잠시 동안 다시 한번 석양을 붉은 피로 물들게 하고 질 것이다.

아직까지 가사에서 다곤 신전이 발굴된 적이 없어서 이 신전의 형태가 어떠했는지 알 수 없다. 반면에 블레셋 사람들이 살던 다른 곳에서 발굴된 다곤 신전의 구조를 살펴보면 원형 바위 위에 세워진 두 개의 거대한 기둥이 신전의 지붕과 상층을 바치고 있었다(cf. Mazar). 그러므로 이 두 기둥만 무너뜨리면 본문이 말하는 효과가 나올 수 있다(29절). 한 가지 문제는 이 두 기둥이 거의 3m 간격으로 떨어져 있다는 점이다. 삼손이 3m에 육박하는 키를 가진 거인이었다면 이 두 기둥 사이를 밀어낼 수 있겠지만, 키가 2m 안팎이었다면 팔이 짧다. 그러나 아직까지 가사에서 다곤 신전이 발굴된 적은 없기 때문에 삼손이 무너뜨린 신전이 다른 곳에서 발굴된 것과 같다고 단정하는 것도 옳지 않다.

또한 그가 두 기둥 사이에서 양손으로 밀어낸 것이 아니라, 두 기둥을 [쇠사슬]로 묶어 달라고 해서 당긴 것이라면 가능한 일이다.

기둥에 기대선 삼손은 여호와께 매우 간절한 기도를 드렸다(28절). 목말라 죽게 되었을 때 물을 달라고 기도한 이후(15:18) 일생의 두 번째이자 마지막 기도였다. 기도하는 것은 좋은 일이다. 삼손이 하나님께 기도한다는 것은 그의 능력이 결코 긴 머리에서 비롯된 것이 아니라 하나님이 그와 함께하심에서 비롯되었다는 것을 인정하고 고백하는 것을 뜻한다. 삼손이 젊었을 때부터 이런 마음 자세로 하나님을 찾았더라면 그의 일생이 어떻게 달라졌을까 하는 아쉬움이 남는다.

삼손의 기도 내용을 보면 그가 인품이나 소명의식이 바뀐 새사람이 된 것은 아니라는 사실이 역력하게 드러난다. 그의 기도는 모태에서부터 하나님이 그에게 주신 소명에 따라 이스라엘 사람들을 블레셋 사람들의 손에서 구원하고자 하는, 뒤늦게나마 소명을 의식한 사람의 사명감에 불타는 기도가 아니다. 그의 기도에는 딱 한 가지, 그의 두 눈을 뽑은 블레셋 사람들에게 복수하게 해 달라는 것 외에는 아무것도 없다. 그가 28절에서 하나님께 드리는 기도가 16개의 히브리어 단어로 구성되어 있는데, 이 중 5개가 일인칭 대명사 '나'를 접미사로 가지고 있다는 점도 그의 기도가 얼마나 자기중심적인가를 보여준다(cf. Block). 20년 동안 이스라엘의 사사였던 삼손은 죽는 순간까지 자신밖에는 몰랐던 사람이다. 그러니 나라 꼴이 어떻게 되었겠는가?

여호와께 간절한 기도를 드린 다음, 삼손은 신전의 상층과 지붕을 받치고 있는 두 기둥 사이에 서서 이 두 기둥을 힘껏 밀면서 소리쳤다. "블레셋 사람들과 함께 죽게 하여 주십시오!"(30절). 참 슬픈 종말이다. 태어나기 전부터 구분되어 모태에서부터 하나님께 나실인으로 드려졌던 사람이 이 거룩한 소명에 걸맞은 삶을 한 번도 살아보지 못하더니 이제 와서는 할례 받지 못한 블레셋 사람들과 죽기를 원했다. 나실인은 나실인에게 어울리는 죽음을 맞이해야 하는데 말이다. 태어나기 전부터 나실인으로 구별 받은 삼손은 죽는 순간까지 하나님이 그에게 주신 소명을 한 번도 생각한 적이 없다. 그는 처음부터 이 순간까지 오로지 복수심과 정욕으로 불타다가 죽은 사람이다(cf. Olson).

삼손은 기둥을 무너뜨리는 일에 성공하여 소원대로 블레셋 사람들과 함께 죽었다. 종종 삼손이 '자살을 한 것'에 대하여 문제를 제기하는 사람들을 본다. 소모적인 논쟁이다. 또한 저자가 하고자 하는 이야기와 상관없는 이슈다. 삼손은 자신의 죽음을 통해 태어나서 처음으로 영웅적인 행동을 하며, 이스라엘의 구속을 위하여 자신을 희생제물로 바치고 있다(Galpaz-Felller). 이것이 사사기가 그의 죽음에 대하여 내리는 평가다.

저자는 그가 이날 죽인 블레셋 사람들의 숫자가 살아 있을 때 죽인 사람 숫자보다 더 많았다고 한다(30절). 삼손은 죽어서 더 능력 있는 사사가 되었던 것이다(Howard). 이 말은 절대 삼손을 옹호하거나 칭찬하는 말이 아니다. 그의 삶에 대한 매우 비극적인 평가다(Block). 그가 평생 죽였던 블레셋 사람의 숫자가 1,000명을 훨씬 넘었던 점을 감안하면, 이날 2,000명 이상은 죽었을 것이라는 추측이 나온다. 그 자리에 얼마나 많은 블레셋 사람이 참석했는지는 모르겠지만, 옥상에서 삼손을 지켜본 사람들만 3,000명에 이르렀다고 한다(27절). 이 숫자가 옥상에 있는 사람 숫자 치고는 너무 많다고 하여 전체 참석한 사람의 숫자가 3,000명이었던 것으로 추정하는 사람들도 있다. 하여튼 저자는 이날 매우 많은 사람이 죽었다고 한다. 어느 정도 많은 사람이 죽었는가 하면, 삼손이 평생 죽였던 사람보다 더 많은 숫자였다.

삼손이 죽었다는 소식을 듣고 친척들이 찾아와 그의 주검을 가져가 소라와 에스다올 사이에 있는 그의 아버지 마노아의 무덤에 묻어주었다(31절). 이곳은 그가 어렸을 때 자랐던 곳이며 삼손은 이곳에서 여호와의 영을 처음 경험했다(cf. 13:25). 그의 이야기가 처음 시작한 곳으로 돌아와 막을 내리고 있는 것이다. 또한 그가 가족묘에 묻혔다는 것은 일종의 '행복한 결말'(happy ending)이다(Pressler). 고대 사람들에게 죽어서 조상들과 함께 묻히는 것은 신(들)의 축복이었기 때문이다.

삼손이 최후를 맞고 있는 순간 하나님은 어디 계셨는가? 그 어디에서도 하나님의 모습을 찾아 볼 수 없다. 삼손이 괴력을 사용하여 신전을 무너뜨린 것을 보면, 하나님이 그의 기도를 들으시고 응답하신 것을 알 수 있다. 삼손은 드보라처럼 하나님을 대변한 적이 없고, 기드온처럼 하나님과 상의한 적도 없다. 심지어 삼손은 자신의 나실인 신분을 고작 머리를 자르지 않는 것으로 지키려 했다(Pressler). 그런데도 하나님은 그의 복수심에 찬 기도를 들으셨다. 그렇다면 하나님은 삼손이 스스로 목숨을 끊는 것을 도우셨는가? 저자는 마치 이 모든 일이 삼손의 개인적인 노력으로 빚어진 것처럼 묘사하여 이 질문에 대한 답을 의도적으로 피한다. 또한 그 어디에서도 하나님이 보이지 않는다.

그러나 천방지축으로 날뛰는 삼손은 하나님의 섭리를 벗어날 수 없었으며 본의 아니게 하나님의 윤리적 의지(ethical will)의 중개인이 되었다(Klein). 하나님의 역사가 때로는 우리의 이해를 초월하는 것이다. 삼손 이야기에서 자주 반복되는 테마가 '알다/모르다'였다. 우리는 하나님이 어떻게 역사하시는가에 대하여 모른다는 고백을 할 수밖에 없다.

삼손의 이야기는 하나님의 많은 축복을 받고, 하나님의 영으로부터 많은 은사를 받는다 해도 그가 하나님의 뜻대로 살 것이라는 보장이 없다는 점을 확실히 한다. 삼손의 실패는 하나님이 주신 축복과 권능에 적절하게 반응하지 못하는 것의 실제적인 예다(Bowan). 결국 삼손의 이야기는 끝이 났지만, 그를 통해 이루고자 하셨던 하나님의 뜻은 성취되지 않았다(McCann). 왜냐하면 그는 블레셋 사람들의 손에서 이스라엘을 해방시키지 못했기 때문이다.

삼손은 '리더가 이래서는 안 된다'라는 것을 삶에서 보여준 사람이었다(cf. Craft). 옛 랍비들은 삼손을 '가장 형편없는 사사'라고 혹평하기도 했다(Pressler). 그는 나실인이 해서는 안 될 일을 모두 했다. 시체를 만졌고, 술도 마셨고, 머리도 잘랐다. 게다가 여자와 섹스를 좋아한 사람이었다. 밋첼(Joni Mitchell)이라는 여가수가 부른 노래 중 "섹스가 죽인다"(Sex Kills)라는 노래가 있다. 삼손의 경우에 딱 들어맞는 말이다. 그가 여자를 좋아했기 때문에 여자들의 노예가 되어 여자들의 손에 좌지우지되었으며, 이러한 삼손의 삶은 남자 중심적인 사회에서 매우 개탄스러운 일이 아닐 수 없다(Klein).

III. 두 결론: 이스라엘의 총체적 부패 (17:1-21:25)

사사기에 등장하는 마지막 사사인 삼손의 이야기가 독자들에게 안겨준 충격은 여러 가지였다. 우리는 하나님이 이스라엘 백성을 구하시려고 세우신 사사에게서 전혀 상상할 수 없는 윤리적인 타락과 신앙적인 불순종을 보았다. 삼손은 하나님이 주신 소명은 아랑곳하지 않고 호색이나 즐기고 복수나 탐하는 저질스러운 사람이었다. 게다가 그는 모태에서부터 나실인으로 하나님께 드려졌던 사람이 결코 해서는 안 될 일들을 서슴지 않고 했다. 하나님의 영마저도 그를 오랫동안 사로잡을 수 없었다. 이런 삼손을 하나님이 사용하셨다는 것이 그저 놀라울 뿐이다. 삼손은 우리가 접한 사사 중 가장 큰 결함들과 자질 문제를 안고 있는 사람이었다. 삼손은 저자가 지속적으로 강조하고 있는 '시간이 지날수록 악화되는 이스라엘 사회의 영적 부패와 사회적 분열' 을 입증할 만한 좋은 예가 되었다.

시간이 지날수록 악화되는 이스라엘 사회의 영적 부패와 사회적 분열은 사사들의 삶에서만 엿볼 수 있는 것은 아니다. 백성들의 사고방식과 삶의 자세가 변해가는 것에서도 확연하게 감지된다. 처음에는 이스라엘이 자신들의 죄로 인하여 이방인들에게 억압당할 때마다 하나님께 부르짖었다. 그들이 진정으로 회개했는지는 별개 문제이지만, 최소한 고통스러우면 일단 소리쳤다. 그러나 삼손 이야기에서는 백성들이 부르짖는 것마저 잊었다. 여호와 하나님의 언약적 저주를 자신들의 운명의 한 부분으로 받아들였던 것이다!

이스라엘은 심지어 블레셋 사람들의 통치를 당연하게 받아들이기까지 했다(cf. 15:11). 삼손이 사사로 있었던 20년 동안에도 이스라엘은 블레셋 사람들의 통치를 받았다(15:20). 그러나 아무도 한 백성이 두 체제의 지배를 받아야 하는 모순적인 제도에 대하여 문제를 제기하지 않았다. 삶의 방식과 가치관이 완전히 가나안화 되어버린 이스라엘 사회는 분별력을 완전히 상실했던 것이다.

이와 같이 삼손 이야기는 시간이 흐를수록 악화되기만 하는 이스라엘 사회의 단면을 잘 보여주었다. 그러나 사사기의 마지막 섹션에서 전개될 이야기는 삼손 시대의 부패와 분열을 능가한다. 그동안 이스라엘 사회에서 음성적으로 행해졌던 우상숭배가 이 이야기에서는 한 지파의 공식적인 종교가 된다. 또한 이 섹션의 뒤를 이을 두 번째 결론에서는 우리가 상상할 수 있는 모든 것이 망가지고 타락한 상황을 묘사한다. 상황이 얼마나 절망스러운지 저자는 17-21장이 형성하고 있는 두 개의 결론에서 일이 이렇게 된 것에 대한 일종의 변명을 네 차례나 제시한다. 이 '변명'도 교차대구법적 구조를 지녔다.

A. 그 때에는 이스라엘에 왕이 없었으므로 사람마다 자기 소견에 옳은 대로 행하였더라(17:6)
　B. 그 때에 이스라엘에 왕이 없었다(18:1)
　B'. 그 때에 이스라엘에 왕이 없었다(19:1)
A'. 그 때에는 이스라엘에 왕이 없었으므로 사람마다 자기 소견에 옳은 대로 행하였더라(21:25)

도대체 상황이 얼마나 악하기에 이같은 변명이 여러 차례 제시되는 것일까? 이때까지 이스라엘은 주로 우상숭배에 관한 죄를 지어왔다. 이 섹션에서 이스라엘은 동성애를 행하고 사체까지 훼손하는 흉악한 범죄 사회로 전락한다. 또한 지금까지 전개된 가장 큰 동족상쟁은 기드온이 이스라엘의 두 도시를 습격하여 사람들을 죽인 것과 입다가 에브라임 사람 42,000명을 죽인 일이었다. 그런데 이 섹션에서는 내란으로 인해 베냐민 지파가 거의 멸종에 이르게 된다. 베냐민 지파 사람 중 장정 600명만 남고 모두 죽음을 당하기 때문이다.

그러나 무엇보다도 본 텍스트에 묘사된 이스라엘 사회를 독특하게 만드는 것은 이스라엘 사람들은 이방인들의 억압으로 인해 삶이 아무리 고통스러워도 더 이상 여호와께 부르짖지 않는다는 점이다. 하나님도 부르짖지 않는 이스라엘에게 더 이상 구원자를 보내주지 않으신다. 하나님의 백성이라고 자부하던 이스라엘은 어느덧 하나님과 단절된 집단으로 변질되었다. 저자가 2:11-23에 제시한 순환 메커니즘이 더 이상 작동하지 않는, 완전히 몰락한 사회가 되었던 것이다. 그러므로 독자들이 충격에 휩싸이게 했던 삼손 이야기는 이 섹션에서 전개될 이야기의 서곡에 불과하다. 책이 두 서론을 지녔던 것처럼 두 결론으로 구성된 본 텍스트는 다음과 같이 구분될 수 있다.

A. 신학적 결론: 종교적 부패(17:1-18:31)
B. 역사적 결론: 사회적·정치적 부패(19:1-21:25)

III. 두 결론: 이스라엘의 총체적 부패(17:1-21:25)

A. 신학적 결론: 종교적 부패(17:1-18:31)

사사기의 마지막 섹션은 일명 '구원자들의 책'이라고 불리는 2:6-

16:31에 포함되지 않는 부분이다. '구원자들의 책'은 하나님이 이스라엘 백성을 구원하시기 위해 지도자로 세웠던 사람들이 지니고 있던 영적·윤리적 문제점들을 잘 보여주었다. 그러나 문제 많은 사사들의 통치를 받은 백성의 상태에 대하여는 별다른 언급이 없었다. 이제 저자는 결함투성이었던 사사들의 지배를 받은 백성의 영적·윤리적 상태를 묘사하고자 한다. 그러므로 '구원자들의 책'과 이 마지막 섹션은 일종의 '원인과 결과' 관계를 형성하고 있는 것이다. 이스라엘 사회가 이처럼 몰락한 것에 대하여 저자는 그때는 이스라엘에 왕이 없어, 사람이 각자 자기 소견에 옳은 대로 행하다 보니까 일어난 일이라고 한다(17:6; 21:25; cf. 18:1; 19:1).

사사기는 두 개의 서론으로 시작했던 것처럼 결론도 둘이다. 두 서론과 결론은 일종의 책 받침대 역할을 하면서 책에 통일성과 짜임새를 더하는 것이다(Younger). 첫 번째 서론(1:1-2:5)은 이스라엘의 가나안 정복이 실패한 이유를, 두 번째 서론(2:6-3:6)은 이스라엘이 이방인들의 우상들로 인해 겪었던 문제를 소개했다. 책의 두 결론 중 첫 번째인 이 섹션은 이스라엘이 이방인들의 우상이 아니라 자체적인 우상으로 인해 있었던 일을 회고한다. 이 외에도 본 텍스트는 1-2장과 여러 가지 연결점을 지니고 있다(cf. Amit, O'Connell). 책의 첫 번째 결론을 형성하고 있는 본 텍스트는 다음과 같이 두 파트로 나뉜다.

A. 미가의 우상(17:1-13)
B. 단 사람들의 이동(18:1-31)

또한 저자는 본 텍스트를 통해 이스라엘이 신명기 12:1-13:1에 기록된 규례를 모두 범했다고 한다. 이스라엘의 몰락은 결국 그들이 하나님과의 언약을 준수하지 않았기 때문에 비롯된 일이다. 다음 도표를 참조하라(O'Connell).

주제	신12:1–13:1	삿17:1–18:31
언덕에 있는 산당들	파괴할 것(12:2)	세움(17:3–4)
우상들	무너뜨릴 것(12:3a)	세움(17:3–4)
중앙 예배 처소	반복적으로 지지(12:4–7, 11, 13–14, 17–18, 26–27)	반복적으로 무시(17:2b–5, 13; 18:31b)
'옳게 생각되는 대로…'	금지(12:8)	행함(17:6b)
레위 사람 후원	중앙 예배 처소에서(12:12, 18, 19)	개인이 소유한 산당에서(17:7–13; 18:19–20, 30b)
아직 정복하지 못한 기업	이유 수용됨(12:9–10a)	수용될 수 없음(18:1b)
여호와께서 평안히 살게 하실 것	미래 이스라엘(12:10b)	단이 아니라 라이스에서(18:7b, 10a, 27a)
여호와께서 영토를 넓혀 주실 것	미래 이스라엘(12:20a)	단이 아니라 라이스(18:7b, 10b, 28)

III. 두 결론: 이스라엘의 총체적 부패(17:1–21:25)
A. 신학적 결론: 종교적 부패(17:1–18:31)

1. 미가의 우상(17:1–13)

미가의 우상 이야기는 한 집안의 타락 이야기로 시작한다. 그러나 이 집안의 타락은 거기서 멈추지 않고 한 종교인의 타락으로 이어진다. 아마도 저자는 이 이야기를 통해 이스라엘 사회의 전반적인 이야기를 하고자 하는 듯하다. 사사 시대를 지나며 이스라엘의 각 개인과 종교가 모두 썩었다는 것이다. 이 이야기는 다음과 같이 두 파트로 구분된다.

A. 한 이스라엘 집안의 타락(17:1–6)
B. 한 레위 사람의 타락(17:7–13)

III. 두 결론: 이스라엘의 총체적 부패(17:1-21:25) A. 신학적 결론: 종교적 부패(17:1-18:31)

(1) 한 이스라엘 집안의 타락(17:1-6)

1 에브라임 산지에 미가라 이름하는 사람이 있더니 2 그의 어머니에게 이르
되 어머니께서 은 천백을 잃어버리셨으므로 저주하시고 내 귀에도 말씀하셨
더니 보소서 그 은이 내게 있나이다 내가 그것을 가졌나이다 하니 그의 어
머니가 이르되 내 아들이 여호와께 복 받기를 원하노라 하니라 3 미가가 은
천백을 그의 어머니에게 도로 주매 그의 어머니가 이르되 내가 내 아들을
위하여 한 신상을 새기며 한 신상을 부어 만들기 위해 내 손에서 이 은을 여
호와께 거룩히 드리노라 그러므로 내가 이제 이 은을 네게 도로 주리라 4 미
가가 그 은을 그의 어머니에게 도로 주었으므로 어머니가 그 은 이백을 가
져다 은장색에게 주어 한 신상을 새기고 한 신상을 부어 만들었더니 그 신
상이 미가의 집에 있더라 5 그 사람 미가에게 신당이 있으므로 그가 에봇과
드라빔을 만들고 한 아들을 세워 그의 제사장으로 삼았더라 6 그 때에는 이
스라엘에 왕이 없었으므로 사람마다 자기 소견에 옳은 대로 행하였더라

저자는 지금까지 에브라임 지파를 별로 탐탁지 않게 묘사해 왔다. 그들은 이방인들의 통치를 마치 운명처럼 받아들이고 살다가 기드온이 군대를 일으켜 이스라엘을 미디안 사람들의 손에서 해방시키자 뒤늦게 공치사를 바라며 시비를 걸었던 비열한 사람들이다. 입다에게도 같은 수법을 쓰려다가 에브라임 사람들 42,000명이 죽기도 했다. 이러한 정황에서 이 이야기를 에브라임 산간 지방에 사는 미가라는 사람에 대한 언급으로 시작하는 점 역시 저자가 에브라임 지파를 별로 긍정적으로 묘사하지 않을 것임을 짐작하게 한다.

미가(מִיכָיְהוּ)는 '여호와 같은 이가 누구냐?'라는 뜻을 지닌 좋은 이름이다. 그러나 그는 이름값을 못하는 사람이다. 미가는 어머니의 돈을 훔친 우상 숭배자였다. 그와 연관된 이야기가 전개되는 17-18장에서 여호와를 제대로 아는 사람은 하나도 없다. 하나님의 현현이나 계시도 없다. 게다가 미가는 제5계명과 제8계명을 범하여 그가 하나님과 하나님의 말씀을 등한시하는 사람이라는 것을 역력하게 드러낸다(Younger). 그러므로 하나님과 상관없는 미가가 이런 이름(viz., '여호와 같은 이가 누구냐?')을 지녔다는 것이 매우 아이러니하다(Boda, McCann).

미가의 어머니가 은 돈 1,100개를 도둑맞고 훔친 사람을 저주한(אלה) 적이 있었는데, 범인은 다름아닌 미가였다(2절). 이곳에서 사용되는 동사 '저주하다'(אלה)는 상대적으로 흔히 사용되는 단어가 아니며, 조건적인 저주를 선포할 때 사용된다(Block). 미가의 어머니는 돈을 훔쳐간 사람에게 매우 비참한 운명을 선포했을 것이다.

은 1,100세겔(12.7kg)은 엄청난 액수의 돈이며, 들릴라가 삼손을 넘겨주는 대가로 각 블레셋 지도자에게 받은 액수이기도 하다. 그래서 일부 주석가들은 이 이야기에 등장하는 미가의 어머니가 들릴라라는 해석도 내놓았다(Schneider, Mathews, Galpaz-Feller). 그러나 이렇다 할 증거는 없다. 더구나 만일 들릴라가 블레셋 각 지도자에게 1,100세겔씩 받았다면, 그녀는 훨씬 더 많은 액수(viz., 5,500세겔)를 받았을 것이다. 그러나 삼손의 몰락을 가져오는데 결정적인 역할을 했던 은 1,100세겔이 다시 등장하는 것, 그것도 도둑맞은 돈으로 언급되는 것은 별로 좋은 징조가 아니다. 게다가 미가는 순전한 욕심에서 어머니의 돈을 훔쳤다. 삼손을 팔아 넘긴 들릴라는 여러 면에서 악의 기준이었는데-이방인, 요부, 배신자-미가는 그녀를 능가하는 악인이며 별다른 이유도 없이 이스라엘의 가치관과 가장 가까워야 할 가족 관계를 저버린 자이다(Klein).

미가의 어머니가 이 엄청난 돈을 도둑맞고도 별로 타격을 입지 않은 것을 보면 그녀가 대단한 부자였다는 사실은 의심할 여지가 없다. 미가가 어머니의 돈을 훔쳤다가 미가가 듣는 자리에서 그녀가 훔친 자에게 저주를 선언하자, 그 저주가 자신에게 임할까 무서워서 다시 훔친 돈을 가져왔다. 돈을 훔친 사람이 다름아닌 자기 아들이라는 사실을 알게 된 어머니는 이미 선포한 저주를 되돌리려 했다. '내 아들이 여호와께 복 받기를 원하노라'(בָּרוּךְ בְּנִי לַיהוָה)(2절). 미가 어머니의 이런 행위는 그녀가 고대 근동에서 성행했던 주술에 바탕을 두고 있다(Block).

미가의 어머니가 바알이나 다른 신의 이름을 사용하지 않고 여호와의 이름을 언급하는 것으로 보아 그녀는 이스라엘의 하나님을 섬기는 사람이었다는 사실을 알 수 있다. 그녀는 또한 아들이 여호와께 저주받는 것을 피하기 위해 돌려받은 돈 1,100 세겔을 여호와께 거룩하게 구별하여 바치겠다고 했다(3절). 저주가 취소되고, 큰 액수의 돈이 여호와께 바쳐지는 것이 마치 이 일로 인하여 좋은 일이 있을 것 같은 기대감을 주지만, 미가와 그의 어머니 사이에 있었던 일은 여러 가지 문제를 안고 있다.

미가가 돈을 훔친 것은 하나님의 율법을 어긴 것이며(cf. 출 20:15; 신 5:19), 어머니를 우롱한 행위이다(cf. 출 20:12; 신 5:16). 율법에 의하면 그는 어머니에게 20%를 더하여 배상해야 할 뿐만 아니라, 성막에 가서 제사장을 통하여 속죄제를 드려야 한다. 그러나 입다의 이야기에서처럼 이 이야기에서도 하나님의 율법은 완전히 무시된다. 미가가 어머니께 돈을 돌려준 이유도 기가 막힌다. 그는 어머니가 훔친 자에게 저주를 선포하자 돌려주었는데, 잘못을 깨닫고 돌려준 것이 아니라 저주가 자기에게 임할까 두려워 돌려주었기 때문이다.

미가의 어머니가 아들에게 저주가 임하는 것을 막기 위해 축복을 빌어주고 돌려받은 돈을 여호와께 바치겠다고 했지만, 그녀는 실로에 있는 하나님의 집(בֵּית־הָאֱלֹהִים)에 들여놓지 않고(cf. 18:31) 아들 미가에게 주었다(3절). 또, 그녀는 아들이 돌려준 1,100세겔을 모두 여호와께 바치겠다고 했는데 실제적으로 아들에게 넘겨진 액수는 200세겔에 불과했다(4절). 돈을 되돌려 받은 이후 900세겔을 빼고 준 것이다. 처음에 바치겠다고 했던 액수가 아깝게 느껴져 마음을 바꾸었다. 그래서 그녀는 자기가 여호와의 이름으로 한 맹세를 어겼다(Webb, Olson). 미가의 어머니는 고대판 아나니아와 삽비라다(cf. 행 5장). 결코 신뢰할 수 없는 여인이다. 그녀의 행위는 당시 사람들의 신앙생활의 한 단면을 보여주는 듯하다. 이스라엘 사람들이 비록 여호와를 경외한다고는 하지만, 하나님의 이름으로 맹세한 일을 마음대로 번복하는 행위를 별로 심각한 문제로 생각하지 않았던 것이다. 물론 그 시대는 사람이 각자 자기 소견에 옳은 대로 행하던 시대였기 때문에 이런 일이 있었다.

더 심각한 문제는 그녀가 여호와께 드린다고 해놓고 이 돈으로 '은을 입힌 목상'(פֶּסֶל וּמַסֵּכָה)을 만들라고 아들에게 준 것이다. 원래 '신상'(פֶּסֶל)이 홀로 사용될 때는 나무나 돌로 깎아 만든 우상을 뜻한다(HALOT). 그런데 이곳에서처럼 '부어 만든 신상'(מַסֵּכָה)과 함께 사용될 때는 두 명사 또는 형용사를 접속사로 연결하여 한 뜻을 나타내는 수시법(hendiadys)으로서 나무로 깎아 만든 모양에 금이나 은을 입힌 우상을 의미한다(새번역; NRS, Block, cf. 17:4; 18:14; 나 1:14; 사 30:22; 42:17). 그러나 이 문구가 두 개의 다른 우상들을 뜻하거나, 한 우상을 만드는 두 절차를 뜻한다는 해석도 있다(Cundall, cf. Niditch). 그녀가 미가에게 우상을 만들라고 지시한 것은 하나님이 주신 율법을 명백하게 위반하는 행위이다(출 20:4-5; 신 5:8-9).

여호와를 섬기는 사람이 어떻게 주저하지 않고 이런 일을 할 수 있을까? 바로 다음 문단에서 보는 것처럼 미가의 집안 사람들은 오직 여호와만을 섬긴 것이 아니라 다른 신들도 숭배한 다신(多神)주의자들이었다. 그들에게 여호와는 여러 우상 중 하나였던 것이다(Mathews). 여호와가 그들이 숭배하는 여러 신 중 하나로 취급되다 보니, 하나님의 명령과 규례를 준수할 이유가 없으며 새 우상들을 만드는 일을 꺼리지 않았다. 그러나 미가 집안의 다신주의적인 성향과 우상숭배가 단지 그의 집안 이야기만은 아니다. 저자는 미가 집안의 이야기를 하나의 예로 들어 당시 이스라엘 사람들의 영적 상태를 비난하고 있다(Pressler, Block).

어머니가 은을 주자 미가는 그 은으로 우상을 만들어 자기 집에 두었다(4절). 그는 '개인 산당'(בֵּית אֱלֹהִים)을 가지고 있었으며 그 산당에는 에봇(אֵפוֹד)과 드라빔(תְּרָפִים) 등 우상들이 있었다. 미가는 어머니에게서 받은 은으로 새 우상을 만들어 이미 자기가 소장하고 있던 '우상 컬렉션'에 하나를 더한 것이다. 기드온은 전쟁에서 노획한 금 귀걸이들을 모아 에봇을 만든 적이 있다(8:27). 원래 에봇은 제사장이 입는 옷이지만, 저자는 기드온이 만든 에봇이 그와 온 이스라엘에게 덫이 되었다고 했다. 그 이유가 이곳에서 정확하게 밝혀지고 있다. 기드온이 만들었고 미가가 개인 산당에 가지고 있는 에봇은 이스라엘 제사장이 입는 옷이 아니라, 우상이었던 것이다. 드라빔은 집안의 수호신들로 대체적으로 오래전에 죽은 집안 조상들의 모양을 지녔다. 혹은 드라빔은 여러 가지 잡다한 수호신의 우상이거나 점술가들이 점을 칠 때 사용하는 우상들일 수 있다.

개인 산당을 차리고 그곳에 우상 컬렉션을 소장하고 있던 미가는 자기 아들 중 하나를 제사장으로 삼아 그 산당을 관리하게 했다(5절). 개인 산당을 가지고 있는 것도 율법을 범하는 행위인데, 에브라임 지파 사람이 아들을 제사장으로 삼은 것은 더욱더 용납하기 어려운 일이라 할 수 있다. 미가가 자기가 숭배하는 신을 여호와라고 불렀을지는 모르지만, 그가 하는 행동을 보면 그는 절대 여호와를 섬기는 사람이 아니다. 하나님의 율법을 신앙의 기준으로 삼고 있지 않기 때문이다.

어떻게 이런 일이 이스라엘에서 있을 수 있었는가? 저자는 "그 때에는 이스라엘에 왕이 없으므로 사람마다 자기 소견에 옳은 대로 행하였기 때문"이라고 설명한다(6절). 저자는 이 말씀을 통하여 미가와 어머니가 한 일에 대하여 매우 부정적으로 평가하고 있다. 또한 당시 이스라엘에 왕이 있었다면, 왕이 질서를 확립하고 바른 길을 가르쳤을 것이기 때문에 이런 일이 없었을 것이라는 뜻이다. 이미 서론에서 언급한 것처럼, 이 말씀은 단순히 친왕조적인 발언이거나, 다윗 왕정을 옹호하는 발상에서 비롯된 것이 아니다. 신적 왕이신 여호와의 통치를 기대하는 말이다(Wong, cf. Block).

저자는 머지않아 이런 날이 올 것이라는 기대감을 갖게 한다. 그날이 올 때까지 우리는 이미 하나님이 주신 계시를 기준 삼아 살아가야 한다. 저자는 만일 우리가 우리 소견에 옳은 대로 살다 간다면, 우리도 미가처럼 타락하여 살게 될 것이라고 경고하고 있다. 저자가 지금까지 사람의 소견에 옳은 일이 하나님 보시기에는 악한 일이었다는 말을 책 안에서 여러 차례 강조해왔던 점도 우리에게 경종을 울린다.

III. 두 결론: 이스라엘의 총체적 부패(17:1-21:25)
A. 신학적 결론: 종교적 부패(17:1-18:31)

(2) 한 레위 사람의 타락(17:7-13)

7 유다 가족에 속한 유다 베들레헴에 한 청년이 있었으니 그는 레위인으로
서 거기서 거류하였더라 8 그 사람이 거주할 곳을 찾고자 하여 그 성읍 유다
베들레헴을 떠나 가다가 에브라임 산지로 가서 미가의 집에 이르매 9 미가
가 그에게 묻되 너는 어디서부터 오느냐 하니 그가 이르되 나는 유다 베들
레헴의 레위인으로서 거류할 곳을 찾으러 가노라 하는지라 10 미가가 그에게
이르되 네가 나와 함께 거주하며 나를 위하여 아버지와 제사장이 되라 내가
해마다 은 열과 의복 한 벌과 먹을 것을 주리라 하므로 그 레위인이 들어갔
더라 11 그 레위인이 그 사람과 함께 거주하기를 만족하게 생각했으니 이는
그 청년이 미가의 아들 중 하나 같이 됨이라 12 미가가 그 레위인을 거룩하게
구별하매 그 청년이 미가의 제사장이 되어 그 집에 있었더라 13 이에 미가가
이르되 레위인이 내 제사장이 되었으니 이제 여호와께서 내게 복 주실 줄을
아노라 하니라

미가가 아들을 제사장으로 임명하여 산당을 관리하게 한 뒤에 있었던 일이다. 유다의 베들레헴(בֵּית לֶחֶם)에서 잠시 이주해와 미가의 집 근처에 살고 있던 레위 소년이 있었다(7-8절). 미가는 그 소년이 유다 베들레헴에서 온 레위 사람이라는 것을 알고는 일년에 은 10세겔과 숙식을 제공하기로 하고 개인 제사장으로 삼았다(9-10절). 이 소년이 유다 베들레헴 출신이라는 것은 유다도 에브라임처럼 심각하게 영적으로 타락했다는 것을 상징한다(Block).

미가가 이 레위 사람을 제사장으로 삼은 것에는 몇 가지 문제가 있다. 첫째, 이 사람이 레위 사람이기는 하지만, 그가 아론의 후손이었는지는 확실하지 않다. 레위 사람이라고 모두 제사장이 될 수 있는 것이 아니라, 레위 지파에 속한 사람 중에서도 오직 아론의 후손들만 제사장이 될 수 있다(cf. 출 28:1-3). 그런데 미가는 이러한 사실을 확인하지 않고 그 사람을 제사장으로 삼은 것이다. 실제적으로 이 소년은 레위 지파 사람이 맞지만, 아론의 자손은 아니었다(cf. 18:30).

둘째, 저자는 이 사람을 '소년'(נַעַר)이라고 한다. 율법에 의하면 제사장은 30세에 취임한다(민 4:3, 30). 이 사람은 아직 제사장이 될 만한 나이가 아니라는 것이다. 그런데 미가는 그를 '집안의 어른'으로 모셨다(10절). 미가가 이 소년을 이처럼 극진하게 대접했는데, 훗날 이 레위 소년은 미가를 버리고 단 지파 사람들의 스카우트를 받아들여 그들과 함께 떠난다. 은혜도 모르는 매우 나쁜 사람이다(Boda). 재미있는 것은 미가의 집안 어른이 된 레위 소년이 미가를 '아버지'(אָב)로 모셨고 미가의 친아들처럼 되었다는 사실이다(11절).

셋째, 레위 소년이 미가의 제안을 받아들여 그의 개인적인 제사장이 되겠다고 하자, 미가가 그에게 제사장직을 주었다(12절). 제사장직은 전통에 따라 오직 제사장들만이 줄 수 있는 것이다. 그런데 미가가 무슨 권한으로 이 소년을 제사장으로 세운단 말인가? 역시 당시는 모든 사람이 각자 자기 소견에 옳은 대로 행하던 시대였기 때문에 이런 일이 행해진 것으로밖에 볼 수 없다.

미가의 제안을 받아들여 그의 개인적인 제사장이 된 레위 소년에게도 문제가 있다. 그가 아론의 후손일 가능성은 전혀 없는데도 그는 아론의 후손들에게만 허락된 제사장직에 등극했다. 저자는 그를 '유다 지파에 속한 레위 사람'(מִמִּשְׁפַּחַת יְהוּדָה וְהוּא לֵוִי)이라고 한다(7절). 어떻게 레위 족속이 동시에 유다 족속이 될 수 있단 말인가? 일부 주석가들은 그가 레위 사람을 아버지로, 유다 사람을 어머니로 두었다는 뜻으로 해석한다(cf. Block). 그가 유다 지역에 살던 레위 사람이라는 것을 뜻하는 말로 풀이하는 사람들도 있다(cf. Pressler). 나중에 그의 신분이 아론의 후손이 아닌 것으로 밝혀진다(cf. 18:30). 그런데도 그는 나이 제한도 무시하고 제사장으로 등극했다. 이 레위 소년이 돈에 팔려 한 개인의 제사장이 되었다는 것도 좋은 일이 아니다.

더 큰 문제는 그가 사역하게 될 산당은 여호와만을 섬기는 곳이 아니라 우상들이 전시되어 있는 우상숭배의 터전이다. 이 소년이 율법을 알고 있었다면 결코 미가와 이러한 계약을 체결할 수 없었을 것이다. 만일 그가 율법을 알고 있으면서도 이런 일에 응했다면, 그는 갑부의 영적 지도자가 되기 위해 양심을 팔아먹은 사람이다. 이스라엘의 영적 지도자로 세움을 받은 레위 사람이 오히려 이스라엘 사람의 영적 타락을 묵인할 뿐만 아니라 심지어는 독려까지 하고 있다. 앞 섹션(1–6절)이 평범한 사람들의 영적 부패를 묘사했다면, 이 섹션은 레위 사람을 중심으로 한 영적 지도자들의 타락을 기록하고 있는 것이다.

그동안 아들을 제사장으로 세워놓고 개인 산당을 운영했던 미가가 레위 사람을 제사장으로 세우게 된 것에 대해 매우 만족했다. 레위 사람을 고용하여 자신의 산당이 어느 정도 종교적인 정당성을 얻은 것으로 생각했던 것이다. 그뿐만 아니라 그가 레위 사람을 제사장으로 모셨으니 이제부터 '여호와께서 그를 선처하실 것'(יֵיטִיב יְהוָה לִי)이라고 확신했다(13절). 미가가 여호와를 숭배하는 이유가 역력히 드러난다. 그는 하나님이 그의 백성에게 요구하시고 권고하시는 가치관이나 세계관에는 관심이 없다. 그의 유일한 관심사는 하나님을 이용하여 복을 받아내는 것이다. 그는 우상들도 이런 관점에서 접근했을 것이다. 이러한 사고를 가진 미가에게 레위 소년은 일종의 행운을 가져다 주는 부적이었다(Block, cf. Olson). 오늘날 우리 주변에도 미가처럼 신앙생활에 임하는 사람이 얼마나 많은가! 그러나 지금부터 미가에게 일어나는 모든 일이 잘못될 것이며 하나님은 절대로 미가에게 이용당하지 않으실 것이다(Webb).

여호와 하나님은 결코 그 누구에 의해, 어떠한 방법으로도 이용당하는 분이 아니다. 하나님은 우리가 이용하여 우리의 잇속을 챙기는 그런 대상이 아니라, 우리가 예배해야 하는 존귀한 분이시다. 그분은 우리의 시중을 드는 분이 아니라, 우리가 경배하고 찬양하고 섬겨야 하는 분이시다. 아무런 요구나 조건 없이 주님을 찬양하고 경배할 수 있는 신앙이 우리의 목표가 되어야 한다. 미가와 레위 소년은 하나님을 이용하여 자기 잇속을 챙기고 있다. 결국 하나님은 그들에게 액땜이나 해주고 부를 가져다 주는 부적에 불과하다.

III. 두 결론: 이스라엘의 총체적 부패(17:1-21:25)
A. 신학적 결론: 종교적 부패(17:1-18:31)

2. 단 지파의 이동(18:1-31)

이 섹션에서 미가가 단 지파 사람들로부터 천대를 받는 것이 그의 우상숭배에 내리신 하나님의 심판으로 해석되기도 한다(Boling). 그러나 17장에 묘사된 미가와 주변 사람들의 영적 타락은 지금부터 전개될 이야기의 배경을 그려줄 뿐이다. 저자는 17-18장에서 미가 집안보다는 단 지파의 횡보에 초점을 맞추고자 한다. 이 섹션은 단 지파가 어떻게 해서 미가가 만든 우상들과 세운 제사장을 훔치고 납치해서 온 지파가 영적으로 타락하는 계기로 삼았는가를 회고하고 있다. 한 집안의 우상

숭배가 이스라엘의 한 지파가 타락하게 된 동기가 된 것이다.

단 지파가 땅을 찾아 헤매는 이야기는 이스라엘이 가나안 정복에 앞서 사전 답사를 위해 정탐꾼을 보낸 이야기들(민 12:16-14:45; 신 1:19-46)과 같은 식으로 전개된다(Bauer, Satterthwaite, Malamat, O'Connell). 다음 도표를 참조하라.

이야기 요소	민 12-14	신 1:19-46	삿 18:1-31
땅을 얻지 못함	12:16	1:19-21	18:1
지파 대표들을 선발함	13:3-16	1:23b	18:2a
정탐꾼들을 보냄	13:17-20		18:2b
산악 지대에 도착	13:17(?)	1:24	18:2c
정탐하는 땅의 최북단을 정찰함	13:21		18:7
본부로 돌아옴	13:23-26a	1:25a	18:8
정탐한 땅에 대한 보고	13:26b-27, 32a	1:25b	18:9
거주민들에 대한 보고	13:28-29, 31, 32B-33	1:28	18:10
보고받은 백성들의 반응	14:1-4	1:26-33	18:11-13, 27-31

저자가 옛적 정탐꾼 이야기와 거의 똑같은 방식을 이곳에서 활용하는 것은, 옛적 정복 이야기와 완전히 상반되는 반(反)정복 이야기(Anti-Conquest)를 하고자 해서다(Bauer, cf. Olson). 민수기와 신명기에 기록된 이스라엘의 가나안 정복 이야기와는 달리, 이곳에 기록된 단 지파의 정복 이야기는 무용담이 아니라 겁쟁이 단 지파의 만행과 종교적 부패를 비난하는 이야기다(O'Connell, cf. Boda). 이 이야기가 끝날 때 단 지파는 성소를 소유하게 되는데 그 성소는 이스라엘 종교를 왜곡시킨 것에 불과하다.

다른 정복 이야기에서와는 달리 단 지파가 라이스를 정복하는 과정 그 어디에도 하나님은 보이지 않으신다. 그들이 가나안 사람들의 땅을 취하는 것은 믿음의 행위가 아니라 '무력이 정의'(might makes right)라는 논리에서 비롯된 잔인한 행위에 불과한 것이다(Pressler, McCann). 단 지파의 비겁함과 비열함, 또한 미가 집안에서 극진한 대접을 받으며 제사장 행세를 하던 레위 사람의 배신을 회고하고 있는 본 텍스트는 다음과 같이 구분된다.

A. 서론: 단 지파의 정탐꾼들(18:1–10)
 B. 단 지파가 라이스 정복에 나섬(18:11–13)
  C. 단 지파가 미가의 우상과 제사장을 훔침(18:14–20)
  C'. 단 지파가 미가를 협박해 돌려보냄(18:21–26)
 B'. 단 지파가 라이스를 강탈함(18:27–31)

III. 두 결론: 이스라엘의 총체적 부패(17:1–21:25) A. 신학적 결론: 종교적 부패(17:1–18:31) 2. 단 지파의 이동(18:1–31)

(1) 서론: 단 지파의 정탐꾼들(18:1–10)

**[1] 그 때에 이스라엘에 왕이 없었고 단 지파는 그 때에 거주할 기업의 땅을
구하는 중이었으니 이는 그들이 이스라엘 지파 중에서 그 때까지 기업을 분
배 받지 못하였음이라 [2] 단 자손이 소라와 에스다올에서부터 그들의 가족 가
운데 용맹스런 다섯 사람을 보내어 땅을 정탐하고 살피게 하며 그들에게 이
르되 너희는 가서 땅을 살펴보라 하매 그들이 에브라임 산지에 가서 미가의
집에 이르러 거기서 유숙하니라 [3] 그들이 미가의 집에 있을 때에 그 레위 청
년의 음성을 알아듣고 그리로 돌아가서 그에게 이르되 누가 너를 이리로 인
도하였으며 네가 여기서 무엇을 하며 여기서 무엇을 얻었느냐 하니 [4] 그가
그들에게 이르되 미가가 이러이러하게 나를 대접하고 나를 고용하여 나를
자기의 제사장으로 삼았느니라 하니라 [5] 그들이 그에게 이르되 청하건대 우**

리를 위하여 하나님께 물어 보아서 우리가 가는 길이 형통할는지 우리에게
알게 하라 하니 6 그 제사장이 그들에게 이르되 평안히 가라 너희가 가는 길
은 여호와 앞에 있느니라 하니라 7 이에 다섯 사람이 떠나 라이스에 이르러
거기 있는 백성을 본즉 염려 없이 거주하며 시돈 사람들이 사는 것처럼 평
온하며 안전하니 그 땅에는 부족한 것이 없으며 부를 누리며 시돈 사람들과
거리가 멀고 어떤 사람과도 상종하지 아니함이라 8 그들이 소라와 에스다올
에 돌아가서 그들의 형제들에게 이르매 형제들이 그들에게 묻되 너희가 보
기에 어떠하더냐 하니 9 이르되 일어나 그들을 치러 올라가자 우리가 그 땅
을 본즉 매우 좋더라 너희는 가만히 있느냐 나아가서 그 땅 얻기를 게을리
하지 말라 10 너희가 가면 평화로운 백성을 만날 것이요 그 땅은 넓고 그 곳
에는 세상에 있는 것이 하나도 부족함이 없느니라 하나님이 그 땅을 너희
손에 넘겨 주셨느니라 하는지라

저자는 단 지파의 이주에 대한 이야기를 "그 때에 이스라엘에 왕이 없었다"(בַּיָּמִים הָהֵם אֵין מֶלֶךְ בְּיִשְׂרָאֵל)라는 말로 시작한다(1절). 물론 이 말씀은 "사람이 각자 자기 소견에 옳은 대로 행하였더라"라는 말로 이어져야 하지만 생략(ellipsis)하였다(Younger). 앞으로 자신이 묘사할 일이 어이없고 잔인한 일로 생각되더라도 그 당시에는 왕이 없었으니 그럴 수밖에 없었다는 일종의 당대 사람들의 만행과 배교에 대한 변명으로 이야기를 시작하는 것이다(Pressler, McCann, cf. 17:6). 단 지파의 행동이 미가의 이야기처럼 상당히 충격적일 것을 암시한다. 이 말씀은 또한 저자의 관점을 엿볼 수 있는 중요한 단서다.

여호수아는 단 지파에게 베냐민 지파의 영토 서쪽에 땅을 분배해 주었다(수 19:40-48). 그런데 이제 와서 단 지파가 기업을 얻지 못해 살 땅을 찾고 있었다는 말(1절)을 어떻게 이해할 것인가? 한 영어 번역본은 1절 후반부를 "그때까지는 이스라엘의 지파들에게 아직 땅이 분배되지 않았기 때문이다"(for until then no territory among the tribes of Israel had been allotted to them)라고 해석하여 그 이유를 설명한다(NRS). 그러나 이러한 해석은 문제를 더 가중시킬 뿐 전혀 도움이 안 된다는 것이 대부분 학자의 지적이다(cf. Block). 가장 자연스러운 해석은 여호수아가 단 지파에게 분배한 땅을 그들이 아직 차지하지 못했다는 것으로 이해하는 것이다. 사사기 1:34-36에 의하면 단 지파 사람들이 자신들에게 할당된 땅을 정복하려고 했지만, 아모리 사람들에게 밀려 산악 지대로 내쫓겼다. 그래서 그들 중 일부는 에브라임 지파에 속한 땅에 정착하게 되었으며, 에브라임의 영토인 소렉 계곡에 살던 단 지파 사람에게서 나온 사사가 바로 삼손이다(cf. 13:2, 25). 다른 지파들의 땅에서 살던 단 사람들이 모여 자기 지파만의 정착지를 찾아 나선 것이다.

단 지파 사람들은 용감한 사람 다섯 명을 뽑아 땅을 정찰하도록 보냈다(2절). 하나님께 근신하며 기도하여 문제를 해결하려 하지 않고 자신들이 '보기에 옳은 대로 행하고 있는 것'이다. 게다가 그들이 찾아 나선 것이 기업(נַחֲלָה)인데 이 단어의 개념은 봉건 제도(feudal system)에서 온 것이며 영주가 종속자에게 하사하는 것을 뜻한다(NIDOTTE, cf. HALOT). 이스라엘이 가나안 정복에 나섰을 때 하나님이 이스라엘에게 땅을 주신 것에 대한 적절한 표현이지만, 지금 상황에서는 이 단어가 사용되는 것이 적절하지 않다. 저자는 이곳에 이 단어를 아이러니하게 사용하여 단 지파의 행동을 비하하고 있는 것이다(Block).

정찰대가 에브라임 산간 지방을 돌아보다가 미가의 집에 이르러 하룻밤을 묵게 되었다(2절). 그들이 미가의 집에 묵는 동안 미가의 개인 산당에서 사역하던 레위 사람이 말하는 것을 듣고는 그가 그 지역 사람이 아니라는 것을 알고 그에게 자초지종을 물었다(3절). 레위 사람의 억양이나 액센트가 그가 살고 있는 지역 사람들의 것과 달랐다는 뜻이며, 정탐꾼들은 대번에 그가 그 지역 사람이 아니라는 것을 알아차렸다는 뜻이다(cf. Niditch).

레위 사람이 자신은 미가가 고용한 제사장이라고 밝히자 정탐꾼들은 자신들의 일을 하나님께 물어달라고 했고, 미가의 제사장은 여호와께서 그들을 보살피고 있으시니 모든 것이 잘 될 것이라고 말했다(6절). 물론 레위 사람의 말은 그가 하나님과 상관없이 둘러대는 말이다(cf. Mueller, Schneider). 하나님이 단 사람들의 횡보를 축복하실 리 없고, 타락한 레위 사람의 질문에 응답하실 리 없다(Block). 질문하는 사람들이나 대답하는 제사장이나 하나님과 상관없는 자기들만의 '신탁'을 만들어 서로를 위로한다. 정탐꾼들은 돌아가 백성에게 보고할 때, 이 제사장의 말을 하나님의 축복으로 이용한다(10절).

미가의 집에서 잠시 휴식을 취한 정찰대는 길을 떠나 라이스(לַיִשׁ)에 도착했다(7절). 라이스는 '사자'라는 뜻을 지닌 이름이며, 여호수아기 19:47은 이 도시를 레셈(לֶשֶׁם)(lit., '보석')이라고 불렀다. 라이스는 오랜 역사를 지닌 성읍이었으며 헤르몬 산 어귀에 있었다(ABD). 라이스는 좋은 기후와 풍부한 물 덕분에 가나안에서 가장 생산적인 땅이었으며, 약 30㎞ 남쪽에 있던 하솔과 함께 이 지역의 정치적 중심지였다(Block).

저자는 라이스 사람들이 시돈 사람들처럼(כְּמִשְׁפַּט צִדֹנִים) '한가하고 평화롭게'(שֹׁקֵט וּבֹטֵחַ) 사는 사람들이었다고 한다(7절). '시돈 사람들처럼'이라는 말을 그들이 시돈 사람들과는 완전히 독립을 유지하는 상태에서 그들의 정치·사회적 제도를 도입한 것으로 풀이하는 주석가도 있지만(Soggin), 그보다는 이 말의 의미를 그들이 법적으로 시돈의 통치/영향권 아래 있었다는 사실을 뜻하는 것으로 풀이하는 쪽이 우세하다(Pressler, Malamat). 그러나 시돈은 이 성읍에 별다른 실력 행사를 하지 않았다. 시돈과 라이스 사이를 레바논 산들이 가로막고 있어서 교류가 활발하지 못했기 때문이다(ABD).

외부의 압박을 받지 않은 라이스는 내부적으로도 평안한 도시였다(Boda). 정권을 휘어잡은 독재자도 없었다. 라이스 주민들은 다른 족속이나 성읍을 해할 욕심이 없었으며, 자신들이 처한 형편에 만족하며 살아가는 느긋한 삶을 사는 사람들이었다. 저자는 라이스를 이처럼 평화스럽게 묘사하여 순식간에 독자들의 동정을 단 지파 사람들로부터 앞으로 그들의 손에 처참하게 죽어갈 라이스 사람들에게로 옮긴다(Block, cf. Pressler). '라이스 사람들이 평화롭게(בֶּטַח) 살았다'라고 하는데, 이 히브리어 단어가 이야기에서 지닌 기본적인 의미는 '의심하지 않는/신뢰하는'이다(Pressler). 이 말이 본문에서 세 차례나 반복되는 것은 (7, 10, 27절) 라이스 사람에 대한 동정을 유발하는 동시에, 단 사람들이 정당화될 수 없는 폭력을 사용해서 이 도시 사람들을 죽인 만행을 부각시키는 효과를 발휘한다.

동족에게 돌아온 정찰대는 속히 올라가서 라이스를 치자고 했다(9–10절). 그들은 라이스에 대하여 네 가지로 보고하며 마치 그 땅이 낙원(paradise/utopia)이나 되는 것처럼 떠들어댔다: (1) 그 땅은 매우 좋다(טוֹבָה מְאֹד), (2) 그 땅 주민들은 [침략을 전혀 예상하지 못하는] 의심 없는 사람들(עַם בֹּטֵחַ)이다, (3) 그 땅은 [모든 사람들을 수용할 수 있는] 넓은 땅이다(הָאָרֶץ רַחֲבַת יָדַיִם), (4) 무엇 하나 부러울 것이 없고, 부족한 것이 없는 곳이다(מָקוֹם אֲשֶׁר אֵין־שָׁם מַחְסוֹר כָּל־דָּבָר אֲשֶׁר בָּאָרֶץ). 하나님이 여호수아를 통해 주신 기업에서 아모리 사람들에 의하여 쫓겨나 지금까지 방랑생활을 하던 사람들에게 정탐꾼들의 보고는 복음일 수밖에 없다.

게다가 정탐꾼들은 이 땅은 '하나님이 그들의 손에 붙이신 것'(מָקוֹם נְתָנָהּ אֱלֹהִים בְּיֶדְכֶם)이라는 말을 더했다. 이 말은 정탐꾼들이 미가의 집에서 만난 레위 사람에게서 받은 '신탁'을 이용하는 것이지만, 단 지파가 하고자 하는 일은 하나님이 인정하신 정복이 아니다(Boda). 하나님은 여호수아를 통해 단 지파에게 베냐민 지파 옆에 기업을 주셨기 때문이다. 스파이들의 보고는 단 사람들이 도저히 거부할 수 없는 제안이 된 것이다.

III. 두 결론: 이스라엘의 총체적 부패(17:1-21:25)
A. 신학적 결론: 종교적 부패(17:1-18:31)
2. 단 지파의 이동(18:1-31)

(2) 단 지파가 라이스 정복에 나섬(18:11-13)

11 단 지파의 가족 중 육백 명이 무기를 지니고 소라와 에스다올에서 출발하
여 12 올라가서 유다에 있는 기랏여아림에 진 치니 그러므로 그 곳 이름이 오
늘까지 마하네 단이며 그 곳은 기랏여아림 뒤에 있더라 13 무리가 거기서 떠
나 에브라임 산지 미가의 집에 이르니라

정찰대의 보고에 고무된 단 지파 사람들이 600명의 군사를 일으켜 라이스 정복에 나섰다. 지금까지 사사기에서 언급된 군대들에 비하면 매우 작은 규모다. 이 작은 숫자는 정찰대의 선동에 많은 사람이 동조하지 않았던 것을 의미하는 듯하다(Block). 비록 이 일이 단 지파 전체에 관한 일이기는 하지만, 주로 에스다올과 소라 지역에 살던 단 지파 사람들을 중심으로 군대가 징병된 것도 이 군대가 크지 않은 이유일 것이다. 단 지파에 속한 모든 사람이 움직이고 있는 것이 아니라, 여호수아가 배당해준 땅의 정복에 실패한 사람 중 소수만이 이 전쟁에 참여하고 있다는 것을 의미한다(Boda). 600명은 또한 다음 섹션에서 벌어질 내란 때문에 거의 멸종하다시피 한 베냐민 지파 남자들의 남은 숫자이기도 하다(20:47).

소라와 에스다올을 떠난 단 지파 사람들은 유다 땅에 있는 기럇여아림에 진을 쳤다. 기럇여아림(קִרְיַת יְעָרִים)은 '숲들의 도시(viz., 숲으로 무성한 도시)'라는 뜻을 지녔으며 예루살렘에서 북쪽으로 약 13㎞에 있는 곳이다. 이 성읍은 유다 지파와 베냐민 지파 영토의 접경 지역에 있었으므로 여호수아는 이 도시를 유다 지파(수 15:9, 60)와 베냐민 지파(수 18:14, 15)에게 주었다. 길을 나선 단 지파의 군대가 별로 크지는 않지만, 그들은 자신들이 원정에 나선 후 처음으로 진을 친 땅의 이름을 마하네단(מַחֲנֵה־דָן)(lit., '단 진영')이라고 바꿀 정도로 이 일을 중요시 했다. 단 지파 사람들은 기럇여아림을 떠나 에브라임 산간 지방으로 올라가서 미가의 집에 이르렀다.

III. 두 결론: 이스라엘의 총체적 부패(17:1–21:25)
A. 신학적 결론: 종교적 부패(17:1–18:31)
2. 단 지파의 이동(18:1–31)

(3) 단 지파가 우상과 제사장을 훔침(18:14–20)

14 전에 라이스 땅을 정탐하러 갔던 다섯 사람이 그 형제들에게 말하여 이르
되 이 집에 에봇과 드라빔과 새긴 신상과 부어 만든 신상이 있는 줄을 너희
가 아느냐 그런즉 이제 너희는 마땅히 행할 것을 생각하라 하고 15 다섯 사람
이 그쪽으로 향하여 그 청년 레위 사람의 집 곧 미가의 집에 이르러 그에게
문안하고 16 단 자손 육백 명은 무기를 지니고 문 입구에 서니라 17 그 땅을
정탐하러 갔던 다섯 사람이 그리로 들어가서 새긴 신상과 에봇과 드라빔과
부어 만든 신상을 가져갈 때에 그 제사장은 무기를 지닌 육백 명과 함께 문
입구에 섰더니 18 그 다섯 사람이 미가의 집에 들어가서 그 새긴 신상과 에
봇과 드라빔과 부어 만든 신상을 가지고 나오매 그 제사장이 그들에게 묻되
너희가 무엇을 하느냐 하니 19 그들이 그에게 이르되 잠잠하라 네 손을 입에
대라 우리와 함께 가서 우리의 아버지와 제사장이 되라 네가 한 사람의 집
의 제사장이 되는 것과 이스라엘의 한 지파 한 족속의 제사장이 되는 것 중
에서 어느 것이 낫겠느냐 하는지라 20 그 제사장이 마음에 기뻐하여 에봇과
드라빔과 새긴 우상을 받아 가지고 그 백성 가운데로 들어가니라

미가의 집에 도착하자 전에 정탐을 갔던 다섯 사람이 나서서 군사들에게 말했다. "여기 여러 채의 집이 있는데, 이 가운데 어느 한 집에 은을 입힌 목상이 보관되어 있다는 것을, 당신들은 알고 있을 것이오. 목

상뿐만 아니라 드라빔과 에봇도 있소. 우리가 해야 할 일이 무엇이겠소?"(14절; 새번역) 정탐꾼들은 답이 뻔한 수사학적인 질문을 이용하여 군사들이 이 종교적인 물건들을 취할 것을 독려하고 있다.

단 지파 군인들은 정탐꾼 다섯 명과 함께 즉시 미가의 우상들을 옮기기 시작했다. 지켜보던 레위 사람이 항의하자, 그들은 '한 사람의 제사장보다 한 지파의 제사장이 되는 것이 어떠냐?'라고 제안하였으며, 레위 사람이 그 제안을 좋게 받아들여 단 사람들과 함께 떠났다. 한 주석가는 이 젊은 제사장의 변심을 오늘날 목회자들의 마음에 비교한다(Block). "어느 것이 더 나은가? 작은 교회의 목사가 되는 것인가, 아니면 대형 교회의 목사가 되는 것인가?" 물론 대부분 목회자가 후자가 더 낫다고 생각한다. 그러나 기억하라. 사역자들이 기회를 타는 것과 큰 목회에 대한 야망의 노예가 되는 것은 최소한 3,000년 이상의 역사를 지니고 있다는 사실을 말이다. 이런 역사는 반복하지 않는 것이 좋다.

어떻게 생각하면 600명의 군사에게 포위당한 레위 사람 입장에서는 선택의 여지가 없었을 수 있지만, 저자는 '그 제사장이 즐거이'(וַיִּיטַב לֵב הַכֹּהֵן) 단 사람들에게 동조했다고 한다(20절). 그뿐만 아니라 이 제사장은 스스로 에봇과 드라빔과 은을 입힌 목상을 챙겼다. 이 우상은 예전에 미가가 그의 어머니에게 훔쳤다가 돌려준 돈 중 일부인 은 200세겔로 만든 것이다(cf. 17:1-5). 그러므로 이 레위 사람과 단 지파 사람들은 훔친 은으로 만든 우상을 또 훔치고 있다. 돌고 도는 것이 우상인가보다! 드디어 성공할 기회를 잡았다는 흥분된 마음으로 필요한 모든 '연장'을 챙겨, 아니 훔쳐 길을 떠났다.

단 사람들과 레위 사람은 대(大) 절도죄(grand larceny)뿐만 아니라 배신(treachery)까지 하고 있다. 미가는 전에 이 정탐꾼들이 쉬어가도록 배려해주었고, 방황하는 레위 사람을 제사장으로 삼아 어른으로 모시면서 아들처럼 사랑해주었다. 그런데 그들이 미가의 물건을 훔치고 배신까지 한 것이다. 전혀 양심이 없는 사람들이다. 단 지파 사람들은 그렇다

하더라도, 레위 사람은 결코 이런 일을 해서는 안 된다는 생각이 든다. 그가 조그마한 양심이라도 가진 사람이라면, 이처럼 미가를 배신하는 것은 있을 수 없는 일이다. 그러나 '잔머리 지수'(JQ)가 높은 기회주의자에게 무엇을 기대하겠는가! 미가가 어머니께 훔친 은으로 만들었던 우상을 잃게 된 것이 일종의 시적 정의(poetic justice)일까?

III. 두 결론: 이스라엘의 총체적 부패(17:1–21:25) A. 신학적 결론: 종교적 부패(17:1–18:31) 2. 단 지파의 이동(18:1–31)

(4)단 지파가 미가를 협박해 돌려보냄(18:21–26)

21 그들이 돌이켜서 어린 아이들과 가축과 값진 물건들을 앞세우고 길을 떠
나더니 22 그들이 미가의 집을 멀리 떠난 때에 미가의 이웃집 사람들이 모여
서 단 자손을 따라 붙어서 23 단 자손을 부르는지라 그들이 얼굴을 돌려 미
가에게 이르되 네가 무슨 일로 이같이 모아 가지고 왔느냐 하니 24 미가가
이르되 내가 만든 신들과 제사장을 빼앗아 갔으니 이제 내게 오히려 남은
것이 무엇이냐 너희가 어찌하여 나더러 무슨 일이냐고 하느냐 하는지라 25
단 자손이 그에게 이르되 네 목소리를 우리에게 들리게 하지 말라 노한 자
들이 너희를 쳐서 네 생명과 네 가족의 생명을 잃게 할까 하노라 하고 26 단
자손이 자기 길을 간지라 미가가 단 자손이 자기보다 강한 것을 보고 돌이
켜 집으로 돌아갔더라

단 지파 군대가 미가의 우상들과 제사장을 훔쳐 떠난 뒤 이 일을 뒤늦게 알게 된 미가가 사람들을 모아 그들을 쫓았다(22절). 단 지파 사람들은 어린아이들과 가축도 데리고 갔기 때문에 멀리 가지 못했다(21절). 단 지파의 행렬은 아이들과 가축, 값진 것들을 앞세우고 군대가 뒤따라 갔다. 미가의 추적을 예측하고 군인들이 맨 뒤에 간 것이다

(Boda). 미가가 그들에게 다다르자 단 지파 사람들은 '뭐 때문에 쫓아왔느냐?'라는 식의 반응을 보였다(23절). 의도적으로 취한 모욕적인 태도다(Block). 어느새 이스라엘 사람을 괴롭히는 사람들이 이방인이 아니라 타락한 이스라엘 사람들로 변해 있다.

기가 막힌 미가가 '내가 만든 내 신들을 다 훔쳐가고도 무슨 일이냐고?' 하며 항의했다. 미가의 발언을 잘 생각해보면 우상숭배의 어리석음이 드러난다. 이 신들은 그가 만든(עשה) 것들이다. 미가가 생산한 물건들에 불과한 것이다. 더구나 이 '물건들'은 스스로를 보호할 힘이 없다. 그래서 지금 끌려가고 있으며, 미가의 힘이 있어야만 해방될 수 있다. 사람들이 신(들)을 숭배하는 이유가 환난날에 보호받겠다고 하는 경우가 많은데, 우상들은 도저히 그들의 기대에 미치지 못할 것이다.

단 지파 사람들은 "조용히 돌아가라! 그렇지 않으면 당신과 당신 가족들이 다친다!"라고 협박했고(25절), 미가는 자신이 수(數)적으로 약세라는 것을 깨닫고 말없이 집으로 돌아갔다(26절). 미가는 비싼 돈을 들여 만든 우상들도 빼앗기고 어른으로 모시면서 동시에 아들처럼 아껴주었던 제사장에게도 배신당했다. 미가는 레위 사람을 제사장으로 모셨으니 여호와께서 축복하실 것이라고 기대했었는데(17:13), 그에게 임한 것은 재산 몰수와 배신을 통한 하나님의 심판이었다(Webb).

미가, 레위 청년, 단 지파 사람들의 이야기는 당시 이스라엘에는 도덕도, 올바른 가치관도 없었을 뿐만 아니라, 하나님을 두려워하는 신앙도 없었다는 것을 시사한다. 사람들이 하나님의 기준대로 살지 않고 각자 자기 소견에 옳은 대로 행하면 이렇게 타락하고 부패한다는 것이 저자의 주장이다.

III. 두 결론: 이스라엘의 총체적 부패(17:1–21:25)
A. 신학적 결론: 종교적 부패(17:1–18:31)
2. 단 지파의 이동(18:1–31)

(5)단 지파가 라이스를 강탈함(18:27–31)

27 단 자손이 미가가 만든 것과 그 제사장을 취하여 라이스에 이르러 한가
하고 걱정 없이 사는 백성을 만나 칼날로 그들을 치며 그 성읍을 불사르되
28 그들을 구원할 자가 없었으니 그 성읍이 베드르홉 가까운 골짜기에 있어
서 시돈과 거리가 멀고 상종하는 사람도 없음이었더라 단 자손이 성읍을 세
우고 거기 거주하면서 29 이스라엘에게서 태어난 그들의 조상 단의 이름을
따라 그 성읍을 단이라 하니라 그 성읍의 본 이름은 라이스였더라 30 단 자
손이 자기들을 위하여 그 새긴 신상을 세웠고 모세의 손자요 게르솜의 아들
인 요나단과 그의 자손은 단 지파의 제사장이 되어 그 땅 백성이 사로잡히
는 날까지 이르렀더라 31 하나님의 집이 실로에 있을 동안에 미가가 만든 바
새긴 신상이 단 자손에게 있었더라

미가의 신상들과 제사장을 앞세운 단 지파 사람들은 드디어 라이스를 습격하여 '한가롭고 평화로운 백성'(עַם שֹׁקֵט וּבֹטֵחַ)을 칼로 쳐서 죽이고 성을 불태웠다(27절). 아무도 라이스 사람들을 도울 수 없었던 것은 그들이 고립된 지역에서 살면서 다른 사람들과 교류가 없었기 때문이다(28절). 저자가 이런 말을 하는 것은 단 지파가 처음부터 그들의 상대가 되지 않는 약자 라이스를 표적으로 삼았다는 점을 비난하기 위해서다(Block).

단 사람들은 라이스를 빼앗은 뒤 그 성읍을 자신들의 조상 이름을 따라 단(דָּן)이라고 불렀다(29절). 그리고 그곳에 신상을 세우고 미가의 집에서 데려온 레위 사람을 제사장으로 세웠다. 그의 이름이 처음으로 밝혀진다. 그는 모세의 손자이며 게르솜(גֵּרְשׁוֹם)의 아들인 요나단(יְהוֹנָתָן)(lit., '여호와께서 주셨다')이었다(30절). 이 이름은 구약에서 상대적으로 흔한 이름이지만, 성경에서는 처음으로 이곳에 등장한다. 모세의 자손이 이런 짓을 했다는 것이 충격적이며 믿기지 않는다. 랍비들도 모세의 자손이 이런 짓을 했다는 사실을 받아들이지 못해 모세(מֹשֶׁה)의 이름 중간에 nun(נ)을 윗글자(superscript)로 삽입하여 므낫세(מנשה)로 바꾸었다(cf. BHS).

성경에 의하면 게르솜은 모세의 둘째 아들이었다(출 2:22). 그러나 요나단이 그의 아들(בֵּן)이라는 것이 꼭 이 두 사람이 부자지간이었다는 뜻은 아니다. 물론 이러한 가능성을 전적으로 배제할 수는 없지만, 히브리어에서 '아들'(בֵּן)은 몇 대를 뛰어넘는 자손을 뜻할 수도 있기 때문이다(cf. HALOT). 만일 요나단이 모세의 손자였다면, 이 일은 가나안 정복이 시작된 지 불과 100년 내에 있었던 일이라고 추정할 수 있다. 반면에 이 말이 단순히 후손을 뜻한다면, 200-300년이 흘렀을 수도 있다.

요나단과 그의 후손이 단 지파의 제사장으로 사역한 기간은 '그 땅[사람들]이 포로로 삽혀갈 때까지'(עַד־יוֹם גְּלוֹת הָאָרֶץ)라고 한다(30절). 근동의 여러 나라가 영토를 점령하면 정복한 영토의 거주민들을 다른 곳으로 강제 이주시키곤 했는데, 여기서 사용되는 단어(גלה)도 이런 관습을 배경으로 하고 있다. 그러나 본문이 사람이 아니라 '땅'이 포로가 되었다고 하는 것은 독특한 표현이다. 그래서 어떤 사람들은 땅을 법궤로 바꿔 '법궤가 포로로 끌려갈 때까지'(עַד־יוֹם גְּלוֹת הָאָרֹן)로 본문을 고칠 것을 제안한다(cf. Block). 이렇게 본문을 고칠 경우 '법궤가 포로로 끌려갈 때까지'는 사무엘상 4-6장에서 이스라엘이 블레셋에게 법궤를 빼앗긴 때까지를 뜻한다(cf. Howard).

그러나 본문을 고칠 만한 이유도 없고, 저자가 사무엘상 4-6장을 염두에 두고 이렇게 말한다는 것을 입증할 만한 증거도 없다. 그러므로 저자가 주전 734년에 단 지파 사람들이 아시리아의 디글랏(Tiglath-pileser III)에 의하여 끌려갔던 일을 염두에 두고 이 말을 하는 것으로 이해하는 것이 더 바람직하다(Boda, cf. 왕하 15:29).

저자는 단 지파의 만행과 폭력 그리고 요나단의 배신과 제사장직에 대하여 어떻게 생각하는가? 저자의 관점을 31절에서 엿볼 수 있다.

"그들은, 하나님의 집이 실로에 있는 동안, 내내 미가가 만든 우상을 그대로 두고 섬겼다"(새번역) 사사기에서 실로가 언급되기는 이곳이 처음이다. 실로(שִׁלֹה)는 에브라임에 속한 성읍이었으며 여호수아는 이곳에서 각 지파에게 땅을 분배했다(수 18:1). 실로는 이스라엘의 성지였으며, 엘리 제사장이 이곳에 있던 장막에서 사역했다(cf. 삼상 1-3장). 이 장막이 어떤 것이었는지 정확히 알 수는 없지만, 광야 생활 때 사용하던 이동식 장막과는 달리 상당한 영구성을 지닌-그러므로 더욱더 권위를 지닌-구조물이었던 것으로 생각된다. 저자가 실로에 '하나님의 집'(בֵּית־הָאֱלֹהִים)이 있는 동안에도 단 지파는 미가가 만든 우상을 숭배했다고 말하는 것은 그들이 도저히 믿기지 않는 배교 행위를 했다는 점을 강조하기 해서다(Pressler, Block, cf. 왕상 12:28-31).

미가의 집안 이야기, 젊은 제사장 그리고 단 지파의 이야기로 구성된 17-19장은 당시 온 이스라엘의 영적·도덕적 상황을 잘 묘사해 준다. 그 누구도 양심적인 사람이 없다. 남에 대한 배려와 의리를 소중히 여기는 사람도 없다. 언제든지 개인적인 이익을 위해서는 배신하고 폭력을 행사할 수 있는 기회주의자들이 되어 있다. 저자는 이러한 혼란이 하나님에 대한 올바른 지식이 결여된 것에서 비롯된 모습이라고 한다.

이스라엘 사람들이 말로는 여호와를 섬긴다고 하지만, 그들은 또한 우상들을 숭배하고 있다. 당시 이스라엘 사람들에게는 여호와와 우상들을 함께 섬긴다는 것이 전혀 이상한 일이 아니었기 때문이다. 만일 그들이 하나님을 인격적으로 체험하여 그분이 어떤 분이시고, 그분의 율법이 무엇을 요구하는 줄 알았다면 결코 있을 수 없는 일이다. 그렇다면 그들이 정말 하나님과 그의 율법을 몰라서 이런 일이 일어난 것일까? 율법이 이미 모세를 통해 그들에게 주어졌던 것을 감안하면, 아무리 몰라도 옳고 그름과 하나님이 어떤 수준의 충성을 요구하시는 지는 어느 정도는 알고 있었을 것이다. 다만 그들이 율법의 요구에 따르지 않은 것뿐이다. 그렇다면 왜 그들은 율법대로 살지 않았을까? 스스로 교만해서 '각자 생각에 옳은 대로 행하다 보니' 율법은 안중에도 없었던 것이다. 하나님도 이스라엘을 자신들이 스스로 만든 혼란에 내버려두셨다(Pressler).

제사장 요나단이 한 지파의 어른이 된 이야기와 단 지파가 라이스를 성공적으로 정복한 이야기는 성공병을 앓고 있는 우리에게 한가지 큰 교훈을 준다. 세상에서의 성공이 결코 성공한 자의 의로움을 입증하는 증거가 될 수 없을 뿐만 아니라, 그가 무언가 옳은 일을 하고 있다는 것을 의미하지 않는다는 사실이다(Block). 요나단은 단 지파의 제사장이 되어 일생 동안 성공한 '목회자'로 대접받았다. 그러나 그는 미가의 배려와 의리를 저버린 기회주의자였으며, 레위 사람이면서도 우상숭배자였다. 하나님 보시기에는 심판 받기에 적격자였던 것이다.

단 지파는 평화롭게 살아가던 사람들을 단지 힘이 약하다는 이유로 학살하고 그들의 땅을 빼앗았다. 그리고는 그것을 하나님의 축복으로 포장했다. 그러나 저자는 분명히 단 지파의 행위를 부도덕한 것으로 규정하고 있다. 그들이 라이스를 차지한 것은 하나님의 축복이 아니었다는 것이다. 주변에서 종종 "하나님이 나의 의를 인정하셨기 때문에 축복해 주셨다"라고 간증하는 사람들을 본다. 물론 다 그런 것은 아니지만 이렇게 말하는 사람 중 일부는 정말 하나님의 얼굴에 먹칠하며 산다. 사사기 저자는 이 세상에서 성공하는 것과 하나님이 인정하시는 것은 별개 문제라고 선언한다.

III. 두 결론: 이스라엘의 총체적 부패(17:1–21:25)

B. 역사적 결론: 사회적·정치적 부패(19:1–21:25)

우리는 바로 앞 섹션(17–18장)이 하나님을 경외하지 않을 뿐만 아니라 리더십 자질마저 부족한 사람들이 사사로 군림하면서 이스라엘을 어떻게 망가뜨렸는가를 묘사하고 있다고 했다. 썩어빠진 리더십은 주의 백성이 하나님께 멀어지게 했고, 하나님께 멀어진 사람들은 자기 이익을 위해서 하나님을 이용하려 할뿐만 아니라 서로간의 우정과 사랑도 배반하는 기회주의자들로 전락했다. 종교적인 부패가 관계적인 부패로 이어진 것이다. 더 나아가 온 집단이 남의 물건을 훔치고도 전혀 양심의 가책을 느끼지 않고 오히려 공갈로 주인을 협박하는 것을 보았다.

하나님과 우상들을 함께 숭배한다는 것은 오직 여호와만 섬기라는 하나님의 말씀을 전적으로 거역하는 행위이기 때문에 우상만 숭배하는 것과 별반 다를 바가 없다. 또한 이러한 영적 혼합이 얼마나 위험한 것인가를 목격했다. 사람들은 여러 종교를 혼합해서 각 종교에서 마음에 드는 예식은 받아들이고, 부담스러운 것은 거부하여 자신들만의 종교를 만들어냈다. 그러므로 종교적 복합주의는 '사람이 각자 자기 소견에 옳은 대로 행하는 것'의 결정판이다.

이러한 종교와 가치관에 젖어 있는 사람들은 신앙생활을 제대로 하지 않을 뿐만 아니라 윤리적으로 건전한 삶을 살 리 만무했다. 하나님을 두려워하지 않는 개인과 집단들이 남들에게 어떠한 피해가 가든간에 상관하지 않고 자신들의 이익만을 추구하는 것은 자연스러운 일이다. 우리는 앞 섹션에 묘사된 미가, 레위 사람 요나단, 단 지파의 이야기를 통해 시간이 흐르면서 점점 상황이 더 악화되어가는 이스라엘 사회의 부패를 보았다. 한 집안(미가)의 영적 타락 이야기는 종교적 지도자였던 레위 사람의 타락과 배신 이야기로 이어졌고, 레위 사람의 이야기는 단 지파의 총체적인 타락 이야기로 확대되었다.

그러나 이야기가 여기서 끝나지 않는다. 온갖 가치관의 혼돈을 묘사하고 있는 17-18장은 이스라엘의 최종적인 타락을 묘사하는 데 그치지 않는다. 저자는 결함이 많은 사사들의 리더십이 빚어낸 비참한 타락과 몰락의 결과가 아직 한 단계 더 남았다고 한다. 이러한 상황을 도표로 표현하자면 다음과 같이 요약될 수 있다.

한 개인의 종교적 타락 (미가)	▶	한 개인의 도덕적 타락 (레위 사람)	▶	한 집단의 총체적 타락 (단 지파)	▶	?

저자가 위와 같은 순서로 이스라엘 사회의 부패를 묘사하고 있다면, 이 사회의 몰락의 마지막 단계는 무엇일까? 즉, 무엇이 마지막 박스를 채울 것인가? 저자는 책의 마지막 부분인 이 섹션에서 네 번째 박스를 채우는 이야기를 하고자 한다. 다름아닌 이스라엘 공동체의 정체성을 흔들어 놓는 연합 체제의 분열과 내란 이야기다. 또한 모든 윤리와 옳고 그름에 대한 기준이 완전히 망가진 사회의 이야기다. 개인적인 배교(背敎)가 국가의 생존을 위협하는 위기로 발전한 것이다. 저자는 지금부터 회고할 사건을 통해 공동체에 속한 사람의 죄가 제대로 해결되지 않고 각자의 소견에 옳은 대로 행하면 이렇게까지 몰락할 수 있다며 정신이 번쩍 드는 예를 제시한다.

이 이야기에서 이스라엘 공동체는 단순히 연합 체제의 분열을 경험하는 것이 아니라, 12지파 중 11지파가 합세하여 한 지파 베냐민을 멸종시키려 한다. 기드온이 두 성읍을, 입다가 에브라임 사람 일부를 죽인 적이 있었지만, 그 일들은 개인적인 감정과 대립으로 빚어진 것들이었다. 이 섹션에서는 온 이스라엘이 함께 모여 공식적인 모임을 가진 다음에 한 지파를 조직적으로 멸종시키려 한다. 모세와 여호수아 시대 때 가나안 사람들에게 선포된 진멸(חֵרֶם)을 베냐민 지파에게 적용할 위기를 맞이한 것이다.

그러므로 이 이야기를 읽으면서 우리는 '이스라엘에게 소망이 있는가?'라는 질문을 하게 된다. 이 질문에 대하여 저자는 신적 왕이신 하나님이 오시면 이 모든 문제가 해결될 것이라며 그분이 오실 때를 갈망하도록 권면하며 책을 마친다(21:25, cf. Wong). 현실이 아무리 절망적이라 해도 미래를 포기해서는 안 된다는 것이다. 어두울수록 빛이 밝게 빛나는 것처럼, 하나님은 현실이 어려울수록 더 나은 미래를 준비하시기 때문이다.

학자들은 이 사건의 시대적인 배경이 이스라엘이 가나안 땅에 정착하기 시작한 때라고 한다(cf. Boling, O'Connell, Mueller). 사사기가 시대적인 순서에 의하여 사건들을 나열하는 책이었다면, 이 사건은 책의 맨 앞 부분에 등장해야 한다는 것이다. 다음 사항들을 생각해 보라.

첫째, 아론의 손자 엘르아살의 아들 비느하스가 아직도 살아 있다(20:28). 이 사람에 대한 언급은 민수기와 여호수아기에도 등장한다(민 25:1-15; 31:6; 수 22:9-34). 비느하스는 이집트를 떠나온 이스라엘의 40년 광야 시절의 생존자인 것이다. 물론 그가 민수기와 여호수아기에 등장하는 엘르아살과 동일한 이름을 지닌 사람의 후손일 가능성을 배제할 필요는 없다.

둘째, 온 이스라엘 백성의 연합 체제가 지속되고 있다는 것도 이 이야기가 사사 시대 초기의 사건임을 입증하는 중요한 증거다. 주요 사사들의 이야기를 회고하고 있는 3-16장에서는 이러한 연합 체제를 찾아볼 수 없다. 기껏해야 제한된 지역 내에서 일부 지파들의 연합이 주류를 차지한다. 사사 시대 중반을 거치면서 이스라엘의 연합 체제가 망가진 것이다. 반면에 이 사건에서는 온 이스라엘이 전쟁을 하기 위하여 모이고 있다. 아직도 연합 체제가 잘 운영되고 있다는 것은 비느하스와 여호수아를 알았던 장로들의 시대(cf. 수 22:9-34)를 배경으로 하는 듯하다.

셋째, 온 이스라엘이 베냐민을 상대로 전쟁하는 동안 블레셋 족속이 군사적 위협 요소로 언급되지 않고 있다는 점도 증거로 고려해야 한다. 사무엘이 미스바에 온 이스라엘을 소집해 놓고 고별 설교를 할 때, 블레셋 사람들은 이스라엘이 자신들을 치려고 이곳에 모인 것으로 생각해 위협을 느끼고는 대군을 이끌고 이스라엘을 치러 온 적이 있다(cf. 삼상 7장). 사사기 중반부에서부터 이스라엘이 이미 블레셋 사람들에게 괴롭힘을 당하고 있다는 것을 감안할 때, 이 사건에서도 블레셋 사람들의 간섭이나 개입을 기대할 수 있는데 전혀 그런 흔적이 없다. 블레셋 사람들이 가나안에 정착하게 된 것이 주전 12세기라는 점을 감안할 때, 아마도 이 이야기는 그 이전을 시대적 배경으로 하고 있다는 것이 많은 주석가의 결론이다.

넷째, 이 이야기에서는 벧엘과 미스바가 하나님의 궤가 있는 곳으로 등장하고 있다(20:1, 18; 21:1). 반면에 사무엘서에 기록된 바에 의하면 블레셋 사람들이 이스라엘을 괴롭히던 시대에는 법궤가 실로에 있었다(cf. 삼상 1-4장). 사사기 18:31도 같은 사실을 기록하고 있다. 그렇다면 이 사건은 법궤가 실로로 가기 전에 있었음이 확실하다.

저자는 어떤 목적으로 19-21장 이야기의 시대적 정황을 고려해서 책의 첫 부분에서 이 사건을 다루지 않고, 마지막 섹션에서 회고하는 것일까? 저자는 자신의 사사 시대에 대한 평가와 관점을 확실하게 드러내기 위해서 이 사건을 책의 마지막 부분에서 묘사하고 있다. 사사 시대가 진행하는 동안 이스라엘의 영성은 날이 갈수록 계속 악화만 되어갔다. 그는 이 점을 강조하기 위해 이 일이 일찍 일어난 사건이었지만, 책의 결론 부분에다 두어 이스라엘의 부패의 클라이맥스로 삼은 것이다.

저자가 이 사건을 책의 마지막 부분에 둔 또 하나의 이유는 이 이야기를 1장과 연결시켜 책에 통일성을 주기 위함으로 보인다. 1장은 크게 유다 이야기(1:1-21)와 요셉 이야기(1:22-36)로 구분할 수 있다. 유다 이야기는 유다 지파의 승리로 시작하여 베냐민 지파의 실패(1:21)로 막을 내리고, 요셉 이야기는 요셉 족속의 승리로 시작하여 단 지파의 실패(1:34-35)로 끝을 맺는다. 저자는 이 두 지파의 실패를 20장을 포함한 책의 끝 부분에서 다시 한번 기록하고 있다. 다음 구조를 참조하라.

A. 베냐민 지파의 실패(1:21): 예루살렘에서 여부스 사람들을 쫓아내지 못함
　B. 단 지파의 실패(1:34-35): 아모리 사람들이 단 지파를 산지로 쫓음
　　C. 사사들의 이야기(2-17장)
　B′. 단 지파의 이동(18장): 유업을 버리고 라이스로 가서 우상을 숭배함
A′. 베냐민 지파의 멸종(20장): 2만 5천여 명이 죽고 6백 명만 남음

베냐민 지파와 단 지파는 여호수아에게 에브라임 지파와 유다 지파의 영토 사이에 유업을 받았다. 즉, 이 지파들은 땅 분배에 있어서 이스라엘의 허리 부분을 차지했던 것이다. 그런데 책이 끝나갈 무렵 단 지파는 유업으로 받은 땅에서 쫓겨나 북쪽 산간 지역으로 이동을 해야 했고, 베냐민 지파는 멸종하다시피 했다. 결국 이스라엘은 사사 시대를 지나면서 영토의 가장 중심부를 빼앗겨 '허리를 못쓰는' 불구자같이 되어버린 것이다. 이스라엘의 남서쪽에 정착한 블레셋 사람들이 이스라엘을 침범할 때 그들은 이스라엘의 '못쓰는 허리'를 주요 침입로로 삼았다. 이 이미지는 저자가 사사 시대의 이스라엘을 어떻게 평가하는가를 잘 보여주는 듯하다.

책의 마지막을 장식하고 있는 본 텍스트에서 이스라엘의 한 지파가 지도와 역사에서 자취를 감출 위험에 놓여 있다. 저자는 사사 시대가 이스라엘의 생존 자체를 위협할 만큼 위험한 시대였음을 강조하고 있는 것이다. 하나님이 선물로 주신 약속의 땅에서 그의 백성이 번성하기는커녕 오히려 생존에 위협을 느낀다는 것이 어떤 의미로 들리는가?

왜 이렇게 되었는가? 저자는 이 모든 일이 이스라엘이 가나안을 여호와화 하지 못하고, 오히려 그들이 가나안화한 결과라고 한다. 두 팔을 벌려 세속화 물결을 받아들였다가 그 물결에 수장된 공동체의 모습인 것이다.

하나님과 그의 말씀을 거역하여 몰락한 이스라엘 공동체가 처한 최악의 모습을 회고하고 있는 책의 마지막 이야기(19–21장)는 다음과 같은 구조를 지녔다(Younger). 내용이 모두 폭력적이고 부도덕함으로 가득하다.

A. 레위 사람의 첩이 강간을 당함(19:1–30)
　B. 베냐민 지파가 진멸을 당함(20:1–48)
　　C. 문제: 맹세–베냐민 지파가 멸종 위기를 맞음(21:1–5)
　B′. 야베스 길르앗이 진멸을 당함(21:6–14)
A′. 실로 처녀들이 강간을 당함(21:15–25)

III. 두 결론: 이스라엘의 총체적 부패(17:1–21:25)
B. 역사적 결론: 사회적 · 정치적 부패(19:1–21:25)

1. 레위 사람의 첩이 강간을 당함(19:1–30)

앞 섹션(17–18장)과 이 장은 몇 가지 연결점들을 지니고 있다. 첫째, 미가와 산당 이야기에서는 베들레헴에 거하던 레위 사람이 에브라임 산악 지방으로 올라가면서 일이 진전되기 시작했다(17:9). 이 이야기는 에브라임 산악 지방에 사는 레위 사람이 베들레헴으로 내려가면서 시작한다(1–3절). 둘째, 미가 이야기에서 사람들 간의 관계가 깨진 것처럼, 이 이야기에서도 지파 간의 관계가 깨진다. 셋째, 저자는 18장을 단 지파와 레위 사람의 비행을 묘사하면서 '이스라엘에 왕이 없던 때'라는 말로 시작했던 것처럼, 이번에도 이야기를 시작하면서 '이스라엘에 왕이 없던 때'(בַּיָּמִים הָהֵם מֶלֶךְ אֵין בְּיִשְׂרָאֵל)에 있었던 일이라 한다. 지금부터 시작되는 이야기 역시 미가와 단 지파 이야기처럼 매우 충격적이며 믿기 어려운 나쁜 일이라는 것을 암시한다(cf. 17:6; 18:1; 21:25).

사사들이 제 역할을 하지 않아 빚어진 결과에 대한 이야기가 아직 끝나지 않았다. 17–18장의 이야기가 잘못된 리더십이 이스라엘 사회에 끼친 영향을 설명하는 결론의 첫 부분이라면, 19–21장의 이야기는 이 결론의 나머지 부분이다. 본 텍스트는 한 가정의 이야기가 온 지파, 더 나아가 온 나라가 큰 위기를 맞이하는 이야기로 발전한다(Satterthwaite, Sweeney, O'Connell). 사회의 건전성이 그 사회가 여자를 어떻게 대하느냐에 의하여 판단된다면, 이 이야기는 이스라엘의 최악을 보여주고 있다(Olson, Boda). 이 섹션은 다음과 같은 구조를 지녔다.[28]

A. 레위 사람이 첩을 찾기 위해 처가로 감(19:1–9)
  B. 기브아 사람들의 죄악과 첩의 죽음(19:10–28)
A'. 레위 사람이 첩의 시체를 지파들에게 보냄(19:29–30)

---

28 영거(Younger)는 19장에 대하여 다음과 같이 매우 상세한 구조 분석을 내 놓았다(cf. Fokkelman).

A. 서론: '작은 분리'(19:1–2)
  B. 여정 1: 집을 떠나 베들레헴을 향함(19:3–4)
    C. 머묾: 넷째 날—남자들의 유대(19:5–7)
      D. 머묾: 다섯째 날—남자들의 유대(19:8–10a)
        E. 여정 2: 기브아로 감(19:10b–14)
      D'. 머묾: 노인의 집에서 보낸 밤(19:15–22a)
    C'. 머묾: 노인 집에서 보낸 밤(19:22b–26)
  B'. 여정 3: 집에 도착함(19:27–28)
A'. 결론—호소: '큰 분리'(19:29–30)

III. 두 결론: 이스라엘의 총체적 부패(17:1–21:25)
B. 역사적 결론: 사회적 · 정치적 부패(19:1–21:25)
1. 레위 사람의 첩이 강간을 당함(19:1–30)

(1) 레위 사람이 첩을 찾기 위해 처가로 감(19:1–9)

1 이스라엘에 왕이 없을 그 때에 에브라임 산지 구석에 거류하는 어떤 레위
사람이 유다 베들레헴에서 첩을 맞이하였더니 2 그 첩이 행음하고 남편을 떠
나 유다 베들레헴 그의 아버지의 집에 돌아가서 거기서 넉 달 동안을 지내
매 3 그의 남편이 그 여자에게 다정하게 말하고 그를 데려오고자 하여 하인
한 사람과 나귀 두 마리를 데리고 그에게로 가매 여자가 그를 인도하여 아
버지의 집에 들어가니 그 여자의 아버지가 그를 보고 기뻐하니라 4 그의 장
인 곧 그 여자의 아버지가 그를 머물게 하매 그가 삼 일 동안 그와 함께 머
물며 먹고 마시며 거기서 유숙하다가 5 넷째 날 아침에 일찍이 일어나 떠나
고자 하매 그 여자의 아버지가 그의 사위에게 이르되 떡을 조금 먹고 그대
의 기력을 돋운 후에 그대의 길을 가라 하니라 6 두 사람이 앉아서 함께 먹
고 마시매 그 여자의 아버지가 그 사람에게 이르되 청하노니 이 밤을 여기
서 유숙하여 그대의 마음을 즐겁게 하라 하니 7 그 사람이 일어나서 가고자
하되 그의 장인의 간청으로 거기서 다시 유숙하더니 8 다섯째 날 아침에 일
찍이 일어나 떠나고자 하매 그 여자의 아버지가 이르되 청하노니 그대의 기
력을 돋우고 해가 기울도록 머물라 하므로 두 사람이 함께 먹고 9 그 사람이
첩과 하인과 더불어 일어나 떠나고자 하매 그의 장인 곧 그 여자의 아버지
가 그에게 이르되 보라 이제 날이 저물어 가니 청하건대 이 밤도 유숙하라
보라 해가 기울었느니라 그대는 여기서 유숙하여 그대의 마음을 즐겁게 하
고 내일 일찍이 그대의 길을 가서 그대의 집으로 돌아가라 하니

이 이야기에 등장하는 인물들은 모두 이름이 없다. 레위 사람, 그의 첩, 장인, 기브아에 거하는 에브라임 노인 등 모두 이름이 밝혀지지 않고 이야기가 진행되는 것이다. 등장 인물들의 이름이 밝혀지지 않으면

서 이야기가 진행되는 것은 두 가지 중요한 의미를 지니고 있다. 첫째, 저자가 후렴처럼 사용하는 "그 때에 이스라엘에 왕이 없으므로 사람이 각각 그 소견에 옳은대로 행하였더라"(cf. 21:25)가 무슨 뜻인가를 설명한다(Hudson). 이야기에 등장하는 레위 사람은 모든 레위 사람을 대표하며, 첩은 모든 여인을, 장인은 모든 객을 대접하는 사람을, 기브아에 살던 노인은 베냐민 지파 영토에서 타향살이를 하던 모든 사람을 대표는 것이다. 모든 사람이 각자 자기 소견에 옳은대로 했기 때문에 손님을 대접하는 사람들은 베냐민 사람들처럼 비열한 짓을 할 수 있었다(Hudson). 그러므로 당시 이스라엘 땅을 여행하던 모든 객은 동족들에게 학대당할 수 있으며, 길을 떠난 모든 여인은 성폭행, 살인, 시체 훼손의 위험에 노출되어 있음을 상징한다(Block).

둘째, 등장인물들의 이름을 밝히지 않고 이야기가 진행되는 것은 그 시대 이스라엘 사회가 인간성과 인간미를 잃어버린 비인간적인 사회였다는 것을 의미한다(Hudson). 사람이 이름을 갖는다는 것은 고유의 인격과 존엄성을 지녔다는 뜻이다. 이름은 남이 주는 것이고, 또한 남이 부르는 것이기 때문에 이름을 갖는다는 것은 그 사람이 속한 공동체에서 독창적인 존재로 인정받음을 뜻한다. 이러한 정황을 고려할 때 기브아 남자들에게 이름이 밝혀지지 않은 레위 사람과 그의 첩은 성적(性的) 노리개에 불과했다. 또한 등장인물이 모두 익명인 점은 이 이야기가 일부 소수에 관한 것이 아니라, 온 이스라엘 공동체에 관한 것이라는 사실을 암시한다. 저자는 가나안화된 온 이스라엘의 상황이 이랬다며(Younger), 성경에 기록된 가장 충격적인 사건을 이곳에서 회고하고 있다(Bal).

에브라임 산골에 살던 한 레위 사람이 베들레헴 여인을 첩(פִּילֶגֶשׁ)으로 맞이했다(1절). 이 여인이 유다 지파에 속한 베들레헴 출신이라는 점은 사사기에 등장하는 또 하나의 유다 여인을 연상케 하는데, 갈렙의 딸 악사다(Schneider, McCann). 또한 이스라엘에 많은 피해를 입혔던 아비멜렉이 기드온과 첩(פִּילֶגֶשׁ) 사이에 태어났던 점을 감안할 때, 이곳에서 이 단어가 등장하는 것이 불길한 예감을 조성한다(Block). 레위 사람과 함께 살던 여자는 어떤 이유에서인지 남편을 떠나 베들레헴에 있는 친정으로 돌아갔다(2절).

저자는 그녀가 '행음했다'(זנה)라고 하는데 이 동사는 창녀가 몸을 파는 행위를 뜻한다(HALOT, 개역; NIV, NAS). 그러나 만일 그녀가 창녀처럼 몸을 팔았다면, 왜 남편이 그녀를 찾으러 처가에 갔을까? 그것도 그 여자의 마음을 달래서 데려오려고 말이다(3절). 만일 그녀가 몸을 팔았다면, 그녀의 아버지도 결코 딸을 집에 들여놓을 수 없었다(Stone, Pressler). 또한 본문은 전치사를 사용하여 'עַל + זנה'(play harlot on/against) 문구를 구성하고 있는데, 이 같은 문구는 성경에서 이곳에서만 등장하는 매우 독특한 표현이다. 그래서 BHS는 사본을 복사하던 사람들이 '미워하다/거부하다' 라는 뜻을 지닌 히브리어 단어(זנח)를 실수로 '행음하다'(זנה)로 잘못 표기한 것으로 간주하여 이 단어를 '미워하다/거부하다'(זנח)로 바꿔서 읽을 것을 권고한다(cf. 공동, 새번역, NRS, LXXA).

이미 오래전에 LXX는 이 문구를 단순히 '그리고 그의 첩이 그를 떠났다'(καὶ ἐπορεύθη ἀπ' αὐτοῦ ἡ παλλακὴ αὐτοῦ")로 번역했다(cf. TNK). 율법이 여자에게 남편과 이혼할 수 있는 권한을 주지 않았기 때문에 그녀가 남편을 버리고 친정으로 돌아간 행위를 저자가 '창녀질'에 비유하는 것이라고 풀이하는 주석가들도 있다(Boling, Pressler). 한 가지 확실한 것은 이 여인은 몸을 팔지 않았으며, 무엇 때문이었는지는 모르지만, 화가 나서 남편을 떠나 베들레헴에 있는 친정으로 돌아갔다는 사실이다. 아내를 찾아 나선 남편의 행동을 감안할 때 잘못은 남편에게 더 많았던 것으로 생각한다(Olson, Younger).

여인이 친정으로 돌아간 지 4개월이 지났다. 가출한 아내가 스스로 돌아오기를 기다렸던 남편은 더 이상 기다릴 수 없어서 그녀를 찾아 처갓집이 있는 베들레헴으로 갔다. 아내를 '잘 달래서'(לְדַבֵּר עַל־לִבָּהּ) 데려오려던 참이었다(3절). 레위 사람이 베들레헴에 도착하자 아내와 장인이 그를 반갑게 맞아주었다. 여인이 기뻐하는 모습을 보면 그녀도 남편 집을 떠난 것을 후회하고 있었던 것 같다. 장인이 사위를 보며 반가워하는 것은 딸과 사위의 사이가 회복된 점을 기뻐해서였을 것이다. 당시 사회에서는 결혼한 딸이 친정으로 돌아와 사는 것이 집안의 수치로 여겨졌던 점을 감안하면, 장인이 왜 그토록 기뻐하며 사위를 극진히 대접했는지 이해가 간다.

장인은 친정으로 돌아온 딸을 찾아온 사위를 지극정성으로 대접했다. 사위는 처가에서 3일을 묵고 사흘째 되던 날 떠나려고 했지만(5절), 사위를 더 대접하고 싶어하는 장인의 만류로 두 차례나 마음을 바꿔 5일째 되던 날 오후에나 떠날 수 있었다(10절). 손님을 융숭하게 대접하는 문화로 알려진 고대 근동의 접대법(hospitality code)에 비교해봐도 이 장인의 사위 대접은 지나칠 정도라는 것이 학자들의 일반적인 견해다. 장인은 왜 이처럼 극진하게 사위를 대접한 것일까? 사위와의 관계를 돈독하게 하기 위해서였을까? 딸의 신변 안전에 불안을 느껴서 사위를 최대한 오랫동안 집에 잡아두기 위해서였을까? 아니면 '나는 당신을 이만큼 대접할 수 있다'라는 남자들 사이의 파워 게임이었을까? 학자들의 추측이 난무하지만, 저자는 장인의 융숭한 대접을 기브아 사람들의 냉대와 대조하고자 한다(Miller, O'Connell, Amit).

레위 사람의 장인이 지나칠 만큼 융숭하게 사위를 대접한 것은 기브아 사람이 레위 사람을 박대한 것과 큰 대조를 이룬다. 이 사람이 베들레헴에서 지나치게 융숭한 대접을 받은 것에 비하면, 기브아에서는 지나치게 천대를 받았다는 분위기를 조성하고 있는 것이다. 그래서 레위 사람과 장인의 이야기에는 레위 사람이 속히 길을 떠나 집으로 돌아가려고 하는 것을 묘사하는 '[아침에] 일찍 일어나다'(שׁכם)(5, 8, 9절), '일어서다'(5, 7, 9, 10절), '떠나다'(5[2x], 7, 8, 9[2x], 10절) 등의 동사가 자주 사용되는 것에도 불구하고 '머물다'(ישׁב)(4, 6절), '지체하다'(מהה)(8절), '[하룻밤] 투숙하다'(4, 6,7, 9[2x], 10절) 등 사위가 베들레헴에서 극진한 대접을 받느라 시간이 지연되었다는 것을 강조하는 동사들이 쓰여 대조를 이루고 있다. 이것은 이 사람이 장인 집에서는 이렇게 극진한 대접을 받았고, 더 대접하겠다는 것을 억지로 뿌리치고 길을 떠났는데, 기브아 사람들은 그에게 당시 모든 객이 가지고 있던 '대접받을 권리'마저도 인정하지 않았다는 점을 강조하기 위함이다.

III. 두 결론: 이스라엘의 총체적 부패(17:1-21:25) B. 역사적 결론: 사회적 · 정치적 부패(19:1-21:25) 1. 레위 사람의 첩이 강간을 당함(19:1-30)

(2) 기브아 사람들의 죄악과 첩의 죽음(19:10-28)

베들레헴에 있는 처가집에서 융숭한 대접을 받고 더 있다 가라는 장인의 만류를 뿌리치고 겨우 길을 떠난 레위 사람과 그의 아내가 당한 비참한 죽음 이야기를 기록하고 있는 이 섹션은 다음과 같이 두 파트로 구분된다. 두 섹션 모두 기브아 사람들의 폭력을 고발하고 있다.

A. 기브아 사람들의 사회적 난폭성(19:10-21)
B. 기브아 사람들의 윤리적 난폭성(19:22-28)

III. 두 결론: 이스라엘의 총체적 부패(17:1-21:25) B. 역사적 결론: 사회적 · 정치적 부패(19:1-21:25) 1. 레위 사람의 첩이 강간을 당함(19:1-30) (2)기브아 사람들의 죄악과 첩의 죽음(19:10-28)

a. 기브아 사람들의 사회적 난폭성(19:10-21)

10 그 사람이 다시 밤을 지내고자 하지 아니하여 일어나서 떠나 여부스 맞은

편에 이르렀으니 여부스는 곧 예루살렘이라 안장 지운 나귀 두 마리와 첩이
그와 함께하였더라 11 그들이 여부스에 가까이 갔을 때에 해가 지려 하는지
라 종이 주인에게 이르되 청하건대 우리가 돌이켜 여부스 사람의 이 성읍에
들어가서 유숙하십시다 하니 12 주인이 그에게 이르되 우리가 돌이켜 이스라
엘 자손에게 속하지 아니한 이방 사람의 성읍으로 들어갈 것이 아니니 기브
아로 나아가리라 하고 13 또 그 종에게 이르되 우리가 기브아나 라마 중 한
곳에 가서 거기서 유숙하자 하고 14 모두 앞으로 나아가더니 베냐민에 속한
기브아에 가까이 이르러 해가 진지라 15 기브아에 가서 유숙하려고 그리로
돌아 들어가서 성읍 넓은 거리에 앉아 있으나 그를 집으로 영접하여 유숙하
게 하는 자가 없었더라 16 저녁 때에 한 노인이 밭에서 일하다가 돌아오니 그
사람은 본래 에브라임 산지 사람으로서 기브아에 거류하는 자요 그 곳 사람
들은 베냐민 자손이더라 17 노인이 눈을 들어 성읍 넓은 거리에 나그네가 있
는 것을 본지라 노인이 묻되 그대는 어디로 가며 어디서 왔느냐 하니 18 그
가 그에게 이르되 우리는 유다 베들레헴에서 에브라임 산지 구석으로 가나
이다 나는 그 곳 사람으로서 유다 베들레헴에 갔다가 이제 여호와의 집으로
가는 중인데 나를 자기 집으로 영접하는 사람이 없나이다 19 우리에게는 나
귀들에게 먹일 짚과 여물이 있고 나와 당신의 여종과 당신의 종인 우리들과
함께 한 청년에게 먹을 양식과 포도주가 있어 무엇이든지 부족함이 없나이
다 하는지라 20 그 노인이 이르되 그대는 안심하라 그대의 쓸 것은 모두 내
가 담당할 것이니 거리에서는 유숙하지 말라 하고 21 그를 데리고 자기 집에
들어가서 나귀에게 먹이니 그들이 발을 씻고 먹고 마시니라

장인의 만류로 인해 베들레헴 처갓집을 겨우 오후에야 떠난 레위 사람 일행이 여부스(יְבוּס)[예루살렘]를 지나고 있었다(10절). 처갓집을 떠난 후 약 10㎞ 거리를 온 것이다. 레위 사람의 종은 날이 벌써 저물고 있으니 그날 밤은 여부스에서 묵자고 제안했다(11절). 당시 예루살렘에 이방 족속인 여부스 사람들이 살고 있었기 때문에 레위 사람은 동족이

사는 기브아까지 가야 한다고 했다. 여부스 사람들의 정체에 대하여 많이 알려지지는 않았지만, 대체적으로 학자들은 그들을 헷 족속처럼 셈족이 아니었다고 한다(cf. ABD).

모든 점을 고려할 때 종의 제안은 상당히 합리적인 것으로 생각된다. 반면에 레위 사람이 그의 제안을 거부하는 이유가 석연치 않다. 그는 예루살렘에 여부스 사람들이 살고 있어서 이스라엘 사람들이 살고 있는 곳까지 가야 한다고 하는데, 이스라엘은 이때까지 가나안 사람들과 섞여서 잘 살아오지 않았던가! 그러므로 그가 이스라엘 사람들이 사는 기브아까지 가기를 고집하는 것은 무엇보다도 대접 때문이었을 것이다(cf. Block, Pressler). 이방인들보다는 동족에게서 더 좋은 대접을 받을 수 있을 것이라는 기대감이 앞섰던 것이다. 게다가 이 사람은 어디서든지 환영 받는 레위 지파 사람이 아닌가? 레위 사람이 무리해서 기브아를 찾은 이유가 예루살렘에서보다는 더 나은 대접을 받을 수 있다고 생각했기 때문인데, 오히려 그곳에서 푸대접을 받게 되는 것이 아이러니하다(Wong).

일행은 예루살렘을 그냥 지나쳐 베냐민 지파에 속한 성읍 기브아로 갔다(12-14절). 기브아는 예루살렘에서 약 10㎞ 떨어진 곳이다. 일행은 이날 오후에 거의 20㎞를 여행한 것이다. 기브아에 이르렀을 때 해가 졌다. 오후 6시쯤 되었을 것이다(Pressler). 그들은 기브아로 들어가 성읍 광장에 앉아 있었다(15절). 접대법에 따라 대접하는 것이 일종의 거룩한 의무(sacred obligation)였던 당시에 이런 경우 먼저 본 사람이 와서 그들을 집으로 맞아들여야 한다. 율법도 객을 잘 대접하라고 명령하고 있다(출 22:21; 23:9; 레 19:33-34; 신 16:14; 26:12). 밤은 객들에게 매우 위험한 시간이었기 때문이다. 그러나 아무도 그들을 거들떠보거나 집으로 초청하지 않았다(15절). 이방인들의 마을에서도 있을 수 없는 일이 이스라엘 성읍에서 일어난 것이다! 레위 사람이 형제애를 기대하고 여부스를 지나쳐 기브아를 찾았지만, 기브아 사람들은 가나안 사람들인 여부스 사람들보다 더 가나안화 되어 있었다.

드디어 한 사람이 그들을 맞이하겠다고 나섰는데, 에브라임 산간 지방에서 이곳으로 와 타향살이를 하는 노인이었다(16절). 레위 사람이 에브라임에서 왔다는 사실에 마음을 연 것으로 생각된다(cf. 18절). 그러나 노인이 이곳에서 타향살이를 하고 있다는 점은 유사시에 그와 그의 손님을 보호해 줄 만한 친척들이 없다는 것을 뜻한다. 레위 사람 일행은 기브아 성읍에서 가장 연약한 사람의 집에 머물며 위험에 노출된 것이다.

Ⅲ. 두 결론: 이스라엘의 총체적 부패(17:1-21:25)
B. 역사적 결론: 사회적 · 정치적 부패(19:1-21:25)
1. 레위 사람의 첩이 강간을 당함(19:1-30)
(2)기브아 사람들의 죄악과 첩의 죽음(19:10-28)

b. 기브아 사람들의 윤리적 난폭성(19:22-28)

[22] 그들이 마음을 즐겁게 할 때에 그 성읍의 불량배들이 그 집을 에워싸고 문을 두들기며 집 주인 노인에게 말하여 이르되 네 집에 들어온 사람을 끌어내라 우리가 그와 관계하리라 하니 [23] 집 주인 그 사람이 그들에게로 나와서 이르되 아니라 내 형제들아 청하노니 이같은 악행을 저지르지 말라 이 사람이 내 집에 들어왔으니 이런 망령된 일을 행하지 말라 [24] 보라 여기 내 처녀 딸과 이 사람의 첩이 있은즉 내가 그들을 끌어내리니 너희가 그들을 욕보이든지 너희 눈에 좋은 대로 행하되 오직 이 사람에게는 이런 망령된 일을 행하지 말라 하나 [25] 무리가 듣지 아니하므로 그 사람이 자기 첩을 붙잡아 그들에게 밖으로 끌어내매 그들이 그 여자와 관계하였고 밤새도록 그 여자를 능욕하다가 새벽 미명에 놓은지라 [26] 동틀 때에 여인이 자기의 주인이 있는 그 사람의 집 문에 이르러 엎드러져 밝기까지 거기 엎드러져 있더라 [27] 그의 주인이 일찍이 일어나 집 문을 열고 떠나고자 하더니 그 여인이 집 문에 엎드러져 있고 그의 두 손이 문지방에 있는 것을 보고 [28] 그에게 이

르되 일어나라 우리가 떠나가자 하나 아무 대답이 없는지라 이에 그의 시체를 나귀에 싣고 행하여 자기 곳에 돌아가서

동네 사람들이 가까스로 어렵게 에브라임에서 와, 노인의 집에서 밤을 지내게 된 레위 사람 일행을 가만히 두지 않았다. 성읍의 불량한 남자들이 레위 사람 일행이 묵던 곳으로 몰려온 것이다(22절). 불량하다는 것을 뜻하는 히브리어 단어(בְּלִיַּעַל)는 구약에서 흔히 사용되는 것이 아니며, '…을 제외한'이라는 의미를 지닌 전치사(בְּלִי)와 '이익 보다'라는 뜻을 가진 동사(יַעַל)가 합쳐진 합성어로 생각된다(HALOT). 성경은 살인자, 강간범, 위증하는 자, 타락한 제사장, 술주정뱅이, 야비한 자, 자기 욕심만 챙기는 자, 반역자, 다른 사람을 우상숭배로 이끄는 자 등을 불량하다고(בְּלִיַּעַל) 한다(Block).

동네 불량배들은 노인에게 그의 손님으로 머무는 사람을 '알고자 하니'(נֵדָעֶנּוּ) 데리고 나오라고 했다. 물론 그들은 노인의 손님과 알고 지내려고 인사하러 온 것이 아니다. '알다'(ידע)는 히브리어에서 매우 광범위하게 사용하는 용어로 성관계를 갖는 것을 뜻하기도 한다. 그래서 아담이 하와를 '알았더니'(ידע) 하와가 아들을 낳았다(cf. 창 4:1). 소돔과 고모라에서 동성애가 행해졌던 사실을 알 수 있는 것도 동네 사람들이 롯에게 천사들을 내놓으라고 하면서 이 단어를 사용했기 때문이다(cf. 창 19:5).[29] 기브아 사람들도 같은 단어를 사용하고 있다! 그들은 노인의 손님을 윤간하고자 하는 것이다! 동성애 죄에 윤간의 죄를 더하고 있다. 그것도 레위 사람을 말이다!

기브아 사람들은 객을 대접해야 한다는 미풍양속을 어겼을 뿐만 아니라 집단적으로 동성 강간을 하려고 한다. 구약에서 가장 흉악한 죄의 상징이 되어버린 소돔과 고모라에서나 있었던 일이 이스라엘, 그것

29 이 이야기와 롯 이야기의 연관성에 대하여는 바하(Bach), 오코넬(O'Connell), 니딧츠(Niditch) 등을 참조하라.

도 가장 중심부인 기브아에서 벌어지고 있다! 종교적인 부패로 시작된 이스라엘 사회의 윤리적 타락이 여기까지 온 것이다. 레위 사람은 모든 면에서 소돔과 다름없는(virtual Sodom) 도시 안에 갇혀 있다(Webb).

노인이 기브아 사람들에게 그러지 말라고 달래보았지만, 그들은 들으려 하지 않았다. 이 과정에서 노인은 처녀인 자신의 딸(בִּתִּי הַבְּתוּלָה)과 레위 사람의 첩(פִּילַגְשֵׁהוּ)을 대신 줄 테니 그들이 '보기에 좋은 대로 이 여인들에게'(לָהֶם הַטּוֹב בְּעֵינֵיכֶם) 하라고 했다(24절). 노인이 처녀인 딸을 희생제물로 삼는 것이 입다의 이야기를 연상케 한다. 이 사람이 롯처럼 자신의 딸을 내주겠다고 하는 것은 당시 문화적인 배경에서 어느 정도 이해가 가는 부분인데, 왜 손님의 첩까지 내주겠다고 하는 것일까? 이 여인이 노인의 집에 손님으로 머무는 한, 남편처럼 동일한 보호를 받을 권리가 있는데도 말이다. 더구나 손님의 첩을 내보내는 일은 손님에게 달려 있다.

노인이 레위 사람의 명예뿐만 아니라 그를 대접하고 있는 자신의 명예를 위하여 손님의 첩을 희생제물로 삼는 것을 어떻게 이해해야 할 것인가? 노인의 말에는 좋은 것과 나쁜 것이 섞여 있다. 그러므로 그의 말은 당시 이스라엘에 팽배한 가치관의 혼돈을 잘 보여준다(Younger). 모든 것이 혼란스럽고 기준과 가치관이 무너진 시대에 이 노인도 '자기 눈에 보기 좋은 대로' 행한 것이다. 또한 노인은 자기 딸과 손님의 첩을 내줄 테니 동네 사람들에게 '너희 눈에 좋은 대로 행하라'라고 한다(24절). 이 시대는 모든 사람이 '각자 자기 소견에 옳은 대로 행하던 시대'였으며 이 일을 통해 이스라엘의 악이 최고조에 달하고 있다(Boda).

첩이 불량배들의 손에 넘어간 일을 통해 사건은 일단락되었다. 그런데 누가 그 여인을 넘겨준 것일까? 히브리어는 단순히 '그 남자가 그의 첩을 잡아 그들에게 내주었다'(וַיַּחֲזֵק הָאִישׁ בְּפִילַגְשׁוֹ וַיֹּצֵא אֲלֵיהֶם)라고 한다(cf. 개역; NIV, NAS, NRS, TNK). 여인을 내준 '그 사람'(הָאִישׁ)은 노인인가, 아니면 레위 사람인가? 불량배들과 대화하고 있는 사람이 노인이었으므로 '그 사람'이 노인일 가능성이 있다. 그렇다면 노인은 왜 자기 딸은 내보내지 않고 손님의 첩만 내보냈을까?

한편, 비록 레위 사람이 동네 사람들에게 한마디도 하지는 않았지만, 그가 주인공이기 때문에 '그 사람'은 레위 사람이라는 해석이 지배적이다(Block, Younger, cf. 공동; 새번역). 이렇게 해석할 경우 노인이 자기 딸을 내보내려고 하자 레위 사람이 노인을 말리며 자기 첩을 내보낸 것으로 풀이된다. 레위 사람의 행동 역시 가족을 보호할 책임과 의무는 가장에게 있다는 것을 분명하게 강조했던 당시 문화에 역행하고 있다(Pressler). 저자는 의도적으로 '그'가 누구인지를 불분명하게 처리하고 있다.

동네 불량배들의 행동도 이해가 잘 가지 않는다. 그들은 분명히 레위 사람을 원했다. 동성 윤간을 하겠다는 것이었다. 그런데 그들은 그의 첩을 대신 넘겨받는 것으로 소동을 끝냈다. 그들은 레위 사람의 첩을 밤새 윤간하여(ידע) 욕을 보였고(עלל), 새벽에 내버렸다(שׁלח)(25절). 이 여인이 간음을 하고 남편 집을 떠났다고 생각하는 사람들은 그녀가 이 같은 일을 당하는 것이 정당한 심판이라고 한다(Bach, Webb, Exum).

그러나 이미 언급한 것처럼 이렇게 해석하기에는 텍스트에 너무나도 많은 모호성(ambivalence)이 있다. 저자는 기브아 사람들의 만행을 이 세 동사로 간략하게 묘사하고 있다. 여러 동사를 사용하여 당시 상황을 순식간에 일어난 일처럼 묘사하는 것은 이야기의 핵심이 여인이 윤간을 당한 일에 있지 않다는 것을 암시한다. 기진맥진한 여인은 겨우 노인의 집으로 돌아와 아침이 될 때까지 문 앞에 쓰러져 있다(26절). 너무 지쳐서 문을 열거나 두드릴 힘도 없어서 그저 문지방을 붙잡고 있었던 것이다(27절). 처참하게 내팽개쳐져 있는 여인의 모습은 독자들이 여인에 대한 불쌍한 생각으로 연민을 느끼게 한다(Younger).

레위 사람이 아침에 일어나(קום) 길을 떠나려고(וַיֵּצֵא לָלֶכֶת לְדַרְכּוֹ) 준비하다가 문 앞에 쓰러져 있는 아내를 발견했다(27절). 이 부분도 이해가 잘 가지 않는다. 어떻게 이 사람은 아내를 불량배들에게 내준 다음에 밤새 편안하게 잘 수 있었을까? 아내가 걱정되지도 않았단 말인가? 아내의 행방도 모르는 상태에서 어떻게 아무 일도 없었던 것처럼 길을 떠나려 했을까? 그는 아내를 찾아 베들레헴까지 내려오지 않았던가? 이제는 이 여인이 더 이상 필요 없다는 말인가? 이 레위 사람의 냉정한 행동은 오싹한 느낌까지 준다(Webb, Lasine, Exum). 이야기가 시작될 때 부드러운 말로 아내를 달래 집으로 데려가려고(3절) 처가가 있는 베들레헴을 찾았던 남자에게 전혀 예상할 수 없는 행동이다. 이 이야기에 등장하는 사람들은 도대체 정상적인 사고와 정서를 지닌 사람이 없다.

레위 사람은 마치 아무 일도 없었던 것처럼 문지방을 붙잡고 쓰러져 있는 첩에게 '일어나 가자!'(קוּמִי וְנֵלֵכָה)라고 말했지만, 아무런 대답이 없다(וְאֵין עֹנֶה). 이 남자가 아내에게 한 말 중 책에 기록된 것은 이 말이 처음이다. 그녀의 마음에 부드럽게 속삭이려고 왔던(3절) 사람의 말로는 충격적이다(Lasine, Pressler). 아내를 불량배들한테 윤간당하게 한 남편의 모습으로는 너무 태연하다. 그는 자기 자신에 도취한 사람이었으며, 양심의 가책도, 느낌도 없는 사람이다(Olson). 도덕성에 많은 문제가 있었던 사람임이 확실하다. 그런데 이때 여인은 이미 죽어 있었던 것일까, 아니면 아직 목숨이 남아 있었을까? LXX는 '그녀는 죽었다'(ἦν νεκρά)라는 말을 더하여 이미 죽어 있었던 것으로 해석한다(cf. Vg.; 개역; 새번역). 불량배들은 윤간뿐만 아니라 살인까지 저지른 것이다.

그러나 일부 주석가들은 남편이 여인을 발견했을 때는 그녀가 아직 죽지 않았다고 한다(Bal, Schneider, Block). 그렇다면 여인은 나귀 위에서 기력이 다해 죽었던지, 아니면 남편의 손에 죽었다는 결론에 도달한다. 이 남자의 지금까지의 행동을 감안하면 그러고도 남을 사람이라고 할 수 있겠지만(Bal, Olson), 저자는 의도적으로 여인의 정확한 죽음 시기를 밝히지 않는 듯하다(McCann, Pressler). 그러므로 어떠한 결론도 추론에 불과한 것이다.

레위 사람이 아무리 나쁜 사람이라 하더라도, 저자가 의도하는 것보다 더 나쁜 사람으로는 만들지 않는 것이 바람직하다. 사사기에는 나귀를 탄 여인이 또 한 명 있었다. 악사가 나귀를 타고 아버지를 찾아와 당당하게 유산을 얻어간 적이 있었다(1:14ff.). 이 여인은 [거의] 시체가 되어 나귀에 실려간다. 당시 사회의 여인들이 인권을 유린당하고 희생당했다는 것을 시사한다(Schneider, McCann).

III. 두 결론: 이스라엘의 총체적 부패(17:1–21:25) B. 역사적 결론: 사회적 · 정치적 부패(19:1–21:25) 1. 레위 사람의 첩이 강간을 당함(19:1–30)

(3) 레위 사람이 첩의 시체를 지파들에게 보냄(19:29–30)

29 그 집에 이르러서는 칼을 가지고 자기 첩의 시체를 거두어 그 마디를 찍어 열두 덩이에 나누고 그것을 이스라엘 사방에 두루 보내매 30 그것을 보는 자가 다 이르되 이스라엘 자손이 애굽 땅에서 올라온 날부터 오늘까지 이런 일은 일어나지도 아니하였고 보지도 못하였도다 이 일을 생각하고 상의한 후에 말하자 하니라

집으로 돌아온 남자는 칼을 가져다가 아내를 열둘로 토막 냈다. 성경에서 이와 비슷한 사례는 사울이 암몬 사람들을 대적하기 위해 군대를 일으킬 때 소를 토막 내서 각 지파에게 보낸 일이 전부다(cf. 삼하 11장). 저자는 이때 여인이 살아있었는지 죽어있었는지 밝히지 않는다. 다만 "그 남자가 집에 도착해서 칼을 가지고 그의 첩을 열두 토막으로 잘랐다"라는 말을 할 뿐이다(29절; 새번역). 여인이 살았든, 죽었든 간에 남자가 아내[의 주검]에게 한 일은 어떠한 경우에도 정당화될 수 없는 지나친 폭행(extravagance of violence)이다(Trible, Exum). 사람의 죽음을 숭고하게 생각하고 시체를 존엄하게 취급하던 고대 근동 사회를 감안하면 더욱더 그렇다.

남자는 토막 낸 아내의 시체를 이스라엘 모든 지파에게 한 토막씩 보냈다(29절). 아내의 시체를 토막 내 모든 지파에게 보낸 레위 사람은 '스스로 자신을 임명한 사사'(self-appointed judge)가 되어 있다(Boling). 보는 사람마다 충격을 받았고, 여인의 토막 난 시체에 얽힌 사연을 깊이 생각해보고 어떻게 행동해야 할지를 논의하기 위해 모이기로 했다(30절). 여인의 토막 난 시체가 일종의 전쟁 선포가 되었던 것이다(Block). 이 순간 공의와 정의에 불타고 있는 레위 사람이 정작 아내가 강간을 당해 죽어갈 때는 왜 침묵과 함께 마치 아무 일도 없었던 것처럼 그곳을 떠나려 했을까? 도대체 납득이 안 가는 사람이다.

III. 두 결론: 이스라엘의 총체적 부패(17:1-21:25)
B. 역사적 결론: 사회적 · 정치적 부패(19:1-21:25)

2. 베냐민 지파가 진멸을 당함(20:1-48)

이스라엘은 가나안에 입성할 때 원주민들을 진멸하라는 하나님의 명령을 받았다. 모두 다 이스라엘을 위해서 내리신 명령이다. 이스라엘 사람들은 가나안 사람들을 진멸하기는커녕 함께 어우러져 살기로 결정했다. 하나님의 명령을 거부한 것이다. 이 섹션에서 우리는 이스라엘의 12지파 중 하나인 베냐민이 진멸을 당하는 일을 접하게 된다. 그것도 이방인들이 아니라 이스라엘의 나머지 11지파의 손에 말이다!

저자는 이 이야기를 통해 이것이 바로 하나님의 말씀을 거역하고 가나안 사람들의 삶의 방식을 자청한 주의 백성의 비참한 말로임을 암시한다. 세속화의 종말은 이와 같은 몰락이라는 것이다. 이 섹션은 다음과 같이 세 파트로 구성되어 있다.

A. 이스라엘이 군대를 일으킴(20:1-11)

B. 해명 요구에 대한 베냐민 지파의 반응(20:12–17)

A′. 이스라엘이 전쟁을 함(20:18–48)

III. 두 결론: 이스라엘의 총체적 부패(17:1–21:25) B. 역사적 결론: 사회적 · 정치적 부패(19:1–21:25) 2. 베냐민 지파가 진멸을 당함(20:1–48)

(1) 이스라엘이 군대를 일으킴(20:1–11)

1 이에 모든 이스라엘 자손이 단에서부터 브엘세바까지와 길르앗 땅에서 나
와서 그 회중이 일제히 미스바에서 여호와 앞에 모였으니 2 온 백성의 어른
곧 이스라엘 모든 지파의 어른들은 하나님 백성의 총회에 섰고 칼을 빼는
보병은 사십만 명이었으며 3 이스라엘 자손이 미스바에 올라간 것을 베냐민
자손이 들었더라 이스라엘 자손이 이르되 이 악한 일이 어떻게 일어났는지
우리에게 말하라 하니 4 레위 사람 곧 죽임을 당한 여인의 남편이 대답하여
이르되 내가 내 첩과 더불어 베냐민에 속한 기브아에 유숙하러 갔더니 5 기
브아 사람들이 나를 치러 일어나서 밤에 내가 묵고 있던 집을 에워싸고 나
를 죽이려 하고 내 첩을 욕보여 그를 죽게 한지라 6 내가 내 첩의 시체를 거
두어 쪼개서 이스라엘 기업의 온 땅에 보냈나니 이는 그들이 이스라엘 중에
서 음행과 망령된 일을 행하였기 때문이라 7 이스라엘 자손들아 너희가 다
여기 있은즉 너희의 의견과 방책을 낼지니라 하니라 8 모든 백성이 일제히
일어나 이르되 우리가 한 사람도 자기 장막으로 돌아가지 말며 한 사람도
자기 집으로 들어가지 말고 9 우리가 이제 기브아 사람에게 이렇게 행하리니
곧 제비를 뽑아서 그들을 치되 10 우리가 이스라엘 모든 지파 중에서 백 명
에 열 명, 천 명에 백 명, 만 명에 천 명을 뽑아 그 백성을 위하여 양식을 준
비하고 그들에게 베냐민의 기브아에 가서 그 무리가 이스라엘 중에서 망령
된 일을 행한 대로 징계하게 하리라 하니라 11 이와 같이 이스라엘 모든 사람
이 하나 같이 합심하여 그 성읍을 치려고 모였더라

북쪽으로는 단에서부터 남쪽으로는 브엘세바에 이르고, 서쪽으로는 지중해부터 동쪽으로는 갈릴리 호수의 북동쪽에 있는 길르앗에까지 이르는 이스라엘의 모든 영토에서 온 이스라엘 사람들이 미스바에 모였다(1절). 이스라엘의 총체성을 뜻하는 '단에서 브엘세바에 이르기까지'(לְמִדָּן וְעַד־בְּאֵר שֶׁבַע)라는 말은 성경에서 이곳에 처음 사용하고 있다. 본문에서 '이스라엘 온 지파'(כֹּל שִׁבְטֵי יִשְׂרָאֵל)라는 말도 반복적으로 사용하고 있다(2, 10절; cf. 21:5). 온 이스라엘이 이 흉측한 일을 해결하기 위하여 '한 사람처럼'(כְּאִישׁ אֶחָד)(1, 8, 11절) 연합했다.

평상시에는 이스라엘이 연합하는 것은 매우 바람직한 일이며 긍정적인 평가를 받는다. 그러나 이 이야기에서는 긍정적이기보다는 불길한 예감을 준다. 이스라엘이 이렇게 연합된 모습을 보인 것이 책 안에 두 번 더 기록되어 있는데, 한 번은 천사가 나타나 이스라엘의 죄 때문에 더 이상 하나님이 가나안 사람들을 내치지 않으실 것이라고 한 말을 듣고 보김에서 통곡했을 때이며(2:4), 다른 한 번은 온 이스라엘이 기드온이 금귀고리들을 모아 만든 에봇으로 인해 음행을 했을 때다(8:27). 두 사건 모두 '온 이스라엘'이라는 표현을 부정적으로 사용하고 있다. 더구나 이 이야기에서도 온 이스라엘은 '한 사람처럼' 연합하여 한 지파를 멸종시키다시피 하게 된다.

저자는 이 이스라엘 연합체를 좋게 보지 않고 있는 것이다. 물론 이들은 정의를 실현하고 기브아 사람들의 악을 뿌리뽑기 위해서 모였다. 그러나 대가가 너무 컸다. 베냐민 지파를 몰살하다시피 했기 때문이다. 그러므로 이 연합은 동족간에 많은 아픔을 상징하는 '좋지 않은 연합'이다.

칼을 찬 이스라엘 보병의 숫자가 400,000명에 이르렀다(2절). 가나안 정복시절 이스라엘 군대를 방불케 하는 규모다. 그들이 모인 미스바(מִצְפָּה)는 입다가 길르앗 사람들과 협정을 체결했던 요단 강 동편에 있던 성읍이 아니다(cf. 11:11). 이 미스바는 예루살렘에서 북쪽으로 12㎞,

베냐민과 에브라임 접경 지역에 있었고 사건이 터졌던 기브아에서 서북쪽으로 5㎞ 정도 떨어진 곳이다(ABD, cf. Boda). 물론 베냐민 지파 사람들은 이 회중에 없다(cf. 3절).

미스바에 모인 사람들은 레위 사람에게 사건 경위를 설명하도록 했다(3절). 그 사람은 자신의 이야기를 네 단계로 나누어 보고했다. (1) 첩과 함께 하룻밤을 묵으려고 기브아에 갔다, (2) 기브아 사람들이 그를 죽이려고 그가 묵던 집을 포위했다, (3) 그러다가 그들은 그의 첩을 윤간하여 여자가 죽었다, (4) 이 음란하고 수치스러운 일을 알리고자 첩의 시체를 토막 내 온 이스라엘에 보냈다.

레위 사람은 조금이라도 자신에게 불리한 말은 전혀 하지 않는다(cf. O'Connell, Matthews). 아내와의 가정 문제, 종이 여부스에서 묵자고 했지만 고집을 부리고 기브아까지 갔던 일, 아내가 윤간을 당하는 동안 편안히 잤던 일, 아침에 일어나 아내를 그곳에 남겨두고 떠나려 했던 일 등이 모두 빠져 있다. 게다가 기브아 사람들이 자기를 죽이려 했다는 말을 더한다(5절). 우리말 성경은 단순히 '기브아 사람들' 이라고 번역해 놓았기 때문에 잘 파악이 되지 않지만, 히브리어로는 그를 노린 범죄자들이 '불량배'(בְלִיַּעַל)가 아니라 '기브아의 유지들/지도자들'(הַגִּבְעָה בַּעֲלֵי)이라고 한다. 레위 사람의 말은 거짓말이다(Olson). 온 이스라엘과 기브아 사람들 사이에 이간질을 하고 있는 것이다. 이미 언급한 것처럼 이 레위 사람은 진실한 사람이 아니다(Pressler, McCann, Schneider).

레위 사람의 사건 경위를 들은 이스라엘 사람들은 흥분했다. 그들은 이대로 집으로 돌아가서는 안 된다며, 기브아를 칠 각오를 다졌다(8절). 그들은 길고 어려운 전쟁을 대비하기 위하여 군대의 10%를 물자 조달에 투여하기로 했다(10절). 40,000명이 물자 조달에 투입되고 360,000명이 전쟁에 투입된 것이다(cf. 2절). 예나 지금이나 전쟁의 승패를 가르는 중요한 요소는 물자 조달(logistics)에 있다.

III. 두 결론: 이스라엘의 총체적 부패(17:1-21:25)
B. 역사적 결론: 사회적 · 정치적 부패(19:1-21:25)
2. 베냐민 지파가 진멸을 당함(20:1-48)

(2) 해명 요구에 대한 베냐민 지파의 반응(20:12-17)

12 이스라엘 지파들이 베냐민 온 지파에 사람들을 보내어 두루 다니며 이르
기를 너희 중에서 생긴 이 악행이 어찌 됨이냐 13 그런즉 이제 기브아 사람들
곧 그 불량배들을 우리에게 넘겨 주어서 우리가 그들을 죽여 이스라엘 중에
서 악을 제거하여 버리게 하라 하나 베냐민 자손이 그들의 형제 이스라엘
자손의 말을 듣지 아니하고 14 도리어 성읍들로부터 기브아에 모이고 나가서
이스라엘 자손과 싸우고자 하니라 15 그 때에 그 성읍들로부터 나온 베냐민
자손의 수는 칼을 빼는 자가 모두 이만 육천 명이요 그 외에 기브아 주민 중
택한 자가 칠백 명인데 16 이 모든 백성 중에서 택한 칠백 명은 다 왼손잡이
라 물매로 돌을 던지면 조금도 틀림이 없는 자들이더라 17 베냐민 자손 외에
이스라엘 사람으로서 칼을 빼는 자의 수는 사십만 명이니 다 전사라

만반의 전쟁 준비를 갖춘 이스라엘 사람들이 기브아를 치기 전에 먼저 베냐민 온 지파에게 사람을 보내 이 악한 일에 연루된 '불량배들'(בְּנֵי־בְלִיַּעַל)을 넘겨 달라고 했다(13절). 이 사람들에 대한 기본적인 권한은 그들이 속한 베냐민 지파에게 있다는 것을 인정하는 행위이며, 순순히 응하면 그들만 죽이고 사건을 종결하겠다는 뜻이다. 숫자적으로 압도적인 강자가 약자에게 베푸는 최후의 선처라 할 수 있다.

베냐민 사람들은 이스라엘의 요구에 순응하기보다는 오히려 그들과 싸울 준비를 했다(14절). 이스라엘을 대항해서 싸우려고 모인 베냐민 사람 수는 기브아 주민 중에 뽑은 700명과 여러 베냐민 성에서 모여든 26,000명이었다(15절). 이 군인 중 700명은 무릿매로 돌을 던져 머리카락도 빗나가지 않고 맞히는 '왼손잡이'(אִטֵּר יַד־יְמִינוֹ)들이었다. 이미 에훗 이야기에서 언급한 것처럼 히브리어가 왼손잡이들을 뜻할 때 사용하는 단어(מַשְׂמְאלִים)가 따로 있는 것(cf. 대상 12:2)과 LXX가 본문을 양손을 자유자재로 사용할 수 있는(ambidextrous) 사람을 뜻하는 '암포테로에지오스'(ἀμφοτεροδέξιος)로 번역하고 있다는 점을 감안하여, 저자가 에훗은 왼손을 오른손처럼 자유자재로 사용할 수 있었던 모습을 묘사하는 것으로 이해하는 주석가들이 많다(Pressler, Block, McCann).

그러나 본문의 가장 자연스러운 의미는 '왼손잡이' 혹은 '훈련을 받아 왼손을 잘 쓸 수 있는 사람'이다(Younger). 전쟁에서 왼손을 자유롭게 쓸 수 있다는 것은 매우 큰 장점이다. 오른손잡이들은 오른손잡이 적들을 상대로 싸우는데 익숙해져 있지만, 왼손잡이 적들은 많이 접하지 못했다. 반면에 왼손잡이들은 오른손잡이 적들과 싸우는데 매우 익숙해져 있었기 때문에 전투에 나가면 상대적으로 매우 유리했던 것이다(Halpern).

비록 베냐민이 매우 정교한 손놀림을 가진 군인 700명과 일반 병사 26,000명을 모았다 해도 이스라엘 연합군은 못 당할 것이다. 왜냐하면 이스라엘 연합군의 숫자가 400,000명이나 되고 모두 잘 싸우는 용사였기 때문이다(17절). 베냐민은 우리가 보기에도 매우 무모한 싸움, 그것도 불량배들 몇 명을 보호하기 위한 명분 없는 싸움을 준비했다. 자라리 그들을 스스로 처단하든지, 아니면 이스라엘에 내 주었으면 나았을 텐데 말이다. 당시는 각자 자기 소견에 옳은 대로 행하던 시대였으니 어떡하겠는가!

III. 두 결론: 이스라엘의 총체적 부패(17:1-21:25)
B. 역사적 결론: 사회적 · 정치적 부패(19:1-21:25)
2. 베냐민 지파가 진멸을 당함(20:1-48)

(3) 이스라엘이 전쟁을 함(20:18-48)

지금부터 전개될 전쟁 이야기는 세 전투 이야기로 구성되어 있는데,

처음 두 전투에서는 이스라엘 연합군이 패하여 불안감이 커져만 가다가 드디어 세 번째 전투에서 승리를 거둔다. 세 전투 모두 공통적인 구조를 지니고 있는데 다음과 같이 요약될 수 있다(Block).

첫 번째 전투(20:18-21)
　질문: 어느 지파가 먼저 올라갑니까?
　　➔답: 유다
　　　➔공격
　　　　➔패배
두 번째 전투(20:22-25)
　질문: 우리가 다시 올라갑니까?
　　➔답: 올라가라
　　　➔공격
　　　　➔패배
세 번째 전투(20:26-48)
　질문: 우리가 또다시 올라갈까요, 말까요?
　　➔답: 올라가라, 승리를 주리라
　　　➔공격
　　　　➔승리(드디어!)

III. 두 결론: 이스라엘의 총체적 부패(17:1-21:25) B. 역사적 결론: 사회적 · 정치적 부패(19:1-21:25) 2. 베냐민 지파가 진멸을 당함(20:1-48) (3)이스라엘이 전쟁을 함(20:18-48)

a. 첫 번째 전투(20:18-21)

18 **이스라엘 자손이 일어나 벧엘에 올라가서 하나님께 여쭈어 이르되 우리**

중에 누가 먼저 올라가서 베냐민 자손과 싸우리이까 하니 여호와께서 말씀 하시되 유다가 먼저 갈지니라 하시니라 [19] 이스라엘 자손이 아침에 일어나 기브아를 대하여 진을 치니라 [20] 이스라엘 사람이 나가 베냐민과 싸우려고 전열을 갖추고 기브아에서 그들과 싸우고자 하매 [21] 베냐민 자손이 기브아에서 나와서 당일에 이스라엘 사람 이만 이천 명을 땅에 엎드러뜨렸으나

베냐민 지파와 대화로 해결해 보려고 했지만, 그들이 오히려 전쟁을 하겠다고 모여들자 이스라엘 군도 선택의 여지가 없어졌다. 이스라엘은 자신들의 전통적인 성지 벧엘(בֵּית־אֵל)로 올라가서 하나님께 어느 지파가 선두에 서서 싸워야 하는지에 대하여 물었다. 벧엘은 베냐민 지파와 에브라임 지파 영토의 경계선에 있으며 아이의 서쪽에 있다(수 16:2). 저자는 당시 하나님의 언약궤가 이곳에 있었고, 아론의 손자이며 엘르아살의 아들인 비느하스가 제사장으로 있었다고 한다(27절).

이스라엘의 질문이 자연스러워 보이지만, 사실은 옳은 질문이 아니다. 그들은 "우리가 베냐민 지파를 치러 올라 갈까요? 가지 말까요?"를 먼저 물었어야 한다(Pressler). 그런데 그들은 치러 올라가는 것을 전제하고 누가 선봉에 설 것인가를 묻고 있다. 이 전쟁은 이스라엘 사람들이 결정한 것이지 하나님이 전쟁 여부를 결정하시지 않은 것이다(Exum, Block).

놀라운 것은 하나님이 그들의 질문에 응답하셨다는 것이다. "유다가 앞장서라"(18절). 그러나 승리는 약속하지 않으셨다. 유다가 앞장서는 것은 당연하다. 유다는 이스라엘 지파 중 가장 크고 영향력을 행사하는 지파이며(cf. 1:1-10), 기브아에 사는 베냐민 사람들에게 희생된 여인은 유다의 베들레헴 사람이었다. 그러므로 여인의 죽음을 보복할 책임이 유다 지파에게 있다고 할 수 있다.

저자는 이스라엘이 하나님의 뜻을 묻는 것을 1:1-2에 있었던 일과 비슷하게 묘사하여 이 전쟁을 마치 1장의 거룩한 전쟁처럼 엮어 나간다(cf. 35절). 안타까운 것은 1장에서는 적이 가나안 사람들이었는데, 이 전쟁의 상대는 이방인이 아니라 동족인 베냐민 사람들이라는 사실이다. 그래서 이방인들과의 전쟁이었던 1장에서는 유다 지파에게 승리를 약속하셨지만, 동족상잔인 이 전쟁에서는 하나님이 승리를 약속하지 않으신다. 형제 지파들 사이의 전쟁을 보시는 하나님의 마음이 안타까우신 것이다.

다음 날 아침 이스라엘 군은 일찍 일어나 전쟁을 했다. 그러나 결과는 의외였다. 베냐민 사람들이 기브아에서 나와 이스라엘 군 22,000명을 쓰러뜨렸다. 베냐민 군이 총 27,000명 정도 되었으니(cf. 15절), 한 군인당 한 사람씩 쓰러뜨린 것이다. 베냐민 사람들도 상당한 피해가 있었을 텐데 저자는 그들의 피해에 대하여는 전혀 언급하지 않는다.

III. 두 결론: 이스라엘의 총체적 부패(17:1-21:25) B. 역사적 결론: 사회적 · 정치적 부패(19:1-21:25) 2. 베냐민 지파가 진멸을 당함(20:1-48) (3)이스라엘이 전쟁을 함(20:18-48)

b. 두 번째 전투(20:22-25)

[22] 이스라엘 사람들이 스스로 용기를 내어 첫날 전열을 갖추었던 곳에서 다시 전열을 갖추니라 [23] 이스라엘 자손이 올라가 여호와 앞에서 저물도록 울며 여호와께 여쭈어 이르되 내가 다시 나아가서 내 형제 베냐민 자손과 싸우리이까 하니 여호와께서 말씀하시되 올라가서 치라 하시니라 [24] 그 이튿날에 이스라엘 자손이 베냐민 자손을 치러 나아가매 [25] 베냐민도 그 이튿날에 기브아에서 그들을 치러 나와서 다시 이스라엘 자손 만 팔천 명을 땅에 엎드러뜨렸으니 다 칼을 빼는 자였더라

압도적인 숫자적 강세에도 불구하고 베냐민에게 패한 이스라엘 군이 겨우 전세를 가다듬었다(22절). 그런 다음 벧엘로 올라가 하나님 앞에서 통곡하며 여쭈었다. “우리가 다시 가서, 우리 동기 베냐민 자손과 싸워도 되겠습니까?”(23절; 새번역). 새번역(cf. 공동번역)은 22절과 23절을 하나로 묶고 문장의 순서를 바꾸어 놓았다. 벧엘로 올라가서 통곡하고 하나님께 물은 뒤에 전세를 가다듬었다는 것이다. 그러나 그들이 먼저 전세를 가다듬고 나서 벧엘로 올라가 통곡하는 것이 더 합리적인 순서다(cf. 개역; NIV, NAS, NRS, TNK).

이제야 이스라엘 군이 하나님께 제일 먼저 여쭈었어야 할 질문을 한다. 그들의 첫 번째 질문은 베냐민과 싸우는 것을 전제한 것이었는데, 전투에서 패하여 위축되고 보니 베냐민 지파와 싸우는 것 자체가 이슈가 되었던 것이다(Webb). 하나님은 ‘올라가 싸워라!’라고 말씀하셨다(23절). 그러나 이번에도 승리를 약속하지는 않으셨다.

다음 날 다시 전투가 있었지만, 결과는 전날과 같았다. 베냐민 군이 성에서 나와 이스라엘 사람 18,000명을 쓰러뜨렸다. 저자는 쓰러진 사람들이 모두 칼을 쓸 줄 아는 사람이었다고 한다(25절). 이번 전투에서도 베냐민 군은 얼마나 피해를 입었는지 알 수 없다. 이틀 사이에 베냐민 군은 이스라엘 사람 40,000명을 쓰러뜨렸다. 그것도 숫자적으로 거의 20:1에 달하는 열세에서 말이다. 전쟁은 하나님께 속한 것이라는 사실이 새삼 새롭게 느껴진다.

III. 두 결론: 이스라엘의 총체적 부패(17:1-21:25)
B. 역사적 결론: 사회적 · 정치적 부패(19:1-21:25)
2. 베냐민 지파가 진멸을 당함(20:1-48)
(3)이스라엘이 전쟁을 함(20:18-48)

c. 세 번째 전투(20:26-48)

26 이에 온 이스라엘 자손 모든 백성이 올라가 벧엘에 이르러 울며 거기서 여호와 앞에 앉아서 그 날이 저물도록 금식하고 번제와 화목제를 여호와 앞

에 드리고 [27] 이스라엘 자손이 여호와께 물으니라 그 때에는 하나님의 언약
궤가 거기 있고 [28] 아론의 손자인 엘르아살의 아들 비느하스가 그 앞에 모시
고 섰더라 이스라엘 자손들이 여쭈기를 우리가 다시 나아가 내 형제 베냐민
자손과 싸우리이까 말리이까 하니 여호와께서 이르시되 올라가라 내일은 내
가 그를 네 손에 넘겨 주리라 하시는지라 [29] 이스라엘이 기브아 주위에 군사
를 매복하니라 [30] 이스라엘 자손이 셋째 날에 베냐민 자손을 치러 올라가서
전과 같이 기브아에 맞서 전열을 갖추매 [31] 베냐민 자손이 나와서 백성을 맞
더니 꾀임에 빠져 성읍을 떠났더라 그들이 큰 길 곧 한쪽은 벧엘로 올라가
는 길이요 한쪽은 기브아의 들로 가는 길에서 백성을 쳐서 전과 같이 이스
라엘 사람 삼십 명 가량을 죽이기 시작하며 [32] 베냐민 자손이 스스로 이르기
를 이들이 처음과 같이 우리 앞에서 패한다 하나 이스라엘 자손은 이르기를
우리가 도망하여 그들을 성읍에서 큰 길로 꾀어내자 하고 [33] 이스라엘 사람
이 모두 그들의 처소에서 일어나서 바알다말에서 전열을 갖추었고 이스라엘
의 복병은 그 장소 곧 기브아 초장에서 쏟아져 나왔더라 [34] 온 이스라엘 사
람 중에서 택한 사람 만 명이 기브아에 이르러 치매 싸움이 치열하나 베냐
민 사람은 화가 자기에게 미친 줄을 알지 못하였더라 [35] 여호와께서 이스라
엘 앞에서 베냐민을 치시매 당일에 이스라엘 자손이 베냐민 사람 이만 오천
백 명을 죽였으니 다 칼을 빼는 자였더라 [36] 이에 베냐민 자손이 자기가 패
한 것을 깨달았으니 이는 이스라엘 사람이 기브아에 매복한 군사를 믿고 잠
깐 베냐민 사람 앞을 피하매 [37] 복병이 급히 나와 기브아로 돌격하고 나아가
며 칼날로 온 성읍을 쳤음이더라 [38] 처음에 이스라엘 사람과 복병 사이에 약
속하기를 성읍에서 큰 연기가 치솟는 것으로 군호를 삼자 하고 [39] 이스라엘
사람은 싸우다가 물러가고 베냐민 사람은 이스라엘 사람 삼십 명 가량을 쳐
죽이기를 시작하며 이르기를 이들이 틀림없이 처음 싸움 같이 우리에게 패
한다 하다가 [40] 연기 구름이 기둥 같이 성읍 가운데에서 치솟을 때에 베냐민
사람이 뒤를 돌아보매 온 성읍에 연기가 하늘에 닿았고 [41] 이스라엘 사람은
돌아서는지라 베냐민 사람들이 화가 자기들에게 미친 것을 보고 심히 놀라

42 이스라엘 사람 앞에서 몸을 돌려 광야 길로 향하였으나 군사가 급히 추격하며 각 성읍에서 나온 자를 그 가운데에서 진멸하니라 43 그들이 베냐민 사람을 에워싸고 기브아 앞 동쪽까지 추격하며 그 쉬는 곳에서 짓밟으매 44 베냐민 중에서 엎드러진 자가 만 팔천 명이니 다 용사더라 45 그들이 몸을 돌려 광야로 도망하였으나 림몬 바위에 이르는 큰 길에서 이스라엘이 또 오천 명을 이삭 줍듯 하고 또 급히 그 뒤를 따라 기돔에 이르러 또 이천 명을 죽였으니 46 이 날에 베냐민 사람으로서 칼을 빼는 자가 엎드러진 것이 모두 이만 오천 명이니 다 용사였더라 47 베냐민 사람 육백 명이 돌이켜 광야로 도망하여 림몬 바위에 이르러 거기에서 넉 달 동안을 지냈더라 48 이스라엘 사람이 베냐민 자손에게로 돌아와서 온 성읍과 가축과 만나는 자를 다 칼날로 치고 닥치는 성읍은 모두 다 불살랐더라

이틀째 전투에서도 패한 이스라엘이 다시 벧엘을 찾아 통곡했다. 이번에는 금식을 하고, 화목제와 번제도 드렸다. 사태가 심각해지자 그들도 심각하게 자신들의 죄를 돌아본 것이다. 하나님이 지금까지 이 순간을 기다리셨다. 저자는 그들이 번제와 화목제를 벧엘에서 드릴 수 있었던 것은 당시 하나님의 언약궤가 그곳에 있었고, 비느하스가 세사장으로 섬기고 있었기 때문이라고 한다(27절). 미가와 단 지파의 이야기가 끝나면서 법궤는 실로에 있다(18:31). 지금은 벧엘에 와 있다. 승리를 보장해 달라고 전쟁터로 잠시 옮겨온 것일까?(Block). 이 이야기가 미가 사건보다 먼저 있었던 일이라면, 법궤는 벧엘에 있다가 훗날 실로로 옮겨갔다고 생각할 수 있다. 사사 시대 동안 법궤의 행방이 묘연하다(cf. Boling).

비느하스는 민수기와 여호수아기에도 등장한다(민 25:1-15; 31:6; 수 22:9-34). 이집트를 탈출한 이스라엘의 40년 광야 시절의 생존자인 것이다. 물론 그가 민수기와 여호수아기에 등장하는 비느하스와 동일한 이름을 지닌 사람일 수도 있다. 그러나 만일 이 비느하스가 바로 민수

기와 여호수아기의 비느하스라면, 이 사건은 이스라엘이 가나안에 정착하기 시작한 지 얼마 되지 않아서 있었던 일이다. 이미 서론에서 언급한 것처럼 다른 증거들도 이 사건이 여호수아와 그를 보필하던 장로들이 죽은 지 얼마 되지 않아서 있었던 일임을 뒷받침하는 듯 하다. 저자는 사사 시대가 시작된 지 얼마 되지 않아 있었던 일을 책의 결론으로 삼아 자신의 논지를 펼쳐나가고 있는 것이다.

이스라엘이 하나님께 하는 질문도 바뀌었다. "우리가 또다시 올라가서 우리의 동기 베냐민 자손과 싸워도 되겠습니까, 아니면 그만두어야 하겠습니까?"(28절; 새번역) 전쟁을 전제하고 시작한 첫 번째 질문과 비교할 때 그들의 전쟁에 대한 확신이 많이 흔들리고 있다는 것을 암시한다. 그들이 이렇게 질문하는 것은 최악의 경우 400,000명이 27,000명에게 패했다는 수모를 받더라도 만일 전쟁을 그만두는 것이 하나님의 뜻이라면 지금이라도 그렇게 하겠다는 마음을 드러낸 것이다. 이야기가 시작된 이후 처음으로 하나님의 섭리에 자신들을 맡기겠다는 마음이 생긴 것이다. 물론 그들은 연속 이틀 동안 지속된 패배에 마음이 흔들려 이런 말을 하게 되었다.

하나님은 "올라가거라. 내일은 틀림없이 내가 그들을 너희 손에 넘겨주겠다"라고 말씀하셨다(28절; 새번역). 드디어 그들이 승리를 맛볼 준비가 되었다는 점을 인정하신 것이다. 금식과 근신이 하나님의 마음을 움직였던 것일까? 다음날, 이스라엘은 여호수아가 아이 성을 정복할 때 이용했던 전술(cf. 수 8장)을 사용했다(29-46절). 두 이야기의 유사성은 이스라엘의 비극을 더욱더 부각시킨다(Pressler). 아이 성 전투는 가나안 사람들을 상대로 했는데, 이 전쟁에서는 동족을 진멸하려고 한다.

성에서 나온 베냐민 사람들에게 지는 척하면서 그들을 최대한 성에서 멀리 끌어냈다. 연이틀 동안 똑같은 전술로 승리했던 베냐민 사람들은 이번에도 그렇게 되리라는 자만 속에 기브아 성으로부터 멀리 따라 나왔다. 복병 중 일부는 쫓아오는 베냐민 군대의 뒤를 치게 하고,

일부는 성을 정복하게 했다. 쫓기는 척하던 군대도 돌아서서 쫓아오던 적을 향해 돌진했다. 이날 베냐민 사람 25,100명이 죽었다(35절). 베냐민 군이 26,700명이었는데 25,100명이 죽었으니, 죽음을 면한 자는 1,600명밖에 되지 않았다. 그러나 600명만 생존자로 계산된 것은(47절), 1,000명은 실종되었거나 대열에서 슬며시 빠져 나와 다른 곳으로 도주한 것으로 생각된다. 일이 이렇게 된 것은 하나님이 베냐민 사람들을 치셨기 때문이다(35절). 이 전쟁은 하나님이 악한 기브아 사람들을 옹호한 베냐민 지파를 심판하신 성전(聖戰)이었던 것이다.

그러나 이스라엘의 베냐민 살육은 전쟁에 참가한 군인들만 죽이는 것으로 끝나지 않았다. 그들은 베냐민에 속한 성읍들을 찾아 다니며 사람이나 가축이나 닥치는 대로 칼로 쳐서 죽였고 성읍을 불살랐다(48절). 가나안 정복 때 이스라엘이 가나안 사람들에게 행해야 했던 진멸을 제대로 수행하지 못하더니 이제 동족에게 진멸을 행한다! 처음에는 불량배들만 내놓으면 된다고 했던 사람들이 이성을 잃은 것이다. 그것도 어떻게 생각하면 레위 사람의 왜곡된 행동과 말에 자극을 받아서 말이다. 베냐민 지파 멸종 사건은 이스라엘 사회의 혼란과 타락을 결정적으로 보여준다.

III. 두 결론: 이스라엘의 총체적 부패(17:1-21:25)
B. 역사적 결론: 사회적 · 정치적 부패(19:1-21:25)

3. 문제: 맹세-베냐민 지파가 멸종위기를 맞음(21:1-5)

1 이스라엘 사람들이 미스바에서 맹세하여 이르기를 우리 중에 누구든지 딸
을 베냐민 사람에게 아내로 주지 아니하리라 하였더라 2 백성이 벧엘에 이르
러 거기서 저녁까지 하나님 앞에 앉아서 큰 소리로 울며 3 이르되 이스라엘
의 하나님 여호와여 어찌하여 이스라엘에 이런 일이 생겨서 오늘 이스라엘
중에 한 지파가 없어지게 하시나이까 하더니 4 이튿날에 백성이 일찍이 일어

나 거기에 한 제단을 쌓고 번제와 화목제를 드렸더라 5 이스라엘 자손이 이
르되 이스라엘 온 지파 중에 총회와 함께하여 여호와 앞에 올라오지 아니한 자가 누구냐 하니 이는 그들이 크게 맹세하기를 미스바에 와서 여호와 앞에 이르지 아니하는 자는 반드시 죽일 것이라 하였음이라

전쟁이 끝난 뒤, 이스라엘 사람들이 미스바에 모여 자식들을 베냐민 사람과 결혼시키지 말자고 서로 맹세했다(1절). 그렇게 하고 나서 벧엘에 올라가 이스라엘의 12지파 중 한 지파가 진멸을 당하다시피 한 것에 대하여 하나님 앞에 통곡했다(2-3절). 번제와 화목제도 드렸다(4절). 예배를 드리면서 마음에 변화가 왔다. 처음에는 베냐민 사람들에 대한 분노로 가득했던 것이 하나님 앞에 통곡하니 베냐민 사람들이 불쌍하게 여겨졌다.

또한 베냐민 지파의 불량배 옹호 때문에 벌어진 일이기는 하지만, 이스라엘 공동체를 생각할 때, 한 지파가 사라진다는 것은 좋은 일이 아니라고 생각했다. 더구나 필요 이상의 폭력을 사용하여 전쟁에 참가하지 않은 베냐민 사람들도 모두 죽인 것이 마음에 걸려 양심의 가책을 받았던 것 같다. 진정한 예배는 주변 환경을 바꾸어 놓는 것보다 이처럼 예배자의 마음과 생각을 바꾸는 힘이 있다. 진실하게 예배를 드린다면, 내가 먼저 바뀌게 되는 것이다.

이스라엘 회중은 전쟁에 참가하지 않은 사람들이 있는지를 살펴보았다. 왜냐하면 전쟁에 참가하지 않은 사람들은 죽이겠다고 맹세한 적이 있기 때문이다(5절). 베냐민 사람들에게 딸들을 주지 않겠다고 맹세한 일도 어리석은 것인데, 이 맹세 또한 어리석은 것이다. 동족을 또 죽여야 하기 때문이다. 어떤 가치관이나 기준에 따라 사는 시대가 아니고 모두 각자 소견에 옳은 대로 행하던 시대였기 때문에 일어난 일이었다.

4. 야베스 길르앗이 진멸을 당함(21:6-14)

6 이스라엘 자손이 그들의 형제 베냐민을 위하여 뉘우쳐 이르되 오늘 이스라
엘 중에 한 지파가 끊어졌도다 7 그 남은 자들에게 우리가 어떻게 하면 아내
를 얻게 하리요 우리가 전에 여호와로 맹세하여 우리의 딸을 그들의 아내로
주지 아니하리라 하였도다 8 또 이르되 이스라엘 지파 중 미스바에 올라와
서 여호와께 이르지 아니한 자가 누구냐 하고 본즉 야베스 길르앗에서는 한
사람도 진영에 이르러 총회에 참여하지 아니하였으니 9 백성을 계수할 때에
야베스 길르앗 주민이 하나도 거기 없음을 보았음이라 10 회중이 큰 용사 만
이천 명을 그리로 보내며 그들에게 명령하여 이르되 가서 야베스 길르앗 주
민과 부녀와 어린 아이를 칼날로 치라 11 너희가 행할 일은 모든 남자 및 남
자와 잔 여자를 진멸하여 바칠 것이니라 하였더라 12 그들이 야베스 길르앗
주민 중에서 젊은 처녀 사백 명을 얻었으니 이는 아직 남자와 동침한 일이
없어 남자를 알지 못하는 자라 그들을 실로 진영으로 데려오니 이 곳은 가
나안 땅이더라 13 온 회중이 림몬 바위에 있는 베냐민 자손에게 사람을 보내
어 평화를 공포하게 하였더니 14 그 때에 베냐민이 돌아온지라 이에 이스라
엘 사람이 야베스 길르앗 여자들 중에서 살려 둔 여자들을 그들에게 주었으
나 아직도 부족하므로

알아보니 야베스 길르앗에 사는 사람들이 전쟁에 참가하지 않았다. 야베스 길르앗(יָבֵישׁ גִּלְעָד)이 성경에 언급되기는 이번이 처음이다. 이 이름은 '길르앗의 물이 잘빠지는 땅'이라는 뜻을 지녔으며 길르앗의 중심지였다(Block). 이스라엘은 가장 용감한 용사(אִישׁ מִבְּנֵי הֶחָיִל) 12,000명을 보내 남녀노소 가리지 않고 모두 죽였다. 이스라엘이 베냐민을 거의 진멸시키더니 이번에는 야베스 길르앗 사람들을 진멸시켰다. 이스라엘은 다시 한번 '가장 용감한 용사들'을 통해 대응할 수 없는 연약한 사

람들을 모두 죽이는 만행을 저지른 것이다. 그것도 동족에게 말이다. 다만 처녀 400명을 생포하여 진으로 데려왔다. 그것도 하나님의 이름으로 말이다!

전쟁이 끝나자 이스라엘은 광야에 숨어있는 베냐민 군 600명에게 사신을 보내 화평을 선언했다. 그리고 그들에게 생포한 야베스 길르앗 처녀 400명을 주었지만, 당연히 여자가 부족했다(14절). 저자는 그들이 무력으로 야베스 길르앗을 친 유일한 이유가 베냐민 지파 생존자들에게 아내를 주기 위한 것처럼 묘사한다. 이스라엘은 어리석은 맹세 때문에 다시 살생을 하게 된 것이다. 이런 노력에도 불구하고 200명의 처녀들이 부족했다. 그러므로 남은 200명에게 아내를 주기 위한 다른 대안이 필요했다. 그들은 다음 섹션에서 다시 한번 무자비한 만행을 계획한다. 죄는 이처럼 꼬리에 꼬리를 물고 일어난다.

III. 두 결론: 이스라엘의 총체적 부패(17:1–21:25)
B. 역사적 결론: 사회적 · 정치적 부패(19:1–21:25)

5. 실로 처녀들이 강간을 당함(21:15–25)

**15 백성들이 베냐민을 위하여 뉘우쳤으니 이는 여호와께서 이스라엘 지파들
중에 한 지파가 빠지게 하셨음이었더라 16 회중의 장로들이 이르되 베냐민의
여인이 다 멸절되었으니 이제 그 남은 자들에게 어떻게 하여야 아내를 얻게
할까 하고 17 또 이르되 베냐민 중 도망하여 살아 남은 자에게 마땅히 기업이
있어야 하리니 그리하면 이스라엘 중에 한 지파가 사라짐이 없으리라 18 그
러나 우리가 우리의 딸을 그들의 아내로 주지 못하리니 이는 이스라엘 자손
이 맹세하여 이르기를 딸을 베냐민에게 아내로 주는 자는 저주를 받으리라
하였음이로다 하니라 19 또 이르되 보라 벧엘 북쪽 르보나 남쪽 벧엘에서 세
겜으로 올라가는 큰 길 동쪽 실로에 매년 여호와의 명절이 있도다 하고 20 베
냐민 자손에게 명령하여 이르되 가서 포도원에 숨어 21 보다가 실로의 여자**

들이 춤을 추러 나오거든 너희는 포도원에서 나와서 실로의 딸 중에서 각각
하나를 붙들어 가지고 자기의 아내로 삼아 베냐민 땅으로 돌아가라 22 만일
그의 아버지나 형제가 와서 우리에게 시비하면 우리가 그에게 말하기를 청
하건대 너희는 우리에게 은혜를 베풀어 그들을 우리에게 줄지니라 이는 우
리가 전쟁할 때에 각 사람을 위하여 그의 아내를 얻어 주지 못하였고 너희
가 자의로 그들에게 준 것이 아니니 너희에게 죄가 없을 것임이니라 하겠노
라 하매 23 베냐민 자손이 그같이 행하여 춤추는 여자들 중에서 자기들의 숫
자대로 붙들어 아내로 삼아 자기 기업에 돌아가서 성읍들을 건축하고 거기
에 거주하였더라 24 그 때에 이스라엘 자손이 그 곳에서 각기 자기의 지파,
자기의 가족에게로 돌아갔으니 곧 각기 그 곳에서 나와서 자기의 기업으로
돌아갔더라 25 그 때에 이스라엘에 왕이 없으므로 사람이 각기 자기의 소견
에 옳은 대로 행하였더라

이스라엘 장로들은 부족한 여자 수를 채우기 위해 한 계책을 마련했다. 실로에서는 해마다 여호와의 축제(חַג־יְהוָה)가 열렸는데, 베냐민 지파에게 말하기를 숨어 있다가 실로의 처녀들이 춤추러 나오면 하나씩 납치하여(חטף) 베냐민 땅으로 돌아가라는 것이었다(21절). 성경에서 '납치하다'(חטף)는 이곳과 시편 10:9 등 두 곳에서 사용하는데 매우 악한 일을 묘사하는 동사이다(Pressler, cf. HALOT). 저자는 이 단어를 사용하여 자신이 이 사건에 대하여 어떻게 생각하고 있는가를 암시한다. 저자는 실로가 벧엘 북쪽, 르보나 남쪽, 벧엘에서 세겜으로 올라가는 큰 길 동쪽에 있다고 한다(19절).

실로는 에브라임에 속한 성읍이었다. 그러므로 이 성읍 사람들도 이미 함께 맹세했기 때문에 베냐민 사람들에게 자식을 주어서는 안 된다. 게다가 그들이 납치하고자 하는 여자들은 다름아닌 여호와 종교의 축제와 예배에 참석하는 '여성도'가 아닌가! 그러나 이스라엘 장로들은 '알고 준 것이 아니라 납치당한 것'이니 괜찮다는 논리를 폈다(22절). 도저히 납득할 수 없는 일이 계획되고 있다.

이스라엘 장로들이 마음에 찔림을 받고, 베냐민 사람들에 대한 시각을 바꾼 것은 정말 괄목할 만한 일이지만, 그들이 해결책으로 내놓은 것은 심각한 윤리적 문제를 안고 있다. '민주화라는 외양으로 악이 자행되었다'(Wickedness is democratized)(Block). 온 이스라엘이 결정한 결과에 따라 강간당하고 납치당한 600명의 여인이 울고 있다. 사사기는 통곡의 책이라 했다. 이스라엘은 책이 시작할 때 보김에서 울었고, 입다의 딸을 보내며 애곡했다. 책이 끝나면서 이스라엘이 다시 운다. 이번에는 성폭행을 당한 600명의 처녀들이 통곡한다.

베냐민 지파 일을 이렇게 수습하고 이스라엘은 각자 자기 땅으로 돌아갔다(24절). 한 여인의 윤간으로 시작되었던 일이 한 지파와 성읍의 진멸로도 부족하여 집단 납치와 강간으로 끝났다(Trible). 그것도 온 공동체가 함께 공모하여 성스러운 여호와의 축제를 틈타서 말이다. 말 그대로 이스라엘의 영성은 더 이상 내려갈 수 없는 데까지 내려가 있다(cf. Olson). '이보다 더 나쁠 수는 없다'라는 곳까지 와 있는 것이다.

저자는 "그 때에는 이스라엘에 왕이 없었으므로, 사람들은 저마다 자기의 뜻에 맞는 대로 하였기 때문"에 일어난 일이라는 씁쓸한 코멘트로 이 섹션과 책을 마무리 한다(21:25). 이 사건과 사사기는 사람이 하나님의 기준과 가치대로 살지 않고 각자 자기 맘에 드는 대로 산다면, 어떤 결과를 초래할 것인가를 적나라하게 보여주는 책이다. 이것이 세속화의 결말인 것이다. 우리는 이제 저자가 제시했던 도표의 마지막 박스를 채울 수 있다. 개인적인 차원에서 시작한 종교적 타락이 공동체의 분열과 공동체의 집단적 윤리 상실로 발전한 것이다.

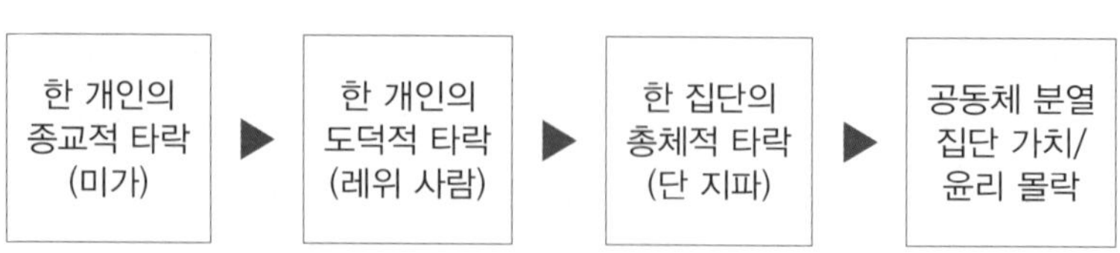

레위 사람과 그의 첩(19장) 그리고 베냐민 지파와의 전쟁 (20-21장) 이야기가 어떻게 사용되었을까에 대한 추측이 이 책의 저작 내지는 편집 연대를 암시하는 듯하다(cf. Longman, Schneider, Block). 에브라임에 살던 한 레위 사람이 베들레헴에 있는 친정으로 돌아가 버린 아내를 다시 집으로 데려오기 위해 처가를 찾았다. 그는 장인의 극진한 대접을 받으며 며칠간의 여정을 마치고 베들레헴을 출발하여 집으로 돌아가기를 원했다. 에브라임으로 가는 도중 여부스(예루살렘)에 머물러야 했지만, 아직 이 지역이 이스라엘의 일부분이 아니었기 때문에 베냐민 지파가 소유했던 기브아까지 계속 행군을 했다.

그러나 기브아 사람들은 형제애를 기대하며 그곳을 찾았던 레위 사람을 반겨주지 않았다. 날이 저물 즈음 기브아에서 타향살이를 하고 있던 한 에브라임 족속 노인이 길거리에서 서성이는 그를 자기의 집으로 인도했다. 그날 밤, 기브아 사람들은 이 행인에게 소돔과 고모라에서나 볼 수 있었던 동성연애를 요구했다. 결국 그의 첩이 그날 밤 그를 대신해서 희생되었다.

이 이야기 뒤에 깔려 있는 정치적인 선전(宣傳)(propaganda)의 가능성을 생각해 보자. 이 글은 아마도 유다와 베냐민 지파를 제외한 다른 지파에 속한 사람들의 여론을 한쪽으로 설득하기 위해 사용되었던 정치적인 선전물 역할을 한 것 같다. 이 이야기는 다음과 같은 질문을 하게 한다. (1) 누가 우리를 잘 대접할 것인가? 기브아 사람이 아니라 베들레헴 사람이다. 공교롭게도 이스라엘의 처음 왕인 사울은 베냐민 지파에 속한 기브아 출신이었으며, 두 번째 왕인 다윗은 유다에 속한 베들레헴 사람이었다. (2) 누가 우리를 푸대접할 것인가? 기브아 사람이다. 사울이 바로 이 성읍 출신이다. (3) 누가 여부스(예루살렘)를 이스라엘의 소유로 만들어서 다시는 무리하게 여부스를 지나쳐야 하는 부담을 없애고 안전하게 거기서 밤을 지낼 수 있도록 해 줄 것인가/주었는가? 통일 왕국의 왕이 된 다윗이 처음으로 이룬 업적이 예루살렘 정복이었다(cf. 삼하 5장). 그는 이스라엘 사람들이 더 이상 예루살렘을 기피할 필요가 없게 그 도성을 안전하게 했다.

또한 사울을 포함한 베냐민 지파 사람들은 전쟁에서 패배한 전사들과 그들이 납치와 강간을 통해 강제로 결혼한 야베스 길르앗 여인들의 후손들이다(Schneider). 베냐민 후손들은 '혈통'이 별로 좋은 족속이 아니라는 점을 강조하고 있는 듯하다. 이러한 관점에서 해석할 경우 이 이야기는 매우 친다윗(pro-David)—반사울(anti-Saul) 성향을 지녔다. 사울과 다윗 혹은 사울 집안과 다윗 집안의 갈등이 엿보이는 것이다. 이때가 언제쯤이었을까? 아무래도 다윗이 정권을 잡기 직전 내지는 직후에 이러한 이야기가 가장 필요했을 것이다. 즉, 주전 1010-1000년쯤으로 생각된다(cf. O'Connell). 물론 책의 전체적인 저작 연대나 편집 시기는 별개의 문제다. 블록(Block)은 책의 내용이 유다의 왕 중 가장 악한 왕이었던 므낫세 시대의 이스라엘에게 가장 현실적이고 의미 있는 메시지를 선포했을 것이라 하여 이 시대에 저작된 것으로 생각한다.